"十四五"职业教育国家规划教材

国家卫生健康委员会"十四五"规划教材

全国中等卫生职业教育教材

供护理专业用

内科护理

第4版

主　编　林梅英　江　乙

副主编　李士新　曹小川　董燕斐

编　者　（以姓氏笔画为序）

王洪波（本溪市中心医院）　　　　林梅英（本溪市卫生学校）

邓现梅（山东省济宁卫生学校）　　徐元智（海宁卫生学校）

江　乙（桂东卫生学校）　　　　　高　丽（锦州市卫生学校）

孙振龙（山东省莱阳卫生学校）　　高秀霞（牡丹江市卫生学校）

李　丽（桂林市卫生学校）　　　　郭雪媚（广东省潮州卫生学校）

李　萍（本溪市卫生学校）(秘书)　曹小川（鄱阳卫生学校）

李士新（山东省临沂卫生学校）　　董燕斐（温州护士学校）

杨晓芳（吕梁市卫生学校）　　　　解文霞（黑龙江省鹤岗卫生学校）

张　丹（辽宁省健康产业集团本钢总医院）

人民卫生出版社

·北　京·

图书在版编目（CIP）数据

内科护理 / 林梅英，江乙主编. —4版. —北京：
人民卫生出版社，2022.11（2025.4 重印）
ISBN 978-7-117-34011-3

Ⅰ．①内… Ⅱ．①林…②江… Ⅲ．①内科学－护理
学－中等专业学校－教材 Ⅳ．①R473.5

中国版本图书馆 CIP 数据核字（2022）第 208398 号

人卫智网	www.ipmph.com	医学教育、学术、考试、健康，购书智慧智能综合服务平台
人卫官网	www.pmph.com	人卫官方资讯发布平台

内科护理
Neike Huli
第 4 版

主　　编：林梅英　江　乙
出版发行：人民卫生出版社（中继线 010-59780011）
地　　址：北京市朝阳区潘家园南里 19 号
邮　　编：100021
E - mail：pmph @ pmph.com
购书热线：010-59787592　010-59787584　010-65264830
印　　刷：北京盛通印刷股份有限公司
经　　销：新华书店
开　　本：850×1168　1/16　　印张：27.5
字　　数：585 千字
版　　次：1999 年 11 月第 1 版　　2022 年 11 月第 4 版
印　　次：2025 年 4 月第 7 次印刷
标准书号：ISBN 978-7-117-34011-3
定　　价：69.00 元
打击盗版举报电话：010-59787491　E-mail：WQ @ pmph.com
质量问题联系电话：010-59787234　E-mail：zhiliang @ pmph.com
数字融合服务电话：4001118166　E-mail：zengzhi @ pmph.com

修订说明

为服务卫生健康事业高质量发展,满足高素质技术技能人才的培养需求,人民卫生出版社在教育部、国家卫生健康委员会的领导和支持下,按照新修订的《中华人民共和国职业教育法》实施要求,紧紧围绕落实立德树人根本任务,依据最新版《职业教育专业目录》和《中等职业学校专业教学标准》,由全国卫生健康职业教育教学指导委员会指导,经过广泛的调研论证,启动了全国中等卫生职业教育护理、医学检验技术、医学影像技术、康复技术等专业第四轮规划教材修订工作。

第四轮修订坚持以习近平新时代中国特色社会主义思想为指导,全面落实党的二十大精神进教材和《习近平新时代中国特色社会主义思想进课程教材指南》《"党的领导"相关内容进大中小学课程教材指南》等要求,突出育人宗旨、就业导向,强调德技并修、知行合一,注重中高衔接、立体建设。坚持一体化设计,提升信息化水平,精选教材内容,反映课程思政实践成果,落实岗课赛证融通综合育人,体现新知识、新技术、新工艺和新方法。

第四轮教材按照《儿童青少年学习用品近视防控卫生要求》(GB 40070—2021)进行整体设计,纸张、印刷质量以及正文用字、行空等均达到要求,更有利于学生用眼卫生和健康学习。

前　言

《内科护理》教材自 1999 年 11 月第 1 版出版以来,在培养中等护理专业人才中发挥了重要作用。本教材第 3 版于 2015 年 2 月出版,为"十二五"职业教育国家规划教材,在我国中等职业学校护理专业教学中被广泛使用,受到师生的欢迎和好评。为贯彻落实党的二十大精神进教材要求和教育部颁布的《职业教育专业目录》以及《中等职业学校护理专业教学标准》,并结合中等卫生职业教育改革发展实际,在全国卫生健康职业教育教学指导委员会指导下,进行了本教材第 4 版的修订。

《内科护理》(第 4 版)编写的基本思路如下:①在教材定位和内容选择上,力求符合中等护理专业人才培养目标、人才规格和业务要求,坚持正确的政治方向和育人导向,坚持立德树人,培养德智体美劳全面发展的技能型卫生专业人才。②突出职业教育类型特点,凸显护理专业的特色,以人的健康为中心,以护理程序为主线组织教学,贯穿对"人"的整体护理理念,体现"以病人为中心"的优质护理指导思想。③体现以学生为主体,遵循教材编写的"三基""五性"基本原则,重视培养学生的创新、获取信息及终身学习的能力。④有机衔接高职高专护理专业教材,并与护士执业资格考试紧密接轨。

本教材的修订主要着力于以下几方面:第一,规范了教材各章节的编写体例,在传承上一轮教材护理程序模式编写的基础上,适当调整了护理评估和护理措施的内容结构,注重与护理专业不同教材内容的联系、衔接与融合。第二,对教材各章节内容进行了修订:①整体规划了各章节学习目标,围绕学习目标设计教材内容,使育人目标与专业知识和技能有机融合。②以行动为导向,整体推进案例教学,在每节学习前均设置了工作情景与任务。③更新和增补了临床医疗及护理的新知识、新方法、新技术、新标准。④对本教材数据和内容进行了规范和统一。⑤对个别疾病更新了名称,传染病中删除了伤寒病人的护理、狂犬病病人的护理和肾综合征出血热病人的护理。第三,创新教材呈现方式,在名词术语、文字表述、图表、计量单位等方面力求规范、准确、全书统一;适应中职学生认知特点,教材增加了护理学而思、章末小结、思考与练习等模块;教材配有数字资源,内容包括 PPT 课件、视频、图片、章后自测题等,设置章二维码,通过扫描二维码,帮助教材使用者在移动终端共享与教材配套的优质数字资源,实现纸媒教材与数字教学资源的融合。

本教材主要供全国中等职业学校护理专业学生使用,也可供临床护理工作者使用和参考。

本教材在编写过程中,承蒙各参编院校和医院的大力支持,以及参编教师和护理界同仁的积极努力与通力合作,在此一并致以诚挚的谢意。由于编者的水平和时间有限,难免存在一些不足之处,敬请使用本教材的各院校师生、读者和护理同仁不吝指正,以求再版时改进和完善。

林梅英　江　乙

2023 年 9 月

目 录

第一章　绪论　1

一、内科护理的性质和地位　1

二、内科护士的工作任务　1

三、内科护理的内容和范畴　2

四、内科护理的学习目标、方法与
　　要求　2

五、内科护士的素质要求　3

**第二章　呼吸系统疾病病人的
　　　　　护理　5**

**第一节　呼吸系统疾病病人常见症状、
　　　　　体征的护理　5**

一、咳嗽与咳痰　6

二、肺源性呼吸困难　9

三、咯血　11

四、胸痛　13

**第二节　急性呼吸道感染病人的
　　　　　护理　14**

一、急性上呼吸道感染　15

二、急性气管支气管炎　17

**第三节　慢性支气管炎和慢性阻塞性
　　　　　肺疾病病人的护理　19**

一、慢性支气管炎　19

二、慢性阻塞性肺疾病　21

第四节　支气管哮喘病人的护理　26

第五节　支气管扩张症病人的护理　33

第六节　肺炎病人的护理　36

第七节　肺结核病人的护理　41

**第八节　慢性肺源性心脏病病人的
　　　　　护理　47**

**第九节　呼吸衰竭和急性呼吸窘迫综合
　　　　　征病人的护理　51**

一、呼吸衰竭　51

二、急性呼吸窘迫综合征　56

**第十节　呼吸系统常用诊疗技术及
　　　　　护理　58**

一、纤维支气管镜检查术　58

二、胸腔穿刺术　60

**第三章　循环系统疾病病人的
　　　　　护理　62**

**第一节　循环系统疾病病人常见症状、
　　　　　体征的护理　62**

一、心源性呼吸困难　63

二、心源性水肿　65

三、心悸　67

四、心前区疼痛　68

五、心源性晕厥　69

第二节　心力衰竭病人的护理　71

一、慢性心力衰竭　72

二、急性心力衰竭　78

第三节　心律失常病人的护理　80

第四节　心脏瓣膜病病人的护理　94

第五节　原发性高血压病人的护理　98

第六节　冠状动脉粥样硬化性心脏病病人的护理　105

一、心绞痛　106

二、心肌梗死　109

第七节　感染性心内膜炎病人的护理　114

第八节　心肌疾病病人的护理　118

第九节　心包疾病病人的护理　122

第十节　循环系统常用诊疗技术及护理　125

一、心导管检查术　126

二、冠状动脉造影术　127

三、经皮冠状动脉介入治疗　128

第四章　消化系统疾病病人的护理　132

第一节　消化系统疾病病人常见症状、体征的护理　132

一、恶心与呕吐　133

二、腹痛　135

三、腹泻与便秘　136

四、黄疸　139

第二节　胃炎病人的护理　141

一、急性胃炎　141

二、慢性胃炎　143

第三节　消化性溃疡病人的护理　146

第四节　溃疡性结肠炎病人的护理　151

第五节　肝硬化病人的护理　155

第六节　肝性脑病人的护理　161

第七节　急性胰腺炎病人的护理　165

第八节　上消化道出血病人的护理　170

第九节　消化系统常用诊疗技术及护理　175

一、腹腔穿刺术　175

二、胃镜检查术　176

三、结肠镜检查术　178

第五章　泌尿系统疾病病人的护理　181

第一节　泌尿系统疾病病人常见症状、体征的护理　181

一、肾源性水肿　182

二、肾性高血压　183

三、尿异常　184

四、尿路刺激征　186

第二节　慢性肾小球肾炎病人的护理　188

第三节　肾病综合征病人的护理　191

第四节　尿路感染病人的护理　196

第五节　急性肾损伤病人的护理　200

第六节　慢性肾衰竭病人的护理　204

第七节　泌尿系统常用诊疗技术及护理　210

一、血液透析　211

二、腹膜透析　213

第六章　血液系统疾病病人的护理　216

第一节　血液系统疾病病人常见症状、体征的护理　216

一、贫血　217

二、出血或出血倾向　220

三、发热　222

第二节　贫血病人的护理　224

一、缺铁性贫血 224

二、再生障碍性贫血 228

第三节　出血性疾病病人的护理 231

一、特发性血小板减少性紫癜 232

二、过敏性紫癜 233

三、血友病 235

四、弥散性血管内凝血 237

第四节　白血病病人的护理 240

第五节　血液系统常用诊疗技术及
护理 246

一、骨髓穿刺术 247

二、造血干细胞移植的护理 248

第七章　内分泌与代谢性疾病病人的
护理 252

第一节　内分泌与代谢性疾病病人常见
症状、体征的护理 252

一、身体外形的改变 253

二、生殖发育及性功能异常 255

第二节　甲状腺疾病病人的护理 256

一、单纯性甲状腺肿 256

二、甲状腺功能亢进症 258

三、甲状腺功能减退症 263

第三节　库欣综合征病人的护理 266

第四节　糖尿病病人的护理 269

第五节　痛风病人的护理 279

第六节　骨质疏松症病人的护理 282

第八章　风湿性疾病病人的
护理 287

第一节　风湿性疾病病人常见症状、体
征的护理 287

一、关节损害 288

二、皮肤损害 290

第二节　系统性红斑狼疮病人的
护理 292

第三节　类风湿关节炎病人的
护理 296

第九章　神经系统疾病病人的
护理 302

第一节　神经系统疾病病人常见症状、
体征的护理 302

一、头痛 303

二、意识障碍 304

三、言语障碍 306

四、感觉障碍 308

五、运动障碍 310

第二节　三叉神经痛病人的护理 313

第三节　急性炎症性脱髓鞘性多发性
神经病病人的护理 315

第四节　脑血管疾病病人的护理 318

一、短暂性脑缺血发作 319

二、脑梗死 321

三、脑出血 325

四、蛛网膜下腔出血 329

第五节　帕金森病病人的护理 331

第六节　癫痫病人的护理 335

第七节　神经系统常用诊疗技术及
护理 341

一、腰椎穿刺术 341

二、高压氧舱治疗 343

第十章　传染病病人的护理 347

第一节　概论 347

一、感染与免疫 348

二、传染病的基本特征及临床特点　349

三、传染病的流行过程及影响因素　351

四、传染病的预防　353

五、标准预防和传染病的隔离、
消毒　355

第二节　流行性感冒病人的护理　358

第三节　病毒性肝炎病人的护理　361

**第四节　流行性乙型脑炎病人的
护理**　369

第五节　艾滋病病人的护理　373

第六节　细菌性痢疾病人的护理　378

附录　385

实践指导　385

实践指导说明　385

实践 1　支气管哮喘病人的护理　386

实践 2　肺炎和肺结核病人的护理　387

实践 3　呼吸衰竭病人的护理　389

实践 4　心力衰竭和心律失常病人的
护理　391

实践 5　原发性高血压病人的护理　392

实践 6　冠状动脉粥样硬化性心脏病病
人的护理　393

实践 7　消化性溃疡病人的护理　395

实践 8　肝硬化病人的护理　396

实践 9　急性胰腺炎病人的护理　398

实践 10　尿路感染病人的护理　399

实践 11　慢性肾衰竭病人的护理　400

实践 12　贫血病人的护理　401

实践 13　急性白血病病人的护理　403

实践 14　甲状腺功能亢进症病人的
护理　404

实践 15　糖尿病病人的护理　406

实践 16　系统性红斑狼疮和类风湿关节
炎病人的护理　407

实践 17　脑梗死和脑出血病人的
护理　409

实践 18　癫痫病人的护理　411

实践 19　病毒性肝炎和艾滋病病人的
护理　412

教学大纲（参考）　414

参考文献　430

第一章 | 绪论

01章 数字资源

学习目标

1. 具有良好的护理道德、科学严谨的工作态度和全心全意为护理对象健康服务的崇高志向和奉献精神,热爱护理工作。
2. 掌握内科护士的主要工作任务和内科护士的素质要求。
3. 熟悉内科护理的内容、范畴、学习目标、学习方法与要求。
4. 了解内科护理的性质和地位。
5. 学会正确的学习方法,能运用护理程序为护理对象提供整体护理。

一、内科护理的性质和地位

内科护理是中等职业教育护理专业一门重要的专业核心课程,是关于认识疾病及其预防和治疗、护理病人、促进康复、增进健康的科学。在护理专业起始教育的课程体系中,临床专业课是培养学生通科护理能力的核心课程。内科护理作为一门奠基性的临床专业课,所阐述的内容在临床护理的理论和实践中具有普遍意义,它既是临床各科护理的基础,又与它们有着密切的联系。因此,学好内科护理是学好各门临床专业课的基础和关键。

二、内科护士的工作任务

护理人员是从事病人、社会人群的身心整体护理、辅助医疗、指导康复和预防保健、健康教育的专业人员。内科护士是从事内科疾病护理和健康教育,执行医嘱并配合医生完成病人的诊疗活动,对病人进行护理的专业人员,其主要工作任务如下:

(一)照护病人

直接护理病人是护士的基本工作职责。满足病人的基本需求,执行基础护理及内科护理常规;应用护理程序,进行护理评估、护理诊断,制订切实可行的护理计划,实施护理措施并进行护理评价;向病人提供安全而有效的治疗和康复环境。

(二)协助诊疗

执行医嘱并配合医生执行各项诊疗工作。进行安全用药;准确及时地采集检验标本,为检查提供正确依据;巡视、观察病人病情变化和对治疗的反应,发现异常及时向相关人员报告并记录;参与危重病人抢救并记录等。

(三)健康指导

对病人及家属进行健康教育和康复指导,评估病人及家属的知识水平、解释目前病人的情况、提供健康知识和护理信息等。指导病人采取健康的生活方式以预防疾病和并发症;帮助病人按计划逐步恢复身心运动,促进康复;指导病人及家属掌握自我护理及家庭护理的知识和方法,出院后继续治疗和定期随访、巩固疗效、防止复发等。

(四)沟通协调

与病人进行沟通,满足病人的心理需求,评估病人及家庭支持系统并给予应对和维护等。在一个医疗团队(多学科专业人员组成的团队,如医生、护士、营养师、康复治疗师、心理治疗师、社会工作者等)中进行有效的沟通交流,为病人提供全面、协调和高质量的服务。

三、内科护理的内容和范畴

(一)内科护理的内容

相对于外科护理而言,内科护理主要是针对用非手术方法治疗病人的护理。内科护理教材的知识体系整体性强,涉及的临床领域宽广,内容涵盖了呼吸、循环、消化、泌尿、血液、内分泌与代谢性疾病、风湿性疾病等各系统疾病病人的护理,以及神经系统疾病、传染病病人的护理,并与基础医学、临床医学和人文社会科学等有着广泛的联系。

(二)内科护理的范畴

内科护理的服务对象是从青少年(年龄14岁以上)、中年、老年直至高龄老人的人群,由于服务对象的年龄跨度大,因此,各种健康问题和卫生保健的需求高度复杂。随着医学模式和护理模式的转变,内科护理的范畴不断拓展,内科护理的内容已不再局限于医院内病人的护理,护理实践的视野正在从人的疾病向患病的人到所有的人,从个体向群体,从医院向社区扩展,因此,对内科护士的综合素质、专业水平和实践能力提出了新的更高的要求。

四、内科护理的学习目标、方法与要求

(一)内科护理的学习目标

中等职业教育护理专业的培养目标是坚持立德树人,面向医疗、卫生、康复和保健机

构等,培养从事临床护理、社区护理和健康保健等工作,德智体美劳全面发展的技能型卫生专业人才。中等职业教育护理专业的学生只有完成国务院教育主管部门和国务院卫生主管部门规定的普通全日制3年以上的护理专业课程学习,包括在教学、综合医院完成8个月以上护理临床实习,并取得相应学历证书,通过国务院卫生主管部门组织的护士执业资格考试,经执业注册取得护士执业证书,才能从事护士工作。内科护理作为临床护理专业课中的基础和关键课程,其学习目标主要是学生通过内科护理课程的学习,确立"以人的健康为中心"的护理理念,牢固树立全心全意为护理对象服务的思想,表现出对病人高度的责任心、同情心和爱心;具有刻苦勤奋的学习态度,严谨求实的工作作风,在学习和实践中培养良好的敬业精神和职业道德;能较为全面和系统地获得内科常见病、多发病防治和护理的基础理论、基本知识和基本技能,具备一定的对内科病人实施整体护理的能力,以及对内科常见急症的配合抢救能力,为毕业后从事内科护理工作和在专业实践中进一步深造与发展打下扎实的基础。

(二)内科护理的学习方法与要求

学好内科护理,达成培养目标,掌握正确的学习方法非常重要。基础医学理论和知识是认识、理解内科护理临床问题的重要科学基础,在学习临床专业课时应时时加以回顾和复习。人文社会科学知识对于形成良好的人文素养必不可少,而学生人文素养的培养不仅需要设置相关的课程,还必须把人文教育、人文关怀的元素融入内科护理等临床专业课的教学中。由于内科护理及相关领域科技发展迅速,学生在认真研读教材的基础上,还应主动获取和充分利用各种形式和来源的信息资源,及时学习和了解临床诊断、治疗及护理的新知识、新方法和新技术。内科护理是一门实践性很强的课程,分为系统学习和毕业实习两个阶段。系统学习包括课堂学习常见病、多发病的护理和配合课堂教学进行的实训室综合实训、临床见习。毕业实习阶段是学生到教学医院、综合医院等进行临床综合实践。在学习过程中,学生应十分注重将学得的理论知识和技能综合运用于实践之中,转化为从事临床整体护理实践的能力,注重学习过程与内科护理工作过程相结合,注重科学与人文精神的结合,以内科护理岗位的工作任务为引领,通过"做中学"、自主学习、合作学习和教师引导学习等形式,逐步培养独立工作能力。

五、内科护士的素质要求

(一)思想道德素质

1. 热爱祖国,热爱护理事业,有高度的责任感和科学严谨的工作态度,尊重生命,关爱病人,具有全心全意为护理对象健康服务的崇高志向和奉献精神。

2. 具有诚实的品格、较高的慎独修养、高尚的道德情操和人道主义精神。忠于职守,救死扶伤,以理解、友善、平等的心态,为服务对象及其家庭提供帮助,保护服务对象及其家庭的隐私。

（二）科学文化素质

1. 具备一定的文化素养和自然科学、社会科学、人文科学等多方面的知识。

2. 具有宽广的医学视野、较强的职业适应性以及独立的学习和创新能力。

（三）专业素质

1. 具有合理的护理专业知识结构、扎实的专业理论知识和熟练的实践技能，操作准确，技术精湛。

2. 具有敏锐的观察力和综合分析判断能力，具有与护理对象及其家庭有效沟通的能力，树立整体护理理念，具有熟练运用护理程序对内科病人实施整体护理的能力。

（四）身体心理素质

1. 具有健康的心理，乐观、开朗、稳定的情绪，宽容豁达的胸怀和良好的言行举止。具有为护理对象创造美的环境，激励护理对象产生热爱生命、热爱生活的能力。

2. 具有健康的体魄、充沛的精力、顽强的意志和敏锐的反应能力，具有灵巧轻捷的动作、连续工作的耐力和团结互助、合作、理解的基本态度。

3. 具有强烈的进取心，不断求取知识，丰富和完善自己。

总之，随着护理实践范畴的扩大、社会的进步、医学与科技的发展、文化与经济的繁荣，对内科护士的角色提出了新的要求，一个优秀的内科护士不仅要有全心全意为人民服务的心愿，还要有全心全意为人民服务的本领，一切为了人民的健康幸福，自觉地通过爱和奉献为人类的健康服务。

> **本章小结**
>
> 本章学习重点是内科护士的主要工作任务、内科护理的内容、学习方法和内科护士的素质要求。学习难点是学会运用现代护理理论解决学习和内科护理中的实际问题。在学习过程中要高度重视基础知识和技能的学习，重视社会科学、人文科学等有关知识的学习，还应主动获取和充分利用各种形式和来源的信息资源，善于抓住要点，总结归纳，并与内科护理临床实践紧密结合，不断深化对内科护理知识体系的整体把握。

（林梅英）

❓ 思考与练习

1. 内科护士的主要工作任务是什么？

2. 内科护理的内容和范畴是什么？

3. 内科护理的学习目标、方法与要求是什么？

4. 内科护士的素质要求是什么？

第二章 | 呼吸系统疾病病人的护理

[02章 数字资源 二维码]

02章 数字资源

第一节 呼吸系统疾病病人常见症状、体征的护理

学习目标

1. 具有良好的职业素质和科学严谨的工作态度,尊重病人,善于沟通,主动为病人缓解不适。
2. 掌握呼吸系统疾病病人常见症状、体征的护理评估要点和主要护理措施。
3. 熟悉呼吸系统疾病病人常见症状、体征的主要护理诊断/问题。
4. 了解呼吸系统疾病病人常见症状、体征的护理目标和护理评价。
5. 学会呼吸系统疾病病人常见症状、体征的评估方法,能正确实施护理措施。

工作情景与任务

导入情景:

张先生,58岁。吸烟史38年,12年前开始出现咳嗽咳痰,冬季明显,近3年出现呼吸困难,并逐渐加重。3天前因受凉出现咳嗽,痰量增多,为白色黏液痰,呼吸困难加重,家人陪伴来院就诊。

工作任务:

1. 对张先生进行护理评估,列出主要的护理诊断。
2. 对张先生实施咳嗽、咳痰和呼吸困难的护理。

呼吸系统由鼻、咽、喉、气管、支气管、肺泡、胸膜、胸廓及膈组成。呼吸系统的主要功能是进行气体交换,并具有防御、免疫、神经内分泌及代谢功能。由于呼吸系统与外界相通,有害物质可直接侵入造成损害。呼吸系统疾病是临床上的常见病和多发病,最常见的病因是感染,其他致病因素有大气污染、吸烟、变态反应、理化因素、生物因子及肿瘤等。呼吸系统疾病的发病率、病死率逐年上升,已成为我国最为突出的公共卫生与医疗问题之一。近年来,肺癌、支气管哮喘和慢性阻塞性肺疾病发病率呈增加趋势,传染性呼吸系统疾病也时有发生。因此,呼吸系统疾病的防治和护理十分重要。目前呼吸系统疾病的新药物、新技术不断问世,以及呼吸科重症监护病房(RICU)的设置和整体护理的开展,极大地提高了呼吸系统疾病的医疗和护理水平。

呼吸系统疾病的常见症状、体征有咳嗽与咳痰、肺源性呼吸困难、咯血和胸痛等。

一、咳嗽与咳痰

咳嗽(cough)是呼吸系统疾病最常见的症状之一,因咳嗽感受器受到刺激后引起的一种反射性防御动作,具有清除呼吸道分泌物和气道内异物的作用,但频繁、剧烈咳嗽可对机体造成损害。咳嗽分为干性咳嗽和湿性咳嗽两类,前者无痰或痰量甚少,后者伴有咳痰。咳痰(expectoration)是借助支气管黏膜上皮的纤毛运动、支气管平滑肌的收缩及咳嗽反射,将呼吸道分泌物经口腔排出体外的动作。引起咳嗽和咳痰的常见病因有呼吸道感染、理化因素、过敏因素,其他因素包括胸膜疾病、心血管疾病、胃食管反流、心理因素等。

【护理评估】

(一)健康史

评估病人有无下列疾病病史:①呼吸系统疾病,如上呼吸道感染、支气管炎、支气管扩张症、支气管肺癌、肺炎及肺结核等。②胸膜疾病,如胸膜炎及自发性气胸等。③致敏原所致疾病,如过敏性鼻炎、支气管哮喘等。④心血管疾病,如风湿性心脏病、高血压性心脏病、冠状动脉粥样硬化性心脏病等。⑤其他疾病,如胃食管反流、服用血管紧张素转化酶抑制剂等。

(二)身体状况

1. 咳嗽的特点

(1)咳嗽的性质:干性咳嗽多见于急性咽喉炎、急性支气管炎、胸膜炎及早期肺癌、肺结核初期;湿性咳嗽常见于慢性支气管炎、支气管扩张症、肺炎、肺脓肿及空洞性肺结核等。

(2)咳嗽的时间:突然发作的干性或刺激性咳嗽多是急性上、下呼吸道感染初期的表现,或与异物吸入、过敏有关;长期反复发作的慢性咳嗽,多见于慢性呼吸系统疾病,如慢性支气管炎、慢性肺脓肿等;夜间或晨起时咳嗽加剧,多见于慢性支气管炎、支气管扩张症、肺脓肿及慢性纤维空洞性肺结核;左心衰竭常于夜间出现阵发性咳嗽。各种原因所致的肺间质纤维化常表现为持续性干咳。

（3）咳嗽的音色：金属音的咳嗽，见于支气管管腔狭窄或受压，如支气管肺癌、纵隔肿瘤；咳嗽声音嘶哑，见于喉炎、喉癌等；犬吠样咳嗽，见于喉部疾病或气管受压。

2. 咳痰的特点　痰液的性状可分为黏液性、浆液性、脓性、黏液脓性及血性等。白色黏液痰见于慢性支气管炎；脓性痰提示呼吸道化脓性感染；痰中带血丝或血痰见于肺结核、支气管肺癌、肺梗死等；铁锈色痰见于肺炎球菌性肺炎；粉红色泡沫样痰见于急性肺水肿；痰有恶臭味，提示肺部厌氧菌感染。

3. 伴随症状　咳嗽伴呼吸困难者常见于喉头水肿、慢性阻塞性肺疾病、重症肺炎、肺结核、大量胸腔积液及气胸等；伴发热者常见于呼吸道感染、肺炎及胸膜炎等；伴咯血者常见于支气管扩张症、肺结核、支气管肺癌及二尖瓣狭窄等；伴大量脓痰者常见于肺脓肿、支气管扩张症等；伴胸痛者常见于肺炎、肺结核、胸膜炎及气胸等。

（三）心理－社会状况

频繁、剧烈的咳嗽，尤其是夜间咳嗽或大量咳痰者，常出现烦躁不安、失眠、注意力不集中、焦虑及抑郁等，影响生活和工作；痰中带血时病人可出现紧张甚至恐惧心理。

（四）辅助检查

血液检查、痰液检查、胸部 X 线检查、动脉血气分析、纤维支气管镜检查、肺功能测定等检查，有助于病因诊断及病情判断。

【常见护理诊断／问题】

清理呼吸道无效　与呼吸道分泌物过多、痰液黏稠、胸痛、意识障碍导致咳嗽无效、不能或不敢咳嗽有关。

【护理目标】

病人能掌握有效咳嗽的方法，痰液得到及时清除。

【护理措施】

1. 一般护理

（1）休息与活动：为病人提供安静、舒适的病室环境，保持室内空气清新，注意通风，维持温度在 18～20℃，湿度在 50%～60%。使病人保持坐位或半坐卧位，保证病人充分休息。

（2）饮食护理：慢性咳嗽使能量消耗增加，给予足够热量的饮食，适当增加蛋白质和维生素，尤其是维生素 C 和维生素 E 的摄入。避免油腻、辛辣食物，以免刺激呼吸道加重咳嗽。保证每天饮水量在 1 500ml 以上，有利于呼吸道黏膜的湿润，有利于痰液排出。

2. 病情观察　密切观察咳嗽、咳痰的特点，详细记录痰液的颜色、量、性状，注意有无痰液黏稠不易咳出及窒息等表现。正确收集痰液标本，及时送检。

3. 促进有效排痰　包括深呼吸、有效咳嗽、胸部叩击、体位引流和机械吸痰等措施。

（1）深呼吸和有效咳嗽：适用于神志清醒、一般状态良好并能配合的病人。病人尽可能取坐位，先行深而慢的腹式呼吸 5～6 次，然后深吸气至膈肌完全下降，屏住呼吸 3～5秒，继而缩唇，慢慢地经口将肺内气体呼出，再深吸一口气，屏气 3～5 秒，身体前倾，从胸腔进行 2～3 次短促有力的咳嗽,咳嗽时收缩腹肌,或用手按压上腹部,帮助痰液咳出。

（2）胸部叩击:该方法适用于久病体弱、长期卧床、排痰无力者。病人取侧卧位,叩击者五指并拢、使掌侧呈杯状,以手腕力量,从肺底自下而上、由外向内、迅速而有节律地叩击病人胸壁,每一肺叶叩击 1～3 分钟,每分钟 120～180 次,同时鼓励病人咳嗽,以促进痰液排出(图 2-1)。胸部叩击力量要适中,以不使病人感到疼痛为宜,每次叩击时间为 3～5 分钟。应在餐后 2 小时至餐前 30 分钟进行,以避免胸部叩击诱发呕吐。

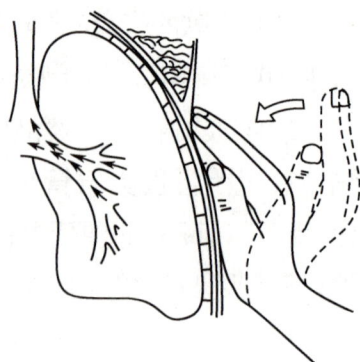

图 2-1 胸部叩击

（3）气道湿化:适用于痰液黏稠难于咳出者。气道湿化包括气道湿化治疗和雾化治疗两种方法。

（4）体位引流:是利用重力作用使支气管、肺内分泌物排出体外的胸部物理疗法之一,又称重力引流,适用于痰液量较多排出不畅、呼吸功能尚好者,如支气管扩张症、肺脓肿病人。方法:①向病人解释体位引流的目的、过程和注意事项,以取得病人的配合;测量生命体征,听诊肺部,明确病变部位。痰液黏稠者,引流前 15 分钟遵医嘱给予支气管舒张药。②选择体位引流的原则:体位引流的体位取决于分泌物潴留的部位和病人的耐受程度,原则上是使病灶部位处于高位,引流支气管开口向下(图 2-2)。③引流时间:根据病变部位、病情和病人状况,每天 1～3 次,每次 15～20 分钟。一般于饭前进行,早晨清醒后立即进行效果最好。

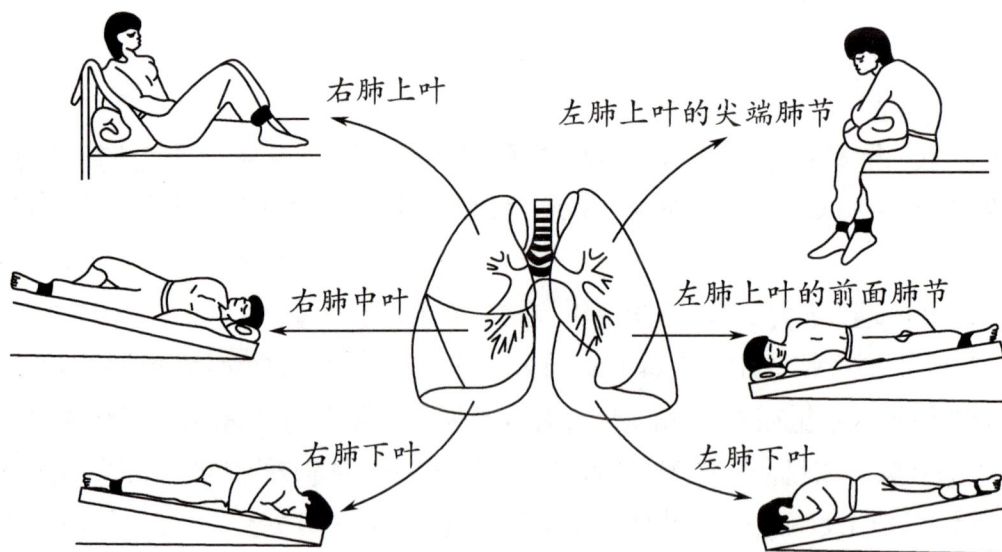

图 2-2 体位引流

（5）机械排痰:适用于痰液黏稠而无力咳出、意识不清、排痰困难或建立人工气道者,可经病人的口腔、鼻腔、气管插管或气管切开处进行负压吸痰。注意事项:①每次吸引时间少于 15 秒,两次抽吸间隔时间大于 3 分钟。②在吸痰前、后适当提高吸入氧浓度,避免吸痰引起低氧血症。③吸痰动作要迅速、轻柔,将不适感降到最低。④严格执行无菌操作,避免交叉感染。

4. 用药护理　遵医嘱给予抗生素、止咳及祛痰药物,用药期间注意药物的疗效及不良反应。

5. 心理护理　帮助病人了解咳嗽、咳痰的相关知识,增强病人战胜疾病的信心。指导病人家属理解和满足病人的心理需求,给予病人心理支持。

【护理评价】

病人能否进行有效咳嗽,痰量是否逐渐减少,痰液是否得到及时清除。

二、肺源性呼吸困难

呼吸困难(dyspnea)是指病人主观上感到空气不足、呼吸费力;客观上表现为呼吸运动用力,严重时出现张口呼吸、鼻翼扇动、端坐呼吸,甚至发绀、呼吸辅助肌参与呼吸运动,并有呼吸频率、深度、节律的改变。肺源性呼吸困难(pulmonary dyspnea)是由于呼吸系统疾病引起通气和/或换气功能障碍,造成机体缺氧和/或二氧化碳潴留所致。

【护理评估】

(一)健康史

评估病人有无下列病史:①慢性阻塞性肺疾病、支气管哮喘。②喉部、气管、支气管狭窄与阻塞,如喉头水肿、气管异物、肺癌等。③肺炎、肺结核、肺不张、肺淤血、肺梗死等。④胸膜疾病,如气胸、大量胸腔积液等。

(二)身体状况

1. 肺源性呼吸困难的特点

(1) 呼吸困难的类型

1) 吸气性呼吸困难:多见于喉、气管、大支气管的炎症、水肿、痉挛、异物或肿瘤等。其特点是吸气显著困难,吸气时间明显延长,可伴有干咳及高调吸气性哮鸣音,严重者吸气时出现胸骨上窝、锁骨上窝、肋间隙凹陷,称为"三凹征"。

2) 呼气性呼吸困难:是由于肺组织弹性减弱、小支气管痉挛或狭窄所致。表现为呼气费力、缓慢及呼气时间延长,常伴有哮鸣音。多见于支气管哮喘、慢性阻塞性肺疾病。

3) 混合性呼吸困难:其发生与肺部病变广泛或肺组织受压使呼吸面积减少,影响换气功能有关。常见于重症肺炎、重症肺结核、广泛性肺纤维化、大量胸腔积液或气胸等。其特点是吸气与呼气均感费力,呼吸频率增快、变浅,常伴呼吸音减弱或消失。

(2) 呼吸困难的严重程度:依据病人可耐受的活动量分为轻、中、重三度。轻度呼吸困难由中度及中度以上体力活动引起;中度呼吸困难由轻度体力活动引起;重度呼吸困难可由洗脸、穿衣、说话等活动引起,甚至休息时也有发作,病人不能外出活动。

2. 伴随症状　呼吸困难伴胸痛常见于肺炎、急性渗出性胸膜炎及自发性气胸等;伴发热多见于呼吸道感染性疾病;伴昏迷多见于休克型肺炎、肺性脑病等。

（三）心理－社会状况

呼吸困难加重时,病人可出现焦虑、紧张、烦躁不安、失眠甚至恐惧等心理。随着生活和工作能力的丧失,病人可产生悲观、沮丧等心理。

（四）辅助检查

动脉血气分析有助于判断低氧血症和二氧化碳潴留的程度,肺功能测定可了解肺功能障碍的程度和类型,胸部 X 线、CT 检查有助于病因诊断。

【常见护理诊断／问题】

1. 气体交换受损　与呼吸道痉挛、呼吸面积减少及换气功能障碍有关。
2. 活动无耐力　与呼吸功能受损导致的机体缺氧状态有关。

【护理目标】

病人呼吸困难减轻或消失;活动耐力逐渐提高。

【护理措施】

（一）气体交换受损

1. 一般护理

（1）休息与活动:保持病室环境安静舒适,空气清新,温度、湿度适宜,避免刺激性气体吸入。哮喘病人室内应避免尘螨、花粉、动物毛屑等变应原。大量胸腔积液者取患侧卧位。

（2）氧疗护理:合理氧疗是纠正缺氧、缓解呼吸困难最有效的措施,应根据呼吸困难类型和程度进行合理氧疗或机械通气。缺氧不伴二氧化碳潴留者,可用一般流量（2～4L/min）面罩给氧;低氧血症严重者,短时间内可高流量（4～6L/min）吸氧;缺氧伴二氧化碳潴留者,应持续低流量（1～2L/min）鼻导管或鼻塞法给氧。

2. 病情观察　监测呼吸频率、节律和深度,判断呼吸困难类型及程度;观察口唇、甲床颜色,判断缺氧程度;监测动脉血气分析和血氧饱和度,协助调整治疗方案、判断预后。

3. 保持呼吸道通畅　协助病人清除呼吸道分泌物及异物,指导病人正确使用支气管扩张药以及时缓解支气管痉挛造成的呼吸困难,必要时需建立人工气道以保证气道通畅。

4. 用药护理　遵医嘱应用支气管扩张药、呼吸兴奋剂等,观察药物疗效及不良反应。

5. 心理护理　对病人进行心理安慰,增加巡视次数,以缓解其紧张情绪。病人烦躁时设法分散其注意力,指导病人做深而慢的呼吸,以缓解症状。

（二）活动无耐力

1. 一般护理　保证病人充分休息,协助病人取舒适体位,对于严重呼吸困难不能平卧者,可采取半坐卧位或坐位身体前倾,同时用枕头或床旁桌等支撑物增加病人的舒适度。

2. 呼吸训练　指导慢性阻塞性肺疾病病人做腹式呼吸和缩唇呼吸训练,防止小气道过早陷闭,有利于肺内气体排出。详见本章第三节"慢性支气管炎和慢性阻塞性肺疾病病人的护理"。

3. 提高活动耐力　与病人协商制订日间休息与活动计划,以不感觉疲乏为宜。如病情允许,可有计划地逐渐增加每天活动量并鼓励病人尝试一些适宜的有氧运动,如室内走动、室外散步、快走、慢跑、太极拳、体操等,以逐步提高肺活量和活动耐力。

【护理评价】

病人呼吸困难是否减轻;活动耐力是否逐渐增加。

三、咯　血

咯血(hemoptysis)是指喉及喉以下呼吸道及肺组织的血管破裂导致的出血,并经咳嗽动作从口腔排出。咯血主要由呼吸系统疾病引起,也见于循环系统疾病及血液病、某些急性传染病及风湿性疾病等。在我国,引起咯血的前三位病因依次是肺结核、支气管扩张症和支气管肺癌。

【护理评估】

(一)健康史

评估病人有无下列病史:①呼吸系统疾病,如肺结核、支气管扩张症、支气管肺癌、肺炎等。②心血管疾病,如二尖瓣狭窄、左心衰竭等。③全身疾病,如急性白血病、特发性血小板减少性紫癜、肾综合征出血热、系统性红斑狼疮等。

(二)身体状况

1. 咯血的特点

(1)年龄:青壮年咯血常见于肺结核、支气管扩张、二尖瓣狭窄等;40岁以上有长期吸烟史者,应高度警惕支气管肺癌的可能。

(2)咯血量:根据咯血量分为痰中带血、小量咯血(<100ml/d)、中等量咯血(100～500ml/d)、大量咯血(>500ml/d,或一次>300ml)。大咯血主要见于空洞性肺结核、支气管扩张症和慢性肺脓肿;支气管肺癌少有大咯血,主要表现为痰中带血;慢性支气管炎和支原体肺炎也可出现痰中带血或血性痰,但常伴有剧烈咳嗽。

(3)窒息表现:若大咯血时,病人出现情绪紧张、面色灰暗、胸闷及咯血不畅等,往往为窒息的先兆,应予警惕。若病人出现表情惊恐、张口瞪目、双手乱抓、大汗淋漓、唇指发绀、意识丧失甚至心跳、呼吸停止,提示窒息发生。

2. 伴随症状　伴发热、脓痰,见于肺结核、肺炎、肺脓肿及支气管扩张症等;伴呼吸困难、胸痛,常见于肺炎、肺结核、支气管肺癌、肺梗死及二尖瓣狭窄等;突发胸痛和呼吸困难,而后出现咯血者,应警惕肺血栓栓塞;伴皮肤黏膜出血者,常见于血液病及钩端螺旋体病、肾综合征出血热等;伴杵状指,常见于支气管扩张症、肺脓肿及支气管肺癌等。

（三）心理－社会状况

病人初次咯血时，大多数出现紧张、烦躁和恐慌情绪。若大咯血或并发窒息，病人及家属可产生极度恐惧心理。

（四）辅助检查

血液检查、痰液检查、胸部 X 线检查、CT 检查、动脉血气分析、纤维支气管镜检查、心电图检查等有助于明确病因。

【常见护理诊断／问题】

1. 恐惧　与突然咯血或咯血反复发作有关。

2. 有窒息的危险　与大咯血引起气道阻塞有关。

【护理目标】

病人恐惧情绪缓解；无窒息发生。

【护理措施】

（一）恐惧

对大咯血精神异常紧张的病人，应做好心理护理。条件允许时护士应守护在病人床旁，安慰病人，说明情绪放松有利于止血，叮嘱病人大咯血时不能屏气，以免诱发喉头痉挛、血液引流不畅形成血块导致窒息。

（二）有窒息的危险

1. 一般护理

（1）休息与活动：病室内保持安静，避免不必要的交谈，以减少肺活动度。小量咯血者应卧床休息，大咯血病人需绝对卧床休息，减少翻动。协助病人取患侧卧位，出血部位不明者取平卧位头偏向一侧，有利于健侧肺通气或防止窒息，对肺结核病人可防止病灶扩散。

（2）饮食护理：大咯血者暂禁食，小量咯血者宜进少量温凉流质饮食，多饮水，多食富含纤维素的饮食，避免刺激性食物，保持排便通畅。

2. 病情观察　密切观察病人咯血的量、次数及速度，定时监测血压、脉搏、呼吸、心率、瞳孔及意识变化。一旦发现窒息，立即报告医生并协助抢救。

3. 治疗配合

（1）用药护理：①止血药物：遵医嘱使用止血药物，注意观察疗效及不良反应。大咯血病人使用垂体后叶素时，要控制滴速。用药过程中需注意观察有无恶心、便意感、面色苍白、心悸、腹痛及腹泻等不良反应。高血压、冠心病、心力衰竭和妊娠者禁用。②镇静剂：对烦躁不安者，遵医嘱适当选用镇静剂，如地西泮 5～10mg 肌内注射，禁用吗啡、哌替啶，以免抑制呼吸。③止咳药物：剧烈咳嗽者，遵医嘱予以小剂量止咳剂。年老体弱、肺功能不全者慎用，以免抑制咳嗽反射，使血块不能咯出而发生窒息。

（2）窒息的抢救配合：立即置病人头低足高 45° 俯卧位，脸侧向一边，轻拍背部以利于血块排出。迅速清除口腔、鼻腔内的血凝块，或迅速用吸引器插入气管内抽吸，以清除呼吸道内的积血,必要时立即行气管插管或气管镜直视下吸取血块。气管血块清除后病人自主呼吸仍未恢复者,应行人工呼吸,给予高流量吸氧或遵医嘱应用呼吸中枢兴奋剂,同时密切观察病情变化,监测血气分析,警惕再次发生窒息。

【护理评价】

病人恐惧情绪是否缓解;有无窒息发生。

四、胸　　痛

胸痛(chest pain)是指胸部的感觉神经纤维受到某些因素(如炎症、缺血、缺氧、物理和化学因子等)刺激后,冲动传至大脑皮质的痛觉中枢而引起的局部疼痛,主要由胸部疾病所致,少数由其他疾病引起。

【护理评估】

(一)健康史

评估病人有无以下病史:①胸壁疾病,如带状疱疹、肋骨骨折、肋间神经炎等。②呼吸系统疾病,如胸膜炎、胸膜肿瘤、自发性气胸、肺炎和支气管肺癌等。③心血管疾病,如心绞痛、心肌梗死、急性心包炎、主动脉瘤破裂等。④纵隔疾病,如纵隔肿瘤、纵隔脓肿等。⑤其他疾病,如食管炎、食管癌等。

(二)身体状况

1. 胸痛的特点　胸壁病变所致胸痛,疼痛固定于病变部位,且局部有压痛;带状疱疹所致胸痛,沿一侧肋间神经分布,呈刀割样、触电样或烧灼样剧烈疼痛;心绞痛、急性心肌梗死的疼痛多位于胸骨后或心前区,可向左肩和左臂内侧放射,呈压榨样疼痛,有窒息感或濒死感;胸膜炎的疼痛多位于患侧腋下,呈尖锐刺痛,咳嗽或深呼吸时加重;自发性气胸表现为屏气或剧烈咳嗽后突然发生剧烈胸痛;食管病变引起的胸痛多在胸骨后,呈烧灼样疼痛。

2. 伴随症状　胸痛伴咳嗽、咯血者提示肺部疾病,如肺炎、肺结核、支气管肺癌等;胸痛伴呼吸困难者提示肺部大面积病变,如肺梗死、气胸及渗出性胸膜炎等。

(三)心理-社会状况

胸痛剧烈影响病人正常生活、工作和休息,从而引起焦虑、恐惧等不良情绪。

(四)辅助检查

血液检查、痰液检查、胸腔积液检查及心电图、X线、心脏彩超、CT和心肌坏死标志物检查等,可协助胸痛的病因诊断。

【常见护理诊断/问题】

疼痛:胸痛　与病变累及胸膜、肋骨、胸骨及肋间神经等有关。

【护理目标】

病人胸痛减轻或消失。

【护理措施】

1. 一般护理　保持环境安静,根据病情采取舒适的体位。胸膜炎、肺结核病人多采取患侧卧位,可减轻胸痛,有利于健侧肺呼吸。

2. 病情观察　观察胸痛的部位、性质、持续时间,影响胸痛的因素及病人对胸痛的反应;观察胸部体征变化、药物疗效及不良反应,发现异常及时报告医生。

3. 缓解和解除疼痛　①指导病人在咳嗽或深呼吸时用手按压疼痛部位制动,减轻疼痛。②胸痛因活动而加重者可在呼气末用宽胶布(约15cm)固定患侧胸廓,减小呼吸幅度,缓解疼痛。③局部冷湿敷或肋间神经封闭疗法。④对胸痛剧烈者,如癌症引起的胸痛,可遵医嘱应用麻醉性镇静药,观察并记录药物疗效及不良反应。⑤指导病人采用放松疗法,如局部按摩、穴位按压、听音乐等,以转移病人的注意力,使疼痛减轻。⑥心理护理,鼓励病人说出胸痛的感受,认真倾听病人的诉说,给予支持和引导;指导病人调整情绪和转移注意力的技巧,以减轻疼痛及紧张不安感。

【护理评价】

病人胸痛是否减轻或消失。

（江　乙）

第二节　急性呼吸道感染病人的护理

学习目标

1. 具有良好的职业素质和认真负责的工作态度,理解、尊重和关爱病人。
2. 掌握急性呼吸道感染病人的护理评估要点和主要护理措施。
3. 熟悉急性呼吸道感染病人的常见护理诊断/问题。
4. 了解急性呼吸道感染的病因、辅助检查和治疗要点。
5. 学会与急性呼吸道感染病人及家属进行有效沟通,发现并解决常见护理问题,及时准确地开展健康指导。

工作情景与任务

导入情景:

王先生,30岁。3天前淋雨后出现打喷嚏、鼻塞、咳嗽,无痰,未予治疗。昨日咳嗽加剧,咳黏液脓性痰,发热伴乏力,有胸闷感,遂来院就诊,T 38.1℃。查血常规和胸部X线,初步诊断为急性气管支气管炎。

工作任务:

1. 对王先生进行护理评估,列出主要的护理诊断。

2. 对王先生进行健康指导。

一、急性上呼吸道感染

急性上呼吸道感染（acute upper respiratory tract infection）简称上感，是鼻腔、咽或喉部急性炎症的总称。本病发病率高，传染性强，70%～80%是由病毒引起，主要为鼻病毒、冠状病毒、腺病毒、流感病毒、副流感病毒和呼吸道合胞病毒等；细菌感染可直接发生或继发于病毒感染之后，以溶血性链球菌最常见，其次为流感嗜血杆菌、肺炎链球菌和葡萄球菌等。上述病毒、细菌可存在于健康人的上呼吸道，当全身或呼吸道局部防御功能低下时，已经存在或外侵的病毒、细菌迅速繁殖而发病。由于病毒类型多，病毒之间无交叉免疫，人体产生的免疫力弱且短暂，故一年内可多次发病，全年均可发生，冬春季多发。年老体弱、有呼吸道慢性炎症者更易发病，少数病人可引起严重并发症。

【护理评估】

（一）健康史

评估病人发病前有无与急性上呼吸道感染病人密切接触史；呼吸道有无慢性炎症；有无受凉、淋雨、气候突变及过度疲劳等诱因。

（二）身体状况

1. 普通感冒　又称急性鼻炎，俗称"伤风"，以鼻咽部的炎症为主。起病较急，开始有咽干、喉痒、打喷嚏、鼻塞及流清水样鼻涕，2～3天后鼻涕变稠，可伴咽痛、流泪及声音嘶哑，如引起咽鼓管炎可致听力减退。一般无发热或仅有低热、轻度头痛、全身不适。体检可见鼻腔黏膜充血、水肿及分泌物，咽部轻度充血。

2. 以咽喉炎为主要表现的上呼吸道感染

（1）急性病毒性咽炎和喉炎：以咽喉部炎症为主。急性病毒性咽炎表现为咽部发痒和灼热感，咽痛轻且短暂，可伴有发热及乏力等。体检可见咽部充血、水肿，颌下淋巴结肿大伴触痛。急性病毒性喉炎表现为声音嘶哑、说话困难、咳嗽时咽喉疼痛，可伴发热或咽炎。护理体检可见喉部充血、水肿，局部淋巴结肿大伴触痛。

（2）急性疱疹性咽峡炎：表现为明显咽痛、发热。体检可见咽部充血，软腭、悬雍垂、咽及扁桃体表面有灰白色疱疹及浅表溃疡，周围有红晕。多见于儿童，夏季多发，病程约为1周。

（3）急性咽结膜炎：表现为发热、咽痛、畏光及流泪，咽部及结膜明显充血。常发生于夏季，常通过游泳传播，儿童多见。

（4）急性咽－扁桃体炎：由细菌感染引起。起病急，咽痛明显，畏寒、发热，体温超过39℃，伴头痛、乏力、食欲减退、恶心、呕吐及全身肌肉酸痛。体检可见咽部明显充血，扁桃体肿大，表面有脓性分泌物，颌下淋巴结肿大伴触痛。

3. 并发症　上呼吸道感染如未经及时恰当的治疗，可并发急性鼻窦炎、中耳炎及急性气管支气管炎等。部分病人可继发溶血性链球菌引起的风湿热、肾小球肾炎等,少数病人可并发病毒性心肌炎。

（三）心理－社会状况

病人因发热等症状导致情绪低落,或因发生并发症而焦虑。也有少数病人对疾病抱无所谓态度,不及时就诊而延误病情。

（四）辅助检查

1. 血液检查　病毒感染时白细胞计数多为正常或偏低,淋巴细胞比例升高。细菌感染时,白细胞计数和中性粒细胞增高,可有核左移现象。

2. 病原学检查　主要采用咽拭子进行微生物检测。病毒分离、血清学检查和细菌培养等可明确病原体;药物敏感试验可指导临床用药。

（五）治疗要点

目前尚无特效抗病毒药物,以对症治疗为主,辅以中医治疗,防治继发细菌感染。①对症治疗:头痛、发热、全身肌肉酸痛者可给予解热镇痛药,如对乙酰氨基酚、布洛芬等;鼻塞可用 1% 麻黄碱滴鼻;频繁打喷嚏、流涕,给予抗过敏药,如马来酸氯苯那敏(扑尔敏)等;咽痛时口含清咽滴丸或雾化治疗;干咳明显者可用喷托维林等镇咳药。②抗生素治疗:普通感冒不需要使用抗生素,确定有细菌感染者可选用抗生素治疗。③抗病毒药物治疗:存在免疫缺陷的病毒感染者,可考虑早期应用抗病毒药物,如奥司他韦和利巴韦林等。④中医治疗:可选用具有清热解毒和抗病毒作用的中药。

【常见护理诊断/问题】

1. 舒适的改变:鼻塞、流涕、咽痛、头痛　与病毒或细菌感染有关。
2. 体温过高　与病毒或细菌感染有关。

【护理措施】

（一）一般护理

1. 休息与活动　保持病室内温度、湿度适宜和空气流通。病情较重者以卧床休息为主。

2. 饮食护理　选择清淡、富含维生素、易消化的食物,并保证足够热量。发热者应适当增加饮水量。

3. 口腔护理　进食后漱口或按时给予口腔护理,防治口腔感染。

（二）病情观察

观察病人生命体征及主要症状,尤其是体温、咽痛、咳嗽等变化。

（三）对症护理

高热伴头痛者,应进行物理降温,必要时遵医嘱使用药物降温。病人出汗后应及时更换内衣和被褥,保持皮肤清洁和干燥,注意保暖。

（四）用药护理

遵医嘱用药,并注意观察药物的疗效及不良反应。马来酸氯苯那敏(扑尔敏)有头晕、嗜睡等不良反应,宜指导病人在睡前服用,并告知驾驶员和高空作业者应避免使用。

（五）心理护理

多与病人交谈,告知病人本病预后良好,耐心解答病人的提问,缓解病人的焦虑情绪。

（六）健康指导

1. 疾病预防指导　指导病人生活规律、劳逸结合、坚持适当的体育活动,以增强体质,提高抵抗力。保持室内空气流通,避免受凉、过度疲劳等感染诱因。在疾病高发季节少去公共场所。

2. 疾病知识指导　注意隔离病人,减少探视,采取适当措施避免本病传播,防止交叉感染。注意多休息,多饮水,并遵医嘱用药。出现下列情况应及时就诊:①经药物治疗后症状不缓解。②出现耳鸣、耳痛、外耳道流脓等中耳炎症状。③恢复期出现胸闷、心悸、眼睑水肿、腰痛或关节痛者。

二、急性气管支气管炎

急性气管支气管炎(acute tracheobronchitis)是由生物、理化因素刺激或过敏等因素引起的急性气管、支气管黏膜炎症。临床主要症状包括咳嗽、咳痰。常发生于寒冷季节或气候突变时,也可由上呼吸道感染迁延不愈所致。病毒或细菌感染是本病最常见的病因。近年来支原体和衣原体感染明显增加,在病毒感染的基础上继发细菌感染亦较多见。

【护理评估】

（一）健康史

评估病人有无急性上呼吸道感染病人接触史,有无受凉,过度劳累,吸入刺激性气体或烟雾、粉尘和变应原等。

（二）身体状况

起病较急,常先有鼻塞、流涕、咽痛、声音嘶哑等上呼吸道感染症状,继而出现咳嗽、咳痰,病初为干咳或咳少量黏液痰,2~3天后痰量增多,偶有痰中带血。全身症状一般较轻,可有低度或中度发热伴乏力等,多在3~5天后恢复正常。伴支气管痉挛者,可有胸闷、气急。部分病人体检发现两肺呼吸音粗,可闻及散在干、湿啰音。支气管痉挛时可闻及哮鸣音。

（三）心理-社会状况

由于起病急,咳嗽、咳痰等症状明显,病人可出现紧张、焦虑等心理反应。

（四）辅助检查

病毒感染时,白细胞计数多为正常;细菌感染较重时,白细胞计数和中性粒细胞增高。痰涂片或培养可发现致病菌。胸部X线检查多无异常,或仅有肺纹理增强。

（五）治疗要点

1. 病因治疗　避免吸入粉尘和刺激性气体。有细菌感染证据时可使用抗生素治疗,首选青霉素类和新大环内酯类药物,也可选头孢菌素类或喹诺酮类药物,以口服给药为主,必要时可注射给药。

2. 对症治疗　①止咳、祛痰:剧烈干咳者,用右美沙芬、喷托维林镇咳;对有痰者不宜给可待因等强力镇咳药,痰液黏稠不易咳出时可用盐酸氨溴索、溴已新、复方氯化铵合剂,还可选用具有祛痰和镇咳作用的复方甘草合剂,或雾化祛痰,也可选用其他中成药止咳祛痰。②平喘:伴支气管痉挛者,可给予氨茶碱、β_2 受体激动药治疗。③发热:可用解热镇痛药对症处理。

【常见护理诊断 / 问题】

1. 清理呼吸道无效　与呼吸道感染、痰液黏稠有关。

2. 气体交换受损　与过敏、炎症引起支气管痉挛有关。

【护理措施】

（一）一般护理

1. 休息与活动　保持病室内空气流通和温、湿度适宜,咳嗽症状重或伴发热时应卧床休息。

2. 饮食护理　给予高蛋白、富含维生素、清淡易消化饮食,避免刺激性食物。鼓励病人多饮水。

（二）病情观察

密切观察病人咳嗽程度和痰液的量及性状,痰液是否易于咳出,有无痰中带血、胸痛及呼吸困难;监测体温变化。

（三）对症护理

指导病人有效咳嗽、排痰的技巧,保持气道通畅,护理措施详见本章第一节"一、咳嗽与咳痰"。体温超过 39℃时给予物理降温,必要时遵医嘱药物降温,用药后 30 分钟观察并记录降温效果;体温下降出汗时,及时更换衣服,避免受凉。

（四）用药护理

应用解热镇痛药者,应注意避免大量出汗,及时补充液体,以防引起虚脱;应用青霉素、头孢菌素前,应详细询问有无过敏史,过敏者禁用此类药物;静脉注射红霉素速度不宜过快、浓度不宜过高,以免引起注射部位疼痛或静脉炎。应用止咳、祛痰、平喘药物者,观察药物作用和不良反应。

（五）心理护理

向病人介绍疾病有关知识,告知病人本病预后良好,消除病人的顾虑,缓解其紧张心理。

（六）健康指导

1. 疾病预防指导　向病人和家属讲解本病病因和诱因,指导病人坚持冷水洗脸或面部按摩,适当运动,增强体质;避免受凉、过度劳累等诱因,尽量勿到公共场合,以防交叉感染。

2. 疾病知识指导　指导病人多休息,避免劳累;选择富含维生素、清淡、易消化的食物,多饮水;按医嘱用药,病情变化时及时就诊。

（江 乙）

第三节　慢性支气管炎和慢性阻塞性肺疾病病人的护理

学习目标

1. 具有良好的综合素质和认真负责的工作态度,理解、尊重和关爱病人。
2. 掌握慢性支气管炎和慢性阻塞性肺疾病病人的身心状况和主要护理措施。
3. 熟悉慢性支气管炎和慢性阻塞性肺疾病的辅助检查、治疗要点及病人的常见护理诊断/问题。
4. 了解慢性支气管炎和慢性阻塞性肺疾病病人的护理目标和护理评价。
5. 学会指导病人正确实施呼吸功能锻炼和长期家庭氧疗;能正确进行慢性支气管炎和慢性阻塞性肺疾病病人的健康指导。

工作情景与任务

导入情景:

孙先生,70岁。有吸烟史35年,每天吸烟一至两包,20年来反复咳嗽、咳痰,每年持续2~3个月,近7年出现呼吸困难并逐渐加重。1周前受凉后出现呼吸急促,口唇发绀,呼吸困难明显加重,伴发热、咳嗽加剧,痰液黏稠不易咳出,家人陪伴来医院就诊,T 38.5℃,P 105次/min,R 26次/min,BP 130/80mmHg。行血常规和胸部X线检查,入院初步诊断为慢性支气管炎、慢性阻塞性肺疾病。

工作任务:

1. 对孙先生进行护理评估,列出主要的护理诊断。
2. 监测孙先生的病情变化。
3. 指导孙先生有效排痰,对孙先生进行健康指导。

一、慢性支气管炎

慢性支气管炎(chronic bronchitis)简称慢支,是指气管、支气管黏膜及其周围组织的慢性非特异性炎症。临床上以咳嗽、咳痰为主要症状,或有喘息,每年发病持续3个月或更长时间,连续2年或2年以上,并排除具有咳嗽、咳痰、喘息症状的其他疾病。

慢性支气管炎的病因尚不完全清楚,可能是多种环境因素与机体自身因素长期相互作用的结果。吸烟、职业粉尘和化学物质、空气污染、感染因素、气候变化及免疫功能紊乱、气道高反应、年龄增大等环境因素和机体因素均与慢性支气管炎的发生和发展有关。

【护理评估】

（一）健康史

评估病人有无下列病史：①吸烟，是最重要的环境发病因素。②理化因素，如接触职业粉尘和化学物质（如烟雾、变应原、工业废气及室内空气污染等）及大气污染中的有害气体（如二氧化硫、二氧化氮、氯气等）。③感染，如病毒感染、支原体感染、细菌感染等。④其他因素，如免疫功能紊乱、气道高反应等。

（二）身体状况

1. 症状　缓慢起病，病程长，反复急性发作而使病情加重。主要症状为咳嗽、咳痰，或伴有喘息。长期、反复、逐渐加重的咳嗽是慢性支气管炎最突出的表现。

（1）咳嗽：一般以晨间咳嗽为主，睡眠时有阵咳或排痰。

（2）咳痰：一般为白色黏液痰或浆液性泡沫样痰，偶见痰中带血。清晨排痰较多，起床或体位变动可刺激排痰。

（3）喘息或气急：喘息明显者称为喘息性支气管炎，部分可能并发支气管哮喘。若伴肺气肿时可表现为劳动或活动后气急。

2. 体征　早期多无明显体征。急性发作期可在背部或肺底听到干、湿啰音，咳嗽后可减少或消失。如伴发哮喘可闻及广泛哮鸣音和呼气延长。

3. 并发症　阻塞性肺气肿、支气管肺炎、支气管扩张症等。

（三）心理－社会状况

因患病时间长、病情反复发作、疗效不显著、经济负担较重等因素，病人易出现焦虑、抑郁等心理状态。长期患病还可影响病人的生活与工作，常使焦虑等不良情绪加重。

（四）辅助检查

1. X线检查　早期无异常，反复发作者表现为肺纹理增粗、紊乱，呈网状或条索状、斑点状阴影，以双下肺野明显。

2. 肺功能检查　早期无异常。如有小气道阻塞时，最大呼气流速－容量曲线在75%和50%肺容量时，流速明显降低。

3. 血液检查　细菌感染时偶可出现白细胞总数和/或中性粒细胞增高。

4. 痰液检查　可培养出致病菌。涂片可发现革兰氏阳性菌或革兰氏阴性菌。

（五）治疗要点

1. 急性加重期治疗　治疗原则为控制感染、镇咳祛痰、平喘。①控制感染：可口服抗生素，病情严重时可静脉给药，如左氧氟沙星、罗红霉素、阿莫西林等。②镇咳祛痰：用复方甘草合剂或复方氯化铵合剂；干咳为主者可用右美沙芬或其合剂。③平喘：有气喘者可加用支气管扩张药，如氨茶碱或茶碱控释片，也可雾化吸入 β_2 肾上腺素受体激动药，如沙丁胺醇等。

2. 缓解期治疗　戒烟，避免吸入有害气体和其他有害颗粒。反复呼吸道感染者应用免疫调节药或中医中药治疗，如流感疫苗、卡介苗多糖核酸、胸腺肽等。

【常见护理诊断/问题】

1. 清理呼吸道无效　与呼吸道分泌物增多、痰液黏稠有关。

2. 潜在并发症:阻塞性肺气肿、支气管扩张症。

【护理目标】

病人能有效咳痰,保持气道通畅;并发症得到有效防治。

【护理措施】

1. 一般护理　给予高热量、高蛋白、富含维生素、低脂、易消化饮食为宜。多饮水,每天不少于1 500ml,以保持呼吸道黏膜湿润,有助于痰液稀释排出。

2. 病情观察　观察咳嗽、咳痰的情况;痰液的颜色、量及性状,咳痰是否顺畅;有无喘息。

3. 对症护理　保持呼吸道通畅,指导病人有效排痰,护理措施详见本章第一节"一、咳嗽与咳痰"。

4. 用药护理　注意观察抗生素、镇咳祛痰药物、平喘药物的疗效和不良反应。

5. 心理护理　向病人介绍本病的演变过程及预后,帮助病人树立战胜疾病的信心。

6. 健康指导　向病人及家属解释本病的发生、发展过程及导致疾病加重的因素。告知病人戒烟是防治本病的重要措施;嘱病人注意防寒、保暖,防治呼吸道感染;改善环境卫生,加强劳动保护,避免吸入烟雾、粉尘和刺激性气体;在呼吸道传染病流行期间,尽量少去公共场所。嘱咐病人遵照医嘱用药,教会病人及家属观察药物不良反应。告知病人一旦病情加重应立即就诊。

【护理评价】

病人咳嗽有无减轻,痰量是否减少,痰液是否易于排出;并发症是否得到有效防治。

二、慢性阻塞性肺疾病

慢性阻塞性肺疾病(chronic obstructive pulmonary diseases,COPD)简称慢阻肺,是一种常见的、可以预防和治疗的疾病,其特征是持续存在的呼吸系统症状和气流受限,通常与显著暴露于有害颗粒或气体引起的气道和/或肺泡异常有关。气流受限不完全可逆,呈进行性发展,可导致慢性肺源性心脏病、慢性呼吸衰竭等严重临床过程。在我国,慢阻肺的患病率40岁以上人群为13.7%,慢阻肺是导致慢性呼吸衰竭和慢性肺源性心脏病最常见的病因,约占全部病例的80%。

慢阻肺与慢性支气管炎和肺气肿有密切关系。肺气肿(emphysema)是指肺部终末细支气管远端气腔出现异常持久的扩张,并伴有肺泡和细支气管的破坏,而无明显的肺纤维化。当慢性支气管炎和肺气肿病人肺功能检查出现持续气流受限时,则能诊断为慢阻肺;如病人只有慢性支气管炎和肺气肿,而无持续气流受限,则不能诊断为慢阻肺。

本病的病因与慢性支气管炎相似,可能是多种环境因素与机体自身因素长期相互作用的结果。本病的发病机制主要包括炎症机制、蛋白酶－抗蛋白酶失衡机制、氧化应激机制以及自主神经功能失调等。上述机制共同作用,最后产生小气道病变和肺气肿病变,导致慢阻肺特征性的持续性气流受限。

【护理评估】

（一）健康史

评估病人有无慢性支气管炎病史;有无长期吸烟史;了解病人职业性质、工作环境及生活环境中有无接触职业粉尘和化学物质等。

（二）身体状况

1. 症状　起病缓慢,病程较长。主要症状包括:

（1）慢性咳嗽、咳痰:多数病人有慢性咳嗽、咳痰等慢支症状,随病程发展可终身不愈。

（2）气短或呼吸困难:进行性加重的呼吸困难是慢阻肺的标志性症状。早期在较剧烈活动时出现,后逐渐加重,日常活动甚至休息时也感到气短。

（3）喘息和胸闷:部分病人特别是重度病人或急性加重时出现喘息。

（4）其他:晚期病人常出现体重下降、食欲减退等症状。

2. 体征　早期可无明显体征,肺气肿时视诊可见桶状胸;触觉语颤减弱;叩诊呈过清音;肺下界和肝浊音界下移;听诊两肺呼吸音减弱,呼气延长,心音遥远,合并呼吸道感染时可出现干、湿啰音。

3. 分期　慢阻肺按病程可分为急性加重期和稳定期。急性加重期指在短期内咳嗽、咳痰、气短和/或喘息加重、脓痰量增多,可伴发热等症状;稳定期病人咳嗽、咳痰及气短等症状稳定或轻微。

4. 并发症　可并发慢性呼吸衰竭、自发性气胸、慢性肺源性心脏病等。

（三）心理－社会状况

由于长期患病,社会活动减少,经济负担加重,病人易出现紧张和焦虑心理;晚期自理能力下降,若家属对病人的关心和支持不足,会使病人产生悲观厌世、自卑、抑郁等心理。

（四）辅助检查

1. 肺功能检查　对慢阻肺诊断以及评估疾病严重程度、进展状况、预后及治疗反应等有重要意义。①当吸入支气管扩张药后,第一秒用力呼气容积（FEV_1）<80% 预计值,且第一秒用力呼气容积占用力肺活量（FVC)比值（FEV_1/FVC）<70% 者,可确定为不完全可逆的气流受限。②肺总量（TLC)、功能残气量（FRC)和残气量（RV)增高,肺活量（VC)减低,RV/TLC 增高,提示肺过度充气。

2. 影像学检查　早期可无变化,后期可出现肺纹理增粗、紊乱等非特异性改变,并发肺气肿时胸廓前后径增大,肋间隙增宽,膈肌低平,两肺野透亮度增加。

3. 动脉血气分析　对确定是否发生低氧血症、高碳酸血症、酸碱平衡失调以及判断呼吸衰竭的类型有重要价值。

4. 其他　慢阻肺合并细菌感染时,白细胞计数增高,核左移。痰培养可查出病原菌。

（五）治疗要点

1. 稳定期治疗　主要治疗目的是减轻症状,阻止慢阻肺病情发展,缓解或阻止肺功能下降,改善病人的活动能力,提高生活质量,降低死亡率。①教育与管理:其中最重要的是劝导吸烟的病人戒烟,这是减慢肺功能损害最有效的措施。②药物治疗:支气管扩张药、祛痰药、糖皮质激素等。③长期家庭氧疗:对严重夜间低氧血症的病人可实施夜间无创机械通气。

2. 急性加重期治疗　①首先确定导致病情加重的原因。②抗生素:根据常见或确定的病原菌种类及药敏试验结果选用抗生素;病情轻者可用阿莫西林、头孢唑肟、左氧氟沙星等口服治疗;病情较重者可用β-内酰胺类抗生素、大环内酯类抗生素和喹诺酮类抗生素,一般多为静脉滴注给药。③支气管扩张药:同稳定期治疗,有严重喘息者可给予较大剂量沙丁胺醇雾化吸入治疗。④糖皮质激素:可考虑泼尼松龙或甲泼尼龙。⑤其他:对低氧血症者给予吸氧,对于并发较严重呼吸衰竭的病人可酌情使用机械通气。

【常见护理诊断/问题】

1. 气体交换受损　与气道阻塞、通气不足、分泌物过多、呼吸肌疲劳和肺泡呼吸面积减少有关。

2. 清理呼吸道无效　与分泌物增多且黏稠、气道湿度降低和无效咳嗽有关。

3. 活动无耐力　与疲劳、呼吸困难、氧供与氧耗失衡有关。

4. 焦虑　与健康状况的改变、病情危重、经济负担加重等有关。

5. 营养失调:低于机体需要量　与食欲降低、摄入减少、呼吸困难、痰液增多有关。

6. 潜在并发症:慢性呼吸衰竭、自发性气胸、慢性肺源性心脏病。

【护理目标】

病人呼吸困难减轻或消失;能有效排痰,保持气道通畅;活动耐力增加;情绪稳定;营养状况改善;并发症得到有效防治。

【护理措施】

（一）一般护理

1. 休息与活动　中度以上慢阻肺急性加重期应以卧床休息为主,协助病人采取舒适体位;呼吸困难严重者,取半坐卧位或坐位。保持室内温、湿度适宜。稳定期病人活动量以不引起疲劳、不加重症状为度。

2. 饮食护理　给予高热量、高蛋白、富含维生素、清淡易消化饮食,避免进食产气食物,如豆类、碳酸饮料、马铃薯等,避免过饱。进餐后不宜立即平卧,以免加重呼吸困难。

3. 氧疗护理　遵医嘱给予氧气吸入,一般采用鼻导管持续低流量(1～2L/min)吸氧,避免吸入高浓度氧而引起二氧化碳潴留。提倡长期家庭氧疗,氧疗有效指标为病人呼吸困难减轻、呼吸频率减慢、发绀减轻、心率减慢、活动耐力增加。

（二）病情观察

观察病人咳嗽、咳痰的情况,痰液的颜色、量及性状;观察呼吸困难的严重程度、与活动的关系、有无进行性加重;观察呼吸的频率、节律、幅度及其变化特点;观察病人有无并发症;监测动脉血气分析和水、电解质、酸碱平衡情况。

（三）对症护理

1. 保持呼吸道通畅　对于痰多黏稠、气道湿度降低或咳嗽无力者,可酌情采用气道湿化、指导有效咳嗽、胸部叩击等方法,促进呼吸道分泌物排出。详见本章第一节"一、咳嗽与咳痰"。

2. 呼吸功能锻炼　慢阻肺病人常通过加强胸式呼吸、增加呼吸频率来代偿呼吸困难,而胸式呼吸的效能低于腹式呼吸,病人容易产生疲劳。因此护士应指导稳定期病人进行腹式呼吸和缩唇呼吸,以加强膈肌运动,提高支气管内压,提高通气量,延缓小气道过早陷闭,有利于肺泡气体排出。

（1）腹式呼吸:病人取立位、平卧位或半坐卧位。左右手分别放在上腹部和前胸,全身肌肉放松。吸气时,用鼻缓慢吸入气体,同时放松腹肌,腹部凸出,手感到腹壁向上抬起。呼气时经口呼出,收缩腹肌,膈肌随腹腔内压增加而上抬,推动肺内气体排出,手感到腹壁下降(图2-3)。

（2）缩唇呼吸:主要目的是通过缩唇形成的微阻力来延长呼气时间,增加气道压力,延缓气道塌陷。病人闭嘴经鼻吸气,然后通过缩唇(吹口哨样)缓慢呼气,同时收缩腹部(图2-4)。缩唇大小程度与呼气流量以能使距口唇15～20cm处、与口唇等高水平的蜡烛火焰随气流倾斜又不至于熄灭为宜。吸与呼时间之比为1:2或1:3。

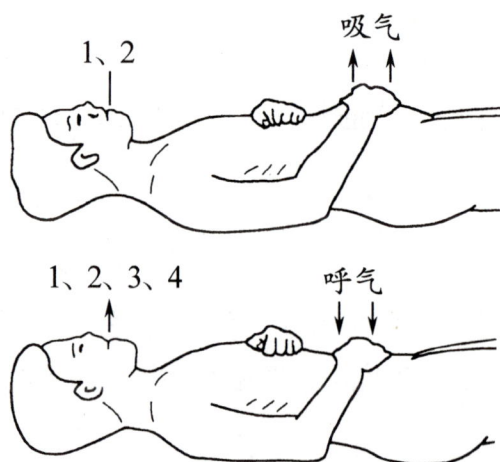

图2-3　腹式呼吸方法　　　　　　图2-4　缩唇呼吸方法

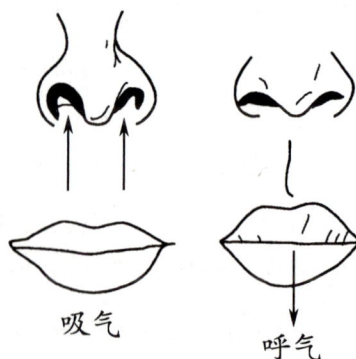

3. 并发气胸的护理　若病人突然出现胸痛、咳嗽、呼吸困难加重,提示自发性气胸,应立即安置病人卧床休息,血压平稳者取半坐卧位;遵医嘱吸氧;协助医生做好胸腔抽气或胸腔闭式引流的准备和配合。

（四）用药护理

遵医嘱应用抗生素、支气管扩张药、祛痰药等,注意观察药物疗效和不良反应。避免随意使用止咳药、安眠药、镇静药等,以免抑制呼吸和咳嗽反射。

（五）心理护理

详细了解病人对疾病的态度,关心体贴病人,寻找并去除产生紧张和焦虑等不良情绪的原因;教会病人缓解焦虑的方法,如听音乐、下棋、参与娱乐活动等;积极协助病人取得家庭和社会的支持,树立战胜疾病的信心。

（六）健康指导

1. 疾病预防指导　指导病人避免病情加重的因素,告知病人戒烟是预防慢阻肺的重要措施;改善环境卫生,加强劳动保护,避免有害气体或粉尘、通风不良的烹饪环境或燃料烟雾的吸入。嘱病人注意防寒、保暖,防治各种呼吸道感染。定期进行肺功能监测,尽可能及早发现 COPD 并及时采取干预措施。

2. 疾病知识指导　教会病人及家属依据呼吸困难与活动之间的关系,判断呼吸困难的严重程度,合理安排工作和生活。使病人了解康复锻炼的意义,发挥病人的主观能动性,根据病人心肺功能和体力情况,制订个体化锻炼计划,如步行、慢跑、气功、太极拳等运动锻炼,有效进行腹式呼吸和缩唇呼吸训练,以改善通气和增加有效呼吸。在呼吸道传染病流行期间,避免到人群密集的公共场所;潮湿、大风、严寒时减少室外活动;根据气候变化增减衣服,避免受凉感冒。

3. 生活指导　合理休息与活动,鼓励病人生活自理,避免劳累。宣传摄取足够营养的重要性,鼓励病人摄取高热量、高蛋白、富含维生素的食物,少量多餐,避免产气食物,以免饱胀引起呼吸不畅。鼓励病人进行耐寒锻炼,如冷水洗脸、洗鼻等。

4. 家庭氧疗指导　指导病人和家属做到:①了解吸氧的目的、必要性及注意事项。②注意安全,氧疗装置周围严禁烟火,防止氧气燃烧爆炸。③氧疗装置定期更换、清洁和消毒。

5. 病情监测指导　指导病人和家属进行自我检测,如气促、咳嗽、咳痰等症状明显或出现并发症表现时,及时就医,以防病情恶化。

【护理评价】

病人呼吸困难是否减轻;能否有效排痰;活动耐力是否增加;焦虑等不良情绪是否缓解;食欲和营养状况是否改善;并发症是否得到有效防治。

（江　乙）

第四节　支气管哮喘病人的护理

学习目标

1. 具有高度的责任感、沉着冷静的心理素质和严谨细致的工作态度,珍视生命,尊重和关爱病人。
2. 掌握支气管哮喘病人的身心状况和主要护理措施。
3. 熟悉支气管哮喘发病的危险因素、辅助检查、治疗要点及病人常见护理诊断/问题。
4. 了解支气管哮喘病人的护理目标和护理评价。
5. 学会运用护理程序,发现并解决支气管哮喘病人的常见护理问题,能指导病人正确使用雾化吸入器和发作时紧急处理方法,能有效地进行健康指导。

工作情景与任务

导入情景:

王女士,25 岁,与家人在公园赏花时突然感到胸闷、呼吸困难,口唇发绀,全身大汗淋漓,焦虑不安,急忙来医院就诊。入院初步诊断为支气管哮喘。医嘱:吸氧,沙丁胺醇吸入。

工作任务:

1. 遵医嘱对王女士实施氧疗护理,应用沙丁胺醇,观察药物疗效及不良反应。
2. 指导王女士避免哮喘发作的因素及发作时紧急自我处理方法。

支气管哮喘(bronchial asthma)简称哮喘,是一种以慢性气道炎症和气道高反应为特征的异质性疾病。主要特征是气道慢性炎症,气道对多种刺激因素呈现的高反应性,多变的可逆性气流受限,以及随病程延长而导致的一系列气道结构的改变(气道重构)。临床表现为反复发作的喘息、气急、胸闷或咳嗽等症状,常在夜间及凌晨发作或加重,多数病人可自行缓解或经治疗后缓解。哮喘是世界上最常见的慢性疾病之一,我国成人患病率为1.24%,且呈逐年上升趋势。

哮喘是一种复杂的、具有多基因遗传倾向的疾病,受遗传因素和环境因素双重影响。哮喘的发病机制尚未完全阐明,目前可概括为气道免疫－炎症机制、神经调节机制及其相互作用。气道慢性炎症是导致气道高反应性的重要机制之一,当气道受到变应原或其他刺激后,使气道对各种刺激因子出现过强或过早的收缩反应,称气道高反应性。气道高反应性是哮喘的基本特征。气道高反应性受遗传因素影响,常有家族倾向。此外,神经调节机制失调,如β肾上腺素受体功能低下和迷走神经张力增加,神经源性炎症刺激感觉神经肽的释放,也是哮喘发病的重要环节之一。

【护理评估】

（一）健康史

评估病人有无下列病史：

1. 遗传因素　哮喘发病具有家族集聚现象,亲缘关系越近患病率越高。

2. 环境因素　①变应原性因素,如室内变应原(尘螨、家养宠物、蟑螂)、室外变应原(花粉、草粉)、职业变应原(油漆、活性染料)、食物(鱼、虾、蛋类、牛奶)、药物(阿司匹林、抗生素)。②非变应原性因素,如大气污染、吸烟、缺乏运动、肥胖等。

（二）身体状况

1. 症状　发作前常有先兆症状,如鼻及眼睑发痒、干咳、打喷嚏、流泪等。典型症状为发作性伴哮鸣音的呼气性呼吸困难,可伴有气促、胸闷或咳嗽。症状可在数分钟内发作,持续数小时至数天,经平喘药物治疗后缓解或自行缓解。夜间及凌晨发作或加重是哮喘的重要临床特征。此外,还有以咳嗽为唯一症状的不典型哮喘,称为咳嗽变异性哮喘(CVA);以胸闷为唯一症状的不典型哮喘,称为胸闷变异性哮喘(CTVA);有些病人尤其是青少年,其哮喘症状在运动时出现,称为运动性哮喘。

2. 体征　发作时典型的体征为双肺可闻及广泛的哮鸣音,呼气音延长。但非常严重的哮喘发作时,哮鸣音反而减弱,甚至完全消失,表现为"沉默肺",是病情危重的表现。非发作期体检可无异常发现,故未闻及哮鸣音,不能排除哮喘。

3. 并发症　严重发作时可并发气胸、纵隔气肿、肺不张;长期反复发作或感染可并发慢阻肺、支气管扩张症和慢性肺源性心脏病等。

4. 哮喘的分期　支气管哮喘可分为急性发作期、慢性持续期和临床缓解期。

（1）急性发作期:指喘息、气急、胸闷或咳嗽等症状突然发生或症状加重,常伴有呼气流量降低,多因接触变应原等刺激物或治疗不当所致。哮喘急性发作时其程度轻重不一,病情加重时可在数小时或数天内出现,偶尔可在数分钟内即危及生命,故应对病人作出正确评估并及时治疗。急性发作时严重程度可分为轻度、中度、重度和危重4级。

（2）慢性持续期:指病人虽然没有哮喘急性发作,但在相当长的时间内仍有不同频度和不同程度的喘息、咳嗽、胸闷等症状,可伴有肺通气功能下降。

（3）临床缓解期:指病人无喘息、气急、胸闷、咳嗽等症状,并维持1年以上。

（三）心理-社会状况

哮喘发作时出现呼吸困难、濒死感,易导致病人焦虑甚至恐惧。若哮喘持续发作,易对家属、医护人员或解痉平喘药物产生依赖心理。哮喘缓解后,病人常担心哮喘复发、不能痊愈而影响工作和生活;由于病情反复发作,需长期治疗而加重经济负担,病人易产生悲观情绪。

（四）辅助检查

1. 痰液检查　痰涂片可见嗜酸性粒细胞增多（>2.5%）。

2. 肺功能检查　①通气功能检测：哮喘发作时呈阻塞性通气功能障碍。第一秒用力呼气容积（FEV_1）、第一秒用力呼气容积占用力肺活量（FVC）比值（FEV_1/FVC）以及最高呼气流量峰值（PEF）均下降；肺容量指标可见用力肺活量降低，残气量、功能残气量和肺总量增加。缓解期通气功能指标可逐渐恢复。②支气管激发试验（BPT）：用于测定气道反应性。常用吸入激发剂为醋甲胆碱和组胺，其他激发剂包括变应原、单磷酸腺苷、甘露醇、高渗盐水等，观察指标包括 FEV_1 和 PEF，FEV_1 下降≥20%，为激发试验阳性，提示存在气道高反应性。③支气管舒张试验（BDT）：用于测定气道的可逆性改变。常用吸入支气管扩张药有沙丁胺醇、特布他林。吸入 20 分钟后 FEV_1 较用药前增加≥12%，且其绝对值增加≥200ml，判断结果为阳性，提示存在可逆性的气道阻塞。④呼气流量峰值（PEF）及其变异率测定：用以反映气道通气功能的变化，若昼夜 PEF 变异率≥20%，提示存在气道可逆性的改变。

3. 影像学检查　哮喘发作时胸部 X 线可见两肺野透亮度增加，呈过度充气状态，合并感染时，可见肺纹理增粗和炎性浸润阴影；缓解期多无明显异常。胸部 CT 检查在部分病人可见支气管壁增厚、黏液阻塞。

4. 特异性变应原检测　用可疑变应原进行变应原测试，可寻找变应原，指导脱敏治疗，有助于减少病人对变应原的接触。

5. 动脉血气分析　哮喘发作时，PaO_2 不同程度降低。由于过度通气可使 $PaCO_2$ 下降，pH 上升，表现为呼吸性碱中毒。若病情进一步恶化，可同时出现缺氧和 CO_2 潴留，表现为呼吸性酸中毒。当 $PaCO_2$ 较前增高，即使在正常范围内也要警惕严重气道阻塞的发生。

（五）治疗要点

虽然目前哮喘不能根治，但经过长期规范化治疗和管理，80% 以上的病人可以达到哮喘的临床控制。治疗目的是长期控制症状，预防未来风险的发生，即在使用最小有效剂量药物治疗的基础上或不用药物，能使病人与正常人一样生活、学习和工作。

1. 确定并减少危险因素接触　部分病人能找到引起哮喘发作的变应原或其他非特异刺激因素，使病人脱离并长期避免接触这些危险因素是防治哮喘最有效的方法。

2. 药物治疗

（1）哮喘治疗药物：分为控制性药物和缓解性药物。①控制性药物：又称抗炎药，包括吸入型糖皮质激素（ICS）、白三烯调节药（扎鲁司特、孟鲁司特）、长效 β_2 受体激动药（LABA）、缓释茶碱、色甘酸钠、抗 IgE 抗体和联合药物（如 ICS/LABA）。②缓解性药物：指按需使用的药物，通过迅速解除支气管痉挛从而缓解哮喘症状，亦称解痉平喘药，主要有短效 β_2 受体激动药（SABA）、短效吸入型抗胆碱药（SAMA）、短效茶碱和糖皮质激素。其中糖皮质激素是目前控制哮喘发作最有效的药物，其主要机制为抑制炎性细胞的迁移和活化，抑制炎症介质生成和释放，控制气道慢性非特异性炎症，增强平滑肌 β_2 受体的反应性,可吸入、口服和静脉注射用药。

（2）急性发作期的治疗:急性发作期的治疗目标是尽快缓解气道痉挛,纠正低氧血症,恢复肺功能,以防病情进一步恶化或再次发作,防治并发症。①轻度:经定量雾化吸入器（MDI）吸入SABA,在第1小时内每20分钟吸入1～2喷,随后轻度急性发作可调整为每3～4小时吸入1～2喷。效果不佳时可加缓释茶碱片,或加用短效抗胆碱药气雾剂吸入。②中度:吸入SABA（常用雾化吸入）,第1小时内可持续雾化吸入。联合雾化吸入短效抗胆碱药、激素混悬液,也可联合静脉注射茶碱类药物。③重度及危重度:持续雾化吸入SABA,联合雾化吸入短效抗胆碱药、激素混悬液以及静脉用茶碱药物,吸氧。尽早静脉应用激素。注意维持水、电解质平衡,纠正酸碱失衡。必要时给予机械通气。对所有急性发作的病人都要制订个体化的长期治疗方案。

（3）慢性持续期的治疗:应在评估和监测病人哮喘控制水平的基础上,定期根据长期治疗分级方案做出调整,以维持病人的控制水平。哮喘长期治疗方案分为1、2、3、4、5级。对病人进行健康教育、有效控制环境、避免诱因,要贯穿于哮喘治疗全过程。

3. 免疫治疗　分为特异性和非特异性两种。特异性免疫治疗是指将诱发哮喘发作的特异性变应原（如螨、花粉、猫毛等）配制成各种不同浓度的提取液,通过皮下注射、舌下含服或其他途径给予对该变应原过敏的病人,做定期反复皮下注射,剂量由低至高,以产生免疫耐受性,使病人脱（减）敏,此法又称脱敏疗法。一般需治疗1～2年,若治疗反应良好,可坚持3～5年。非特异性免疫治疗,如注射卡介苗及其衍生物、转移因子、疫苗等,有一定的辅助疗效。

4. 哮喘的教育与管理　哮喘病人的教育与管理是提高疗效、减少复发、提高病人生活质量的重要措施。通过建立良好的护患合作关系,制订个体化的书面计划,指导病人自我监测、自我管理。

【常见护理诊断/问题】

1. 气体交换受损　与支气管痉挛、气道炎症、气道阻力增加有关。

2. 清理呼吸道无效　与支气管黏膜水肿、分泌物增多、痰液黏稠、无效咳嗽有关。

3. 知识缺乏:缺乏正确使用定量雾化吸入器用药和如何避免接触变应原的相关知识。

4. 潜在并发症:纵隔气肿、呼吸衰竭、气胸。

【护理目标】

病人能进行有效呼吸,发绀减轻或消失,呼吸困难缓解;能够进行有效咳嗽,痰液排出顺畅;能正确使用定量雾化吸入器、有效避免接触变应原;并发症得到有效防治。

【护理措施】

（一）一般护理

1. 休息与活动　提供安静、舒适、温湿度适宜的环境,保持室内清洁、空气流通。室内不宜摆放花草,避免使用皮毛、羽绒或蚕丝织物等,避免接触一切可疑变应原。哮喘发作时,协助病人采取舒适的半坐卧位或坐位,对端坐呼吸者提供床旁桌支撑,以减少体力消耗。

2. 饮食护理　发作期病人以清淡、易消化、丰富维生素、足够热量的流质、半流质食物为主,避免进食硬、冷、油腻食物,避免进食易致过敏的食物,如鱼、虾、蟹、蛋类、乳制品等,某些食物添加剂如酒石黄和亚硝酸盐可诱发哮喘发作,也应引起注意。鼓励呼吸明显增快、出汗、痰液黏稠的病人每天饮水 2 500～3 000ml,或遵医嘱静脉补液,以纠正脱水,稀释痰液。戒烟酒。

3. 清洁护理　哮喘发作时,病人常会大量出汗,应每天用温水擦浴,勤换衣服和床单,保持皮肤的清洁、干燥和舒适。协助并鼓励病人咳嗽后用温水漱口,保持口腔清洁。

4. 氧疗护理　重症哮喘病人常伴有不同程度的低氧血症,应遵医嘱给予鼻导管或面罩吸氧,吸氧流量为 1～3L/min,吸氧浓度一般不超过 40%。吸氧时应注意呼吸道湿化,避免干燥、寒冷的气流刺激而导致气道痉挛。在给氧过程中,监测病人意识状态和动脉血气分析,若病人出现意识改变,$PaO_2<60mmHg$,$PaCO_2>50mmHg$ 时,应做好机械通气准备。

（二）病情观察

哮喘常在夜间发作,夜班护士应加强巡视和观察,注意哮喘发作的先兆症状。哮喘发作时,观察病人意识状态,呼吸频率、节律、深度,观察咳嗽情况和痰液颜色、性状、量;是否有辅助呼吸肌参与呼吸运动等,监测呼吸音、哮鸣音的变化,监测动脉血气分析和肺功能情况,了解病情严重程度和治疗效果。夜间和凌晨要加强对急性期病人的监护。

（三）对症护理

指导病人进行有效咳嗽,鼓励病人多饮水,痰液黏稠者可定时给予蒸汽或氧气雾化吸入。协助拍背排痰,以利于痰液排出。上述措施无效者可用负压吸引器吸痰。

（四）用药护理

（1）支气管哮喘的常用药物、用药方法及不良反应:支气管哮喘的用药方法包括定量气雾剂吸入、干粉吸入、持续雾化吸入,也可采用口服或静脉注射。由于吸入法给药,药物直接作用于呼吸道,局部浓度高且作用迅速,全身不良反应小,常为首选用药途径。常用药物不良反应及注意事项见表 2-1。

表 2-1　支气管哮喘常用药物不良反应及注意事项

药物种类	药物名称	不良反应	注意事项
β₂受体激动药	沙丁胺醇 特布他林 福莫特罗 沙美特罗	头痛、心悸、恶心、骨骼肌震颤,长期用药可形成耐药性,使哮喘症状加重	首选吸入法给药,减少全身不良反应;遵医嘱用药,不宜长期、单一、大量使用;宜与吸入激素等抗炎药配伍使用;静脉滴注沙丁胺醇注意控制滴速(2～4μg/min)

药物种类	药物名称	不良反应	注意事项
茶碱类	氨茶碱	恶心、呕吐、心悸、心律失常、血压下降、兴奋呼吸中枢，严重者可抽搐	稀释后缓慢静脉注射，注射时间>10min，以防诱发血压下降、心律失常、心搏骤停；缓（控）释片必须整片吞服，不能嚼服；发热、妊娠、小儿或老年有心、肝、肾功能障碍及甲状腺功能亢进症者慎用
抗胆碱药	异丙托溴铵	口干、口苦、干咳等	青光眼、前列腺肥大病人禁用
糖皮质激素	倍氯米松 泼尼松 甲泼尼龙	吸入药物可引起口咽念珠菌感染、声音嘶哑或呼吸道不适，长期使用可致肾上腺皮质功能抑制、骨质疏松等	掌握正确的药物吸入方法，喷吸同步，吸后屏气数秒。喷药后立即洗脸、清水充分漱口，防止口咽部真菌感染；口服药宜在饭后服用；严格按医嘱用药，不得自行减量或停药
肥大细胞膜稳定药	色甘酸钠	口干、咽喉不适、胸闷	严格按医嘱用药，不能突然停药，以防哮喘复发；孕妇慎用
	酮替酚	嗜睡、疲倦、头晕、口干	用药期间不宜驾驶车辆、管理机器或高空作业等；孕妇慎用

（2）定量雾化吸入器和干粉吸入器的使用：①定量雾化吸入器（MDI）：MDI（图2-5）的正确使用是保证吸入治疗成功的关键。吸入过程中需要病人协调呼吸动作，护士应先为病人演示MDI的使用方法：先打开盖子，摇匀药液，深呼气至不能再呼时张口，将MDI喷嘴置于口中，双唇包住咬口，以慢而深的方式经口吸气，同时用手指按压喷药，至吸气末屏气10秒，使较小的雾粒沉降在气道远端，然后缓慢呼气，休息3分钟后可再重复使用1次。对不易掌握MDI吸入方法的儿童或重症病人，可在MDI上加储药罐，简化操作，增加吸入到

图2-5　定量雾化吸入器

下呼吸道和肺部的药量，避免雾滴在口咽部沉积引起刺激，增加雾化吸入疗效。②干粉吸入器：护士应指导病人将药物正确放入干粉吸入器，吸入前先呼气（勿对吸嘴呼气），将吸嘴含于口中，双唇包住吸嘴用力深长吸气，然后将吸嘴从嘴部移开，继续屏气5~10秒后恢复正常呼吸。

（五）心理护理

对急性发作期病人，护士应加强巡视，多陪伴、安慰病人，使病人产生信任和安全感，

减轻紧张和焦虑心理。哮喘反复发作者可有抑郁、焦虑、恐惧和性格改变表现,指导家属多关心病人,病情许可时,鼓励病人参加体育锻炼和社会活动,以减轻病人的不良情绪。

边学边练

实践1　支气管哮喘病人的护理

（六）健康指导

1. 疾病预防指导　帮助病人寻找并尽量避开变应原。居室内不摆放花草,不饲养宠物,不使用地毯、羊毛及羽绒制品,经常清洗床上用品,保持室内空气清新;避免接触可能诱发哮喘的药物;避免食用易导致过敏以及辛辣、刺激性食物,戒烟酒;避免强烈的精神刺激、剧烈运动和持续喊叫等过度换气动作;避免接触刺激性气体,冬季外出戴围巾和口罩,避免冷空气刺激;在缓解期应加强体育锻炼和耐寒锻炼,以增强体质。对某些无法回避的变应原,如粉尘、花粉、尘螨等,可采用脱敏疗法。

2. 疾病知识指导　向病人介绍哮喘的基本知识,指导病人熟悉哮喘的诱因、治疗方法、目标和治疗效果,提高病人治疗依从性。

3. 病情监测指导　指导病人识别哮喘发作的先兆症状和哮喘加重的征象,学会哮喘发作时的紧急自我处理方法。做好哮喘记录或写哮喘日记,有条件者利用峰流速仪来监测最大呼气峰流速值(PEFR),为哮喘治疗和预防提供参考资料。

知识窗

峰流速仪的临床应用

峰流速仪是目前国际上通用的、简易的、能在家中使用的肺功能检测仪器,是哮喘病人不可缺少的检测工具。如果最大呼气峰流速(PEFR)经常保持在80%～100%,为安全区,说明哮喘控制理想;如果PEFR在50%～80%,为警告区,说明哮喘加重,需及时调整治疗方案;如果PEFR<50%,为危险区,说明哮喘严重,需立即就诊。峰流速仪的使用方法是:取站立位,尽可能深吸一口气,然后用唇齿部分包住口含器,以最快的速度,用一次最有力的呼气吹动游标滑动,游标最终停止的刻度,就是此次峰流速值。

4. 用药指导　指导病人了解所用药物的名称、剂量、用法及注意事项,了解药物的主要不良反应,帮助病人及家属掌握药物吸入技术。嘱病人随身携带支气管舒张气雾剂,出现哮喘发作先兆时,立即吸入并保持平静,以减轻哮喘的发作。

【护理评价】

病人呼吸困难是否减轻或消失;咳嗽是否有效,痰液能否顺利咳出;病人是否掌握定量雾化吸入器的使用方法;并发症是否得到有效防治。

（江　乙）

第五节　支气管扩张症病人的护理

学习目标

1. 具有良好的职业素质和认真负责的工作态度,理解、尊重和关爱病人。
2. 掌握支气管扩张症病人的身心状况和主要护理措施。
3. 熟悉支气管扩张症典型的 X 线表现、治疗要点和病人的常见护理诊断 /问题。
4. 了解支气管扩张症病人的护理目标和护理评价。
5. 学会指导病人实施体位引流;能正确进行支气管扩张症病人的健康指导。

工作情景与任务

导入情景:

聂先生,28 岁。咳嗽、咳大量脓痰、反复咯血 10 年。近 2 天受凉后出现发热,咳嗽加剧,咳痰量增多,混有少量血液,有恶臭味,T 39.5℃。行血常规和胸部 X 线检查,入院初步诊断为支气管扩张症。

工作任务:

1. 对聂先生进行护理评估,提出主要护理诊断。
2. 监测聂先生的病情变化。
3. 对聂先生进行体位引流护理。

支气管扩张症(bronchiectasis)主要指急、慢性呼吸道感染和支气管阻塞后,反复发生支气管化脓性炎症,致使支气管壁结构破坏,管壁增厚,引起的支气管异常和持久性扩张的一类异质性疾病的总称。支气管扩张症的临床表现主要为慢性咳嗽、咳大量脓性痰和 /或反复咯血。本病多见于儿童和青年。近年来,由于急、慢性呼吸道感染得到恰当治疗,支气管扩张症的发病率有减少趋势。

支气管扩张症可分为先天性和继发性,前者少见。有些病例无明显病因,但弥漫性支气管扩张症常发生于有遗传、免疫或解剖缺陷的病人。此外,其他气道疾病,如变态反应性支气管肺曲菌病也是诱发支气管扩张症的原因之一。局灶性支气管扩张可源于未进行治疗的肺炎或气道阻塞,如异物或肿瘤、外源性压迫或肺叶切除后解剖移位。上述疾病损伤了病人的气道清除和防御功能,使病人易发生感染和炎症。

【护理评估】

（一）健康史

评估病人有无肺结核、重症肺炎、呼吸道感染反复发作史；有无异物、肿瘤、肿大淋巴结等阻塞或压迫支气管；是否有遗传、免疫或解剖缺陷，如肺囊性纤维化、遗传性 α_1-抗胰蛋白酶缺乏、低免疫球蛋白血症、长期服用免疫抑制药物等；是否有与支气管扩张症同时伴发的全身性疾病，如类风湿关节炎、克罗恩病、慢性溃疡性结肠炎、系统性红斑狼疮等。

（二）身体状况

1. 症状

（1）持续或反复咳嗽、咳痰或咳脓痰：痰液为黏液性、黏液脓性或脓性，可呈黄绿色，收集后分层：上层为泡沫，中层为浑浊黏液，下层为脓性成分，最下层为坏死组织。痰量与体位变化有关，晨起或夜间卧床改变体位时分泌物刺激支气管黏膜，咳嗽加剧、痰量增多。呼吸困难和喘息常提示有广泛的支气管扩张或有潜在的慢阻肺。合并厌氧菌感染时痰有恶臭味。

（2）反复咯血：50%～70% 的病例发生咯血，咯血量与病情严重程度和病变范围不完全一致。大出血常为小动脉被侵蚀或增生的血管被破坏所致。部分病人以反复咯血为唯一症状，称为"干性支气管扩张症"。

（3）反复肺部感染：特点为同一肺段反复发生感染并迁延不愈。

（4）全身中毒症状：表现为发热、乏力、食欲减退、消瘦、贫血等。

2. 体征　早期或"干性支气管扩张症"肺部体征多无明显异常，重症或继发感染时，在下胸部、背部常可闻及固定而持久的局限性粗湿啰音，有时可闻及哮鸣音。病情严重尤其是伴有慢性缺氧、肺源性心脏病和右心衰竭的病人可出现杵状指（趾）及右心衰竭体征。

（三）心理－社会状况

由于疾病迁延不愈，反复发作，病人极易产生悲观、焦虑等心理反应；大咯血或反复咯血不止时，病人自觉生命受到严重威胁，会出现极度恐惧甚至绝望心理。

（四）辅助检查

1. 影像学检查　①胸部 X 线检查：囊状支气管扩张的气道表现为显著的囊腔，腔内可存在气液平面，纵切面可显示为"双轨征"，横切面显示为"环形阴影"，并可见气道壁增厚。②胸部高分辨率 CT（HRCT）：可在横断面上清楚地显示扩张的支气管，由于无创、易重复和易接受的特点，现已成为支气管扩张症的主要诊断方法。

2. 痰液检查　痰涂片或细菌学培养可发现致病菌，常见为铜绿假单胞菌、金黄色葡萄球菌、肺炎链球菌、卡他莫拉菌。痰培养结果可用于指导临床应用敏感抗生素。

3. 纤维支气管镜检查　有助于发现病人出血部位，鉴别腔内异物、肿瘤或其他支气管阻塞原因；也可进行局部灌洗，取灌洗液进行细菌学和细胞学检查。

4. 血常规及炎性标志物检查　细菌感染时，白细胞计数、中性粒细胞分类计数及 C

反应蛋白可升高。

（五）治疗要点

治疗措施主要包括：①治疗基础疾病。②控制感染：出现急性感染征象如痰量增多及其脓性成分增加时，需应用抗感染药物。铜绿假单胞菌感染时可口服喹诺酮类药物、静脉给予氨基苷类药物或第三代头孢菌素。慢性咳脓痰的病人可口服阿莫西林或吸入氨基糖苷类药物，或间断并规律使用单一抗生素，或轮换使用抗生素。③保持呼吸道通畅：应用支气管舒张药改善气流受限；应用祛痰药物、振动、拍背、体位引流和雾化（生理盐水、α-糜蛋白酶和脱氧核糖核酸酶）等方法清除气道分泌物。④止血：反复咯血的病人，出血量少，可对症治疗或口服安络血、云南白药；中等量出血者，可静脉给予垂体后叶素或酚妥拉明；出血量大、经内科治疗无效者，可介入栓塞或手术治疗。⑤手术治疗：对于反复呼吸道急性感染或大咯血的局限性支气管扩张症病人，经充分内科治疗仍反复发作者，可考虑手术切除病变组织。

【常见护理诊断/问题】

1. 清理呼吸道无效　与痰液黏稠和无效咳嗽有关。
2. 营养失调：低于机体需要量　与慢性感染导致机体消耗有关。
3. 焦虑　与疾病迁延、个体健康受到威胁有关。
4. 有感染的危险　与痰多、黏稠、不易排出有关。

【护理措施】

（一）一般护理

1. 休息与活动　急性感染或病情严重者应卧床休息，大咯血病人需绝对卧床休息，取患侧卧位。病室内保持空气流通，维持适宜的温、湿度，注意保暖。

2. 饮食护理　提供高热量、高蛋白、富含维生素的饮食，避免冰冷、油腻、辛辣食物诱发咳嗽，少食多餐。指导病人在咳痰后及进食前后用清水或漱口液漱口，保持口腔清洁，促进食欲。发热病人给予高热量流质或半流质饮食。鼓励病人多饮水，每天1 500ml以上，稀释痰液，利于排痰。

（二）病情观察

密切观察病人痰液的量、颜色、性质、气味及与体位的关系，记录24小时痰量；观察咯血的量、颜色、性质及出血的速度，定期测量生命体征，并注意观察意识状态变化，有无胸闷、气促、呼吸困难、发绀、出冷汗、烦躁不安等窒息先兆征象，有无阻塞性肺不张、肺部感染及休克等并发症的表现。发现异常立即报告医生并配合处理。

（三）对症护理

指导病人有效咳嗽和正确排痰的方法，对痰量多或痰液黏稠者，进行体位引流；保持口腔清洁，咯血或咳痰后，嘱病人漱口，防止因口咽部异物刺激引起剧烈咳嗽而诱发咯血。咯血和体位引流的护理见本章第一节相关内容。

（四）用药护理

遵医嘱使用抗生素、祛痰药、支气管舒张药和止血药,观察药物疗效及不良反应。

（五）心理护理

护士应多与病人交谈,介绍支气管扩张反复发作的原因及治疗进展,缓解病人焦虑不安的情绪。咯血时医护人员应安慰病人,使病人保持情绪稳定,避免因情绪波动加重出血、诱发窒息。鼓励家属关心爱护病人,给予病人精神和经济上的支持。

（六）健康指导

1. 疾病预防指导　支气管扩张症与感染密切相关,应积极防治百日咳、麻疹、支气管肺炎、肺结核等呼吸道感染性疾病,及时治疗上呼吸道慢性病灶(如扁桃体炎、鼻窦炎等)。避免受凉、预防感冒和减少刺激性气体吸入,对预防支气管扩张症有重要意义。

2. 疾病知识指导　帮助病人及家属了解疾病发生、发展与治疗、护理过程,与病人及家属共同制订长期防治计划。讲明加强营养对机体康复的作用,使病人能主动摄取必需的营养素,以增强机体抗病能力。鼓励病人参加体育锻炼,建立良好的生活习惯,劳逸结合,以维护心、肺功能。告知病人戒烟、避免烟雾和粉尘刺激有助于预防疾病复发,防止病情恶化。

3. 康复指导　强调清除痰液对减轻症状、预防感染的重要性,指导病人及家属学习和掌握有效咳嗽、胸部叩击排痰、雾化吸入和体位引流的方法,嘱病人长期坚持,以控制病情发展。

4. 病情监测指导　指导病人自我监测病情,学会识别病情变化的征象,一旦发现病情加重,应及时就诊。

（江　乙）

第六节　肺炎病人的护理

学习目标

1. 具有良好的职业素质和认真负责的工作态度,理解、尊重和关爱病人。
2. 掌握肺炎病人的身心状况和主要护理措施。
3. 熟悉肺炎的辅助检查、治疗要点及病人的常见护理诊断／问题。
4. 了解肺炎病人的护理目标和护理评价。
5. 学会运用护理程序,发现并解决肺炎病人的护理问题,并能正确进行健康指导。

导入情景：

大学生小王,20 岁。2 天前和同学打篮球时淋雨受凉,当晚出现寒战、高热,全身肌肉酸痛,胸痛,咳嗽、咳痰,在校自服"消炎药"不见好转,同学陪伴来医院就诊。门诊行血常规、胸部 X 线检查后,以"肺炎"收入院。医嘱:物理降温,青霉素皮试,青霉素静脉滴注(皮试结果阴性)。

工作任务：

1. 为小王做青霉素皮试,遵医嘱用药,观察药物疗效及不良反应。

2. 给予小王物理降温。

3. 监测小王病情变化。

肺炎(pneumonia)是指终末气道、肺泡和肺间质的炎症,可由病原微生物、理化因素、免疫损伤、过敏及药物引起,是呼吸系统的常见病和多发病。

肺炎有多种分类方法:①按解剖部位分为大叶性(肺泡性)肺炎、小叶性(支气管性)肺炎和间质性肺炎。②按致病因素分为细菌性肺炎、非典型病原体所致肺炎、病毒性肺炎、肺真菌病、其他病原体所致肺炎和理化因素所致肺炎。其中细菌性肺炎是最常见的肺炎,也是最常见的感染性疾病之一。③按患病环境分为社区获得性肺炎(CAP)和医院获得性肺炎(HAP)。社区获得性肺炎,也称医院外获得性肺炎,是指在医院外罹患的感染性肺实质炎症,包括具有明确潜伏期的病原体感染而在入院后平均潜伏期内发病的肺炎,其常见病原体为肺炎链球菌、支原体、衣原体、流感嗜血杆菌和呼吸道病毒等。医院获得性肺炎亦称医院内肺炎,是指病人住院期间没有接受有创机械通气,未处于病原感染的潜伏期,且入院≥48 小时后在医院内新发生的肺炎,常见致病菌为鲍曼不动杆菌、铜绿假单胞菌、肺炎克雷伯杆菌、大肠埃希菌、金黄色葡萄球菌等。

本节主要介绍肺炎链球菌肺炎病人的护理。

肺炎链球菌肺炎(streptococcus pneumonia)是由肺炎链球菌或称肺炎球菌所引起的肺炎,约占社区获得性肺炎的半数。通常急骤起病,以寒战、高热、咳嗽、血痰及胸痛为特征。发病以冬季与初春多见,病人常为既往健康的青壮年或老年与婴幼儿,男性较多见。近年来因抗生素及时有效的应用,典型者已日趋少见。少数情况下可发生菌血症或感染性休克,甚至危及生命。

肺炎链球菌是寄居在口腔及鼻咽部的正常菌群,当机体防御功能下降或机体免疫功能受损时,有毒力的肺炎链球菌入侵人体而致病。典型病理改变分为 4 期:充血期、红肝变期、灰肝变期及消散期。病变消散后肺组织结构多无损坏,不留纤维瘢痕。

【护理评估】

（一）健康史

评估病人发病前是否有上呼吸道感染史；有无淋雨、受凉、疲劳、醉酒及大手术等诱因；是否有慢性阻塞性肺疾病、糖尿病、肿瘤及心力衰竭等慢性疾病史；有无器官移植、应用免疫抑制剂或长期应用抗生素史；是否吸烟。

（二）身体状况

1. 症状　自然病程多为1~2周。

（1）全身症状：起病急骤，畏寒或寒战、高热，体温在数小时内升至39~40℃，呈稽留热。头痛、全身肌肉酸痛。食欲明显减退，少数病人出现恶心、呕吐、腹痛、腹胀或腹泻，可被误诊为急腹症。

（2）呼吸道症状：早期有干咳，渐有少量黏液痰，可带血丝，典型者在发病24~48小时咳铁锈色痰。患侧胸部刺痛，疼痛可放射至肩部或上腹部，咳嗽或深呼吸时加剧，病人多取患侧卧位以减轻胸痛。

2. 体征　急性病容，鼻翼扇动，口角和鼻周有单纯疱疹，严重时可有发绀。早期肺部可无明显体征。肺实变时，触诊语颤增强，叩诊呈浊音或实音，听诊闻及病理性支气管呼吸音。消散期可闻及湿啰音。累及胸膜时，可闻及胸膜摩擦音。

3. 并发症　肺炎链球菌肺炎的并发症近年已很少见。感染严重者可并发感染性休克，表现为面色苍白、皮肤黏膜发绀、四肢厥冷、血压下降、心动过速、心律失常等，高热、胸痛、咳嗽等症状并不明显。此外，还可并发胸膜炎、脓胸、心包炎、脑膜炎和关节炎等。

（三）心理－社会状况

由于起病急骤，短时间内出现高热等全身中毒症状，或伴胸痛、呼吸急促，病人及家属常会出现烦躁不安和焦虑；伴感染性休克等严重并发症时，病人及家属常有紧张、忧虑甚至恐惧情绪。

（四）辅助检查

1. 血液检查　白细胞计数升高，多数在（10~30）×10^9/L，中性粒细胞比例多在80%以上，伴核左移，细胞内可见中毒颗粒。

2. 痰液细菌学检查　痰涂片做革兰氏染色发现革兰氏染色阳性菌，或做荚膜染色发现带荚膜的双球菌，可作出初步的病原诊断。痰培养24~48小时可以确定病原体。痰培养标本应在抗生素应用之前采集。

3. X线检查　可见斑片状或大片状实变阴影，病变区多发性蜂窝状小脓肿，叶间隙下坠，好发于右肺上叶和双肺下叶。病变累及胸膜时，可有肋膈角变钝或少量胸腔积液征象。消散期，因炎症浸润逐渐吸收，可有片状区域吸收较快而呈现"假空洞征"，多数病例在起病3~4周后才完全消散。

（五）治疗要点

肺炎链球菌肺炎的治疗原则为积极控制感染、对症治疗及处理并发症。控制感染首选青霉素,用药途径及剂量视病情轻重及有无并发症而定。抗生素疗程一般为 5～7 天,或热退后 3 天停药,或由静脉用药改为口服,维持数日。并发感染性休克时,除早期使用足量、有效的抗菌药物之外,尚需采取补充血容量、纠正酸中毒、应用血管活性药物和糖皮质激素等多项抗休克措施。

【常见护理诊断/问题】

1. 体温过高　与细菌引起肺部感染有关。

2. 清理呼吸道无效　与气道分泌物多、痰液黏稠、胸痛、咳嗽无力等有关。

3. 气体交换受损　与肺实质炎症,呼吸面积减少有关。

4. 疼痛:胸痛　与肺部炎症累及壁层胸膜有关。

5. 潜在并发症:感染性休克。

【护理目标】

病人体温逐渐恢复正常;气道分泌物排出顺畅;呼吸平稳,呼吸困难减轻或消失;病人能学会缓解疼痛的方法,胸痛减轻或消失;并发症得到有效防治。

【护理措施】

(一)一般护理

1. 休息与活动　发热病人应卧床休息,协助病人采取高枕卧位或半坐卧位,以减少氧耗,缓解头痛、周身酸痛等症状。有胸痛者可采取患侧卧位,降低患肺活动度,减轻不适,并有利于健侧肺通气。

2. 饮食护理　给予足够热量、高蛋白和富含维生素、易消化的流质或半流质饮食,宜少量多餐,避免腹胀加重呼吸困难。鼓励病人多饮水,每天 1 500～2 000ml,以加快毒素排泄和热量散发,并有利于排痰。高热及暂时不能进食者则需静脉补液,滴速不宜过快,尤其是老人或心脏病病人,以免引起肺水肿。

3. 口腔护理　高热病人唾液分泌减少,消化功能障碍,易出现口唇干裂、口周疱疹或口腔溃疡,应鼓励病人经常漱口,保持口腔清洁、湿润、舒适。口周疱疹者局部涂抗病毒软膏,防止继发感染。

(二)病情观察

严密监测并记录生命体征,尤其对儿童、老年人或久病体弱者,警惕感染性休克的发生。发现病情变化,立即报告医生并配合抢救。

(三)对症护理

畏寒、寒战时注意保暖,适当增加被褥;高热时物理降温,使体温逐渐下降,不宜使用阿司匹林或其他解热药,防止大量出汗和虚脱;明显腹胀的病人,给予腹部热敷或肛管排气;气急发绀者,遵医嘱吸氧,氧流量一般为 4～6L/min,若为慢阻肺病人,应低流量、低浓度持续吸氧。咳嗽、咳痰和胸痛的护理详见本章第一节相关内容。

(四)治疗配合

1. 用药护理　遵医嘱使用抗生素,注意观察疗效和不良反应。①青霉素:用药前应详细询问过敏史,凡对青霉素类药物过敏的病人,禁止使用此类药物,并不再做皮肤过敏试验,以免发生意外。有药物过敏或药疹史者,应在病历卡的显著部位标明禁用此类药物。②红霉素:用药后可引起腹痛、恶心、呕吐、腹泻和注射部位刺激、疼痛或静脉炎,滴注速度不宜过快,药物浓度不宜过高。③头孢菌素类:与青霉素类有不完全的交叉过敏反应,对青霉素过敏或过敏体质者慎用。④喹诺酮类:偶有恶心、皮疹、头痛或精神症状,有癫痫病史者慎用。

2. 感染性休克的抢救配合

（1）体位:安置病人取仰卧中凹位,头胸部抬高 20°,下肢抬高 30°,以利于呼吸和静脉回流。尽量减少搬动,注意保暖（忌用热水袋,以防血管扩张致血压下降）。

（2）吸氧:给予中、高流量吸氧,维持 $PaO_2 > 60mmHg$,改善缺氧症状。

（3）补充血容量:迅速建立两条静脉通道,遵医嘱补液。在快速扩容过程中应注意观察脉率、呼吸频率、肺部啰音、液体出入量等,以防诱发肺水肿,必要时在中心静脉压监测下进行调整。中心静脉压 $<5cmH_2O$ 可适当加快输液速度;中心静脉压达到或超过 $10cmH_2O$ 时,应限制输液速度,以免诱发急性心力衰竭。

（4）监测病情:严密监测病人的生命体征和病情变化。当病人神志逐渐清楚、表情安静、口唇红润、脉搏有力、呼吸平稳、收缩压 >90mmHg、尿量每小时 >30ml、肢端温暖时,表示病情好转。

（5）用药护理:遵医嘱使用多巴胺、间羟胺等血管活性药物,根据血压调节滴速,维持收缩压在 90～100mmHg,保证重要器官的血液供应。输注过程中应避免药液溢出血管外引起局部组织坏死。碱性药物如碳酸氢钠配伍禁忌较多,需单独输入。应用广谱抗生素控制感染时,应注意观察药物疗效和不良反应。

（五）心理护理

护士应主动询问和关心病人的需求,鼓励病人说出内心感受,与病人进行有效的沟通。耐心给病人讲解疾病的相关知识,解释各种症状和不适的原因,说明各项检查、护理操作的目的、程序和配合要点,告知病人大部分肺炎链球菌肺炎预后良好,消除病人焦虑、紧张情绪,使病人树立治愈疾病的信心。

（六）健康指导

1. 疾病预防指导　告知病人天气变化时要及时添加衣服,避免受凉、淋雨、酗酒和过度劳累,防止呼吸道感染。加强营养,适当参加体育锻炼,增强机体抵抗力。易感者注射流感疫苗、肺炎链球菌疫苗,促进机体产生特异性免疫力。

2. 疾病知识指导　向病人及家属介绍肺炎链球菌肺炎的病因及诱因;指导病人遵医嘱用药,出院后定期随访;出现高热、心率增快、咳嗽、咳痰、胸痛等症状应及时就诊。

【护理评价】

病人体温是否维持在正常范围;能否有效咳嗽、排痰;呼吸困难是否减轻或消失;胸痛是否减轻或消失;并发症是否得到有效防治。

（李　丽）

第七节　肺结核病人的护理

1. 具有良好的职业素质和认真负责的工作态度,理解、尊重和关爱病人。
2. 掌握肺结核病人的流行病学资料、身心状况和主要护理措施。
3. 熟悉肺结核的辅助检查及病人的常见护理诊断/问题。
4. 了解肺结核的治疗要点及病人的护理目标和护理评价。
5. 学会对肺结核病人进行心理护理和健康指导,正确实施综合措施预防结核病传播。

工作情景与任务

导入情景:

张女士,24 岁。咳嗽、咳痰 6 个月余,痰中带血 1 周,伴午后发热、晚间盗汗,时有胸闷,发病以来食欲减退、消瘦明显。T 38.2℃,P 92 次 /min,R 23 次 /min,BP 100/80mmHg。行胸部 X 线检查,入院初步诊断为肺结核。

工作任务:

1. 对张女士进行护理评估,列出最主要的护理诊断。
2. 对张女士进行健康指导。

肺结核(pulmonary tuberculosis)是结核分枝杆菌引起的肺部慢性传染性疾病,占各器官结核病总数的 80%~90%。临床主要有低热、乏力、盗汗、食欲减退及消瘦等全身症状和咳嗽、咳痰、咯血等呼吸系统表现。本病是严重危害人类健康的呼吸道传染病,是全球关注的公共卫生和社会问题,也是我国重点控制的主要疾病之一。自 20 世纪 60 年代起,结核病化学治疗成为控制结核病的有效方法,使新发结核病治愈率达 95% 以上。但 20 世纪 80 年代中期以来,结核病发病率出现明显回升并呈现全球恶化趋势。世界卫生组织(WHO)发布的《2021 年全球结核病报告》显示:2020 年全球估计有 990 万人新感染结核,我国估算的结核病新发病人数为 84.2 万。结核病防控工作任重而道远,仍是一个亟须高度重视的公共卫生问题。

结核病的病原菌为结核分枝杆菌,引起人肺结核的致病菌主要为人型结核分枝杆菌,约占 90% 以上。结核分枝杆菌为需氧菌,耐酸染色呈红色,生长缓慢,对干燥、冷、酸、碱等抵抗力强,在干燥的环境中可以存活数月或数年。结核分枝杆菌对热、紫外线和消毒液中的乙醇等较敏感,太阳光直射下痰中结核分枝杆菌经 2~7 小时可被杀死。将痰吐在纸上直接焚烧是最简便有效的灭菌方法。

肺结核的传染源是痰中带菌的肺结核病人，飞沫传播是最重要的传播途径。机体感染结核菌后发病与否，以及疾病的性质、范围等与结核分枝杆菌的数量、毒力和人体的免疫状态与变态反应有关。人体对结核分枝杆菌的免疫力分为非特异性免疫力和特异性免疫力两种，后者是通过接种卡介苗或感染结核分枝杆菌后获得。结核杆菌侵入人体后，结核分枝杆菌及其代谢产物还能刺激机体产生Ⅳ型变态反应，导致组织损伤、坏死。

结核病分为六类。①原发型肺结核：又称初染结核，包括原发综合征和胸内淋巴结结核，多见于少年儿童，症状轻微而短暂。②血行播散型肺结核：包括急性、亚急性和慢性三种类型。起病急，中毒症状严重，半数以上病人合并结核性脑膜炎。③继发型肺结核：包括浸润性肺结核、空洞性肺结核、结核球、干酪样肺炎及纤维空洞性肺结核。④结核性胸膜炎：包括干性结核性胸膜炎、结核性渗出性胸膜炎和结核性脓胸。⑤其他肺外结核：如骨关节结核、肾结核、肠结核等。⑥菌阴肺结核：为三次痰涂片及一次痰培养阴性的肺结核。

【护理评估】

（一）健康史

评估病人有无与肺结核病人密切接触史、卡介苗接种史以及既往结核病病史；有无导致机体免疫功能降低的疾病，如糖尿病、艾滋病、硅沉着病（矽肺）及营养不良等；是否使用糖皮质激素、免疫抑制剂等药物；了解病人的生活环境、居住条件等。

（二）身体状况

1. 症状

（1）全身症状：发热最常见，多为午后低热，伴乏力、盗汗、食欲减退及消瘦等。若病灶播散则出现高热，呈稽留热或弛张热。女性病人可有月经失调或闭经。

（2）呼吸系统症状：咳嗽、咳痰是肺结核最常见的症状。多为干咳或咳少量黏痰，有空洞形成时，痰量增多；合并细菌感染时，痰量增多且呈脓性；若合并支气管结核，表现为刺激性咳嗽。1/3～1/2的病人有咯血，多为小量咯血，少数严重者可大咯血，甚至发生窒息或失血性休克。病变累及胸膜时出现胸部针刺样疼痛，随呼吸和咳嗽而加重。干酪样肺炎、纤维空洞性肺结核或大量胸腔积液病人可伴有呼吸困难。

2. 体征　取决于病变性质、部位、范围和程度。病变范围小或位置深者多无异常体征。渗出性病变范围较大或干酪样坏死时，患侧呼吸运动减弱，叩诊呈浊音，听诊可闻及支气管肺泡呼吸音或湿啰音。较大的空洞性病变听诊可闻及支气管呼吸音。慢性纤维空洞性肺结核或胸膜粘连增厚时，可有胸廓塌陷，气管向患侧移位。结核性胸膜炎时有胸腔积液体征。

（三）心理－社会状况

肺结核病程长，具有传染性，住院隔离治疗使病人不能与家人或朋友有效交流，病人常有焦虑、孤独感；有些病人对疾病缺乏正确认识，担心患传染病后影响家庭生活、社交及工作,出现自卑、多虑,若治疗效果不明显,甚至有悲观厌世情绪;当结核毒性症状明显或大咯血时,病人又会因此而出现紧张、恐惧心理。

（四）辅助检查

1. **痰结核分枝杆菌检查** 是确诊肺结核最特异的方法,也是制订化学治疗(简称化疗)方案、判断化疗效果的主要依据。

2. **影像学检查** 胸部X线检查是诊断肺结核的常规首选方法,可以早期发现肺结核,判断病变的部位、范围、性质及有无空洞、空洞大小和洞壁厚薄等。胸部X线表现因肺结核临床类型不同而异(图2-6)。CT比普通胸片更早发现微小或隐蔽病灶,有助于结核病的诊断和肺部病变的鉴别。

3. **结核菌素试验** 结核菌素试验广泛应用于检出结核分枝杆菌的感染,而非检出结核病。结核菌素试验对儿童、青少年的结核病诊断有参考意义。目前WHO推荐使用的结核菌素为纯蛋白衍化物(PPD)。取PPD 0.1ml(5IU),在左前臂屈侧做皮内注射,48~72小时后测量注射部位硬结的横径和纵径,得出平均直径＝(横径＋纵径)/2。硬结直径≤4mm为阴性(−),5~9mm为弱阳性(+),10~19mm为阳性(++),≥20mm或虽<20mm但局部出现水疱、坏死或淋巴管炎为强阳性(+++)。结核菌素试验阳性仅表示曾有结核分枝杆菌感染或接种过卡介苗,不一定患结核病。3岁以下强阳性反应者,表示有新近感染的活动性结核。结核菌素试验阴性除表示未接受过结核分枝杆菌感染外,还见于:①结核分枝杆菌感染后4~8周以内,处于变态反应前期。②免疫力下降或免疫反应受抑制,如应用糖皮质激素或免疫抑制剂、人免疫缺陷病毒(HIV)感染、麻疹、水痘、营养不良或重症结核病人。

4. **纤维支气管镜检查** 可了解支气管黏膜炎症、增生和狭窄程度,对支气管结核的诊断有重要价值,也可获取组织标本进行病理学检查和结核分枝杆菌培养。

（五）治疗要点

合理的肺结核化学治疗是治愈肺结核的主要方法,辅以适当休息、加强营养和对症治疗。化学药物治疗的原则是早期、规律、全程、适量、联合,达到杀菌、防止耐药菌产生和灭菌的作用。常用杀菌药有异烟肼、利福平、链霉素和吡嗪酰胺。乙胺丁醇为抑菌药,与其他抗结核药物联用可延缓其他药物耐药性的发生。化学治疗方案分为强化和巩固两期。第一阶段为强化治疗,目的在于杀灭正在生长繁殖的结核菌,使痰菌转阴,病灶吸收,迅速控制病情。第二阶段为巩固治疗,目的是杀灭生长缓慢的结核菌,以提高治愈率,减少复发。总疗程为6~8个月。

其他治疗包括:伴有大咯血的病人应严格卧床休息,可用垂体后叶素静脉缓慢推注或静脉滴注。对高热或大量胸腔积液病人,可在使用有效抗结核药物同时加用糖皮质激素,减轻炎症和变态反应引起的症状。

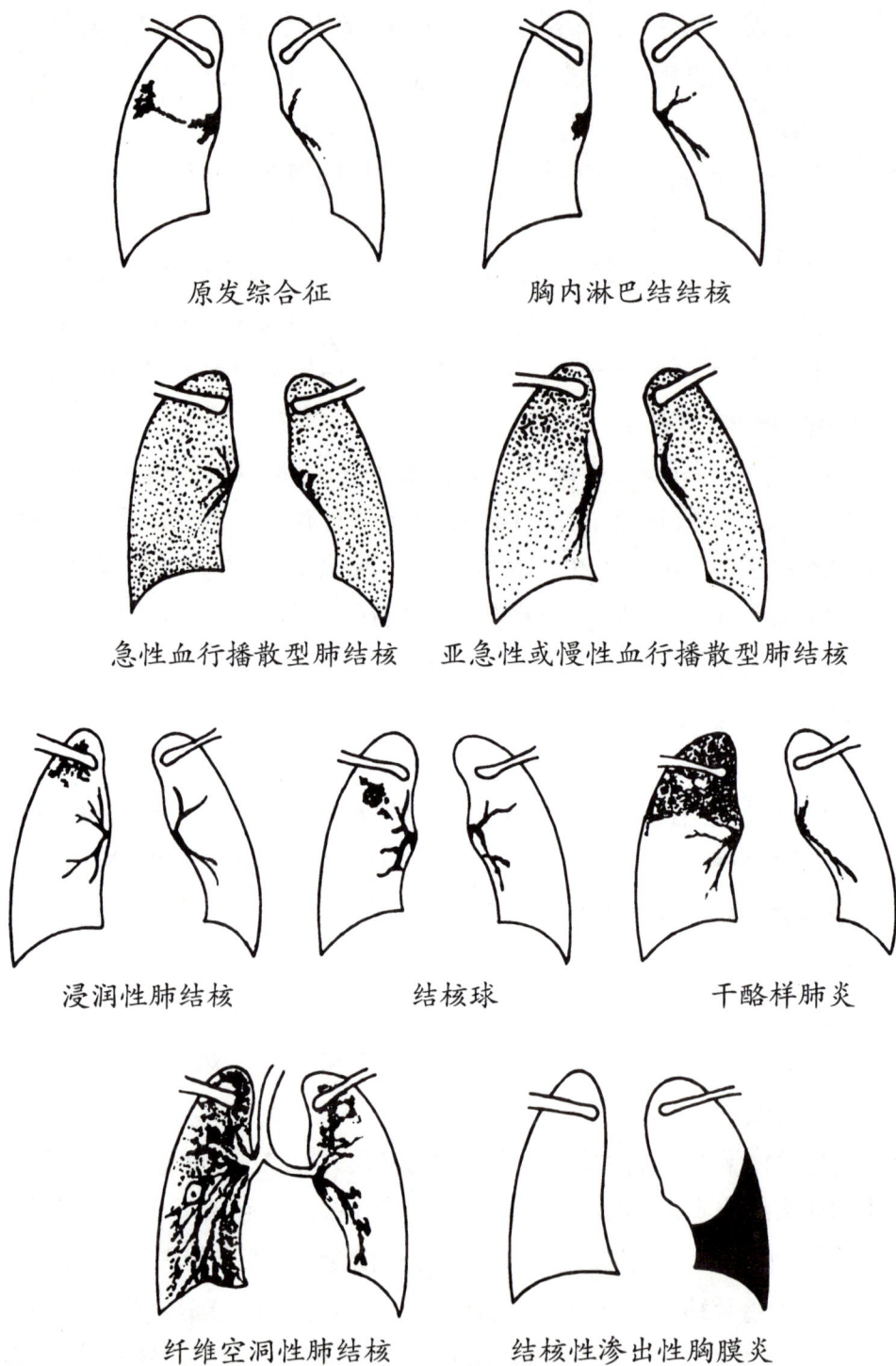

原发综合征　　　　　胸内淋巴结结核

急性血行播散型肺结核　　亚急性或慢性血行播散型肺结核

浸润性肺结核　　　　结核球　　　　干酪样肺炎

纤维空洞性肺结核　　　结核性渗出性胸膜炎

图 2-6　肺结核 X 线表现

【常见护理诊断 / 问题】

1. 营养失调:低于机体需要量　与机体消耗增加、食欲减退有关。

2. 体温过高　与结核分枝杆菌感染有关。

3. 知识缺乏:缺乏结核病治疗的相关知识。

4. 有孤独的危险　与呼吸道隔离有关。

【护理目标】

病人营养状况改善,体重增加;体温恢复正常;能获得有关结核病的防治知识,按医嘱用药;无孤独感,情绪稳定。

【护理措施】

（一）一般护理

1. 休息与活动　结核毒性症状明显、咯血或大量胸腔积液者,应卧床休息,保证充足的睡眠。恢复期病人可适当增加户外活动,如散步、打太极拳、做保健操等,充分调动人体自身康复能力,增进机体免疫功能,提高机体的抗病能力。

2. 饮食护理　结核病是一种慢性消耗性疾病,结核毒性症状导致机体营养代谢失衡和抵抗力、修复能力下降,影响疾病康复。因此,需高度重视营养饮食的护理。①向病人及家属宣传饮食营养的重要性,使其了解在化学药物治疗同时,辅以营养支持对促进疾病康复的意义。②宜给予高热量、高蛋白、富含维生素的易消化饮食,饮食中应有鱼、肉、蛋、牛奶及豆制品等动植物蛋白,成人蛋白质摄入量为 $1.5 \sim 2.0g/(kg \cdot d)$,还应摄入一定量的新鲜蔬菜和水果,以补充各种维生素。③鼓励病人多饮水,每天不少于 $1\,500 \sim 2\,000ml$,以补充代谢增加、盗汗所致的水分消耗,促进体内毒素的排泄。必要时遵医嘱静脉补充液体。④每周测量并记录体重 1 次,评估病人营养状况是否改善。

（二）病情观察

注意病人咳嗽、咳痰有无加重,痰量有无增多或呈脓性,痰中是否带血;有无高热及热型变化,若有高热提示病情加重或出现并发症;观察咯血的量、颜色、性质及咯血的难易程度,注意生命体征和意识状态的变化。如发现呼吸衰竭、气胸、窒息等严重并发症,立即报告医生并协助医生处理。

（三）对症护理

1. 结核毒性症状　一般不需特殊处理。若伴有高热等严重结核毒性症状,遵医嘱在进行有效抗结核治疗的基础上加用糖皮质激素,以减轻炎症和变态反应,同时按高热处理。夜间盗汗时,做好皮肤护理,及时协助病人擦干身体、更换衣服和被单,防止受凉。

2. 咯血　协助病人取患侧卧位,防止结核病灶向对侧播散。遵医嘱应用垂体后叶素,必要时可经纤维支气管镜局部止血或行气囊压迫止血,护士应做好相应的准备与配合。对精神极度紧张者,可遵医嘱给予小剂量镇静剂,禁用吗啡,以免咳嗽反射中枢和呼吸中枢受抑制。发现窒息先兆和窒息时立即报告医生,协助抢救。

（四）用药护理

向病人及家属介绍抗结核药物的治疗知识,强调按医嘱用药、坚持全程治疗的意义,提高治疗依从性。整个化学治疗方案分为强化和巩固两个阶段,可采用每天用药或间歇用药两种治疗方案。护士需督促病人按医嘱服药。常用抗结核药物主要不良反应及注意事项见表 2-2。

表 2-2　常用抗结核药物、不良反应及注意事项

药物名称	不良反应	注意事项
异烟肼 （H，INH）	周围神经炎，偶有肝功 能损害	避免与抗酸药同服，以免影响异烟肼吸收；注意消 化道反应、肢体远端感觉及精神状态；监测肝功能
利福平 （R，RFP）	肝功能损害、过敏反应	服药后体液及分泌物呈橘黄色；与对氨基水杨酸 钠、乙胺丁醇合用可加重肝毒性和视力损害；监测 肝功能
链霉素 （S，SM）	听力障碍、眩晕、肾功能 损害	用药前和用药后每 1~2 个月进行听力检查，注意 有无平衡失调；监测尿常规及肾功能变化
吡嗪酰胺 （Z，PZA）	高尿酸血症、肝功能损 害、胃肠道不适、关节痛	警惕肝脏毒性，监测肝功能；注意关节疼痛，监测 血清尿酸；孕妇禁用
乙胺丁醇 （E，EMB）	视神经炎、胃肠道反应	用药后 1~2 个月进行 1 次视力和辨色力检查；幼 儿禁用

（五）心理护理

肺结核导致的躯体不适和肺结核的传染性，常使病人感到悲观、孤独无助，甚至不配合治疗。医护人员应充分理解和尊重病人，向病人介绍结核病的有关知识，让其了解结核病是可防可治的，使其树立战胜疾病的信心。指导病人进行自我心理调节，减少对疾病的关注，以最佳的心理状态接受治疗。告知病人家属和亲友，在做好消毒隔离同时，要关心爱护病人，给予病人支持，减轻病人的心理压力。

（六）健康指导

1. 疾病预防指导

（1）控制传染源：是控制疾病传播的首要措施。早期发现病人并登记管理，及时给予合理的化学治疗和护理，长期随访，掌握病人从发病、治疗到治愈的全过程。

（2）切断传播途径：①痰菌检查阳性肺结核病人需住院治疗，进行呼吸道隔离。有条件者应单居一室，室内保持良好通风，每天用紫外线消毒。②注意个人卫生，严禁随地吐痰，不要面对他人打喷嚏或咳嗽。在咳嗽或打喷嚏时，用双层纸巾遮住口鼻，纸巾放入污物袋中焚烧处理。留置于容器中的痰液经灭菌处理后再弃去。接触痰液后用流水清洗双手。③餐具、痰杯煮沸消毒或用 0.5% 过氧乙酸浸泡消毒，与他人同桌进餐时使用公筷。④被褥、书籍在烈日下暴晒 6 小时以上。⑤病人外出或探视病人均应戴口罩。

（3）保护易感人群：给未接受过结核分枝杆菌感染的新生儿、儿童及青少年接种卡介苗，使人体产生对结核分枝杆菌的获得性免疫力，减轻感染后的症状。对有肺结核密切接触史或结核分枝杆菌感染后易发病的高危人群（如人免疫缺陷病毒感染者、硅沉着病病人、糖尿病病人等），应定期到医院检查，必要时应用预防性化学治疗。

2. 疾病知识指导 嘱病人戒烟、酒,注意补充营养,合理安排休息,避免劳累、情绪波动和呼吸道感染。有条件的病人可选择空气新鲜、气候温和的地方疗养,以增强机体抗病能力,促进身体的康复。指导病人及家属按要求对痰液及污染物进行消毒处理。与痰菌检查阳性肺结核病人密切接触的家属必要时应接受预防性化学治疗。

3. 用药指导及病情监测 向病人反复强调早期、联合、适量、规律、全程用药的重要性,严格按医嘱用药;定期复查胸片和肝、肾功能,了解治疗反应和病情变化。指导病人观察药物不良反应,若出现异常需及时就诊。定期随访。

边学边练

实践 2 肺炎和肺结核病人的护理

【护理评价】

病人营养状况是否改善,体重有无增加;体温是否恢复正常;是否获得有关结核病的防治知识,是否按医嘱用药;孤独感是否减轻或消失,情绪是否稳定。

(李 丽)

第八节 慢性肺源性心脏病病人的护理

学习目标

1. 具有良好的职业素质和认真负责的工作态度,理解、尊重和关爱病人。
2. 掌握慢性肺源性心脏病病人的身心状况和主要护理措施。
3. 熟悉慢性肺源性心脏病的辅助检查、治疗要点及病人的常见护理诊断/问题。
4. 了解慢性肺源性心脏病病人的护理目标和护理评价。
5. 学会与慢性肺源性心脏病病人及家属进行有效沟通,发现并解决护理问题,及时准确地开展健康指导。

工作情景与任务

导入情景:

付先生,68 岁。烟龄 30 年,20 年前冬季首次出现咳嗽、咳痰;近 3 年四季咳嗽、咳痰不断,呈进行性呼吸困难,冬春季加剧。1 周前受凉后咳嗽,咳痰加重,咳脓痰,双下肢水肿,收入院。

工作任务：

1. 对付先生进行护理评估，列出最主要的护理诊断。
2. 对付先生进行健康指导。

慢性肺源性心脏病（chronic pulmonary heart disease）简称慢性肺心病，是指支气管－肺组织、胸廓或肺血管病变致肺血管阻力增加，产生肺动脉高压，继而右心室结构和／或功能改变的疾病。本病在我国的发病率存在地域差异，气候寒冷和高原地区发病率高于气候温暖和平原地区，农村高于城市；吸烟者患病率高于不吸烟者。患病年龄多在40岁以上，并随年龄增高而增加，男女无明显差异。

慢性肺源性心脏病的病因按原发病的部位不同，分为支气管、肺疾病，胸廓运动障碍性疾病，肺血管疾病等。上述病因导致缺氧、高碳酸血症和呼吸性酸中毒使肺血管收缩、痉挛，其中缺氧是形成肺动脉高压最重要的因素。慢性缺氧产生的继发性红细胞增多，导致血黏度增加和血容量增多亦是肺动脉高压形成机制之一。肺循环阻力增加导致肺动脉高压，右心室代偿性肥厚、扩张，肺动脉压持续升高，最终超过右心代偿能力导致右心衰竭。

【护理评估】

（一）健康史

评估病人有无以下疾病：①支气管、肺疾病，以慢性阻塞性肺疾病最为多见，占80%～90%，其次为支气管哮喘、支气管扩张症、重症肺结核、间质性肺疾病等。②胸廓运动障碍性疾病，较少见，严重胸廓或脊柱畸形以及神经肌肉疾患，引起胸廓活动受限、肺受压，导致肺功能受损。③肺血管疾病，如特发性肺动脉高压、慢性栓塞性肺动脉高压等。

（二）身体状况

1. 肺、心功能代偿期　主要为慢性支气管炎、阻塞性肺气肿的表现。肺动脉瓣区第二心音亢进提示肺动脉高压，三尖瓣区出现收缩期杂音或剑突下见心尖搏动，提示右心室肥大。

2. 肺、心功能失代偿期　可表现为呼吸衰竭和心力衰竭。

（1）呼吸衰竭：常因急性呼吸系统感染诱发，是失代偿期最突出的表现。病人呼吸困难加重，发绀明显，甚至出现头痛、兴奋、烦躁、嗜睡、昏迷及抽搐等肺性脑病表现。可出现皮肤发绀，球结膜充血、水肿，严重时出现颅内压升高表现，如视网膜血管扩张、视神经乳头水肿。CO_2潴留可出现周围血管扩张，如皮肤潮红、多汗。

（2）右心衰竭：明显心悸、气促、乏力、少尿、食欲减退，下肢甚至全身水肿等。可出现颈静脉怒张、心率增快、三尖瓣区出现收缩期吹风样杂音，肝大、肝颈静脉回流征阳性及下肢水肿或腹腔积液。

3. 并发症　肺性脑病、电解质及酸碱平衡失调、心律失常、休克、消化道出血、弥散性血管内凝血（DIC）等。

（三）心理－社会状况

由于病程长、疗效差、劳动能力逐渐下降，加之长期治疗增加家庭的经济负担，病人和家属极易出现焦虑和抑郁等不良心理反应。

（四）辅助检查

1. **X线检查**　除有原发疾病的X线表现外，还可见肺动脉高压征，如右下肺动脉干扩张、肺动脉段凸出、右心室增大征象，均为诊断慢性肺心病的重要依据。

2. **心电图**　主要表现有电轴右偏、肺型P波，是诊断慢性肺心病的参考条件。

3. **超声心动图**　肺动脉增宽、右心室壁增厚、右心室增大等，是诊断慢性肺心病的依据。

4. **动脉血气分析**　可出现低氧血症、高碳酸血症、酸碱平衡失调等。当 PaO_2 <60mmHg 伴（或不伴）$PaCO_2$>50mmHg 时，提示呼吸衰竭。

5. **血液检查**　红细胞计数和血红蛋白可升高。合并感染时白细胞计数升高，中性粒细胞比例升高。

（五）治疗要点

慢性肺心病肺、心功能代偿期采用中西医结合治疗，延缓病情发展。肺、心功能失代偿期应在积极控制感染基础上，通畅气道，改善呼吸功能，纠正缺氧和 CO_2 潴留，控制呼吸衰竭和心力衰竭，处理并发症。

【常见护理诊断/问题】

1. **气体交换受损**　与肺血管阻力增高引起肺淤血、肺血管收缩导致肺血流量减少有关。

2. **清理呼吸道无效**　与呼吸道感染、痰多而黏稠有关。

3. **活动无耐力**　与心、肺功能减退有关。

4. **体液过多**　与心排血量减少、肾血流灌注量减少有关。

5. **潜在并发症**：肺性脑病、心律失常、休克、消化道出血。

【护理目标】

病人呼吸困难减轻或消失；呼吸道通畅，能够进行有效的咳嗽从而排出痰液；活动耐力逐渐增强；水肿减轻或消失；并发症得到有效防治。

【护理措施】

（一）一般护理

1. **休息与活动**　肺、心功能代偿期活动应量力而行，以不引起疲劳、不加重症状为度。肺、心功能失代偿期应卧床休息，保证病人有充足睡眠，降低机体耗氧量，促进心、肺功能的恢复。呼吸困难严重者，取半坐卧位或坐位。

2. **饮食护理**　给予高纤维素、清淡易消化饮食，少量多餐，以软食为主，防止因便秘、腹胀而加重呼吸困难。避免含糖高的食物，碳水化合物应≤60%，以免增加 CO_2 生成，加重高碳酸血症。水肿、腹腔积液或少尿病人应限制水与钠盐的摄入，进水量 <1 500ml/d，

钠盐 <3g/d。必要时遵医嘱给予静脉营养。

3. 氧疗护理　持续低流量（1～2L/min）、低浓度（25%～29%）吸氧，使 PaO_2 控制在 60mmHg 或略高，以防止因缺氧完全纠正，使外周化学感受器失去低氧血症的刺激而抑制自主呼吸，加重缺氧和 CO_2 潴留。吸氧过程中注意观察发绀、呼吸困难有无改善和意识状况，监测动脉血气分析结果。

（二）病情观察

监测病人生命体征的变化；观察病人咳嗽、咳痰情况，痰液的性质、颜色、量；观察呼吸的频率、节律、幅度及其变化特点；观察有无心悸、胸闷、少尿及水肿；定期监测动脉血气分析变化；密切观察病人有无头痛、烦躁、昼睡夜醒、意识状态改变等肺性脑病表现，如有异常，及时报告医生并协助处理。

（三）用药护理

遵医嘱给予解痉平喘、镇咳祛痰、抗感染药物及强心、利尿和扩血管药物。用药时应注意：①镇静、麻醉剂：重症呼吸衰竭病人应避免使用，以免抑制呼吸中枢和咳嗽反射。②呼吸兴奋剂：用量过大可引起恶心、呕吐、烦躁、面部潮红、皮肤瘙痒及肌肉震颤等不良反应，应注意观察。③利尿剂：可引起低钾低氯性碱中毒而加重缺氧，脱水过度致血液浓缩、痰液黏稠而出现排痰不畅等不良反应。使用排钾利尿剂时遵医嘱补钾，监测电解质变化。利尿剂尽可能在白天给药，以免夜间频繁排尿而影响睡眠。④洋地黄类药物：病人由于慢性缺氧和感染，对洋地黄耐受性差，易发生中毒反应。因此，慢性肺心病右心衰竭时使用洋地黄应持慎重态度，注意纠正缺氧和低钾血症，遵医嘱准确用药，一旦出现中毒反应立即报告医生并协助处理。⑤血管扩张药物：应注意观察血压、心率变化。⑥抗生素：注意观察感染控制的效果及不良反应。

（四）心理护理

多与病人交谈，观察病人的心理变化，解释各项检查、治疗措施，耐心细致地解答病人的提问，消除他们的疑虑，帮助病人消除紧张、恐惧心理，使病人增强对疾病治疗的信心。积极与病人家属进行沟通，争取家属的支持。

（五）健康指导

1. 疾病预防指导　对高危人群进行宣传教育，劝导戒烟，积极治疗原发疾病，降低慢性肺心病的发病率。

2. 疾病知识指导　向病人及家属介绍慢性肺心病发生、发展过程，寻找并避免导致疾病加重的各种诱发因素。坚持家庭氧疗，增加活动耐力。加强饮食营养，根据肺、心功能和体力情况选择适当的体育锻炼和呼吸功能锻炼，以提高机体免疫力，改善呼吸功能。

3. 病情监测指导　指导病人及家属识别病情加重的征象，如发现体温升高、咳痰不畅、呼吸困难及发绀加重、少尿、水肿，或发现病人嗜睡、躁动，提示病情加重，需及时就诊。

【护理评价】

病人呼吸困难是否减轻;呼吸道是否通畅,是否能够进行有效的咳嗽从而排出痰液;活动耐力是否逐渐增强;水肿是否减轻或消失;并发症是否得到有效防治。

(李　丽)

第九节　呼吸衰竭和急性呼吸窘迫综合征病人的护理

<table>
<tr><td rowspan="1">学习目标</td><td>

1. 具有高度的责任感、沉着冷静的心理素质和严谨细致的工作态度,珍视生命,尊重和关爱病人。
2. 掌握呼吸衰竭和急性呼吸窘迫综合征病人的身心状况和主要护理措施。
3. 熟悉呼吸衰竭和急性呼吸窘迫综合征的辅助检查、治疗要点和病人的常见护理诊断／问题。
4. 了解呼吸衰竭的病因、发病机制和病人的护理目标、护理评价。
5. 学会运用护理程序对呼吸衰竭和急性呼吸窘迫综合征病人实施整体护理,为病人及家属提供心理和社会支持。

</td></tr>
</table>

工作情景与任务

导入情景:

王先生,75 岁。一周前感冒后自觉呼吸费力,呼吸次数增加,口唇发绀明显,到医院就诊后,立即动脉采血进行血气分析,结果为 PaO_2 50mmHg,$PaCO_2$ 77mmHg,入院诊断为呼吸衰竭。

工作任务:

1. 评估王先生的呼吸衰竭类型,正确实施氧疗。
2. 评估与观察氧疗效果。

一、呼　吸　衰　竭

呼吸衰竭(respiratory failure)简称呼衰,是指各种原因引起的肺通气和／或换气功能严重障碍,以致在静息状态下亦不能维持足够的气体交换,导致低氧血症伴(或不伴)高碳酸血症,进而引起一系列病理生理改变和相应临床表现的综合征。呼吸衰竭属于临床急危重症,其临床表现缺乏特异性,明确诊断有赖于动脉血气分析,在海平面、静息状态、呼吸空气条件下,动脉血氧分压(PaO_2)<60mmHg,伴(或不伴)二氧化碳分压($PaCO_2$)

>50mmHg,即可诊断为呼吸衰竭。

呼吸衰竭的病因很多,包括气道阻塞性病变、肺组织病变、肺血管疾病、心脏疾病、胸廓与胸膜病变及神经肌肉疾病等。发病机制与肺通气不足、弥散障碍、肺泡通气/血流比例失调等有关。

呼吸衰竭通常按动脉血气分析、发病急缓及发病机制进行分类。按照动脉血气分析分类:①Ⅰ型呼吸衰竭:即低氧性呼吸衰竭,动脉血气分析特点是$PaO_2<60mmHg$,$PaCO_2$降低或正常。主要见于肺换气功能障碍,如严重肺部感染性疾病、间质性肺疾病及急性肺栓塞等。②Ⅱ型呼吸衰竭:即高碳酸血症性呼吸衰竭,动脉血气分析特点是$PaO_2<60mmHg$,同时伴有$PaCO_2>50mmHg$,系肺泡通气不足所致,如慢性阻塞性肺疾病。按照发病急缓分类,可分为急性呼吸衰竭和慢性呼吸衰竭,其中慢性阻塞性肺疾病是导致慢性呼吸衰竭的最常见病因。按照发病机制分类,可分为泵衰竭和肺衰竭。

【护理评估】

(一)健康史

评估病人有无下列病史:①气道阻塞性疾病,如慢性阻塞性肺疾病、重症哮喘等。②肺组织病变,如肺炎、肺气肿、严重肺结核、弥漫性肺结核等。③肺血管疾病,如肺栓塞、肺血管炎等。④心脏疾病,如各种缺血性心脏病、严重心脏瓣膜病、心肌疾病等。⑤胸廓与胸膜病变,如严重的自发性或外伤性气胸、广泛胸膜增厚、胸廓畸形等。⑥神经肌肉疾病,如脑血管疾病、多发性神经炎等。⑦诱因,如呼吸道感染、高浓度吸氧及麻醉等。

(二)身体状况

1. 症状　除原发疾病症状、体征外,主要表现为缺氧和CO_2潴留引起的呼吸困难和多脏器功能障碍。

(1)呼吸困难:是呼吸衰竭最早出现的症状。多数病人有明显的呼吸困难,急性呼吸衰竭早期表现为呼吸频率增快,病情严重时出现呼吸困难,辅助呼吸肌活动增加,可出现三凹征。慢性呼吸衰竭表现为呼吸费力伴呼气延长,严重时呼吸浅快,并发CO_2麻醉时,出现浅慢呼吸或潮式呼吸。

(2)发绀:是缺氧的典型表现,以口唇、指甲和舌发绀较为明显。发绀主要取决于缺氧的程度,也与血红蛋白含量、皮肤颜色及心功能状态等因素相关。

(3)精神神经症状:急性呼吸衰竭可迅速出现精神错乱、狂躁、昏迷、抽搐等症状。慢性呼吸衰竭随着$PaCO_2$升高,出现先兴奋后抑制症状。兴奋症状表现为烦躁不安、昼夜颠倒甚至谵妄。CO_2潴留进一步加重时导致肺性脑病,出现抑制症状,表现为表情淡漠、肌肉震颤、间歇抽搐、嗜睡甚至昏迷等。

(4)循环系统症状:多数病人出现心动过速,严重缺氧和酸中毒时可导致周围循环衰竭、血压下降、心律失常,甚至心脏停搏;CO_2潴留使体表静脉充盈、皮肤潮红、温暖多汗及血压升高;因脑血管扩张,病人常有搏动性头痛。

(5)消化和泌尿系统症状:急性呼吸衰竭时可损害肝、肾功能,出现黄疸、蛋白尿及氮质血症等症状,部分病人可引起应激性溃疡而发生上消化道出血。

2. 体征　外周体表静脉充盈、皮肤潮红、温暖多汗及球结膜充血水肿;血压早期升高,后期下降;心率多数增快;部分病人可出现视神经乳头水肿,瞳孔缩小,腱反射减弱或消失,锥体束征阳性等。右心衰竭病人可出现体循环淤血体征。

（三）心理－社会状况

呼吸衰竭病人由于出现多器官功能障碍,特别是呼吸困难产生濒死感,病人表现出恐惧或烦躁不安;随着呼吸困难加重,采用人工气道或机械通气时,影响情感交流,病人出现情绪低落、精神错乱,甚至拒绝配合治疗及护理;部分衰弱病人过分依赖呼吸机,一旦脱机,可能出现情绪紧张,对自主呼吸缺少信心。由于病人长期受慢性疾病折磨,加上病情突然加重,病人及家属可能出现焦虑、恐惧等心理。

（四）辅助检查

1. 动脉血气分析　$PaO_2<60mmHg$,伴或不伴 $PaCO_2>50mmHg$,pH 可正常或降低。

2. 影像学检查　包括胸部 X 线检查、胸部 CT 和放射性核素肺通气 / 灌注扫描等。

3. 其他　肺功能检测和纤维支气管镜检查。

（五）治疗要点

呼吸衰竭的治疗原则是保持呼吸道通畅,迅速纠正缺氧,改善通气,积极治疗原发病,消除诱因,加强一般支持治疗和对其他重要脏器功能的监测与支持,预防和治疗并发症。对任何类型的呼吸衰竭,保持呼吸道通畅是最基本、最重要的治疗措施。

【护理诊断及合作性问题】

1. 低效性呼吸型态　与不能进行有效呼吸有关。

2. 焦虑　与呼吸困难、病情危重以及环境陌生有关。

3. 自理缺陷　与严重缺氧、呼吸困难、机械通气有关。

4. 营养失调:低于机体需要量　与气管插管和代谢增高有关。

5. 潜在并发症:重要器官缺氧性损伤。

【护理目标】

病人呼吸困难缓解,血气分析指标得到改善;焦虑减轻或消失;生活自理能力增强;营养状况改善;并发症得到有效防治。

【护理措施】

（一）一般护理

1. 休息与体位　为减少体力消耗,降低耗氧量,病人需卧床休息,尽量减少活动。协助病人取舒适且利于改善呼吸状态的体位,一般取半坐卧位或坐位。

2. 饮食护理　给予高热量、高蛋白、富含多种维生素、易消化、少刺激性的流质或半流质饮食。昏迷病人应给予鼻饲或肠外营养。

（二）氧疗护理

1. 氧疗适应证　任何类型的呼吸衰竭都存在低氧血症,因此氧疗是呼吸衰竭病人的重要护理措施,应根据病人的基础疾病、呼吸衰竭的类型和缺氧的严重程度,选择适当的给氧方法和吸入氧浓度。

2. 氧疗的方法　临床常用的给氧方法有鼻导管、鼻塞和面罩给氧。鼻导管和鼻塞给氧简单方便,不影响咳痰和进食,但吸入氧浓度不稳定,高流量吸氧时对局部黏膜有刺激,适用于轻度呼吸衰竭和Ⅱ型呼吸衰竭的病人。面罩包括普通面罩、非重复呼吸面罩和文丘里面罩。普通面罩给氧适用于低氧血症比较严重的Ⅰ型呼吸衰竭和急性呼吸窘迫综合征病人。非重复呼吸面罩带有储氧袋,面罩与储氧袋有单向阀,吸入氧浓度最高,常用于严重低氧血症、呼吸状态极不稳定的Ⅰ型呼吸衰竭和急性呼吸窘迫综合征病人。文丘里面罩能够按需调节准确的吸入氧浓度,对于慢性阻塞性肺疾病引起的呼吸衰竭尤其适用。

3. 氧疗的原则　①Ⅰ型呼吸衰竭:缺氧不伴有 CO_2 潴留,可给予较高浓度(>35%)氧气吸入,在保证 PaO_2 迅速提高到 60mmHg 或 $SaO_2>90\%$ 以上的前提下,尽量降低吸氧浓度。②Ⅱ型呼吸衰竭:缺氧伴 CO_2 潴留,给予低浓度(<35%)持续吸氧,以免缺氧纠正过快,解除了低氧对外周化学感受器的刺激而导致呼吸抑制,加重缺氧和 CO_2 潴留。

4. 氧疗疗效的观察　在氧疗过程中,应注意观察氧疗效果。若吸氧后呼吸困难缓解、发绀减轻、心率减慢,提示氧疗有效;若意识障碍加深或呼吸过度表浅、缓慢,可能 CO_2 潴留加重。应根据动脉血气分析结果和病人的临床表现,及时调整吸氧流量和氧浓度,保证氧疗效果,防止氧中毒和 CO_2 麻醉。如通过普通面罩或非重复呼吸面罩进行高浓度氧疗后,不能有效地改善病人的低氧血症,应该做好气管插管和机械通气的准备。

(三)病情观察

密切观察呼吸困难的程度,呼吸频率、节律和深度,观察有无发绀、球结膜充血、水肿、皮肤温暖多汗及血压升高等缺氧和 CO_2 潴留的表现;监测生命体征及意识状态;监测并记录出入液量;监测动脉血气分析和血生化检查结果,监测电解质和酸碱平衡状态;观察呕吐物和排泄物性状;观察有无神志恍惚、烦躁、抽搐等肺性脑病表现,一旦发现,应立即报告医生并协助处理。

(四)对症护理

对于任何类型的呼吸衰竭,应采取相应措施保持气道通畅。具体方法包括:

1. 若病人昏迷,应使其处于仰卧位,头后仰,托起下颌并将口打开。

2. 清除气道内分泌物及异物　指导病人进行有效咳嗽、咳痰,间断给予翻身扣背,促进痰液排出。病情严重、意识不清病人,应及时机械吸痰。如有气管插管或气管切开,则可以给予气管内吸痰,必要时纤维支气管镜吸痰。遵医嘱应用支气管扩张药,口服或雾化吸入祛痰药。

3. 建立人工气道　对于病情严重又不能配合、昏迷、呼吸道大量痰液潴留伴有窒息危险或 $PaCO_2$ 进行性增高的病人,若常规治疗无效,应及时建立人工气道和机械通气支持。

（五）治疗配合

1. 用药护理　遵医嘱及时准确给药,并观察疗效和不良反应。在呼吸道通畅的前提下,遵医嘱使用呼吸兴奋剂,适当提高吸入氧浓度。静脉输液时速度不宜过快,若出现恶心、呕吐、烦躁、面色潮红及皮肤瘙痒等现象,提示呼吸兴奋剂过量,需减慢滴速。若4～12小时未见效,或出现肌肉抽搐等严重不良反应时,应立即报告医生。对烦躁不安、失眠病人,慎用镇静剂,以防止引起呼吸抑制。

2. 机械通气病人的护理　①做好气管插管术前的各项准备工作,减轻或消除紧张、恐惧情绪,根据需要使用麻醉药品。②按规程连接呼吸机管路,确保呼吸机功能完好。③加强病人监护,监测呼吸机参数及功能,注意吸入气体的加温和湿化,及时吸痰。④注意口唇、舌等皮肤黏膜的保护与观察。⑤停用呼吸机前后做好撤机护理。

3. 并发症护理　①水、电解质紊乱及酸碱失衡:定期监测血气分析和血液生化指标。严重酸中毒者,遵医嘱给予碳酸氢钠。出现低血钾、低血氯时,遵医嘱及时补钾。②上消化道出血的护理措施:详见第四章第八节"上消化道出血病人的护理"。

（六）心理护理

护士应经常巡视,了解病情缓解情况,给予病人心理支持和鼓励,特别是对建立人工气道和机械通气的病人,应加强语言或非语言交流以抚慰病人,给病人以安全感,取得病人的信任和合作。指导病人应用放松技术、分散注意力等方式缓解紧张和焦虑情绪。

（七）健康指导

1. 疾病知识指导　劝告吸烟病人戒烟,避免吸入刺激性气体,控制原发性肺部疾病,避免呼吸道感染。向病人及家属介绍疾病发生、发展与转归,与其共同制订合理的活动、休息与饮食计划;改进膳食,增加营养,提高机体抵抗力;劳逸结合,维护心、肺功能状态。

2. 康复指导　指导病人进行呼吸功能锻炼和耐寒锻炼,如缩唇呼吸、腹式呼吸等;教会病人有效咳嗽、排痰、体位引流等方法;指导病人和家属掌握家庭氧疗的方法及注意事项。

3. 用药指导与病情监测　遵医嘱正确用药,了解药物的用法、用量、注意事项及不良反应等。如出现呼吸困难、发绀加重等症状,应及时就诊。

边学边练

实践3　呼吸衰竭病人的护理

【护理评价】　病人呼吸困难是否缓解,PaO_2、$PaCO_2$ 等指标是否得到改善;焦虑是否减轻或消失;自理能力有无增强;营养状况是否改善;并发症是否得到有效防治。

二、急性呼吸窘迫综合征

急性呼吸窘迫综合征(acute respiratory distress syndrome,ARDS)是由各种肺内和肺外致病因素所致的急性弥漫性肺损伤和进而发展的急性呼吸衰竭。临床表现为呼吸窘迫、难治性低氧血症,肺部影像学表现为双肺弥漫渗出性改变。

急性呼吸窘迫综合征的病因有肺内因素(直接因素)及肺外因素(间接因素)。肺内因素指对肺的直接损伤。肺外因素包括各种类型的休克、败血症、重症急性胰腺炎等。

【护理评估】

(一)健康史

评估病人有无吸入胃内容物、毒气、烟尘及长时间吸入纯氧、肺挫伤、淹溺及重症肺炎等病史;有无休克、严重的非胸部创伤、大量输血、药物或麻醉药中毒等。

(二)身体状况

急性呼吸窘迫综合征大多数于原发病起病后 72 小时内发生。除原发病的相应症状和体征外,最早出现的症状是呼吸增快,并呈进行性加重的呼吸困难、发绀,常伴有烦躁、焦虑、出汗等,其呼吸困难的特点是呼吸深快、费力,病人常感到胸廓紧束、严重憋气,即呼吸窘迫,不能被通常的氧疗所改善,亦不能用其他原发心肺疾病所解释。早期体征可无异常,后期多可闻及水泡音及管状呼吸音。

(三)心理-社会状况

由于病人病情危重,极度呼吸困难,甚至有濒死感,特别是应用机械通气辅助呼吸,病人不能表达其心理感受和需求,容易产生焦虑、紧张、孤独等心理反应。

(四)辅助检查

1. 动脉血气分析　以低 PaO_2、低 $PaCO_2$ 和高 pH 为典型表现,后期可出现 $PaCO_2$ 升高和 pH 降低。氧合指数(PaO_2/FiO_2)是诊断急性肺损伤或 ARDS 的必要条件,正常值为 $400 \sim 500mmHg$。发生 ARDS 时,$PaO_2/FiO_2 \leqslant 300mmHg$。

2. 胸部 X 线检查　X 线胸片表现以演变快速多变为特点,早期无异常或出现肺纹理增多,边缘模糊,继之出现斑片状并逐渐融合成大片磨玻璃或实变浸润影,后期可出现肺间质纤维化改变。

(五)治疗要点

治疗要点为积极治疗原发病,纠正低氧血症,机械通气,以及调节体液平衡。一般需用面罩进行高浓度(>50%)给氧,使 $PaO_2 \geqslant 60mmHg$ 或 $SaO_2 \geqslant 90\%$。尽早应用机械通气,并需采用肺保护性通气。

俯卧位通气

俯卧位通气作为一种治疗 ARDS 的辅助方法,可通过多种途径和机制明显改善大多 ARDS 病人的氧合状态,包括:①使萎陷的肺泡复张;②重新分布肺内通气;③使潮气量分布均一化;④体位引流促进气道分泌物排出;⑤改善血流动力学,减少心律失常的发生。俯卧位通气的不良反应包括压疮和气管插管阻塞的风险。

【常见护理诊断／问题】

1. 清理呼吸道无效　与呼吸道感染、分泌物过多或黏稠、咳嗽无力等有关。

2. 低效性呼吸型态　与不能进行有效呼吸有关。

3. 潜在并发症:重要器官缺氧性损伤、电解质紊乱、呼吸机相关性肺损伤。

【护理措施】

（一）一般护理

1. 休息与活动　协助病人取舒适且利于改善呼吸状态的体位,一般取半坐卧位或坐位。为减少体力消耗,降低氧耗量,病人需卧床休息,必要时可采用俯卧位辅助通气,以改善氧合指数。

2. 饮食护理　给予高热量、高蛋白、富含多种维生素、易消化、产气少的流质或半流质食物。鼓励神志清醒病人自行进食,昏迷病人应给予鼻饲,必要时遵医嘱静脉补充营养。

（二）病情观察

1. 病情监测　急性呼吸窘迫综合征病人需要收住 ICU 进行严密监护,监测内容主要有 6 方面。①呼吸状况:呼吸频率、节律和深度,使用呼吸机辅助呼吸的情况。②缺氧及 CO_2 潴留情况:观察有无发绀、皮肤潮红、多汗和浅静脉充盈。③循环状况:监测心率、心律及血压,必要时进行血流动力学监测。④意识状况及精神神经症状:观察有无肺性脑病的表现。⑤液体平衡状态:观察和准确记录出入液量。⑥实验室检查结果:监测动脉血气分析和生化检查结果,了解电解质和酸碱平衡情况。

2. 给氧观察　急性呼吸窘迫综合征病人需吸入较高浓度（FiO_2>50%）氧气,使 PaO_2 迅速提高到 60mmHg 或 SaO_2≥90%。面罩吸氧优于鼻导管、鼻塞吸氧。病人给氧过程中注意观察给氧的效果,应根据动脉血气分析结果和病人的临床表现及时调整吸氧流量或浓度。

3. 保持呼吸道通畅　在氧疗和改善通气之前,必须采取各种措施,使呼吸道保持通畅。

（三）用药护理

使用呼吸兴奋剂时,密切观察病人神志、发绀情况、呼吸频率和幅度以及动脉血气分析结果,若出现面色潮红、烦躁不安、恶心呕吐、肌肉颤动等现象,提示呼吸兴奋剂剂量过大,及时通知医生处理。

(四)心理护理

护士给予病人心理支持和病情告知,守护病人并询问缺氧及呼吸困难缓解情况。病人应用机械通气辅助呼吸时,护士应经常安慰病人,建立个性化沟通方式,消除病人焦虑、紧张、孤独等心理状态。

(五)健康指导

详见本章第九节中"一、呼吸衰竭"相关内容。

(王洪波)

第十节 呼吸系统常用诊疗技术及护理

学习目标

1. 具有团结协作、认真负责的工作态度和护理安全的职业意识,尊重和关爱病人。
2. 掌握纤维支气管镜检查术和胸腔穿刺术的术前准备、术中配合和术后护理。
3. 熟悉纤维支气管镜检查术和胸腔穿刺术的操作过程。
4. 了解纤维支气管镜检查术、胸腔穿刺术的适应证和禁忌证。
5. 学会与病人及家属进行有效沟通,正确解释操作目的和注意事项。

一、纤维支气管镜检查术

纤维支气管镜(简称纤支镜)检查是利用光学纤维内镜对气管和支气管管腔进行的检查,可经口腔、鼻腔、气管导管或气管切开套管插入段、亚段支气管,甚至更细的支气管,直视下行活检或刷检,钳取异物,吸引或清除阻塞异物,并可行支气管灌洗和支气管肺泡灌洗。另外,通过纤支镜可注入药物或切除气管内的良性肿瘤。纤支镜检查已经成为支气管、肺和胸腔疾病诊断及治疗不可缺少的手段。

【适应证】

1. 原因不明的咯血需明确病因及出血部位,或需局部止血治疗者。
2. 胸部 X 线占位改变或阴影而致肺不张、阻塞性肺炎、支气管狭窄或阻塞、刺激性咳嗽,经抗生素治疗不缓解,疑为异物或肿瘤的病人。
3. 用于清除黏稠的分泌物、黏液栓或异物。
4. 原因不明的喉返神经麻痹、膈神经麻痹或上腔静脉阻塞。

5. 行支气管肺泡灌洗及用药等治疗。

6. 引导气管导管,进行经鼻气管插管。

【禁忌证】

1. 肺功能严重损害,重度低氧血症,不能耐受检查者。

2. 严重心功能不全、高血压、频发心律失常者。

3. 严重肝、肾功能不全,全身状态极度衰竭者。

4. 出凝血机制严重障碍者。

5. 哮喘发作或大咯血者,近期有上呼吸道感染或高热者。

6. 主动脉瘤有破裂危险者。

7. 对麻醉药物过敏,不能配合检查者。

【操作前准备】

1. 病人准备　向病人及家属说明检查目的、意义、过程及配合的方法,以消除病人的紧张情绪,取得病人的合作。病人术前 4 小时禁食、禁水,以防误吸。若有活动性义齿应先取出。

2. 术前用药　评估病人对消毒剂、局麻药或术前用药是否过敏,防止发生过敏反应。术前半小时遵医嘱肌内注射阿托品 0.5mg 和地西泮 10mg,以减少呼吸道分泌物和镇静。

3. 用物准备　备好检查相关物品。准备吸引器和复苏设备,以防术中出现喉痉挛和呼吸窘迫,或因麻醉药物的作用抑制病人的咳嗽和呕吐反射,使分泌物不易咳出。

【操作过程与护理配合】

1. 操作过程　纤支镜可经鼻或口插入,目前大多数经鼻插入。病人常取平卧位,不能平卧者可取坐位或半坐卧位。可以直视下自上而下依次检查各叶、段支气管。支气管镜的末端可做一定角度旋转,术者可依据情况控制角度调节钮。

2. 护理配合

(1) 护士应密切观察病人面色、生命体征、SaO_2 等变化,发现异常,及时告知医生。

(2) 遵医嘱经纤支镜滴入麻醉剂做黏膜表面麻醉。

(3) 根据需要配合医生做好吸引、灌洗、活检、治疗等相关操作。

【操作后护理】

1. 病情观察　密切观察病人的生命体征和全身反应,如有无发热、胸痛、呼吸困难;观察分泌物的颜色和特征。向病人说明术后数小时内,特别是活检后会有少量咯血及痰中带血,不必担心,出血量多时应及时通知医生,并积极配合医生进行抢救。

2. 避免误吸　术后 2 小时内禁食、禁水,麻醉作用消失、咳嗽和呕吐反射恢复后方可进食温凉流质或半流质饮食,进食前试验小口喝水,无呛咳再进食。

3. 减少咽喉部刺激　术后数小时内避免吸烟、谈话和咳嗽,使声带得以休息,以免声音嘶哑和咽喉部疼痛。

二、胸腔穿刺术

胸腔穿刺术（thoracentesis）是自胸膜腔内抽取积液或积气的操作，常用于检查胸腔积液的性质、抽液减压或胸膜腔内给药。

【适应证】

1. 胸腔积液性质不明者，抽取积液进行检查，协助病因诊断。

2. 胸腔内大量积液或积气者，排除积液或积气，以缓解压迫症状，避免胸膜粘连增厚。

3. 脓胸抽脓灌洗治疗或恶性胸腔积液需胸腔内注入药物者。

【操作前准备】

1. 病人准备　向病人及家属解释穿刺目的、操作步骤及术中注意事项，以消除病人的紧张情绪，取得病人的合作。指导病人练习穿刺体位，并告知病人操作过程中保持穿刺体位，不要随意活动，不要咳嗽或深呼吸，以免损伤胸膜或肺组织。

2. 用药准备　准备局麻药、肾上腺素，必要时给予镇静药。

3. 用物准备　胸腔穿刺用物、急救设备和器械。

【操作过程与护理配合】

1. 操作过程

（1）安置体位：协助病人坐在有靠背椅子上并面向椅背，两前臂置于椅背上，前额伏于前臂上。如病人不能下床可取半坐卧位，患侧前臂上举抱于枕部，完全暴露胸部或背部。

（2）穿刺部位：一般胸腔积液的穿刺点在肩胛线或腋后线第 7~8 肋间隙或腋前线第 5 肋间隙。气胸者取患侧锁骨中线第 2 肋间隙或腋前线第 4~5 肋间隙进针。

（3）穿刺方法：常规消毒，局部麻醉。术者以左手示指、中指固定穿刺部位皮肤，右手将穿刺针在局麻麻醉处沿下一肋骨上缘缓慢刺入胸壁直至胸膜腔。连接注射器，护士协助抽取胸腔积液或气体。穿刺过程中应避免损伤脏层胸膜，并注意保持密闭，防止空气进入胸膜腔。术毕拔出穿刺针，再次消毒穿刺点后，覆盖无菌纱布，稍用力压迫穿刺部位片刻，用胶布固定后嘱病人静卧。

（4）抽液抽气量：每次抽液、抽气不宜过快、过多，防止胸膜腔内压骤降，发生复张后肺水肿或循环障碍、纵隔移位等并发症。首次抽液量不宜超过 600ml，抽气量不超过 1 000ml，以后每次抽吸量不应超过 1 000ml；如为脓胸，每次尽量抽吸；如为诊断性抽液，抽取 50~100ml 即可。如治疗需要，抽液抽气后可注射药物。

2. 护理配合　密切观察病人的脉搏、面色等变化，注意询问病人有无异常感觉。如病人有不适症状应减慢或立即停止抽吸。若病人突然感觉头晕、心悸、出冷汗、面色苍白、胸部有压迫感或剧痛、晕厥，提示病人可能出现胸膜过敏反应，应立即停止抽吸，协助病人取平卧位，遵医嘱皮下注射 0.1% 肾上腺素 0.3~0.5ml，密切观察血压，防止休克。

【操作后护理】

1. 监测病人穿刺后反应　嘱病人平卧或半坐卧位休息,注意观察呼吸、脉搏及血压等情况,注意有无血胸、气胸及肺水肿等并发症发生。观察穿刺部位情况,如出现红、肿、热、痛、体温升高或液体溢出等及时通知医生。

2. 记录、送检标本　记录穿刺时间、抽液抽气量、胸腔积液的颜色及性状以及病人在术中的状态,按需要留取标本并及时送检。

3. 胸腔内注药护理　术中注射药物者,嘱病人稍做活动,使药液在胸腔内混匀,并观察病人对注入药物的反应。

4. 一般护理　术后鼓励病人深呼吸,促进肺膨胀。

> **本章小结**
>
> 　　本章学习重点是呼吸系统常见疾病病人的身体状况,常见护理诊断／问题,一般护理、病情观察、对症护理、用药护理;重症病人的抢救配合及健康指导。学习难点为呼吸系统常见疾病的发病机制,常用药物的护理,支气管哮喘、慢性阻塞性肺疾病、慢性肺源性心脏病、肺结核、呼吸衰竭和急性呼吸窘迫综合征病人的病情监测及处理。在学习过程中应注意联系解剖、生理、病理、药物学基础等基础医学理论和知识,认识和理解内科护理临床问题,并能运用护理程序对呼吸系统常见疾病病人实施整体护理。

（王洪波）

思考与练习

1. 大咯血病人出现哪些表现提示窒息发生? 护士应如何配合医生进行抢救?

2. 慢性阻塞性肺疾病病人的护理评估要点有哪些?

3. 支气管哮喘病人的发作特点有哪些? 发作时如何处理?

4. 护理肺结核病人时,护士应该如何做好用药护理和健康指导?

5. 呼吸衰竭病人的氧疗原则有哪些? 如何判断氧疗疗效?

第三章 │ 循环系统疾病病人的护理

03章 数字资源

第一节 循环系统疾病病人常见症状、体征的护理

学习目标

1. 具有良好的综合素质和科学严谨的工作态度,尊重病人,善于沟通,主动为病人缓解不适。
2. 掌握循环系统疾病病人常见症状、体征的护理评估要点和主要护理措施。
3. 熟悉循环系统疾病病人常见症状、体征的主要护理诊断/问题。
4. 了解循环系统疾病病人常见症状、体征的护理目标和护理评价。
5. 学会循环系统疾病病人常见症状、体征的评估方法,能正确实施护理措施。

工作情景与任务

导入情景:

薛女士,42岁。患风湿性心脏病7年,一周前和家人外出着凉后出现咳嗽、咽喉疼痛、发热、乏力。最近两天常速步行就心慌、气短,双下肢出现轻度水肿,由家人陪伴来医院就诊。

工作任务:

1. 对薛女士进行护理评估,列出主要的护理诊断。
2. 对薛女士实施呼吸困难和水肿的护理。

循环系统由心脏、血管和调节血液循环的神经体液组成。循环系统的主要功能是为全身组织器官运输血液,将氧、营养物质和激素等供给组织,并将组织产生的代谢废物运走,以保证人体新陈代谢的正常进行。此外,循环系统尚有内分泌功能。循环系统疾病包括心脏和血管疾病,合称心血管病。心血管病病因复杂,包括先天发育异常、动脉粥样硬化、风湿热、高血压、感染、内分泌代谢功能异常、自主神经功能失调、理化因素、肿瘤、遗传及某些全身性疾病等,并受心理、社会和环境因素影响。循环系统疾病在内科疾病中占较大比重,且较严重,能显著地影响病人的劳动力,导致较高的病死率和病残率,已成为重要公共卫生问题。因此,加强心血管病的防治、护理及危险因素的干预,具有重要意义。

循环系统疾病的常见症状、体征有心源性呼吸困难、心源性水肿、心悸、心前区疼痛和心源性晕厥等。

一、心源性呼吸困难

心源性呼吸困难(cardiogenic dyspnea)是指各种心血管病引起的呼吸困难。最常见的病因是左心衰竭,亦见于右心衰竭、心包积液和心脏压塞。左心衰竭所致的呼吸困难较为严重,其主要病变基础为肺循环淤血。右心衰竭引起的呼吸困难程度较左心衰竭轻,其主要病变基础为体循环淤血。

【护理评估】

(一)健康史

评估病人有无下列病史:①各种原因所致的左心和/或右心衰竭,如风湿性心脏病、高血压、冠状动脉粥样硬化性心脏病和心肌疾病等。②心包积液及心脏压塞等。③诱因,如感染、心律失常、静脉输入液体过多过快、体力活动或情绪激动等。

(二)身体状况

1. 心源性呼吸困难的特点　心源性呼吸困难按程度不同,常表现为4种形式。

(1)劳力性呼吸困难:是左心衰竭最早出现的症状。表现为在体力活动时发生或加重,休息后缓解或消失。系因运动使回心血量增加,左心房压力升高,加重肺淤血。开始多发生在较重体力活动时,随着病情进展,轻微体力活动时即可出现。

(2)夜间阵发性呼吸困难:是心源性呼吸困难的特征之一。病人入睡后突然因憋气而惊醒,被迫坐起,大多于端坐休息后自行缓解。其发生机制包括:睡眠平卧时回心血量增加,肺淤血加重;夜间迷走神经张力增加,小支气管收缩;横膈抬高,肺活量减少等。

(3)端坐呼吸:为严重肺淤血的表现。静息状态下病人仍觉呼吸困难,不能平卧。依病情轻重可表现为被迫采取高枕卧位、半坐卧位、端坐位,甚至双下肢下垂,使回心血量减少且横膈下移,以减轻肺淤血,改善呼吸。

(4)急性肺水肿:是左心衰竭呼吸困难最严重的形式,重者可有哮鸣音,称为"心源性哮喘"。

2. 伴随症状　发作性呼吸困难伴哮鸣音,多见于心源性哮喘;呼吸困难伴胸骨体后或心前区疼痛,可见于急性心肌梗死;伴粉红色泡沫样痰见于急性左心衰竭;伴发热,见于急性心包炎等。

（三）心理-社会状况

随着心力衰竭加重,呼吸困难病人常因日常生活及睡眠受到影响而产生紧张、焦虑,甚至恐惧等心理。

（四）辅助检查

评估病人血氧饱和度(SaO_2)和动脉血气分析结果,了解病人缺氧程度及酸碱平衡状况;评估病人胸部 X 线及超声心动图等检查结果,了解病人有无心脏病变、肺淤血及肺水肿等。

【常见护理诊断/问题】

1. 气体交换受损　与肺淤血、肺水肿或伴肺部感染有关。

2. 活动无耐力　与呼吸困难所致能量消耗增加和机体缺氧状态有关。

【护理目标】

病人呼吸困难减轻或消失;主诉活动耐力逐渐增加,活动时心率、血压正常,无明显不适。

【护理措施】

（一）气体交换受损

1. 一般护理

（1）休息与活动:保持病室安静、整洁,适当开窗通风。病人应衣着宽松,盖被轻软,以减轻憋闷感。病人有明显呼吸困难时应卧床休息。劳力性呼吸困难者,应减少活动量,以不引起症状为度;夜间阵发性呼吸困难者,应采取高枕卧位或半坐卧位;端坐呼吸者,可协助病人伏于床上小桌休息,必要时双腿下垂。注意病人体位的舒适与安全,必要时加床栏防止坠床。

（2）氧疗护理:遵医嘱给氧,一般可给予中等流量（2～4L/min）吸氧;急性左心衰竭病人,应予高流量（6～8L/min）吸氧;肺心病病人应予低流量（1～2L/min）持续给氧。氧疗方法包括鼻导管吸氧、面罩吸氧、无创正压通气吸氧等。

2. 控制输液速度和总量　病人 24 小时液体入量控制在 1 500ml 内为宜。

3. 病情观察　密切观察病人呼吸困难是否改善,发绀是否减轻,SaO_2、血气分析结果是否正常等,尤其应加强夜间巡视和床旁安全监护。若病情加重或 SaO_2 降低到94%以下,立即报告医生。

4. 心理护理　向病人解释呼吸困难发生的特点,与家属一起安慰鼓励病人,帮助其树立战胜疾病的信心,以稳定病人情绪,降低交感神经兴奋性,从而有利于缓解呼吸困难。

（二）活动无耐力

1. 一般护理　病人卧床期间应进行床上主动或被动的肢体活动,以保持肌张力,预防静脉血栓形成。根据病人的活动耐力,鼓励病人尽可能生活自理,护士应为病人的自理活动提供方便和指导,如抬高床头,使病人容易坐起,将经常使用的物品放在病人容易取放的位置。协助病人完成进食、清洁、排泄等日常生活活动。指导病人使用病房中的辅助设备,如床栏杆、扶手等,以节省体力和保证安全。

2. 活动训练　评估病人心功能状态,判断活动受限程度。与病人及家属一起制订活动目标和计划,确定活动量和持续时间,循序渐进增加活动量。病人可遵循卧床休息→床上活动→床边活动→病室内活动→病室外活动→上下楼梯的活动步骤。当病人活动耐力有所增加时,适当予以鼓励,以增强病人信心。

3. 病情观察　若病人在活动中或活动后出现心悸、心前区不适、呼吸困难、头晕眼花、面色苍白、出汗及极度疲乏等现象时,应停止活动,就地休息。若休息后症状仍不缓解,应立即报告医生并协助处理。

【护理评价】

病人呼吸困难是否改善或消失;活动耐力是否逐渐增加,活动时心率、血压是否正常,活动时有无明显不适。

二、心源性水肿

心源性水肿(cardiogenic edema)是指心血管病引起的水肿。最常见的病因是右心衰竭,也可见于渗出性心包炎或缩窄性心包炎。其发生机制主要是:①有效循环血量不足,肾血流量减少,肾小球滤过率降低,继发性醛固酮增多,引起水钠潴留。②体循环静脉压及毛细血管静水压增高,组织液回吸收减少。③淤血性肝硬化导致蛋白质合成减少,胃肠道淤血导致食欲下降及消化吸收功能下降,继发低蛋白血症,血浆胶体渗透压下降。

【护理评估】

（一）健康史

评估病人有无引起右心衰竭或全心衰竭的心血管病病史;有无渗出性心包炎或缩窄性心包炎等。

（二）身体状况

1. 心源性水肿的特点　心源性水肿首先出现在身体下垂部位,如足踝部、胫前,卧床者常见于腰骶部、会阴或阴囊部。水肿常为凹陷性,发展较缓慢,逐渐延及全身,严重者可出现胸腔积液、腹腔积液。水肿常于活动后加重,休息后减轻或消失。

2. 伴随症状　水肿部位因长期受压,皮肤易发生压疮及感染;因低盐饮食及食欲减退,可伴发营养不良;液体摄入过多或利尿剂使用不当,可导致水、电解质紊乱;此外,病人还可伴有尿量减少,近期体重增加等。

（三）心理－社会状况

病人因水肿引起体态改变和躯体不适,可产生烦躁、忧郁等心理反应;因病情反复发作影响工作和生活而失去信心。

（四）辅助检查

评估病人血清白蛋白和血清电解质等检查结果，了解病人有无低蛋白血症及电解质紊乱等。

【常见护理诊断/问题】

1. 体液过多　与体循环淤血及水钠潴留有关。

2. 有皮肤完整性受损的危险　与水肿所致组织局部长期受压、营养不良有关。

【护理目标】

病人水肿减轻或消失；皮肤保持完整，无压疮发生。

【护理措施】

（一）体液过多

1. 一般护理

（1）休息与活动：轻度水肿者应限制活动；重度水肿者应卧床休息；伴胸腔积液或腹腔积液者宜采取半坐卧位。下肢水肿者如无明显呼吸困难，可抬高下肢，以利于静脉回流，增加回心血量，从而增加肾血流量，提高肾小球滤过率，促进水钠排出。

（2）饮食护理：给予低盐、低脂、易消化饮食，少食多餐。限制含钠量高的食品及饮料，如发酵面食、罐头、味精、啤酒及碳酸饮料等。避免进食腌制食品，如咸菜、皮蛋、火腿、香肠、咸肉、虾米等。注意改善烹调技巧，以增进病人食欲。

2. 控制液体入量　根据病情适当限制液体摄入，补液量以"量出为入"为原则，减慢输液速度，防止加重水肿。

3. 病情观察　记录 24 小时液体出入量，监测体重变化。有腹腔积液者应每天测量腹围。观察病人颈静脉充盈、肺部啰音、肝脏大小、腹腔积液、胸腔积液及皮肤水肿消退情况。

（二）有皮肤完整性受损的危险

1. 定时变换体位　定时协助或指导病人变换体位，受压部位可用减压敷料保护局部皮肤，膝部、踝部及足跟处可垫软枕以减轻局部压力，避免腿部及踝部交叉重叠。变换体位时动作应轻巧，避免强行推、拉，以防擦伤皮肤。

2. 皮肤护理　保持床褥柔软、清洁、平整及干燥，严重水肿者可使用气垫床。保持皮肤清洁，嘱病人穿柔软、宽松的衣服。保持会阴部皮肤清洁、干燥，男性病人可用托带支托阴囊部。用热水袋保暖时水温不宜太高，防止烫伤。使用便盆时动作轻巧，防止擦伤皮肤。肌内注射时严格消毒后做深部注射，拔针后用无菌棉球按压避免药液外渗。

3. 观察皮肤情况　观察水肿部位及其他受压处皮肤有无发红、破溃，如有异常及时采取相应措施。

【护理评价】

病人水肿是否减轻并逐渐消失；皮肤完整性是否受损，有无压疮发生。

三、心　　悸

心悸（palpitation）是指一种自觉心脏跳动的不适感或心慌感。常见的病因有心律失常、心脏搏动增强和心血管神经症。此外，生理性因素和应用某些药物亦可引起心悸。

【护理评估】

（一）健康史

评估病人有无下列病史：①心律失常，如心动过速、心动过缓、期前收缩及心房颤动等。②心脏搏动增强，如各种器质性心血管病（如二尖瓣、主动脉瓣关闭不全）及全身性疾病（如甲状腺功能亢进症、贫血）。③心血管神经症。④诱因，生理性因素（如健康人剧烈运动、精神紧张或情绪激动，过量吸烟、饮酒、饮浓茶及咖啡）及应用某些药物（如肾上腺素、阿托品及氨茶碱）等。

（二）身体状况

1. 心悸的特点　心悸严重程度不一定与病情成正比。初发、突发的心律失常，心悸多较明显。慢性心律失常者，因逐渐适应可无明显心悸。紧张、焦虑、安静或注意力集中时心悸易出现。心悸时，心率可快、可慢，当心率加快时，病人感到心脏跳动不适，心率缓慢时则感到搏动有力。心率和心律正常者亦可有心悸。心悸一般无危险性，但少数严重心律失常所致者可发生猝死。

2. 伴随症状　心悸伴心前区疼痛者，见于冠状动脉粥样硬化性心脏病、心肌疾病及心包炎，亦可见于心血管神经症等；伴晕厥或抽搐者，见于三度房室传导阻滞、室性心动过速及病态窦房结综合征等；伴发热者，见于风湿热、心包炎及感染性心内膜炎等；伴呼吸困难者，见于急性心肌梗死、心包炎及心力衰竭等。

（三）心理－社会状况

心悸反复发作或发作持续时间长的病人，由于心前区不适感常引起紧张、焦虑或恐惧等心理反应；心悸导致的活动耐力下降也可使病人感到忧郁、悲观。

（四）辅助检查

评估病人心电图检查结果，了解有无心律失常、心律失常类型及变化情况。

【常见护理诊断/问题】

活动无耐力　与心悸发作所致疲乏无力有关。

【护理目标】

病人活动耐力增加，不适感减轻或消失。

【护理措施】

1. 一般护理　心悸发作时，应适当休息，衣服宜宽松，协助病人采取舒适体位，避免左侧卧位。严重心律失常病人，应绝对卧床休息。饮食宜清淡，限制烟酒、咖啡及浓茶等。必要时遵医嘱给氧。

2. 病情观察　密切观察生命体征,注意监测病人的心率、心律,必要时进行心电监护,发现严重心律失常或出现晕厥、抽搐时,立即通知医生并协助抢救。

3. 改善活动耐力　评估心悸的特点,对其原因和潜在危险作出判断,与病人及家属共同制订活动计划。对无器质性心脏病的心悸病人,鼓励其正常工作和生活,建立健康的生活方式,避免过度劳累。有器质性心脏病者,根据心功能情况适当活动,有计划地逐渐增加活动量,提高活动耐力,以不引起心悸为宜。

4. 心理护理　向病人及家属介绍心悸产生的原因、防治方法及预后,使病人及家属对心悸有正确的认识,减轻心理负担,缓解紧张、恐惧的心理。指导病人自我放松,学会自我调节情绪的方法,如深呼吸、听轻音乐、散步、读书及交谈等。

【护理评价】

病人活动耐力是否增加,不适感是否减轻或消失。

四、心前区疼痛

心前区疼痛(precordial pain)是指由于各种原因引起的心前区或胸骨后的疼痛不适。最常见的病因是心绞痛及急性心肌梗死,也可由主动脉瓣狭窄及关闭不全、梗阻性肥厚型心肌病、急性主动脉夹层、急性心包炎及心血管神经症等引起。

【护理评估】

(一)健康史

评估病人有无心血管病病史;发作是否与精神因素有关;有无心血管病家族史。

(二)身体状况

1. 心前区疼痛的特点　心前区疼痛的部位、性质、程度、持续时间、诱发因素和缓解因素常与疾病有关。典型心绞痛位于胸骨后或心前区,呈发作性压榨样痛,体力活动或情绪激动时诱发,休息或含服硝酸甘油后可缓解;急性心肌梗死多呈持续性剧痛,并有恐惧及濒死感,常无明显诱因,休息或含服硝酸甘油后多不能缓解;急性主动脉夹层病人可出现胸骨后或心前区撕裂性剧痛或烧灼痛;急性心包炎引起的疼痛性质尖锐,可因呼吸或咳嗽而加剧;心血管神经症可出现心前区针刺样疼痛,但部位常不固定,多在休息时发生,活动后反而好转。

2. 伴随症状　心前区疼痛伴面色苍白、大汗、血压下降或休克者,多见于心肌梗死、急性主动脉夹层等;伴发热、呼吸困难者,见于急性心包炎等;伴失眠、多梦者,见于心血管神经症。

(三)心理－社会状况

心前区疼痛反复发作,严重影响工作和日常生活时,病人可出现忧郁、焦虑及恐惧等心理。

（四）辅助检查

评估病人心电图、超声心动图、X线检查等检查结果，可协助了解疼痛的原因。

【常见护理诊断 / 问题】

1. 疼痛：心前区疼痛　与心肌缺血、缺氧、坏死或炎症累及心包、胸膜壁层有关。
2. 恐惧　与剧烈疼痛伴濒死感有关。

【护理目标】

病人疼痛减轻或消失；恐惧减轻或消失，情绪稳定。

【护理措施】

（一）疼痛：心前区疼痛

1. 休息与活动　疼痛发作时，应立即停止活动，协助病人卧床休息，陪伴和安慰病人，减轻其焦虑。保持排便通畅。必要时遵医嘱给氧。

2. 病情观察　密切观察疼痛发作的部位、性质、持续时间、诱发因素及伴随症状，严密监测心电图、血压、脉搏、呼吸、心率和心律变化，发现异常及时通知医生。

3. 缓解和解除疼痛

（1）用药护理：遵医嘱给予硝酸酯制剂、吗啡或哌替啶、溶栓药物、β受体阻滞剂或钙通道阻滞剂等解除疼痛，观察药物的疗效和不良反应，若疼痛没有缓解应及时通知医生。

（2）心理护理：病人疼痛发作时应专人陪伴，稳定病人情绪，减轻病人心理压力，以缓解心前区疼痛。

（3）减少或消除引起疼痛的原因：指导病人避免重体力劳动、情绪激动、饱餐、用力排便、寒冷刺激、吸烟及心动过速等诱因，以缓解疼痛，减少发作。

（二）恐惧

迅速、有效地缓解疼痛是消除恐惧的最佳措施。当病人胸痛剧烈时，护士应陪伴在病人身旁，增加病人的心理安全感；简要解释病情和治疗方案，告知病人疼痛的可控性，允许病人表达内心感受，减轻或消除病人的恐惧感；指导病人采用放松技术如深呼吸、全身肌肉放松，以转移其注意力。病情允许时，可让病人收听广播、看电视，阅读报纸杂志等。必要时遵医嘱使用镇静剂。

【护理评价】

病人心前区疼痛是否减轻或消失；恐惧是否减轻或消失，情绪是否稳定。

五、心源性晕厥

心源性晕厥（cardiogenic syncope）是指由于心排血量骤减、中断或严重低血压而引起脑供血骤然减少或停止而出现的短暂意识丧失，常伴有肌张力丧失而跌倒的临床征象。常见病因包括严重心律失常和器质性心脏病。大多数晕厥病人预后良好，反复发作的晕厥是病情危重和危险的征兆。

【护理评估】

（一）健康史

评估病人有无下列病史：①严重心律失常，如病态窦房结综合征、室性心动过速、房室传导阻滞等。②器质性心脏病，如严重主动脉瓣狭窄、梗阻性肥厚型心肌病、急性心肌梗死、急性主动脉夹层、心脏压塞、左房黏液瘤等。③诱因，如用力活动、奔跑等。

（二）身体状况

1. 晕厥的特点　心源性晕厥发作时先兆症状常不明显，持续时间甚短，多因用力、奔跑而诱发。一般心脏供血暂停 3 秒以上即可出现一过性黑矇，肌张力降低或丧失，但不伴意识丧失，称近乎晕厥；心脏供血暂停 5 秒以上可发生晕厥；心脏供血暂停超过 10 秒可出现抽搐，称阿-斯综合征（Adams-Stokes syndrome）。

2. 伴随症状　心源性晕厥伴面色苍白、发绀、呼吸困难者见于急性左心衰竭；伴心率和心律明显改变者常见于严重心律失常；伴劳力性呼吸困难、乏力和劳力性胸痛者见于梗阻性肥厚型心肌病；伴低血压、心音低钝及颈静脉怒张者见于心脏压塞等。

（三）心理-社会状况

心源性晕厥发作多突然而迅速，病人常因惧怕突然死亡，担心不能胜任原来工作而产生紧张、恐惧等心理。

（四）辅助检查

评估病人心电图、动态心电图、超声心动图等检查结果，了解心源性晕厥的病因。

【常见护理诊断/问题】

有受伤的危险　与晕厥发作有关。

【护理目标】

病人晕厥发作次数减少或不再发作，发作时未受伤。

【护理措施】

1. 休息与活动　晕厥发作频繁者应卧床休息，日常生活中给予协助。

2. 晕厥发作时的护理　晕厥发作时立即安置病人平卧于空气流通处，放低头部，松解衣领，注意保暖，遵医嘱给予氧气吸入。准备好各种抢救药品及器械（如除颤器、临时起搏器），密切观察病人生命体征、神志、瞳孔及尿量的变化，一旦出现意识丧失、大动脉搏动消失、呼吸停止及抽搐，应立即配合医生抢救。

3. 介绍预防发作和外伤的方法　向病人及家属解释心源性晕厥产生的原因和控制方法，嘱病人避免剧烈活动、快速变换体位、情绪激动或紧张等。一旦出现头晕、黑矇等先兆症状，立即下蹲或平卧，防止跌伤。尽量避免单独外出，以免发生意外。

【护理评价】

病人晕厥发作次数是否减少或不再发作，发作时是否受伤。

（林梅英）

第二节　心力衰竭病人的护理

学习目标

1. 具有高度的责任感、沉着冷静的心理素质和严谨细致的工作态度,珍视生命,尊重和关爱病人。
2. 掌握心力衰竭病人的身心状况和主要护理措施。
3. 熟悉心力衰竭病人的健康史和常见护理诊断/问题。
4. 了解心力衰竭的辅助检查和病人的护理目标、护理评价。
5. 学会运用护理程序,发现并解决心力衰竭病人的常见护理问题,并能进行安全给药、监护和抢救配合。

工作情景与任务

导入情景:

吴女士,60 岁。有高血压病史 15 年,2 年前每于劳累或登楼时出现乏力、气喘,但休息后很快减轻,未加重视。近 1 个月,稍微活动即感乏力、气喘,休息很长时间才能缓解,经常咳嗽,咳白色泡沫样痰,夜睡需高枕。3 天前因受凉感冒气喘加重,夜间睡眠中常被憋醒,坐起后才能缓解而来院就诊。入院初步诊断为心力衰竭。

工作任务:

1. 根据吴女士的心功能情况制订休息与活动计划。
2. 对吴女士进行用药护理和健康指导。

心力衰竭(heart failure,HF)简称心衰,是由于各种心脏结构或功能异常导致心室充盈和/或射血功能受损,心排血量不能满足机体组织代谢需要,以肺循环和/或体循环淤血,器官、组织血液灌注不足为临床表现的一组综合征。主要表现为呼吸困难、体力活动受限和体液潴留。心功能不全或心功能障碍理论上是一个更广泛的概念,伴有临床症状的心功能不全称为心力衰竭。随着心血管病发病率的增高及人口老龄化,心力衰竭的发病率逐渐上升,心力衰竭逐渐成为临床常见的危重病症。

心力衰竭按照发生部位可分为左心衰竭、右心衰竭和全心衰竭,按照起病急缓可分为急性心力衰竭和慢性心力衰竭,按照生理功能可分为射血分数降低性心力衰竭(收缩性心力衰竭)和射血分数保留性心力衰竭(舒张性心力衰竭)。

一、慢性心力衰竭

慢性心力衰竭（CHF）是心血管疾病的终末期表现和最主要的死因。心力衰竭的基本病因是心肌损害、心脏负荷过重和心室前负荷不足，基本病因导致心室扩张、心肌肥厚、心室重塑、神经内分泌激活及血流动力学异常，在诱发因素的作用下，引发心力衰竭。在我国，引起慢性心衰的病因以冠心病居首位，其次为高血压，而风湿性心脏病则明显下降。

【护理评估】

（一）健康史

评估病人有无下列病史：①有无心肌损害，如冠心病心肌缺血或心肌梗死、心肌炎、扩张型心肌病、肥厚型心肌病等原发性心肌损害以及内分泌代谢疾病（如糖尿病、甲状腺疾病）、心肌淀粉样变性、结缔组织病、心脏毒性药物等继发性心肌损害病史。②有无心脏负荷过重，如高血压、主动脉瓣狭窄、肺动脉高压、肺动脉瓣狭窄等压力负荷过重的疾病以及瓣膜关闭不全、先天性心血管病、慢性贫血、甲状腺功能亢进症及围生期心肌病等容量负荷过重的疾病。③有无心室前负荷不足，如二尖瓣狭窄、心脏压塞、限制性心肌病、缩窄性心包炎等疾病。④是否存在诱因，如感染、心律失常、血容量增加、过度体力消耗或情绪激动、治疗不当如不恰当停用利尿剂或降压药物、原有心脏病变加重或并发其他疾病等。其中呼吸道感染是最常见和最重要的诱因。

（二）身体状况

1. 左心衰竭　以肺循环淤血及心排血量降低表现为主。

（1）症状

1）呼吸困难：程度不同的呼吸困难是左心衰竭最主要的症状。最早出现的是劳力性呼吸困难，最典型的是夜间阵发性呼吸困难，晚期出现端坐呼吸，急性肺水肿是左心衰呼吸困难最严重的形式，重者可有哮鸣音，又称"心源性哮喘"。

2）咳嗽、咳痰和咯血：咳嗽、咳痰是肺泡和支气管黏膜淤血所致，开始常发生在夜间，坐位或立位时可减轻或消失。白色浆液性泡沫状痰为其特点，偶见痰中带血丝。长期慢性肺淤血肺静脉压力升高，导致肺循环和支气管血液循环之间在支气管黏膜下形成侧支，此种血管一旦破裂可引起大咯血。

3）心排血量降低症状：可出现乏力、疲倦、头晕、心悸、少尿及肾功能损害等。

（2）体征：肺部湿啰音，可随病情加重从局限于肺底直至全肺。除基础心脏病固有体征外，一般均有心脏扩大及相对性二尖瓣关闭不全的反流性杂音，肺动脉瓣区第二心音亢进及舒张期奔马律。

2. 右心衰竭　以体循环淤血表现为主。

（1）症状

1）消化道症状：因胃肠道及肝淤血出现腹胀、食欲缺乏、恶心、呕吐等，是右心衰竭最常见的症状。

2）劳力性呼吸困难：继发于左心衰竭的右心衰竭呼吸困难已经存在；单纯右心衰竭多为分流性先天性心血管病或肺部疾病所致，也均有呼吸困难。

（2）体征

1）水肿：体静脉压力升高所致。其特征为对称性、下垂性、凹陷性水肿，重者可延及全身。也可表现为胸腔积液。

2）颈静脉征：颈静脉搏动增强、充盈、怒张是右心衰竭的主要体征，肝颈静脉回流征阳性更具特征性。

3）肝大：肝脏因淤血而变大，常伴有压痛，长期淤血性肝大可发展为心源性肝硬化。

4）心脏体征：除基础心血管病的相应体征外，可因右心室显著扩大而出现三尖瓣相对关闭不全的反流性杂音。

3. 全心衰竭　左心衰竭继发右心衰竭而形成的全心衰竭，因右心衰竭时右心排血量减少，因此以往的阵发性呼吸困难等肺淤血症状反而有所减轻。

4. 心功能分级　心力衰竭的严重程度通常采用美国纽约心脏病协会（NYHA）的心功能分级方法，按诱发心力衰竭症状的活动程度将心功能分为 4 级（表 3-1）。

表 3-1　心功能分级（NYHA）

心功能分级	依据及特点
Ⅰ级	心脏病病人日常活动量不受限制，一般活动不引起乏力、呼吸困难等心衰症状
Ⅱ级	心脏病病人体力活动轻度受限，休息时无自觉症状，一般活动可出现上述症状，休息后很快缓解
Ⅲ级	心脏病病人体力活动明显受限，休息时无症状，低于平时一般活动即可引起上述症状，休息较长时间后方可缓解
Ⅳ级	心脏病病人不能从事任何体力活动，休息时亦有心衰的症状，活动后加重。如无须静脉给药，可在室内或床边活动者为Ⅳa级，不能下床并需静脉给药支持者为Ⅳb级

临床上，也常采用"6 分钟步行试验"，通过评定慢性心衰病人的运动耐力评价心衰严重程度和疗效。要求病人在平直走廊里尽可能快地行走，测定 6 分钟步行距离，以此为依据将心衰划分为轻、中、重 3 个等级：>450m 为轻度心衰；150～450m 为中度心衰；<150m 为重度心衰。

（三）心理－社会状况

慢性心力衰竭往往是心血管疾病发展至晚期的表现，病人由于长期的疾病折磨和体力活动受限，影响正常工作和生活，常出现焦虑不安、内疚、绝望，甚至恐惧的心理。病人家属可因长期照顾病人的沉重负担而忽视病人的心理感受。

（四）辅助检查

1. 超声心动图　更准确地评价各心腔大小变化及瓣膜结构和功能,方便快捷地评估心功能和判断病因,是诊断心衰最主要的仪器检查。左室射血分数（LVEF）可反映心脏收缩功能,正常 LVEF≥50%,LVEF<40% 提示心脏收缩功能障碍;超声多普勒是临床上最实用的判断心脏舒张功能的方法。

2. X 线检查　是确诊左心衰竭肺水肿的主要依据。Kerley B 线为慢性肺淤血特征性表现。心脏扩大程度和动态改变能间接反应心功能状态。

3. 实验室检查　血浆 B 型利钠肽（BNP）和氨基酸末端 B 型利钠肽前体（NT-proBNP）测定,是心衰诊断、病人管理、临床事件风险评估中的重要指标,但其特异性不高。

4. 有创性血流动力学检查　通过漂浮导管测定肺毛细血管楔压（PCWP）、心排出量（CO）、心脏指数（CI）及中心静脉压（CVP）,了解血流动力学状况。CI 和 PCWP 可反映左心功能,CVP 可反映右心功能。

（五）治疗要点

心力衰竭的治疗目标为防止和延缓心衰的发生发展;缓解临床症状,提高生活质量;改善长期预后,降低病死率与住院率。治疗原则:采取综合治疗措施,包括对各种可致心功能受损的疾病如冠心病、高血压、糖尿病的早期管理,调节心力衰竭的代偿机制,减少其负面效应,如拮抗神经体液因子的过度激活,阻止或延缓心室重塑的进展。常用药物有利尿剂、血管紧张素转化酶抑制剂、β 受体阻滞剂及洋地黄类药物等。

【常见护理诊断／问题】

1. 气体交换受损　与左心衰竭致肺循环淤血有关。
2. 体液过多　与右心衰竭致体循环淤血、水钠潴留、低蛋白血症有关。
3. 活动无耐力　与心排血量下降有关。
4. 潜在并发症:洋地黄中毒。

【护理目标】

病人呼吸困难明显改善或消失;水肿减轻或消失;活动耐力增加;并发症得到有效防治。

【护理措施】

（一）一般护理

1. 休息与活动　休息是减轻心脏负荷的重要方法,休息和活动的方式可根据心功能分级而定。心功能 Ⅰ 级:不限制一般体力活动,建议参加体育锻炼,但应避免剧烈运动;心功能 Ⅱ 级:适当限制体力活动,增加午睡时间,不限制轻体力劳动或家务劳动,鼓励适当运动;心功能 Ⅲ 级:严格限制一般的体力活动,鼓励病人日常生活自理,每天下床行走;心功能 Ⅳ 级:Ⅳb 级病人卧床休息,日常生活由他人照顾;Ⅳa 级病人可下床站立或室内缓步行走,在协助下生活自理,以不引起症状加重为度。长期卧床的病人,应进行被动和主动运动,以促进血液循环,防止压疮和血栓形成。

2. **饮食护理** 给予低盐、低脂、易消化饮食,少食多餐。食盐摄入量 <5g/d,限制含钠量高的食品及饮料,避免进食腌制食品。避免食用产气、辛辣刺激性食物和饮用浓茶、咖啡等刺激性饮料。

3. **排便护理** 指导病人养成按时排便的习惯,饮食中增加粗纤维食物,如粗粮、芹菜及水果等以预防便秘。长期卧床病人,训练其床上排便,尽可能使用床边便椅,并鼓励其做被动或主动的下肢运动,变换体位,每天按顺时针方向腹部按摩数次。告知病人排便时避免过度用力,以免增加心脏负荷,必要时可遵医嘱适量应用缓泻剂,如开塞露、镁乳等。

4. **氧疗护理** 遵医嘱给予病人氧气吸入,一般氧流量为 2~4L/min,肺心病病人氧流量应为 1~2L/min。

(二)病情观察

观察病人呼吸困难、咳嗽、咳痰、乏力、恶心及腹胀等心力衰竭症状的变化情况;监测呼吸的频率、节律以及心率、心律的变化;监测发绀的程度及肺部啰音的变化;观察水肿出现或变化的时间、部位、性质及程度等,每天测量体重和腹围,准确记录 24 小时出入液量;同时观察水肿局部皮肤有无感染及压疮发生。

(三)用药护理

1. **利尿剂** 是心力衰竭治疗中改善症状的基石,是心力衰竭治疗中唯一能够控制体液潴留的药物,但不能作为单一治疗。原则上在慢性心力衰竭急性发作和明显体液潴留时应用。利尿剂包括排钾和保钾利尿剂两大类,排钾利尿剂主要有氢氯噻嗪(双氢克尿噻)、呋塞米(速尿)、托拉塞米,氢氯噻嗪为治疗轻度心衰的首选药,呋塞米为强效利尿剂;保钾利尿剂包括螺内酯(安体舒通)、氨苯蝶啶、阿米洛利等,多与排钾利尿剂联用以加强利尿效果并预防低血钾。一般口服给药,重度心衰病人可用速尿静脉注射或静脉滴注。新型利尿剂托伐普坦是血管升压素 V_2 受体拮抗药,具有排水不利钠的作用,可用于治疗伴有低钠血症的心力衰竭。

应用利尿剂时应注意:①记录 24 小时出入液量,定期测量体重及腹围,以判断利尿剂的效果和指导补液。②利尿剂容易导致水电解质紊乱,噻嗪类利尿剂(如氢氯噻嗪)和袢利尿剂(如呋塞米)最主要的不良反应是低钾血症,保钾类利尿剂容易引起高钾血症,应用时注意监测血钾等水电解质的变化。③服用排钾利尿剂时,宜多进食含钾丰富的食物(如柑橘、香蕉、枣、杏、无花果、马铃薯、深色蔬菜等),必要时遵医嘱补充钾盐。口服补钾时宜在饭后,以减轻胃肠道不适;静脉补钾时,液体中含钾浓度不超过 0.3%。④噻嗪类利尿剂可引起高尿酸血症及长期大量应用可影响糖、脂代谢,痛风病人禁用;肾功能不全者慎用保钾类利尿剂。⑤非紧急情况下,利尿剂宜在早晨或日间应用,避免夜间排尿过频而影响病人的休息。

2. 肾素－血管紧张素－醛固酮系统抑制剂（RAAS抑制剂）

（1）血管紧张素转化酶抑制剂（ACEI）：可扩张血管，降低交感神经兴奋性，改善和延缓心室重塑，维护心肌功能，延缓心衰进展，降低远期死亡率。常用药物有卡托普利、培哚普利、贝那普利等。其主要不良反应包括低血压、肾功能一过性恶化、高血钾、干咳、血管神经性水肿等。妊娠期妇女和双侧肾动脉狭窄、高血钾（>6.0mmol/L）、血管神经性水肿的病人禁用。对于血肌酐水平显著升高（>265μmol/L）、高血钾（5.5～6.0mmol/L）、有症状的低血压（收缩压<90mmHg）和左室流出道梗阻的病人慎用。

（2）血管紧张素Ⅱ受体阻滞剂（ARB）：心衰病人治疗首选ACEI，当ACEI引起干咳、血管神经性水肿时，不能耐受者可改用ARB，如氯沙坦、缬沙坦、厄贝沙坦等。

（3）醛固酮受体拮抗剂：螺内酯等抗醛固酮制剂作为保钾利尿剂，能阻断醛固酮效应、抑制心血管重塑、改善心衰远期预后。依普利酮是一种选择性醛固酮受体拮抗剂，可显著降低轻度心衰病人心血管事件的发生风险、减少住院率、降低心血管病死亡率，且尤其适用于老龄、糖尿病和肾功能不全病人。

3. β受体阻滞剂　为病情稳定的心衰病人长期维持应用的药物（有禁忌证者除外），可拮抗代偿机制中交感神经兴奋性增强的效应，抑制心室重塑，提高病人运动耐量，改善预后，降低死亡率，尤其是猝死率。常用药物有美托洛尔、比索洛尔及卡维地洛，用药期间应注意监测心率和血压，当病人心率低于50次/min或低血压时，应停止用药并报告医生。有支气管哮喘、心动过缓、二度及以上房室传导阻滞者禁用β受体阻滞剂。

4. 正性肌力药物

（1）洋地黄类药物：洋地黄类药物作为正性肌力药物的代表，可增强心肌收缩力，抑制心脏传导系统，对迷走神经系统有直接兴奋作用，减慢心率，对抗心衰时交感神经兴奋的不良影响。伴有快速心房颤动/心房扑动的收缩性心力衰竭是应用洋地黄的最佳指征。常用洋地黄制剂的适应证及用法见表3-2。

表3-2　常用洋地黄制剂的适应证及用法

种类	药名	适应证	用法
速效	毛花苷丙	急性心衰或慢性心衰加重时，尤其适用于心衰伴快速心房颤动者	每次0.2～0.4mg稀释后静脉注射，10min起效，1～2h达高峰，每天总量0.8～1.2mg
	毒毛花苷K	急性心衰	每次0.25mg稀释后静脉注射，5min起效，0.5～1h达高峰，每天总量0.5～0.75mg
中效	地高辛	中度心衰的维持治疗	0.125～0.25mg口服，1次/d，7d后血浆浓度可达有效稳态，70岁以上或肾功能不良的病人宜减量

1）用药注意事项：①洋地黄治疗量与中毒量接近，易发生过量中毒，应严格遵医嘱给药，必要时监测血清药物浓度。②洋地黄用量个体差异很大，老年人、心肌缺血缺氧、重度心力衰竭、低血钾、低血镁、甲状腺功能减退、肾功能不全等情况易出现洋地黄中毒，使用时应严密观察病人用药后反应。③与奎尼丁、维拉帕米、胺碘酮、阿司匹林、钙剂等药物合用时，可增加中毒机会，在给药前应询问是否使用了以上药物。④用毛花苷丙或毒毛花苷K时，务必稀释后缓慢（10～15分钟）静脉注射，并同时监测心率、心律及心电图变化。

2）洋地黄中毒表现：最重要的表现是各类心律失常，以室性期前收缩常见，多呈二联律，其他如非阵发性交界区心动过速、房性期前收缩、心房颤动及房室传导阻滞等。快速房性心律失常伴传导阻滞是洋地黄中毒的特征性表现。胃肠道表现（如食欲下降、恶心、呕吐）以及神经系统症状（如视力模糊、黄视、绿视、定向力障碍）等则较少见。

3）洋地黄中毒的处理：①立即停用洋地黄制剂。②对快速型心律失常者，如血钾浓度低则可静脉补钾，如血钾不低可用利多卡因或苯妥英钠，电复律因易致心室颤动，一般禁用。③对传导阻滞及缓慢型心律失常者，可给予阿托品静脉注射或安置临时心脏起搏器；异丙肾上腺素易诱发室性心律失常，故不宜应用。

（2）非洋地黄类正性肌力药：①β受体兴奋剂，如多巴胺、多巴酚丁胺，能增强心肌收缩力、扩张血管。②磷酸二酯酶抑制剂，如氨力农、米力农，通过抑制磷酸二酯酶活性，增强心肌收缩力。

（3）左西孟旦：是一种钙增敏剂，具有正性肌力作用。

5. 其他　扩血管药物、伊伐布雷定、人重组脑钠肽（奈西立肽）等药物治疗。扩血管药物仅在伴有心绞痛或高血压时考虑联合治疗。

（四）心理护理

护理人员给予病人足够的关注和精神安慰，鼓励病人说出内心感受，缓解病人的紧张、焦虑和恐惧情绪，告知病人不良情绪可加重病情，指导病人进行自我心理调整，保持情绪稳定，并教育家属给予病人积极的心理支持。必要时遵医嘱应用镇静剂，减少交感神经兴奋对心脏带来的不利影响。

（五）健康指导

1. 疾病知识指导　①向病人及家属介绍心衰疾病的有关知识，指导病人积极治疗原发病，避免各种诱因，如上呼吸道感染、过度劳累、情绪激动、输液过多过快等。②向病人及家属强调低盐饮食的重要性，每餐不宜过饱，多食蔬菜、水果以防便秘。肥胖者应控制体重，消瘦者应增强营养支持。③指导病人根据心功能状态进行运动锻炼，运动锻炼是一种能改善病人临床状态的辅助治疗手段。运动前应进行医学与运动评估，根据心肺运动试验制订个体化运动处方，运动方式以有氧运动为主。运动过程中应做好监测，随时调整运动量。④育龄女性应在医生指导下决定是否可以妊娠及自然分娩。

2. 用药指导　①坚持遵医嘱服药，告知病人药物的名称、剂量、用法、作用与不良反应。②教会病人自测脉搏和识别洋地黄中毒反应的方法，告知病人一旦出现异常及时就诊。③服用血管扩张药者,告知病人起床动作宜缓慢,防止发生直立性低血压。

3. 病情监测指导　病人一般 1~2 个月随访 1 次。病情加重时(如疲乏加重、水肿再现或加重、静息心率增加≥15 次 /min、活动后气急加重等)及时就诊。必要时教会主要照顾者掌握 CPR(心肺复苏)技术。

【护理评价】

病人呼吸困难是否减轻或消失;水肿是否减轻或消失;活动耐力是否增加;并发症是否得到有效防治。

护理学而思

吴女士,60 岁。因"原发性高血压、慢性心力衰竭"住院治疗,经治疗病情有所缓解。一日在静脉输液时自行调快输液速度后突感憋气坐起,张口呼吸、大汗淋漓、紧张恐惧,频繁咳嗽、咳大量粉红色泡沫样痰。查体:两肺满布湿啰音及哮鸣音,心率 136 次 /min,呼吸 40 次 /min,心尖部闻及舒张期奔马律。

请思考:

1. 吴女士目前发生了什么情况?
2. 吴女士病情恶化的原因是什么?
3. 作为护士您应如何配合医生抢救?

二、急性心力衰竭

急性心力衰竭(AHF)是指心力衰竭急性发作或急性加重的一种临床综合征,可表现为急性新发或慢性心衰急性失代偿。临床上以急性左心衰竭较为常见,主要表现为急性肺水肿,严重者可伴心源性休克,是严重的急危重症。急性左心衰竭的病因包括急性心肌坏死和 / 或损伤、急性血流动力学障碍和慢性心衰急性加重。

【护理评估】

(一)健康史

评估病人有无急性心肌梗死、急性重症心肌炎、急性瓣膜大量反流或瓣膜严重狭窄、高血压急症、慢性心力衰竭等心血管病史;有无急性感染、严重心律失常、过度疲劳、情绪激动、静脉输液过多过快等诱因。

(二)身体状况

突发严重的呼吸困难伴窒息感,呼吸频率常达 30~50 次 /min,端坐呼吸,频繁咳嗽,咳大量粉红色泡沫样痰。面色苍白或发绀,大汗淋漓,皮肤湿冷,尿量显著减少,极度烦躁不安,发病早期可有一过性血压升高,病情如未缓解,血压可持续下降直至休克。听诊时两肺满布湿啰音和哮鸣音,心尖部第一心音减弱,心率快,同时有舒张早期第三心音奔马律,肺动脉瓣第二心音亢进。

（三）心理－社会状况

病情突发而严重,病人会出现恐惧心理,甚至有濒死感。由于抢救气氛紧张、病人不熟悉监护室环境,可加重恐惧心理。

（四）辅助检查

1. X 线检查　早期肺间质水肿时,上肺静脉充盈、肺门血管影模糊、小叶间隔增厚;肺水肿时表现为蝶形肺门;严重肺水肿时,为弥漫满肺的大片阴影。

2. 有创性血流动力学检查　重症病人采用漂浮导管行床旁血流动力学监测,肺毛细血管楔压随病情加重而增高,心脏指数则相反。

（五）治疗要点

急性左心衰竭时的缺氧和严重呼吸困难是致命的威胁,必须尽快缓解。治疗目标:改善症状,稳定血流动力学状态,维护重要脏器功能,避免复发,改善预后。

【常见护理诊断／问题】

1. 气体交换受损　与急性肺水肿有关。

2. 恐惧　与突然病情加重、产生窒息感和担心预后有关。

3. 潜在并发症:心源性休克。

【护理措施】

（一）一般护理

1. 体位　安置病人于危重监护病房,立即协助病人取坐位,双腿下垂,以利于呼吸和减少静脉回流,减轻心脏负荷。

2. 氧疗　给予高流量(6～8L/min)鼻导管吸氧,湿化瓶中加入 20%～30% 的酒精湿化,使肺泡内泡沫的表面张力减低而破裂,以利于改善肺泡通气。严重者可用无创呼吸机持续加压(CPAP)或双水平气道正压(BiPAP)给氧。

（二）病情观察

严密监测血压、呼吸、血氧饱和度、心率及心电图的变化。观察病人意识、皮肤颜色、温度及肺部啰音等有无变化,并注意检查血电解质、血气分析有无异常,记录出入液量。如出现血压下降、四肢厥冷、意识障碍等休克表现,应立即报告医生,配合抢救。

（三）用药护理

迅速开放两条静脉通道,遵医嘱正确使用药物,观察疗效与不良反应。

1. 吗啡　吗啡 3～5mg 静脉注射可使病人镇静,减少躁动,同时舒张小血管而减轻心脏负荷。必要时每间隔 15 分钟重复 1 次,共 2～3 次。老年病人可减量或改为肌内注射。用药后观察病人有无呼吸抑制、心动过缓或血压下降等不良反应。

2. 快速利尿剂　呋塞米 20～40mg 静脉注射,以迅速利尿减轻心脏前负荷,并可扩张静脉,缓解肺水肿,4 小时后可重复 1 次。用药后观察病人尿量、血压变化并监测血钾。

3. 血管扩张药　可选用硝普钠、硝酸甘油静脉滴注,有条件者用输液泵控制滴速,严格按医嘱定时测量血压,根据血压调整药物剂量,维持收缩压在 90~100mmHg。①硝普钠:为动、静脉血管扩张药。静脉注射后 2~5 分钟起效,一般从小剂量 0.3μg/(kg·min)开始,酌情逐渐增加剂量至 5μg/(kg·min)。硝普钠见光易分解,应现配现用,避光滴注,药物保存和连续使用不宜超过 24 小时。因硝普钠的代谢产物含有氰化物,通常疗程不要超过 72 小时。②硝酸甘油:扩张小静脉,降低回心血量。一般从 10μg/min 开始,每 10 分钟调整 1 次,每次增加 5~10μg。③α受体拮抗剂:常用药物有乌拉地尔。④人重组脑钠肽:新活素或奈西立肽。

4. 正性肌力药　①洋地黄制剂:毛花苷丙静脉给药最适用于有快速心室率的心房颤动并心室扩大伴左心室收缩功能不全的病人。首剂 0.4~0.8mg,2 小时后可酌情续用 0.2~0.4mg;急性心肌梗死 24 小时内一般不宜使用。②非洋地黄类:多巴胺、多巴酚丁胺、氨力农、米力农、左西孟旦等。

5. 氨茶碱　可解除支气管痉挛,并有一定的增强心肌收缩、扩张外周血管的作用。

(四)心理护理

分析病人产生恐惧的原因,帮助病人解除顾虑,并与病人及家属保持密切接触,提供情感支持。医护人员在抢救时应保持镇静自若,工作忙而不乱,使病人产生信任感和安全感。避免在病人面前谈论病情,以减少误解。

(五)健康指导

1. 疾病知识指导　向病人及家属介绍急性心力衰竭的病因和诱因,嘱病人积极治疗原发性心血管病;告知病人在静脉输液前主动向护士说明自己有心血管病史,以便静脉输液时控制输液量和速度。

2. 病情监测指导　定期复查,观察病情进展情况,告知病人如出现频繁咳嗽、气急、咳粉红色泡沫样痰应立即取端坐位并由他人护送就诊。

(解文霞)

第三节　心律失常病人的护理

学习目标

1. 具有高度的责任感、沉着冷静的心理素质和严谨细致的工作态度,珍视生命,尊重和关爱病人。
2. 掌握心律失常病人的身心状况和主要护理措施。
3. 熟悉常见心律失常的心电图特点和病人的常见护理诊断/问题。
4. 了解心律失常的分型和病人的护理目标、护理评价。
5. 学会运用护理程序,发现并解决心律失常病人的常见护理问题,并能进行安全给药、监护和抢救配合。

导入情景：

刘先生，55岁。在家中看电视时突感剧烈胸痛，全身大汗，家属拨打"120"急诊入院，入住冠心病监护病房。在监护过程中刘先生突然意识丧失、抽搐、颈动脉搏动消失，血压测不到，心电监护仪显示心室颤动。医护人员立即对刘先生进行电除颤，经抢救刘先生意识和生命体征逐渐恢复。

工作任务：

1. 遵医嘱对刘先生持续心电监护，及时发现随时有猝死危险的心律失常。

2. 配合医生实施严重心律失常病人的抢救。

心律失常（cardiac arrhythmia）是指心脏冲动的频率、节律、起源部位、传导速度或激动次序的异常，可见于生理情况，更多见于病理性状态，包括心脏本身疾病和非心脏疾病。

心律失常按发生部位分为室上性（包括窦性、房性、房室交界性）和室性心律失常两大类；按发生时心率的快慢，分为快速型（包括期前收缩、心动过速、扑动和颤动等）与缓慢型心律失常（包括窦性心动过缓、房室传导阻滞等）两大类；按发生机制分为冲动形成异常（包括窦性心律失常、异位心律）和冲动传导异常（包括干扰及干扰性房室分离、心脏传导阻滞、折返性心律和房室间传导途径异常）两大类。

【常见心律失常】

1. 窦性心律失常　正常窦性心律的冲动起源于窦房结，频率为60~100次/min。心电图显示窦性心律的P波在Ⅰ、Ⅱ、aVF导联直立，aVR导联倒置，PR间期0.12~0.20秒（图3-1）。窦性心律失常是由于窦房结冲动发放频率的异常或窦性冲动向心房的传导受阻所导致的心律失常。根据心电图及临床表现分为窦性心动过速、窦性心动过缓、窦性停搏、窦房传导阻滞以及病态窦房结综合征。

（1）窦性心动过速：成人窦性心律的频率超过100次/min。

1）病因：①生理性：健康人、吸烟、饮茶或咖啡、饮酒、体力活动或情绪激动时。②病理性：发热、甲状腺功能亢进症、贫血、心肌缺血、心力衰竭、休克等。③药物引起：如肾上腺素、阿托品等药物。

2）症状与体征：可无症状或有心悸。

3）心电图特征：窦性心律，PP间期<0.60秒，成人频率大多为100~150次/min（图3-2）。

4）治疗要点：治疗应针对病因和去除诱因，必要时可应用β受体阻滞剂（如美托洛尔）或非二氢吡啶类钙通道阻滞剂（如地尔硫䓬）减慢心率。

（2）窦性心动过缓：成人窦性心律的频率低于60次/min。

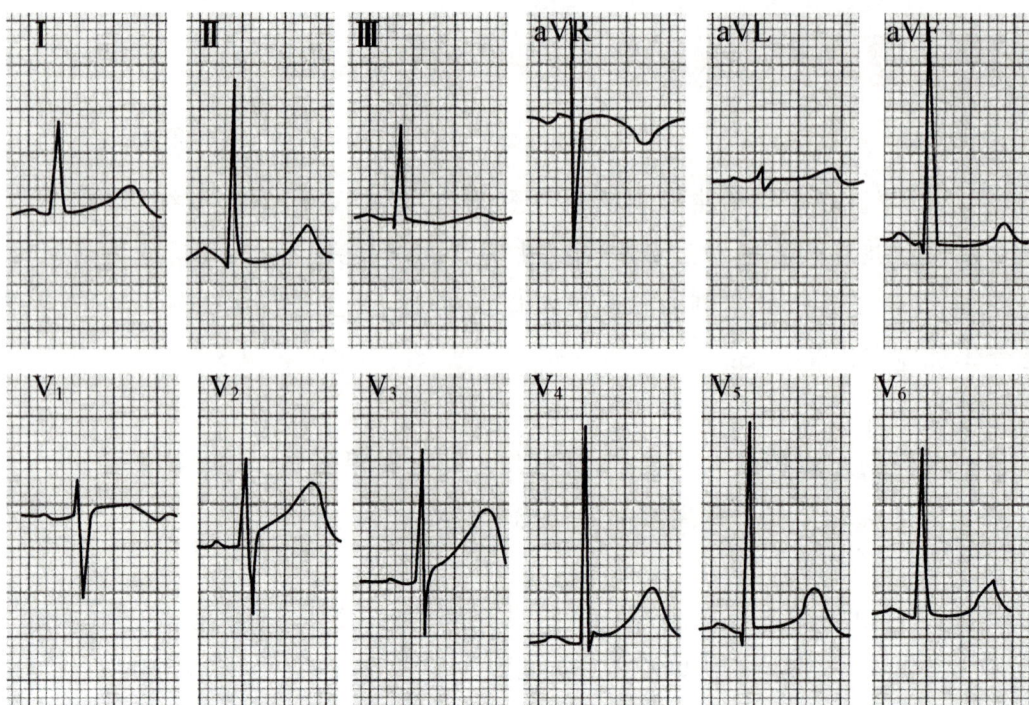

图 3-1　正常窦性心律

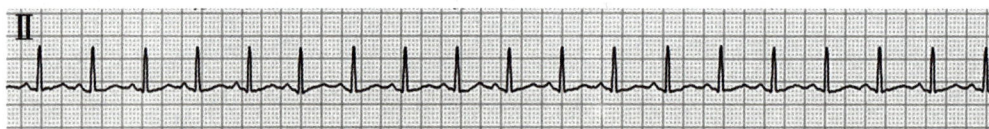

Ⅱ导联的 P 波正向，PR 间期 0.13s，心率 115 次 /min。

图 3-2　窦性心动过速

1）病因：①生理性：健康的青年人、运动员以及睡眠状态。②病理性：窦房结病变、急性下壁心肌梗死、颅内疾患、严重缺氧、甲状腺功能减退症、阻塞性黄疸等。③药物引起：如 β 受体阻滞剂、非二氢吡啶类钙通道阻滞剂、洋地黄、乙酰胆碱、胺碘酮等。

2）症状与体征：可有头晕、乏力及胸闷等心排血量下降的表现。

3）心电图特征：窦性心律，PP 间期 >1.0 秒。常伴窦性心律不齐，即最长与最短的 PP 间期之差 >0.12 秒（图 3-3）。

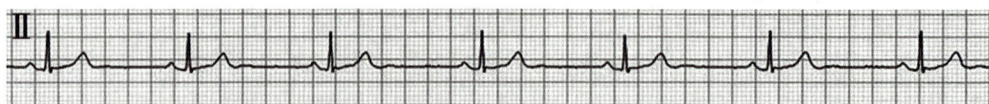

Ⅱ导联的 P 波正向，PR 间期 0.18s，心率 48 次 /min。

图 3-3　窦性心动过缓

4）治疗要点：无症状者通常无须治疗，有心排血量不足症状者可应用阿托品或异丙肾上腺素等药物治疗，必要时可考虑心脏起搏治疗。

2. 期前收缩　指激动起源于窦房结以外心肌任何部位的一种主动性异位心律。依起源部位不同，可分为房性、房室交界区性和室性期前收缩，其中室性期前收缩是一种最常见的心律失常。

（1）房性期前收缩

1）病因：正常人和各种器质性心脏病病人均可发生。

2）症状与体征：主要表现为心悸，一些病人有胸闷、乏力症状，自觉心脏有停跳感，有些病人可能无任何症状。

3）心电图特征：①P波提前发生，与窦性P波形态不同。②PR间期 >0.12 秒。③下传的QRS波群形态通常正常。④多为不完全性代偿间歇（图3-4）。

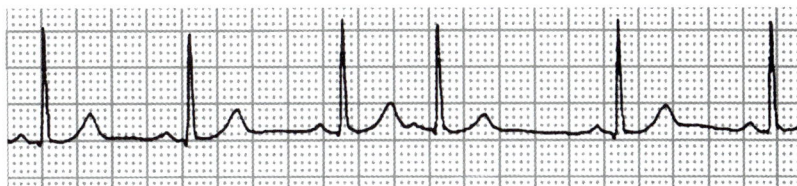

图中第4个P波提前发生，与窦性P波形态不同，
其后QRS波群形态正常，代偿间歇不完全。

图 3-4　房性期前收缩

4）治疗要点：通常无须治疗。吸烟、饮酒与咖啡均可诱发房性期前收缩，应劝导病人戒除或减量。当有明显症状或因房性期前收缩触发室上性心动过速时，应给予药物如β受体阻滞剂、普罗帕酮等治疗。

（2）室性期前收缩

1）病因：正常人和各种心脏病病人均可发生，常见于高血压、冠心病、心肌病、风湿性心脏病等。此外，药物中毒（如洋地黄）、电解质紊乱（如低钾、低镁血症）、精神不安以及过量烟、酒、咖啡亦能诱发室性期前收缩。

2）症状与体征：常无特异性症状，且是否有症状或症状的轻重程度与期前收缩的频发程度无直接相关。病人一般表现为心悸、心跳或"停跳"感，可伴有头晕、乏力、胸闷等症状。听诊室性期前收缩的第二心音强度减弱，仅能听到第一心音，其后出现较长的停歇。桡动脉搏动减弱或消失。

3）心电图特征：①提前发生的QRS波群宽大畸形，时限 >0.12 秒，其前无相关的P波。②ST段与T波方向与QRS波群主波方向相反。③多为完全性代偿间歇（图3-5）。④室性期前收缩的类型：室性期前收缩每分钟发作大于5次为频发室性期前收缩；每一个窦性搏动后跟随一个室性期前收缩为二联律；每两个窦性搏动后出现一个室性期前收缩为三联律；连续发生两个室性期前收缩称成对室性期前收缩；室性期前收缩的R波落在前一心搏的易损期称R on T现象；同一导联内，室性期前收缩形态相同者为单形性室性期前收缩；形态不同者称多形性或多源性室性期前收缩。

4）治疗要点：①无器质性心脏病且无明显症状或症状轻微者，不必药物治疗；如有明显症状，应向病人说明其良性预后，减轻病人的焦虑；避免诱因，如烟酒、咖啡、浓茶、应激

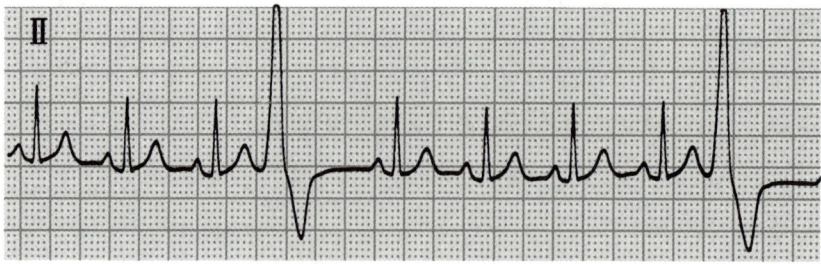

图 3-5　室性期前收缩

等;药物宜选用 β 受体阻滞剂、非二氢吡啶类钙通道阻滞剂和普罗帕酮等。②器质性心脏病合并心功能不全,原则上只处理原发病,不必用药。若症状明显,可选用 β 受体阻滞剂、非二氢吡啶类钙通道阻滞剂和胺碘酮等。③对于急性心肌缺血或梗死并发室性期前收缩病人,不主张预防性应用利多卡因等抗心律失常药物。如果实施再灌注治疗前已出现频发室性期前收缩、多源性室性期前收缩,可应用 β 受体阻滞剂,并纠正诱因,尤其是电解质紊乱如低钾、低镁血症。避免使用 IA 类和 IC 类抗心律失常药物。

3. 阵发性心动过速　心脏的异位起搏点连续出现 3 次或 3 次以上的期前收缩,称为阵发性心动过速。临床常见阵发性室上性心动过速和室性心动过速,前者简称室上速,后者简称室速。

（1）阵发性室上性心动过速

1）病因:病人通常无器质性心脏病表现,不同性别与年龄均可发生。

2）症状与体征:心动过速突然发作与终止,持续时间长短不一。发作时常有心悸、胸闷、焦虑不安、头晕,少见有晕厥、心绞痛、心力衰竭与休克者。症状轻重取决于发作时心室率快速的程度以及持续时间,亦与原发病的严重程度有关。听诊心律绝对规则,心尖区第一心音强度恒定。

3）心电图特征:①连续 3 个或 3 个以上快速匀齐的 QRS 波群,形态与时限和窦性心律 QRS 波群相同,如发生室内差异性传导或束支传导阻滞时,QRS 波群宽大畸形。②心率 150～250 次/min,节律规则(图 3-6)。

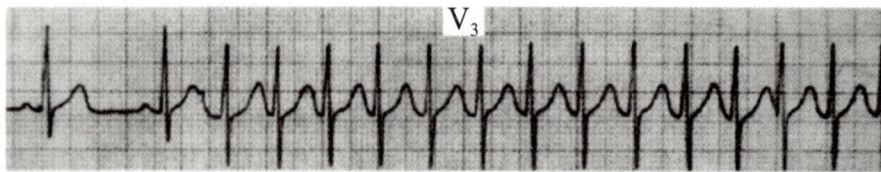

图 3-6　阵发性室上性心动过速

4）治疗要点

急性发作期:①如病人心功能与血压正常,可先尝试刺激迷走神经的方法终止发作,如咽刺激诱导恶心、Valsalva 动作(深吸气后屏气,再用力做呼气动作)、颈动脉窦按摩(病人取仰卧位,先按摩右侧,每次按摩 5～10 秒,无效再按摩左侧,切勿双侧同时按摩)、将面部浸入冰水内等。②药物治疗是终止心动过速发作最常用和有效的方法,首选腺苷,无效可选用维拉帕米;伴心功能不全者可选用洋地黄类药物;伴低血压者可给予升压药。③食管心房调搏术常能有效终止阵发性室上性心动过速发作。④上述治疗无效或出现严重心绞痛、低血压、心力衰竭时,应实施同步电复律,但应用洋地黄类药物者不应接受电复律治疗。

预防复发:导管消融技术安全、有效且能根治,应优先考虑。

（2）室性心动过速

1）病因:常发生于各种器质性心脏病病人,最常见为冠心病,尤其是心肌梗死,其次是心肌病、心力衰竭、二尖瓣脱垂、心脏瓣膜病等。

2）症状与体征:非持续性室速（发作时间短于 30 秒）通常无症状,持续性室速（发作时间超过 30 秒）可出现气促、少尿、低血压、晕厥、心绞痛等。听诊心律轻度不规则,第一、二心音分裂,收缩期血压随心搏变化。

3）心电图特征:① 3 个或以上的室性期前收缩连续出现。② QRS 波群宽大畸形,时限 >0.12 秒;ST-T 波方向与 QRS 波群主波方向相反。③心室率通常为 100～250 次 /min,节律规则或略不规则。④ P 波与 QRS 波群无固定关系,形成房室分离。⑤心室夺获与室性融合波是确立室速诊断的重要依据(图 3-7)。

aVF

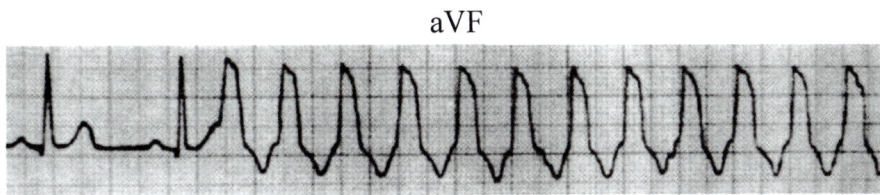

图 3-7　室性心动过速

4）治疗要点:①终止发作:室速无显著血流动力学障碍者可选用利多卡因、β 受体阻滞剂或胺碘酮静脉注射;已发生低血压、休克、心绞痛、心力衰竭或脑血流灌注不足等应迅速同步电复律;但洋地黄中毒引起的室速不宜使用电复律。②预防复发:积极寻找和治疗诱发及维持室速的可逆病变,例如缺血、低血压、低血钾等。

4. 扑动与颤动　可发生在心房或心室,是一种较阵发性心动过速频率更快的主动性异位心律。心房颤动是临床上常见的心律失常之一。心室扑动与心室颤动为致命性心律失常。

（1）心房扑动(简称房扑)与心房颤动(简称房颤)

1）病因:常发生于器质性心脏病病人,多见于高血压性心脏病、冠心病、风湿性心脏病二尖瓣狭窄、心肌病及甲状腺功能亢进症。正常人在情绪激动、运动或大量饮酒时亦可发生。

2）症状与体征:症状的轻重受心室率快慢的影响。心室率超过 150 次 /min 时可引起心绞痛与心力衰竭,心室率不快时,病人可无症状。房颤并发体循环栓塞的危险性甚大,脑栓塞发生率更高。房扑时可见快速的颈静脉扑动;房颤时心脏听诊第一心音强弱不等,心室律绝对不规则,心室率快时可有脉搏短绌。

3）心电图特征:①心房扑动:P 波消失,代之以振幅、间距相同的有规律的锯齿状扑动波,称为 F 波,心房率通常为 250～350 次 /min;心室律规则或不规则,取决于房室传导比例是否恒定；QRS 波群形态一般正常，伴有室内差异性传导者或原有束支传导阻滞者QRS 波群增宽、变形（图 3-8）。②心房颤动：P 波消失，代之以小而不规则的基线波动，形态与振幅均变化不定，称为 f 波，频率为 350～600 次 /min；R-R 间期极不规则，心室率通常在 100～160 次 /min；QRS 波群形态通常正常，当心室率过快，发生室内差异性传导时，QRS 波群增宽、变形（图 3-9）。

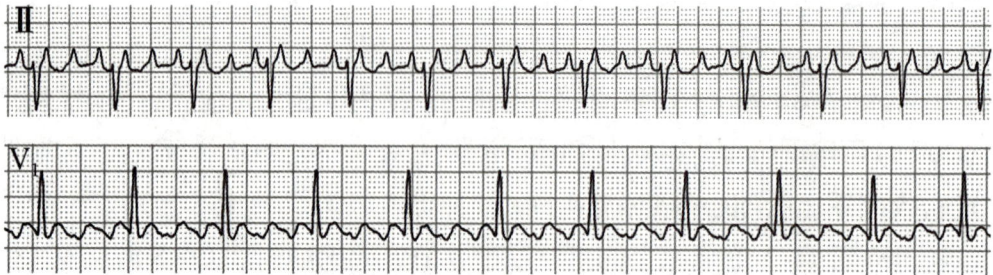

Ⅱ、V₁ 导联均可见快速而规则的锯齿状扑动波（F 波），

频率 300 次 /min，RR 间期规则，房室传导比例为 3∶1。

图 3-8　心房扑动

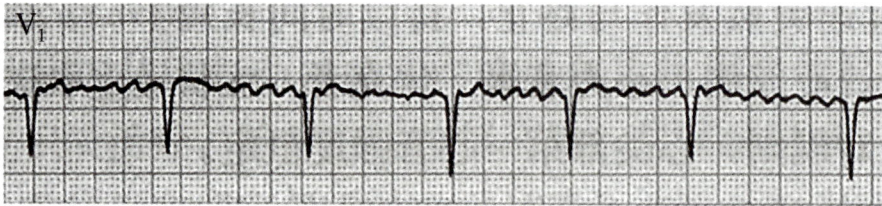

图 3-9　心房颤动

　　4）治疗要点：①房扑：应针对原发病进行治疗，终止发作最有效的方法是同步电复律。②房颤：积极寻找和治疗基础心脏病，控制诱发因素；抗凝治疗是房颤治疗的重要内容，华法林是抗凝治疗的有效药物；转复并维持窦性心律的方法包括药物复律、电复律及导管消融治疗，目前常用的药物为胺碘酮，持续发作伴血流动力学障碍者宜首选同步电复律，对于症状明显、药物治疗无效的阵发性房颤，导管消融可以作为一线治疗；持续性房颤病人控制心室率的药物包括 β 受体阻滞剂、钙通道阻滞剂、洋地黄制剂和胺碘酮等。

　　（2）心室扑动（简称室扑）与心室颤动（简称室颤）

　　1）病因：常见于缺血性心脏病，应用某些抗心律失常药物、严重缺氧、电击伤等亦可引起。

　　2）症状与体征：病人可立即出现意识丧失、抽搐、呼吸停止甚至死亡。听诊心音消失，脉搏触不到，血压无法测到。

　　3）心电图特征：①心室扑动：呈正弦波图形，波幅大而较规则，频率为 150～300次 /min（图 3-10）。②心室颤动：波形、振幅与频率均极不规则，无法辨认 QRS 波群、ST 段与 T 波（图 3-11）。

　　4）治疗要点：首选非同步电除颤治疗，出现心脏停搏时，应立即行心肺复苏。

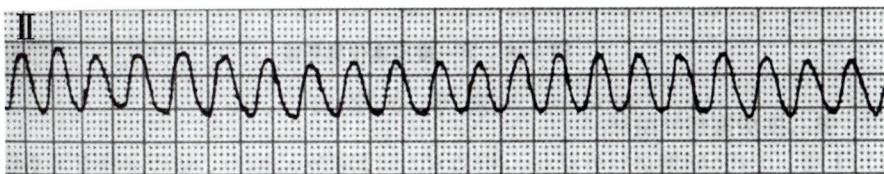
图 3-10　心室扑动

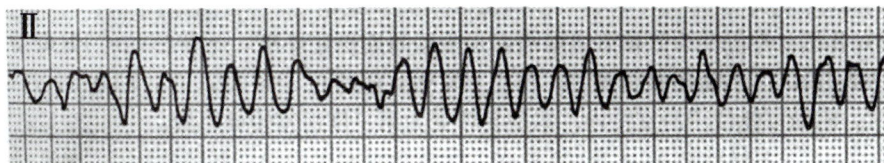
图 3-11　心室颤动

5. 房室传导阻滞（AVB）　又称房室阻滞，是指房室交界区脱离了生理不应期后，心房冲动传导延迟或不能传导至心室。按阻滞严重程度分为三类：①一度房室传导阻滞，指传导时间延长。②二度房室传导阻滞，指心房冲动部分不能传入心室（心搏脱漏）；分为两型，即Ⅰ型（文氏型）和Ⅱ型。③三度房室传导阻滞或称完全性房室传导阻滞，指心房冲动全部不能传入心室。

（1）病因：急性心肌梗死、冠状动脉痉挛、心肌炎、心肌病、心内膜炎、原发性高血压等心血管疾病以及电解质紊乱、药物中毒时均可出现。正常人或运动员也可出现一度或二度Ⅰ型房室传导阻滞，常发生在夜间，与迷走神经张力增高有关。

（2）症状与体征：①一度房室传导阻滞常无症状，听诊第一心音减弱。②二度房室传导阻滞可引起心搏脱漏，可有心悸，也可无症状。听诊常有心搏脱漏，Ⅰ型者第一心音逐渐减弱，Ⅱ型者第一心音强度恒定。③三度房室传导阻滞是一种严重的心律失常，临床症状取决于心室率的快慢与伴随病变，包括疲乏、头晕、晕厥、心绞痛、心力衰竭等。严重者表现为阿-斯（Adams-Stokes）综合征，甚至猝死，听诊第一心音强度经常变化，间或可听到响亮亢进的第一心音（大炮音）。

（3）心电图特征

1）一度房室传导阻滞：PR 间期 >0.20 秒，每个 P 波后均有 QRS 波群（图 3-12）。

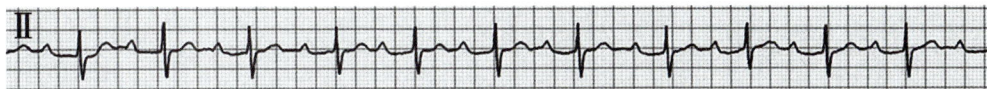
图 3-12　一度房室传导阻滞

2）二度房室传导阻滞

Ⅰ型（文氏型）：P 波规律出现，PR 间期逐渐延长，直至 P 波下传受阻，脱漏 1 个 QRS 波群（图 3-13）。最常见的房室传导比例为 3∶2 和 5∶4。

Ⅱ型：心房冲动传导突然阻滞，PR 间期恒定不变，部分 P 波后无 QRS 波群，QRS 波群形态一般正常，亦有异常（图 3-14）。

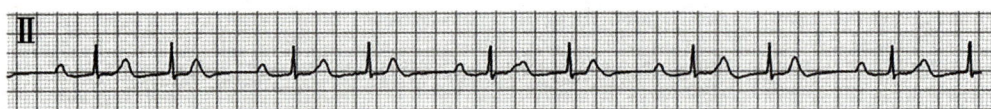

图 3-13　二度 I 型房室传导阻滞

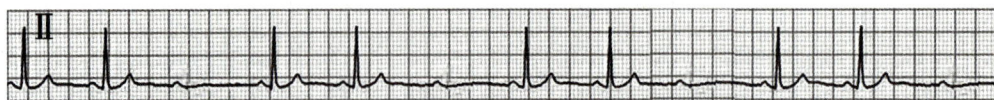

图 3-14　二度 Ⅱ 型房室传导阻滞

3）三度房室传导阻滞：① P 波与 QRS 波群各自成节律，互不相关，呈完全性房室分离。②心房率 > 心室率。③ QRS 波群形态和时限取决于阻滞部位，如阻滞位于希氏束及其附近，心室率为 40～60 次 /min，QRS 波群正常，如阻滞部位在室内传导系统远端，心室率 <40 次 /min，QRS 波群宽大畸形（图 3-15）。

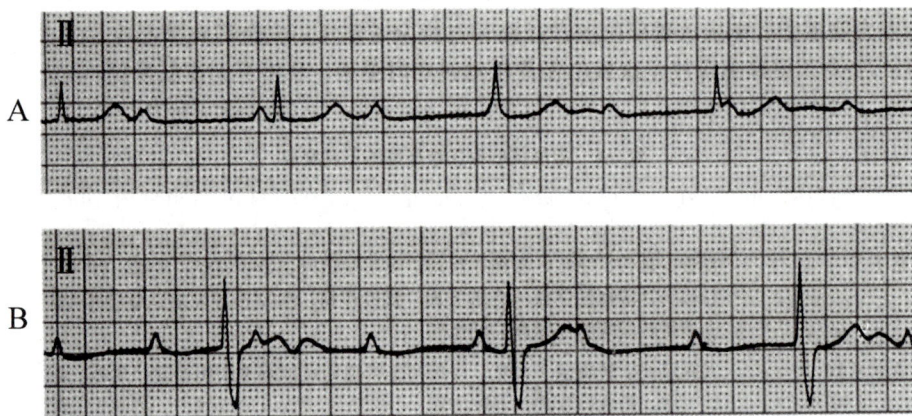

图 3-15　三度房室传导阻滞

（4）治疗要点：一度和二度 I 型房室传导阻滞心室率不太慢者无须治疗，二度 Ⅱ 型和三度房室传导阻滞如心室率显著缓慢伴有明显症状或血流动力学障碍，甚至阿 - 斯综合征发作者，应给予心脏起搏治疗。阿托品、异丙肾上腺素仅适用于无起搏条件的应急情况。

【护理评估】

（一）健康史

评估病人有无下列病史：①既往是否有类似心律失常发作史，以及家族成员中是否有类似发作史。②是否有已知心脏疾病病史，如冠心病、高血压性心脏病、风湿性心脏病、心肌病和先天性心脏病等。③是否有引起心脏病变的全身性疾病，如甲状腺功能亢进症、贫血等。④是否有服药史，尤其是抗心律失常药物、洋地黄和影响电解质的药物。⑤是否有植入人工心脏起搏器史等。⑥有无运动、情绪激动、精神紧张、过度疲劳及大量吸烟、饮酒、饮浓茶或咖啡、饱餐等诱因。

（二）身体状况

心律失常的表现取决于心律失常的类型、心室率的快慢、发作持续时间的长短及对血流动力学的影响,也和引发心律失常的基础疾病的严重程度有关。评估时询问病人的自觉症状,判断有无血流动力学障碍的表现,注意评估病人脉搏频率、节律及心率、心律和心音的变化。

（三）心理－社会状况

心律失常发作时,病人常因胸闷、心悸及乏力等不适而出现烦躁、焦虑等不良情绪。期前收缩病人易过于注意自己脉搏,思虑过度而情绪低落。严重心律失常病人可有濒死感,从而产生恐惧心理。

（四）辅助检查

1. 心电图　是诊断心律失常最重要的无创性检查技术。

2. 动态心电图　亦称Holter心电图,可检测到常规心电图检查不易发现的心律失常。

知识窗

动态心电图

动态心电图检查使用一种小型便携式记录器,连续记录病人24~72小时的心电图,病人日常活动与工作均不受影响。临床应用这项检查可以提高非持续性心律失常（尤其是一过性心律失常）或短暂心肌缺血的检出率,便于了解心悸、晕厥等症状的发生是否与心律失常有关,明确心律失常或心肌缺血发作与日常活动的关系及昼夜分布特征,协助评价抗心律失常药物、起搏器或植入型心律转复除颤器等的疗效以及是否出现功能障碍,对于指导临床采取措施预防猝死有重要意义。检查时,嘱病人保持日常活动,正常参加工作,注意记录症状出现的时间及当时所从事的活动。

---

3. 其他检查　如运动试验、食管心电生理检查、心腔内心电生理检查等,可协助诊断。

（五）治疗要点

抗心律失常药物的合理应用原则:①首先注意基础心脏病的治疗以及病因和诱因的纠正。②注意掌握抗心律失常药物的适应证,并非所有的心律失常均需应用抗心律失常药物,只有直接导致明显的症状或血流动力学障碍或引起致命危险的恶性心律失常才需要针对心律失常的治疗,包括选择抗心律失常的药物。众多无明显症状、无明显预后意义的心律失常,如期前收缩,短阵的非持续性心动过速,心室率不快的心房颤动,一度或二度Ⅰ型房室阻滞,一般不需要抗心律失常药物治疗。③注意抗心律失常药物的不良反应,包括对心功能的影响,致心律失常作用和对全身其他脏器与系统的不良作用。

心律失常的介入和手术治疗包括心脏电复律、植入型心律转复除颤器、心脏起搏治疗及导管射频消融治疗。

【常见护理诊断／问题】

1. 活动无耐力　与心律失常导致心悸或心排血量减少有关。

2. 有受伤的危险　与心律失常引起的头晕或晕厥有关。

3. 焦虑　与心律失常反复发作、疗效欠佳有关。

4. 潜在并发症:猝死、心力衰竭、脑栓塞。

【护理目标】

病人活动耐力增加;未因头晕、晕厥而受伤;焦虑情绪减轻或消失;并发症得到有效防治。

【护理措施】

（一）一般护理

1. 休息与活动　无症状或症状较轻的心律失常病人,鼓励其正常工作和生活,注意劳逸结合。症状明显的病人采取高枕卧位、半坐卧位或其他舒适体位,尽量避免左侧卧位,以免不适感加重。室性心动过速、二度Ⅱ型及三度房室传导阻滞等严重心律失常发作时,应绝对卧床休息。心动过缓的病人避免屏气用力的动作,如用力排便等,以免因迷走神经兴奋而加重病情。

2. 饮食护理　给予低热量、低脂、易消化、富含营养的饮食,少量多餐,避免过饱,戒烟酒,避免刺激性食物、咖啡、浓茶等。

（二）病情观察

观察心悸、乏力、胸闷及头晕等心律失常的症状有无变化,定时测量脉率、心率及心律。房颤病人应同时测量心率和脉率,时间不少于 1 分钟。严重心律失常病人应连续心电监护,严密观察其心率、心律变化并做好记录,发现频发、多源性、成对的或 R on T 现象的室性期前收缩,以及二度Ⅱ型房室传导阻滞、随时有猝死危险的室性心动过速、三度房室传导阻滞、心室扑动、心室颤动等,应立即报告医生,配合抢救。

（三）治疗配合

1. 用药护理　严格遵医嘱按时按量给予抗心律失常药物,静脉注射时速度宜慢(腺苷除外),一般 5~15 分钟内注射完毕,静脉滴注药物时尽量用输液泵调节速度。胺碘酮静脉用药易引起静脉炎,应选择大血管,配制药物浓度不要过高,严密观察穿刺局部情况,谨防药物外渗。严密观察病人意识状态和生命体征,必要时监测心电图,注意用药前、用药过程中及用药后的心率、心律、PR 间期及 QT 间期等变化,以判断疗效及不良反应。常用抗心律失常药物的不良反应及注意事项见表3-3。

表3-3　常用抗心律失常药物的不良反应及注意事项

药名	不良反应	注意事项
奎尼丁	心脏方面:窦性停搏、房室传导阻滞、QT 间期延长与尖端扭转型室速、晕厥、低血压 其他:恶心、呕吐等消化道症状;视觉障碍、听觉障碍、意识模糊;皮疹、发热、血小板减少、溶血性贫血	给药前要测量血压、心率、心律,避免夜间给药;白天给药剂量较大时,夜间应注意观察血压

药名	不良反应	注意事项
普罗帕酮	心脏方面:窦房结抑制、房室传导阻滞,加重心力衰竭 其他:眩晕、味觉障碍、视物模糊;胃肠道不适;可能加重支气管痉挛	餐时或餐后服用可减少胃肠道刺激;增加剂量时要监测血药浓度
利多卡因	心脏方面:少数引起窦房结抑制、房室传导阻滞 其他:眩晕及不同程度的意识障碍	用药期间监测血压、心电图及血清电解质;过敏、肝肾功能障碍者禁用
普萘洛尔	心脏方面:低血压、心动过缓、心力衰竭、心绞痛病人突然撤药引起症状加重、心律失常、急性心肌梗死 其他:加剧哮喘与COPD;间歇性跛行、雷诺现象、精神抑郁;糖尿病病人可能引起低血糖	给药前测量病人心率,当心率低于50次/min时及时停药,用药后观察血压、心率变化;有哮喘病史者禁用
胺碘酮	心脏方面:心动过缓,致心律失常很少发生,偶有尖端扭转型室速 其他:转氨酶升高;光过敏、角膜色素沉着;胃肠道反应;甲状腺功能亢进或甲状腺功能减退	静脉给药时选择大血管,浓度不宜过高,严密观察穿刺局部情况;用药期间观察血压、心电图、肝功能、肺功能、甲状腺功能及进行眼科检查
维拉帕米	心脏方面:已应用β受体阻滞剂或有血流动力学障碍者易引起低血压、心动过缓、房室传导阻滞、心搏停顿	严重心衰,二、三度房室传导阻滞及低血压者禁用,肝肾功能障碍者慎用
腺苷	心脏方面:可有短暂窦性停搏、室性期前收缩或非持续性室速 其他:面色潮红、呼吸困难、胸部压迫感,通常持续时间短于1min	使用时需静脉快速注射给药

2. 心脏电复律的护理 心脏电复律是在短时间内向心脏通以高压强电流,使全部或大部分心肌瞬间同时除极,然后心脏自律性最高的起搏点重新主导心脏节律,通常是窦房结。根据电复律时是否识别R波,分为同步电复律与非同步电除颤。

(1)术前护理:①向择期复律的病人介绍电复律的目的和必要性,以解除病人的顾虑,取得病人的合作。②遵医嘱做术前检查(如血电解质检查等)。③遵医嘱停用洋地黄类药物24~48小时,给予改善心功能、纠正低钾血症和酸中毒的药物,有心房颤动的病人复律前应进行抗凝治疗。④复律前1~2天口服奎尼丁,服药前做心电图,观察QRS波时限及 QT 间期变化。⑤术前禁食 6 小时,排空膀胱。⑥物品准备:除颤器、生理盐水、导电糊、纱布垫、地西泮、心电和血压监护仪及心肺复苏所需的抢救设备和药品。

（2）术中配合:①病人仰卧于绝缘的硬板床上,松开衣领,有义齿者取下,开放静脉通道,给予吸氧。②清洁电击处的皮肤,连接心电导联线,贴放电极片时注意避开除颤部位;遵医嘱用地西泮缓慢静脉注射。③充分暴露病人前胸,将两电极板上均匀涂满导电糊或包以生理盐水浸润的纱布,分别置于胸骨右缘第 2~3 肋间和心尖部,两电极板之间的距离不应小于 10cm,与皮肤紧密接触,并有一定的压力。放电过程中嘱任何人避免接触病人和床。

（3）术后护理:①病人卧床休息 24 小时,清醒后 2 小时内避免进食,以免恶心、呕吐。②持续心电监护 24 小时,注意心律、心率变化。③密切观察病情变化,如神志、瞳孔、呼吸、血压、皮肤及肢体活动情况,及时发现病人有无栓塞征象,有无因电击而致的各种心律失常及局部皮肤灼伤、肺水肿等并发症。④遵医嘱继续服用奎尼丁、洋地黄或其他抗心律失常药物以维持窦性心律。

3. 心脏起搏治疗的护理　心脏起搏器是通过发放一定形式的电脉冲刺激心脏,使之激动和收缩,即模拟正常心脏的冲动形成和传导,以治疗由于某些心律失常所致的心脏功能障碍。根据起搏器应用的方式分为:临时心脏起搏(采用体外携带式起搏器)和植入式心脏起搏(起搏器一般埋植在病人胸部的皮下组织内)。

（1）术前护理:①向病人及家属介绍手术的必要性和安全性,手术的过程、方法和注意事项,以解除病人的顾虑,取得手术病人的配合。②指导病人完成必要的术前检查。③穿刺术区常规备皮。④抗生素皮试。⑤训练病人平卧位床上排尿。⑥停用抗凝血药。⑦术前建立静脉通道,术前 30 分钟至 2 小时预防性应用抗生素 1 次。

（2）术中配合:①严密监测心率、心律、呼吸及血压的变化,发现异常立即通知医生。②关注病人的感受,了解病人术中疼痛情况及其他不适主诉,并做好安慰解释工作,帮助病人顺利完成手术。

（3）术后护理:①休息与活动:植入式起搏者术后需保持平卧位或略向左侧卧位 8~12 小时,术侧肢体不宜过度活动,勿用力咳嗽,以防电极脱位;经股静脉安置临时起搏器的病人需绝对卧床,取平卧或左侧卧位,术侧肢体避免屈曲或活动过度,术后第 1 次下床活动应动作缓慢,防止跌倒。②监测:术后进行心电监护,监测脉搏、心率、心律、心电变化及病人自觉症状,及时发现有无电极导线移位或起搏器起搏、感知障碍。③伤口护理:植入式起搏者伤口局部以沙袋加压 6 小时,且每间隔 2 小时解除压迫 5 分钟,或局部加压包扎即可;临时起搏者每天换药,防止感染。④用药护理:植入式心脏起搏安装术后无须常规应用抗生素预防感染;临时起搏器安装一般不需要应用抗生素,依据病情(如病人以股静脉为入路,并且留置时间长),可预防性应用抗生素。

（四）心理护理

精神紧张或情绪激动,可导致自主神经功能紊乱,诱发或加重心律失常,因此护士应及时向病人说明心律失常的可治性,解除其思想顾虑,病情允许时,鼓励家属多探视病人,帮助病人树立战胜疾病的信心。护理操作及特殊治疗前向病人做必要的解释,指导病人采用放松技术,如全身肌肉放松、缓慢深呼吸,鼓励病人参加力所能及的活动或适当的娱乐,以分散其注意力。经常巡视病房,了解病人的需要,帮助其解决问题,使其保持情绪稳定。

(五)健康指导

1. 疾病知识指导　向病人及家属讲解心律失常的常见病因、诱因及防治知识,使病人积极配合治疗及护理。有晕厥史的病人避免从事驾驶、高空作业等有危险的工作,有头晕、黑矇时立即平卧,以免晕厥发作时摔伤。

2. 生活指导　嘱病人注意劳逸结合、生活规律,保证充足的休息和睡眠;避免精神过度紧张,保持乐观稳定的情绪;学会分散注意力,不要过分关注心悸的感受;避免感染发热;戒烟酒,避免摄入刺激性食物及饮料,避免饱餐;低钾血症易诱发室性期前收缩或室速,应注意预防、监测与纠正;保持排便通畅,避免用力排便而加重心律失常。

3. 用药指导　说明按医嘱服抗心律失常药物的重要性,不可擅自增减药量或撤换药物。教会病人观察药物疗效和不良反应,如有异常,及时就诊。

4. 病情监测指导　教会病人及家属测量脉搏的方法,至少每天1次,每次在1分钟以上,并做好记录;教会病人家属初级心肺复苏的方法,以备紧急时应用。告诉病人和家属如有以下情形及时就诊:①脉搏过缓,低于60次/min,并有头晕、目眩或黑矇。②脉搏过快,超过100次/min,休息及放松后仍不减慢。③脉搏节律不齐,出现漏搏、期前收缩每分钟超过5次。④原本节律整齐的脉搏,出现强弱不等、快慢不等现象。⑤应用抗心律失常药物后出现不良反应等。

边学边练

实践4　心力衰竭和心律失常病人的护理

【护理评价】

病人活动耐力是否增加;是否因头晕、晕厥而受伤;焦虑情绪是否减轻;并发症是否得到有效防治。

(解文霞)

第四节　心脏瓣膜病病人的护理

学习目标

1. 具有良好的职业素质和认真负责的工作态度,理解、尊重和关爱病人。
2. 掌握心脏瓣膜病病人的身心状况和主要护理措施。
3. 熟悉心脏瓣膜病的超声心动图特点和病人的常见护理诊断/问题。
4. 了解心脏瓣膜病的病因和治疗要点。
5. 学会与心脏瓣膜病病人及家属进行有效沟通,发现并解决护理问题,及时准确地开展健康指导。

工作情景与任务

导入情景:

谢女士,36 岁。有风湿性心脏病二尖瓣狭窄病史 6 年。1 天前病人因受凉后出现发热,室内慢步等活动即引起胸闷气促而入院。医嘱:卧床休息,毛花苷丙静脉注射,苄星青霉素肌内注射,华法林口服。

工作任务:

1. 根据谢女士情况为其制定合理活动计划。
2. 遵医嘱应用毛花苷丙、苄星青霉素、华法林,观察药物疗效及不良反应。
3. 正确对谢女士实施健康指导。

心脏瓣膜病(valvular heart disease)是由多种原因引起的心脏瓣膜狭窄和/或关闭不全所致的心脏疾病。当瓣膜狭窄时,心腔压力负荷增加;瓣膜关闭不全时,心腔容量负荷增加。这些血流动力学改变可导致心房或心室结构改变及功能失常,最终出现心力衰竭、心律失常等临床表现。

心脏瓣膜病的常见病因有炎症、黏液样变性、先天性畸形、缺血性坏死及创伤等,其中风湿炎症导致的瓣膜损害称为风湿性心脏病(rheumatic heart disease,RHD),简称风心病,是我国最常见的心脏瓣膜病,风湿热是其主要病因,与 A 组 β 溶血性链球菌感染有关,主要累及 40 岁以下人群,其中以二尖瓣受累最为常见,其次是主动脉瓣。本节重点介绍风心病。

【护理评估】

（一）健康史

评估病人有无风湿热及反复链球菌感染所致的咽－扁桃体炎和咽峡炎等病史;近期

有无呼吸道感染、风湿活动、心律失常、妊娠及使病情加重的其他诱因。

（二）身心状况

1. 二尖瓣狭窄

（1）症状：一般在二尖瓣中度狭窄始有临床症状。①呼吸困难：为最常见也是最早期的症状，多先有劳力性呼吸困难，随狭窄加重，出现夜间阵发性呼吸困难甚至端坐呼吸。②咳嗽：常见，多在夜间睡眠或劳动后出现，为干咳，并发感染时可有黏液痰。③咯血：可表现为血性痰或血丝痰；大咯血可为二尖瓣狭窄首发症状，多见于二尖瓣狭窄早期；肺梗死时咳胶冻状暗红色痰，为二尖瓣狭窄合并心力衰竭的晚期并发症。④声音嘶哑：较少见。

（2）体征：重度二尖瓣狭窄者可呈"二尖瓣面容"。心尖区可触及舒张期震颤。听诊心尖区第一心音亢进，呈拍击样，并可闻及开瓣音，提示瓣叶柔顺有弹性。二尖瓣狭窄特征性杂音为心尖区舒张中晚期低调的隆隆样杂音。右心衰竭时出现颈静脉怒张、肝颈静脉回流征阳性、肝大及双下肢水肿等。

（3）并发症：①心房颤动：是二尖瓣狭窄最常见的心律失常，也是相对早期的常见并发症。②急性肺水肿：为重度二尖瓣狭窄的严重并发症。③血栓栓塞：以脑栓塞最多见。④右心衰竭：为晚期常见并发症。⑤感染性心内膜炎：较少见。⑥肺部感染：较常见，可诱发或加重心力衰竭。

2. 二尖瓣关闭不全

（1）症状：轻者可终身无症状，重者由于心排血量减少，可表现为疲乏无力；同时因肺淤血导致程度不等的呼吸困难。发展至晚期则出现右心衰竭的表现。

（2）体征：心尖搏动呈抬举性，向左下移位。心尖区第一心音减弱，可闻及全收缩期粗糙高调的吹风样杂音，向左腋下、左肩胛下传导。

（3）并发症：与二尖瓣狭窄相似，但感染性心内膜炎比二尖瓣狭窄多见，而体循环栓塞比二尖瓣狭窄少见。

3. 主动脉瓣狭窄

（1）症状：出现较晚，劳力性呼吸困难、心绞痛和晕厥为典型主动脉瓣狭窄常见的三联征。

（2）体征：心尖搏动相对局限、呈抬举样。主动脉瓣第一听诊区可触及收缩期震颤，并可闻及收缩期粗糙而响亮的吹风样杂音，呈递增－递减型，向颈部传导。

（3）并发症：心律失常、心脏性猝死、心力衰竭、感染性心内膜炎等。

4. 主动脉瓣关闭不全

（1）症状：轻症者多无症状，随反流量增大，出现与心搏量增大有关的症状，如心悸、心前区不适及头颈部动脉强烈搏动感等。晚期可出现左心衰竭的表现。心绞痛较主动脉瓣狭窄时少见，晕厥罕见，可有体位性头晕。

（2）体征：心尖搏动向左下移位，呈抬举样。主动脉瓣第二听诊区可闻及舒张期高调叹气样杂音，坐位前倾位呼气末明显。严重主动脉瓣关闭不全时，动脉收缩压升高、舒张压降低，脉压增大，可出现周围血管征，如点头征、毛细血管搏动征、水冲脉及股动脉枪击音。

（3）并发症：感染性心内膜炎、室性心律失常及心力衰竭常见，心脏性猝死少见。

5. 多瓣膜病　又称联合瓣膜病，指 2 个或 2 个以上瓣膜病变同时存在，临床主要以二尖瓣狭窄合并主动脉瓣关闭不全常见。

（三）心理－社会状况

风心病病人因各种症状和并发症常有烦躁、焦虑心理，又因病程长、病情反复、活动耐力下降等原因，易产生悲观情绪。

（四）辅助检查

1. 超声心动图　是明确心脏瓣膜病诊断的可靠方法，二维和多普勒超声可见瓣膜狭窄、关闭不全及血液反流的程度等。

2. X 线检查　二尖瓣狭窄可见左心房及右心室增大，心影呈梨形，肺淤血征象；二尖瓣关闭不全可见左心房及左心室增大；主动脉瓣狭窄可见心影正常或左心室、左心房轻度增大；主动脉瓣关闭不全可见左心室增大，心影呈靴形。

3. 心电图　二尖瓣狭窄时，出现"二尖瓣型 P 波"，提示左心房增大，晚期可合并房颤；慢性重度二尖瓣关闭不全主要为左心房肥厚心电图表现；主动脉瓣关闭不全和狭窄时，可有左心室肥厚的心电图表现。

（五）治疗要点

治疗原则为预防风湿活动和感染性心内膜炎，改善心功能，减轻症状及预防并发症，控制病情进展。有风湿活动的病人长期甚至需终身应用苄星青霉素；无症状者注意预防感染，避免剧烈运动及体力活动，定期复查。手术及介入治疗为有效的治疗方法，如人工瓣膜置换术（根本治疗手段）、经皮球囊瓣膜成形术、瓣膜分离术等。

【常见护理诊断／问题】

1. 体温过高　与风湿活动、并发感染有关。

2. 活动无耐力　与心排血量减少有关。

3. 有感染的危险　与机体抵抗力下降有关。

4. 知识缺乏：缺乏风心病的预防保健知识。

5. 潜在并发症：心律失常、心力衰竭、栓塞、感染性心内膜炎、心脏性猝死。

【护理措施】

（一）一般护理

1. 休息与活动　风湿活动时应卧床休息，限制活动量，病情好转后逐渐增加活动量。若左心房内有巨大附壁血栓者应绝对卧床休息，以防血栓脱落造成栓塞。病情允许时应鼓励并协助病人翻身、活动下肢及用温水泡脚或下床活动，防止下肢深静脉血栓形成。

2. 饮食护理　风湿活动时应给予高热量、高蛋白、高维生素的清淡易消化饮食，不宜饱餐，保持排便通畅。心力衰竭时适当限制钠盐摄入。

（二）病情观察

1. 监测生命体征　测量体温，根据体温升高程度决定测量频次。体温超过38.5℃时，给予物理降温或遵医嘱药物降温，30分钟后测量体温并记录降温效果。测量脉搏、心率和心律，及时发现心律失常。

2. 观察风湿活动的表现　观察病人有无皮肤环形红斑、皮下结节、关节红肿及疼痛等表现。

3. 观察并发症　观察病人有无呼吸困难、乏力、食欲减退、尿少、体重变化和水肿等心力衰竭的征象；有无栓塞征象，如脑栓塞可有运动障碍、失语、感觉障碍等表现；肾栓塞可有腰痛、血尿和蛋白尿；脾栓塞时突感左上腹剧痛并出现脾大；肺栓塞可出现突然剧烈胸痛、气急、发绀、咯血及休克等；四肢动脉栓塞可引起肢体剧痛、动脉搏动消失、局部皮肤苍白、发凉、发绀甚至坏死。一旦发生栓塞，立即报告医生配合处理。

（三）用药护理

遵医嘱应用抗生素、利尿剂、洋地黄、抗心律失常药、抗凝药或溶栓药物等，密切观察药物疗效和不良反应。苄星青霉素使用前评估青霉素过敏史，若无青霉素过敏史需做青霉素皮试，用药后注意观察有无过敏反应。阿司匹林可引起胃肠道反应、牙龈出血、血尿、黑便等不良反应，应饭后服药并观察有无出血倾向。

（四）心理护理

给病人以心理支持，鼓励病人做好长期与疾病作斗争的思想准备，树立信心，积极配合治疗；对病情较重不能妊娠的育龄妇女，要做好病人及其配偶的思想工作。

（五）健康指导

1. 疾病知识指导　告知病人及家属本病的病因和病程进展特点。告诉病人遵医嘱坚持用药的重要性，指导用药方法。有手术适应证者劝其尽早择期手术，以免错过最佳手术时机。做拔牙、内镜检查、导尿术、分娩及人工流产等手术操作前，应告知医生有风心病病史，以便预防性使用抗生素。育龄妇女要根据心功能情况，在医生指导下选择好妊娠与分娩时机。定期复查，一旦发生感染应立即就诊。

2. 生活指导　居住环境避免潮湿、阴暗，应保持室内通风、温暖、干燥，日常生活中适当锻炼，加强营养，注意防寒保暖，避免链球菌感染，预防风湿活动。避免重体力劳动、剧烈运动和情绪激动等诱因，防止加重病情。

（郭雪媚）

第五节　原发性高血压病人的护理

学习目标

1. 具有高度的责任感、沉着冷静的心理素质和严谨细致的工作态度,珍视生命,尊重和关爱病人。
2. 掌握原发性高血压病人的身心状况和主要护理措施。
3. 熟悉原发性高血压血压水平的分类、治疗要点和病人的常见护理诊断/问题。
4. 了解原发性高血压病人的护理目标和护理评价。
5. 学会正确实施血压监测,能协助医生实施高血压急症的抢救配合,及时准确地开展健康指导。

工作情景与任务

导入情景:

王先生,58岁。有高血压病史5年,间断服用降压药,月底时经常加班熬夜。今日加班时王先生突然感到剧烈头痛、恶心、视物模糊,继而晕倒在单位,同事拨打"120"将王先生送入急诊,BP 200/135mmHg。急查头颅CT,入院初步诊断为原发性高血压,高血压急症。医嘱:持续监测血压,吸氧,静脉滴注硝普钠。

工作任务:

1. 遵医嘱对王先生持续监测血压,吸氧,执行硝普钠静脉滴注治疗,观察药物疗效及不良反应。
2. 对王先生进行健康指导。

高血压是以体循环动脉压升高为主要临床表现的心血管综合征,可分为原发性高血压(primary hypertension)和继发性高血压。原发性高血压,又称高血压病,是指原因未明的血压升高,是心脑血管疾病最重要的危险因素,可损伤重要脏器如心、脑、肾的结构与功能,最终导致这些器官的功能衰竭。继发性高血压是指由某些确定的疾病或病因引起的血压升高,约占所有高血压的5%。高血压是最常见的慢性病之一,患病率、发病率及血压水平随年龄增长而升高,然而我国部分人群高血压知晓率、治疗率和控制率依然较低,高血压防治任务十分艰巨。

目前,我国采用的血压分类和标准见表3-4。高血压定义为未使用降压药情况下诊室收缩压≥140mmHg和/或舒张压≥90mmHg。根据血压升高的水平,又进一步将高血压分为1～3级。

表 3-4　血压水平的分类和定义　　　　　（单位:mmHg）

分类	收缩压		舒张压
正常血压	<120	和	<80
正常高值血压	120～139	和/或	80～89
高血压	≥140	和/或	≥90
1级高血压（轻度）	140～159	和/或	90～99
2级高血压（中度）	160～179	和/或	100～109
3级高血压（重度）	≥180	和/或	≥110
单纯收缩期高血压	≥140	和	<90

注:当收缩压与舒张压分属不同级别时,以较高的级别作为标准。以上标准适用于任何年龄的成年男性和女性。

原发性高血压的病因和发病机制尚未完全明了。在一定的遗传背景下多种因素综合作用,通过交感神经系统活动亢进、肾性水钠潴留,肾素－血管紧张素－醛固酮系统激活、胰岛素抵抗、细胞膜离子转运异常等机制,导致正常血压调节机制失代偿,使血压升高。

【护理评估】

（一）健康史

评估病人有无下列与高血压发病有关的因素:①遗传因素,约60%高血压病人有高血压家族史。②环境因素,如饮食中摄盐过多,钾摄入量低,高蛋白质摄入,饱和脂肪酸或饱和脂肪酸/多不饱和脂肪酸比值较高,叶酸缺乏致同型半胱氨酸水平升高及饮酒量大;精神应激,如从事脑力劳动、精神紧张度高的职业或长期生活在噪声环境;吸烟。③其他因素,如体重增加,腹型肥胖;药物因素,如避孕药、麻黄碱、肾上腺皮质激素、非甾体抗炎药、甘草等;睡眠呼吸暂停低通气综合征。

（二）身体状况

1. 症状　大多数病人起病缓慢,早期常无症状,可偶于体检时发现血压升高,少数病人则在发生心、脑、肾等并发症时才被发现。常见症状有头痛、头晕、颈项板紧、疲劳、心悸及耳鸣等,但并不一定与血压水平成正比,也可出现视物模糊、鼻出血等较重症状。典型的高血压头痛在血压下降后即可消失。

2. 体征　一般较少,应重点检查周围血管搏动、血管杂音、心脏杂音等项目。心脏听诊可闻及主动脉瓣区第二心音亢进、收缩期杂音或收缩早期喀喇音。

3. 高血压急症和亚急症

（1）高血压急症:指原发性或继发性高血压病人,在某些诱因作用下,血压突然和明显升高（一般超过180/120mmHg）,伴有进行性心、脑、肾等重要靶器官功能不全的表现。

高血压急症包括高血压脑病、颅内出血、脑梗死、急性心力衰竭、急性冠状动脉综合征、主动脉夹层、子痫、急性肾小球肾炎等。少数病人病情急骤发展,舒张压持续≥130 mmHg,并有头痛、视物模糊及眼底出血、渗出和视神经乳头水肿,肾脏损害突出,持续蛋白尿、血尿和管型尿,称为恶性高血压。应注意血压水平的高低与急性靶器官损害的程度并非成正比,但如血压不能及时控制在合理范围内会对脏器功能产生严重影响,甚至危及生命。

（2）高血压亚急症:指血压明显升高但不伴严重临床症状及进行性靶器官损害。病人可有血压明显升高引起的症状,如头痛、胸闷、鼻出血、烦躁不安等。区别高血压亚急症与高血压急症的唯一标准是有无新近发生的急性进行性靶器官损害。

4. 并发症　①脑血管病:包括脑出血、脑血栓形成、腔隙性脑梗死和短暂性脑缺血发作。②心力衰竭和冠心病。③慢性肾衰竭。④主动脉夹层。

5. 心血管危险分层　高血压病人的预后不仅与血压水平有关,而且与是否合并其他心血管危险因素(如吸烟、高脂血症、糖耐量受损和/或空腹血糖受损、男性大于55岁、女性大于65岁、早发心血管疾病家族史、腹型肥胖或肥胖、血同型半胱氨酸升高)、靶器官损害(如左心室肥厚、颈动脉内膜中层增厚或动脉粥样斑块、肾小球滤过率降低或血肌酐轻度升高、微量白蛋白尿)及伴随临床疾病情况(如心脏疾病、脑血管病、肾脏疾病、周围血管疾病、视网膜病变、糖尿病)有关。根据血压升高水平、其他心血管危险因素、靶器官损害、糖尿病以及并发症情况,将心血管危险分层分为低危、中危、高危和很高危4个层次(表3-5)。

表3-5　高血压病人心血管危险分层标准

其他危险因素和病史	1级高血压	2级高血压	3级高血压
无	低危	中危	高危
1~2个其他危险因素	中危	中危	很高危
≥3个其他危险因素或靶器官损害	高危	高危	很高危
临床并发症或合并糖尿病	很高危	很高危	很高危

（三）心理-社会状况

高血压是一种慢性病,病程迁延不愈,需终身用药,且并发症多而严重,给病人带来生活痛苦和精神压力,常使病人产生紧张、烦躁、焦虑及忧郁等不良心理。

（四）辅助检查

1. 基本项目　血液生化检查(钠、钾、空腹血糖、总胆固醇、甘油三酯、高密度脂蛋白胆固醇、低密度脂蛋白胆固醇和肌酐、尿酸);全血细胞计数、血红蛋白和血细胞比容;尿液分析(蛋白、糖和尿沉渣镜检);心电图。

2. 推荐项目　24小时动态血压监测、超声心动图、颈动脉超声、餐后2小时血糖检测、血同型半胱氨酸检测、尿白蛋白定量检查、尿蛋白定量检查、眼底检查、胸部X线检查、脉搏波传导速度及踝臂血压指数检测等。

动态血压监测

动态血压监测（ABPM）是由仪器自动定时测量血压，每隔 15～30 分钟自动测压，连续 24 小时或更长时间。正常人血压呈明显的昼夜节律，表现为双峰一谷，在上午 6～10 时及下午 4～8 时各有一高峰，而夜间血压明显降低。目前认为动态血压的正常参考范围为：24 小时平均血压 <130/80mmHg，白天血压均值 <135/85mmHg，夜间血压均值 <120/70mmHg。动态血压监测可诊断"白大衣高血压"，发现隐蔽性高血压，检查是否存在顽固性高血压，评估血压升高程度、短时变异和昼夜节律以及治疗效果等。

（五）治疗要点

原发性高血压目前尚无根治方法，降压治疗的最终目的是最大限度地降低心脑血管病的发生率和死亡率。

1. 改善生活方式 适用于所有高血压病人，包括减轻体重，减少食盐摄入，补充钾盐，减少脂肪摄入，戒烟、限酒，适当运动及减少精神压力，保持心态平衡，必要时补充叶酸制剂等。

2. 降压药物治疗 降压药物治疗对象：①高血压 2 级或以上病人。②高血压合并糖尿病，或者已经有心、脑、肾靶器官损害或并发症病人。③凡血压持续升高，改善生活方式后血压仍未获得有效控制者。④高危和很高危病人必须使用降压药物强化治疗。使用降压药物应遵循以下 4 项原则，即从小剂量开始，优先选择长效制剂，联合用药及个体化用药。目前常用降压药物有 5 类，即利尿剂、β 受体阻滞剂、钙通道阻滞剂（CCB）、血管紧张素转化酶抑制剂（ACEI）、血管紧张素 II 受体阻滞剂（ARB）。

3. 高血压急症的治疗 ①及时降低血压：选择适宜、有效的降压药物，静脉滴注给药，同时监测血压，如果情况允许，及早开始口服降压药治疗。②控制性降压：初始阶段（数分钟至 1 小时内）血压控制目标为平均动脉压降低幅度不超过治疗前水平的 25%；其后 2～6 小时内将血压降至较安全水平，一般为 160/100mmHg 左右；如果可耐受，临床情况稳定，在随后 24～48 小时逐步将血压降至正常水平。同时对靶器官损害进行相应的处理。③合理选择降压药：常用降压药物有硝普钠、硝酸甘油、尼卡地平及拉贝洛尔等，其中硝普钠为首选药。④避免使用的药物：如利血平等。

4. 高血压亚急症的治疗 可使用快速起效的口服降压药，在 24～48 小时内将血压缓慢降至 160/100mmHg。

【常见护理诊断 / 问题】

1. 疼痛：头痛 与血压升高有关。

2. 有受伤的危险　与头晕、视物模糊、意识改变或发生直立性低血压有关。

3. 知识缺乏:缺乏疾病预防、保健知识和高血压用药知识。

4. 潜在并发症:高血压急症。

【护理目标】

病人头痛减轻或消失;住院期间无受伤情况出现;能描述高血压预防、保健知识,坚持合理用药;并发症得到有效防治。

【护理措施】

（一）一般护理

1. 休息与活动　合理安排休息与活动:①高血压初期可适当休息,保证充足的睡眠,根据年龄和身体状况选择合适的运动,如慢跑或步行、打太极拳、练气功等,不宜登高、提取重物和剧烈运动等;血压较高、症状较多或有并发症的病人应增加卧床休息时间,协助生活料理。②保持病室安静,减少声光刺激,限制探视;护理操作动作要轻柔并集中进行,防止过多干扰病人;对因焦虑而影响睡眠的病人遵医嘱应用镇静剂。③避免受伤,如避免迅速改变体位、活动场所光线暗、病室内有障碍物、地面滑和厕所无扶手等危险因素。

2. 饮食护理　合理膳食,均衡营养:①减少食盐摄入,膳食中约80%钠盐来自烹调用盐和各种腌制品,所以应减少烹调用盐,每人每天食盐量以不超过5g为宜。②补充钾盐:每天吃新鲜蔬菜和水果。③减少脂肪摄入:减少食用油摄入,少吃或不吃肥肉和动物内脏。④限制饮酒。⑤限制总热量。

（二）病情观察

定期监测血压,观察血压变化。密切观察并发症征象,一旦发现血压急剧升高、剧烈头痛、呕吐、烦躁不安、大汗、视力模糊、面色及神志改变和肢体运动障碍等症状,立即报告医生并协助处理。

（三）治疗配合

1. 用药护理　嘱病人遵医嘱应用降压药物,监测血压的变化以判断疗效,密切观察药物不良反应。常用降压药物的用法及不良反应见表3-6。

表3-6　常用降压药物的用法及不良反应

种类	药名	用法	主要不良反应
利尿剂	氢氯噻嗪	12.5mg 口服,1~2 次/d	低血钾,影响血脂、血糖、血尿酸代谢;痛风病人禁用
	氨苯蝶啶	50mg 口服,1~2 次/d	血钾增高,不宜与 ACEI、ARB 合用;肾功能不全者慎用

种类	药名	用法	主要不良反应
	呋塞米	20～40mg 口服，1～2 次/d	低血钾、电解质紊乱
β受体阻滞剂	普萘洛尔	10～20mg 口服，2～3 次/d	心动过缓、乏力、四肢发冷、负性肌力作用、支气管收缩；阻塞性支气管疾病、急性心力衰竭、房室传导阻滞者禁用
	美托洛尔	25～50mg 口服，2 次/d	
	比索洛尔	5～10mg 口服，1 次/d	
钙通道阻滞剂	硝苯地平	5～10mg 口服，3 次/d	头痛、面部潮红、心悸、下肢水肿
	硝苯地平控释剂	30～60mg 口服，1 次/d	
血管紧张素转化酶抑制剂（ACEI）	卡托普利	12.5～50mg 口服，2～3 次/d	刺激性干咳、血管性水肿；妊娠期妇女及双侧肾动脉狭窄、高血钾(>6.0mmol/L)、血管神经性水肿的病人禁用
	依那普利	10～20mg 口服，2 次/d	
	贝那普利	10～20mg 口服，1 次/d	
血管紧张素Ⅱ受体阻滞剂（ARB）	氯沙坦	50～100mg 口服，1 次/d	一般不引起刺激性干咳，禁忌证与 ACEI 相同
	缬沙坦	80～160mg 口服，1 次/d	
	厄贝沙坦	150～300mg 口服，1 次/d	

用药注意事项：①应用降压药时不可随意增减药量、漏服、补服上次剂量或突然停药，以防血压过低或突然停药引发血压迅速升高。②应用降压药期间易出现直立性低血压，告知病人宜选择平静休息时服药，服药后继续休息一段时间再下床活动，起床或改变体位时动作不宜太快，洗澡水不宜过热，更不宜大量饮酒，下床活动时穿弹力袜，站立时间不宜过久，发生头晕时立即平卧，抬高下肢以增加回心血量和脑部供血，外出时应有人陪伴。③目前一般主张血压控制目标值应 <140/90mmHg；糖尿病、慢性肾脏病、心力衰竭或病情稳定的冠心病合并高血压病人，血压控制目标值 <130/80mmHg；对于老年收缩期高血压病人，收缩压控制于 150mmHg 以下，如果能够耐受可降至 140mmHg 以下。

2. 高血压急症的护理

（1）体位与休息：病人应绝对卧床休息，避免一切不良刺激和不必要的活动，协助生活护理。保持呼吸道通畅，给予持续低浓度吸氧。安抚病人情绪，必要时遵医嘱给予镇静药。

（2）遵医嘱应用降压药：迅速建立静脉通道，遵医嘱尽早应用降压药物进行控制性降压，密切观察药物疗效和不良反应。应用硝普钠和硝酸甘油时，应注意避光输入，并持续监测血压，严格遵医嘱控制滴速。

（3）病情监测：进行心电、血压和呼吸监护，密切观察病情变化。

（四）心理护理

了解病人性格特征，指导病人学会自我调节，使用放松技术，如心理训练、音乐治疗和缓慢呼吸等，减轻精神压力，保持健康的心理状态。当病人出现情绪变化时，主动安慰病人，减少或排除引起不适的因素，消除病人的顾虑，稳定病人的情绪。指导家属给病人以理解、宽容与支持，保证病人有安静舒适的休养环境。经常与病人保持良好沟通，让病人和家属参与制订治疗计划，以提高病人治疗依从性。

边学边练

实践5　原发性高血压病人的护理

（五）健康指导

1. 疾病知识指导　①解释目前病人情况，让病人了解病情，了解控制血压的重要性和终身治疗的必要性，使病人自觉配合治疗并长期坚持，预防或减轻靶器官损害。②指导病人建立健康积极的生活方式，包括控制体重、合理膳食、戒烟限酒、适当运动、保持心态平和等。告知病人改变不良生活习惯，不仅可以预防或延迟高血压的发生，还可以降低血压，提高降压药物的疗效，从而降低心血管风险。

2. 用药指导　①强调长期药物治疗的重要性，让高血压病人了解降压治疗的最终目的是减少心脑血管病的发生率和死亡率。②遵医嘱按时按量服药，详细告知病人降压药物的名称、剂量、用法、作用及不良反应。③不可擅自突然停药，经治疗得到满意控制后，可遵医嘱逐渐减少剂量。如果突然停药，可导致血压突然升高，特别是冠心病病人突然停用β受体阻滞剂可诱发心绞痛、心肌梗死等。

3. 病情监测指导　①应教会病人和家属正确的家庭血压监测方法，推荐使用合格的上臂式自动血压计自测血压，血压未达标者，建议每天早晚各测量血压1次，每次测量2～3遍，连续7天，将后6天血压平均值作为医生治疗的参考。血压达标者，建议每周测量1次。②如实记录血压测量结果，随访时提供给医护人员作为治疗参考。③经治疗血压达标者，可每3个月随访1次；血压未达标者，建议每2～4周随访1次。当出现血压异常波动或有症状，随时就诊。

【护理评价】

病人头痛是否减轻或消失；是否受伤；是否能描述高血压预防、保健知识，能否坚持合理用药；并发症是否得到有效防治。

（解文霞）

第六节　冠状动脉粥样硬化性心脏病病人的护理

学习目标

1. 具有高度的责任感、沉着冷静的心理素质和严谨细致的工作态度,珍视生命,尊重和关爱病人。
2. 掌握冠状动脉粥样硬化性心脏病病人的身心状况和主要护理措施。
3. 熟悉冠状动脉粥样硬化性心脏病的危险因素、心电图特点、治疗要点和病人的常见护理诊断/问题。
4. 了解冠状动脉粥样硬化性心脏病的分型和病人的护理目标、护理评价。
5. 学会运用护理程序,发现并解决冠状动脉粥样硬化性心脏病病人的常见护理问题,并能进行安全给药、监护和抢救配合。

工作情景与任务

导入情景:

王先生,56 岁。有冠心病、心绞痛病史 5 年,平日心绞痛发作时舌下含化硝酸甘油后 1~3 分钟可止痛。今天晨练时出现心前区剧烈疼痛,舌下含化硝酸甘油 3 片疼痛未缓解,家人拨打"120"急诊入院。心电图检查显示 ST 段抬高呈弓背向上。入院初步诊断为急性心肌梗死。医嘱:心电监护,吸氧,哌替啶肌内注射,尿激酶静脉滴注。

工作任务:

1. 评估王先生本次发病特点和病情严重程度,正确实施心电监护、吸氧。
2. 遵医嘱执行哌替啶肌内注射,尿激酶静脉滴注治疗,观察药物疗效和不良反应。
3. 对王先生进行休息和饮食指导。

冠状动脉粥样硬化性心脏病(coronary atherosclerotic heart disease)指冠状动脉(冠脉)发生粥样硬化引起管腔狭窄或闭塞,导致心肌缺血缺氧或坏死而引起的心脏病,简称冠心病(coronary heart disease,CHD),亦称缺血性心脏病。冠心病是动脉粥样硬化导致器官病变的最常见类型,也是严重危害人类健康的常见病。

本病病因尚未完全明确,目前认为是多种因素作用于不同环节所致,这些因素亦称为危险因素。主要危险因素如下。①年龄与性别:多发于 40 岁以上人群,女性发病率低于男性。②血脂异常:脂质代谢异常是动脉粥样硬化最重要的危险因素。③高血压:高血压病人患本病概率较血压正常者高 3~4 倍。④吸烟:吸烟者与不吸烟者比较,本病的发病率和病死率增高 2~6 倍,且与每天吸烟的支数成正比。⑤糖尿病和糖耐量异常:糖尿病病人发病率较非糖尿病者高出数倍,且病变进展迅速;糖耐量降低也常见于本病病人。⑥肥胖。⑦家族史。其他危险因素包括:①A型性格者。②口服避孕药。③高热量、高动物脂肪、高胆固醇、高糖、高钠盐饮食。上述各种主要危险因素损伤动脉内膜,最终导致动脉粥样硬化。

1979年WHO曾将冠心病分为5型:①无症状性心肌缺血,又称隐匿性心肌缺血。②心绞痛。③心肌梗死。④缺血性心肌病。⑤猝死。近年趋向于根据发病特点和治疗原则不同分为两大类:①慢性冠脉疾病,也称慢性心肌缺血综合征,包括稳定型心绞痛、缺血性心肌病和无症状性心肌缺血等。②急性冠状动脉综合征,包括不稳定型心绞痛、非ST段抬高型心肌梗死和ST段抬高型心肌梗死,也有将冠心病猝死包括在内。

本节重点介绍心绞痛和心肌梗死。

一、心　绞　痛

心绞痛(angina pectoris)是由于冠状动脉供血不足,导致心肌急剧的、暂时的缺血与缺氧所产生的临床综合征。

本病的基本病因是冠状动脉粥样硬化。发病机制主要是由于冠脉狭窄或部分闭塞时,其血流量减少,当冠脉的供血与心肌的需血之间发生矛盾,冠脉血流量不能满足心肌代谢的需求,引起心肌急剧、暂时的缺血、缺氧,代谢产物刺激心脏内自主神经的传入纤维末梢而产生心绞痛。心绞痛可分为稳定型心绞痛(stable angina pectoris)和不稳定型心绞痛(unstable angina,UA)。稳定型心绞痛亦称劳力性心绞痛,其临床重要特征是在数周至数月内,疼痛发作的程度、频率、性质及诱因无明显变化。不稳定型心绞痛主要是由于冠脉内不稳定的粥样斑块破裂或糜烂,伴有不同程度的表面血栓形成、血管痉挛及远端血管栓塞所导致的一组临床症状,常表现为静息状态下发生心绞痛或原有稳定型心绞痛的恶化、加重。本部分重点介绍稳定型心绞痛。

【护理评估】

(一)健康史

评估病人有无血脂异常、高血压、吸烟、糖尿病和糖耐量异常、肥胖、家族史等危险因素;是否存在劳累、情绪激动、饱餐、用力排便、寒冷、心动过速及休克等诱因。

(二)身体状况

1. 症状　心绞痛以发作性胸痛为主要临床表现,疼痛的特点为:

(1)部位:主要在胸骨体中、上段之后,可波及心前区,手掌大小范围,界限不清。常放射至左肩、左臂内侧达无名指和小指,或至颈、咽或下颌部。

(2)性质:胸痛常为压迫、发闷或紧缩性,也可有烧灼感,但不像针刺或刀扎样锐性痛,偶伴濒死感。发作时,病人常被迫停止正在进行的活动,直至症状缓解。

(3)诱因:常由体力劳动或情绪激动所诱发,饱餐、寒冷、吸烟、心动过速和休克等亦可诱发。疼痛多发生于劳力或激动的当时,而不是在劳力之后。

(4)持续时间:一般持续数分钟至十余分钟,多为 3~5 分钟,一般不超过半小时。

(5)缓解方式:一般在停止原来诱发症状的活动或舌下含服硝酸甘油后几分钟内缓解。

2. 体征　平时一般无异常体征。心绞痛发作时常有心率加快、血压升高、表情焦虑、皮肤冷或出汗,有时出现舒张期奔马律,可有暂时性心尖部收缩期杂音。

知识窗

三种临床表现的不稳定型心绞痛

1. 静息型心绞痛　发作于休息时,持续时间通常 >20 分钟。
2. 初发型心绞痛　通常在首发症状 1~2 个月内,很轻的体力活动可诱发。
3. 恶化型心绞痛　在相对稳定的劳力型心绞痛基础上心绞痛逐渐增强(疼痛更剧烈、时间更长或更频繁)。

(三)心理－社会状况

心绞痛发作时,可使病人精神紧张或恐惧;反复发作或病情加重影响工作和日常生活时,病人易产生焦虑、烦躁、担忧等心理反应。

(四)辅助检查

1. 心电图　是发现心肌缺血、诊断心绞痛最常用的检查方法。约半数病人静息时心电图正常。心绞痛发作时,多数病人出现暂时性心内膜下心肌缺血引起的 ST 段压低(≥0.1mV),发作缓解后恢复,有时出现 T 波倒置。心电图负荷试验和心电图连续动态监测,可显著提高心肌缺血性改变的检出率。

2. 放射性核素检查　可提示心肌供血不足或血供消失,对心肌缺血诊断较有价值。

3. 冠脉造影　可显示冠脉狭窄的部位并估计其程度,目前仍然是诊断冠心病的"金标准"。

(五)治疗要点

稳定型心绞痛的治疗原则是改善冠脉血供和降低心肌耗氧以改善病人症状,提高生活质量,同时治疗冠脉粥样硬化,预防心肌梗死和死亡,延长生存期。

1. 发作时治疗　①发作时立刻休息。②应用作用较快的硝酸酯制剂。这类药物除扩张冠脉,增加冠脉血流量外,还可扩张周围血管,减轻心脏负荷和心肌的需氧,从而缓解心绞痛。常用硝酸甘油或硝酸异山梨酯。

2. 缓解期治疗　①调整生活方式,宜尽量避免各种诱因。②药物治疗,使用改善缺血、减轻症状的药物,如 β 受体阻滞剂、硝酸酯类药、钙通道阻滞剂等;使用预防心肌梗死、改善预后的药物,如阿司匹林、氯吡格雷、β 受体阻滞剂、他汀类药物、血管紧张素转化酶抑制剂等。③血管重建治疗,如经皮冠脉介入治疗和冠脉旁路移植术等。

【常见护理诊断/问题】

1. 疼痛:胸痛　与心肌缺血、缺氧有关。

2. 活动无耐力　与心肌氧的供需失调有关。

3. 知识缺乏:缺乏纠正危险因素、控制诱因及预防心绞痛发作的知识。

4. 潜在并发症:心肌梗死。

【护理目标】

病人胸痛症状减轻或消失;活动耐力逐渐增强,活动后无不适反应;能描述纠正心绞痛危险因素、控制诱因及预防心绞痛发作的知识;并发症得到有效防治。

【护理措施】

(一)一般护理

心绞痛发作时应立即停止活动,就地休息,必要时遵医嘱吸氧。缓解期的病人一般不需要卧床休息。调节饮食,禁烟酒。保持排便通畅,切忌用力排便,以免诱发心绞痛。

(二)病情观察

心绞痛发作时应注意观察病人胸痛的部位、性质、程度、持续时间及缓解方式,观察病人有无面色苍白、大汗、恶心与呕吐等伴随症状。严密监测疼痛发作时血压、心率及心电图变化。

(三)用药护理

遵医嘱正确用药,注意观察药物疗效和不良反应。①心绞痛发作时给予硝酸甘油0.5mg 舌下含化,1～2 分钟起效,约半个小时后作用消失;或硝酸异山梨酯5～10mg 舌下含化,2～5 分钟见效,作用维持 2～3 小时。延迟见效或完全无效时提示病人并非患冠心病或为严重的冠心病。②硝酸酯类药物不良反应有头痛、面色潮红、心率反射性加快和低血压等,应告知病人及家属第一次含用硝酸甘油时,注意可能发生直立性低血压。③心绞痛发作频繁者,遵医嘱给予硝酸甘油静脉滴注,但应控制滴速,并告知病人及家属不可擅自调节滴速,以防止低血压发生。④应用他汀类药物时,应严密监测转氨酶及肌酸激酶等生化指标,及时发现药物可能引起的肝脏损害和肌病。

(四)心理护理

心绞痛发作时应专人守护病人,给予心理安慰,增加安全感。解释疾病过程与治疗配合,解除病人紧张不安的情绪,以减少心肌耗氧量。指导病人采取放松技术,缓解焦虑和恐惧。

(五)健康指导

1. 疾病知识指导　健康的生活方式是冠心病治疗的基础,应指导病人以下内容。①合理膳食:宜摄入低热量、低脂、低胆固醇、低盐饮食,多食蔬菜、水果和膳食纤维丰富的食物,宜少食多餐。②戒烟、限酒。③适量运动:运动方式以有氧运动为主,注意运动的强度和时间因病情和个体差异而不同,以不发生胸痛症状为度,必要时需要在监测下进行。

④自我心理调适:调整心态,减轻精神压力,逐渐改变急躁易怒性格,保持心理平衡。告知病人及家属过劳、情绪激动、饱餐、寒冷刺激等都是心绞痛发作的诱因,宜尽量避免。

2. 用药指导　指导病人遵医嘱服药,不要擅自增减药量,学会监测药物疗效和不良反应。外出时随身携带硝酸甘油以备急需,硝酸甘油见光易分解,应放在棕色瓶内存放于干燥处,以免潮解失效。药瓶开封后每 6 个月更换 1 次,以确保疗效。

3. 病情监测指导　教会病人及家属心绞痛发作时的缓解方法。一旦心绞痛发作频繁、程度加重、持续时间延长、服用硝酸甘油不缓解,应立即就医,警惕心肌梗死的发生。告知病人定期复查心电图、血压、血糖、血脂及肝功能等。

【护理评价】

病人心前区疼痛是否减轻或消失;活动耐力是否逐渐增强;是否能陈述控制诱因及预防心绞痛发作的知识;并发症是否得到有效防治。

二、心　肌　梗　死

心肌梗死(myocardial infarction,MI)是指心肌缺血性坏死,是在冠状动脉病变的基础上,发生冠状动脉血供急剧减少或中断,使相应的心肌严重而持久地缺血所致。临床特点为持久的胸骨后剧烈疼痛、发热、白细胞计数和血清心肌坏死标志物增高以及心电图进行性改变,可发生心律失常、休克及心力衰竭等。

本病的基本病因是冠状动脉粥样硬化,在此基础上,一支或多支冠脉管腔急性闭塞,若持续时间达到 20～30 分钟或以上,即可发生急性心肌梗死(acute myocardial infarction,AMI)。研究证明,绝大多数的急性心肌梗死是由于不稳定的粥样斑块溃破,继而出血和管腔内血栓形成,而使管腔闭塞。少数情况粥样斑块内出血或血管持续痉挛,也可使冠脉完全闭塞。

【护理评估】

（一）健康史

评估病人有无下列病史:①冠心病危险因素。②心绞痛发作史。③促使斑块破裂出血及血栓形成的诱因,如饱餐特别是进食多量脂肪、重体力劳动、情绪激动、血压剧升、用力排便、休克、脱水、出血、外科手术或严重心律失常等。

（二）身体状况

1. 先兆　约半数以上病人在发病前数日有乏力、胸部不适、活动时心悸、气急、烦躁及心绞痛等前驱症状,以新发生心绞痛或原有心绞痛加重最为突出。心绞痛发作较以往频繁、程度加重、持续较久、硝酸甘油疗效差、诱因不明显。如及时入院处理,可使部分病人避免发生心肌梗死。

2. 症状

（1）疼痛:是最早出现、最突出的症状,多发生于清晨。疼痛部位和性质与心绞痛相似,但诱因多不明显,且常发生于安静时,程度较重,持续时间较长,可达数小时或更长时间,休息和含服硝酸甘油多不能缓解。病人常烦躁不安、出汗、恐惧或有濒死感。少数病人无疼痛,一开始即表现为休克或急性心力衰竭。部分病人疼痛位于上腹部,被误认为胃穿孔、急性胰腺炎等急腹症;部分病人疼痛放射至下颌、颈部、背部上方,被误认为骨关节痛。

(2)全身症状:一般在疼痛发生后 24～48 小时出现,表现为发热、心动过速、白细胞计数增高及红细胞沉降率增快等,由坏死物质被吸收所致。体温一般在 38℃ 左右,很少超过 39℃,持续约 1 周。

(3)胃肠道症状:疼痛剧烈时常伴恶心、呕吐、上腹部胀痛,与迷走神经受坏死心肌刺激和心排血量降低、组织灌注不足等有关。重者可发生呃逆。

(4)心律失常:见于 75%～95% 的病人,多发生在起病 1～2 天,而以 24 小时内最多见。各类心律失常中以室性心律失常最多,尤其是室性期前收缩,如室性期前收缩频发(每分钟 5 次以上)、成对出现或呈短阵室性心动过速、多源性或落在前一心搏的易损期时,常为心室颤动的先兆。心室颤动是急性心肌梗死早期,特别是入院前的主要死因。

(5)低血压和休克:疼痛发作期间血压下降常见,未必是休克。如疼痛缓解而收缩压仍低于 80mmHg,病人烦躁不安、面色苍白、皮肤湿冷、脉细而快、大汗淋漓、尿量减少、神志迟钝甚至晕厥者,则为休克表现。休克多发生在起病后数小时至数日内,约 20% 的病人会出现,主要是心源性休克,为心肌广泛(40% 以上)坏死、心排血量急剧下降所致。

(6)心力衰竭:发病率为 32%～48%,主要是急性左心衰竭,可在起病最初几日内发生,或在疼痛、休克好转阶段出现,为梗死后心脏舒缩力显著减弱或不协调所致。右心室心肌梗死者可发病开始即出现右心衰竭的表现,同时伴血压下降。

3. 体征　心率多增快,也可减慢。心尖区第一心音减弱,可闻及舒张期奔马律。除极早期血压可增高外,几乎所有病人都有血压降低。出现心律失常、休克或心力衰竭时有相应体征。

4. 并发症　①乳头肌功能失调或断裂。②心脏破裂。③栓塞。④心室壁瘤。⑤心肌梗死后综合征。

(三)心理－社会状况

急性心肌梗死时胸痛程度剧烈,病人可有濒死感,或行紧急溶栓、介入治疗等,易产生恐惧心理。由于急性心肌梗死使病人活动耐力和自理能力下降,生活上需要照顾,因入住冠心病监护病房(CCU),需接受一系列检查和治疗,以及对预后的担心、对工作和生活的顾虑等,病人易产生焦虑和悲观情绪。

(四)辅助检查

1. 心电图　有定性和定位诊断价值。特征性改变为:① ST 段抬高呈弓背向上型,在面向坏死区周围心肌损伤区的导联上出现。②宽而深的 Q 波(病理性 Q 波),在面向透壁心肌坏死区的导联上出现。③ T 波倒置,在面向损伤区周围心肌缺血区的导联上出现。心电图常有进行性的改变,动态性改变呈超急性期、急性期(图 3-16)、亚急性期及慢性期改变演变过程。ST 段抬高心肌梗死的定位和定范围可根据出现特征性改变病的导联数来判断(表 3-7)。

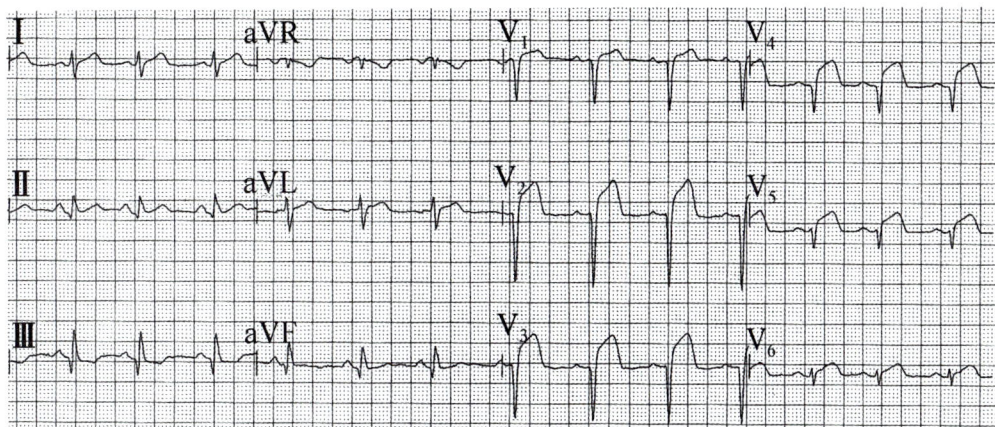

$V_1 \sim V_5$ 导联 QRS 波群呈 QS 型,ST 段明显抬高。

图 3-16 急性前壁心肌梗死的心电图

表 3-7 ST 段抬高心肌梗死的心电图定位诊断

部位	特征性改变的导联
前间隔	V_1、V_2、V_3
局限前壁	V_3、V_4、V_5
前侧壁	V_5、V_6、V_7、I、aVL
广泛前壁	V_1、V_2、V_3、V_4、V_5
下壁	II、III、aVF

2. 实验室检查

(1) 起病 24～48 小时后,白细胞可增至 $(10 \sim 20) \times 10^9/L$,中性粒细胞增多,红细胞沉降率增快,C 反应蛋白增高,均可持续 1～3 周。

(2) 血清心肌坏死标志物:心肌损伤标志物增高水平与心肌坏死范围及预后明显相关。①肌红蛋白:在急性心肌梗死后出现最早,也十分敏感,但特异性不高。②肌钙蛋白 I 或肌钙蛋白 T:出现稍延迟,但该心肌结构蛋白含量的增高是诊断心肌梗死的敏感指标,特异性很高。③肌酸激酶同工酶(CK-MB):肌酸激酶同工酶虽不如肌钙蛋白 T、肌钙蛋白 I 敏感,但对早期(<4 小时)急性心肌梗死的诊断有重要价值。

3. 其他检查 放射性核素检查、超声心动图有助于确定梗死的部位和范围。

(五)治疗要点

强调及早发现、及早入院治疗,并加强入院前的就地处理。治疗原则是尽快恢复心肌的血液灌注(到达医院后 30 分钟内开始溶栓或 90 分钟内开始介入治疗)以挽救濒死的心肌,防止梗死扩大或缩小心肌缺血范围,保护和维持心脏功能,及时处理严重心律失常、泵衰竭和各种并发症,防止猝死,使病人不但能度过急性期,且康复后还能保持尽可能多的有功能的心肌。

1. 监护和一般治疗　急性期卧床休息。在冠心病监护室进行心电图、血压和呼吸的监测,除颤仪应随时处于备用状态。必要时吸氧。

2. 解除疼痛　心肌再灌注治疗开通梗死相关血管、恢复缺血心肌的供血,是解除疼痛最有效的方法,但在再灌注治疗前可选用下列药物尽快解除疼痛。①吗啡 2～4mg 静脉注射或哌替啶 50～100mg 肌内注射,必要时 5～10 分钟后重复使用。②硝酸酯类药物。③β 受体阻滞剂:无心力衰竭、低心排血量状态、心源性休克危险性增高及其他使用 β 受体阻滞剂的禁忌证,应在发病 24 小时内尽早常规口服 β 受体阻滞剂。

3. 抗血小板治疗　无禁忌证者均需要联合应用阿司匹林和 P_2Y_{12} 受体拮抗剂如氯吡格雷、替格瑞洛等抗血小板药物。

4. 抗凝治疗　常用的抗凝药包括普通肝素、低分子肝素和比伐卢定等。

5. 再灌注心肌治疗　于起病 3～6 小时最多在 12 小时内进行,使闭塞的冠脉再通,心肌得到再灌注,挽救濒临坏死的心肌或缩小心肌梗死的范围,减轻梗死后心肌重塑。①经皮冠状动脉介入治疗(PCI)。②溶栓疗法:常用药物有尿激酶、链激酶或重组链激酶、重组组织型纤维蛋白溶酶原激活剂。③紧急冠脉旁路移植术。

6. 其他治疗　如血管紧张素转化酶抑制剂或血管紧张素受体阻滞药、调脂治疗、抗心律失常治疗、抗休克治疗、抗心力衰竭治疗等。

【常见护理诊断/问题】

1. 疼痛:胸痛　与心肌缺血坏死有关。

2. 活动无耐力　与心肌氧的供需失调有关。

3. 有便秘的危险　与进食少、活动少、不习惯床上排便有关。

4. 恐惧　与起病急、病情危重、环境陌生及剧烈胸痛伴濒死感有关。

5. 潜在并发症:心律失常、心力衰竭、心源性休克、猝死。

【护理目标】

病人胸痛减轻或消失;活动耐力逐渐增强;能描述预防便秘的措施,无便秘发生;恐惧感减轻或消失,情绪平稳;并发症得到有效防治。

【护理措施】

（一）一般护理

1. 休息与活动　急性期 12 小时内应绝对卧床休息,保持病室安静,限制探视,避免不良刺激,解除焦虑。若病情稳定无并发症,24 小时内应鼓励病人在床上行肢体活动;若无低血压,第 3 天就可在病房内走动;梗死后 4～5 天,逐步增加活动,直至每天 3 次步行100～150m。病情严重或有并发症者,适当延长卧床时间。

2. 饮食护理　起病 4～12 小时内给予流质饮食,以减轻胃扩张。之后逐渐过渡到低脂、低胆固醇清淡饮食,提倡少量多餐。

3. 排便护理　指导病人养成每天定时排便的习惯；多食蔬菜和水果等富含纤维素的食物；无糖尿病者每天清晨给予蜂蜜20ml加温开水同饮；适当腹部按摩以促进肠蠕动；无腹泻者遵医嘱常规应用缓泻剂，必要时遵医嘱使用开塞露或低压灌肠，以防止便秘时用力排便导致病情加重。

4. 氧疗护理　鼻导管给氧，以增加心肌氧的供应，减轻缺血和疼痛。

（二）病情观察

监测心电图、血压和呼吸。密切观察心率、心律、血压和心功能的变化，特别是在溶栓治疗即刻至治疗2小时内应设专人床旁心电监测，及时发现心律失常、心力衰竭、心源性休克等并发症的早期征象，警惕室颤或心脏停搏、心脏性猝死的发生。

（三）治疗配合

1. 用药护理　①遵医嘱给予吗啡或哌替啶缓解疼痛时，注意有无呼吸抑制等不良反应。②给予硝酸酯类药物时，应随时监测血压变化，维持收缩压在100mmHg以上。③使用抗血小板药物和抗凝药物如阿司匹林、肝素时，应严密观察有无出血倾向。④溶栓治疗前，应询问病人有无溶栓禁忌证，协助医生做好溶栓前血常规、出凝血时间和血型等检查；溶栓治疗中，遵医嘱正确应用溶栓药物，注意观察有无寒战、发热、皮疹等过敏反应，有无低血压及出血等，一旦出血，应紧急处理。溶栓是否成功的判断标准：根据冠脉造影观察血管再通情况直接判断；或者根据以下内容间接判断血栓是否溶解：心电图抬高的ST段于2小时内回降大于50%；胸痛2小时内基本消失；2小时内出现再灌注性心律失常；血清CK-MB酶峰值提前出现（14小时内）等。

2. 经皮冠状动脉介入治疗护理　详见本章第十节"三、经皮冠状动脉介入治疗"。

（四）心理护理

疼痛发作时应有专人陪伴，鼓励病人表达内心感受，给予心理支持。告知病人住进冠心病监护病房后，病情的任何变化都在医护人员的严密监护下，并能得到及时的治疗。医护人员工作应紧张有序，忙而不乱，使病人产生信任感和安全感。妥善安排探视时间，给予亲情抚慰，帮助病人树立信心和希望。

边学边练

实践6　冠状动脉粥样硬化性心脏病病人的护理

（五）健康指导

除参见"心绞痛"病人的健康指导外，还应注意：

1. 疾病知识指导　指导病人积极做到全面综合的二级预防，预防再次梗死和其他心血管事件。牢记冠心病二级预防ABCDE 5项原则：A. 抗血小板、抗心绞痛治疗和应用ACEI；B. β受体阻滞剂预防心律失常、减轻心脏负荷等，控制血压；C. 控制血脂和戒烟；

D. 控制饮食和糖尿病治疗;E. 健康教育和运动。

2. 康复指导　鼓励心肌梗死病人恢复后进行康复运动,逐步做适当的体育锻炼,运动形式以有氧运动为主,运动强度和时间根据个体心肺功能循序渐进,有利于体力和工作能力的增进。经2~4个月的体力活动锻炼后,酌情恢复部分工作,以后部分病人可恢复全天工作,但应避免重体力劳动及其他精神紧张的工种。

3. 心理指导　心肌梗死后病人焦虑情绪多来自对今后工作能力和生活质量的担心,应予以充分的理解并指导病人保持乐观、平和的心态,正确对待病情,告诉家属对病人要积极配合和支持,当病人出现紧张、焦虑或烦躁等不良情绪时应予以理解并设法疏导,必要时争取病人工作单位领导和同事的支持。

4. 用药指导与病情监测指导　①心肌梗死后病人因用药多、用药久、药品贵,往往用药依从性低,告知病人坚持用药的重要性,指导病人按医嘱服药。②告知药物的用法、作用和不良反应,并教会病人定时测脉搏、血压。③教会病人识别病情变化及紧急自救措施,若胸痛发作频繁、程度较重、时间较长、服用硝酸酯制剂疗效较差时,提示急性心血管事件,应及时就医。心肌梗死是心脏性猝死的高危因素,应教会家属心肺复苏的基本技能以备急用。

【护理评价】

病人胸痛是否减轻或消失;活动耐力是否逐渐增强;排便是否通畅;情绪是否稳定;并发症是否得到有效防治。

(林梅英)

第七节　感染性心内膜炎病人的护理

学习目标

1. 具有高度的责任感、良好的团队合作意识和科学严谨的工作态度,尊重和关爱病人。
2. 掌握感染性心内膜炎病人的身心状况和主要护理措施。
3. 熟悉感染性心内膜炎的治疗要点和病人的常见护理诊断/问题。
4. 了解感染性心内膜炎的病因和发病机制。
5. 学会正确采集血培养标本,对感染性心内膜炎病人实施正确的健康指导。

工作情景与任务

导入情境:

张女士,45岁。因持续高热就诊。病人自诉一个月前受凉后出现高热、乏力伴咳嗽,社区医院给予青霉素治疗后,以上症状无明显好转。经超声心动图检查,入院初步诊断为亚急性感染性心内膜炎。医嘱:物理降温,血培养检查。

工作任务:

1. 妥善安置张女士休息,给予物理降温。

2. 遵医嘱采集血培养标本。

感染性心内膜炎(infective endocarditis,IE)是心脏内膜表面的微生物感染,伴赘生物形成。赘生物为大小不等、形状不一的血小板和纤维素团块,内含大量微生物和少量炎症细胞。心脏瓣膜为最常受累部位。根据病程,感染性心内膜炎可分为急性和亚急性。急性感染性心内膜炎特征:①中毒症状明显。②病程进展迅速,数天至数周引起瓣膜破坏。③感染迁移多见。④病原体主要为金黄色葡萄球菌。亚急性感染性心内膜炎特征:①中毒症状轻。②病程数周至数个月。③感染迁移少见。④病原体以草绿色链球菌多见,其次为肠球菌。根据感染途径,感染性心内膜炎可分为卫生保健相关性、社区获得性、文身性和静脉药物滥用性等。根据瓣膜材质又可分为自体瓣膜心内膜炎和人工瓣膜心内膜炎。亚急性者多发生于器质性心脏病,首先为心脏瓣膜病,尤其是二尖瓣和主动脉瓣;其次为先天性心血管病。急性者主要累及正常心瓣膜,主动脉瓣常受累。

【护理评估】

(一)健康史

评估病人有无心脏瓣膜病、先天性心血管病等病史。近期有无上呼吸道感染;是否做过拔牙、扁桃体摘除、导尿、泌尿系器械检查、心导管检查及心脏手术等;是否为静脉药瘾者。

(二)身心状况

1. 症状与体征

(1)发热:是感染性心内膜炎最常见的症状。亚急性者起病隐匿,可有乏力、食欲减退、体重减轻等非特异性症状,可有弛张性低热,一般 <39℃,午后和晚上高,常伴头痛、背痛和肌肉关节痛。急性者呈暴发性败血症过程,有高热寒战。突发心力衰竭者较为常见。

(2)心脏杂音:80%~85% 病人可闻及病理性杂音,可由基础心脏病和/或心内膜炎导致瓣膜损害所致,主要为瓣膜关闭不全的杂音,尤以主动脉瓣关闭不全多见。

(3)周围体征:多为非特异性,近年已不多见,原因可能是微血管炎或微栓塞,主要表现为以下方面。①瘀点:以锁骨以上皮肤、口腔黏膜和睑结膜常见。②指(趾)甲下线状出血。③ Osler 结节:为指和趾垫出现的豌豆大的红色或紫色痛性结节,较常见于亚急性感染者。④ Janeway 损害:为手掌或足底直径 1~4mm 无压痛出血红斑,主要见于急性感染性者。⑤ Roth 斑:为视网膜的卵圆形出血斑,中心呈白色,多见于亚急性感染者。

(4)动脉栓塞:赘生物引起动脉栓塞占 20%~40%。栓塞可发生在机体的任何部位,如脑、肺、脾、肾、肠系膜、四肢等均可发生动脉栓塞。脑栓塞最常见,发生率为 15%~

20%。

（5）感染的非特异性症状：①贫血，较常见。②脾大，占 10%～40%。

2. 并发症

（1）心脏：心力衰竭是最常见的并发症，其次为心肌脓肿、急性心肌梗死、化脓性心包炎和心肌炎等。

（2）细菌性动脉瘤：受累动脉依次为近端主动脉、脑动脉、内脏和四肢动脉，一般见于病程晚期，多无症状。

（3）迁移性脓肿：多发生在肝、脾、骨髓和神经系统，主要见于急性者。

（4）神经系统：如脑栓塞、脑细菌性动脉瘤、脑出血、中毒性脑病、脑脓肿、化脓性脑膜炎等。

（5）肾脏：如肾动脉栓塞、肾梗死、肾小球肾炎、肾脓肿等。

（三）心理－社会状况

本病病情严重，由于发热、感染不易控制、疗程长，甚至出现并发症，病人常出现情绪低落、焦虑、烦躁及恐惧心理。

（四）辅助检查

1. 血培养　是诊断菌血症和感染性心内膜炎的最重要方法，药物敏感试验可为治疗提供依据。近期未接受过抗生素治疗的病人血培养阳性率可高达 95% 以上，2 周内用过抗生素或采血、培养技术不当，常降低血培养的阳性率。

2. 血液检查　可有红细胞计数下降，白细胞计数正常或升高，红细胞沉降率升高。

3. 尿液检查　常有镜下血尿和轻度蛋白尿，肉眼血尿提示肾梗死。

4. 免疫学检查　80% 的病人血清出现免疫复合物。25% 的病人有高丙种球蛋白血症。病程 6 周以上的亚急性病人中 50% 类风湿因子阳性。

5. 超声心动图　可发现赘生物、瓣周并发症等支持心内膜炎的证据，帮助明确感染性心内膜炎诊断。

（五）治疗要点

1. 抗微生物药物治疗　为感染性心内膜炎最重要的治疗措施。用药原则为：①早期应用，在连续 3～5 次血培养后即可开始治疗。②大剂量、长疗程和联合用药，疗程一般为4～6 周，联合用药可增强杀菌作用，可选用氨苄西林、万古霉素、庆大霉素等。③静脉用药为主。④选用杀菌剂，病原微生物不明时，急性者选用针对金黄色葡萄球菌、链球菌和革兰氏阴性杆菌均有效的广谱抗生素；亚急性者选用针对大多数链球菌（包括肠球菌）的抗生素。已分离出病原微生物时，应根据致病微生物对药物敏感程度选择抗微生物药物。本病大多数致病菌对青霉素敏感，可作为首选药物。

2. 外科治疗　对存在心力衰竭并发症、感染难以控制及预防栓塞事件的病人应及时考虑手术治疗。

【常见护理诊断/问题】

1. 体温过高　与微生物感染有关。

2. 营养失调:低于机体需要量　与食欲下降、长期发热导致机体消耗过多有关。

3. 焦虑　与发热、病情反复、疗程长、出现并发症有关。

4. 潜在并发症:心力衰竭、动脉栓塞。

【护理措施】

（一）一般护理

1. 休息与活动　急性感染性心内膜炎病人应卧床休息,限制活动;亚急性者可适当活动,避免剧烈运动和情绪激动。心脏超声若见心腔内有巨大赘生物的病人,应绝对卧床休息,防止赘生物脱落。

2. 饮食护理　发热者应给予高热量、高蛋白、高维生素、清淡易消化的半流质或软食,鼓励病人多饮水,做好口腔护理。有心力衰竭征象者按心力衰竭病人饮食进行指导。

（二）病情观察

密切观察病人的体温变化,根据体温升高程度决定测量体温的频次;注意观察皮肤瘀点、甲床下出血、Osler 结节、Janeway 损害等皮肤黏膜病损及消退情况;注意有无心力衰竭、栓塞征象,重点观察瞳孔、神志、肢体活动及皮肤温度等,警惕有无脑、心、肾、脾、肺、肠系膜、肢体等动脉栓塞,一旦发现立即报告医生并协助处理。

（三）对症护理

高热病人给予物理降温如使用冰袋、温水擦浴等,及时监测体温变化。病人出汗多时可在背部垫软毛巾,以便潮湿时及时更换,以增加舒适感。

（四）治疗配合

1. 用药护理　遵医嘱给予抗生素治疗,注意观察药物疗效及不良反应,注意保护静脉,可使用静脉留置针。告知病人抗生素是治疗本病的关键,病原菌隐藏在赘生物内和瓣膜内皮下,需坚持大剂量、长疗程的抗生素治疗才能杀灭,严格按时按量准确用药,以确保有效的血药浓度。

2. 正确采集血培养标本　采集血培养标本时应注意:①对未经治疗的亚急性病人,应在第 1 天间隔 1 小时采血 1 次,共 3 次,如次日未见细菌生长,重复采血 3 次后,开始抗生素治疗。②已用过抗生素者,停药 2~7 天后采血。③急性病人应在入院后立即安排采血,在 3 小时内每隔 1 小时采血 1 次,共取 3 次血标本后,按医嘱开始治疗。④本病的菌血症为持续性,无须在体温升高时采血。⑤每次采血 10~20ml,同时做需氧菌和厌氧菌培养。

（五）心理护理

加强与病人的沟通,告知病人感染性心内膜炎的疾病特点,耐心解释治疗目的与意义,安慰鼓励病人,给予心理支持,以消除病人的焦虑、恐惧等情绪,使其积极配合治疗。

（六）健康指导

1. **疾病知识指导**　向病人及家属讲解本病的病因与发病机制、致病菌侵入途径。嘱病人平时注意防寒保暖，少去公共场所，避免感冒。加强营养，增加机体抵抗力，合理安排休息。指导病人加强口腔卫生和定期进行牙科检查。在施行口腔手术如拔牙、扁桃体摘除术、上呼吸道手术或操作，泌尿、生殖、消化道侵入性诊治或其他外科手术治疗前，应说明自己有心脏瓣膜病、心内膜炎等病史，以预防性使用抗生素。勿挤压痤疮、疖、痈等感染病灶，减少病原体入侵的机会。

2. **用药指导**　告知病人早期、足量应用抗生素是治疗本病的关键，应遵医嘱用药，切勿擅自停药。

3. **病情监测指导**　教会病人自我监测体温变化、有无栓塞表现，定期门诊随访。

（郭雪媚）

第八节　心肌疾病病人的护理

学习目标

1. 具有良好的职业素质和认真负责的工作态度，理解、尊重和关爱病人。
2. 掌握心肌疾病病人的身心状况和主要护理措施。
3. 熟悉心肌疾病的超声心动图特点和病人的常见护理诊断／问题。
4. 了解心肌疾病的分类、诱因和治疗要点。
5. 学会与心肌疾病病人及家属进行有效沟通，发现并解决护理问题，及时准确地开展健康指导。

工作情景与任务

导入情景：

高中生小李，17岁。4年前剧烈运动后出现心悸、胸闷，但休息后能缓解。1小时前运动中突然晕厥，送医院抢救。经超声心动图检查，入院初步诊断为肥厚型心肌病。医嘱：卧床休息、美托洛尔静脉注射。

工作任务：

1. 遵医嘱应用美托洛尔，观察药物疗效及不良反应。
2. 对小李正确实施健康指导。

心肌病（cardiomyopathy）是一组异质性心肌疾病，由不同病因（遗传性病因较多见）引起的心肌病变导致心肌机械和／或心电功能障碍，常表现为心室肥厚或扩张。由其他心血管疾病继发的心肌病理改变不属于心肌病范畴,如心脏瓣膜病、高血压性心脏病、先天性心脏病和冠心病等所致的心肌损害。目前心肌病的分类如下:①遗传性心肌病,包括肥厚型心肌病、右心室发育不良心肌病、左心室致密化不全、离子通道病等。②混合性心肌病,包括扩张型心肌病、限制型心肌病。③获得性心肌病,包括感染性心肌病、心动过速性心肌病、心脏气球样变、围生期心肌病。

本节重点介绍扩张型心肌病和肥厚型心肌病。

扩张型心肌病(dilated cardiomyopathy,DCM)是一类以左心室或双心室扩大伴收缩功能障碍为特征的心肌病。临床表现为心脏扩大、心力衰竭、心律失常、血栓栓塞及猝死。该病较为常见,我国发病率为(13~84)/10万。多数扩张型心肌病病例的原因不清,部分病人有家族遗传性。可能的病因包括感染、非感染的炎症、中毒(包括酒精中毒等)、内分泌和代谢紊乱、遗传和精神创伤等。

肥厚型心肌病(hypertrophic cardiomyopathy,HCM)是一种遗传性心肌病,以心室非对称性肥厚为解剖特点,是青少年运动猝死的最主要原因之一。我国有调查显示肥厚型心肌病患病率为180/10万。肥厚型心肌病为常染色体显性遗传,具有遗传异质性。据左心室流出道有无梗阻可分为梗阻性肥厚型心肌病和非梗阻性肥厚型心肌病。

【护理评估】

(一)健康史

评估病人有无心肌病家族遗传史;发病前有无感染史、有无长期大量饮酒史;是否服用化疗药物和某些心肌毒性药物及内分泌和代谢紊乱等情况;有无劳累、情绪激动、高强度运动等诱因。

(二)身心状况

1. 扩张型心肌病　起病隐匿,早期可无症状。临床主要表现为活动时呼吸困难和活动耐量下降,随着病情加重可出现心力衰竭症状,合并心律失常时可出现心悸、头晕、黑矇甚至猝死。持续顽固性低血压往往是扩张型心肌病终末期的表现。发生栓塞时常表现为相应脏器受累。主要体征为心脏扩大,听诊心音减弱,常可闻及第三或第四心音,心率快时呈奔马律,有时可于心尖部闻及收缩期杂音;伴有心力衰竭时可见左心衰竭和右心衰竭的体征。

2. 肥厚型心肌病　最常见的症状为劳力性呼吸困难和乏力。1/3病人可有劳力性胸痛。最常见的持续心律失常是心房颤动。部分病人有晕厥,常于运动时出现。该病是青少年和运动员猝死的主要原因。主要体征为心脏轻度增大,流出道梗阻的病人可于胸骨左缘第3~4肋间听到较粗糙的喷射性收缩期杂音,心尖区也常可闻及吹风样收缩期杂音。增加心肌收缩力、减轻心脏负荷的药物和动作如应用正性肌力药、做Valsalva动作、取站立位、含硝酸甘油等均可使杂音增强;相反,使用β受体阻滞剂、取蹲位等均可使杂音减弱。

（三）心理 - 社会状况

由于病程漫长,反复出现心力衰竭等一系列症状,活动受到限制,严重影响病人的生活、学习与工作,加之有晕厥、猝死的可能,病人常出现紧张、抑郁、恐惧、绝望等心理。

（四）辅助检查

1. X线检查 ①扩张型心肌病:心影通常增大,心胸比 >50%,可出现肺淤血、肺水肿及肺动脉压力增高征。②肥厚型心肌病:心影正常或左心室增大。

2. 超声心动图 是临床最主要的诊断手段。①扩张型心肌病:早期可仅表现为左心室轻度扩大,后期各心腔均扩大,以左心室扩大为著。②肥厚型心肌病:心室不对称肥厚而无心室腔增大为其特征,舒张期室间隔厚度达 15mm。

3. 心电图 ①扩张型心肌病:缺乏诊断特异性,常见 ST 段压低和 T 波倒置,可见多种心律失常同时存在,严重的左心室纤维化还可出现病理性 Q 波,需除外心肌梗死。②肥厚型心肌病:变化多端,主要表现为 QRS 波左心室高电压、ST 段压低、T 波倒置和异常 Q 波,病人同时可伴有室内传导阻滞和其他各类心律失常。

（五）治疗要点

1. 扩张型心肌病 扩张型心肌病的治疗旨在阻止基础病因介导的心肌损害,阻断造成心力衰竭加重的神经体液机制,去除心力衰竭加重的诱因,控制心律失常和预防猝死,预防各种并发症的发生如血栓栓塞,提高临床心功能、生活质量和延长生存。主要治疗措施包括:①病因治疗。②防治心力衰竭,在疾病早期即开始积极的药物干预治疗,包括 β 受体阻滞剂、ACEI 或 ARB 等。③抗凝治疗。④防治心律失常和心脏性猝死,严重心律失常药物不能控制者可考虑植入心律转复除颤器(ICD)预防心脏性猝死。

2. 肥厚型心肌病 肥厚型心肌病的治疗旨在改善症状、减少合并症和预防猝死。药物治疗是基础,β 受体阻滞剂是梗阻性肥厚型心肌病一线治疗药物,不能耐受 β 受体阻滞剂的病人可选用非二氢吡啶类钙通道阻滞剂。避免使用增加心肌收缩力药物(如洋地黄)和减轻心脏负荷的药物(如硝酸酯类),以免加重左室流出道梗阻。非药物治疗包括手术治疗、酒精室间隔消融术和起搏治疗等。

【常见护理诊断 / 问题】

1. 活动无耐力 与心肌病变使心脏收缩力下降、心排出量减少有关。

2. 疼痛:胸痛 与劳力负荷下心肌需氧增加和供血供氧下降有关。

3. 有受伤的危险 与梗阻性肥厚型心肌病所致头晕及晕厥有关。

4. 知识缺乏:缺乏配合治疗等方面的知识。

5. 潜在并发症:心力衰竭、心律失常、栓塞、猝死。

【护理措施】

（一）一般护理

1. 休息与活动 心肌病病人应限制体力活动,避免劳累。症状明显者应卧床休息,以降低心脏负荷,有利于心功能的恢复。肥厚型心肌病病人应避免突然屏气、提取重物等动作,避免较强的活动,如跑步、打球等。

2. 饮食护理　给予高蛋白、高维生素、清淡易消化食物,多吃新鲜蔬菜和水果,适量增加膳食纤维,以保持排便通畅。有心力衰竭者要低盐饮食。

（二）病情观察

密切观察病人生命体征变化,必要时进行心电监护;观察呼吸困难、胸痛的变化;观察有无心力衰竭、心律失常、晕厥、猝死的征象,一旦发现应及时报告医生并协助处理。

（三）对症护理

1. 胸痛护理　嘱病人避免提取重物、突然屏气或起立、剧烈运动、情绪激动、饱餐或寒冷刺激,戒烟酒,以免诱发心绞痛。发作时立即卧床休息,安慰病人,解除病人的紧张情绪,遵医嘱使用β受体阻滞剂或钙通道阻滞剂,不宜用硝酸酯类药物。

2. 晕厥护理　了解病人晕厥发作前有无恐惧、紧张、剧痛等诱因,晕厥发生的时间、体位、持续时间及缓解方式,发作时有无心率增快、血压下降、心音低钝或消失、抽搐等。发作时立即置病人平卧于空气流通处,放低头部,松解领口,及时清除口咽分泌物,以防窒息。

（四）用药护理

遵医嘱用药,观察药物疗效及不良反应,严格控制输液量和滴速,以防诱发急性肺水肿。用药时注意:①应用β受体阻滞剂或钙通道阻滞剂时,注意有无心动过缓等不良反应。②梗阻性肥厚型心肌病病人不宜使用洋地黄、硝酸酯类药物,以免加重左室流出道梗阻。③扩张型心肌病病人对洋地黄耐受性差,应用时要警惕发生洋地黄中毒。

（五）心理护理

多与病人交谈,主动关怀和鼓励病人,耐心解释病情,帮助病人树立战胜疾病的信心,调整情绪,促进身心休息。

（六）健康指导

1. 疾病知识指导　告知病人心肌疾病的特点。扩张型心肌病病人一般按心功能分级进行活动,避免劳累。肥厚型心肌病病人应避免竞技性运动或剧烈的体力活动,避免情绪激动、持重或屏气用力等,减少晕厥和猝死的危险。有晕厥史或猝死家族史者应避免独自外出活动,以免发作时无人在场而发生意外。

2. 生活指导　保持居住环境空气流通,阳光充足,防寒保暖,预防呼吸道感染,指导病人合理饮食,戒烟酒,心肌疾病病人一旦发生心力衰竭,应注意低盐饮食。

3. 用药指导　指导病人遵医嘱服药,告知药物名称、剂量、用法,嘱病人不能自行增减剂量,教会病人及家属观察药物疗效和不良反应。

4. 病情监测指导　教会病人自测脉率、节律,发现异常或有胸闷、心悸等不适应及时就诊。定期门诊复查心电图、超声心动图等。病人有猝死风险者,应教会家属心肺复苏技术。

（郭雪媚）

第九节 心包疾病病人的护理

学习目标

1. 具有良好的职业素质和认真负责的工作态度,理解、尊重、关爱病人。
2. 掌握心包疾病病人的身心状况和主要护理措施。
3. 熟悉心包疾病的超声心动图特点和病人的常见护理诊断/问题。
4. 了解心包疾病的分类、病因和治疗要点。
5. 学会心包穿刺术的配合与护理,对心包疾病病人进行健康指导。

心包疾病是由感染、肿瘤、代谢性疾病、尿毒症、自身免疫病、外伤等引起的心包病理性改变。临床上按病程分为急性(病程<6周)、亚急性(病程6周至6个月)及慢性(病程>6个月);按病因分为感染性、非感染性。临床以急性心包炎和慢性缩窄性心包炎常见。

急性心包炎(acute pericarditis)为心包脏层和壁层的急性炎症性疾病。最常见的病因为病毒感染,其他包括细菌感染、自身免疫病、肿瘤、尿毒症及急性心肌梗死。

心包疾病或其他疾病累及心包可以造成心包渗出和心包积液(pericardial effusion),当积液迅速增加或积液量达到一定程度时,可造成心排血量和回心血量明显下降而产生临床症状,即心脏压塞(cardiac tamponade)。各种病因的心包炎均可能伴有心包积液,最常见的三个原因是肿瘤、特发性心包炎和肾衰竭。

缩窄性心包炎(constrictive pericarditis)是指心脏被致密厚实的纤维化或钙化心包所包围,使心室舒张期充盈受限而产生一系列循环障碍的疾病,多为慢性。我国缩窄性心包炎以结核性心包炎最为常见,其次为急性非特异性心包炎、化脓性心包炎或由创伤性心包炎演变而来,近年来,放射性心包炎和心脏手术后引起者逐渐增多。

【护理评估】

(一)健康史

评估病人有无病毒感染、结核等病史;有无自身免疫性疾病(如风湿热、系统性红斑狼疮等)、肿瘤及尿毒症病史;有无外伤或接触放射线等物理因素及急性心肌梗死等邻近器官疾病。

(二)身心状况

1. 急性心包炎

(1)症状:胸骨后和心前区疼痛为急性心包炎主要症状,常见于炎症变化的纤维蛋白渗出期。疼痛可放射至颈部、左肩、左臂,也可达上腹部,性质尖锐,常因咳嗽、深呼吸或变换体位而加重。随着病程发展,症状可由纤维素期的胸痛为主转变为渗出期的呼吸困难为主,部分病人可因心脏压塞而出现呼吸困难、水肿等症状。感染性心包炎可伴发热等。

（2）体征：心包摩擦音是急性心包炎的典型体征，多位于心前区，以胸骨左缘第3～4肋间最为明显，坐位时身体前倾、深吸气或将听诊器胸件加压后更易听到。当积液增多将两层心包分开时，摩擦音即消失。

2. 心包积液和心脏压塞

（1）症状：呼吸困难是心包积液最突出的症状，严重时呈端坐呼吸，身体前倾、呼吸浅快、面色苍白及发绀等；也可因压迫气管、喉返神经、食管而产生干咳、声音嘶哑及吞咽困难等。

（2）体征：心尖搏动减弱；心浊音界向两侧增大；心音低而遥远；积液量多时可于左肩胛骨下出现浊音，听诊闻及支气管呼吸音，称为心包积液征（Ewart 征）。大量心包积液可使收缩压下降，而舒张压变化不大，故脉压减小，同时影响静脉回流，出现颈静脉怒张、肝大、下肢水肿及腹腔积液等。

（3）心脏压塞：快速大量心包积液可引起急性心脏压塞，表现为明显心动过速、动脉收缩压下降、脉压变小和静脉压明显上升；如心排血量显著下降可引起急性循环衰竭、休克等；如积液积聚较慢，则出现亚急性或慢性心脏压塞，主要表现为颈静脉怒张、Kussmaul征（吸气时颈静脉充盈更明显）、奇脉等。心脏压塞的临床特征为 Back 三联征，即低血压、心音低弱、颈静脉怒张。

3. 缩窄性心包炎

（1）症状：主要症状与心搏出量降低和体循环淤血有关，表现为心悸、劳力性呼吸困难、活动耐量下降、疲乏以及肝大、腹腔积液、胸腔积液、下肢水肿等。

（2）体征：颈静脉压升高常见，脉压常变小，奇脉不常见。心尖搏动减弱或消失，多数病人收缩期心尖呈负性搏动，心音低而遥远，部分病人可有心包叩击音、Kussmaul 征。

（三）心理－社会状况

由于呼吸困难、心前区疼痛症状逐渐加重，影响病人的活动、休息及睡眠，使病人产生焦虑心理；后期病人因病情迁延影响日常生活和工作而丧失信心，甚至出现悲观、绝望心理。

（四）辅助检查

1. 血液检查　取决于原发病，感染者常有白细胞计数增加及血沉增快。

2. X 线检查　心包积液时心影向两侧增大呈"烧瓶状"，特别是肺野清晰而心影显著增大常是心包积液的有力证据。缩窄性心包炎多数心影轻度增大呈三角形或球形，部分病人可有心包钙化。

3. 超声心动图　是目前诊断心包积液最简单易行且迅速可靠的方法。

4. 心电图　缺乏特异性。急性心包炎时可见肢体导联 QRS 低电压。缩窄性心包炎可有 QRS 波群低电压，T 波低平或倒置。

5. 心包穿刺术　心包穿刺的主要目的是缓解心脏压塞，同时对积液性质和病因诊断也有帮助。

（五）治疗要点

急性心包炎治疗包括病因治疗和对症治疗,如使用抗结核药物、抗生素、化疗药物及镇痛剂等;出现心脏压塞时行心包穿刺术,必要时可采用心包切开引流及心包切除术。缩窄性心包炎应早期施行心包切除术,施行心包切除术是唯一的治疗措施。

【常见护理诊断/问题】

1. 气体交换受损　与肺淤血、肺或支气管受压有关。

2. 疼痛:胸痛　与心包炎症有关。

3. 活动无耐力　与心排血量减少有关。

4. 体液过多　与渗出性、缩窄性心包炎有关。

🧠 护理学而思

刘先生,50 岁。活动后胸闷、气短,伴双下肢及颜面部凹陷性水肿,食欲减退 2 周。3 天前上述症状加重,出现胸痛、憋喘,不能平卧,遂来院就诊。查体:心尖搏动减弱,心界向两侧增大。X 线检查示心影呈"烧瓶状"。入院初步诊断为急性心包炎。

请思考:

1. 如何指导刘先生合理休息与活动?

2. 刘先生需行心包穿刺术,应如何护理?

【护理措施】

（一）一般护理

1. 休息与活动　保持环境安静,限制探视。呼吸困难者应卧床休息,取半坐卧位或前倾坐位。胸痛严重时不要用力咳嗽或突然改变体位,以免加重疼痛。

2. 饮食护理　给予高热量、高蛋白、高维生素、易消化的半流质或软食,限制钠盐摄入。

3. 氧疗护理　根据缺氧程度调节氧流量,注意观察氧疗效果。

（二）病情观察

观察病人的生命体征、意识状态、胸痛及呼吸困难的变化,有无心脏压塞等表现。

（三）治疗配合

1. 用药护理　遵医嘱应用抗结核、抗生素、糖皮质激素及抗肿瘤等药物治疗时,注意控制输液速度,观察药物疗效和不良反应。应用解热镇痛药要注意观察有无胃肠道症状、出血等不良反应。疼痛剧烈者,可遵医嘱应用吗啡类药物。

2. 心包穿刺术的配合与护理

（1）术前护理:①向病人和家属说明手术的意义和必要性,解除其思想顾虑,必要时遵医嘱给予镇咳治疗。②术前常规行心脏超声检查,以确定积液量和穿刺部位。③操作前建立静脉通路,备好穿刺包、急救用品和器械。④连接心电监护仪,进行心电、血压监测。⑤提供屏风或隐蔽的空间以保护病人隐私,并注意保暖。

（2）术中护理:①嘱病人勿剧烈咳嗽或深呼吸,穿刺过程中有任何不适立即报告医生。②协助医生抽液。抽液过程中随时夹闭胶管,防止空气进入心包腔。抽液要缓慢,一般第1次抽液量不超过200m1,抽液过多过快会使大量血液回心而导致肺水肿,若抽出鲜血,应立即停止抽吸。③记录抽液量、性质,按要求留取标本送检。④密切观察有无心脏压塞症状,注意脉搏、血压、心率及心电图变化,若病人出现心率加快、头晕等异常情况,应立即停止操作,及时协助医生处理。

（3）术后护理:穿刺部位覆盖无菌纱布并固定;穿刺后2小时内持续心电监护,密切观察病人生命体征变化。心包引流者应做好引流管的护理,待心包引流液 <25ml/d 时拔除导管。

（四）心理护理

向病人介绍疾病的有关知识,告知病人大多数预后良好,以消除病人的疑虑,鼓励其树立战胜疾病的信心。

（五）健康指导

1. 生活指导　嘱病人注意休息,加强营养,限制钠盐摄入。注意防寒保暖,防止呼吸道感染。

2. 用药与治疗指导　告知病人坚持足够疗程药物治疗（如抗结核治疗）的重要性,不要擅自停药,防止复发。注意观察药物不良反应,定期随访检查肝肾功能;向缩窄性心包炎病人讲明实施心包切除术的重要性,解除其思想顾虑,使其尽早接受手术治疗。术后病人仍应休息半年左右。

（郭雪媚）

第十节　循环系统常用诊疗技术及护理

学习目标

1. 具有团结协作、认真负责的工作态度和护理安全的职业意识,尊重和关爱病人。
2. 掌握心导管检查术、冠状动脉造影术和经皮冠状动脉介入治疗的术前准备、术中护理配合和术后护理。
3. 熟悉心导管检查术、冠状动脉造影术和经皮冠状动脉介入治疗的操作过程。
4. 了解心导管检查术、冠状动脉造影术和经皮冠状动脉介入治疗的适应证和禁忌证。
5. 学会与病人和家属进行有效沟通,正确解释操作目的和注意事项。

一、心导管检查术

心导管检查是通过心导管插管术（cardiac catheterization）进行心脏各腔室、瓣膜与血管的构造及功能的检查，包括左右心导管检查与选择性左右心造影等，是一种非常有价值的诊断方法。其目的是明确诊断心脏和大血管病变的部位与性质、病变是否引起血流动力学改变及其程度，为采用介入性治疗或外科手术提供依据。

【适应证】

1. 需做血流动力学监测者，从静脉置入漂浮导管至右心及肺静脉。

2. 先天性心脏病，特别是有心内分流的先天性心脏病的诊断。

3. 心内电生理检查。

4. 室壁瘤需了解瘤体大小与位置，以决定手术指征。

5. 静脉及肺动脉造影、选择性冠状动脉造影术。

6. 心肌活检术。

【禁忌证】

1. 感染性疾病，如感染性心内膜炎、败血症、肺部感染等。

2. 严重心律失常及严重的高血压未加控制者。

3. 电解质紊乱、洋地黄中毒。

4. 有出血倾向者，现有出血性疾病或正在进行抗凝治疗者。

5. 外周静脉血栓性静脉炎者。

6. 严重肝肾功能损害者。

【操作前准备】

1. 病人准备　①向病人及家属介绍手术的方法和意义、手术的必要性和安全性，以消除其紧张情绪，必要时病人手术前晚遵医嘱口服镇静剂。②指导病人按医嘱完成各项检查。③根据需要行穿刺术区备皮。④穿刺股动脉者术前训练床上排尿，标记两侧足背动脉。⑤术前排空膀胱，术前不需禁食，术前一餐饮食以六成饱为宜。

2. 环境准备　安静、整洁、温度及湿度适宜，无对流风。

3. 用物准备　根据病情备好器械、导管、抢救药品及心肺复苏设备。

【操作过程与护理配合】

1. 操作过程　一般采用 Seldinger 经皮穿刺法，局麻后自股静脉、上肢贵要静脉、锁骨下静脉（右心导管术）或股动脉、桡动脉（左心导管术）插入导管到达相应部位。连续测量并记录压力，必要时采血行血气分析。插入造影导管至相应部位，注入造影剂，进行造影。

2. 护理配合

（1）术中严密监测生命体征、心律、心率变化，准确记录压力数据，发现异常及时通知医生并配合抢救。

（2）因病人采用局麻,神志清醒,因此,应尽量陪伴病人,与病人交谈分散其注意力,缓解其紧张、焦虑情绪。

（3）维持静脉通道通畅,准确及时给药并记录。

（4）准确递送所需各种器械,完成术中记录。

【操作后护理】

1. 卧床休息,做好生活护理。

2. 静脉穿刺者肢体制动4~6小时;动脉穿刺者压迫止血15~20分钟后进行加压包扎,用1kg沙袋压迫伤口6~8小时,穿刺侧肢体限制屈曲活动24小时。观察动、静脉穿刺点有无出血与血肿。检查足背动脉搏动情况,比较两侧肢端颜色、温度、感觉与运动功能。

3. 监测病人生命体征、心率、心律变化,观察有无心律失常、空气栓塞、出血、感染、心脏压塞、心脏壁穿孔等并发症。

二、冠状动脉造影术

冠状动脉造影术是将冠状动脉造影导管经动脉送至左、右冠状动脉开口部进行造影的方法,可以提供冠状动脉病变的部位、性质、范围、侧支循环状况等的准确资料,有助于选择最佳治疗方案。

【适应证】

1. 药物治疗效果不好,估计要做血运重建的心绞痛病人;病人的心绞痛症状不严重,但其他检查提示多支血管病变、左主干病变。

2. 不稳定型心绞痛,如新发生的心绞痛、梗死后心绞痛,变异型心绞痛;急性心肌梗死等。

3. 冠心病的诊断不明确,需要做冠状动脉造影明确诊断,如不典型的胸痛、无创检查的结果模棱两可。

4. 难以解释的心力衰竭或室性心律失常。

5. 拟进行其他较大手术而疑诊冠心病的病人,包括心电图异常（Q波、ST-T改变）、不典型心绞痛和年龄>65岁的病人;拟行心脏手术的病人,如年龄>50岁应常规行冠状动脉造影。

【禁忌证】

1. 无心肌缺血或心肌梗死症状和证据者。

2. 冠状动脉轻度狭窄（<50%）或仅有痉挛者。

3. 近期有严重出血病史,凝血功能障碍,不能耐受抗血小板和抗凝双重治疗者。

4. 造影剂过敏、严重心肺功能不全不能耐受手术、晚期肿瘤、消耗性恶病质、严重肝肾衰竭者。

【操作前准备】

同心导管检查术外,还应注意:

1. 病人术前需训练连续咳嗽动作,术前 6 小时禁食、禁水。

2. 术前遵医嘱口服抗血小板聚集药物,停用华法林等抗凝药物。

【操作过程与护理配合】

1. 操作过程　将特制定型的心导管经桡动脉、股动脉或肱动脉送至主动脉根部,分别插入左、右冠状动脉口,注入造影剂使冠状动脉及其主要分支显影。

2. 护理配合　同心导管检查术。

【操作后护理】

经股动脉穿刺行冠状动脉造影术后,可即刻拔出鞘管,穿刺部位按压 30 分钟后,若穿刺点无活动性出血,可进行制动并加压包扎,并需用 1kg 沙袋压迫穿刺点 6～8 小时,穿刺侧肢体限制屈曲活动 24 小时后拆除弹力绷带自由活动。其他同心导管检查术。

三、经皮冠状动脉介入治疗

经皮冠状动脉介入治疗(percutaneous coronary intervention,PCI)是用心导管技术疏通狭窄甚至闭塞的冠状动脉管腔,从而改善心肌血流灌注的一组治疗技术,包括经皮冠状动脉腔内成形术(PTCA)、冠状动脉内支架植入术、冠状动脉内旋切术、冠状动脉内旋磨术和冠状动脉内激光成形术等。其中,PTCA 和冠状动脉内支架植入术是目前冠心病治疗的重要手段。

PTCA 是用一种特定大小的球囊扩张冠状动脉内径,解除其狭窄,改善心肌血流灌注的一种非外科治疗手法,是冠状动脉介入治疗的最基本手段。冠状动脉内支架植入术是将不锈钢或合金材料制成的支架植入病变的冠状动脉内,支撑其血管壁,以保持管腔内血流通畅的方法,目的是防止和减少 PTCA 后急性冠状动脉闭塞和后期再狭窄。

【适应证】

1. 稳定型心绞痛　左主干病变直径狭窄 >50%;前降支近段狭窄 ≥70%;伴左心室功能降低的 2 支或 3 支病变;心肌核素检测等方法证实缺血面积大于左心室面积的 10%;任何血管狭窄 ≥70% 伴心绞痛,且优化药物治疗无效;有呼吸困难或慢性心力衰竭,且缺血面积大于左心室 10%,或存活心肌的血供由狭窄 ≥70% 的血管供应者。

2. 不稳定型心绞痛、非 ST 段抬高型心肌梗死。

3. 介入治疗后心绞痛复发、血管再狭窄的病人。

4. 急性 ST 段抬高型心肌梗死。

(1) 直接 PCI:①发病 12 小时以内急性 ST 段抬高型心肌梗死;②发病 12 小时内不能药物溶栓的急性 ST 段抬高型心肌梗死;③合并心源性休克、急性严重心力衰竭,无论是否有时间延迟;④发病时间超过 12 小时,临床表现和 / 或心电图仍存在缺血。

（2）补救性 PCI:溶栓治疗后仍有明显胸痛,抬高的 ST 段无明显降低,冠状动脉造影显示 TIMI 血流 0～Ⅱ级者。

（3）溶栓治疗再通者的 PCI:溶栓治疗成功的病人,如无缺血复发表现,7～10 天后根据冠状动脉造影结果,对适宜的残留狭窄病变行 PCI 治疗。

5. 冠状动脉旁路移植术后复发心绞痛的病人。

【禁忌证】

禁忌证同冠状动脉造影术。禁忌证是相对的,若因冠脉血管原因而危及病人生命急需行 PCI 时,则无须考虑禁忌证,但应做好充分的术前准备。

【操作前准备】

1. 病人准备　基本同冠状动脉造影术。但做 PTCA 及支架植入术前口服抗血小板聚集药物如阿司匹林、氯吡格雷等,停用抗凝剂如低分子肝素。

2. 用物准备　根据诊断结果备好导管、支架,抢救药品及心肺复苏设备。

3. 环境准备　安静、整洁、温度及湿度适宜,无对流风。

【操作过程与护理配合】

1. 操作过程　经皮冠状动脉腔内成形术是先做冠状动脉造影,再用指引导管将带球囊导管置入,通过细钢丝引至狭窄病变处,以 1:1 稀释的造影剂注入球囊,加压使之扩张膨胀,待血管已经扩张后逐渐减压,回抽造影剂,将球囊抽成负压状态撤出。冠状动脉内支架置入术是在 PTCA 术后将不锈钢或合金材料制成的支架植入病变的冠状动脉内,支撑其管壁,支架的大小依血管直径来选择(图 3-17)。

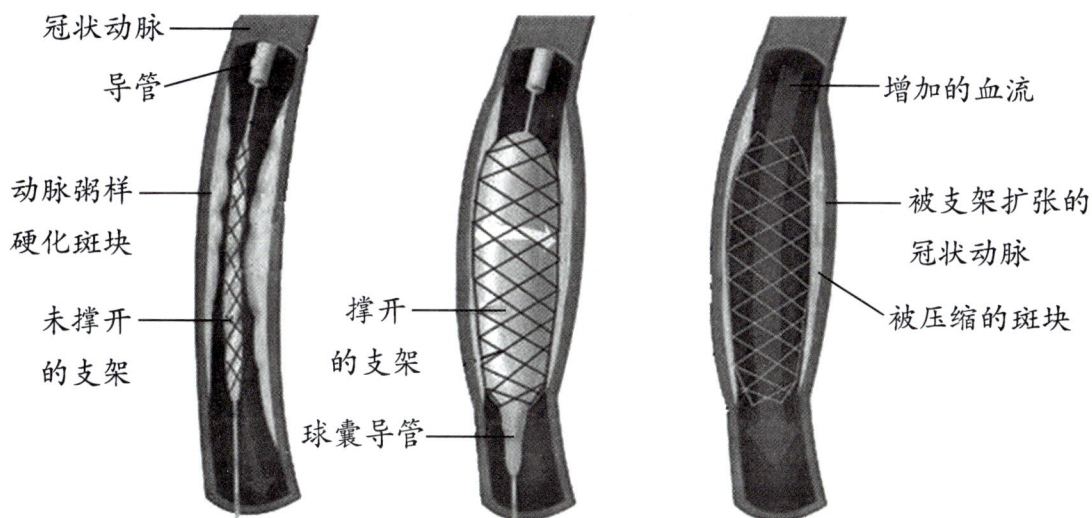

图 3-17　冠状动脉内支架置入术

2. 护理配合

（1）告知病人,如术中有心悸、胸闷等不适,应立即告诉医生。球囊扩张时,病人可有胸闷、心绞痛发作的症状,应做好解释工作,并给予相应护理。

（2）重点监测导管定位时、造影时、球囊扩张时及心肌再灌注时的心电及血压的变化，发现异常及时报告医生并采取有效措施。

【操作后护理】

同冠状动脉造影术外，应注意：

1. 嘱病人卧床休息，对病情严重的病人行心电、血压监护 24 小时；对血压不稳定者应每 15～30 分钟测量血压 1 次，直到血压稳定后改为每 1 小时测量 1 次。

2. 经桡动脉穿刺者术后可立即拔除鞘管，对穿刺点局部压迫 4～6 小时后，可去除加压弹力带。经股动脉穿刺者同冠状动脉造影术。

3. 术后鼓励病人多饮水，加速造影剂的排泄。

4. 术后常规给予低分子肝素皮下注射，注意观察有无出血倾向，如伤口渗血、牙龈出血等。植入支架的病人遵医嘱口服抗血小板聚集药物。

5. 卧床期间加强生活护理，24 小时后逐渐增加活动量，起床、下蹲时动作应缓慢，不要突然用力，术后 1 周内避免抬重物，防止伤口再出血。

6. 做好术后负性效应的观察与护理，如腰酸与腹胀、术区出血或血肿、腹膜后出血或血肿、假性动脉瘤和动－静脉瘘、穿刺动脉血栓形成或栓塞、尿潴留、低血压、造影剂反应、心肌梗死等。

> **本章小结**
>
> 　　本章学习重点是循环系统常见疾病病人的身心状况；常见护理诊断／问题；一般护理；病情观察；对症护理；用药护理和健康指导。学习难点为常见疾病的发病机制，常用药物的护理，急性心力衰竭、严重心律失常、高血压急症、急性心肌梗死等急重症病人的病情监测及处理。在学习过程中注重联系心脏的生理结构与功能、血液循环、血流动力学、心电图各波段的波形特点，分析由心脏结构改变、心肌缺血缺氧等引起的症状、体征，以及对应的诊治护理要点，理解心力衰竭、心律失常、原发性高血压、冠心病、心瓣膜病、感染性心内膜炎、心肌疾病和心包疾病病人的身心状况，能正确实施对症护理、病情观察、用药护理、心理护理和健康指导，提高运用知识解决问题的能力。

（郭雪媚）

? **思考与练习**

1. 慢性心力衰竭病人有哪些症状、体征？如何对病人进行用药护理？

2. 如何指导高血压病人正确用药和建立健康的生活方式？

3. 心绞痛的胸痛特点有哪些？发作时如何处理？

4. 急性心肌梗死易引起室颤,先兆的心律失常有哪些? 一旦发生室颤首选的抢救措施是什么?

5. 如何对风心病病人正确实施健康指导?

第四章 | 消化系统疾病病人的护理

04章 数字资源

第一节　消化系统疾病病人常见症状、体征的护理

学习目标

1. 具有良好的综合素质和科学严谨的工作态度,尊重病人,善于沟通,主动为病人缓解不适。
2. 掌握消化系统疾病病人常见症状、体征的护理评估要点和主要护理措施。
3. 熟悉消化系统疾病病人常见症状、体征的主要护理诊断／问题。
4. 了解消化系统疾病病人常见症状、体征的护理目标和护理评价。
5. 学会消化系统疾病病人常见症状、体征的评估方法,能正确实施护理措施。

工作情景与任务

导入情景:

张先生,46 岁。平常嗜烟酒,有胆道结石病史。中午饮酒和饱食后出现左上腹剧烈疼痛,伴有恶心、呕吐,呕吐物含胆汁,家人陪伴来医院就诊。

工作任务:

1. 对张先生进行护理评估,列出主要的护理诊断。
2. 对张先生实施腹痛的护理。

消化系统由消化管、消化腺以及腹膜、肠系膜、网膜等脏器组成。消化管包括口腔、咽、食管、胃、小肠、大肠和肛门,消化腺包括唾液腺、肝、胰和消化管内的黏膜腺。消化系统主要生理功能是摄取和消化食物、吸收营养及排泄废物,为机体新陈代谢提供物质和能量来源。此外,还有内分泌、防御和免疫功能。消化系统疾病属常见病,病因复杂,包括感染、理化因素、大脑皮质功能失调、营养缺乏、代谢紊乱、吸收障碍、肿瘤、自身免疫、遗传及医源性因素等。多呈慢性病程,易造成严重的消化和吸收功能障碍,当病情发展也可发生急性变化如出血、穿孔及肝衰竭等危及病人的生命。近年来,随着现代科技进步及生命科学的发展,消化系统疾病的病因、发病机制、高科技诊断技术及治疗方法等方面均取得了很大进展,不仅极大地提高了对本系统疾病的诊断和治疗水平,也对护理工作提出了更高的要求。

消化系统疾病的常见症状、体征有恶心与呕吐、腹痛、腹泻与便秘、黄疸等。

一、恶心与呕吐

恶心(nausea)为上腹部不适、紧迫欲吐的感觉,可伴有迷走神经兴奋的症状,如皮肤苍白、出汗、流涎、血压降低及心动过缓等,是延髓呕吐中枢受到刺激的结果。呕吐(vomiting)是通过胃的强烈收缩迫使胃或部分小肠内容物经食管、口腔而排出体外的现象。两者均为复杂的反射动作,可单独发生,但多数病人先有恶心,继而呕吐。

呕吐可分为反射性呕吐与中枢性呕吐。反射性呕吐主要由消化系统疾病引起,也可由泌尿或心血管等系统疾病所致;中枢性呕吐见于颅内压增高、前庭功能障碍、代谢障碍及药物或化学毒物的影响等。

【护理评估】
(一)健康史
评估病人有无下列病史:①消化系统疾病,如胃炎、消化性溃疡、幽门梗阻、胃癌、胆囊炎、胰腺炎、肝炎、腹膜炎、肠梗阻及胃肠道功能紊乱等。②神经系统疾病,如颅内感染、脑血管疾病、颅脑损伤、癫痫及脑部肿瘤等。③全身性疾病,如尿毒症、甲状腺功能亢进症及糖尿病酮症酸中毒等。④前庭神经病,如梅尼埃病。⑤服用药物,如抗恶性肿瘤药及洋地黄等。⑥中毒,如酒精、一氧化碳及有机磷农药中毒等。⑦精神因素,如胃肠神经症。

(二)身体状况
1. 呕吐的特点

(1)呕吐的时间、频率、方式及呕吐物的量与性状:妊娠、尿毒症多为清晨空腹呕吐;幽门梗阻多在夜间呕吐,量大,含酸性发酵宿食,不含胆汁;急性胰腺炎可出现频繁剧烈的呕吐,呕吐胃内容物甚至为胆汁;上消化道出血时呕吐物呈咖啡色,甚至鲜红色;低位肠梗阻呕吐出现较迟且量少,呕吐物可呈粪样;颅内压增高所致者,多无恶心先兆,呕吐呈喷射状,吐后无轻松感。

(2)呕吐与进食的关系:精神性呕吐,常在进食过程中或餐后即刻呕吐,量少,呕吐后可再进食;餐后较久或数餐后呕吐,见于幽门梗阻;餐后短时间发生呕吐,特别是集体发病者,多由食物中毒所致。

2. 伴随症状　伴腹痛、腹泻者多见于急性胃肠炎和细菌性食物中毒等；伴右上腹痛、寒战、高热及黄疸者，多见于肝外胆管结石和急性梗阻性化脓性胆管炎；伴剧烈头痛、视神经乳头水肿者见于颅内压增高；伴眩晕、眼球震颤者多为前庭器官疾病。

（三）心理－社会状况

急性、剧烈的呕吐常使病人烦躁不安、焦虑。长期反复恶心与呕吐可使病人产生恐惧心理。

（四）辅助检查

必要时做呕吐物毒物分析或细菌培养等检查。呕吐量大者，做血液生化检查等，有助于判断有无水、电解质紊乱及酸碱平衡失调。

【常见护理诊断／问题】

有体液不足的危险　与大量呕吐导致失水有关。

【护理目标】

病人生命体征在正常范围内，无失水、电解质紊乱和酸碱失衡，呕吐减轻或停止，逐步恢复进食。

【护理措施】

1. 一般护理　呕吐时应帮助病人坐起或取侧卧位，头偏向一侧，吐毕给予漱口。意识障碍病人应尽可能吸净口腔呕吐物，避免误吸和发生窒息；用纱布清洁口腔时，避免刺激舌、咽及上腭等，以防诱发呕吐。告知病人突然起身可能出现头晕和心悸等不适，坐起时应动作缓慢，以免发生直立性低血压。

2. 失水征象监测　对反复大量呕吐，持续时间较长者，应密切监测：

（1）生命体征：定时监测和记录生命体征直至病情稳定。血容量不足时可发生心动过速、呼吸急促及血压降低，特别是直立性低血压。

（2）失水征象：应动态观察病人的体液平衡状态，准确监测并记录每天的出入液体量、尿比重及体重。依失水程度不同，病人可出现软弱无力、口渴、皮肤黏膜干燥及弹性减低、尿量减少及尿比重增高，并可有烦躁、意识不清甚至昏迷等表现。

（3）实验室检查：注意监测血清电解质和酸碱平衡状态。持续性呕吐导致大量胃液丢失时，可引起代谢性碱中毒。

3. 呕吐的观察与处理　观察并记录呕吐的时间、次数、方式，呕吐物的量、颜色、气味及成分等。遵医嘱应用止吐药物或配合针刺内关、足三里等穴位，促使病人逐步恢复正常饮食和体力。

4. 积极补充水分和电解质　补充额外丢失量，恢复和维持血容量。非禁食者，可少量多次口服补液，以免引起恶心与呕吐。剧烈呕吐不能进食或严重水、电解质紊乱时，主要通过静脉输液给予纠正。

【护理评价】

病人生命体征是否稳定在正常范围，有无口渴、尿少、皮肤干燥及弹性减退等失水表现,呕吐是否减轻或消失。

二、腹　痛

腹痛(abdominal pain)是局部的感觉神经纤维受到炎症、缺血、损伤及理化因子等因素刺激后,产生冲动传至痛觉中枢所产生的疼痛感。多由腹部脏器疾病引起,亦可由腹腔外疾病及全身性疾病引起。临床上一般按起病急缓、病程长短将腹痛分为急性腹痛与慢性腹痛。

【护理评估】

(一)健康史

评估病人有无下列病史:①腹腔内脏器炎症,如胃炎、肠炎、胰腺炎、胆囊炎及阑尾炎等。②空腔脏器阻塞或扩张,如肠梗阻、肠套叠、胆道结石、胆道蛔虫症及泌尿系统结石、梗阻等。③脏器扭转或破裂,如肠扭转、肝破裂及脾破裂。④胃、十二指肠溃疡。⑤胃癌、肝癌等腹部肿瘤。⑥腹外脏器疾病,如急性心肌梗死和下叶肺炎等。⑦某些全身性疾病病史,如糖尿病酮症酸中毒、腹型过敏性紫癜及尿毒症等。⑧育龄妇女停经史。

(二)身体状况

1. 腹痛的特点

(1)腹痛部位、性质和程度:常与疾病有关。急性胰腺炎多表现为中上腹持续性剧痛或阵发性加剧,可为钝痛、刀割样痛或绞痛,并向腰背部呈带状放射;肝外胆管结石多为剑突下及右上腹阵发性绞痛,剧烈难忍,可向右肩背部放射;输尿管结石可放射至同侧腹股沟及会阴部,并随着结石下移导致疼痛部位不断改变;胃、十二指肠溃疡穿孔多为突发的中上腹部刀割样剧痛;急性弥漫性腹膜炎表现为持续性、广泛性剧烈腹痛伴腹肌紧张或板样强直;胆道蛔虫症的典型表现是阵发性剑突下的钻顶样剧烈疼痛,可向右肩背部放射。

(2)影响疼痛的因素:消化性溃疡病人腹痛与进食有关,胃溃疡表现为餐后痛,十二指肠溃疡表现为饥饿痛,上腹痛常可在服用抗酸药后缓解;急性胰腺炎病人进食或饮酒后疼痛加重,取弯腰抱膝位疼痛可减轻;胆绞痛、肾绞痛及肠绞痛发作时,病人辗转不安,变换体位可使腹痛减轻;胆石症病人进食油腻食物可使腹痛加剧;急性腹膜炎病人深呼吸、咳嗽、改变体位时疼痛加重,故病人多不愿改变体位。

2. 伴随症状　伴发热、黄疸者见于急性胆囊炎、肝外胆管结石等;伴休克及贫血者可能是腹腔脏器破裂,无贫血者见于胃肠穿孔、绞窄性肠梗阻等;心肌梗死和肺炎等腹腔外疾病也可有腹痛与休克,应特别警惕;伴呕吐量大者提示胃肠道梗阻;伴腹泻者见于肠道炎症、溃疡或肿瘤;伴血尿者见于泌尿系统结石等。

(三)心理-社会状况

急骤发生的剧烈腹痛可使病人产生紧张、焦虑等心理反应。持续存在或反复发作的慢性腹痛以及预后不良的癌性疼痛可使病人情绪低落、消极悲观,甚至产生恐惧心理。

（四）辅助检查

评估病人实验室检查结果,必要时做X线钡餐检查、消化道内镜检查等,协助了解腹痛的原因。

【常见护理诊断/问题】

疼痛:腹痛　与胃肠道炎症、缺血、梗阻或功能性疾病等有关。

【护理目标】

病人学会缓解疼痛的方法,腹痛逐渐减轻或消失。

【护理措施】

1. 一般护理　急性剧烈腹痛病人应卧床休息,协助病人取适当的体位,以减轻疼痛感,减少体力消耗。烦躁不安者应采取防护措施,防止坠床等意外发生。合理安排饮食,消化性溃疡者禁食酸性食物,胆石症者禁食油腻食物。急性腹痛诊断未明确时,最好禁食,必要时进行胃肠减压。

2. 病情观察　①观察并记录病人腹痛的部位、性质、程度、发作时间及伴随症状。如果疼痛性质突然发生改变,且经一般处理疼痛不能减轻,反而加重,需警惕并发症的发生,如溃疡穿孔引起弥漫性腹膜炎等,应立即报告医生。②观察非药物性止痛和/或药物止痛治疗的效果。

3. 缓解或解除疼痛

（1）非药物性缓解疼痛的方法:对疼痛特别是慢性疼痛的病人,采用非药物性止痛方法,可减轻病人的焦虑和紧张,提高病人的疼痛阈值和对疼痛的控制感。常用方法包括3种。①行为疗法:指导式想象(如回忆一些有趣的往事,转移注意力)、深呼吸、音乐疗法、冥想、生物反馈等。②局部热疗法:对疼痛局部可应用热水袋进行热敷,解除痉挛达到止痛的效果,但急腹症时不能热敷。③针灸止痛:依据病情和疼痛部位选择针灸穴位。

（2）用药护理:遵医嘱合理应用镇痛药物。癌性疼痛应遵循按需给药的原则,有效控制病人的疼痛。观察药物的不良反应,如口干、恶心、呕吐、便秘和用药后的镇静状态等。急性剧烈腹痛诊断未明时,不可随意使用镇痛药物,以免掩盖症状,延误病情。

【护理评价】

病人是否学会缓解疼痛的方法,腹痛是否减轻或消失。

三、腹泻与便秘

腹泻(diarrhea)是指排便次数增多(>3次/d),或粪便量增加(>200g/d),或粪质稀薄(含水量>85%)。腹泻多由肠道疾病引起,其他原因有食物中毒、全身性疾病、药物、过敏和心理因素等。发生机制为肠蠕动亢进、肠分泌增多或吸收障碍。临床上根据病程可分为急性腹泻与慢性腹泻两大类,病程短于4周为急性腹泻,病程超过4周或长期反复发作者为慢性腹泻。

便秘（constipation）是指排便次数减少,1 周内排便次数少于 3 次,排便困难,大便干结。便秘按病程或起病方式分为急性便秘和慢性便秘（持续 >12 周）,按有无器质性病变分为器质性便秘和功能性便秘。器质性便秘多见于结肠、直肠、肛门疾病以及全身性疾病等。功能性便秘常由于进食量少或食物中缺乏纤维素、活动过少、不良排便习惯、药物或长期滥用泻药等引起。

【护理评估】

（一）健康史

腹泻者应评估病人有无下列病史:①肠道感染,如细菌性痢疾、霍乱、病毒性肠炎和阿米巴痢疾等。②急性中毒,如毒蕈、河豚、砷、磷等中毒。③服用某些药物,如利血平、新斯的明及洋地黄类药物等。④变态反应性肠炎、溃疡性结肠炎、肠道肿瘤、胰腺疾病及肝胆疾病等。⑤全身性疾病,如甲状腺功能亢进症、糖尿病性肠病、尿毒症等。

便秘者应评估病人有无下列病史:①结肠良性或恶性肿瘤以及各种原因引起的肠梗阻、肠粘连等。②直肠、肛门疾病,如肛裂、肛瘘、痔疮、肛周脓肿等。③全身性疾病,如甲状腺功能减退症、糖尿病、尿毒症等。④进食量过少、食物中缺乏纤维素及水分、活动量少、环境改变、精神紧张、长期服用泻药等。

（二）身体状况

1. 腹泻

（1）腹泻的特点

1）急性腹泻:起病急骤,病程较短,多为感染或食物中毒所致。病人每天排便次数可多达 10 次以上,如为细菌感染,常有黏液血便或脓血便;阿米巴痢疾病人的粪便呈暗红色或果酱样。

2）慢性腹泻:起病缓慢,病程较长,多见于慢性感染、非特异性炎症、肠道肿瘤或神经功能紊乱等。每天排便数次,可为稀便,也可带黏液和脓血。

（2）伴随症状:伴发热者见于急性细菌性痢疾、伤寒及肠结核等;伴里急后重者见于急性细菌性痢疾、直肠炎症或肿瘤等;伴明显消瘦者多见于胃肠道恶性肿瘤、溃疡性结肠炎及肠结核等;伴重度失水者见于霍乱、细菌性食物中毒及尿毒症等。

2. 便秘

（1）便秘的特点:急性便秘多有腹痛、腹胀,甚至恶心、呕吐等症状。慢性便秘多无特殊表现,部分病人因肠道毒素吸收出现口苦、食欲缺乏、头昏、乏力等全身症状,但一般不重。严重者排出的粪便硬如羊粪,排便时可有左腹部或下腹部痉挛性疼痛与下坠感。如粪便过于坚硬,排便时可致肛门疼痛或肛裂。便秘还可造成直肠、肛门过度充血,久之易致痔疮。慢性习惯性便秘多发生于中老年人,尤其是经产妇女,与腹肌、盆底肌肉张力降低有关。

（2）伴随症状:伴呕吐、腹痛、腹胀者可能为各种原因引起的肠梗阻;伴腹部包块者可能为肠道肿瘤、肠结核;便秘与腹泻交替进行应注意肠结核、溃疡性结肠炎、肠易激综合征。随生活环境改变和精神紧张出现,多为功能性便秘。

(三)心理-社会状况

长期腹泻或便秘可使病人产生忧虑、紧张等心理。频繁腹泻常影响病人正常的工作和社会活动,还可使病人产生自卑心理。

(四)辅助检查

腹泻病人应采集新鲜粪便标本做显微镜检查,必要时做病原学检查。做血液生化检查,可有助于判断有无水、电解质紊乱及酸碱平衡失调。

【常见护理诊断/问题】

1. 腹泻　与胃肠道疾病或全身性疾病有关。

2. 有体液不足的危险　与严重腹泻导致体液丢失有关。

3. 便秘　与肠道疾病或食物中纤维素量过少、运动量过少、体液摄入不足、排便环境改变、长期卧床、精神紧张等有关。

【护理目标】

病人的腹泻及其不适减轻或消失;生命体征、尿量及血生化指标在正常范围;病人便秘减轻或消失。

【护理措施】

(一)腹泻

1. 一般护理

(1)休息与活动:急性起病,全身症状明显的病人应卧床休息,注意腹部保暖,可用热水袋腹部热敷,以减弱肠道运动,减少排便次数,缓解腹痛症状。慢性、轻症者可适当活动。

(2)饮食护理:以少渣、低脂、易消化及低纤维素食物为主,避免生冷、硬及辛辣等刺激性食物。急性腹泻应遵医嘱给予禁食、流质、半流质或软食。嘱病人多饮水,以防频繁腹泻引起失水。

2. 病情观察　严格记录病人排便次数及粪便性状、颜色和量。记录病人每天摄入量。注意监测伴随症状、全身状况、血生化指标及粪便常规等。

3. 肛周皮肤护理　排便频繁时,因粪便的刺激,可使肛周皮肤损伤,引起糜烂及感染。排便后应用温水清洗肛周,保持肛周清洁干燥,涂无菌凡士林或抗生素软膏以保护肛周皮肤,促进损伤处愈合。

4. 用药护理　腹泻的治疗以病因治疗为主。遵医嘱用药时注意观察药物不良反应及疗效。

5. 心理护理　向病人解释精神紧张、情绪变化会影响肠道运动引起腹泻,故应避免精神刺激,减轻病人的焦虑和恐惧心理。通过解释、鼓励来提高病人配合检查和治疗的认识,稳定病人的情绪。

(二)有体液不足的危险

动态观察病人的体液平衡状态,遵医嘱补充水分和电解质。具体护理措施详见本章

第一节"一、恶心与呕吐"。

（三）便秘

1. 一般护理

（1）休息与活动：嘱病人适当增加活动量，可促进直肠供血及肠蠕动。腹肌、盆底肌张力降低的病人可练习排便动作，即正常排便时的一收一放的动作，锻炼肛提肌的收缩。卧床病人要定时给予腹部按摩，由护士操作或指导病人自己进行，用双手示指、中指、无名指重叠在腹部，按结肠位置做腹部环形按摩，以增加腹内压，刺激肠蠕动。

（2）饮食护理：向病人和家属说明饮食与排便、饮食与疾病康复的关系，根据病情制订合理的饮食。增加膳食纤维和多饮水，保证每天液体摄入量达 2 000～3 000ml；多进食富含纤维素的食物，如麦麸、蔬菜、水果等。

2. 培养病人定时排便的习惯　指导病人有规律地生活，养成定时排便的习惯。嘱病人尽可能在每天早餐后排便，因早餐后易引起胃－结肠反射，此时训练排便易建立条件反射。告知病人即使无便意，也应坚持定时去蹲坐 10～20 分钟，日久便可建立定时排便的习惯。如因排便环境改变引起便秘者，可为其提供隐蔽的环境及充裕的排便时间。

3. 用药护理　指导或协助病人正确使用简易通便法，如使用开塞露、甘油栓等。指导病人正确使用缓泻剂，但应告知病人长期使用缓泻剂的危害。必要时给予灌肠、人工取便等方法辅助排便。

【护理评价】

病人腹泻及其不适是否减轻或消失；生命体征是否正常，有无失水、电解质紊乱及酸碱失衡表现；便秘是否减轻或消失。

四、黄　疸

黄疸（jaundice）是由于血清中胆红素浓度升高，致使皮肤黏膜和巩膜发黄的症状和体征，常分为溶血性黄疸、肝细胞性黄疸、胆汁淤积性黄疸。

【护理评估】

（一）健康史

评估病人有无下列病史：①溶血性黄疸，如自身免疫溶血性贫血、新生儿溶血、不同血型输血及毒蛇咬伤等。②肝细胞性黄疸，如病毒性肝炎、肝硬化、肝癌等。③胆汁淤积性黄疸，如毛细胆管型病毒性肝炎、原发性胆汁性肝硬化及胆总管结石、炎症、肿瘤、蛔虫阻塞等。

（二）身体状况

1. 黄疸的特点　黄疸出现的部位主要是软腭、巩膜及皮肤，以巩膜最明显。①溶血性黄疸：黄疸程度较轻，皮肤呈浅柠檬色，不伴皮肤瘙痒，尿呈酱油色，粪便颜色加深。②肝细胞性黄疸：皮肤、黏膜呈浅黄至深黄色，可伴有皮肤轻度瘙痒，尿色加深，粪便颜色改变不明显。③胆汁淤积性黄疸:皮肤呈暗黄色,完全阻塞者颜色更深,甚至呈黄绿色,并有皮肤瘙痒及心动过速,尿色深,粪便颜色变浅或呈白陶土色。

2. 伴随症状　伴寒战、发热、头痛、呕吐、腰痛、贫血,多为急性溶血;伴脾大、贫血,多见于慢性溶血;伴恶心、呕吐、食欲缺乏、肝区不适等,多见于病毒性肝炎;伴腹腔积液,多见于肝硬化、肝癌腹膜转移;短期内肝脏缩小者,见于急性或亚急性重型肝炎;伴寒战、高热、右上腹部剧烈疼痛,见于急性梗阻性化脓性胆管炎、肝脓肿等。

(三)心理-社会状况

黄疸导致病人皮肤黏膜颜色异常,使病人容颜发生改变,易出现焦虑、抑郁等负性情绪。同时原发病给病人带来的不适和痛苦常使上述不良情绪加重,病人甚至出现悲观、恐惧等心理反应。

(四)辅助检查

血液生化和尿常规检查可初步判断黄疸的类型。超声检查、X线检查、经内镜逆行胰胆管造影、上腹部CT扫描及磁共振成像(MRI)等对黄疸的病因诊断有较大帮助。

【常见护理诊断/问题】

有皮肤完整性受损的危险　与胆盐沉着,刺激皮肤神经末梢引起瘙痒有关。

【护理目标】

病人黄疸减轻或消失,能正确应对皮肤瘙痒,未发生皮肤损害。

【护理措施】

1. 一般护理　嘱病人卧床休息,保持室内安静。给予清淡、易消化、富含维生素的饮食。蛋白质摄入量应根据肝功能情况而定。禁烟、酒及刺激性食物。

2. 病情观察　观察病人皮肤黏膜颜色、尿色、粪便颜色的变化。

3. 皮肤护理　向病人讲解皮肤瘙痒发生的原因,教会病人进行皮肤自我护理的方法。嘱病人应穿着布制、柔软、宽松的内衣裤,经常换洗,并保持床单清洁、干燥,使皮肤有舒适感,以减轻皮肤瘙痒。每天用温水擦拭全身皮肤一次,避免使用热水、肥皂擦洗,不使用化妆品。避免用手搔抓,以防止皮肤破损而发生感染。瘙痒严重者可遵医嘱给予局部涂擦止痒剂或服用抗组胺药。

【护理评价】

病人黄疸是否减轻或消失,是否掌握皮肤瘙痒的护理方法,皮肤是否保持完整。

(高秀霞)

第二节　胃炎病人的护理

学习目标

1. 具有良好的职业素质和认真负责的工作态度，理解、尊重和关爱病人。
2. 掌握胃炎病人的身心状况和主要护理措施。
3. 熟悉胃炎的病因和病人的常见护理诊断／问题。
4. 了解胃炎的辅助检查和治疗要点。
5. 学会与胃炎病人及家属进行有效沟通，发现并解决护理问题，及时准确地开展健康指导。

工作情景与任务

导入情景：

李先生，38岁。出租车司机，平时饮食不规律。近半年来经常出现上腹部疼痛，1天前腹痛突然加重，来消化内科就诊。查幽门螺杆菌并做胃镜检查。入院初步诊断为慢性胃炎。

工作任务：

1. 对李先生进行护理评估，列出主要的护理诊断。
2. 对李先生进行合理的饮食指导。

胃炎（gastritis）是胃黏膜对胃内各种刺激因素的炎症反应，显微镜下表现为组织学炎症。胃炎可分为急性胃炎、慢性胃炎和特殊类型胃炎。

一、急 性 胃 炎

急性胃炎（acute gastritis）指各种病因引起的胃黏膜急性炎症，组织学上通常可见中性粒细胞浸润，包括急性糜烂出血性胃炎、急性幽门螺杆菌（Hp）胃炎和除幽门螺杆菌以外的其他急性感染性胃炎。应激、药物、酒精、创伤和物理因素等均可导致急性胃炎的发生。本节主要阐述急性糜烂出血性胃炎。

【护理评估】

（一）健康史

评估病人有无下列病史：①应激，如严重创伤、手术、多器官功能衰竭、败血症及精神紧张等。②药物，尤其是非甾体抗炎药（NSAIDs），如阿司匹林、吲哚美辛等；某些抗肿瘤药、铁剂和氯化钾口服液等。③酒精，需询问病人饮酒时间与摄入量。④创伤和物理因素，如大剂量放射线照射等。

（二）身体状况

病人常有上腹痛、饱胀不适、恶心、呕吐和食欲减退等；重症者可有呕血、黑便、脱水、酸中毒或休克；非甾体抗炎药/阿司匹林所致者多数无症状或仅在胃镜检查时发现，少数有症状者主要表现为轻微上腹部不适或隐痛。上腹部压痛是常见体征。

（三）心理-社会状况

因起病急，上腹部不适，或有呕血和/或黑便，易使病人紧张不安，尤其是急性应激导致的出血，病人及家属常出现焦虑、恐惧等心理。

（四）辅助检查

1. 粪便检查　粪便隐血试验阳性。

2. 胃镜检查　确诊依靠胃镜检查。一般应在大出血后 24～48 小时内进行。镜下可见胃黏膜多发性糜烂及出血灶。

（五）治疗要点

去除病因，积极治疗原发疾病和创伤。常用抑制胃酸分泌的药物如 H_2 受体拮抗剂和质子泵抑制剂，胃黏膜保护剂促进胃黏膜修复和止血，详见本章第三节"消化性溃疡病人的护理"、本章第八节"上消化道出血病人的护理"。

【常见护理诊断/问题】

1. 知识缺乏：缺乏本病的病因及防治知识。

2. 潜在并发症：上消化道出血。

【护理措施】

（一）一般护理

1. 休息与活动　病人应注意休息，减少活动，急性应激引起者应卧床休息。

2. 饮食护理　进食应定时、有规律，忌暴饮暴食，避免辛辣刺激食物。一般可给予少渣、温凉、半流质饮食。如有少量出血可给予牛奶、米汤等中和胃酸，有利于胃黏膜的修复。急性大出血或呕吐频繁时应禁食，可静脉补充营养。

（二）病情观察

观察病人有无上腹痛、胀满、恶心、呕吐和食欲减退等消化不良的表现。密切注意有无上消化道出血的征象，如呕血和/或黑便等，同时监测粪便隐血试验，以便及时发现病情变化。

（三）治疗配合

1. 用药护理　指导病人正确使用阿司匹林、吲哚美辛等对胃黏膜有刺激的药物，必要时应用抑制胃酸分泌的药物和保护胃黏膜的药物，预防疾病的发生。

2. 并发症的护理　主要并发症为上消化道出血，具体护理措施详见本章第八节"上消化道出血病人的护理"。

（四）心理护理

紧张、焦虑可使血管收缩、胃黏膜缺血,诱发或加重病情。护理人员应向病人耐心说明有关急性胃炎的基本知识,帮助病人寻找并及时去除发病因素,从而减轻紧张、焦虑心理。

（五）健康指导

向病人及家属介绍急性胃炎的护理要点和预防方法。根据病人的具体情况进行指导,如遵医嘱停用不必要的非甾体抗炎药,严重创伤、烧伤、大手术、重要器官衰竭和需要长期服用阿司匹林等的病人,可预防性给予 H_2 受体拮抗剂和质子泵抑制剂;嗜酒者应戒酒,防止酒精损伤胃黏膜;进食要有规律,避免过冷、过热、辛辣等刺激性食物及浓茶、咖啡等饮料;生活要有规律,保持轻松愉快的心情。

二、慢 性 胃 炎

慢性胃炎(chronic gastritis)指各种病因引起的慢性胃黏膜炎症病变,临床常见。其患病率一般随年龄的增长而增加,特别是中年以上更为常见。根据内镜和病理诊断将慢性胃炎分为萎缩性和非萎缩性两大类。幽门螺杆菌感染、十二指肠胃反流、药物和毒物、自身免疫及年龄因素等均可导致慢性胃炎的发生,幽门螺杆菌感染是最常见的病因。

知识窗

幽门螺杆菌的发现

1982 年 4 月病理科医生 Robin Warren 与消化科临床医生 Barry Marshall 合作,在微氧的条件下培养出幽门螺杆菌。为了获得这种细菌致病的证据,Barry Marshall 与另外一个医生自愿进行服食细菌的临床试验,服食细菌者都发生了胃炎。Robin Warren 在 Barry Marshall 的配合下,最终于 1982 年确认了幽门螺杆菌的存在及其在胃炎、消化性溃疡等疾病中扮演的角色。这一发现提高了胃炎、消化性溃疡病人彻底治愈的机会,开辟了人类胃肠道疾病研究的新纪元。

【护理评估】
（一）健康史

评估病人有无下列病史:

（1）幽门螺杆菌感染史。

（2）十二指肠胃反流。

（3）药物和毒物:长期服用非甾体抗炎药、过量饮酒等。

（4）自身免疫所致恶性贫血。

（5）其他：长期饮浓茶、咖啡，进食过热、过冷、过于粗糙的食物及高盐饮食等。

（二）身体状况

慢性胃炎缺乏特异性症状，大多数病人无明显症状或有程度不等的消化不良症状，如中上腹痛或不适、食欲缺乏、饱胀、嗳气、反酸、恶心等。恶性贫血者常有全身衰弱、乏力、厌食、体重减轻，一般消化道症状较少。体征多不明显，有时可有上腹轻压痛。

（三）心理－社会状况

慢性胃炎因病程迁延，易使病人产生烦躁、焦虑等不良情绪。少数病人因出现明显畏食、贫血、体重减轻，害怕癌变而存在恐惧心理。

（四）辅助检查

1. 胃镜及胃黏膜活组织检查　是慢性胃炎诊断最可靠的方法。

2. 幽门螺杆菌检测　可通过非侵入性（^{13}C 或 ^{14}C 尿素呼气试验等）和侵入性（快速尿素酶试验、胃黏膜组织切片染色镜检等）方法进行检测。

3. 血清学检查　自身免疫性胃炎时，抗壁细胞抗体和抗内因子抗体可呈阳性，血清促胃液素水平明显升高。多灶萎缩性胃炎时，血清促胃液素水平正常或偏低。

4. 胃液分析　自身免疫性胃炎时，胃酸缺乏；多灶萎缩性胃炎时，胃酸分泌正常或偏低。

（五）治疗要点

大多数成人胃黏膜均有轻度非萎缩性胃炎，如 Hp 阴性且无糜烂及症状，可不予药物治疗。①幽门螺杆菌感染者常采用在质子泵抑制剂和胶体铋剂的基础上，加上两种抗菌药物组成的四联治疗方案。②胆汁反流者，可用氢氧化铝凝胶吸附，或硫糖铝、胃肠促动药（如多潘立酮、莫沙必利）以中和胆盐、防止反流。③非甾体抗炎药引起者，应停药并给予抑制胃酸分泌的药物。④自身免疫性胃炎伴有恶性贫血者，可给予维生素 B_{12} 纠正。⑤对药物不能逆转的局灶中、重度不典型增生，若无淋巴结转移，可在胃镜下行黏膜下剥离术；对药物不能逆转的灶性重度不典型增生伴有局部淋巴结肿大者应手术治疗。

【常见护理诊断/问题】

1. 疼痛：腹痛　与胃黏膜炎性病变有关。

2. 营养失调：低于机体需要量　与畏食、消化吸收不良等因素有关。

【护理措施】

（一）一般护理

1. 休息与活动　急性发作或伴有消化道出血病人，应卧床休息，病情缓解后，可进行适当锻炼，避免过度劳累。

2. 饮食护理

（1）饮食原则：急性发作期病人可给予无渣、半流质的温热饮食。呕吐剧烈、呕血的病人应禁食，进行静脉补充营养。恢复期给予高热量、高蛋白、高维生素及易消化的饮食，避免摄入过咸、过甜及过辣的刺激性食物。鼓励病人养成良好的饮食习惯，定时定量，少量多餐,细嚼慢咽。

（2）食物选择：向病人及家属说明摄取足够营养素的重要性。指导病人及家属根据病情选择易消化的食物种类,如胃酸低者可酌情食用浓肉汤、鸡汤、山楂及食醋等刺激胃酸分泌;高胃酸者应避免进食浓肉汤及酸性食品,可用牛奶、面包及菜泥等。改善烹饪技巧,增加病人食欲。

（二）病情观察

观察病人腹痛的部位、性质,呕吐物和粪便的颜色、量及性状,用药前后病人症状是否改善,及时发现病情变化。观察并记录病人每天进餐次数、量、种类,定期测量体重,监测有关营养指标的变化,如血红蛋白浓度、血清白蛋白浓度等。

（三）对症护理

腹痛病人应卧床休息,并可用转移注意力、做深呼吸等方法缓解疼痛。也可用热水袋热敷胃部,以减轻胃痉挛,减轻疼痛。具体护理措施详见本章第一节"二、腹痛"。

（四）用药护理

遵医嘱应用根除幽门螺杆菌治疗时,应注意观察药物疗效及不良反应,具体护理措施详见本章第三节"消化性溃疡病人的护理"。多潘立酮及莫沙必利具有刺激胃窦蠕动、促进胃排空的作用,应在饭前服用,不宜与阿托品等解痉剂合用。

（五）心理护理

向病人说明忧虑、焦急的情绪会诱发和加重病情。告知病人本病经过正规治疗是可以逆转的,对于胃黏膜异型增生者,经严密随访,即使有恶变,及时手术也可获得满意的疗效,帮助病人树立信心,消除焦虑、恐惧心理,使病人配合治疗。

（六）健康指导

1. 疾病知识指导　向病人及家属介绍本病的有关病因和预后,指导病人避免诱因,保持良好的心理状态及充足的睡眠,日常生活要有规律,注意劳逸结合,合理安排工作和休息时间。坚持定期门诊复查。

2. 生活指导　向病人及家属说明饮食调理对预防慢性胃炎反复发作的意义,指导病人加强饮食卫生和饮食营养。食物应多样化,避免偏食,注意补充多种营养物质;不吃霉变食物;少吃熏制、腌制、富含硝酸盐和亚硝酸盐的食物,多吃新鲜食品;避免过于粗糙、浓烈、辛辣食物及大量长期饮酒、吸烟。

3. 用药指导　向病人及家属介绍药物应用知识,如常用药物的名称、作用、服用的剂量、用法、不良反应及注意事项。指导病人遵医嘱服药,如有异常及时复诊。

（高秀霞）

第三节　消化性溃疡病人的护理

学习目标

1. 具有良好的职业素质和认真负责的工作态度,理解、尊重和关爱病人。
2. 掌握消化性溃疡病人的身心状况和主要护理措施。
3. 熟悉消化性溃疡的辅助检查、治疗要点和病人的常见护理诊断/问题。
4. 了解消化性溃疡的病因、发病机制和病人的护理目标、护理评价。
5. 学会运用护理程序,发现并解决消化性溃疡病人的护理问题,并能进行安全给药和健康指导。

工作情景与任务

导入情景:

朱先生,38岁。上腹部疼痛5年,空腹及夜间时明显,进食后可缓解。近3天因过度劳累,疼痛加剧,自服中药,效果不好,来医院就诊。行胃镜检查和幽门螺杆菌检测,入院初步诊断为十二指肠溃疡。医嘱:奥美拉唑、枸橼酸铋钾、克拉霉素和阿莫西林口服。

工作任务:

1. 遵医嘱应用奥美拉唑、枸橼酸铋钾、克拉霉素和阿莫西林,观察药物疗效及不良反应。

2. 对朱先生正确实施饮食护理和健康指导。

消化性溃疡(peptic ulcer,PU)指胃肠道黏膜被自身消化而形成的溃疡,通常与胃液的胃酸和消化作用有关,病变穿透黏膜肌层或达更深层次。消化性溃疡常发生于胃和十二指肠,可发生于食管-胃吻合口、胃-空肠吻合口等。胃溃疡(GU)和十二指肠溃疡(DU)最为常见。临床特点为慢性过程、周期性发作、节律性上腹部疼痛。消化性溃疡是全球常见病,约10%的人在其一生中患过本病。本病可发生于任何年龄,男性多于女性,十二指肠溃疡多见于青壮年,胃溃疡多见于中老年。

消化性溃疡是一种多因素疾病,溃疡的发生是黏膜自身防御/修复因素与黏膜侵袭因素之间失去平衡的结果。黏膜自身防御/修复因素包括黏液/碳酸氢盐屏障、黏膜屏障、丰富的黏膜血流、上皮细胞更新、前列腺素和表皮生长因子等。黏膜侵袭因素包括幽门螺杆菌感染、非甾体抗炎药(NSAIDs)、糖皮质激素、胃酸和胃蛋白酶的消化作用、胆盐及酒精等。其中幽门螺杆菌感染是消化性溃疡最主要的病因,胃酸在溃疡形成中起关键作用。其他尚有遗传、吸烟、应激和心理因素、胃十二指肠运动异常及不良的饮食行为习惯等因素。任何原因使黏膜自身防御/修复因素减弱及侵袭因素增强,均会损害胃肠黏膜,导致溃疡发生。胃溃疡和十二指肠溃疡在发病机制上有不同之处,前者主要是防御-修复因素减弱,后者主要是侵袭因素增强。

【护理评估】

（一）健康史

评估病人是否长期服用阿司匹林、布洛芬、吲哚美辛等非甾体抗炎药及糖皮质激素;有无长期精神紧张、焦虑或过度劳累;是否遭受严重的创伤、烧伤、颅内疾病及不良精神刺激;有无慢性胃炎、肝硬化及慢性肾衰竭等病史;有无长期饮浓茶、咖啡,食用过冷、过热及过于粗糙的食物;有无高盐饮食、嗜烟酒习惯;有无家族患病史。

（二）身体状况

1. 症状　上腹痛是消化性溃疡的主要症状,常伴反酸、嗳气、食欲减退、恶心、呕吐等消化不良症状,还可有失眠、缓脉、多汗等自主神经功能失调的表现。但部分病人可无症状,或以出血、穿孔等并发症为首发症状。典型的消化性溃疡有如下临床特点:

（1）慢性过程:病史可达数年至数十年。

（2）周期性发作:发作与自发缓解相交替,发作期可持续数周或数月,缓解期也长短不一,发作常呈季节性,多在秋冬或冬春之交发病。

（3）节律性疼痛:发作时上腹痛呈节律性,与进食有关,节律性的消失提示可能发生并发症。消化性溃疡疼痛特点见表4-1。

表4-1　胃溃疡和十二指肠溃疡疼痛特点比较

鉴别项目	胃溃疡	十二指肠溃疡
疼痛的部位	中上腹或剑突下偏左	中上腹或中上腹偏右
疼痛的时间	常在餐后约1h发生,经1~2h后逐渐缓解,较少发生夜间痛	常在两餐之间发生,至下次进餐后缓解,故又称空腹痛、饥饿痛,部分病人于午夜发生,称夜间痛
疼痛的性质	多呈灼痛、胀痛或饥饿样不适感	多呈灼痛、胀痛或饥饿样不适感
疼痛的节律性	进食—疼痛—缓解	疼痛—进食—缓解

2. 体征　溃疡活动期上腹部可有局限性轻压痛,缓解期无明显体征。

3. 并发症

（1）出血:是消化性溃疡最常见的并发症,也是上消化道出血常见的病因。出血引起的临床表现取决于出血的速度和量,轻者仅表现为黑便、呕血,重者可出现周围循环衰竭,甚至低血容量性休克。

（2）穿孔:当溃疡穿透胃、十二指肠壁时,发生穿孔。临床上分为急性、亚急性和慢性三种类型,以急性最为常见。急性穿孔常位于十二指肠前壁或胃前壁,发生穿孔后胃肠道的内容物渗入腹腔而引起急性弥漫性腹膜炎,是消化性溃疡最严重的并发症。主要表现为突发的剧烈腹痛,多自上腹开始迅速蔓延至全腹,腹肌强直,有明显压痛和反跳痛,肝浊音界缩小或消失,肠鸣音减弱或消失,部分病人出现休克。

(3)幽门梗阻:主要由十二指肠溃疡或幽门管溃疡引起。急性梗阻多因炎症水肿和幽门部痉挛所致,梗阻为暂时性的,随炎症好转而缓解;慢性梗阻主要由于溃疡愈合后瘢痕收缩而呈持久性。幽门梗阻使胃排空延缓,病人可感上腹饱胀不适,常在餐后加重,且有反复大量呕吐,呕吐物为含酸腐味的宿食,大量呕吐后症状可以缓解。严重频繁呕吐可致脱水和低钾低氯性碱中毒,常继发营养不良。空腹时检查腹部有振水音、胃蠕动波以及空腹抽出胃液量 >200ml 是幽门梗阻的特征性表现。

(4)癌变:少数胃溃疡可癌变,十二指肠溃疡一般不发生癌变。反复发作、病程持续时间长的胃溃疡癌变风险高。胃镜结合活检检查有助于明确良恶性溃疡及是否发生了癌变。

(三)心理－社会状况

消化性溃疡有周期性发作和节律性疼痛的特点,易使病人产生焦虑、急躁情绪。当合并上消化道出血等并发症时,病人可表现为紧张、恐惧等心理。慢性经过、反复发作及担心溃疡癌变,易使病人产生焦虑、抑郁、恐惧等心理。

(四)辅助检查

1. 胃镜及胃黏膜活组织检查 是确诊消化性溃疡的首选检查方法和"金标准"。胃镜检查可直接观察溃疡的部位、病变大小、性质,并可在直视下取活组织做病理检查和幽门螺杆菌检测。

2. X线钡餐检查 溃疡的 X 线直接征象是龛影,对溃疡诊断有确诊价值。

3. 幽门螺杆菌检测 是消化性溃疡的常规检测项目。其结果可作为选择根除幽门螺杆菌治疗方案的依据。

4. 粪便隐血试验 粪便隐血试验阳性提示溃疡有活动性。如胃溃疡病人粪便隐血试验持续阳性,提示有癌变可能。

(五)治疗要点

治疗原则是消除病因、缓解症状、促进溃疡愈合、防止复发和防治并发症。治疗措施包括药物治疗、内镜治疗及手术治疗。

1. 药物治疗 包括抑制胃酸分泌的药物、保护胃黏膜药物及根除幽门螺杆菌的药物。①抑制胃酸分泌的药物有 H_2 受体拮抗剂(如法莫替丁、雷尼替丁、西咪替丁)和质子泵抑制剂(如奥美拉唑、兰索拉唑、泮托拉唑)。②保护胃黏膜药物包括硫糖铝、铋剂(如枸橼酸铋钾)和弱碱性抗酸剂(如铝碳酸镁、磷酸铝及氢氧化铝凝胶等)。③根除幽门螺杆菌的治疗目前倡导的联合方案为含有铋剂的四联方案,即一种质子泵抑制剂+两种抗生素(克拉霉素、阿莫西林、甲硝唑、替硝唑、喹诺酮类抗生素和呋喃唑酮等其中的两种)和一种铋剂,疗程为 10~14 天。

2. 内镜治疗和手术治疗 消化性溃疡合并幽门变形或狭窄引起梗阻,可首先选择内镜下治疗。对于大量出血经药物和胃镜及血管介入治疗无效、急性穿孔、瘢痕性幽门梗阻、胃溃疡疑有癌变及正规内科治疗无效的顽固性溃疡可选择手术治疗。

【常见护理诊断 / 问题】

1. 疼痛:腹痛 与胃酸刺激溃疡面,引起化学性炎症反应有关。

2. 营养失调:低于机体需要量 与疼痛导致摄入量减少及消化吸收障碍有关。

3. 焦虑 与溃疡反复发作,病程迁延有关。

4. 知识缺乏:缺乏有关消化性溃疡病因及预防知识。

5. 潜在并发症:上消化道出血、穿孔、幽门梗阻、癌变。

【护理目标】

病人腹痛减轻或消失;能建立合理的饮食习惯和结构;焦虑情绪缓解;能说出可能导致疾病复发和加重的主要因素和应对措施;并发症得到有效防治。

【护理措施】

（一）一般护理

1. 休息与活动 溃疡活动期、症状较重或有并发症者,应卧床休息几天至 1~2 周,可使疼痛等症状缓解。溃疡缓解期,鼓励病人适当活动,劳逸结合,以不感到劳累和诱发疼痛为原则,避免餐后剧烈活动。

2. 饮食护理

（1）进餐方式:指导病人规律进食,以维持正常消化活动的节律。在溃疡活动期,应做到少食多餐,每天进餐 4~5 次、定时定量、细嚼慢咽、避免过饱,避免餐间零食和睡前进食,使胃酸分泌有规律。一旦症状得到控制,应尽快恢复正常的饮食规律。

（2）食物选择:①应选择营养丰富、易于消化的食物。症状较重的病人以面食为主,因面食柔软、易消化、含碱,能有效中和胃酸,不习惯面食者则以软饭、米粥替代。②适量摄取脱脂牛奶,可中和胃酸,安排在两餐之间饮用;但牛奶中的钙质可刺激胃酸分泌,不宜多饮。脂肪摄取也应适量。③避免食用对胃黏膜有较强刺激的生、冷、坚硬食物及粗纤维多的蔬菜、水果,如洋葱、芹菜及韭菜等。④忌用强刺激胃酸分泌的食品和调味品,如浓肉汤、油炸食物、浓咖啡、浓茶、醋及辣椒等。

（二）病情观察

注意观察疼痛的规律和特点,监测生命体征及腹部体征的变化,以及时发现并纠正并发症。若上腹部疼痛节律发生变化或加剧,或者出现呕血、黑便时,应立即联系医生,并协助处理。

（三）对症护理

病人出现腹痛,除按常规给予相应护理外,还应注意:①帮助病人认识和去除病因,对服用非甾体抗炎药（NSAIDs）或糖皮质激素者,若病情允许,应停药。②避免暴饮暴食和进食刺激性食物,以免加重胃黏膜的损伤。③对嗜烟酒者,应与病人共同制订切实可行的戒烟酒计划,并督促其执行。④指导病人缓解疼痛的方法,如十二指肠溃疡表现为空腹痛或夜间痛时,应指导病人进食碱性食物(如苏打饼干),或遵医嘱服用制酸剂;也可采用局部热敷或针灸止痛等方法。

(四)治疗配合

1. 用药护理　遵医嘱用药,注意观察疗效及药物的不良反应。

(1)抑制胃酸分泌

1)H_2受体拮抗剂:药物应在餐中或餐后即刻服用,也可把1天的剂量在睡前服用。若需同时服用弱碱性抗酸剂,则两药应间隔1小时以上。若静脉给药应注意控制速度,速度过快可引起低血压和心律失常。

2)质子泵抑制剂(PPI):是治疗消化性溃疡的首选药物。奥美拉唑可引起头晕,特别是用药初期,应嘱病人用药期间避免开车或做其他必须高度集中注意力的工作。兰索拉唑的主要不良反应包括皮疹、瘙痒、头痛、口苦、肝功能异常等。泮托拉唑的不良反应较少,偶可引起头痛和腹泻。

(2)保护胃黏膜

1)枸橼酸铋钾:餐前半小时口服。服药后可导致舌苔变黑,故应用吸管吸入。部分病人服药后粪便变黑,停药后可自行消失。

2)弱碱性抗酸剂:抗酸剂应避免与奶制品同时服用,因两者相互作用可形成络合物;酸性的食物及饮料不宜与抗酸剂同服;服用片剂时嚼服,乳剂给药前应充分摇匀。氢氧化铝凝胶、铝碳酸镁咀嚼片,应在饭后1小时和睡前服用。氢氧化铝凝胶能阻碍磷的吸收,导致骨质疏松,还可引起便秘。若服用镁制剂则易引起腹泻。

3)硫糖铝:不良反应轻,可有便秘或轻度腹泻、恶心、口干、皮疹和眩晕等,宜在进餐前1小时服用,不能和抗酸药及抑制胃酸分泌的药物合用。

(3)根除幽门螺杆菌:阿莫西林服用前应询问病人有无青霉素过敏史,服用过程中注意有无迟发性过敏反应的出现,如皮疹。甲硝唑可引起恶心、呕吐等胃肠道反应,应在餐后半小时服用,可遵医嘱用甲氧氯普胺、维生素 B_{12} 等拮抗胃肠道反应。

2. 并发症的护理　当病人发生急性穿孔和瘢痕性幽门梗阻时,应立即遵医嘱做好各项术前准备。急性幽门梗阻时,注意观察病人呕吐量、性质、气味,准确记录出入液量,指导病人禁食水,行胃肠减压,保持口腔清洁,遵医嘱静脉输液。上消化道出血的护理详见本章第八节"上消化道出血病人的护理"。

(五)心理护理

向病人和家属说明,经过正规治疗,溃疡是可以痊愈的,帮助病人树立治疗信心。紧张、焦虑可增加胃酸分泌,诱发和加重溃疡。指导病人采取转移注意力、听轻音乐等放松技术,使其保持良好心态,缓解焦虑、急躁情绪。

（六）健康指导

1. 疾病知识指导　向病人及家属讲解引起和加重消化性溃疡的相关因素。指导病人生活要有规律，工作宜劳逸结合，避免过度紧张和劳累，选择合适的锻炼方式，提高机体抵抗力。指导病人养成良好的饮食习惯及卫生习惯，戒除烟酒，避免摄入刺激性食物。

2. 用药指导　指导病人遵医嘱服药，学会观察药物疗效和不良反应，不随意停药或减量，避免复发。指导病人遵医嘱停服不必要的非甾体抗炎药、其他对胃有刺激或引起恶心、不适的药物（如阿司匹林、泼尼松、咖啡因等）。如确有必要服用非甾体抗炎药和其他药物，建议餐后服用，或遵医嘱加用保护胃黏膜的药物。

3. 病情监测指导　定期复诊，并指导病人了解消化性溃疡及其并发症的相关知识。若上腹疼痛节律发生变化或加剧，或出现呕血、黑便时，应立即就诊。

边学边练

实践 7　消化性溃疡病人的护理

【护理评价】

病人腹痛是否缓解；是否建立合理的饮食方式和结构，营养指标是否在正常范围内；焦虑情绪是否缓解；能否说出可能导致疾病复发和加重的主要因素和应对措施；并发症是否得到有效防治。

（高秀霞）

第四节　溃疡性结肠炎病人的护理

学习目标

1. 具有良好的职业素质和认真负责的工作态度，理解、尊重和关爱病人。
2. 掌握溃疡性结肠炎病人的身心状况和主要护理措施。
3. 熟悉溃疡性结肠炎病人的常见护理诊断／问题。
4. 了解溃疡性结肠炎的辅助检查和治疗要点。
5. 学会与溃疡性结肠炎病人及家属进行有效沟通，发现并解决护理问题，及时准确地开展健康指导。

导入情景：

王女士，35 岁。近 1 个月出现腹痛、腹泻，每天排便 6~7 次，便中有黏液脓血，排便后疼痛能够缓解。病人很担心，遂来医院就诊。进行粪便常规、结肠镜检查，入院初步诊断为溃疡性结肠炎。

工作任务：

1. 对王女士进行评估，列出主要的护理诊断。

2. 对王女士进行心理护理和健康指导。

溃疡性结肠炎（ulcerative colitis，UC）是一种病因不明的直肠和结肠慢性非特异性炎症性疾病。病变主要限于大肠的黏膜与黏膜下层。临床表现为腹泻、黏液脓血便和腹痛，病情轻重不一，病程漫长，多反复发作。可发生在任何年龄，多见于 20~40 岁。

溃疡性结肠炎的病因不明，目前认为可能与环境因素（如饮食失调、吸烟、卫生条件、生活方式等）、遗传因素、肠道微生态等多因素相互作用导致肠道免疫失衡有关。

【护理评估】

（一）健康史

询问病人有无饮食失调、吸烟、精神创伤、劳累等诱因；家族中有无类似病人；了解病人发病前有无感染病史。

（二）身体状况

1. 症状

（1）消化系统表现：主要表现为腹泻、黏液脓血便与腹痛。①腹泻和黏液脓血便：大多数病人有腹泻症状。黏液脓血便是本病活动期的重要表现。排便次数和便血程度与病情轻重有关，轻者每天排便 2~4 次，便血轻或无；重者腹泻次数每天可达 10 次以上，大量脓血，甚至大量便血。②腹痛：轻者或缓解期病人多无腹痛或仅有腹部不适，活动期有轻或中度腹痛，为左下腹或下腹的阵痛，亦可涉及全腹，有疼痛—便意—便后缓解的规律，常伴有里急后重。若并发中毒性巨结肠或腹膜炎，则腹痛持续且剧烈。③其他症状：可有恶心、呕吐、食欲缺乏、腹胀等。

（2）全身表现：中、重型病人活动期可有低热或中等度发热，高热多提示有并发症或急性暴发型。重症病人可出现衰弱、消瘦、贫血、低蛋白血症、水和电解质紊乱等表现。

2. 体征　病人呈慢性病容，精神差，消瘦，贫血貌。轻者仅有左下腹轻度压痛，重者常有明显腹部压痛和鼓肠。若出现反跳痛、腹肌紧张、肠鸣音减弱等应注意中毒性巨结肠和肠穿孔等并发症。

3. 并发症　可并发中毒性巨结肠、直肠结肠癌变、大出血、肠梗阻、肠穿孔等。

4. 临床分型　临床上按疾病病程、程度、范围及病期进行综合分型。

（1）临床类型：①初发型，指无既往史的首次发作。②慢性复发型，临床上最多见，指缓解后再次出现症状，常表现为发作期与缓解期交替。

（2）疾病分期：分为活动期与缓解期。活动期按病情程度分为轻、中、重度。轻度者腹泻 <4 次 /d，便血轻或无，无发热及贫血，血沉正常；重度者腹泻 ≥6 次 /d，有明显黏液脓血便，有发热、脉速等全身症状，血沉加快、血红蛋白下降；中度介于轻度和重度之间。

（三）心理－社会状况

病情反复发作，迁延不愈，进行性加重，常给病人带来痛苦。排便次数的增加，给病人的日常生活带来很多困扰，病人易产生自卑、忧虑甚至恐惧心理。

（四）辅助检查

1. 血液检查　红细胞和血红蛋白减少，活动期白细胞计数增高。血沉加快和 C 反应蛋白增高是活动期的标志。重症病人血清白蛋白下降。

2. 粪便检查　粪便肉眼检查常有黏液、脓血，显微镜检查可见红细胞和脓细胞，急性发作期可见巨噬细胞。粪便病原学检查有助于排除感染性结肠炎。

3. 结肠镜检查　是本病诊断的最重要手段之一，可直接观察病变肠黏膜并进行活检。

4. X 线钡剂灌肠检查　可见黏膜粗乱或有细颗粒改变，也可呈多发性小龛影或小的充盈缺损。重型病人不宜做此检查，以免加重病情或诱发中毒性巨结肠。

（五）治疗要点

治疗目的在于控制急性发作，缓解病情，减少复发，防治并发症。根据病情严重程度、病变部位选择合适的治疗药物。治疗药物主要有氨基水杨酸制剂、糖皮质激素、免疫抑制剂。并发大出血、肠穿孔、中毒性巨结肠、结肠癌或经积极内科治疗无效且伴有严重毒血症者可选择手术治疗。

【常见护理诊断 / 问题】

1. 腹泻　与炎症导致肠黏膜对水、钠吸收障碍以及结肠蠕动失常有关。

2. 疼痛：腹痛　与肠道炎症、溃疡有关。

3. 营养失调：低于机体需要量　与长期腹泻及吸收障碍有关。

4. 潜在并发症：中毒性巨结肠、大出血、肠梗阻、肠穿孔。

【护理措施】

（一）一般护理

1. 休息与活动　轻症者注意休息，减少活动量，防止劳累。重症者应卧床休息，以减少病人的胃肠蠕动及体力消耗。

2. 饮食护理　指导病人食用质软、易消化、少纤维素又富含营养、有足够热量的食物，以利于吸收、减轻对肠黏膜的刺激并供给足够的热量，以维持机体代谢的需要。避免食用生、冷食物及水果、多纤维素的蔬菜和其他刺激性食物，忌食牛乳和乳制品。急性发作期病人,应进流质或半流质饮食,病情重者应禁食,遵医嘱给予静脉高营养,以改善病人的营养状况。

（二）病情观察

观察病人腹泻的次数、性质,粪便的量、性状及病人皮肤的弹性、有无脱水表现等。监测粪便检查结果、血清电解质及血清白蛋白的变化。观察腹痛的部位、性质以及生命体征的变化,以了解病情的进展情况。如腹痛性质突然改变,应注意是否发生中毒性巨结肠、大出血、肠梗阻、肠穿孔等并发症,及时报告医生,积极采取抢救措施。

（三）对症护理

1. 腹泻的护理　由于病人腹泻次数较多,里急后重症状严重,应将病人安排至离卫生间较近的房间,或室内留置便器。协助病人做好肛门及周围皮肤的护理,具体护理措施详见本章第一节"三、腹泻与便秘"。

2. 腹痛的护理　除注意观察腹痛的部位、性质等有无变化外,还应指导病人采取缓解腹痛的方法。具体措施详见本章第一节"二、腹痛"。

（四）用药护理

遵医嘱用药,注意观察疗效及药物不良反应。

1. 氨基水杨酸制剂　柳氮磺吡啶（SASP）是治疗本病的首选药物,适用于轻型、中型或重型经糖皮质激素治疗已有缓解者。主要不良反应为恶心、呕吐、皮疹、粒细胞减少及再生障碍性贫血等,应嘱病人餐后服药,服药期间定期复查血象。

2. 糖皮质激素　对急性发作期有较好的疗效。适用于对氨基水杨酸制剂疗效不佳的轻、中型病人,特别是重型活动期病人及急性暴发型病人。用药期间应注意激素的不良反应,病情好转后逐渐减量至停药,不可随意停药,防止反跳现象。

3. 免疫抑制剂　硫唑嘌呤或巯嘌呤可用于对糖皮质激素治疗效果不佳或对糖皮质激素依赖的慢性病人。主要不良反应为骨髓抑制,用药期间应注意监测白细胞计数。

（五）心理护理

鼓励病人树立信心,以平和的心态对待疾病,自觉地配合治疗。同时告知病人和家属,精神因素可诱发或加重本病,不利于疾病的康复,从而使病人树立起战胜疾病的信心。

（六）健康指导

1. 疾病知识指导　向病人介绍本病发生的相关因素,说明良好的心态和认真的自我护理对缓解症状、控制病情有极其重要的意义。指导病人合理安排休息与活动,合理饮食,以提高机体抗病能力。

2. 用药指导　嘱病人出院后仍坚持治疗,定期门诊复查,遵医嘱用药,不要随意更换药物或停药。教会病人识别药物不良反应,出现异常情况及时就诊。

（高秀霞）

第五节　肝硬化病人的护理

学习目标

1. 具有高度的责任感、沉着冷静的心理素质和严谨细致的工作态度,珍视生命,尊重和关爱病人。
2. 掌握肝硬化病人的身心状况和主要护理措施。
3. 熟悉肝硬化的病因、辅助检查和病人的常见护理诊断／问题。
4. 了解肝硬化的治疗要点和病人的护理目标、护理评价。
5. 学会运用护理程序对肝硬化病人实施整体护理,为病人及家属提供健康指导、心理和社会支持。

工作情景与任务

导入情景:

李先生,43 岁。有乙肝病史 9 年,近 1 个月出现明显食欲减退,消瘦、乏力和腹胀,家人陪伴来医院就诊。腹部明显膨隆,查肝功能和腹部超声,入院初步诊断为肝硬化,腹腔积液。医嘱:低盐饮食,呋塞米、螺内酯口服。

工作任务:

1. 对李先生进行护理评估,列出主要的护理诊断。
2. 遵医嘱应用利尿剂,正确测量和记录出入液量、腹围及体重的变化。
3. 对李先生进行健康指导。

肝硬化(hepatic cirrhosis)是各种慢性肝病进展至以肝脏慢性炎症、弥漫性纤维化、假小叶、再生结节和肝内外血管增殖为特征的病理阶段。代偿期无明显症状,失代偿期以门静脉高压和肝功能减退为临床特征,病人常因并发食管－胃底静脉曲张出血、肝性脑病、感染、肝肾综合征、门静脉血栓等多器官功能慢性衰竭而死亡。本病以青壮年男性多见,35～50 岁为发病高峰年龄。

引起肝硬化的病因很多,如病毒性肝炎、慢性酒精中毒、胆汁淤积、循环障碍、药物或化学毒物、免疫紊乱、血吸虫病、遗传和代谢性疾病以及隐源性肝硬化等。我国以病毒性肝炎最为常见,尤其是乙型肝炎病毒感染,国外以酒精中毒居多。

【护理评估】

(一)健康史

评估病人有无乙型、丙型和丁型肝炎病毒感染史;有无输血史;是否长期大量饮酒;有无持续肝内胆汁淤积或肝外胆管阻塞病史;有无慢性心力衰竭、缩窄性心包炎等循环障碍性疾病;是否长期服用对肝脏有损害的药物,如双醋酚丁、甲基多巴、异烟肼等;是否长期反复接触化学毒物,如四氯化碳、磷、砷等;有无血吸虫病史;有无遗传和代谢性疾病,如肝豆状核变性、血色病等。

（二）身体状况

肝硬化起病隐匿,病程发展缓慢,临床上将肝硬化分为肝功能代偿期和失代偿期。

1. 代偿期肝硬化　症状较轻,以乏力、食欲减退较为突出,可伴有上腹不适、恶心、厌油腻、腹胀及腹泻等非特异性症状。病人营养状况一般或消瘦,肝脏轻度大,质地偏硬,脾脏轻至中度肿大。肝功能多在正常范围或轻度异常。

2. 失代偿期肝硬化　主要表现为肝功能减退和门静脉高压的表现。

（1）肝功能减退的表现

1）全身表现:一般状况与营养状况较差,消瘦乏力、精神不振、皮肤干枯、面色暗无光泽(肝病面容),可有不规则发热、夜盲及水肿等。

2）消化系统症状:食欲减退为最常见症状,甚至畏食,进食后常感上腹饱胀不适、恶心和呕吐。对脂肪和蛋白质耐受性差,稍进油腻的肉食易引起腹泻。多与肝硬化门静脉高压时胃肠道淤血水肿、消化吸收障碍和肠道菌群失调等有关。

3）黄疸:皮肤、巩膜黄染,尿色深,肝细胞进行性或广泛性坏死及肝衰竭时,黄疸持续加重,多系肝细胞性黄疸。

4）出血倾向和贫血:常有鼻腔和牙龈出血、皮肤紫癜和胃肠道出血等倾向,女性病人常有月经过多,与肝合成凝血因子减少、脾功能亢进等有关。营养不良、肠道吸收障碍和脾功能亢进等因素可引起不同程度的贫血。

5）内分泌失调:①性激素代谢:雌激素增多,雄激素减少,前者与肝对雌激素的灭活功能减退有关。男性病人常有性功能减退、不育、乳房发育等;女性病人可出现月经失调、闭经及不孕等。部分病人出现蜘蛛痣,主要分布在面部、颈部、上胸、肩背和上肢等上腔静脉分布的区域。手掌鱼际、小鱼际和指端腹侧皮肤发红,称为肝掌。②肾上腺皮质功能减退:促黑素细胞激素增加,表现为面部和其他暴露部位的皮肤色素沉着。③醛固酮和抗利尿激素增多,引起水钠潴留。

（2）门静脉高压的表现

1）脾大及脾功能亢进:脾多为轻、中度增大,与长期脾脏淤血有关。晚期出现脾功能亢进,导致白细胞、血小板和红细胞计数减少。

2）门腔侧支循环的建立和开放:门静脉高压时,来自消化器官和脾的回心血液流经肝脏受阻,使门腔静脉交通支开放并扩张,血流量增加,建立起门腔侧支循环(图4-1)。临床上重要的侧支循环有:①食管下段和胃底静脉曲张,曲张静脉管壁薄弱、缺乏弹性收缩,容易破裂出血,难以止血。②腹壁静脉曲张,在脐周和腹壁可见迂曲的静脉。③痔静脉扩张,可形成痔核,破裂时引起便血。

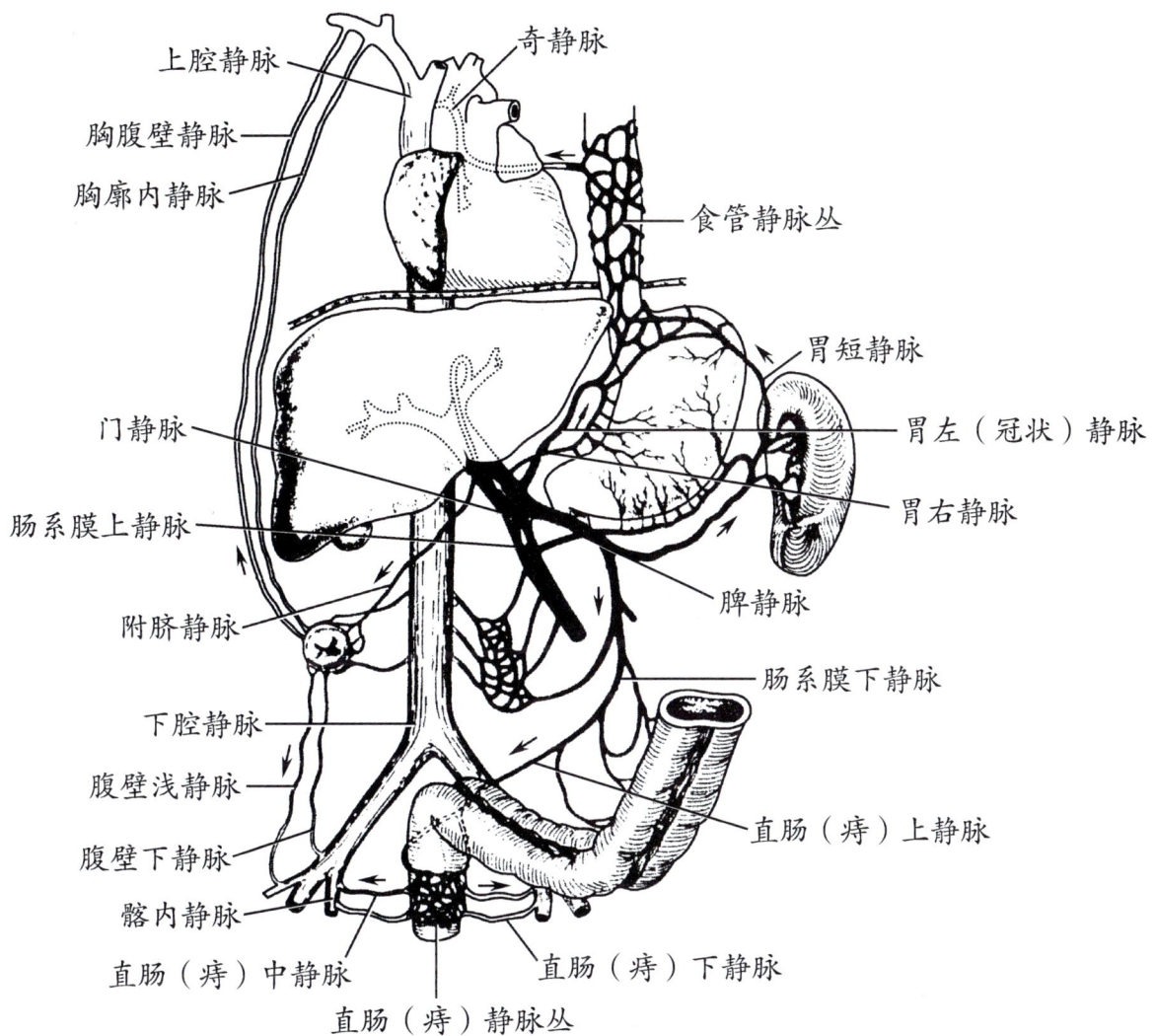

图 4-1　门静脉回流受阻时,侧支循环血流方向示意图

3）腹腔积液:是肝硬化失代偿期最突出的临床表现之一。病人常有腹胀,尤以饭后明显。大量腹腔积液使腹部膨隆,呈蛙腹状,膈肌显著抬高,可出现呼吸困难和脐疝。腹腔积液形成的主要因素有:①门静脉高压,腹腔内脏血管床静水压增高,组织液回吸收减少而漏入腹腔,是腹腔积液形成的决定性因素。②低白蛋白血症致血浆胶体渗透压降低,毛细血管内液体漏入腹腔或组织间隙。③有效循环血容量不足,肾血流量减少,肾素－血管紧张素－醛固酮系统激活,肾小球滤过率降低,排钠和排尿量减少。④肝脏对醛固酮和抗利尿激素的灭活作用减弱,导致继发性醛固酮增多和抗利尿激素增多,引起水钠潴留。⑤肝淋巴液生成过多,超过淋巴循环引流的能力,淋巴液自肝包膜表面漏入腹腔。

（3）肝脏体征:早期肝脏增大,表面尚平滑,质地稍硬。晚期肝脏缩小,表面可呈结节状,质地坚硬。一般无压痛,在肝细胞进行性坏死或并发肝炎和肝周围炎时,可有压痛与叩击痛。

3. 并发症

（1）上消化道出血:是本病最常见的并发症,主要由于食管下段和胃底静脉曲张破裂所致。常在恶心、呕吐、咳嗽等使腹内压突然升高，或因粗糙食物机械损伤、胃酸反流腐蚀损伤时，引起突然大量的呕血和黑便，可致失血性休克或诱发肝性脑病，死亡率高。

（2）感染：由于病人抵抗力低下、门腔静脉侧支循环开放等因素，易并发感染，如自发性细菌性腹膜炎、肺炎、胆道及尿路感染等。自发性细菌性腹膜炎是非腹内脏器感染引发的急性细菌性腹膜炎，由于腹腔积液是细菌的良好培养基，肝硬化病人出现腹腔积液后容易导致该病，致病菌多为革兰氏阴性杆菌。

（3）肝性脑病：是晚期肝硬化最严重的并发症，也是病人最常见的死亡原因。具体详见本章第六节"肝性脑病病人的护理"。

（4）电解质和酸碱平衡紊乱：低钠血症常见，与长期低钠饮食、长期利尿或大量放腹腔积液有关。低钾、低氯血症与代谢性碱中毒，与摄入不足、呕吐、腹泻、利尿及继发性醛固酮增多有关。

（5）肝肾综合征：又称功能性肾衰竭。常在难治性腹腔积液、进食减少、呕吐、腹泻、利尿剂应用不当、自发性细菌性腹膜炎及肝功能衰竭时诱发，表现为少尿或无尿、氮质血症、稀释性低钠血症和低尿钠，但肾脏无明显器质性损害。

（6）原发性肝癌：若肝脏进行性增大、肝表面出现肿块、持续性肝区疼痛、腹腔积液增加且为血性及不明原因的发热等，应怀疑并发原发性肝癌。

（7）其他：如胆石症、门静脉血栓或海绵样变、肝肺综合征等。

边学边练

实践 8　肝硬化病人的护理

（三）心理－社会状况

肝硬化病人失代偿期易产生焦虑、紧张、抑郁及恐惧等心理。因病程漫长，疗效不佳，预后不良且长期治疗，家庭经济负担逐渐加重，常使病人及家属出现悲观、失望等不良情绪。家属对病人的关心和支持不足及医疗费用保障不足，会使病人产生抑郁等心理。

（四）辅助检查

1. 血常规　代偿期多正常，失代偿期有轻重不等的贫血。合并感染时白细胞计数可升高。脾功能亢进时白细胞和血小板计数减少。

2. 肝功能检查　代偿期正常或轻度异常，失代偿期转氨酶常有轻、中度增高。白蛋白降低，球蛋白增高，白蛋白／球蛋白比值降低或倒置。凝血酶原时间延长。

3. 腹腔积液检查　一般为漏出液，血清和腹腔积液白蛋白梯度 >11g/L 提示门静脉高压。并发自发性细菌性腹膜炎、结核性腹膜炎或癌变时腹腔积液性质发生相应变化。

4. 影像学检查　食管吞钡 X 线检查显示食管静脉曲张呈虫蚀样或蚯蚓状充盈缺损，胃底静脉曲张呈菊花样充盈缺损。超声显像、CT 和 MRI 检查可显示肝脏、脾脏、肝内门静脉、肝静脉形态改变及腹腔积液征象。

5. 内镜检查　上消化道内镜检查可观察食管、胃底静脉有无曲张及曲张的程度和范围,对并发出血者还能明确出血的原因和部位,并进行止血治疗。腹腔镜检查可直接观察肝、脾的情况。

（五）治疗要点

肝硬化治疗应采取综合性措施。首先针对病因进行治疗,注意休息和饮食,使病情缓解,延长代偿期和保持劳动力。可使用保护肝细胞的药物(如还原型谷胱甘肽、S-腺苷蛋氨酸、维生素),慎用损伤肝脏的药物。失代偿期病人主要是对症治疗、改善肝功能和防治并发症,有手术适应证者慎重选择时机进行手术治疗。经颈静脉肝内门腔分流术是通过介入方法建立肝静脉和肝内门静脉的分流通道,降低门静脉压力,减少腹腔积液的生成。肝移植是治疗晚期肝硬化的最佳治疗方法。

【常见护理诊断/问题】

1. 营养失调:低于机体需要量　与肝功能减退、门静脉高压引起食欲减退、消化和吸收障碍有关。

2. 体液过多　与肝功能减退、门静脉高压引起水钠潴留有关。

3. 有感染的危险　与机体抵抗力低下、门腔静脉侧支循环开放等因素有关。

4. 有皮肤完整性受损的危险　与营养不良、水肿、皮肤干燥、瘙痒及长期卧床有关。

5. 潜在并发症:上消化道出血、肝性脑病等。

【护理目标】

病人能说出营养不良的原因,遵循饮食计划,营养状况改善;腹腔积液和水肿减轻;无感染发生,或能及时发现并控制感染;皮肤保持完整,无压疮发生;并发症得到有效防治。

【护理措施】

（一）一般护理

1. 休息与活动　休息可以减少能量的消耗,减轻肝脏代谢的负担,增加肝脏的血流量,有助于肝细胞修复,改善腹腔积液和水肿。代偿期病人宜适当减少活动量,可参加轻体力工作;失代偿期病人应以卧床休息为主,可适当活动,活动量以不感到疲劳、不加重症状为度。

2. 饮食护理

（1）饮食原则:给予高热量、高蛋白质、高维生素、易消化饮食,严禁饮酒,适当摄入脂肪,动物脂肪不宜摄入过多,并根据病情变化及时调整。有静脉曲张者应食菜泥、肉末、软食,进餐时细嚼慢咽;咽下的食团宜小且外表光滑,切勿混入糠皮、硬屑、鱼刺、甲壳等坚硬、粗糙的食物,以防损伤曲张的静脉导致出血。必要时遵医嘱通过静脉补充足够的营养,如高渗葡萄糖液、复方氨基酸、白蛋白等。

（2）食物选择:热量以碳水化合物为主,蛋白质(肝性脑病除外)1～1.5g/(kg·d),以豆制品、鸡蛋、牛奶、鱼肉、鸡肉及瘦猪肉为主,以利于肝细胞修复和维持血浆白蛋白正常水平。肝功能显著损害或有肝性脑病先兆时,应限制或禁食蛋白质,待病情好转后再逐渐增加蛋白质摄入量,并应选择植物蛋白,如豆制品,因其含蛋氨酸、芳香氨基酸和产氨氨基酸较少。多食新鲜水果和蔬菜。

3. 皮肤护理 黄疸病人皮肤瘙痒时,协助病人温水擦浴,外用炉甘石洗剂止痒。嘱病人不搔抓皮肤,以免引起皮肤破损、出血和感染。具体护理措施详见本章第一节"四、黄疸"。

(二)病情观察

准确记录 24 小时液体出入量,定期测量腹围和体重,以观察腹腔积液消长情况。密切监测血清电解质和酸碱度的变化,及时发现水、电解质和酸碱平衡紊乱。注意有无呕血和黑便,有无精神异常,有无腹痛、腹胀、发热及短期内腹腔积液迅速增加,有无少尿、无尿等表现,及早发现上消化道出血、胆石症、感染、肝性脑病、门静脉血栓或海绵样变、肝肾综合征等并发症。若出现异常,应立即报告医生并协助处理。

(三)腹腔积液护理

对肝硬化腹腔积液,可采取以下护理措施:

1. 体位 轻度腹腔积液尽量取平卧位,并可抬高下肢,以增加肝、肾血流量,改善肝细胞营养,提高肾小球滤过率,减轻水肿。大量腹腔积液者可取半坐卧位,以使膈肌下降,有利于呼吸运动,减轻呼吸困难和心悸;同时应避免使腹内压突然剧增的因素,如剧烈咳嗽、打喷嚏及用力排便等。阴囊水肿者可用托带托起阴囊,以利于水肿消退。

2. 限制水、钠摄入 腹腔积液病人需限制钠的摄入(氯化钠 1.2～2.0g/d)。进水量每天在 1 000ml 以内,如有低钠血症,应限制在每天 500ml 左右。向病人介绍各种食物的成分,禁食腌制食物如咸肉、酱菜等。限钠饮食常使病人感到食物淡而无味,可适量添加柠檬汁、食醋等,改善口味,以增进食欲。腹腔积液减退后,仍需限制钠的摄入,防止腹腔积液再次出现。

3. 用药护理 利尿剂是目前临床应用最广泛的治疗腹腔积液的方法,常用药物为螺内酯和呋塞米。其中螺内酯为首选,用药数日后加用呋塞米。用药期间应注意维持水、电解质和酸碱平衡,利尿速度不宜过快,每天体重减轻一般不超过 0.5kg,有下肢水肿者每天体重减轻不超过 1kg。

4. 协助腹腔穿刺放腹腔积液 用于顽固性腹腔积液的姑息治疗。肝硬化病人一次放腹腔积液一般不超过 3 000ml,过多放液可诱发肝性脑病和电解质紊乱。但在输注大量白蛋白的基础上也可以大量放液,一般每放腹腔积液 1 000ml,输注白蛋白 8～10g。穿刺放腹腔积液后束紧腹带,以免腹内压骤然下降,内脏血管扩张引起血压下降或休克。

(四)心理护理

加强与病人沟通,鼓励病人说出其内心的感受和忧虑,在精神上给予病人真诚的安慰和支持。向病人及家属介绍治疗有效的病例,提供新的医疗信息,以增加病人对于治疗的信心。指导病人家属在情感上关心和支持病人,减轻病人的心理压力。

（五）健康指导

1. 疾病知识指导　向病人及家属介绍肝硬化的基本知识,分析和消除各种不利因素,使病人树立治疗信心,把护理计划落实到日常生活中,告知病人应坚持定期门诊复查。

2. 生活指导　肝硬化代偿期病人可参加轻体力活动,失代偿期病人以休息为主。

3. 用药指导　指导病人严格遵医嘱服药,不可擅自用药,以免服药不当而加重肝脏负担和肝功能损害。应向病人详细介绍所用药物的名称、作用、剂量、给药方法和注意事项,教会病人观察药物疗效和不良反应。

4. 病情监测指导　如服用利尿剂者,应记录尿量,若病人出现软弱无力、心悸等症状时,提示低钠、低钾血症,应及时就医。指导家属学会识别并发症的征兆,及早发现病情变化,如病人出现性格、行为改变等肝性脑病的前驱症状,或消化道出血等其他并发症时,应及时就诊。

【护理评价】

病人营养状况是否改善;腹腔积液、水肿及其引起的身体不适是否减轻;感染是否发生;皮肤完整性是否受损,有无压疮发生;并发症是否得到有效防治。

（杨晓芳）

第六节　肝性脑病病人的护理

学习目标

1. 具有高度的责任感、沉着冷静的心理素质和严谨细致的工作态度,珍视生命,尊重和关爱病人。
2. 掌握肝性脑病病人的身心状况和主要护理措施。
3. 熟悉肝性脑病的诱因、治疗要点和病人的常见护理诊断／问题。
4. 了解肝性脑病的病因、发病机制、辅助检查和病人的护理目标、护理评价。
5. 学会运用护理程序,发现并解决肝性脑病病人的常见护理问题,并能进行安全给药、监护和抢救配合。

工作情景与任务

导入情景:

王先生,60岁。7年前诊断为肝硬化,1天前进食约半斤牛肉后,出现反应迟钝、言语不清,1小时前出现昏迷。家人拨打"120"急诊入院。急查血氨和脑电图,入院诊断为肝性脑病。医嘱:持续监护,吸氧,稀醋酸灌肠,静脉滴注L-鸟氨酸-L-门冬氨酸。

工作任务：

1. 遵医嘱对王先生进行治疗和护理，观察药物疗效及不良反应。

2. 待王先生清醒后，对其进行饮食指导。

肝性脑病（hepatic encephalopathy，HE）是由严重肝病或门腔分流引起的、以代谢紊乱为基础的中枢神经系统功能失调的综合征。轻者临床表现仅为轻微的智力减退，严重者出现意识障碍、行为失常和昏迷。

肝性脑病最常见的病因是肝硬化，特别是肝炎后肝硬化，其他如重症肝炎、暴发性肝功能衰竭、原发性肝癌、严重胆道感染及妊娠急性脂肪肝等亦可引起肝性脑病。一般认为本病产生的病理生理基础是在肝功能衰竭和存在门腔静脉分流时，来自肠道的、正常情况下能被肝有效代谢的毒性产物，未被肝解毒或清除便进入体循环，透过血脑屏障而至脑部，干扰脑的能量代谢，引起脑功能紊乱。其发病机制主要与氨中毒、假性神经递质（如β-多巴胺、苯乙醇胺）、色氨酸和锰离子有关，其中氨代谢紊乱引起氨中毒是肝性脑病特别是门体分流性肝性脑病的重要发病机制。

【护理评估】

（一）健康史

评估病人有无肝炎、肝硬化及肝癌等病史；近期是否做过门腔静脉分流手术；是否长期使用损害肝脏的药物或嗜酒；有无上消化道出血、高蛋白饮食、大量排钾利尿、大量放腹腔积液、使用镇静剂及麻醉药、便秘、感染、外科手术等肝性脑病的诱因；有无精神病病史。

（二）身体状况

肝性脑病的临床表现很不一致，一般根据意识障碍程度、神经系统体征和脑电图改变，将肝性脑病的临床过程分为5期。

0期（潜伏期）：又称轻微肝性脑病，病人仅在心理测试或智力测试时有轻微异常，而无行为、性格的异常，无神经系统病理征，脑电图正常。

1期（前驱期）：轻度性格改变和精神异常，如焦虑、欣快激动或淡漠、睡眠倒错、健忘等。可有扑翼样震颤，即嘱病人两臂平伸，肘关节固定，手掌向背侧伸展，手指分开时，可见到手向外侧偏斜，掌指关节、腕关节甚至肘与肩关节急促而不规则地扑击样抖动。此期临床表现不明显，脑电图多数正常，易被忽视。

2期（昏迷前期）：嗜睡、行为异常（如衣冠不整或随地大小便）、言语不清、书写障碍及定向力障碍，有腱反射亢进、肌张力增高、踝阵挛及锥体束征阳性等神经体征。扑翼样震颤存在，脑电图有特征性异常。

3期（昏睡期）：昏睡，但可唤醒，醒时尚能应答，但常有意识不清和幻觉。各种神经系统体征持续存在或加重。扑翼样震颤仍可引出，肌张力明显增高，锥体束征阳性。脑电图明显异常。

4期（昏迷期）：昏迷，不能唤醒。浅昏迷时，对疼痛等强刺激尚有反应，肌张力、腱反射仍亢进；深昏迷时，各种反射消失，肌张力降低。扑翼样震颤不能引出。脑电图明显异常。

（三）心理－社会状况

病人逐渐丧失工作和自理能力，长期治疗又增加病人和家属的经济负担而出现焦虑、抑郁心理。昏迷后，家属往往出现紧张、恐惧心理。

（四）辅助检查

1. 血氨　慢性肝性脑病尤其是门腔分流性肝性脑病血氨多增高，急性肝性脑病病人的血氨可以正常。

2. 脑电图检查　典型改变为节律变慢。昏迷前期及昏睡期病人出现普遍性每秒 4 ～ 7 次的 δ 波或三相波；昏迷期表现为高波幅的 δ 波，每秒少于 4 次。

（五）治疗要点

本病尚无特效疗法，常采用综合治疗。①消除诱因。②减少肠内氮源性毒物的生成和吸收：限制蛋白质摄入量；灌肠或导泻，以清除肠内积食、积血或其他含氮物质；口服抗生素，可选用新霉素、甲硝唑、利福昔明等；长期治疗者选用乳果糖或乳梨醇口服。③促进体内氨的代谢：可用降氨药物如 L- 鸟氨酸 -L- 门冬氨酸、谷氨酸钾、谷氨酸钠和精氨酸等。④调节神经递质：口服或静脉输注以支链氨基酸为主的氨基酸混合液等。⑤对症治疗：包括防治脑水肿，纠正水、电解质和酸碱平衡紊乱等。⑥使用人工肝或进行肝移植。

【常见护理诊断／问题】

1. 意识障碍　与血氨升高，干扰脑细胞能量代谢引起大脑功能紊乱有关。

2. 营养失调：低于机体需要量　与肝功能衰竭、消化吸收障碍、限制蛋白质摄入有关。

3. 有感染的危险　与长期卧床、营养失调、抵抗力低下有关。

4. 知识缺乏：缺乏预防肝性脑病的有关知识。

【护理目标】

病人意识逐渐恢复正常，生命体征平稳；能遵循饮食计划，保证每天热量摄入，促进肝功能恢复；无感染发生；能够说出预防肝性脑病的知识。

【护理措施】

（一）一般护理

1. 休息与活动　安置病人于重症监护病房，绝对卧床休息，专人护理。保持室内空气新鲜，环境安静，限制探视。

2. 饮食护理

（1）给予高热量饮食：保证每天热量供应 5 ～ 6.7MJ（1 200 ～ 1 600kcal），防止因维持正氮平衡热量不够时，蛋白质分解代谢增强，氨基酸生成及产氨增多。每天入液总量以不超过 2 500ml 为宜，肝硬化腹腔积液病人一般以每天 1 000ml 左右为标准的入液量。尽量减少脂肪的摄入，以免延缓胃排空。

（2）蛋白质的摄入：肝性脑病对营养的要求，重点不在于限制蛋白质的摄入，而在于保持正氮平衡。蛋白质的摄入应遵循以下原则：①急性起病数日内禁食蛋白质（1~2期肝性脑病可限制在 20g/d 以内），意识清楚后蛋白质从 20g/d 开始逐渐增加至 1g/（kg·d）。给予葡萄糖保证能量供应，昏迷者可给予鼻饲饮食。②慢性肝性脑病病人无禁食蛋白质的必要。③口服或静脉使用支链氨基酸制剂，可调整芳香族氨基酸/支链氨基酸比值，减少或拮抗假性神经递质。④植物和奶制品蛋白优于动物蛋白。植物蛋白含支链氨基酸多，含甲硫氨基酸、芳香族氨基酸较少；植物类食物还可提供纤维素，有利于维护结肠的正常菌群及降低结肠的 pH。

（二）病情观察

密切注意肝性脑病的早期征象，如病人有无淡漠或欣快，理解力和近期记忆力减退，行为异常（哭泣、叫喊、当众便溺），以及扑翼样震颤。通过刺激或定期唤醒等方法评估病人意识障碍的程度。监测并记录病人血压、脉搏、呼吸、体温及瞳孔的变化。定期复查血氨、肝功能、肾功能、电解质，若有异常应及时协助医生进行处理。

（三）治疗配合

1. 用药护理

（1）减少肠道内毒物的生成和吸收：①新霉素：可抑制肠道产尿素酶的细菌生长，减少氨的生成。长期服用可出现听力或肾功能损害，使用时间不宜超过 1 个月，用药期间监测听力和肾功能。②乳果糖：乳果糖到达结肠后分解为乳酸和乙酸，使肠道酸化，肠道细菌产氨减少，并促进血液中的氨（NH_3）渗入肠道排出体外。乳果糖可引起腹胀、腹部绞痛、恶心、呕吐及电解质紊乱等，服用时从小剂量开始，保证每天排 2~3 次软便。

（2）促进体内氨的代谢：① L-鸟氨酸-L-门冬氨酸：严重肾衰竭者禁用。静脉注射时应控制速度，避免出现恶心、呕吐等不良反应。②谷氨酸钾或谷氨酸钠：为碱性制剂，血 pH 偏高者不宜使用。应用时根据血钾、血钠浓度进行调整，尿少时慎用谷氨酸钾，严重水肿、腹腔积液时慎用谷氨酸钠，并注意输液速度。③精氨酸：为酸性制剂，不宜和碱性药物配伍。静脉输注速度不宜过快，注意观察有无流涎、呕吐及面色潮红等不良反应。

（3）其他：不宜用维生素 B_6，因其可使多巴在周围神经处转为多巴胺，影响多巴进入脑组织，减少中枢神经系统正常递质的传导。

2. 去除和避免诱发因素

（1）清除胃肠道内积血，减少氨的吸收：可用生理盐水或弱酸性溶液灌肠，使肠内保持偏酸环境，有利于血液中有毒性的 NH_3 逸入肠腔与 H^+ 合成 NH_4 后随粪便排出，从而降低血氨。忌用肥皂水等碱性溶液灌肠。也可用 25% 硫酸镁口服或鼻饲导泻。

（2）避免快速利尿和大量放腹腔积液，以防止有效循环血量减少、大量蛋白质丢失及低钾血症，从而加重病情。可在放腹腔积液的同时补充血浆白蛋白。

（3）避免应用催眠镇静药、麻醉药等：当病人狂躁不安或有抽搐时，禁用吗啡、水合氯醛、哌替啶及速效巴比妥类药物，必要时遵医嘱减量使用地西泮、东莨菪碱，并减少给药次数。

（4）防止及控制感染：发生感染时，应遵医嘱及时、准确地应用抗生素，以有效控制感染。

（5）保持排便通畅，防止便秘：便秘使含氨、胺类和其他有毒物质的粪便与结肠黏膜接触时间延长，促进毒物的吸收。

（四）心理护理

病人因病情重、病程长、久治不愈、医疗费较高等原因，常出现烦躁、焦虑、悲观等情绪，甚至不配合治疗。因此要给予耐心的解释和劝导，尊重病人，解除其顾虑及不安情绪，取得病人的信任及合作，鼓励其增强战胜疾病的信心。向家属讲解病情发展经过，使家属共同参与病人的护理，提高治愈率。

（五）健康指导

1. 疾病知识指导　向病人和家属介绍肝性脑病的有关知识，避免肝性脑病的诱因。教会家属识别肝性脑病的先兆症状，以便及时就诊。

2. 生活指导　根据病情调整饮食，坚持合理的饮食原则，戒烟酒。

3. 用药指导　指导病人按医嘱规定的剂量、用法服药，告知病人药物的主要不良反应及应对方法，定期随访复诊。

【护理评价】

病人意识是否恢复正常，生命体征是否平稳；饮食计划是否遵循，营养状况有无改善；感染是否发生；能否正确说出预防肝性脑病的相关知识。

（杨晓芳）

第七节　急性胰腺炎病人的护理

学习目标

1. 具有高度的责任感、沉着冷静的心理素质和严谨细致的工作态度，珍视生命，尊重和关爱病人。
2. 掌握急性胰腺炎病人的身心状况和主要护理措施。
3. 熟悉急性胰腺炎的病因和病人的常见护理诊断／问题。
4. 了解急性胰腺炎的辅助检查、治疗要点。
5. 学会运用护理程序，发现并解决急性胰腺炎病人的常见护理问题，并能进行安全给药、监护和抢救配合。

导入情景：

张先生,40岁。既往有胆石症病史,4小时前与朋友喝酒、聚餐,吃得很饱。1小时前突然出现上腹部疼痛,伴恶心、呕吐,家人急忙将张先生送医院就诊。BP 132/88mmHg,急查血清淀粉酶,入院初步诊断为急性胰腺炎。医嘱:禁饮食,胃肠减压,奥美拉唑、奥曲肽静脉滴注。

工作任务：

1. 遵医嘱对张先生进行胃肠减压,奥美拉唑及奥曲肽静脉滴注治疗,观察药物疗效及不良反应。

2. 对张先生进行健康指导。

急性胰腺炎(acute pancreatitis,AP)是多种原因导致胰腺组织自身消化所致的胰腺水肿、出血及坏死等炎性损伤。临床上以急性上腹痛及血淀粉酶或脂肪酶升高为特点。病变程度轻重不等,轻者以胰腺水肿为主,临床多见,病情常呈自限性,预后良好,称为轻症急性胰腺炎;少数重者胰腺出血、坏死,常继发感染、腹膜炎及休克等多种并发症,死亡率高,称为重症急性胰腺炎。本病多见于青壮年,女性多于男性。

引起急性胰腺炎的病因较多,在我国胆道疾病是最常见的病因,国内报道约50%以上的急性胰腺炎并发于胆石症、胆道感染等胆道疾病。其次是酗酒和暴饮暴食,导致胰液大量分泌及十二指肠乳头水肿或Oddi括约肌痉挛,使胰液排出受阻,引起急性胰腺炎。其他如胰管阻塞(胰管结石或蛔虫、胰管狭窄、肿瘤等)、十二指肠及周围疾病、腹部手术与创伤等,都可诱发急性胰腺炎。

【护理评估】

（一）健康史

评估病人有无急、慢性胆道疾病;有无胰、十二指肠疾病史;有无酗酒和暴饮暴食等诱因;有无腹部手术与创伤等。

（二）身体状况

1. 症状

（1）腹痛:为本病的主要表现和首发症状,常在暴饮暴食或酗酒后突然发生。可为钝痛、刀割样痛、钻痛或绞痛,呈持续性、阵发性加剧。疼痛位于中上腹,常向腰背部呈带状放射。取弯腰抱膝位可减轻疼痛,一般胃肠解痉药物不缓解,进食加剧。轻症病人腹痛3~5日可缓解。重症急性胰腺炎病情发展迅速,腹痛持续时间较长,发生腹膜炎时疼痛波及全腹。

（2）恶心、呕吐与腹胀:起病后多出现恶心、呕吐,呕吐物为食物和胆汁,呕吐后腹痛不减轻。多伴有腹胀,甚至出现麻痹性肠梗阻。

（3）发热:多有中度发热,一般持续 3～5 日。若体温超过 39℃持续不退,提示重症急性胰腺炎继发腹膜炎、胰腺脓肿或合并胆道系统感染。

（4）低血压或休克:常见于重症急性胰腺炎。主要原因为有效循环血容量不足、胰腺坏死释放心肌抑制因子致心肌收缩不良、并发感染和消化道出血等。

（5）水、电解质及酸碱平衡紊乱:多有轻重不等的脱水,呕吐频繁者可有代谢性碱中毒。重症急性胰腺炎可有明显脱水和代谢性酸中毒,血钾、血镁及血钙降低,血糖增高。部分病人因严重低血钙而有手足抽搐,提示预后不良。

2. 体征　轻症急性胰腺炎腹部体征较轻,压痛仅限于上腹部,无明显腹肌紧张,可有肠鸣音减弱。重症急性胰腺炎常呈急性病容、脉搏增快、呼吸急促及血压下降;上腹或全腹压痛明显,有肌紧张和反跳痛。少数病人因胰酶、坏死组织及出血沿腹膜间隙与肌层渗入腹壁下,致两侧腰部皮肤呈暗灰蓝色（Grey-Turner 征）,或脐周围皮肤青紫（Cullen 征）。胰头炎性水肿压迫胆总管时可出现黄疸。

3. 并发症　主要见于重症急性胰腺炎。局部并发症有胰腺脓肿、假性囊肿;全身并发症有急性呼吸窘迫综合征、急性肾损伤、心律失常与心力衰竭、消化道出血、败血症及糖尿病等,病死率极高。

（三）心理－社会状况

由于起病急,疼痛剧烈,病人常表现为痛苦呻吟、烦躁不安,加之对疾病认识不足和担心疾病的预后等,病人可产生紧张、焦虑心理,甚至感到有死亡的威胁。

（四）辅助检查

1. 白细胞计数　多有白细胞增多及中性粒细胞核左移。

2. 血、尿淀粉酶测定　血清淀粉酶一般在起病后 2～12 小时开始升高,48 小时后开始下降,持续 3～5 日。血清淀粉酶超过正常值 3 倍即可诊断本病,但血清淀粉酶的高低不一定反映病情轻重。尿淀粉酶升高较晚,常在发病后 12～14 小时升高,持续 1～2 周逐渐恢复正常,但其受病人尿量的影响,故临床诊断价值不大。

3. 血清脂肪酶　常在病后 24～72 小时开始升高,持续 7～10 日,对病后就诊较晚的病人有诊断价值,且特异性也较高。

4. C 反应蛋白（CRP）是组织损伤和炎症的非特异标志物,有助于评估与监测急性胰腺炎的严重性,在胰腺坏死时明显升高。

5. 生化检查　暂时性血糖升高,可能与胰岛素释放减少和胰高血糖素释放增加有关。持久空腹血糖高于 11.2mmol/L 反映胰腺坏死,提示预后不良。血钙降低,其降低程度与临床严重程度平行,若低于 2mmol/L 则预后不良。

6. 影像学检查　腹部超声检查为常规初筛检查。腹部 CT 检查对鉴别水肿型和坏死型病变有重要价值,并可了解胰腺周围病变。

（五）治疗要点

治疗原则为减轻腹痛、减少胰腺外分泌、防治并发症。

1. 轻症急性胰腺炎　①减少胰腺外分泌：采用禁食、胃肠减压和药物治疗。常用药物有 H_2 受体拮抗剂或质子泵抑制剂。②静脉输液：补充血容量，维持水、电解质和酸碱平衡。③减轻疼痛：疼痛剧烈者可用哌替啶。④预防和抗感染：急性胰腺炎病程中极易并发感染，感染源大多来自肠道，可采取导泻法（如口服硫酸镁或芒硝）清洁肠道、口服抗生素（如左氧氟沙星与甲硝唑联合应用）等。

2. 重症急性胰腺炎　除上述治疗外，还应：①纠正休克和水、电解质平衡紊乱。②营养支持。③抗感染治疗，常规使用抗生素，预防胰腺坏死并发感染，常用药物有氧氟沙星、环丙沙星、克林霉素、甲硝唑及头孢菌素等。④减少胰腺分泌，常用药物有生长抑素及其类似物，如奥曲肽。⑤抑制胰酶活性，仅用于重症胰腺炎的早期，常用药物有抑肽酶、加贝酯等。⑥防治各种并发症，合并腹膜炎、脓肿及假性囊肿时需手术引流或切除。

【常见护理诊断/问题】

1. 疼痛：腹痛　与胰腺及周围组织炎症、水肿或出血坏死有关。

2. 体温过高　与胰腺炎症、坏死或继发感染有关。

3. 有体液不足的危险　与呕吐、禁食及胃肠减压或出血有关。

4. 恐惧　与起病急、腹痛剧烈及缺乏疾病的防治知识有关。

5. 潜在并发症：低血容量性休克、急性呼吸窘迫综合征、急性肾损伤等。

【护理措施】

（一）一般护理

1. 休息与活动　绝对卧床休息，协助病人取弯腰、前倾坐位或屈膝侧卧位，以减轻疼痛。病人疼痛剧烈、烦躁时，应做好安全防护，防止发生意外损伤。病情许可后可遵医嘱指导病人下床活动。

2. 饮食护理

（1）禁食和胃肠减压：多数病人需要禁食 1~3 天，有助于缓解腹胀和腹痛，必要时给予胃肠减压。当疼痛减轻、发热消退后，从少量低脂、低糖流质饮食开始，逐渐恢复至正常饮食。应避免刺激性强、产气多、高脂和高蛋白食物。

（2）加强营养支持：及时补充水分和电解质，保证有效血容量。早期一般给予全胃肠外营养。如无梗阻，宜早期行空肠插管，过渡到肠内营养。

（3）鼻-空肠管护理：若病人禁食、禁饮超过 1 周，可考虑在 X 线引导下经鼻腔置空肠营养管，实施肠内营养。

（二）病情观察

严密观察病人的体温、脉搏、呼吸、血压、意识及尿量的变化；观察腹部症状和体征的变化；观察胃肠减压时引流物的性质和量；观察皮肤弹性，判断脱水程度，准确记录 24 小时出入液量；遵医嘱定时采集标本，监测血清淀粉酶、血清脂肪酶、血钙及血糖等变化。

（三）对症护理

腹痛、恶心与呕吐时给予相应的护理。多数病人在静脉滴注生长抑素后，腹痛可得到明显缓解。对严重腹痛者，可遵医嘱注射哌替啶，但需注意哌替啶反复使用可致成瘾。由于吗啡可引起Oddi括约肌痉挛，胆碱能受体拮抗剂如阿托品可诱发或加重肠麻痹，故均不宜使用。对发热病人进行物理降温，并观察降温效果。

（四）治疗配合

1. 用药护理　遵医嘱用药，并观察药物疗效及不良反应。①西咪替丁：静脉给药时，偶有血压降低、呼吸和心跳停止，给药时速度不宜过快。②奥曲肽：需持续静脉滴注给药，用药后在注射部位有疼痛或针刺感。③抑肽酶：可产生抗体，有过敏的可能。④加贝酯：静脉滴注速度不宜过快，勿将药液注入血管外，多次使用时应更换注射部位。药液应新鲜配制，对多种药物有过敏史者、孕妇和儿童禁用。

2. 重症急性胰腺炎的抢救配合

（1）病情监测：安置病人于重症监护病房，严密监测病人生命体征。观察有无多器官功能衰竭的表现，如呼吸急促、脉搏细速及尿量减少等。观察呕吐物和引流液的量和性质。监测血清淀粉酶、血电解质及血糖变化。

（2）备好抢救用物：如静脉切开包、人工呼吸器及气管切开包等。

（3）维持有效血容量：迅速建立静脉通道，输入液体及电解质。禁食病人每天的液体入量需维持在3 000ml以上，以维持有效循环血容量。

（4）防治低血容量性休克：出现低血容量性休克时，立即协助病人取仰卧中凹位，注意保暖，遵医嘱给予氧气吸入。迅速建立静脉通道，必要时静脉切开，遵医嘱输注液体、血浆或全血以补充血容量。根据血压随时调整输液速度。如血压仍不回升，遵医嘱给予血管活性药物。

（5）防治急性呼吸窘迫综合征：高浓度吸氧，做好气管切开、机械通气的护理。

（五）心理护理

经常巡视并关心、安慰病人，及时解决病人的痛苦和护理要求。向病人和家属介绍本病的基本知识、治疗方法及效果，消除其紧张、恐惧的心理。

边学边练

实践9　急性胰腺炎病人的护理

（六）健康指导

1. 疾病知识指导　向病人和家属讲解胰腺炎的发病原因、诱因及疾病过程。对有胆道疾病的病人，劝导其积极治疗，避免此病复发。如出现腹痛、腹胀、恶心等症状及时就诊。

2. 生活指导　指导病人掌握饮食卫生知识，养成良好的饮食习惯，避免暴饮暴食。

腹痛缓解后,应从少量低脂、低糖饮食开始逐渐恢复正常饮食,应避免刺激性强、产气多、高脂和高蛋白食物,戒除烟酒,防止此病复发。

(杨晓芳)

第八节　上消化道出血病人的护理

学习目标

1. 具有高度的责任感、沉着冷静的心理素质和严谨细致的工作态度,珍视生命,尊重和关爱病人。
2. 掌握上消化道出血病人的身心状况和主要护理措施。
3. 熟悉上消化道出血的病因、辅助检查、治疗要点和病人的常见护理诊断 / 问题。
4. 了解上消化道出血病人的护理目标和护理评价。
5. 学会运用护理程序,发现并解决上消化道出血病人的护理问题,并能进行安全给药、监护和抢救配合。

工作情景与任务

导入情景:

黄先生,46 岁。患肝硬化 5 年,1 小时前吃油条后出现呕血,量约 800ml。病人和家属非常害怕,拨打"120"急诊入院。BP 80/50mmHg,P 120 次 /min,皮肤湿冷。入院初步诊断肝硬化合并上消化道出血,失血性休克。医嘱:持续监测血压,吸氧,输血,静脉滴注血管升压素。

工作任务:

1. 遵医嘱对黄先生进行治疗和护理,观察药物疗效及不良反应。

2. 对黄先生进行健康指导。

上消化道出血是指屈氏韧带以上的消化道包括食管、胃、十二指肠、胰、胆道病变引起的出血,以及胃空肠吻合术后的空肠病变出血。上消化道大出血一般指在数小时内出血量超过 1 000ml 或循环血容量的 20%,主要表现为呕血和 / 或黑便,并伴有血容量减少引起的急性周围循环衰竭。它是临床常见的急症之一,若抢救不及时可危及生命。

上消化道出血的病因很多,常见病因为消化性溃疡、食管 – 胃底静脉曲张破裂、急性糜烂出血性胃炎和上消化道肿瘤。其中消化性溃疡是上消化道出血最常见的病因。其他病因有食管贲门黏膜撕裂伤、胆囊或胆管结石、胰腺癌等,某些全身性疾病如白血病、血友病、尿毒症等亦可引起。

【护理评估】

（一）健康史

评估病人有无消化性溃疡、肝硬化、胃癌病史；有无胰腺、胆道疾病病史；有无饮食不当、长期嗜酒病史；有无服用损害胃黏膜的药物（如非甾体抗炎药、糖皮质激素等）病史；有无白血病、尿毒症等病史。

（二）身体状况

上消化道出血病人的身体状况取决于出血病变的性质、出血量、部位及出血速度，并与病人出血前的全身状况如有无贫血及心、肝、肾功能有关。

1. 呕血与黑便　是上消化道出血的特征性表现。上消化道出血者均有黑便，但不一定有呕血。出血部位在幽门以上者常有呕血和黑便，出血部位在幽门以下者可仅表现为黑便。但出血量少而速度慢的幽门以上病变亦可仅见黑便，而出血量大、速度快的幽门以下病变可因血液反流入胃而出现呕血。

呕血与黑便的颜色、性质亦与出血量和出血速度有关。呕血时若出血量少，血液在胃内停留时间长，经胃酸作用形成正铁血红素，呈黑色或咖啡色；若出血量大，血液在胃内停留时间短，未经胃酸混合即呕出，则呈暗红色甚至鲜红色。上消化道出血时粪便以黑色或柏油样为主，是因血红蛋白中的铁与肠内硫化物作用形成硫化铁所致；如出血量多使肠蠕动加速时，则粪便可呈暗红或鲜红色。

2. 失血性周围循环衰竭　上消化道大出血时，由于循环血容量急剧减少，静脉回心血量不足，导致心排血量降低，常发生急性周围循环衰竭。早期病人可出现头昏、乏力、心悸、晕厥、口渴、黑矇及出汗等组织缺血的表现。呈休克状态时，表现为血压下降、脉压变小、不同程度的意识障碍、心率加快、呼吸急促、口唇发绀、面色苍白、四肢湿冷、尿量减少。

3. 贫血及血象变化　上消化道大出血后，均有急性失血性贫血。出血 24 小时内网织红细胞即可升高，出血停止后逐渐降至正常，如出血不止则可持续升高。白细胞计数在出血后 2～5 小时升高，出血停止后 2～3 天恢复正常。肝硬化脾功能亢进者白细胞计数可不升高。

4. 发热　多数病人于大量出血后 24 小时内出现发热，一般不超过 38.5℃，可持续 3～5 天。发热可能与循环血量减少，周围循环衰竭，导致体温调节中枢的功能障碍等因素有关。

5. 氮质血症　上消化道大量出血后，肠道中血液的蛋白质消化产物被吸收，使血中尿素氮浓度升高，称为肠源性氮质血症。血尿素氮常在出血后数小时开始上升，24～48 小时达高峰，如无继续出血，3～4 天降至正常。

（三）心理-社会状况

病人由于大量呕血、黑便以及周围循环衰竭而产生恐惧、紧张、焦虑及烦躁心理。反复出血的病人可因工作能力下降、经济负担过重产生悲观情绪。

（四）辅助检查

1. 实验室检查　测定红细胞、白细胞、血小板计数及血红蛋白浓度,监测肝肾功能,进行大便隐血试验等,有助于估计失血量及动态观察有无活动性出血,判断治疗效果及协助病因诊断。

2. 胃镜检查　是上消化道出血定位、定性诊断的首选检查方法。多在出血后 24～48 小时内做急诊胃镜检查,以明确诊断并对出血病灶进行止血治疗。

3. X 线钡餐造影检查　对明确病因亦有价值,主要适用于不宜或不愿进行内镜检查者。在出血停止和病情基本稳定数日后进行检查。

4. 其他　胃镜及 X 线钡餐造影未能确诊而又反复出血者,可行放射性核素扫描或选择性动脉造影。

（五）治疗要点

消化道大量出血病情急、变化快,抗休克、迅速补充血容量治疗应放在一切医疗措施的首位。

1. 补充血容量　可用平衡液、葡萄糖盐水、右旋糖酐或其他血浆代用品。必要时输浓缩红细胞或全血。

2. 止血　①非食管－胃底静脉曲张破裂出血:常用 H_2 受体拮抗剂或质子泵抑制剂,如雷尼替丁、奥美拉唑等,有活动性出血或暴露血管的溃疡可在内镜直视下止血。②食管－胃底静脉曲张破裂出血:常用血管升压素、生长抑素类药物如奥曲肽,药物治疗不能控制出血时暂时使用三(四)腔二囊管压迫止血,必要时内镜直视下止血。③大量出血内科治疗无效时,应考虑外科手术治疗。

【常见护理诊断／问题】

1. 体液不足　与上消化道出血有关。

2. 活动无耐力　与失血后贫血、急性期禁食等因素有关。

3. 有受伤的危险:创伤、窒息、误吸　与气囊压迫使食管、胃底黏膜长时间受压,气囊阻塞气道,血液或分泌物反流入气管有关。

4. 恐惧　与呕血、黑便等因素有关。

5. 潜在并发症:失血性休克。

【护理目标】

病人组织灌注量改善,生命体征平稳;乏力改善,活动耐力增加;食管、胃底黏膜未因气囊压迫而损伤,呼吸道通畅,无窒息、误吸发生;病人的恐惧减轻或改善;并发症得到有效防治。

【护理措施】

（一）一般护理

1. 休息与体位　嘱病人适当休息,大出血时病人取平卧位并将下肢略抬高,以保证脑部供血。呕吐时头偏向一侧,防止窒息或误吸。保持呼吸道通畅,必要时吸氧。

2. 饮食护理　少量出血无呕吐者可适当进流质。大量出血者暂时禁食,出血停止后24～48小时,可给予温凉流质、半流质及易消化的软食,并应少量多餐。食管－胃底静脉曲张破裂出血的病人,止血后限制蛋白质和钠的摄入,以免诱发肝性脑病或加重水肿;忌食生、冷、硬、辛辣等刺激性食物,防止损伤曲张静脉而再次出血。禁用烟酒、浓茶、咖啡及过甜、过酸的饮料。呕血停止后协助病人漱口,保持口腔清洁。

（二）病情观察

1. 病情监测　观察出血方式,注意呕血及便血的颜色、性状、次数及量,以便估计出血量和速度。大出血时,每15～30分钟测脉搏、血压1次。观察生命体征、神志、皮肤色泽、末梢循环及尿量的变化,并记录24小时出入液量,必要时进行心电监护。当病人有头晕、心悸、出冷汗及血压下降等休克表现时,立即报告医生并协助处理。

2. 估计出血量　大便隐血试验阳性提示每天出血量在5～10ml以上;出现黑便提示出血量在50～100ml以上;胃内积血量达250～300ml时出现呕血;出血量不超过400ml时,一般不出现全身症状;出血量超过400～500ml时,出现头晕、心悸及乏力等全身症状;出血量超过1 000ml,可出现急性周围循环衰竭的表现,严重者引起失血性休克。

3. 继续或再次出血的判断　下列迹象提示有活动性出血或再次出血:①反复呕血,甚至呕吐物由咖啡色转为鲜红色。②黑便次数及量增多,或排出暗红色甚至鲜红色血便,伴肠鸣音亢进。③周围循环衰竭的表现经充分补液、输血而改善不明显,或好转后又恶化,血压波动、中心静脉压不稳定。④血红蛋白、红细胞计数与血细胞比容继续下降,网织红细胞计数持续增高。⑤在补液足量、尿量正常的情况下,血尿素氮持续或再次增高。

（三）治疗配合

1. 用药护理　①输液:立即建立静脉通道,遵医嘱尽快补充血容量,配合医生实施止血治疗,同时做好配血、备血及输血准备,观察治疗效果及不良反应。输液开始时宜快,必要时根据中心静脉压调节输液量和速度,避免输血、输液量过多而引起急性肺水肿或诱发再次出血。②输血:肝病导致出血者宜输新鲜血,因库存的血液含氨量高,易诱发肝性脑病。③止血:用血管升压素止血时应注意滴速,观察有无恶心、腹痛、便意、心悸及面色苍白等不良反应。可同时遵医嘱用硝酸甘油静脉滴注或舌下含服,以减轻大剂量用血管升压素的不良反应;另外硝酸甘油有协同降低门静脉压力的作用。

2. 三(四)腔二囊管压迫止血的护理　该法止血效果肯定,但是病人痛苦、并发症多,仅在药物治疗无效的大出血时可暂时使用。两个气囊分别为胃囊和食管囊,三个腔分别通往两个气囊和病人的胃腔,四腔管比三腔管多了一条在食管囊上方开口的管腔,用以抽吸食管内积蓄的分泌物或血液(图4-2)。

（1）操作过程:①三(四)腔二囊管经鼻腔插入,注气入胃囊150～200ml,至囊内压约50mmHg,向外加压牵引,用以压迫胃底部的曲张静脉。②若未能止血,再注气入食管囊100ml,至囊内压约40mmHg并封闭管口,使气囊压迫食管下段的曲张静脉。③管外端以绷带连接0.5kg沙袋,经牵引架做持续牵引。

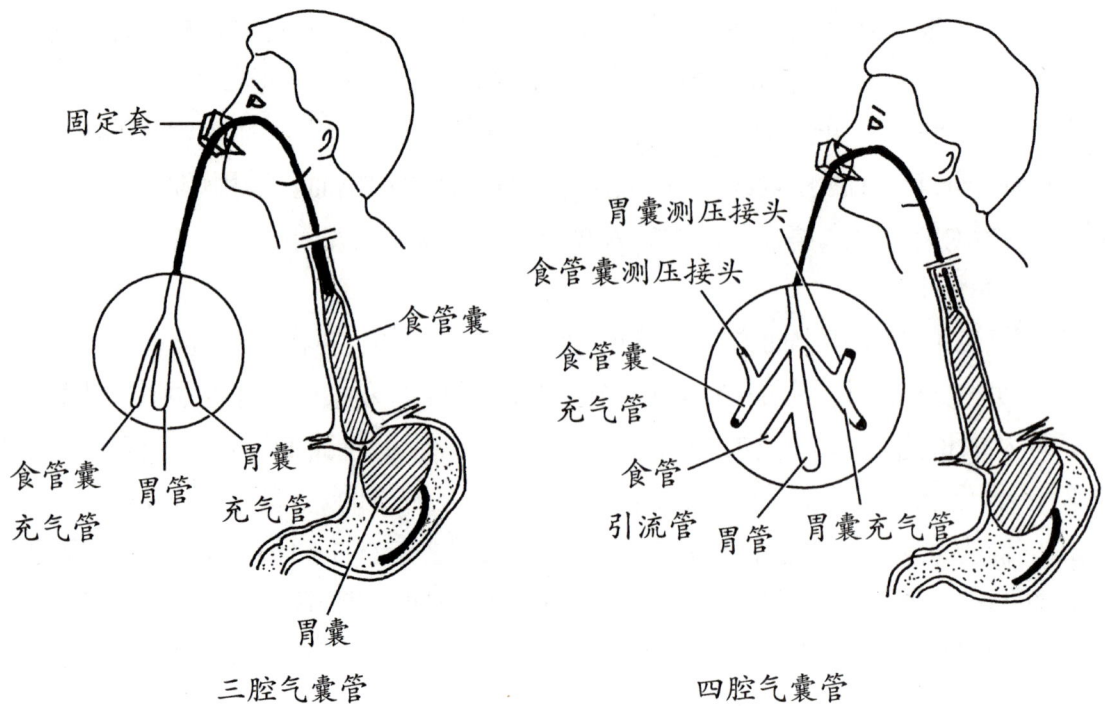

固定套

食管囊

食管囊充气管　胃管　胃囊充气管

胃囊

三腔气囊管

胃囊测压接头

食管囊测压接头

食管囊充气管

食管

引流管　胃管　胃囊充气管

四腔气囊管

图 4-2　三(四)腔二囊管示意图

（2）注意事项：①气囊充气加压 12～24 小时应放松牵引，放气 15～30 分钟，如出血未止，再注气加压。②出血停止后，放松牵引，放出囊内气体，保留管道观察 24 小时，未再出血可考虑拔管。③拔管前口服液体石蜡 20～30ml，抽尽囊内气体，以缓慢、轻巧的动作拔管。④气囊压迫一般以 3～4 天为限，继续出血可适当延长压迫时间。

（四）心理护理

观察病人的心理变化，解释各项检查、治疗措施，耐心细致地解答病人或家属的提问，消除他们的疑虑。说明情绪稳定有助于止血，而过度的精神紧张则可加重出血。帮助病人消除紧张、恐惧心理，使其产生安全感、信任感，保持稳定情绪，更好地配合治疗及护理。

（五）健康指导

1. 疾病知识指导　帮助病人和家属掌握上消化道出血的病因、诱因、治疗和护理知识，减少再次出血的危险。教会病人和家属早期识别出血征象及应急措施，一旦出现异常应及时就诊。

2. 生活指导　指导病人保持良好的心态，避免长期精神紧张，合理安排休息与活动。注意饮食卫生，禁烟、浓茶、咖啡及刺激性食物。

【护理评价】

病人出血是否停止，生命体征是否平稳；活动耐力是否增加；食管、胃底黏膜是否因气囊压迫而损伤，有无窒息、误吸发生；恐惧是否减轻或改善；并发症是否得到有效防治。

（高秀霞）

第九节　消化系统常用诊疗技术及护理

学习目标

1. 具有团结协作、认真负责的工作态度和护理安全的职业意识,尊重和关爱病人。
2. 掌握腹腔穿刺术、胃镜检查术、结肠镜检查术的术前准备、术中护理配合和术后护理。
3. 熟悉腹腔穿刺术、胃镜检查术、结肠镜检查术的操作过程。
4. 了解腹腔穿刺术、胃镜检查术、结肠镜检查术的适应证和禁忌证。
5. 学会与病人和家属进行有效沟通,正确解释操作目的和注意事项。

一、腹腔穿刺术

腹腔穿刺术是为了诊断和治疗疾病,用穿刺技术抽取腹腔液体,以明确腹腔积液性质,降低腹腔压力或向腹腔内注射药物,进行局部治疗的方法。

【适应证】

1. 抽取腹腔积液进行各种实验室检查,以寻找病因。
2. 对大量腹腔积液病人,可适当抽放腹腔积液,以缓解腹胀、胸闷症状。
3. 腹腔内注射药物,以协助治疗疾病。

【禁忌证】

1. 有肝性脑病先兆者,禁忌穿刺放腹腔积液。
2. 确诊有粘连性结核性腹膜炎、卵巢囊肿者。

【操作前准备】

1. 病人准备　①向病人说明穿刺目的、方法及操作中可能会产生的不适,告知病人一旦出现不适应立即告知术者。②嘱病人排尿,以免穿刺时损伤膀胱。③放液前测量腹围、脉搏、血压,注意腹部体征,并做好记录以观察病情变化。

2. 环境准备　清洁、安静、温度适宜。注意保护病人隐私,如在病床上操作,则用屏风或床帘遮挡。

3. 用物准备　腹腔穿刺用物、2% 利多卡因、急救药品和器械。

【操作过程与护理配合】

1. 操作过程

（1）安置体位:安置病人于舒适体位,一般坐在靠背椅上;体弱者在床上取坐位、半坐卧位、平卧位或侧卧位,暴露腹部。放腹腔积液者,腹下部放置一次性医用垫。

（2）选择穿刺点：①左下腹部，脐与髂前上棘连线中外 1/3 的交界点，此处不易损伤腹壁动脉。②脐与耻骨联合连线的中点上方 1cm，稍偏右或偏左 1.5cm，此处无重要器官且易愈合。③侧卧位，在脐水平线与腋前线或腋中线之延长线相交处，此处常用于诊断性穿刺。④对少量或包裹性积液，需在超声定位下穿刺。

（3）消毒、麻醉：常规消毒穿刺部位皮肤。打开腹腔穿刺包，术者戴手套、铺洞巾，护士用胶布固定洞巾。抽取 2% 利多卡因，局部麻醉。

（4）穿刺、放液：术者左手固定穿刺部位皮肤，右手持针垂直刺入腹壁，待进入腹腔后，用注射器抽取腹腔积液标本。大量放液时，可用 8 号或 9 号针头，并于针栓处接乳胶管，再用输液夹调整速度。

（5）拔针、固定：术毕，拔出针头，针孔处用 2% 碘酊消毒后覆盖无菌纱布，以手指压迫数分钟，再用胶布固定。

（6）记录、送检：记录放液量及性质，及时送检标本。

2. 护理配合　①术中观察病人有无穿刺反应，若出现头晕、恶心、心悸、面色苍白等表现，立即停止放液，并做相应处理。②放液不宜过快，以免腹内压下降引起休克。③大量放液后，束以多头腹带，以防腹内压骤降、内脏血管扩张引起血压下降或休克。

【操作后护理】

1. 术后卧床休息 8～12 小时。

2. 测量腹围，观察腹腔积液消长情况。

3. 观察病人面色、血压、脉搏等变化，如有异常及时处理。

4. 观察穿刺部位有无渗液、渗血，有无腹部压痛、反跳痛和腹肌紧张等腹膜炎征象。

二、胃镜检查术

胃镜检查包括食管、胃、十二指肠的检查，是应用最广、进展最快的内镜检查。通过此项检查可直接观察食管、胃、十二指肠炎症、溃疡或肿瘤等病变的大小、部位及范围。在胃镜直视下也可对急性出血者止血，摘除小息肉等，进一步行组织学或细胞学的病理检查。

知识窗

无痛胃镜检查

无痛胃镜检查是相对于一般胃镜而言的，指在做胃镜检查前，先由医生对病人实施全身麻醉，减轻病人检查的痛苦，缩短检查时间。全身麻醉一般用丙泊酚静脉滴注，丙泊酚起效时间为 30～60 秒，维持时间约 10 分钟，苏醒迅速。无痛胃镜主要适用于有胃镜检查的适应证但恐惧常规胃镜检查，剧烈呕吐或其他原因难以完成常规胃镜检查者。术后当天尽量不骑车、驾车，不从事高空作业或操作重型机器等危险工作，以防意外。

【适应证】

适应证比较广泛,一般来说所有诊断不明的食管、胃、十二指肠疾病,上消化道术后有无法解释的症状者,均可行此项检查。主要适应证如下:

1. 有明显消化道症状,但原因不明者。

2. 上消化道出血需查明原因者。

3. 疑有上消化道肿瘤,但 X 线钡餐检查不能确诊者。

4. 需要随访观察的病变,如溃疡病、萎缩性胃炎、胃手术后等。

5. 需做内镜治疗者,如摘取异物、急性上消化道出血的止血、食管静脉曲张的硬化剂注射与套扎等。

【禁忌证】

1. 严重心、肺疾病,如严重心律失常、心力衰竭、严重呼吸衰竭等。

2. 各种原因所致休克、昏迷等危重状态。

3. 急性食管、胃、十二指肠穿孔,腐蚀性食管炎的急性期。

4. 意识不清、精神失常不能配合检查者。

5. 严重咽喉部疾病、主动脉瘤及严重的颈胸段脊柱畸形等。

【操作前准备】

1. 病人准备　①术前沟通:向病人仔细说明检查的目的、方法、注意事项。②肝炎标志物准备:检测乙肝、丙肝病毒标志物,阳性者用专门胃镜检查。③饮食准备:检查前禁食 8 小时。有幽门梗阻者在检查前 2～3 天进食流质,检查前 1 晚应洗胃。曾做过 X 线胃肠钡餐造影者,3 天内不宜做胃镜检查。④用药准备:可遵医嘱给予地西泮 5～10mg 肌内注射或静脉注射。为减少胃蠕动和胃液分泌,术前半小时可遵医嘱给予山莨菪碱 10mg 或阿托品 0.5mg 肌内注射。

2. 环境准备　检查室清洁、安静、温度适宜。

3. 用物准备　①胃镜检查仪器一套。②喉头麻醉喷雾器、无菌注射器。③药物:2% 利多卡因、地西泮、肾上腺素等。④其他用物:弯盘、牙垫、润滑剂、甲醛固定液标本瓶等。

【操作过程与护理配合】

1. 操作过程

(1) 麻醉:检查前 5～10 分钟,用 2% 利多卡因咽喉喷雾 2～3 次。

(2) 体位:协助病人取左侧卧位,双腿屈曲,头部垫低枕,使颈部松弛,松开领口及腰带。嘱病人保持头部固定。病人口边放置弯盘,嘱病人咬紧牙垫。

(3) 插镜:术者面对病人,左手持操作部,右手执镜端约 20cm 处,直视下经咬口插入口腔,缓缓沿舌背、咽后壁向下推进至环状软骨水平时,可见食管上口,并将胃镜轻轻插入。当胃镜进入胃腔内时,要适量注气,使胃腔张开至视野清晰为止。

(4) 拔管:检查完毕退出胃镜时尽量抽气,以防止病人腹胀,并手持纱布将镜身外黏附的黏液、血迹擦净。

（5）送检：清理用物，做初步浸泡消毒，及时送检标本。

2. 护理配合　①当胃镜进入15cm到达咽喉部时，嘱病人做吞咽动作，但不可将唾液咽下以免呛咳，可让唾液流入弯盘或用吸管吸出。②如病人出现恶心不适，护士应适时做解释工作，并嘱病人深呼吸，肌肉放松。如恶心较重，可能是麻醉不足，应重新麻醉。③检查过程中随时观察病人面色、脉搏、呼吸等改变，如有变化，可遵医嘱做相应处理。

【操作后护理】

1. 饮食护理　术后因病人咽喉部麻醉作用尚未消退，嘱其不要吞咽唾液，以免呛咳。麻醉作用消失后，可先少量饮水，如无呛咳可进饮食。当天饮食以流质、半流质为宜，行活检的病人应进温凉饮食。

2. 咽喉部护理　检查后少数病人出现咽痛、咽喉部异物感，嘱病人不要用力咳嗽，以免损伤咽喉部黏膜。

3. 腹部护理　若病人出现腹痛、腹胀，可进行腹部按摩，促进排气。

4. 并发症观察与护理　检查后数天内应密切观察病人有无消化道穿孔、出血、感染等并发症，一旦发现及时报告医生进行处理。

三、结肠镜检查术

结肠镜检查是通过肛门插入内镜，进行肠道的直视检查，不但可以清楚地发现肠道病变，还可对部分肠道病变进行治疗，是诊断和治疗大肠疾病安全有效的方法之一。

【适应证】

1. 原因不明的慢性腹泻、便血及下腹疼痛，怀疑有结肠、直肠、末端回肠病变者。

2. 钡剂灌肠有可疑病变，需进一步明确诊断者。

3. 炎症性肠病的诊断与随访。

4. 需做止血及结肠息肉摘除等治疗者。

5. 结肠癌术前诊断、术后随访、息肉摘除术后随访。

6. 大肠肿瘤的普查。

【禁忌证】

1. 严重心肺功能不全、休克及精神病病人。

2. 急性弥漫性腹膜炎、腹腔脏器穿孔、多次腹腔手术、腹内广泛粘连及大量腹腔积液者。

3. 肛门、直肠严重狭窄者。

4. 急性重度结肠炎，如急性细菌性痢疾、急性重度溃疡性结肠炎及憩室炎等。

5. 妊娠妇女。

6. 极度虚弱者，不能支持术前肠道准备者。

【操作前准备】

1. 病人准备　①术前沟通：术前向病人详细讲解检查目的、方法、注意事项。②饮食准备:检查前3天进食无渣或少渣半流质饮食,检查前1天进流质饮食。若疑为肠息肉,准备做电切术者禁食牛奶及乳制品。③肠道准备:现多用聚乙二醇。该药在肠道内既不被水解也不被吸收,可产生高渗透压,从而形成渗透性腹泻。可将聚乙二醇20~30g溶于2 000~3 000ml水中,于术前4小时口服,直至排出液清亮为止。④用药准备:根据医嘱术前肌内注射地西泮5~10mg。术前半小时阿托品0.5mg肌内注射或山莨菪碱10mg肌内注射。

2. 环境准备　检查室清洁、安静、温度适宜。

3. 用物准备　结肠镜检查用物、急救药品和器械。

【操作过程与护理配合】

1. 操作过程　①体位:病人穿上检查裤后取左侧卧位,双腿屈曲,嘱病人尽量在检查中保持身体不要摆动。②进镜:助手将镜前端涂上润滑剂(一般用硅油,不可用液状石蜡)后,嘱病人张口呼吸,放松肛门括约肌,以右手示指按镜头,使镜头滑入肛门,此后逐渐缓慢插入肠镜。③退镜:检查结束退镜时,尽量抽气以减轻腹胀。④整理、送检:清理用物,清洗消毒,及时送检标本。

2. 护理配合　①如病人出现腹胀不适,可嘱其做缓慢深呼吸。②如出现面色、呼吸、脉搏改变应停止插镜,同时建立静脉通道以备抢救及术中用药。

【操作后护理】

1. 一般护理　检查结束后,病人稍事休息,观察15~30分钟再离去。嘱病人注意卧床休息,做好肛门清洁。术后3日内进少渣饮食。如行息肉摘除、止血治疗者,再给予抗生素治疗、半流质饮食,适当休息3~4日,避免剧烈运动。

2. 并发症观察与护理　注意观察病人腹胀、腹痛及排便情况。腹胀明显者,可行内镜下排气。观察粪便颜色,必要时行粪便隐血试验,腹痛明显或排血便者应留院继续观察。如发现剧烈腹痛、腹胀、面色苍白、心率加快、血压下降、粪便次数增多呈黑色,提示并发肠穿孔、肠出血,应及时报告医生,协助处理。

本章小结　本章学习重点是消化系统常见疾病病人的身体状况、常见护理诊断/问题、一般护理、病情观察;急性重症病人的抢救配合及健康指导。学习难点为消化性溃疡的发病机制,肝硬化腹腔积液形成的影响因素和侧支循环形成的临床意义,肝性脑病各期的表现,重症急性胰腺炎的抢救配合,上消化道大出血的病情观察及治疗配合。在学习过程中注意比较各类胃炎的区别;注重联系肝脏的解剖与生理知识,理解肝硬化病人的身心表现、饮食护理、用药护理和健康指导;注重从胰腺的功能理解急性胰腺炎病人的身体状况,区别轻症、重症急性胰腺炎。

(高秀霞)

？ 思考与练习

1. 消化性溃疡病人的腹痛有何特点？常见并发症有哪些？
2. 肝硬化腹腔积液病人的护理要点有哪些？
3. 护士如何对肝性脑病病人进行饮食指导？
4. 对重症急性胰腺炎病人，护士如何配合医生进行抢救？
5. 对上消化道出血病人，护士如何配合医生进行抢救？

第五章 | 泌尿系统疾病病人的护理

05章 数字资源

第一节　泌尿系统疾病病人常见症状、体征的护理

学习目标

1. 具有良好的综合素质和科学的工作态度,尊重病人,善于沟通,主动为病人缓解不适。
2. 掌握泌尿系统疾病病人常见症状、体征的护理评估要点和主要护理措施。
3. 熟悉泌尿系统疾病病人常见症状、体征的主要护理诊断/问题。
4. 了解泌尿系统疾病病人常见症状、体征的护理目标和护理评价。
5. 学会泌尿系统疾病病人常见症状、体征的评估方法,能正确实施护理措施。

工作情景与任务

导入情景:

杨女士,42岁。1周前受凉后出现鼻塞、流涕,3天前发现眼睑水肿,早晨起床后明显,下午可减轻,在家自测血压120/80mmHg。家人陪伴来医院就诊。

工作任务:

1. 对杨女士进行护理评估,列出主要的护理诊断。
2. 对杨女士实施水肿的护理。

泌尿系统由肾脏、输尿管、膀胱、尿道及有关的血管和神经等组成。主要功能是生成和排泄尿液,并排泄人体的代谢废物,调节水、电解质和酸碱平衡,维持机体内环境的稳定。此外,肾脏还具有重要的内分泌功能,可分泌多种激素如肾素、前列腺素、促红细胞生成素、1α- 羟化酶等,主要作用是调节血压、促进红细胞生成和骨骼生长等。引起泌尿系统疾病的原因很多,如免疫机制异常、感染、肾血管病变、药物、毒素、创伤、结石、肿瘤等。近年来,慢性肾脏病的患病率呈明显上升趋势,已成为全球继心脑血管疾病、恶性肿瘤、糖尿病之后威胁人类健康的重要疾病。慢性肾脏病多呈久治不愈的慢性病程,持续发展可致肾衰竭。因此泌尿系统疾病的防治和护理十分重要。

泌尿系统疾病的常见症状、体征有肾源性水肿、肾性高血压、尿异常和尿路刺激征等。

一、肾源性水肿

肾源性水肿(renal edema)是指肾脏病变引起人体组织间隙有过多的液体积聚而导致的组织肿胀。水肿是肾小球疾病最常见的症状,按发生机制可分为两类。①肾炎性水肿:如急、慢性肾小球肾炎引起的水肿,主要是指肾小球滤过功能下降,而肾小管重吸收功能相对正常,导致水钠潴留而产生水肿。②肾病性水肿:如肾病综合征引起的水肿,主要是由于长期大量蛋白尿导致低蛋白血症,血浆胶体渗透压降低,液体从血管内进入组织间隙,产生水肿。

【护理评估】

(一)健康史

评估病人有无下列病史:①肾脏疾病,如急性肾小球肾炎、慢性肾小球肾炎、肾病综合征、肾衰竭等。②心脏、肝脏及内分泌系统疾病。③感染、钠盐摄取过多等诱因。

(二)身体状况

1. 水肿的特点　肾炎性水肿多从眼睑、颜面部开始,重者波及全身,指压凹陷不明显。肾病性水肿一般较严重,多从下肢部位开始,水肿常呈全身性、体位性,指压凹陷明显。

2. 伴随症状　肾炎性水肿常伴血尿、少量蛋白尿及血压升高,重者可发生心力衰竭。肾病性水肿常伴血尿、大量蛋白尿,重者可出现胸腔、腹腔和心包积液。

(三)心理－社会状况

水肿带来的生活不便和身体不适,易使病人产生紧张和焦虑;当水肿加重尤其是出现胸腔或腹腔积液时,病人会因呼吸困难、腹胀等出现烦躁、抑郁、悲观甚至恐惧心理。

(四)辅助检查

尿液检查、肾功能及其他生化检查、影像学检查等可判断水肿的类型及原因。

【常见护理诊断/问题】

1. 体液过多　与肾小球滤过功能下降致水钠潴留、大量蛋白尿致血浆白蛋白浓度下降有关。

2. 有皮肤完整性受损的危险　与皮肤水肿、营养不良有关。

【护理目标】

病人的水肿减轻或完全消退;皮肤保持完整,无压疮发生。

【护理措施】

（一）体液过多

1. 休息与活动　严重水肿的病人应卧床休息，以增加肾血流量和尿量，减轻水肿。眼睑、面部水肿者，头部应稍抬高；下肢水肿者，休息时抬高下肢；阴囊水肿者，用吊带托起阴囊；胸腔积液者，宜取半坐卧位。水肿减轻后，病人可起床活动，但应避免劳累。

2. 饮食护理

（1）限制钠摄入：轻度水肿，食盐 2～3g/d；严重水肿，食盐 <2g/d 或无盐饮食。限制摄入含钠丰富的食物（如罐头食品、啤酒、汽水、味精、面包、豆腐干、海带、紫菜、菠菜、芹菜等）和药物（如碳酸氢钠等）。避免进食腌制食品如榨菜、咸菜、咸鱼、酱肉等。指导病人用糖、醋和柠檬等增进食欲。

（2）限制液体摄入：轻度水肿，每天尿量超过 1 000ml 者，一般不需严格限水。严重水肿或每天尿量小于 500ml 者，需限制水的摄入，每天液体入量不超过前一日的尿量加上不显性失水量（约 500ml）。

（3）调节蛋白质的摄入：低蛋白血症所致水肿者，若无氮质血症，可给予 0.8～1.0g/（kg·d）的正常量的优质蛋白。有氮质血症的水肿病人，应限制蛋白质的摄入，一般给予 0.6～0.8g/（kg·d）的优质蛋白。

（4）补充足够热量及维生素：低蛋白饮食的病人，摄入的热量不应低于126kJ/（kg·d），即 30kcal /（kg·d），以免引起负氮平衡，同时注意补充各种维生素。

3. 病情观察　监测病人尿量变化，准确记录 24 小时出入液量；定期测量病人体重，观察水肿的消长情况。

4. 用药护理　长期使用利尿剂应观察有无电解质、酸碱平衡紊乱等表现。利尿不能过快过猛，以免引起有效血容量不足，出现恶心、直立性眩晕、口干、心悸等症状。此外，呋塞米可引起耳鸣、眩晕以及听力丧失，应避免同时使用有耳毒性的氨基糖苷类抗生素。

（二）有皮肤完整性受损的危险

观察皮肤有无红肿、破损和化脓等。加强皮肤护理，以免发生压疮。具体护理措施详见第三章第一节"二、心源性水肿"。

【护理评价】

病人水肿是否减轻或消失；皮肤完整性是否受损，有无压疮发生。

二、肾性高血压

肾脏疾病常伴有高血压，称为肾性高血压（renal hypertension）。按病因可分为肾实质性高血压和肾血管性高血压，前者多见。按发病机制可分为容量依赖型高血压和肾素依赖型高血压。

【护理评估】

（一）健康史

评估病人有无下列病史：①肾实质性疾病，如急性肾小球肾炎、慢性肾小球肾炎、慢性肾盂肾炎、慢性肾衰竭等。②肾血管性疾病，如单侧或双侧肾动脉狭窄。③原发性高血压。

（二）身体状况

1. 肾性高血压的特点　肾性高血压的程度与原发病的性质有关。急性肾小球肾炎病人，多为一过性轻中度高血压。慢性肾小球肾炎病人，多有轻重不等的高血压，部分病人血压（特别是舒张压）持续中等以上程度升高。个别慢性肾衰竭病人可表现为恶性高血压。肾血管性高血压病人，高血压程度较重，容易进展为急进性高血压。

2. 伴随症状　伴蛋白尿、血尿、水肿，见于各型肾小球肾炎、肾衰竭。长期高血压可出现眼底、心脏、脑血管等处的并发症。

（三）心理-社会状况

病人可因头痛、头晕等症状而产生焦虑、情绪低落；出现心、脑血管的严重并发症时，容易出现恐惧心理；病人感觉预后不良，对治疗失去信心，可出现抑郁。

（四）辅助检查

血常规检查、尿常规检查、肾功能检查及影像学检查等，有助于病因诊断。

【常见护理诊断/问题】

1. 疼痛：头痛　与血压增高有关。

2. 潜在并发症：高血压脑病。

【护理目标】

病人头痛减轻或消失，血压平稳；并发症得到有效防治。

【护理措施】

详见第三章第五节"原发性高血压病人的护理"。

【护理评价】

病人头痛是否消失或减轻，血压是否平稳；并发症是否得到有效防治。

三、尿异常

尿异常包括少尿、无尿、多尿、蛋白尿、血尿、白细胞尿、脓尿、菌尿及管型尿。

【护理评估】

（一）健康史

评估病人有无下列病史：①肾前性因素，如心功能不全导致的有效血容量不足。②泌尿系统疾病，如肾小球肾炎、尿路感染、肾衰竭、尿路梗阻等。③全身性疾病，如糖尿病、尿崩症等。④使用溶质性利尿剂，如甘露醇。⑤剧烈运动、发热及饮酒等诱因。

（二）身体状况

1. 尿异常特点

（1）尿量异常：正常成人每天尿量为1 000～2 000ml。①少尿和无尿：24小时尿量少于400ml称为少尿，少于100ml称为无尿。②多尿：指24小时尿量超过2 500ml。③夜尿增多：指夜间尿量超过白天尿量或夜间尿量超过750ml。

（2）蛋白尿：每天尿蛋白含量持续超过150mg，蛋白质定性试验呈阳性反应，称为蛋白尿。若持续每天超过3.5g，称为大量蛋白尿。

（3）血尿：新鲜尿沉渣每高倍视野的红细胞超过3个，称为镜下血尿；尿外观呈血样或洗肉水样，称为肉眼血尿。肾脏出血时，尿与血混合均匀，呈暗红色；膀胱或前列腺出血，尿呈鲜红色，有血凝块。

（4）管型尿：管型是由蛋白质、细胞或其碎片在肾小管内凝集而成，正常人尿中偶见透明和颗粒管型。

（5）白细胞尿、脓尿和菌尿：新鲜离心尿液每高倍镜视野的白细胞超过5个，称为白细胞尿或脓尿。中段尿标本涂片镜检每高倍视野均可见细菌，或尿培养菌落计数超过10^5/ml，称为菌尿。

2. 伴随症状　①少尿、无尿：伴心悸、气短、不能平卧，常见于心功能不全；伴血尿、蛋白尿、水肿和高血压，见于急性肾炎或急进性肾炎；伴大量蛋白尿、水肿、高脂血症和低蛋白血症见于肾病综合征。②多尿：伴多饮、多食和消瘦，见于糖尿病。③蛋白尿：伴血尿、水肿、高血压，多见于肾小球病变。④血尿：伴疼痛，见于泌尿系结石。⑤管型尿：白细胞管型见于肾盂肾炎；红细胞管型见于急性肾小球肾炎；蜡样管型见于慢性肾衰竭。⑥白细胞尿、脓尿和菌尿：伴尿频、尿急及尿痛，见于尿路感染。

（三）心理－社会状况

少尿、无尿、肉眼血尿及尿路刺激征等，常使病人产生焦虑不安、恐惧及悲观等心理。

（四）辅助检查

血常规、尿常规、肾功能检查、血清电解质检查及泌尿系统影像学检查等，有助于病因诊断。

【常见护理诊断/问题】

1. 体液过多　与肾小球滤过率下降和尿量减少有关。

2. 有体液不足的危险　与肾衰竭和尿量过多有关。

3. 焦虑　与血尿有关。

【护理目标】

病人水肿减轻或消失；无脱水和电解质紊乱发生；焦虑减轻或消失。

【护理措施】

（一）体液过多

除按常规护理外，应特别注意有无四肢麻木无力、呼吸困难、心律失常等高钾血症的征象。

（二）有体液不足的危险

1. 一般护理　严重者以卧床休息为主，改变体位时速度宜慢。对自理能力下降的病人，应协助其生活护理。

2. 病情观察　观察生命体征的变化，准确记录 24 小时出入液量；有无口渴、皮肤黏膜干燥、弹性减退及眼窝凹陷等脱水征象；有无血钾、血钠异常和代谢性酸中毒等征象。

3. 补充水分和电解质　原则上根据 24 小时出入液量决定补液量，根据血钾、血钠测定的结果决定液体和饮食中钠、钾的补充量。如大量补液后病人尿量不增加、肢体水肿、脉率增快，提示心功能或肾功能受损，应及时报告医生处理。

（三）焦虑

向病人解释血尿发生的原因、治疗和护理内容，以减轻和消除病人的焦虑和不安，鼓励病人保持良好心态，积极配合治疗。

【护理评价】

病人水肿有无减轻或消失；有无脱水和电解质紊乱发生；焦虑是否减轻或消失。

四、尿路刺激征

尿路刺激征（urinary irritation symptoms）是指膀胱颈和膀胱三角区受炎症或机械刺激而引起的尿频、尿急及尿痛，可伴有排尿不尽感和下腹坠痛。尿频是指单位时间内排尿次数增多；尿急是指一有尿意即迫不及待需要排尿，难以控制；尿痛是指排尿时伴有会阴或下腹部疼痛。常见原因为尿路感染、理化因素、肿瘤及异物等对膀胱黏膜的刺激。

【护理评估】

（一）健康史

评估病人有无下列病史：①泌尿系统疾病，如尿路感染、前列腺增生、膀胱肿瘤、泌尿系统畸形、泌尿系统结石等疾病。②留置导尿和尿路器械检查史。③糖尿病、妊娠、妇科炎症等。④饮水过少、性生活等诱因。

（二）身体状况

1. 尿路刺激征的特点　①尿频：糖尿病、精神性多饮引起的尿频，排尿次数增多且每次尿量不少，全日总尿量增多。尿路感染引起的尿频，每次尿量少，多伴尿急和尿痛。膀胱肿瘤引起的尿频，表现为持续性尿频，每次尿量少，药物治疗难以缓解。②尿急：急性膀胱炎、尿道炎引起的尿路刺激征，尿急特别明显。③尿痛：疼痛部位多在耻骨上区、会阴部和尿道内，为灼痛或刺痛。

2. 伴随症状　伴发热、尿浑浊、排尿不尽和下腹坠痛感，见于尿路感染。伴血尿、排尿困难或尿流突然中断，见于膀胱结石。伴无痛性血尿，见于膀胱肿瘤。伴尿线变细、进行性排尿困难，见于前列腺增生。出现尿频，但不伴尿急、尿痛，见于精神因素和排尿反射异常。

（三）心理－社会状况

起病急，临床表现明显，病人常感到紧张、焦虑和烦躁不安；涉及外阴、性生活等方面的询问时，病人常有害羞感和精神负担。

（四）辅助检查

血液检查、尿液检查、肾功能检查、尿细菌学检查及泌尿系统影像学检查等，可明确病因。

【常见护理诊断／问题】

排尿障碍：尿频、尿急、尿痛　与尿路感染所致的膀胱激惹状态有关。

【护理目标】

病人的尿频、尿急、尿痛有所减轻或消失。

【护理措施】

1. 一般护理

（1）休息与活动：急性发作期应注意卧床休息，宜取屈曲位，尽量不要站立或坐直。指导病人从事感兴趣的活动，分散病人注意力，减轻焦虑，缓解尿路刺激征。

（2）饮食护理：给予清淡、易消化及营养丰富的饮食，禁食辛辣刺激性食物。如无禁忌证，应多饮水、勤排尿，以冲洗尿路，促进细菌和炎性分泌物的排泄。摄水量每天不应低于2 000ml，保证每天尿量在1 500ml以上，且每2～3小时排尿1次。避免睡前饮水量过多，以免影响休息。

（3）皮肤护理：加强个人卫生，增加会阴清洗次数，减少细菌侵入尿路而引起感染的机会。女病人月经期间尤需注意会阴部清洁。

2. 病情观察　观察体温变化、全身症状；观察病人排尿的次数及尿急程度；观察尿痛的部位、性质和程度；注意监测尿液的颜色、透明度及尿量等变化。

3. 对症护理　指导病人进行膀胱区热敷或按摩，以缓解局部肌肉痉挛，减轻疼痛。

4. 用药护理　嘱病人按疗程服用抗生素和碳酸氢钠。碳酸氢钠可碱化尿液，缓解尿路刺激征。

【护理评价】

病人尿频、尿急、尿痛是否减轻或消失。

（李士新）

第二节　慢性肾小球肾炎病人的护理

学习目标

1. 具有良好的职业素质和认真负责的工作态度,理解、尊重和关爱病人。
2. 掌握慢性肾小球肾炎病人的身心状况和主要护理措施。
3. 熟悉慢性肾小球肾炎的辅助检查、治疗要点和病人的常见护理诊断/问题。
4. 了解慢性肾小球肾炎的病因、发病机制和病人的护理目标、护理评价。
5. 学会与慢性肾小球肾炎病人及家属进行有效沟通,发现并解决常见护理问题,及时准确地开展健康指导。

工作情景与任务

导入情景:

李先生,48岁。近1年出现眼睑水肿,未引起重视。近1周水肿明显加重,尿中泡沫增多。李先生很担忧,遂来医院就诊。BP 120/70mmHg,眼睑、面部和双下肢水肿。查尿常规和肾功能,入院初步诊断为慢性肾小球肾炎。

工作任务:

1. 对李先生进行护理评估,列出主要的护理诊断。
2. 对李先生进行心理护理和健康指导。

慢性肾小球肾炎(chronic glomerulonephritis,CGN),简称慢性肾炎,是一组以蛋白尿、血尿、水肿、高血压为基本临床表现的肾小球疾病。本病起病方式各有不同,病情迁延呈缓慢进展,可有不同程度的肾功能损害,部分病人最终将发展至终末期肾衰竭。本病可发生于任何年龄,以中青年居多,男性多见。

绝大多数慢性肾炎由不同病因的原发性肾小球疾病发展而来,仅有少数是由急性肾小球肾炎发展所致。慢性肾炎的病因、发病机制和病理类型不尽相同,但起始因素多为免疫介导性炎症。此外,高血压、大量蛋白尿、高血脂等非免疫非炎症因素也起到重要作用。

【护理评估】

(一)健康史

评估病人既往有无急性肾炎病史;有无高血压、大量蛋白尿、高血脂等病史;有无感染、劳累、妊娠、应用肾毒性药物、预防接种以及高蛋白或高磷饮食等诱因。

(二)身体状况

本病多数起病缓慢、隐匿,临床表现多样性,个体间差异较大。蛋白尿、血尿、水肿、高血压为其基本表现。

早期病人可无任何症状,或有乏力、疲倦、食欲缺乏、腰膝酸软等非特异性症状。水肿时有时无,多为眼睑、颜面部和/或下肢轻中度水肿,晚期水肿持续存在。血压可正常或轻度升高,部分病人以高血压为突出表现。如血压持续控制不理想,肾功能恶化较快,预后较差。肾功能早期正常或轻度受损,随病情迁延进展,肾功能逐渐恶化,最后进展至慢性肾衰竭并出现相应的临床表现。

(三)心理 - 社会状况

病人常因病程迁延、长期服药、药物疗效不佳、药物副作用较大、预后不良等而产生焦虑、悲观和恐惧等心理。长期患病使病人的生活及工作能力下降,经济负担加重,进一步加重病人及家属的思想负担。

(四)辅助检查

1. 尿常规检查　多数尿蛋白 + ~ +++,尿蛋白定量常为 1~3g/d;尿沉渣镜检可见多形性红细胞和红细胞管型。

2. 血常规检查　早期多正常或有轻度贫血,晚期红细胞计数和血红蛋白明显下降。

3. 肾功能检查　早期肾功能正常或轻度受损,晚期血肌酐及血尿素氮增高,肾小球滤过率明显下降。

4. 超声检查　早期肾脏大小正常,晚期可出现双肾对称性缩小、皮质变薄。

(五)治疗要点

慢性肾炎的治疗以防止或延缓肾功能进行性恶化、改善或缓解临床症状及防治心脑血管并发症为主要目的。

1. 控制高血压和减少尿蛋白　高血压病人应限盐(食盐 <3g/d)。如无禁忌,应尽量首选具有肾脏保护作用的降压药如血管紧张素转化酶抑制剂(ACEI)和血管紧张素 II 受体阻滞剂(ARB)。若单用效果不佳,可联合其他降压药如钙通道阻滞剂、利尿剂等。

2. 限制食物中蛋白质和磷的摄入量　肾功能不全病人应采用优质低蛋白、低磷饮食。

3. 糖皮质激素和细胞毒性药物　一般不主张积极应用,无禁忌证者可试用,但无效者则应及时逐步撤去。

4. 避免加重肾脏损害的因素　如感染、劳累、妊娠及肾毒性药物(如氨基糖苷类抗生素、含马兜铃酸的中药等)。

【常见护理诊断/问题】

1. 体液过多　与肾小球滤过率下降导致水钠潴留等因素有关。

2. 营养失调:低于机体需要量　与低蛋白饮食、长期蛋白尿导致蛋白丢失过多有关。

3. 焦虑　与疾病的反复发作、预后不良有关。

4. 潜在并发症:慢性肾衰竭。

【护理目标】

病人水肿减轻或消失;营养状况逐步好转;能保持乐观情绪,积极配合治疗;并发症得到有效防治。

【护理措施】

(一)一般护理

1. 休息与活动　保证充分的休息和睡眠,可增加肾脏血流量和尿量,减轻尿蛋白和水肿。

2. 饮食护理　肾功能不全者应给予优质低蛋白、低磷饮食,蛋白质摄入量为 $0.6 \sim 0.8g/(kg \cdot d)$,可减轻肾小球毛细血管高灌注、高压力和高滤过状态,延缓肾小球硬化。低蛋白饮食时可加用必需氨基酸,并适当增加碳水化合物的摄入,避免因热量供给不足加重负氮平衡。有水肿和高血压者,需要低盐饮食(食盐 $2 \sim 3g/d$)。同时注意补充多种维生素及微量元素锌,因为锌有刺激食欲的作用。

知识窗

必需氨基酸与蛋白质

必需氨基酸是人体必须从食物中获得而不能在体内合成的氨基酸,共有 8 种。优质蛋白质是指富含必需氨基酸的动物蛋白,又称为高生物效价蛋白,鸡蛋、牛奶、鱼类、猪肉、牛肉、羊肉、鸡肉等食物中优质蛋白含量高。非优质蛋白质是指含非必需氨基酸较多的植物蛋白,如花生、豆类及豆类制品中的蛋白质。

---

3. 皮肤护理　观察皮肤有无红肿、破损,防止压疮。具体措施详见第三章第一节"二、心源性水肿"。

(二)病情观察

观察病人血压的变化;准确记录 24 小时出入液量,监测尿量、体重和腹围,观察水肿的消长情况;注意病人有无胸闷、气急、腹胀等胸腔积液和腹腔积液的征象;监测病人尿量及肾功能变化,及时发现肾衰竭。

(三)用药护理

使用利尿剂时应注意病人有无电解质和酸碱平衡紊乱;遵医嘱服用降压药时,指导病人体位变化要慢,以防直立性低血压;应用血管紧张素转化酶抑制剂控制血压时,应监测电解质,注意有无高血钾,并观察病人有无刺激性干咳。

(四)心理护理

观察病人心理活动,及时发现病人不良情绪。鼓励病人说出其内心感受,对病人提出的问题给予耐心解答。帮助病人调整心态,积极配合治疗及护理。

（五）健康指导

1. **疾病知识指导**　向病人及家属介绍慢性肾炎的特点,讲解影响病情进展的因素如感染、劳累、妊娠,应用肾毒性药物,高蛋白、高脂或高磷饮食等,使病人理解并避免这些因素。向病人解释优质低蛋白、低磷、低盐、高热量饮食的重要性,指导病人根据自己的病情选择合适的食物和量。嘱病人加强休息,以延缓肾功能减退。

2. **用药指导**　指导病人遵医嘱服药,介绍各类降压药物的疗效、不良反应及使用时的注意事项。不使用氨基糖苷类抗生素等肾毒性较大的药物。

3. **病情监测指导**　指导病人学会观察水肿和尿量变化,学会自我监测血压。慢性肾炎病程长,需定期随访肾功能、血压、水肿等情况的变化。

【护理评价】

病人水肿是否减轻或消失;营养状况是否好转;是否保持正常心态和乐观情绪,积极配合治疗和护理;并发症是否得到有效防治。

（孙振龙）

第三节　肾病综合征病人的护理

学习目标

1. 具有良好的职业素质和认真负责的工作态度,理解、尊重和关爱病人。
2. 掌握肾病综合征病人的身心状况和主要护理措施。
3. 熟悉肾病综合征的辅助检查、治疗要点和病人的常见护理诊断/问题。
4. 了解肾病综合征的病因、发病机制和病人的护理目标、护理评价。
5. 学会与肾病综合征病人及家属进行有效沟通,发现并解决常见护理问题,及时准确地开展健康指导。

工作情景与任务

导入情景:

张女士,28岁。3天前发现小腿明显水肿,尿中有大量泡沫,很久不消失。张女士感到害怕,遂来医院就诊。BP 130/80mmHg,双下肢重度水肿。查尿常规、肾功能和血脂,入院诊断为肾病综合征。医嘱:呋塞米、甲泼尼龙静脉注射。

工作任务:

1. 对张女士进行护理评估,列出主要的护理诊断。
2. 遵医嘱执行呋塞米、甲泼尼龙静脉注射,观察药物疗效及不良反应。

肾病综合征（nephrotic syndrome，NS）是以大量蛋白尿（尿蛋白 >3.5g/d）、低蛋白血症（血浆白蛋白 <30g/L）、水肿和高脂血症为临床表现的一组综合征，其中前两项为诊断的必备条件。

肾病综合征可分为原发性和继发性两大类。原发性肾病综合征病因不明，其发病机制为免疫介导性炎症所致的肾损害。继发性肾病综合征是指继发于全身性或其他系统的疾病，如系统性红斑狼疮、糖尿病、过敏性紫癜、多发性骨髓瘤等。本节仅讨论原发性肾病综合征。

【护理评估】

（一）健康史

评估病人有无原发性肾脏疾病病史；有无激素、细胞毒性药物及其他免疫抑制剂应用史；有无感染、劳累、妊娠等诱因。

（二）身体状况

1. 大量蛋白尿　是肾病综合征的起病根源。其发生机制主要是肾小球滤过屏障作用受损，使原尿中蛋白（以白蛋白为主）含量增多，当尿蛋白增多明显超过肾小管的重吸收量时，即形成大量蛋白尿。此外高血压、高蛋白饮食也可加重尿蛋白排出。

2. 低蛋白血症　主要由大量白蛋白自尿中丢失所致。此外，胃黏膜水肿致蛋白质吸收减少、肝代偿性合成蛋白不足也可进一步加重低蛋白血症。

3. 水肿　是肾病综合征最突出的体征。其发生机制主要是低蛋白血症导致血浆胶体渗透压明显下降。严重水肿病人可出现胸腔、腹腔和心包积液。

4. 高脂血症　以高胆固醇血症最为常见，甘油三酯、低密度脂蛋白（LDL）、极低密度脂蛋白（VLDL）也常增加。其发生与低蛋白血症刺激肝脏，代偿性脂蛋白合成增加以及脂蛋白分解减少有关。

5. 并发症

（1）感染：是肾病综合征的最常见并发症，是导致本病复发和疗效不佳的主要原因。其发生与蛋白质营养不良、免疫功能紊乱和应用糖皮质激素治疗有关。常见感染部位以呼吸道、泌尿道和皮肤最多见。

（2）血栓、栓塞：多数病人血液黏稠度增加呈高凝状态，容易发生血栓和栓塞，其中以肾静脉血栓最多见。血栓、栓塞并发症是直接影响治疗效果和预后的重要因素。

（3）急性肾损伤：少数病例可出现急性肾损伤，多无明显诱因，表现为少尿甚至无尿。

（4）其他：长期高脂血症易引起动脉硬化、冠心病等心血管并发症；长期大量蛋白尿可导致严重的蛋白质营养不良；金属结合蛋白丢失可致体内微量元素（铁、锌、铜等）缺乏。

（三）心理 - 社会状况

本病病程长、易复发、部分病理类型预后较差，病人和家属可出现焦虑、悲观、恐惧情绪。因全身水肿或长期服用糖皮质激素等药物，引起容貌及体形变化，病人会出现少言寡语、社交障碍，对事业和人生失去信心。

（四）辅助检查

1. 尿液检查　尿蛋白定性为 +++～++++,24 小时尿蛋白定量超过 3.5g,尿中可有红细胞和颗粒管型等。

2. 血液检查　血浆白蛋白低于 30g/L,血中胆固醇、甘油三酯、低密度脂蛋白(LDL)、极低密度脂蛋白(VLDL)均可增高。

3. 肾功能检查　血尿素氮和血肌酐可正常或升高。

4. 超声检查　早期双侧肾脏的大小正常,晚期缩小。

5. 肾穿刺活组织检查(图 5-1)　有助于确定肾脏病的病理类型,对协助肾实质疾病的诊断、指导治疗及判断预后有重要意义。

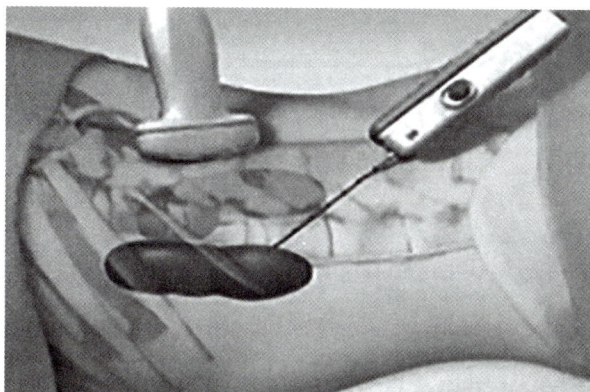

图 5-1　肾穿刺活组织检查示意图

（五）治疗要点

治疗原则以抑制免疫与炎症反应为主,对症治疗同时防治并发症。

1. 抑制免疫与炎症反应　为肾病综合征的主要治疗方法。常用药物有糖皮质激素(如泼尼松)、细胞毒性药物(如环磷酰胺)、环孢素、他克莫司及吗替麦考酚酯等。其中糖皮质激素和细胞毒性药物仍然是治疗肾病综合征的主要药物。

2. 对症治疗　①利尿消肿:常用噻嗪类利尿剂、保钾利尿剂、袢利尿剂治疗,并应用血浆或白蛋白提升血浆胶体渗透压。②减少尿蛋白:应用血管紧张素转化酶抑制剂和血管紧张素 II 受体阻滞剂,改善肾小球毛细血管通透性以减少尿蛋白。③降脂治疗:可选用降胆固醇为主的他汀类药物如阿托伐他汀,或降甘油三酯为主的贝特类药物如非诺贝特。

3. 防治并发症　①感染:一旦发生感染,应及时选用敏感、强效及无肾毒性的抗生素积极治疗。②血栓及栓塞:当血液出现高凝状态时,可给予抗凝血药如低分子肝素皮下注射,并辅以抗血小板药物如双嘧达莫或阿司匹林。对已发生血栓或栓塞者,应尽早给予尿激酶或链激酶溶栓,同时配合抗凝治疗。③急性肾损伤:利尿无效且达到透析指征时,应进行血液透析。

4. 中医中药治疗　如雷公藤多苷,有降低尿蛋白作用,可配合糖皮质激素应用。

【常见护理诊断/问题】

1. 体液过多 与低蛋白血症致血浆胶体渗透压下降等有关。

2. 营养失调:低于机体需要量 与大量蛋白尿、摄入减少及吸收障碍有关。

3. 有感染的危险 与机体抵抗力下降、应用激素和/或免疫抑制剂有关。

4. 有皮肤完整性受损的危险 与水肿、营养不良有关。

【护理目标】

病人水肿程度减轻或消失;能正常进食,营养状况逐步改善;无感染发生,或能及时发现并控制感染;皮肤保持完整,无压疮发生。

【护理措施】

（一）一般护理

1. 休息与活动 需卧床休息至水肿消失,但长期卧床会导致血栓形成及压疮,故应保持适度的床上及床旁活动。病情缓解后,可逐步增加活动量,以不感到疲劳为宜。保持病室内环境清洁,定期进行空气、物品消毒,防止呼吸道感染。

2. 饮食护理 ①蛋白质:一般给予正常量的优质蛋白,即 $0.8 \sim 1.0g/(kg \cdot d)$,当肾功能不全时应根据肾小球滤过率调整蛋白质的摄入量。②供给足够的热量:不少于 $126 \sim 147kJ/(kg \cdot d)$,即 $30 \sim 35kcal/(kg \cdot d)$。③脂肪:低脂饮食,应少进食富含饱和脂肪酸的食物如动物油脂,多吃富含不饱和脂肪酸的食物(如植物油、鱼油等),增加富含可溶性纤维的食物(如燕麦、豆类等)。④限制水、钠摄入:给予低盐饮食(食盐 $2 \sim 3g/d$)以减轻水肿,具体护理措施参见本章第一节"一、肾源性水肿"。⑤补充各种维生素以及微量元素如铁、锌等。

（二）病情观察

1. 观察病人的生命体征、体重、腹围、出入液量变化;观察水肿情况;定期监测血浆白蛋白,评估机体营养状态;监测血脂及血液黏稠度,判断有无高凝状态存在。

2. 并发症的观察 ①观察病人有无咳嗽、咳痰、尿频、尿急、皮肤破溃、体温升高等表现,以判断可能发生的呼吸道、泌尿道及皮肤感染。②观察病人有无腰痛、下肢疼痛、胸痛、头痛等,以判断是否发生血栓、栓塞等并发症。③监测病人有无少尿、无尿及血尿素氮、血肌酐升高等,以判断是否发生急性肾损伤。

（三）治疗配合

1. 用药护理

（1）糖皮质激素:常用泼尼松或甲泼尼龙口服或静脉滴注。长期使用可出现满月脸、向心性肥胖、糖尿病、水钠潴留、高血压、继发感染、消化道出血、骨质疏松、精神兴奋性增高等不良反应。用药原则是起始用量要足、撤减药物要慢、维持用药要久。可采取全天的剂量晨起一次顿服,维持用药期间每两天的量改为隔天 1 次晨起顿服,以减少糖皮质激素的不良反应。

（2）免疫抑制剂:①环磷酰胺:使用过程中可出现恶心、呕吐、白细胞减少、肝功能损害、脱发、性腺抑制和出血性膀胱炎等不良反应。②环孢素：长期使用可出现肝肾毒性、多毛、牙龈增生、血压升高和高尿酸血症等。应用上述药物时，应定期进行血常规、尿常规、肝肾功能检查等。

（3）利尿剂：应用利尿剂时，一般以每天体重下降 0.5～1.0kg 为宜，不宜过快、过猛，以免引起有效循环血容量不足，加重血液高凝倾向，诱发血栓、栓塞。用药期间应准确记录 24 小时出入液量，定期复查电解质。

（4）抗凝药物：抗凝药物一般应持续半年以上。观察有无出血倾向，定期监测血常规、出凝血时间等，出现异常立即停药。

（5）中医中药：如雷公藤多苷，主要不良反应是性腺抑制、肝功能损害、外周白细胞减少等，及时停药后常可恢复。

2. 肾穿刺活组织检查的护理　肾穿刺活组织检查为创伤性检查，可发生肾周组织损伤、出血或感染等并发症，故应做好术前和术后护理。

（1）术前护理：①向病人解释检查的目的和意义，消除其恐惧心理。②训练病人俯卧位、吸气末屏气（大于 15 秒），并练习卧床排尿。③术前血压控制在 140/90mmHg 以下。④女性病人穿刺必须避开月经期。⑤检查血常规、出血与凝血功能及肾功能，以了解有无贫血、出血倾向及肾功能水平。

（2）术后护理：①穿刺点加压 3～5 分钟，必要时用腹带加压包扎。②用平车送病人回病房，并小心将病人平移至病床上。③术后卧床 24 小时；前 4～6 小时必须仰卧，腰部严格制动，四肢可缓慢小幅度活动，严禁翻身和扭转腰部。④术后 6 小时内密切监测血压、脉搏，观察尿色、有无腹痛和腰痛等。⑤若病情允许，嘱病人多饮水，以免血块阻塞尿路。⑥避免或及时处理便秘、腹泻和剧烈咳嗽。⑦术后 3 周内禁止剧烈运动或重体力劳动。⑧可给予 5% 碳酸氢钠溶液静脉滴注，碱化尿液。必要时使用止血药及抗生素，以防止出血和感染。

（四）心理护理

向病人说明治疗经过及康复后可进行正常工作、生活和学习，从而使病人减轻悲观心理，树立战胜疾病的信心，积极配合治疗与护理。

（五）健康指导

1. 疾病知识指导　向病人及其家属介绍本病的特点，讲解常见的并发症以及预防方法。嘱病人注意休息，避免劳累，同时应适当活动，以免发生肢体血栓等并发症。

2. 生活指导　告诉病人优质蛋白、高热量、高膳食纤维、低脂和低盐饮食的重要性，指导病人根据病情选择合适的食物。

3. 用药指导　介绍各类药物的使用方法、注意事项以及可能的不良反应；尤其使用激素时，切勿自行减量或停药，以免引起反跳现象。

4. 病情监测指导　指导病人自我监测水肿、尿蛋白和肾功能变化，定期随访。

【护理评价】

病人水肿是否减轻或消失;营养状况有无好转;是否采取预防感染的措施,有无感染发生;皮肤完整性是否受损,有无压疮发生。

(孙振龙)

第四节　尿路感染病人的护理

学习目标

1. 具有良好的职业素质和认真负责的工作态度,理解、尊重和关爱病人。
2. 掌握尿路感染病人的身心状况和主要护理措施。
3. 熟悉尿路感染的辅助检查、治疗要点和病人的常见护理诊断/问题。
4. 了解尿路感染的病因、发病机制和病人的护理目标、护理评价。
5. 学会尿细菌学检查留取尿标本的方法,及时准确地为病人开展健康指导。

工作情景与任务

导入情景:

杨女士,26 岁。2 天前外出旅行,感觉劳累,喝水较少。1 小时前突然出现尿频、尿急,伴高热、寒战,急忙来医院就诊。T 39.5℃,查血常规、尿常规,入院初步诊断为尿路感染。医嘱:尿细菌培养,左氧氟沙星静脉滴注。

工作任务:

1. 指导杨女士正确采集尿细菌培养的标本。
2. 遵医嘱执行左氧氟沙星静脉滴注治疗,观察药物疗效及不良反应。

尿路感染(urinary tract infection,UTI)简称尿感,是指病原体在尿路中生长、繁殖而引起的感染性疾病。多见于育龄期妇女、老年人、免疫力低下及尿路畸形者。根据感染发生部位可分为上尿路感染和下尿路感染。上尿路感染主要指肾盂肾炎,下尿路感染主要指膀胱炎。

尿路感染最常见的致病菌是革兰氏阴性杆菌,以大肠埃希菌最常见,约占 85%;其次为克雷伯杆菌、变形杆菌、肠球菌及铜绿假单胞菌等。感染途径主要有:①上行感染,最常见,约占尿路感染的 95%,病原菌经由尿道上行至膀胱,甚至到输尿管、肾盂,引起感染。②血行感染,即病原菌通过血液到达肾脏和尿路其他部位引起的感染。

正常情况下细菌可进入膀胱,但并不是都引起尿路感染的发生,这与正常机体具有多种防止尿路细菌感染发生的机制有关,但是下列易感因素可促进尿路感染的发生。①女性:女性因尿道短而直,尿道口离肛门近而易被细菌污染,尤其在月经期、妊娠期和性生活后较易发生感染。②尿路梗阻:如尿路结石、前列腺增生等,可导致尿液积聚,细菌不易被冲洗清除,在局部大量繁殖引起感染。③膀胱-输尿管反流:使尿液从膀胱逆流至输尿管、肾盂,发生感染。④机体免疫力低下,如长期使用免疫抑制剂和艾滋病。⑤神经源性膀胱:如脊髓损伤、糖尿病,导致支配膀胱的神经功能障碍。⑥医源性因素:导尿、留置导尿管、膀胱镜和输尿管镜检查,可损伤尿路黏膜,将细菌带入泌尿道。

【护理评估】

(一)健康史

评估病人有无尿路结石、前列腺增生、肿瘤等原因所致的尿路梗阻;有无膀胱-输尿管反流;有无长期使用免疫抑制剂和艾滋病等;有无脊髓损伤、糖尿病等疾病;有无导尿或留置导尿管、膀胱镜和输尿管镜检查等;有无肾盂及输尿管畸形及多囊肾等;有无感染和外伤等。

(二)身体状况

1. 症状

(1)膀胱炎:占尿路感染的60%以上。一般无明显的全身感染症状,主要表现为尿频、尿急、尿痛、排尿不适、下腹部疼痛等,部分病人出现排尿困难。一般无全身症状。尿液浑浊,约30%病人可出现血尿。

(2)急性肾盂肾炎:①全身症状:起病急,常有发热、寒战、头痛、全身酸痛、恶心及呕吐等,体温多在38℃以上。②泌尿系统症状:尿频、尿急、尿痛、排尿困难、下腹部疼痛、腰痛等。急性肾盂肾炎反复发作,迁延不愈,病程超过半年就可转为慢性肾盂肾炎。

(3)无症状性细菌尿:是指病人有真性细菌尿,而无尿路感染的症状。20~40岁女性无症状性细菌尿的发病率低于5%,而老年女性及男性发病率为40%~50%。

2. 体征 急性膀胱炎可有耻骨上方膀胱区压痛。急性肾盂肾炎病人常有肋脊角、输尿管点压痛和/或肾区叩击痛。

3. 并发症 肾乳头坏死常发生于伴有糖尿病或尿路梗阻的肾盂肾炎,为肾盂肾炎的严重并发症。肾周脓肿为严重肾盂肾炎直接扩展而致。

(三)心理-社会状况

由于起病急、发热、疼痛,病人常出现烦躁、紧张及焦虑;涉及外阴及性生活等方面的询问时,病人有害羞感和精神负担;反复发作者,易产生焦虑和消极情绪。

(四)辅助检查

1. 尿常规 尿液常浑浊,可有异味。尿沉渣镜检白细胞>5个/HP称为白细胞尿,对尿路感染诊断意义较大;出现白细胞管型提示肾盂肾炎。部分病人有镜下血尿,少数可有肉眼血尿。尿蛋白多为阴性至微量。

2. 尿细菌学检查 ①涂片细菌检查:未离心新鲜中段尿沉渣涂片,若平均每个高倍视野下可见1个以上细菌,提示尿路感染。②细菌培养:新鲜清洁中段尿细菌培养菌落数≥10^5/ml,为有意义菌尿,可确诊尿路感染。如临床上无尿感症状,则要求做两次中段尿培养,细菌菌落数均≥10^5/ml,且为同一菌株,可诊断为尿路感染。耻骨上膀胱穿刺尿细菌定性培养有细菌生长即为真性菌尿。

3. 影像学检查　如泌尿系统超声、腹部X线平片、CT、静脉肾盂造影等,可以发现尿路结石、梗阻、反流、畸形等。尿路感染急性期不宜做静脉肾盂造影检查,可做超声检查。

4. 血常规　急性肾盂肾炎时血白细胞计数常升高,中性粒细胞增多,核左移。

（五）治疗要点

治疗措施有一般治疗、去除易感因素和抗感染治疗。

1. 一般治疗　急性期注意休息,多饮水,勤排尿。反复发作者应积极寻找病因,及时去除易感因素。

2. 抗感染治疗　无病原学结果前,一般首选对革兰氏阴性杆菌有效的抗生素。治疗三天症状无改善,应按药敏结果调整用药。单一药物治疗失败、严重感染、混合感染、耐药菌株出现时应联合用药。常用药物有喹诺酮类、半合成青霉素类、头孢菌素类抗生素或复方磺胺甲噁唑等。氨基糖苷类抗生素肾毒性较大,应慎用。膀胱刺激征明显者,可口服碳酸氢钠片。急性膀胱炎初诊用药可用3日疗法,疗程完毕7日后复查。急性肾盂肾炎抗菌药物疗程通常为10~14日。

3. 疗效评定　①治愈:症状消失,尿菌阴性,疗程结束后2周、6周复查尿菌均为阴性。②治疗失败:治疗后尿菌仍为阳性;或治疗后尿菌为阴性,但2周或6周复查尿菌转为阳性,且为同一菌株。

【常见护理诊断/问题】

1. 排尿障碍:尿频、尿急、尿痛　与泌尿系统感染有关。
2. 体温过高　与急性肾盂肾炎有关。
3. 潜在并发症:肾乳头坏死、肾周脓肿。
4. 知识缺乏:缺乏预防尿路感染的知识。

边学边练

实践10　尿路感染病人的护理

【护理目标】

病人尿路刺激症状减轻或消失;体温恢复正常;并发症得到有效防治;了解预防尿路感染的相关知识。

【护理措施】

（一）一般护理

1. 休息与活动　增加休息和睡眠。高热病人应卧床休息,必要时可采用冰敷、酒精擦浴等措施进行物理降温。

2. 饮食护理 给予高蛋白、高维生素和易消化的清淡饮食。鼓励病人多饮水,每天饮水量不少于 2 000ml,且每 2～3 小时排尿 1 次,以增加尿量,冲洗膀胱和尿道,促进细菌和炎性分泌物排出。

(二)病情观察

密切观察体温的变化,观察尿路刺激征、腰痛的情况。若高热持续不退或体温升高、伴腰痛加剧等,常提示肾周脓肿或肾乳头坏死等并发症,应及时报告医生并协助处理。

(三)治疗配合

1. 用药护理 遵医嘱用药,向病人解释药物的作用、剂量、疗程及注意事项,注意观察药物疗效及不良反应。①喹诺酮类抗生素可引起轻度消化道反应、皮肤瘙痒等,儿童及孕妇忌用。②复方磺胺甲噁唑,口服易引起胃肠道反应,宜饭后服药。服药期间嘱病人多饮水,同时服用碳酸氢钠片。碳酸氢钠片可碱化尿液、减轻尿路刺激症状,并可增强磺胺类抗菌药物的疗效、减少磺胺结晶的形成。③氨基糖苷类抗生素,对肾和听神经有损害,引起耳鸣、听力下降,甚至耳聋;肾毒性较大,应慎用,肾功能减退者不宜使用。

2. 尿细菌学检查的护理 向病人解释检查的意义和方法。做尿细菌定量培养,留取尿标本时需注意:①在应用抗生素之前或停用抗生素 5 日后留取尿标本。②取清晨第一次清洁、新鲜的中段尿送检,确保尿液在膀胱内停留 4 小时以上。③留取尿标本时,应执行无菌操作,充分清洗外阴或包皮,消毒尿道口,再留取中段尿。④尿标本必须在 1 小时内做细菌培养,否则需冷藏保存。⑤尿标本中勿混入消毒药液,女性病人留尿时,注意避开月经期,防止阴道分泌物及经血混入。

(四)心理护理

向病人解释本病的特点及规律,指导病人消除紧张情绪及恐惧心理。对反复发作、迁延不愈的病人,应与病人分析原因,使病人克服急躁情绪,树立战胜疾病的信心。

(五)健康指导

1. 疾病预防指导 ①保持规律生活,避免劳累。②多饮水、勤排尿是预防尿路感染最简便而有效的措施。每天应摄入足够水分,以保证足够的尿量和排尿次数。③注意个人卫生,禁止盆浴。尤其是女性,要注意会阴部及肛周皮肤的清洁,特别是月经期、妊娠期和产褥期。学会正确清洁外阴部的方法。④与性生活有关的尿路感染反复发作者,应注意性生活后立即排尿。⑤膀胱－输尿管反流者,需要"二次排尿",即每次排尿后数分钟再排尿一次。

2. 疾病知识指导 告知病人尿路感染的病因、疾病特点和治愈标准,使其理解多饮水、勤排尿以及注意会阴部清洁的重要性,确保其出院后仍能严格遵守。教会病人识别尿路感染的临床表现,一旦发生尽快诊治。

3. 用药指导 嘱病人按时、按量及按疗程服药,勿随意停药或减量。遵医嘱定期随访,避免因治疗不彻底而演变为慢性肾盂肾炎。

病人尿路刺激症状是否减轻或消失;体温是否恢复正常;并发症是否得到有效防治;是否知道预防尿路感染的知识。

（李士新）

第五节　急性肾损伤病人的护理

1. 具有高度的责任感、沉着冷静的心理素质和严谨细致的工作态度,珍视生命,尊重和关爱病人。
2. 掌握急性肾损伤病人的身心状况和主要护理措施。
3. 熟悉急性肾损伤的治疗要点和病人的常见护理诊断/问题。
4. 了解急性肾损伤的病因和病人的护理目标、护理评价。
5. 学会运用护理程序,发现并解决急性肾损伤病人的常见护理问题,并能进行安全给药、监护和抢救配合。

工作情景与任务

导入情景:

杨女士,66岁。2天前在外就餐后出现腹痛、腹泻,当地诊所给予"庆大霉素"静脉滴注。1天前发现尿量明显减少,感到心慌、胸闷,家属拨打"120"急诊入院。T 36.8℃,P 50次/min,BP 120/65mmHg,查心电图、肾功能、电解质,入院初步诊断为急性肾损伤,高钾血症。医嘱:吸氧,心电监护,静脉滴注葡萄糖酸钙、胰岛素。

工作任务:

1. 遵医嘱对杨女士进行心电监护,吸氧,执行葡萄糖酸钙、胰岛素静脉滴注治疗。
2. 对杨女士进行健康指导。

急性肾损伤(acute kidney injury,AKI)是指由各种病因引起短时间内肾功能快速减退而导致的临床综合征。表现为肾小球滤过率下降,伴有氮质产物如血肌酐和尿素氮等潴留,水、电解质和酸碱平衡紊乱,重者出现多系统并发症。急性肾损伤以往称为急性肾衰竭(acute renal failure,ARF),是常见危重病症。

急性肾损伤病因多样,根据损伤发生的解剖部位不同可分为三大类:肾前性、肾性和肾后性。①肾前性急性肾损伤:常见病因如大出血和液体丢失导致的有效血容量不足、心力衰竭引起的心排血量降低等。②肾后性急性肾损伤:源于急性尿路梗阻,梗阻可发生在尿路从肾盂到尿道的尿路中任何部位。③肾性急性肾损伤：是由肾小管、肾间质、肾血管和肾小球性疾病导致的肾实质损伤，以肾缺血、肾毒性物质引起的肾小管上皮细胞损伤最常见，称为急性肾小管坏死（acute tubular necrosis，ATN）。

知识窗

常见肾毒性物质

1. **肾毒性药物** 抗菌药物如氨基糖苷类抗生素（庆大霉素、链霉素、阿米卡星）、万古霉素、第一代头孢菌素等；造影剂如泛影葡胺；甘露醇等。

2. **工业毒物** 汞、铅、氰化物、甲醇、有机磷、百草枯等。

3. **生物毒素** 蛇毒、蝎毒、蜂毒、毒蕈等。

4. **内源性毒素** 如严重肌肉创伤导致的横纹肌溶解，释放出来的肌红蛋白。

急性肾小管坏死是急性肾损伤最常见的类型，占全部急性肾损伤的75%～80%。本节主要以急性肾小管坏死为代表进行阐述。

【护理评估】

（一）健康史

评估病人有无下列病史：①肾前性因素，如大出血、大面积烧伤、严重脱水、休克等。②肾后性因素，如输尿管结石、肿瘤、前列腺增生等。③肾性因素，如肾缺血、肾毒性物质接触史、急性间质性肾炎、肾小球疾病、肾血管疾病和肾移植排斥反应等。

（二）身体状况

典型病程可分为三期：起始期、维持期、恢复期。

1. **起始期** 此期尚未发生明显的肾实质损伤，经及时治疗可避免急性肾损伤的发生。此期历时数小时至1～2日。但随着肾小管上皮发生明显损伤，肾小球滤过率突然下降，进入维持期。

2. **维持期** 又称少尿期。典型者持续7～14天，也可短至几天，有时可长至4～6周。病人常出现少尿或无尿。部分病人尿量可维持在400ml/d以上，称非少尿型急性肾损伤，病情大多较轻，预后较好。随着肾功能减退，病人可出现下列临床表现：

（1）急性肾损伤的全身表现：①消化系统：可有食欲减退、恶心、呕吐、腹胀和腹泻等，严重者可发生消化道出血。②呼吸系统：主要为容量过多导致的急性肺水肿和肺部感染，可出现呼吸困难、咳嗽、胸痛等。③循环系统：可出现高血压、心力衰竭、肺水肿、心律失常等表现。④神经系统：出现意识障碍、躁动、谵妄、抽搐及昏迷等表现。⑤血液系统：可有出血倾向和贫血。⑥感染：是少尿期常见而严重的并发症，也是急性肾损伤的主要死亡原因之一。急性肾损伤还可合并多功能脏器衰竭，死亡率极高。

（2）水、电解质和酸碱平衡紊乱：表现为水过多、代谢性酸中毒、高钾血症、低钠血症，低钙和高磷血症等。高钾血症可导致四肢麻木无力、心率减慢，重者出现心室颤动或心脏停搏，是急性肾损伤的最主要死因之一。

3. 恢复期　是肾小管细胞再生、修复的过程。少尿型病人出现尿量增加（超过400ml/d），且进行性增多，继而出现多尿，每天尿量最多可达 3 000～5 000ml。尿量增多通常持续 1～3 周，继而逐渐恢复正常。部分病人最终遗留不同程度的肾脏结构和功能损伤。

（三）心理－社会状况

因起病急，病情危重，病人会产生恐惧心理；昂贵的医疗费用又会进一步加重病人及家属的心理负担。

（四）辅助检查

1. 血液检查　可有轻度贫血、血肌酐和尿素氮进行性升高。维持期尿量减少，血清钾浓度常高于 5.5mmol/L；恢复期尿量明显增多时，可有低钾血症。血 pH 常低于 7.35，可有低钠、低钙及高磷血症。

2. 尿液检查　尿液外观多浑浊，尿色深。尿蛋白多为 ＋～＋＋，可见上皮细胞管型、颗粒管型、少许红细胞和白细胞等。尿比重降低且固定，多在 1.015 以下。

3. 影像学检查　首选尿路超声检查，以排除尿路梗阻和慢性肾脏病。腹部 CT、磁共振或放射性核素检查有助于了解肾血管病变，必要时可做肾血管造影以明确诊断。

4. 肾穿刺活组织检查　是重要的诊断手段。排除肾前性和肾后性原因后，找不到明确致病原因的肾性急性肾损伤，如无禁忌证，都可行肾穿刺活组织检查。

（五）治疗要点

急性肾损伤应尽早识别并纠正可逆病因，及时采取干预措施避免肾脏受到进一步损伤；维持水、电解质和酸碱平衡，积极防治高钾血症、纠正代谢性酸中毒；适当营养支持，供给足够营养；积极防治并发症，选用对肾脏无毒或毒性较低的药物防治感染；防治心力衰竭等各种并发症；适时进行肾脏替代治疗，可选择血液透析或腹膜透析。

【常见护理诊断／问题】

1. 体液过多　与肾小球滤过率下降导致水钠潴留、水摄入控制不严格引起的容量过多有关。

2. 营养失调：低于机体需要量　与病人食欲减退、限制蛋白质摄入、透析和原发疾病等因素有关。

3. 有感染的危险　与机体抵抗力降低及透析等侵入性操作有关。

4. 知识缺乏：缺乏疾病治疗、病情监测及饮食管理相关知识。

5. 潜在并发症：电解质和酸碱平衡失调、高血压、急性心力衰竭、心律失常、上消化道出血、多脏器功能衰竭等。

【护理目标】

病人水肿减轻或消退；病人食欲改善，有足够的营养物质摄入，营养状况好转；无感染发生；能说出疾病治疗、病情监测及饮食管理的相关知识；并发症得到有效防治。

王女士,66 岁。有肾结石病史 2 年,1 天前出现左侧腰痛,来院就诊。身体评估:体温 36.8℃,左肾区叩痛。尿常规示蛋白质阴性,红细胞 ++。肾脏超声显示左肾结石伴少量积水,左输尿管扩张。血钾 4.5mmol/L,肌酐 96μmol/L。入院后行静脉肾盂造影术,术中使用 60% 泛影葡胺 20ml 静脉注射。术后第二天病人出现少尿,24 小时尿量约 200ml,血清钾 6.5mmol/L,血肌酐 485μmol/L。

请思考:

1. 该病人出现少尿的主要原因是什么?

2. 该病人目前需要紧急处理的情况是什么?

3. 如何对该病人进行抢救配合?

【护理措施】

(一)一般护理

1. 休息与活动　维持期病人卧床休息,以减轻肾脏的负担。下肢水肿病人抬高下肢。当尿量增加、病情好转时,可逐渐增加活动量,以病人不感觉劳累为度。

2. 饮食护理

(1)限制蛋白质摄入:给予优质蛋白质,一般为 0.8~1.0g/(kg·d),适量补充氨基酸。高分解代谢、营养不良或接受透析的病人,蛋白质摄入量可适当放宽。优先经胃肠道提供营养支持,不能经口进食者可用鼻饲或肠外营养。

(2)保证热量供给:每天供给 147kJ/kg(35kcal/kg)热量,主要由碳水化合物和脂肪供给,以减少体内蛋白质分解。

(3)维持水平衡:记录病人 24 小时出入液量和体重变化,每天大致的进液量可按前一日尿量加 500ml 计算,肾脏替代治疗时补液量可适当放宽。

(4)减少钾、钠的摄入:酌情限制钾盐和钠盐摄入,避免摄取含钾量高的食物,如香菇、木耳、紫菜、菠菜、榨菜、山药、坚果、香蕉、橘子、枣、葡萄干等。血钾明显增高者应停用含钾食物。

3. 皮肤及口腔护理　注意个人卫生,保持皮肤清洁。卧床病人应定时翻身,防止压疮和肺部感染。加强口腔护理。

(二)病情观察

密切观察病人有无四肢麻木无力、心率减慢、心电图改变等高钾血症的表现;有无水肿、乏力、意识障碍等水潴留和低钠血症的表现。监测病人生命体征、尿量、肾功能及血电解质的变化,发现异常,及时报告医生。

（三）治疗配合

高钾血症是临床危急表现，应密切监测血清钾的浓度。当血钾超过 6.0mmol/L，心电图表现为 T 波高尖等明显变化时，应紧急协助医生处理。①停用一切含钾药物和 / 或食物，禁止输库存血。②对抗钾离子心肌毒性：首先给予 10% 葡萄糖酸钙稀释后静脉推注。③转移钾至细胞内：50% 葡萄糖 50～100ml 或 10% 葡萄糖 250～500ml 加胰岛素 6～12U 静脉滴注；伴代谢性酸中毒者 5% 碳酸氢钠溶液 100～250ml 静脉滴注，既可纠正酸中毒，又可促进钾离子向细胞内转移。④清除钾：可应用离子交换树脂、利尿剂，对内科治疗不能纠正的严重高钾血症（血钾大于 6.5mmol/L），应及时给予血液透析治疗。

（四）心理护理

在精神上给予病人安慰和支持，通过介绍治疗进展信息，解除病人恐惧心理。加强护理，使病人有安全感、信赖感和良好的心理状态。

（五）健康指导

1. 疾病预防指导　慎用氨基糖苷类抗生素等肾毒性药物；避免使用大剂量造影剂的影像学检查；加强劳动防护，避免接触重金属、工业毒物等；误服毒物时，应立即进行洗胃或导泻，并采用有效解毒剂。

2. 疾病知识指导　叮嘱病人定期随访，强调监测肾功能、尿量的重要性，并教会病人测量和记录尿量的方法。

【护理评价】

病人水肿是否减轻或消退；是否有足够的营养物质摄入，营养是否均衡；有无感染发生；能否说出疾病治疗、病情监测及饮食管理的相关知识；并发症是否得到有效防治。

（李士新）

第六节　慢性肾衰竭病人的护理

学习目标

1. 具有高度的责任感、沉着冷静的心理素质和严谨细致的工作态度，珍视生命，尊重和关爱病人。
2. 掌握慢性肾衰竭病人的身心状况和主要护理措施。
3. 熟悉慢性肾衰竭的辅助检查、治疗要点和病人的常见护理诊断 / 问题。
4. 了解慢性肾衰竭的病因、发病机制和病人的护理目标、护理评价。
5. 学会运用护理程序对慢性肾衰竭病人实施整体护理，为病人及家属提供健康指导、心理和社会支持。

导入情景：

张先生,59 岁。10 年前出现水肿、高血压。5 天前发现口中有尿味,头痛头晕,来医院就诊。BP 200/100mmHg,双下肢轻度水肿。行血常规、肾功能、电解质和肾脏彩超检查。入院初步诊断为慢性肾衰竭,高血压急症。医嘱:持续监测血压,吸氧,输血,硝普钠静脉泵入。

工作任务：

1. 遵医嘱对张先生持续监测血压,吸氧,输血,执行硝普钠静脉泵入治疗,观察药物疗效及不良反应。

2. 对张先生进行正确的饮食指导。

慢性肾衰竭(chronic renal failure,CRF)是各种慢性肾脏病(chronic kidney disease,CKD)持续进展至后期的共同结局。它是以代谢产物潴留,水、电解质及酸碱平衡失调和全身各系统症状为表现的一种临床综合征。慢性肾脏病是指各种原因引起的肾脏结构或功能异常(≥ 3 个月)。慢性肾脏病概念的提出强调了疾病早期识别和防治的重要性。

慢性肾脏病根据肾小球滤过率(glomerular filtration rate,GFR)分为 5 期(表 5-1)。我国以往将慢性肾衰竭根据肾功能损害程度分为 4 期:肾功能代偿期、肾功能失代偿期、肾衰竭期和尿毒症期(分别大致相当于慢性肾脏病 2 期和 3a 期、3b 期、4 期、5 期)。

表 5-1 慢性肾脏病的分期及治疗建议

分期	特征	GFR/ [ml/(min·1.73m²)]	防治目标和措施
1	GFR 正常或升高	≥ 90	CKD 病因诊治,延缓症状;保护肾功能,延缓 CKD 进展
2	GFR 轻度降低	60～89	评估、延缓 CKD 进展;降低 CVD(心血管病)风险
3a	GFR 轻到中度降低	45～59	延缓 CKD 进展
3b	GFR 中到重度降低	30～44	评估治疗并发症
4	GFR 重度降低	15～29	综合治疗,做好肾脏替代治疗准备
5	终末期肾脏病	<15(或透析)	适时进行肾脏替代治疗

慢性肾脏病的病因主要包括原发性肾脏疾病、继发于全身疾病的肾脏病变、慢性尿路

梗阻性肾病和先天性疾病等。我国慢性肾衰竭的最常见病因仍然是原发性肾小球肾炎，近年来糖尿病肾病导致的慢性肾衰竭明显增加，有可能成为我国慢性肾衰竭的首要病因。慢性肾衰竭的发病机制尚未完全阐明，目前认为进展的机制可能与以下因素有关：①肾单位高灌注、高滤过。②肾单位高代谢。③其他，如细胞因子和生长因子促纤维化的作用、细胞凋亡、醛固酮增多等。尿毒症症状及各器官系统损害发生的原因包括：①水、电解质和酸碱平衡失调。②尿毒症毒素(尿素氮、胍类物质、甲状旁腺激素等)的毒性作用。③肾脏的内分泌功能障碍：如促红细胞生成素分泌减少引起肾性贫血，骨化三醇($1,25(OH)_2D_3$)减少引起肾性骨病。

【护理评估】

（一）健康史

评估病人有无下列病史：①糖尿病肾病、高血压肾小动脉硬化、原发性与继发性肾小球肾炎、慢性间质性肾炎、慢性肾盂肾炎、梗阻性肾病、肾血管疾病、多囊肾等。②慢性肾衰竭渐进性发展的危险因素，包括高血糖、高血压、蛋白尿、低蛋白血症、吸烟等。③慢性肾衰竭急性加重、恶化的危险因素，主要有累及肾脏的疾病复发或加重、有效血容量不足、肾脏局部血供急剧减少、严重高血压未能控制、肾毒性药物、泌尿道梗阻、严重感染、心力衰竭等。

（二）身体状况

慢性肾脏病起病隐匿，早期病人可以无任何症状，或仅有乏力、腰酸、夜尿增多和食欲减退等轻度不适。进入慢性肾脏病 3b 期以后，上述症状更趋明显。到慢性肾脏病 5 期时出现全身多个系统的功能紊乱。

1. 水、电解质和酸碱平衡紊乱　可出现水肿或脱水、高钾或低钾血症、高钠或低钠血症、低钙血症、高磷血症和代谢性酸中毒等。其中以代谢性酸中毒和水钠平衡紊乱最为常见。

2. 蛋白质、糖类、脂类和维生素代谢紊乱　一般表现为蛋白质代谢产物蓄积(氮质血症)，也可有白蛋白和必需氨基酸水平下降、糖耐量减低、低血糖、高脂血症、血清维生素 A 水平增高、维生素 B_6 及叶酸缺乏等。

3. 各系统表现

（1）心血管系统表现：心血管病变是慢性肾脏病的常见并发症和最主要死因。①高血压和左心室肥大：多数病人存在不同程度的高血压，高血压可引起左心室肥厚、心力衰竭、动脉硬化并加重肾损害。②心力衰竭：主要与水钠潴留、高血压有关。③尿毒症性心肌病：可能与代谢废物的潴留及贫血等因素有关。④心包病变：多与尿毒症毒素蓄积等有关。⑤血管钙化和动脉粥样硬化。

（2）呼吸系统表现：常表现为气促，严重代谢性酸中毒可致呼吸深长（Kussmaul 呼吸）。体液过多、心力衰竭可引起肺水肿或胸腔积液。部分病人发生尿毒症性肺水肿。

（3）消化系统表现：消化系统症状通常是慢性肾脏病最早的表现，主要表现有食欲缺乏、恶心、呕吐、口腔有尿味。消化道出血也常见,多是由于胃黏膜糜烂或消化性溃疡所致。

（4）血液系统表现:①贫血:几乎所有病人均有轻至中度贫血,主要由于肾组织分泌促红细胞生成素减少所致,故称为肾性贫血;同时与缺铁、营养不良、慢性失血、叶酸缺乏、红细胞寿命缩短等因素有关。②出血倾向:多与血小板功能降低有关,部分病人也可有凝血因子活性降低。③血栓形成倾向:指透析病人动静脉瘘容易阻塞,可能与抗凝血酶Ⅲ活性下降、纤维溶解不足有关。

（5）神经、肌肉系统表现:早期可有疲乏、失眠、注意力不集中等,其后会出现性格改变、抑郁、记忆力减退、判断力降低。尿毒症严重时病人常有反应淡漠、惊厥、谵妄、幻觉、昏迷及精神异常等表现,称为尿毒症脑病。周围神经病变也很常见,以感觉神经障碍为著,最常见的是肢端袜套样分布的感觉丧失。

（6）内分泌功能紊乱:主要表现有如下。①肾脏本身内分泌功能紊乱:如 $1,25(OH)_2D_3$ 不足、促红细胞生成素缺乏。②糖耐量异常和胰岛素抵抗。③性激素紊乱:成年女性病人常表现为闭经、不孕,男性病人表现为阳痿、不育。④其他:大多数病人均有继发性甲状旁腺功能亢进,部分病人有轻度甲状腺素水平降低等。

（7）骨骼病变:慢性肾脏病病人存在钙、磷等矿物质代谢及内分泌功能紊乱,导致矿物质异常、骨病、血管钙化等临床综合征,称为慢性肾脏病－矿物质和骨异常。慢性肾衰竭出现的骨矿化和代谢异常,称为肾性骨营养不良。典型者表现为骨痛、行走不便和自发性骨折,早期有症状者少见（<10%）。

（三）心理－社会状况

慢性肾衰竭病人因病程漫长、预后不佳、治疗费用昂贵,尤其是需要进行长期透析或做肾移植手术时,病人及家属心理压力大,可出现抑郁、恐惧、悲观和绝望等心理。

（四）辅助检查

1. 血常规检查　红细胞计数下降,血红蛋白浓度降低,白细胞计数升高或降低,血小板正常或减少。

2. 尿常规检查　常见蛋白尿,尿沉渣检查可见红细胞、白细胞、颗粒管型和蜡样管型。蜡样管型对本病有诊断意义。尿比重降低,严重者尿比重固定在 1.010～1.012。

3. 血生化检查　血肌酐及血尿素氮水平增高,肾小球滤过率降低。血浆白蛋白降低,血钠和血钾增高或降低。血钙降低,血磷增高,导致继发性甲状旁腺激素（PTH）水平升高。可有代谢性酸中毒,表现为血二氧化碳结合力降低。

4. 影像学检查　慢性肾脏病早期超声检查显示肾脏大小正常;晚期显示双肾缩小、皮质变薄。

（五）治疗要点

慢性肾脏病的治疗原则为早期治疗原发疾病,避免和纠正造成肾功能进展、恶化的危险因素,根据慢性肾脏病的分期,选择不同的防治策略。具体措施包括:

1. 早期防治　治疗原发病并去除使肾功能恶化的因素,及时有效地控制高血压,严格控制血糖,控制蛋白尿,积极纠正贫血,应用他汀类药物及戒烟等。

2. 营养治疗　限制蛋白饮食,给予优质低蛋白饮食,摄入足量热量,注意补充维生素及叶酸等营养素,控制钾、磷等的摄入。

3. 药物治疗

(1)控制高血压和肾小球内高压力:可选择血管紧张素转化酶抑制剂(ACEI)、血管紧张素Ⅱ受体阻滞剂(ARB)、钙通道阻滞剂(CCB)、袢利尿剂及β受体阻滞剂等。

(2)贫血的治疗:如排除失血、造血原料缺乏等因素,根据贫血程度可考虑应用重组人促红细胞生成素治疗。输血宜用新鲜血液,禁止输库存血,因为库存血含钾较多。

(3)纠正酸中毒和水、电解质失调:纠正代谢性酸中毒,主要措施为口服碳酸氢钠溶液,必要时可静脉输入。为防止出现水钠潴留需适当限制钠摄入量,根据需要应用袢利尿剂。慢性肾脏病3期以上的病人,适当限制钾的摄入。确诊高钾血症的病人处理见本章第五节"急性肾损伤病人的护理"。

(4)钙、磷代谢失调和肾性骨营养不良:对明显低钙血症病人,可口服1,25(OH)$_2$D$_3$(骨化三醇)。慢性肾脏病4~5期者,除限制磷摄入外,可应用磷结合剂口服,如碳酸钙、醋酸钙、司维拉姆、碳酸镧等。

(5)其他治疗:防治感染应选用肾毒性最小的药物;高脂血症可考虑选用他汀类药物;促进肠道清除尿毒症毒素,口服氧化淀粉、活性炭制剂或大黄制剂等。皮肤瘙痒可口服抗组胺药、控制高磷血症及强化透析,对部分病人有效。

4. 替代治疗　对于慢性肾脏病4期以上或预计6个月内需要接受透析治疗的病人,建议进行肾脏替代治疗准备。肾脏替代治疗包括血液透析、腹膜透析和肾移植。肾移植是目前最佳的肾脏替代疗法。

【常见护理诊断/问题】

1. 营养失调:低于机体需要量　与食欲减退、消化吸收功能紊乱、长期限制蛋白质摄入等因素有关。

2. 活动无耐力　与并发贫血、高血压、心力衰竭等因素有关。

3. 有皮肤完整性受损的危险　与皮肤水肿、瘙痒、凝血机制异常等有关。

4. 有感染的危险　与机体免疫功能低下、白细胞功能异常、透析等有关。

5. 潜在并发症:水、电解质、酸碱平衡失调,贫血。

【护理目标】

病人能保持足够的营养物质的摄入,身体营养状况有所改善;活动耐力增强;皮肤清洁、完整,水肿减轻或消退,瘙痒缓解;感染未发生;并发症得到有效防治。

【护理措施】

(一)一般护理

1. 休息与活动　以休息为主,避免过度劳累。症状不明显者,可适量活动,以不出现疲乏、心慌、气喘及头晕为度。症状明显者,应卧床休息,协助病人做好各项生活护理。

2. 饮食护理 饮食原则是给予优质低蛋白质、充足热量、低盐、低磷饮食。

（1）蛋白质：慢性肾脏病 1～2 期病人，无论是否有糖尿病，推荐蛋白质摄入量为 0.8～1.0g/（kg·d）；慢性肾脏病 3 期起至没有透析治疗的病人，推荐蛋白质摄入量为 0.6～0.8g/（kg·d）；血液透析病人的蛋白质摄入量为 1.0～1.2g/（kg·d），腹膜透析病人的蛋白质摄入量为 1.2～1.3g/（kg·d）。在低蛋白饮食中，约 50% 以上的蛋白质为优质蛋白（高生物效价蛋白），如鸡蛋、牛奶、瘦肉、鱼肉等。

（2）热量：供给病人充足的热量，减少体内蛋白质消耗。摄入热量的 70% 由碳水化合物供给。可选用热量高、蛋白质含量低的食物，如麦淀粉、藕粉、粉丝、薯类等。

（3）其他：①限制钠摄入，有明显水肿和高血压者食盐摄入量为 2～3g/d，个别严重病例可限制为 <2g/d 或无盐饮食。②尿量 <1 000ml/d，需限制食物中钾的摄入。③低磷饮食，每天磷摄入量应 <600mg/d。④补充水溶性维生素，如 B 族维生素、维生素 C 和叶酸。

3. 清洁护理 避免皮肤过于干燥，以免皮肤瘙痒；指导病人勤剪指甲，以防皮肤瘙痒时抓破皮肤，导致感染；必要时遵医嘱给予抗组胺类药物和止痒剂。如病人有水肿，具体护理措施参见本章第一节"一、肾源性水肿"。

（二）病情观察

监测病人的生命体征；准确记录 24 小时出入液量，每天定时测量体重，观察有无液体量过多的表现；观察血压、心率与心律，有无心力衰竭及心包摩擦音；有无恶心、呕吐及消化道出血；观察有无意识改变，如嗜睡、谵妄、昏迷；了解贫血的进展及有无出血倾向；观察有无水、电解质及酸碱平衡失调；观察有无感染的征象等。

（三）治疗配合

1. 用药护理 遵医嘱用药，观察药物疗效及不良反应。①血管紧张素化酶抑制剂和血管紧张素 Ⅱ 受体阻滞剂：使用时应密观察血钾和血肌酐水平的变化。②促红细胞生成素：每次皮下注射应更换注射部位，注意观察病人有无头痛、高血压及癫痫等不良反应，每月定期监测血红蛋白。③骨化三醇：使用时要随时监测血钙、血磷的浓度。④碳酸钙、醋酸钙、司维拉姆、碳酸镧：在餐中服用效果最好。⑤必需氨基酸：常用复方 α- 酮酸片口服。若需静脉输入，应注意控制输液速度。

2. 预防感染 监测病人有无体温升高。注意有无寒战、疲乏无力、咳嗽、咳脓痰、尿路刺激征、白细胞增高等。各项检查治疗严格无菌操作，避免不必要的侵入性治疗与检查，特别注意有无留置静脉导管和留置尿管等部位的感染。接受血液透析的病人，其乙型和丙型肝炎的发生率明显高于正常人群，可提前进行乙肝疫苗的接种。若病人合并细菌感染，遵医嘱使用对肾无毒性或毒性低的抗生素。

3. 血液透析和腹膜透析的护理 详见本章第七节"泌尿系统常用诊疗技术及护理"。

（四）心理护理

与病人及家属进行有效的沟通，介绍本病的特点和治疗进展，鼓励病人及家属正确对待疾病,保持乐观情绪,积极配合治疗和护理。

（五）健康指导

1. 疾病预防指导　早期发现和积极治疗各种可能导致肾损害的疾病。已有肾脏基础病变者,注意避免加速肾功能减退的各种因素,如血容量不足、肾毒性药物、劳累、感染、尿路梗阻等。

2. 疾病知识指导　向病人及家属讲解慢性肾衰竭的基本知识,使其理解本病虽然预后较差,但只要坚持积极治疗,可以延缓病情进展,提高生存质量。

3. 生活指导　指导病人严格遵从慢性肾衰竭的饮食原则,教会病人在保证足够热量供给、限制蛋白质摄入的前提下,选择适合自己病情的食物品种及数量。限制水钠摄入和含钾量高的食物。

4. 病情监测指导　指导病人准确记录每天的尿量和体重;每天定时测量血压;定期复查血常规、肾功能、血清电解质等;如出现气促加剧、严重水肿等,需及时就诊。

边学边练

实践 11　慢性肾衰竭病人的护理

【护理评价】

病人的身体营养状况是否改善;活动耐力是否增强;水肿是否减轻或消退,瘙痒是否缓解,皮肤是否清洁完整;感染是否发生;并发症是否得到有效防治。

（李士新）

第七节　泌尿系统常用诊疗技术及护理

学习目标

1. 具有团结协作、认真负责的工作态度和护理安全的职业意识,尊重和关爱病人。
2. 掌握血液透析、腹膜透析的操作前准备、操作中护理配合和操作后护理。
3. 熟悉血液透析、腹膜透析的操作过程。
4. 了解血液透析、腹膜透析的适应证和禁忌证。
5. 学会与病人和家属进行有效沟通,正确解释操作目的和注意事项。

一、血液透析

血液透析（hemodialysis，HD）简称血透，是最常用的血液净化方法之一。血透是将病人血液与含一定化学成分的透析液分别引入透析器内半透膜的两侧，利用半透膜原理，通过溶质交换清除血液内的代谢废物，维持电解质和酸碱平衡，同时清除过多的液体。

透析装置主要包括透析器、透析液、透析机和供水系统等。透析器又称为"人工肾"，是血液透析溶质交换的场所。血液透析时血液经血管通路（动脉端）进入体外循环，在血泵的推动下进入透析器（内含透析膜），与透析液发生溶质交换后再经血管通路（静脉端）回到体内（图 5-2）。

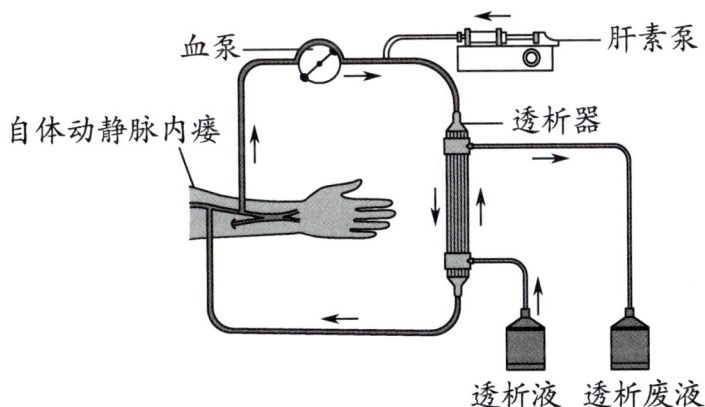

图 5-2　血液透析示意图

【适应证】

1. 急性肾损伤　出现以下情况如心包炎、肺水肿、严重脑病、高钾血症、严重代谢性酸中毒、容量负荷过重且对利尿治疗无效者。

2. 慢性肾衰竭　非糖尿病肾病 GFR<10ml/（min·1.73m^2），糖尿病肾病 GFR<15ml/（min·1.73m^2）可考虑血液透析。如出现严重并发症，药物治疗未能有效控制者（如急性左心衰竭、顽固性高血压等），可提前开始透析。

3. 急性药物或毒物中毒　如巴比妥类药物、砷、汞、有机磷、四氯化碳等中毒。

4. 其他疾病　如严重的水、电解质及酸碱平衡紊乱，常规治疗难以纠正者。

【禁忌证】

血液透析无绝对禁忌证。相对禁忌证有颅内出血或颅内压升高、严重休克、心力衰竭、严重心律失常、活动性出血、极度衰弱病人以及精神病不合作者。

【操作前准备】

1. 血管通路准备　血管通路又称血液通路，即血液从人体内引出至透析器，进行透析后再返回到体内的通路。它是进行血液透析的必备条件，也是维持血透病人的生命线。

血管通路可分为临时性和永久性两类。临时性血管通路主要为中心静脉留置导管。永久性血管通路主要指自体动静脉内瘘,少部分自体血管条件不好的病人,需要行移植血管内瘘。

2. 病人准备　①向病人介绍透析的有关知识,消除病人的恐惧心理,取得其配合。②评估病人的情况,包括生命体征、有无水肿、体重增长情况、有无出血倾向。③了解病人的透析方式、透析次数、透析时间及抗凝血药物的应用情况。④检查病人的血管通路是否通畅,局部有无感染、渗血、渗液等,中心静脉留置导管病人的导管是否固定完好。

3. 环境准备　透析室的环境必须达到国家相关规定要求,并保持安静、光线充足。

4. 用物准备　①设备:如血液透析机、透析器、透析管路、穿刺针、注射器、穿刺包、氧气瓶、体重秤、心电监护仪、除颤仪等。②药物:如普通肝素、低分子肝素、急救药品、透析液等。

【操作过程与护理配合】

1. 操作过程　以动静脉内瘘、肝素抗凝为例:①预冲洗透析器及一次性透析管路。②连接透析液接头与透析器旁路,透析液流速一般为 500ml/min。③穿刺动静脉内瘘管,于透析前 10 分钟从瘘管的静脉端注入肝素,首次剂量为 0.3～0.5mg/kg。④将透析管路的动脉端与病人内瘘管的动脉端连接,引出血液。⑤将透析管路的静脉端与病人内瘘管的静脉端连接。⑥连接肝素注射器,透析过程中,持续用肝素泵每小时追加 5～10mg,同时监测活化部分凝血活酶时间(APTT),以调整肝素用量。⑦开始透析,血液流速一般为 200～300ml/min。⑧透析结束前 30～60 分钟停用肝素。⑨透析结束后回血,处理动静脉瘘。

2. 护理配合　①调整体位:定时帮助病人侧身,或将床头摇高,以增加舒适度。②术中观察:严密监测病人生命体征及透析的各项监测指标是否正常,及时发现病人的不适或透析并发症(如透析失衡综合征、低血压、栓塞、痛性肌肉痉挛、透析器反应、发热、心律失常、出血和急性溶血等),以及监测系统的报警、机器故障等,发现异常及时报告医生并协助医生采取有效措施。③透析记录:准确记录透析时间、脱水量、肝素用量等。

【操作后护理】

1. 饮食护理　血液透析病人蛋白质的摄入量以 1.0～1.2g/(kg·d)为宜,其中 50% 以上为优质蛋白质。控制液体摄入,两次透析之间的体重增长不超过 5% 或者每天体重增加不超过 1kg。

2. 血管通路护理　透析结束时对自体动静脉内瘘者的穿刺部位压迫止血,中心静脉留置导管者使用肝素或枸橼酸钠封管。透析间期注意:①每天用手触摸内瘘,若触及震颤则提示内瘘通畅。②避免内瘘侧的肢体受压、负重、戴手表,勿穿紧袖衣服。③注意睡姿,避免压迫内瘘侧的肢体。④避免肢体暴露于过冷或过热的环境。⑤避免外力碰撞内瘘。

3. 病情监测　①询问病人有无头晕、出冷汗等不适,如病人透析后血压下降,应卧床休息或补充血容量。②测量并记录体重、血压。③透析间期加强病人的管理和指导以提高病人的依从性,定期监测血常规、肾功能、肝功能、血电解质、血糖、血脂、营养状况,乙型肝炎病毒、丙型肝炎病毒、人免疫缺陷病毒血清学指标,以及心血管结构和功能等。

二、腹膜透析

腹膜透析(peritoneal dialysis,PD)简称腹透,是利用人体内腹膜作为自然半透膜,将适量透析液引入腹腔并停留一段时间,使腹膜毛细血管内血液和腹膜透析液之间进行水和溶质交换,以达到清除体内代谢废物或其他毒性物质,纠正水、电解质紊乱和代谢性酸中毒的治疗目的。腹膜透析(图5-3)的方法较多,目前以双连袋可弃式Y形管道系统的持续性非卧床性腹膜透析(CAPD)在临床应用最广泛,适用于绝大多数病人。下面重点介绍CAPD。

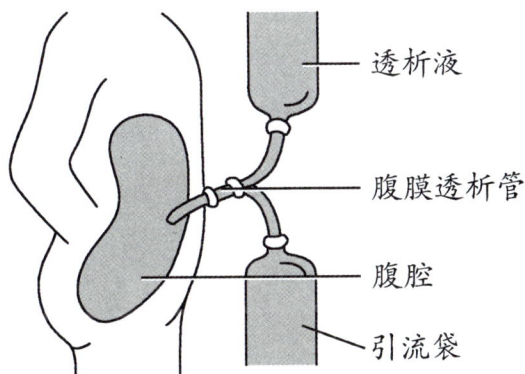

图 5-3　腹膜透析示意图

【适应证】

同血液透析。慢性肾衰竭病人如有下列情况可优先考虑腹膜透析,如婴幼儿,儿童,心血管状态不稳定、明显出血或有出血倾向、反复动静脉造瘘失败及残余肾功能较好者等。

【禁忌证】

绝对禁忌证包括各种腹壁、腹膜及腹腔严重病变。相对禁忌证包括腹部手术3天内、肠梗阻、椎间盘疾病、严重全身性血管病变致腹膜滤过功能降低、晚期妊娠、腹腔内巨大肿瘤、巨大多囊肾、严重肺功能不全、不合作者或精神障碍者、过度肥胖或严重营养不良等。

【操作前准备】

1. 病人准备　①解释腹膜透析的方法、目的、意义及注意事项,取得病人的合作。②评估病人的健康状况。③评估腹膜透析通路的情况。

2. 环境准备　腹膜透析的换液场所要保证清洁、相对独立、光线充足,定期进行紫外线消毒。

3. 用物准备　腹膜透析液（每袋 2 000ml）、蓝夹子、碘伏帽、专用秤、量杯。透析液要用干燥恒温箱干加热至 37℃。

【操作过程与护理配合】

1. 操作过程　①灌液：取出腹膜透析短管，将短管上的碘伏帽弃去，消毒后与透析袋连接，抬高透析袋，使透析液全部流入腹腔，然后用蓝夹子夹紧管口。②放液：3～6 小时后将透析袋放在低于腹腔的位置，打开蓝夹子，将腹腔内交换后的透析液引流入透析袋，更换透析袋。③交换次数：透析液每天交换 3～4 次，每次留腹 4～6 小时；夜间交换 1 次，留腹 10～12 小时。

2. 护理配合　①连接各种管道前要严格消毒和无菌操作。②监测并记录病人的生命体征、体重。③观察透析管的皮肤出口处有无渗血、漏液和红肿。④观察、记录透析液每一次进出腹腔的时间、出入液量和颜色。

【操作后护理】

1. 饮食护理　给予易消化、高热量、高维生素饮食。因腹膜透析会造成大量蛋白质丢失，故蛋白质摄入控制在 1.2～1.3g/（kg·d）为宜，其中 50% 以上为优质蛋白质。

2. 腹膜透析管护理　透析完毕，封闭腹膜透析管，以无菌敷料覆盖，每周更换 2 次。保护腹膜透析管及伤口不发生牵拉、扭曲、挤压、碰撞。保持导管和出口处清洁干燥。

3. 并发症的观察与护理　①观察病人有无透析液引流不畅，常见原因是腹膜透析管移位、堵塞等。②有无腹膜炎的表现，如发热、腹痛、腹透透出液变浑浊等。③有无导管出口处感染的表现，如导管出口处出现脓性或血性分泌物，周围皮肤有红斑、压痛、硬结。④有无皮下隧道感染的表现，如皮下隧道触痛。⑤有无腹壁疝和腹膜透析液渗漏等。发现异常及时报告医生并协助医生处理。

本章小结

　　本章学习重点是泌尿系统常见疾病病人的身体状况、常见护理诊断／问题、一般护理、用药护理和饮食护理。学习难点为肾病综合征的用药护理，尿路感染尿细菌培养取标本的方法，高钾血症的治疗配合，慢性肾衰竭病人的饮食护理。在学习中注意比较急性肾损伤、慢性肾衰竭的区别，注重联系肾脏的生理功能，理解肾衰竭病人的身心表现、饮食护理、用药护理和健康指导，提高运用知识解决问题的能力。

（李士新）

？ 思考与练习

1. 肾病综合征病人的身体状况主要有哪些？常见并发症有哪些？

2. 尿路感染病人的用药护理要点有哪些?

3. 对急性肾损伤合并高钾血症的病人,护士如何配合医生进行抢救?

4. 对慢性肾衰竭病人,护士如何进行饮食指导?

第六章 | 血液系统疾病病人的护理

06章 数字资源

第一节 血液系统疾病病人常见症状、体征的护理

学习目标

1. 具有良好的综合素质和科学严谨的工作态度，尊重病人，善于沟通，主动为病人缓解不适。
2. 掌握血液系统疾病病人常见症状、体征的护理评估要点和主要护理措施。
3. 熟悉血液系统疾病病人常见症状、体征的主要护理诊断／问题。
4. 了解血液系统疾病病人常见症状、体征的护理目标和护理评价。
5. 学会血液系统疾病病人常见症状、体征的评估方法，能正确实施护理措施。

工作情景与任务

导入情景：

孙女士，26岁。乏力、头晕、皮肤黏膜苍白半年，10天前皮肤出现散在出血点，1天前出现发热、咽痛，家人陪伴来医院就诊，T 38.9℃，P 106次/min，查血常规，入院初步诊断为再生障碍性贫血。

工作任务：

1. 对孙女士进行护理评估，列出主要护理诊断。
2. 监测孙女士的病情变化，观察贫血、出血、感染情况。

血液系统由血液和造血器官及组织所组成。血液由血浆及悬浮在其中的血细胞（红细胞、白细胞和血小板）组成。造血器官及组织包括骨髓、胸腺、肝脏、脾脏及淋巴结等。

其中骨髓是人出生后主要的造血器官,由造血干细胞和造血微环境构成。造血干细胞是各种血细胞的起始细胞,具有不断自我更新、多向分化与增殖的能力。造血微环境对造血干细胞起调控、诱导和支持作用。成熟的红细胞具有结合与输送氧及二氧化碳的功能。白细胞具有变形、趋化、游走与吞噬等生理特性,是机体防御系统的重要组成部分。血小板则参与机体的止血与凝血过程,保持毛细血管内皮的完整性。血液系统疾病种类较多,包括红细胞疾病、白细胞疾病以及出血性疾病等。其共同特点多表现为外周血中的血细胞和血浆成分的病理性改变,机体免疫功能低下以及出、凝血机制的功能紊乱,还可出现骨髓、肝、脾及淋巴结等造血组织和器官的结构和功能异常。近年来,基础学科与临床的结合使血液病的研究不断深入、发展和应用,不仅极大地提高了对本系统疾病的诊断和治疗水平,血液病的专科护理也得到了相应的发展。

血液系统疾病常见症状和体征有贫血、出血或出血倾向和发热。

一、贫　血

贫血(anemia)是指单位容积外周血中血红蛋白(Hb)浓度、红细胞(RBC)计数和/或血细胞比容(HCT)低于相同年龄、性别和地区正常范围下限的一种常见临床症状。其中以血红蛋白浓度降低最为重要。我国血液病专家认为在海平面地区,成年男性血红蛋白 <120g/L,成年女性(非妊娠)血红蛋白 <110g/L,孕妇血红蛋白 <100g/L 就可诊断为贫血。贫血是多种原因或疾病引起的一个症状,而非独立的疾病。

贫血有多种分类方法,按病因与发病机制可分红细胞生成减少性贫血、红细胞破坏过多性贫血和失血性贫血;按红细胞形态分大细胞性贫血、正常细胞性贫血及小细胞低色素性贫血(表 6-1);根据血红蛋白浓度分轻度、中度、重度及极重度贫血(表 6-2);按骨髓红系增生情况分为骨髓增生不良性贫血(如再生障碍性贫血)和骨髓增生性贫血(除再生障碍性贫血以外的贫血)。

表 6-1　贫血的细胞形态学分类

类型	MCV/fl	MCHC/%	临床类型
大细胞性贫血	>100	32～35	巨幼细胞贫血
正常细胞性贫血	80～100	32～35	再生障碍性贫血、急性失血性贫血、溶血性贫血
小细胞低色素性贫血	<80	<32	缺铁性贫血、铁粒幼细胞贫血、珠蛋白生成障碍性贫血

注:MCV(fl)为红细胞平均体积;MCHC(%)为平均红细胞血红蛋白浓度。

表 6-2 贫血程度的划分标准

贫血程度	血红蛋白浓度 /(g·L^{-1})	临床表现
轻度	>90	症状轻微
中度	60～90	活动后感心悸、气促
重度	30～59	静息状态下仍感心悸、气促
极重度	<30	常并发贫血性心脏病

【护理评估】

(一)健康史

评估病人有无下列病史:①红细胞生成减少,常见于缺铁性贫血、巨幼细胞贫血、再生障碍性贫血及白血病等疾病。②红细胞破坏过多,常见于各种溶血性贫血,如遗传性球形红细胞增多症、红细胞葡萄糖 -6- 磷酸脱氢酶缺乏症、自身免疫性溶血性贫血及脾功能亢进症等疾病。③急、慢性失血,常见于特发性血小板减少性紫癜、消化性溃疡出血、痔出血、功能性子宫出血等疾病。

(二)身体状况

贫血病人由于血红蛋白含量减少,血液携氧能力降低,引起全身各器官和组织缺氧与功能障碍,临床表现与贫血发生发展的速度、贫血的严重程度、个体的代偿能力及病人对缺氧的耐受性有关。

1. 贫血的特点

(1)一般表现:贫血最常见的全身症状为乏力;皮肤黏膜苍白是贫血最突出的体征,常为病人就诊的主要原因,一般以睑结膜、口唇、舌质、甲床及手掌等部位较明显。

(2)神经系统:因脑组织对缺氧很敏感,病人常出现头晕、头痛、耳鸣、眼花、失眠、多梦、记忆力减退及注意力不集中等症状,严重者可出现晕厥。

(3)呼吸系统:多见于中度以上贫血的病人,主要表现为呼吸加快以及不同程度的呼吸困难。

(4)循环系统:心悸、气短,活动后加重,是贫血病人心血管系统的主要表现。严重或长期贫血者,由于心脏超负荷工作而供血不足,会导致贫血性心脏病,表现为心率变化、心律失常、心脏扩大,甚至全心衰竭。

(5)消化系统:贫血导致消化功能降低,出现食欲减退、腹胀、排便规律和性状的改变等。

(6)泌尿生殖系统:可出现血红蛋白尿、少尿、无尿、急性肾损伤等。女性可有月经失调或闭经,男性可表现为男性特征的减退。

2. 伴随症状 贫血伴皮肤干燥、毛发干枯、舌炎、舌乳头萎缩、异食癖及匙状指等,见于缺铁性贫血;伴皮肤黏膜黄染,肝脾变大等,常见于溶血性贫血;伴随出血倾向和感染,出血部位广泛,有深部出血表现如便血、血尿和颅内出血等,见于再生障碍性贫血;伴明显的全身或局部淋巴结肿大,并常伴有发热,见于急性淋巴细胞白血病、淋巴瘤等。

（三）心理－社会状况

由缺血、缺氧引起的不适和乏力,影响学习和工作及社交活动,病人可产生烦躁、焦虑等心理;原发于骨髓造血功能障碍所致的贫血,由于治疗难度大、费用高及预后不良,给病人及家属常带来严重的精神和经济负担。

（四）辅助检查

1. 血常规检查　血红蛋白及红细胞计数可以确定有无贫血及贫血严重程度;血涂片检查可判断贫血的性质与类型;网织红细胞计数可反映骨髓红系增生情况和判断贫血治疗的疗效。

2. 骨髓检查　是判断贫血病因的必查项目之一,可反映骨髓细胞的增生程度、细胞成分和形态变化等,包括骨髓细胞涂片分类和骨髓活检。

【常见护理诊断／问题】

1. 活动无耐力　与贫血导致机体组织缺氧有关。

2. 营养失调:低于机体需要量　与各种原因导致的造血物质摄入不足、消耗增加或丢失过多有关。

【护理目标】

病人的缺氧症状减轻或消失,日常活动耐力恢复正常;造血物质的缺乏得到纠正。

【护理措施】

（一）活动无耐力

1. 休息与活动　根据贫血的程度、发生的速度及原发疾病等情况,与病人共同制订休息与活动计划。轻度贫血者,应注意休息,避免过度劳累。中度贫血者,增加卧床休息时间,若病情允许,应鼓励病人生活自理,活动量以不加重症状为度;若脉搏≥100次/min或出现明显心悸、气促时,应停止活动。重度贫血者,需卧床休息,采取舒适体位(如半坐卧位),做好生活护理,减少不必要的活动,以减轻心脏负荷及氧的消耗。改变体位时宜缓慢,避免直立性低血压致头晕或摔伤。

2. 氧疗护理　严重贫血病人应给予氧气吸入,以改善组织缺氧。

（二）营养失调:低于机体需要量

1. 饮食护理　给予高蛋白、高热量、丰富维生素及易消化食物。缺铁性贫血病人应多食用富含铁的食物,巨幼细胞贫血病人应多食用富含叶酸和维生素 B_{12} 的食物。

2. 输血或成分输血的护理　遵医嘱输全血或输浓缩红细胞,以缓解机体缺氧和减轻贫血症状。输血前,必须做好配型及查对工作;输血过程中应注意加强监测,控制输血速度,严重贫血者,输入速度应 <1ml/(kg·h),以防止心脏负荷过重而诱发心力衰竭;及时发现和处理输血反应。

3. 预防感染　重症病人,尤其是伴有白细胞减少者,应注意预防感染。

【护理评价】

病人的缺氧症状是否减轻或消失,日常活动耐力是否恢复正常;造血营养素的缺乏是否得到纠正。

二、出血或出血倾向

出血(bleeding,haemorrhage)或出血倾向(bleeding tendency)是指机体止血和凝血功能障碍引起的自发性出血或轻微创伤后出血不止的一种症状。血小板数量减少及功能异常、毛细血管脆性或通透性增加、血浆中凝血因子缺乏以及循环血液中抗凝物质增加,均可导致出血,常见于血液系统疾病、非血液系统疾病、某些急性传染病及其他疾病。

【护理评估】

(一)健康史

评估病人有无下列病史:①血液系统疾病,如特发性血小板减少性紫癜、白血病、再生障碍性贫血、过敏性紫癜和血友病等。②非血液系统疾病或某些急性传染病,如严重肝病、尿毒症、流行性脑脊髓膜炎等。③其他,如毒蛇咬伤、抗凝药或溶栓药过量、接触放射性物质和化学毒物等。

(二)身体状况

1. 出血的特点

(1)出血部位:皮肤黏膜瘀点、紫癜及瘀斑,多见于血管性疾病及血小板异常;关节腔出血、软组织血肿和内脏出血等,多见于凝血机制异常;颅内出血,最严重,多危及病人生命。

(2)出血程度:内脏出血量<500ml为轻度出血,无明显症状;出血量达500~1 000ml为中度出血,收缩压<90mmHg;出血量超过1 000ml为重度出血,收缩压<60mmHg,心率120次/min以上。

2. 伴随症状　伴贫血、肝脾淋巴结肿大及骨骼疼痛者,提示血液系统恶性肿瘤;伴呕血和黑便者,提示消化道出血;突然出现视物模糊、呼吸急促、喷射性呕吐、颈项强直,甚至昏迷,提示颅内出血;伴头昏、乏力、心悸、心动过速、血压下降及大汗淋漓者,提示失血性休克。

(三)心理-社会状况

反复出血,尤其是大出血,病人可出现焦虑及恐惧等不良心理反应。慢性出血病人,因不易根治,易产生抑郁、悲观等不良心理反应。

(四)辅助检查

出血时间测定、凝血时间测定、血小板计数测定及束臂试验等检查有助于病因诊断。

【常见护理诊断/问题】

1. 有受伤的危险:出血　与止血、凝血机制障碍导致皮肤黏膜出血有关。

2. 恐惧　与反复出血尤其是大出血有关。

3. 潜在并发症:颅内出血。

【护理目标】

病人不发生出血或出血能被及时发现并得到有效的处理;病人恐惧程度减轻或消失,情绪稳定;并发症得到有效防治。

【护理措施】

（一）有受伤的危险:出血

1. 一般护理

（1）休息与活动:合理安排休息与活动,避免增加出血的危险或加重出血。若出血局限于皮肤黏膜且较轻微者,无须严格限制活动;若血小板计数 $<50 \times 10^9/L$,应减少活动,增加卧床休息时间;严重出血或血小板计数 $<20 \times 10^9/L$ 者,必须绝对卧床休息,协助病人做好各种生活护理。

（2）饮食护理:鼓励病人进食高蛋白、高维生素、易消化的软食或半流质,禁食过硬、粗糙及辛辣等刺激性食物。

（3）排便护理:避免用力排便腹压骤增而诱发内脏出血,尤其是颅内出血。便秘时可使用开塞露或缓泻剂。避免灌肠和测肛温等操作,以防刺破肠黏膜而引起出血。

2. 病情观察　注意观察病人出血的发生部位、主要表现形式、发展或消退情况;及时发现新的出血、重症出血及其先兆。

3. 出血的预防及护理　重点在于避免人为的损伤而导致或加重出血。保持床单位平整,被褥衣着轻软;避免肢体的碰撞或外伤;勤剪指甲,避免搔抓皮肤;保持皮肤清洁,避免水温过高和用力擦洗皮肤;用软毛牙刷刷牙,忌用牙签剔牙,以防牙龈损伤;牙龈出血时,可用凝血酶或 0.1% 肾上腺素棉球、明胶海绵贴敷牙龈或局部压迫止血;忌用手挖鼻痂,用液状石蜡滴鼻软化鼻痂,以防鼻出血;鼻出血时,可用 0.1% 肾上腺素或凝血酶棉球填塞鼻腔并局部冷敷,后鼻腔出血不止时可用凡士林油纱条行后鼻腔填塞术。各项护理操作动作轻柔;尽可能减少注射次数;静脉输液时,避免用力拍打及揉擦局部,止血带结扎不宜过紧、过久,选用小针头,拔针后适当延长按压时间,防止皮下出血。高热病人禁用酒精或温水擦浴降温。

（二）恐惧

加强与病人和家属的沟通,及时了解其需求与忧虑,给予必要的疏导。解释出血的原因,介绍如何减轻或避免加重出血,强调紧张与恐惧不利于控制病情。向病人介绍治疗成功的病例,增强其战胜疾病的信心,减轻其恐惧感。当病人出血突然加重时,护士应保持镇静,迅速报告医生并配合做好止血、救治工作。及时清除血迹,安抚病人,避免引起病人紧张。

（三）潜在并发症:颅内出血

若病人突然出现头痛、视力模糊、呼吸急促、喷射性呕吐,甚至昏迷,双侧瞳孔变形不等大,提示有颅内出血,一旦发生,应及时与医生联系并积极配合抢救。帮助病人立即去枕平卧,头偏向一侧;保持呼吸道通畅,吸氧;体温39℃以上时,头部置冰袋或戴冰帽;迅速建立两条静脉通道,遵医嘱给予脱水剂如20%甘露醇、50%葡萄糖液或呋塞米等降低颅内压,同时进行成分输血;观察并记录生命体征、意识状态、瞳孔、尿量等变化。

【护理评价】

病人出血是否发生或发生出血是否能被及时发现并得到有效的处理;病人恐惧感是否减轻或消失,情绪是否稳定;并发症是否得到有效防治。

三、发　热

发热是指各种原因引起体温调节中枢功能障碍,使产热增多,散热减少,体温升高超过正常范围。发热是血液病病人的常见症状之一,常见于再生障碍性贫血、白血病和淋巴瘤。主要是由于病人成熟白细胞减少和/或功能缺陷、免疫抑制剂的应用以及贫血或营养不良等,使机体抵抗力下降,继发各种感染而引起发热。感染一般不易控制,是血液病病人常见的死亡原因之一。

【护理评估】

(一)健康史

评估病人有无白血病、再生障碍性贫血、淋巴瘤及粒细胞缺乏症等病史;有无长期使用糖皮质激素及免疫抑制剂等药物;有无过度疲劳、受凉、进食不洁饮食、皮肤黏膜损伤、与感染性疾病病人接触史、各种治疗与护理导管的放置(如导尿管、留置针)等诱因。

(二)身体状况

1. 发热的特点　血液病引起的发热具有持续时间长、热型不定、一般抗生素治疗效果不理想的特点。常有与感染灶相关的症状,感染部位以口腔、牙龈、咽峡最常见,其次是肺部感染、肛周炎及肛周脓肿、皮肤或皮下软组织化脓性感染等,尿路感染以女性居多,严重时可发生败血症而危及病人生命。

2. 伴随症状　发热伴口腔黏膜溃疡或糜烂者提示口腔炎;伴咽部充血、扁桃体肿大者提示细菌性咽-扁桃体炎;伴咳嗽、咳痰、肺部干湿啰音提示呼吸道感染;伴尿频、尿急和尿痛者提示泌尿系感染;伴寒战、高热者多提示菌血症、败血症;伴肝、脾及淋巴结肿大者多提示白血病。

(三)心理-社会状况

反复发热及治疗效果不佳,常使病人产生忧郁和焦虑心理。

(四)辅助检查

血常规检查及骨髓象检查有助于血液病病因的诊断。不同感染部位分泌物、渗出物或排泄物细菌培养加药敏试验有助于明确致病菌。

【常见护理诊断／问题】

体温过高　与感染、肿瘤细胞释放内源性致热因子有关。

【护理目标】

病人体温能得到有效控制,逐渐降至正常范围。

【护理措施】

1. 一般护理

（1）休息与活动:卧床休息,协助病人采取舒适体位,减少机体消耗,必要时可吸氧。保持室温在 20～24℃,湿度在 55%～60%,经常通风换气,定期进行空气消毒,用消毒液擦拭家具和地面。谢绝探视,以防止交叉感染。病人外出时应根据气候变化及时调整衣着,预防呼吸道感染。若病人白细胞数 $<1\times10^9/L$,中性粒细胞 $<0.5\times10^9/L$ 时,应实行保护性隔离。

（2）饮食护理:鼓励病人进食高蛋白、高热量、丰富维生素及易消化的食物,以补充机体的需要,增强机体抵抗力。鼓励病人多饮水,每天至少 2 000ml。必要时遵医嘱静脉输液,维持水和电解质平衡。对重症贫血和慢性心力衰竭病人,需限制液体输入量,并严格控制输液速度。

（3）清洁护理:①口腔护理:餐前、餐后、睡前及晨起时,可用生理盐水、1% 过氧化氢、3% 碳酸氢钠或复方硼酸溶液交替漱口,口腔黏膜溃疡于漱口后可涂擦冰硼散或锡类散等;真菌感染时,可用 2.5% 制霉菌素液含漱或涂擦克霉唑甘油。②皮肤护理:病人宜穿着透气的棉质内衣,勤洗澡勤换内衣。高热病人应及时擦洗和更换汗湿的衣裤及被褥,保持皮肤清洁。长期卧床者,应每天温水擦浴,按摩受压部位,协助其翻身,预防压疮。勤剪指甲,以免抓伤皮肤。③肛周皮肤及会阴部护理:睡前及便后应洗净肛周皮肤,用 1:5 000 高锰酸钾溶液坐浴,每次 15 分钟以上,以防局部感染;女性病人每天清洗会阴 2 次,经期要增加清洗次数。

2. 降温　高热病人给予物理降温,有出血倾向者禁用酒精擦浴,以免局部血管扩张而进一步加重出血。必要时遵医嘱应用药物降温,慎用解热镇痛药,因其可影响血小板数量及功能,诱发出血。

3. 病情观察与诊治配合　定期监测体温并记录,观察感染灶的症状、体征;协助医生做好各项检验标本的采集,遵医嘱正确输注药物,观察疗效和不良反应。

【护理评价】

病人体温是否得到有效控制并逐渐降至正常范围。

（董燕斐）

第二节　贫血病人的护理

学习目标

1. 具有良好的职业素质和认真负责的工作态度，理解、尊重和关爱病人。
2. 掌握贫血病人的身心状况和主要护理措施。
3. 熟悉贫血病人的辅助检查、治疗要点及常见护理诊断／问题。
4. 了解贫血的病因、铁的代谢和病人的护理目标、护理评价。
5. 学会与贫血病人及家属进行有效沟通，发现并解决常见护理问题，及时准确地开展健康指导。

工作情景与任务

导入情景：

杨女士，34岁。近1个月出现头晕、乏力，稍事活动即感心悸、急促，家人陪伴来医院就诊。既往有慢性胃炎病史5年余，未进行正规治疗，且一直偏食。查血常规，入院初步诊断为缺铁性贫血。医嘱：给予硫酸亚铁治疗。

工作任务：

1. 对杨女士进行护理评估，列出主要的护理诊断。
2. 遵医嘱对病人进行补充硫酸亚铁治疗，做好用药护理。
3. 对病人进行健康指导。

一、缺铁性贫血

缺铁性贫血（iron deficiency anemia，IDA）是指当机体对铁的需求与供给失衡，导致体内储存铁耗尽，继之红细胞内铁缺乏，使血红蛋白合成减少而引起的一种小细胞、低色素性贫血。缺铁性贫血是最常见的贫血，生长发育期的儿童和育龄期妇女发病率较高。缺铁性贫血的病因有铁摄入不足、需求量增加、吸收不良、转运障碍、丢失过多及利用障碍等。

铁代谢包括铁的分布、铁的来源和吸收、铁的转运和利用及铁的储存及排泄等。人体内血红蛋白铁约占67%，储存铁占29%（包括铁蛋白和含铁血黄素），其余4%为组织铁，存在于肌红蛋白、转铁蛋白及细胞内某些酶类中。正常成人造血需要的铁主要来自体内衰老红细胞破坏后释放的铁，每天还需从食物中摄取铁1～2mg；食物中的铁以三价铁为主，在胃酸及还原剂（如维生素C）的作用下还原成二价铁才易被吸收；铁的主要吸收部位在十二指肠及空肠上段。经肠黏膜吸收入血的二价铁被铜蓝蛋白氧化成三价铁,与转铁蛋白结合成为血清铁,血清铁还原成二价铁参与血红蛋白的生成。多余的铁以铁蛋白和含铁血黄素形式储存于肝、脾、骨髓等器官的单核–吞噬细胞系统;正常人每天排铁不超过 1mg,主要由粪便排泄;育龄妇女还会通过月经、妊娠、哺乳而丢失铁。

【护理评估】

（一）健康史

评估病人有无下列病史:①需铁量增加而铁摄入不足,多见于婴幼儿、青少年、妊娠和哺乳期妇女。②铁吸收障碍,如胃大部切除术后、慢性胃肠道疾病等。③铁丢失过多,如消化性溃疡出血、胃肠道肿瘤出血、痔出血、月经过多等。其中慢性失血是成人缺铁性贫血最常见和最重要的病因。

（二）身体状况

1. 一般贫血共有的表现　如皮肤黏膜苍白、乏力、易倦、头晕、头痛、耳鸣、眼花、心悸、气短等。

2. 缺铁性贫血的特殊表现

（1）组织缺铁表现:皮肤干燥、角化、萎缩、无光泽,毛发干枯易脱落,指(趾)甲变平、不光整及脆薄易裂,甚至下凹呈勺状(匙状甲);黏膜损害表现为口角炎、舌炎、舌乳头萎缩,可有食欲减退、腹胀及恶心,严重者发生吞咽困难。

（2）神经、精神系统异常:儿童较为明显,如烦躁、好动、易激惹、注意力不集中、发育迟缓、体力下降等。少数病人可有异食癖,如有喜吃生米、泥土、石子等表现。约 1/3 病人可发生末梢神经炎或神经痛,严重者可出现智力发育障碍等。

3. 缺铁原发病的表现　如消化性溃疡、慢性胃炎、胃肠道肿瘤、痔疮及功能性子宫出血等疾病相应的临床表现。

（三）心理–社会状况

由缺铁、缺氧引起的不适和活动无耐力,致使病人自觉工作能力和生活能力降低而忧虑不安,容易出现激动、焦虑和烦躁等不良心理反应。

（四）辅助检查

1. 血象检查　呈小细胞低色素性贫血。血红蛋白减少较红细胞减少更为明显。血涂片中可见成熟红细胞体积小,中央淡染区扩大。网织红细胞计数正常或轻度升高。白细胞和血小板计数多正常。

2. 骨髓象检查　红系增生活跃或明显活跃,以中、晚幼红细胞为主,其体积小、核染色质致密、胞质少、有血红蛋白形成不良的表现,即"核老浆幼"现象。

3. 铁代谢的生化检查　血清铁 <8.95μmol/L;血清总铁结合力 >64.44μmol/L。血清铁蛋白 <12μg/L,是早期诊断储存铁缺乏的一个常用指标。骨髓铁染色反映单核–吞噬细胞系统中的储存铁,可作为诊断缺铁的金指标。血清可溶性转铁蛋白受体(sTfR)测定是迄今反映缺铁性红细胞生成的最佳指标。

（五）治疗要点

1. 病因治疗　是根治缺铁性贫血的关键,包括积极治疗原发病,改变不合理的饮食结构与方式,预防性增加含铁丰富的食物或铁强化食物。

2. 补铁治疗　首选口服铁剂,常用药物有硫酸亚铁、右旋糖酐铁及富马酸亚铁等。多糖铁复合物(力蜚能)和琥珀酸亚铁(速力菲)为新型口服铁剂,目前临床上应用日趋普遍。有下列情况者可用注射铁剂治疗:①口服铁剂后,胃肠道反应严重而无法耐受者。②消化道疾病导致铁吸收障碍者。③病情要求迅速纠正贫血(如妊娠后期、急性大出血)者。右旋糖酐铁是最常用的注射铁剂。

【常见护理诊断/问题】

1. 营养失调:低于机体需要量　与铁摄入不足、吸收不良、需要量增加或丢失过多有关。

2. 活动无耐力　与贫血导致组织缺氧有关。

3. 口腔黏膜受损　与贫血导致营养素缺乏有关。

4. 知识缺乏:缺乏缺铁性贫血防治方面的知识。

5. 潜在并发症:贫血性心脏病。

【护理目标】

病人的营养失调改善,缺铁状况得到纠正;病人的活动耐力恢复正常;黏膜损害得到修复;能描述引起缺铁的原因和预防措施;并发症得到有效防治。

【护理措施】

除贫血的一般护理外,还应注意以下护理措施:

（一）一般护理

1. 休息与活动　充分的休息可减少氧的消耗,轻、中度贫血病人活动量以不感到疲劳、不加重症状为度,待病情好转后逐渐增加活动量。重度贫血伴显著缺氧者应卧床休息,协助其取舒适卧位,妥善安排各种护理计划及治疗时间,使病人能充分休息,减少疲劳与体力消耗。指导病人在活动中自测脉搏,当脉搏 >100 次 /min 时,应停止活动。

2. 饮食护理　指导病人保持均衡饮食,避免偏食和挑食;鼓励病人多吃含铁丰富且吸收率较高的食物,如瘦肉、动物血、肝脏、蛋黄、海带、黑木耳等;增加富含维生素 C 的蔬菜和水果,促进铁的吸收。

3. 清洁护理　注意个人卫生,防止感染:加强口腔护理,防止发生口角炎、舌炎。

（二）病情观察

评估原发病及贫血的症状和体征;了解饮食疗法、药物应用的状况及不良反应;定期监测红细胞计数、血红蛋白浓度、网织红细胞计数及铁代谢有关指标的变化。

（三）用药护理

1. 口服铁剂　①最常见的不良反应是恶心、呕吐、胃部不适和黑便等胃肠道反应,故应嘱病人餐后或餐中服用。②避免与牛奶、浓茶及咖啡等同服,因茶中鞣酸与铁结合成不易吸收的物质,牛奶含磷较高,影响铁的吸收;避免同时服用抗酸药(碳酸钙和硫酸镁)及H_2受体拮抗剂。③为促进铁的吸收,可服用维生素C、乳酸或稀盐酸等酸性药物或食物。④口服液体铁剂时要用吸管,避免牙齿染黑。⑤服铁剂期间,粪便颜色会变黑,此为铁与肠内硫化氢作用而生成黑色硫化铁所致,应做好解释。⑥铁剂治疗有效者,于用药后1周左右,网织红细胞数开始上升;2周左右,血红蛋白开始升高,一般2个月左右恢复正常。为进一步补足体内储存铁,在血红蛋白恢复正常后,仍需继续服用铁剂至少4~6个月。

2. 注射铁剂 ①注射铁剂的不良反应有注射局部肿痛、硬结形成,皮肤发黑和过敏反应。过敏反应常表现为面色潮红、头痛、肌肉关节痛和荨麻疹,严重者可出现过敏性休克。②首次给药需用0.5ml的试验剂量进行深部肌内注射,同时备肾上腺素,做好急救准备。若1小时后无过敏反应,即可遵医嘱给予常规剂量治疗。③避免局部疼痛和硬结形成,应采取深部肌内注射,并经常更换注射部位。④为避免药液溢出而引起皮肤染色,不要在皮肤暴露部位注射;抽取药液后,更换注射针头;可采用Z形注射法或留空气注射法。

(四)心理护理

向病人及家属介绍本病的有关知识,解释缺铁性贫血是完全可以治愈的,且治愈后对身体无不良影响,说明缺铁性贫血可能出现的一些神经系统症状,并且这些症状是暂时的,在消除病因后,会很快消失,以解除病人的心理压力。

(五)健康指导

1. 疾病知识指导 介绍缺铁性贫血的相关知识,特别是对易患人群进行预防缺铁的卫生知识教育。提高病人对疾病的认识,从而使病人积极配合治疗与护理;积极防治原发病,如消化性溃疡、月经过多及钩虫病等慢性失血性疾病。

2. 生活指导 提倡均衡饮食,荤素结合,保证足够的热量、蛋白质、维生素及相关营养素的摄入。指导病人及家属选择含铁丰富的食物,改变不良的饮食习惯,做到不偏食、不挑食。生长发育期的青少年及月经期、妊娠期与哺乳期的女性,应增加含铁食物的补充,必要时可考虑预防性补充铁剂。

3. 病情监测指导 监测原发病的症状、贫血的一般症状及缺铁性贫血的特殊表现,静息状态下呼吸与心率变化,以及病人能否平卧、有无水肿及尿量变化等。一旦出现病情加重,应及时就医。

【护理评价】

病人缺铁状况是否得到纠正,营养失调是否改善;病人的日常活动耐力有无恢复正常;黏膜损害是否得到修复;能否描述引起缺铁的原因和预防措施;并发症是否得到有效防治。

二、再生障碍性贫血

再生障碍性贫血（aplastic anemia，AA）简称再障，是一种可能由不同病因和机制引起的骨髓造血功能衰竭症。主要表现为骨髓造血功能低下、全血细胞减少和贫血、出血、感染综合征。可发生于各年龄段，青年人和老年人发病率较高，男、女发病率无明显差别。根据病人的病情、血象、骨髓象及预后，通常将该病分为重型再生障碍性贫血（SAA）和非重型再生障碍性贫血（NSAA）。

再障的病因不明确，可能与病毒感染、化学因素、物理因素及遗传因素等有关。再障发病机制尚未完全阐明，可能通过3种机制发病：原发和继发性造血干/祖细胞（"种子"）缺陷、造血微环境（"土壤"）异常及免疫（"虫子"）异常。

【护理评估】

（一）健康史

评估病人有无下列病史：①病毒感染，如感染肝炎病毒。②化学因素，如氯霉素类抗生素、抗肿瘤化疗药物、磺胺类药物以及苯等。③长期接触X射线及放射性核素等。④其他，如职业、居住和工作环境等。

（二）身体状况

再障主要临床表现为进行性贫血、出血及感染，多无肝、脾及淋巴结肿大。

1. 重型再生障碍性贫血　起病急，进展快，病情重。早期即可出现出血和感染，贫血多呈进行性加重。常见口腔、牙龈、鼻腔黏膜及皮肤广泛出血；内脏出血以呼吸道及消化道出血常见，重者可发生颅内出血，常危及病人生命。感染以呼吸道感染最常见，致病菌以革兰氏阴性杆菌、金黄色葡萄球菌和真菌为主，常合并败血症。

2. 非重型再生障碍性贫血　起病和进展较缓慢，以慢性贫血为主要表现。出血和感染较轻，常为皮肤、黏膜出血和呼吸道感染，内脏出血和严重感染者少见，少数病人可进展为重型再障。

（三）心理-社会状况

重型再障因起病急、病情重及预后差，常使病人产生恐惧、紧张、情绪低落，甚至绝望等；女性病人由于使用雄激素引起男性化而烦恼。骨髓移植所需的高额医疗费用使病人和家属产生巨大经济负担。

（四）辅助检查

1. 血象　呈全血细胞减少，属于正细胞正色素性贫血。网织红细胞绝对值降低。

2. 骨髓象　为确诊再障的主要依据。重型再障多部位骨髓增生重度减低，红系、粒系及巨核细胞显著减少，淋巴细胞和非造血细胞比例明显增高；非重型再障多部位骨髓增生减低，可见较多脂肪滴，粒系、红系及巨核细胞减少，淋巴细胞、浆细胞及网状细胞比例增高。

（五）治疗要点

再障治疗原则是支持治疗、对症治疗和针对不同发病机制的治疗。

1. 支持治疗

（1）保护措施：①预防感染（注意饮食及环境卫生，重型再障需要保护性隔离）；②避免出血（防止外伤及剧烈活动）。③杜绝接触各类可能导致骨髓损伤或抑制的危险因素（包括对骨髓有损伤作用和抑制血小板功能的药物）。④酌情预防性给予抗真菌治疗。⑤必要的心理护理。

（2）对症治疗：①纠正贫血：通常认为血红蛋白 <60g/L 伴明显缺氧症状者，可输注浓缩红细胞。②控制出血：根据病人出血情况选用不同的止血方法或药物。出血严重可输浓缩血小板或新鲜冷冻血浆。③控制感染：感染性发热，应早期选择敏感的抗生素，防止感染扩散，必要时可输注白细胞混悬液。④其他：如护肝治疗、祛铁治疗、疫苗接种等。

2. 针对不同发病机制的治疗　①免疫抑制治疗：合理应用抗胸腺细胞球蛋白、抗淋巴细胞球蛋白和环孢素等。②促造血治疗：雄激素为目前治疗非重型再障的常用药；造血生长因子主要用于重型再障。③造血干细胞移植：主要用于重型再障，最佳移植对象是年龄 40 岁以下、无感染及其他并发症者。

护理学而思

张女士，42 岁。近 1 个月来自觉全身乏力、头晕、心慌、气短，刷牙时牙龈出血，到医院就诊。查体：面色苍白，肝、脾不大。血常规检查显示：血红蛋白 65g/L，白细胞 2.0×10^9/L，血小板 50×10^9/L，网织红细胞低于正常。为明确诊断，收入院。

请思考：

1. 张女士目前主要的护理诊断 / 问题有哪些？

2. 对张女士应采取哪些护理措施？

【常见护理诊断 / 问题】

1. 有感染的危险　与粒细胞减少有关。

2. 活动无耐力　与红细胞减少导致组织缺氧有关。

3. 有受伤的危险：出血　与血小板减少有关。

4. 悲伤　与疗效差、反复住院及经济负担重有关。

5. 知识缺乏：缺乏有关再障治疗及预防感染和出血的知识。

【护理目标】

病人无感染发生，或感染能够得到有效的控制；活动耐力恢复正常；出血减轻或缓解；悲伤感减轻或消失，情绪稳定；能描述再障治疗及预防感染和出血的知识。

【护理措施】

（一）一般护理

贫血、出血及发热的护理，详见本章第一节"血液系统疾病病人常见症状、体征的护理"。

（二）病情观察

监测体温，若体温升高多提示有感染存在，应仔细寻找感染灶；正确采集血、尿、痰等标本做细菌培养及药敏试验，找出致病菌。观察病人面色、呼吸、脉搏、心率及心律的变化，以判断贫血的严重程度；观察病人皮肤黏膜有无新增出血点及内脏出血的表现，一旦发生意识障碍、瞳孔改变等颅内出血征象，应立即报告医生并配合抢救。

（三）用药护理

1. 免疫抑制剂　①抗胸腺细胞球蛋白和抗淋巴细胞球蛋白：用药前需做过敏试验；用药过程中用糖皮质激素防治过敏反应；静脉输入抗胸腺细胞球蛋白时不宜过快，每天剂量应维持静脉滴注 12～16 小时；密切观察治疗过程中有无超敏反应、出血加重、血清病（如猩红热样皮疹、发热、关节痛）及继发感染等。②环孢素：配合医生监测病人的血象、骨髓象及 T 细胞免疫等恢复情况，血药浓度及药物不良反应（如肝肾功能损害、牙龈增生及消化道反应）等，以调整用药剂量和疗程。

2. 雄激素　①常见不良反应有男性化作用，如痤疮、毛发增多、女病人停经或男性化等，用药前应向病人说明，以消除病人的顾虑；长期应用可损害肝脏，用药期间应定期检查肝功能。②丙酸睾酮为油剂，不易吸收，注射局部常可形成硬块，甚至发生无菌性坏死。故注射时取长针头做深部缓慢分层肌内注射，并经常更换注射部位。若发现局部硬结，应及时处理，如局部理疗。

药物治疗有效者，于 1 个月左右，网织红细胞开始上升，随之血红蛋白升高，经 3 个月后红细胞开始上升，而血小板上升需要较长时间。因此定期监测血象，以了解血红蛋白、红细胞计数、网织红细胞计数的变化。

（四）心理护理

关心和尊重病人，与病人及其家属建立相互信任的良好关系，注意观察病人的情绪反应及行为表现，鼓励病人表达内心感受并给予有效的心理疏导。耐心解释病情，认真而坦诚地回答病人的询问，解释雄激素类药物应用的目的及主要不良反应，说明随药物剂量减少，不良反应会逐渐消失，以消除病人的顾虑。介绍治疗成功的案例，使病人树立治疗信心，帮助病人认识到心境平和、精神乐观，有助于病情的好转。若病情允许，可适当进行户外活动，增强适应外界的能力。鼓励病人与亲人、病友多交谈，争取社会支持系统的帮助，以减少孤独感，增强康复的信心，使病人积极配合治疗。

（五）健康指导

1. 疾病知识指导　向病人及家属介绍再障的病因、表现及目前主要的诊疗方法，增强病人及家属对于治疗信心，积极主动地配合治疗和护理。告知病人要提高防护意识，避免或减少接触与再障发病相关的药物和理化物质。加强锻炼,增强体质,预防感染。

2. 生活指导　向病人说明充足休息、睡眠以及合理膳食对疾病康复的重要意义。养成良好的卫生习惯,加强个人防护,避免感染和加重出血。

3. 用药与随访指导　嘱病人在医生指导下按时、按量、按疗程用药,不可自行更改或停止用药。定期复查血象,以便了解病情变化及疗效。

边学边练

实践 12　贫血病人的护理

【护理评价】

病人有无感染发生或感染是否得到有效控制;活动耐力是否恢复正常;出血有无减轻或缓解;悲伤感是否减轻或消失,是否了解再障治疗及预防感染和出血的相关知识。

（董燕斐）

第三节　出血性疾病病人的护理

学习目标

1. 具有高度的责任感、沉着冷静的心理素质和严谨细致的工作态度,珍视生命,尊重和关爱病人。
2. 掌握出血性疾病病人的身心状况和主要护理措施。
3. 熟悉出血性疾病的辅助检查、治疗要点和病人的常见护理诊断/问题。
4. 了解出血性疾病病人的护理目标和护理评价。
5. 学会运用护理程序,发现并解决出血性疾病病人的常见护理问题,并能进行安全给药、监护和抢救配合。

工作情景与任务

导入情景：

王同学,男,16 岁。2 周前感冒后出现皮肤散在大小不等出血点,以下肢明显。最近两天出现鼻出血,1 天前出现尿血,家人陪伴来医院就诊。查血常规及骨髓象,入院初步诊断为特发性血小板减少性紫癜。医嘱:给予糖皮质激素治疗。

工作任务：

1. 对王同学进行护理评估并实施护理措施。

2. 对王同学进行用药护理和健康指导。

一、特发性血小板减少性紫癜

特发性血小板减少性紫癜（idiopathic thrombocytopenic purpura，ITP），又称原发性免疫性血小板减少症（immune thrombocytopenia，ITP），是一种复杂的多种机制共同参与的获得性自身免疫性疾病，由于病人对自身血小板抗原免疫失耐受，导致血小板受到免疫性破坏和生成抑制，以致出现血小板减少，伴或不伴皮肤黏膜出血。发病率为（5～10）/10万，育龄期女性发病率高于同年龄段男性，60岁以上人群发病率增高。本病病因未明，发病机制则与自身免疫功能紊乱有关。

【护理评估】

（一）健康史

询问病人起病前1~2周有无呼吸道感染史；有无应用对血小板有影响的药物；女性病人的月经史与生育史；家族史等。

（二）身体状况

主要表现为出血倾向。成人特发性血小板减少性紫癜一般起病隐匿，多数出血较轻且局限，但易反复发生。常表现为皮肤、黏膜出血，如瘀点、紫癜、瘀斑及外伤后出血不止等，鼻出血、牙龈出血及月经过多亦很常见。严重内脏出血较少见。病人病情可因感染等而骤然加重，出现广泛、严重的皮肤黏膜及内脏出血。出血过多或长期月经过多可出现失血性贫血。

（三）心理－社会状况

反复广泛出血或出血不止，病人易出现紧张、恐惧心理；随着病情迁延，病人常出现烦躁、焦虑、抑郁等心理状态。

（四）辅助检查

1. 血象　血小板计数减少、平均体积偏大，血小板的功能一般正常。

2. 骨髓象　骨髓巨核细胞正常或增加，但有血小板形成的巨核细胞显著减少，巨核细胞发育成熟障碍。

（五）治疗要点

治疗目的是使病人血小板计数提高到安全水平，降低病死率。常用药物包括糖皮质激素、静脉输注丙种球蛋白、促血小板生成药、免疫抑制药等，一般首选糖皮质激素治疗。必要时行脾切除。病情危急者主要治疗措施有血小板输注、静脉输注丙种球蛋白和大剂量甲泼尼龙。

【常见护理诊断／问题】

1. 有受伤的危险：出血　与血小板减少有关。

2. 有感染的危险　与糖皮质激素及免疫抑制剂治疗有关。

3. 恐惧　与血小板计数减少,随时有出血的危险有关。

4. 潜在并发症:颅内出血。

【护理措施】

（一）一般护理

1. 休息与活动　减少活动,避免创伤;血小板计数 $<20 \times 10^9/L$ 时,应严格卧床休息。

2. 饮食护理　依病情选用流质、半流质少渣饮食或普食,补充足够的蛋白质和维生素。

（二）病情观察

观察出血部位、范围和出血量,及时发现新的出血病灶或内脏出血征象。监测血小板计数变化,一旦血小板计数 $<20 \times 10^9/L$,出血严重而广泛,疑有或已发生颅内出血者,要及时通知医生并协助处理。

（三）用药护理

长期使用糖皮质激素会引起身体外形的变化、胃肠道反应或出血、感染、骨质疏松及高血压等,嘱病人餐后服药、自我监测粪便颜色、预防各种感染、监测骨密度及血压等。长春新碱可引起骨髓造血功能抑制、末梢神经炎,环磷酰胺可致出血性膀胱炎,用药期间应注意观察。使用免疫抑制剂、大剂量丙种球蛋白时,易出现恶心、头痛、寒战及发热等,应减慢滴速,保护局部血管,预防和及时处理静脉炎。

（四）心理护理

告知病人静心休养,稳定情绪。加强与病人和家属有效沟通。告知病人如何减轻或避免加重出血,消除病人的顾虑,缓解其心理压力,使病人树立战胜疾病的信心,积极配合治疗与护理。

（五）健康指导

1. 疾病知识指导　向病人介绍本病的有关知识,指导病人避免人为损伤而诱发或加重出血;教会病人和家属识别出血征象,一旦发现严重的皮肤黏膜出血或内脏出血,应及时就诊。

2. 用药指导　告知病人遵医嘱按时、按量、按疗程服药,不可自行减量或停药,用药期间注意监测血压、尿糖、血象等。嘱病人避免服用阿司匹林等影响血小板功能的药物。

3. 生活指导　注意保暖,避免感冒。缓解期,积极锻炼身体,增强机体抵抗力。告知病人睡眠充足、情绪稳定和大小便通畅,是预防颅内出血的有效措施。

二、过敏性紫癜

过敏性紫癜(allergic purpura)是一种常见的血管变态反应性疾病。因机体对某些致敏物质产生变态反应,导致毛细血管脆性及通透性增加,血液外渗,病人出现皮肤瘀点、紫癜和某些脏器出血,同时有血管神经性水肿和荨麻疹等过敏表现。本病多见于青少年,春秋季多发,多为自限性。目前认为本病是免疫因素介导的一种全身血管炎症,主要与感染、食物和药物等致病因素有关。

【护理评估】

(一)健康史

评估病人起病前有无细菌、病毒和寄生虫感染史;有无食物如鱼、虾、蟹、蛋、鸡、牛奶等过敏;有无服用青霉素、头孢菌素类抗生素,解热镇痛药及磺胺类药物等;有无花粉、尘埃接触史,以及疫苗接种及寒冷刺激等因素。

(二)身体状况

多数病人起病前1~3周有全身不适、低热、乏力及上呼吸道感染等前驱症状,之后出现典型临床表现。根据受累部位及临床表现的不同,可分为下列五种类型:

1. 单纯型(紫癜型) 是最常见的临床类型。主要表现为皮肤紫癜,局限于四肢,尤其是下肢及臀部。紫癜呈对称分布,分批出现、大小不等,初呈深红色,压之不褪色,数日内渐变成黄褐色、淡黄色,经1~2周逐渐消退。

2. 腹型 除皮肤紫癜外,因消化道黏膜及腹膜脏层毛细血管受累,病人出现腹痛、呕吐、腹泻及便血等症状。其中腹痛最为常见,常为阵发性绞痛,多位于脐周、下腹或全腹,可并发肠套叠、肠梗阻、肠穿孔及出血性小肠炎。

3. 关节型 除皮肤紫癜外,因关节部位血管受累而出现关节肿胀、疼痛、压痛及功能障碍等,多见于膝、踝、肘、腕等大关节,呈游走性、反复发作性,经数日而愈,不遗留关节畸形。

4. 肾型 为本病最严重的临床类型。在皮肤紫癜的基础上出现血尿、蛋白尿及管型尿,偶见水肿、高血压及肾衰竭等表现。肾损害多发生于紫癜出现后2~4周,多数病人能完全恢复,少数病例因反复发作而演变为慢性肾炎或肾病综合征。

5. 混合型 皮肤紫癜合并上述两种以上临床类型。

(三)心理-社会状况

病人反复出血,易出现焦虑、恐惧等心理反应;腹型、肾型因病情严重、复杂,病人易产生悲观、抑郁等心理。

(四)辅助检查

本病缺乏特异性实验室检查。血小板计数、出血时间测定及各项凝血试验均正常,半数以上病人束臂试验阳性。肾型或混合型可有血尿、蛋白尿及管型尿,肾穿刺活组织检查有助于肾型的临床诊断、病情和预后的判断及指导治疗。

(五)治疗要点

1. 消除致病因素 防治感染,清除局部病灶(如扁桃体炎等),驱除肠道寄生虫,避免可能致敏的药物及食物等。

2. 药物治疗 ①一般药物治疗:应用盐酸异丙嗪、氯苯那敏、阿司咪唑等抗组胺类药物;应用维生素C、曲克芦丁、卡巴克络等改善血管通透性的药物。②糖皮质激素。③免疫抑制剂。④腹痛较重者可予阿托品或山莨菪碱口服或皮下注射;关节痛可酌情用止痛药;伴发呕血、血便者可用质子泵抑制剂如奥美拉唑等对症治疗。

【常见护理诊断/问题】

1. 有受伤的危险:出血　与血管壁的通透性和脆性增加有关。

2. 疼痛:腹痛、关节痛　与局部过敏性血管炎性病变有关。

3. 知识缺乏:缺乏有关疾病预防的知识。

4. 潜在并发症:慢性肾炎、肾病综合征。

【护理措施】

（一）一般护理

1. 休息与活动　对发作期各型过敏性紫癜病人,均应增加卧床休息时间,有助于症状的缓解,避免过早或过多的行走活动。腹痛者宜取屈膝平卧位,关节肿痛者注意局部关节的制动与保暖。

2. 饮食护理　避免摄入易引起过敏的食物如鱼、虾、蟹等,多吃蔬菜、水果,选择清淡、少刺激、易消化的半流食、软食、普食。消化道出血者,避免过热饮食,必要时禁食。

（二）病情观察

观察皮肤紫癜的分布、范围、有无增多或消退,及时发现新的出血病灶。有腹痛病人,注意评估疼痛的部位、性质、严重程度及持续时间;评估腹部有无压痛、反跳痛、腹壁紧张度及肠鸣音的变化等;注意粪便的颜色和性状。关节痛的病人,评估受累关节的部位、数目,局部有无肿胀、压痛与功能障碍等。观察尿液的颜色变化,注意尿常规检查结果。

（三）用药护理

遵医嘱正确、规律给药。应用糖皮质激素时,向病人或家属说明可能出现的不良反应,并加强护理,预防感染。应用环磷酰胺的病人多饮水,注意观察尿量及尿色泽的改变。

（四）健康指导

1. 疾病知识指导　向病人介绍本病的有关知识,指导病人避免接触与发病有关的食物和药物,是预防过敏性紫癜的重要措施。花粉季节,过敏体质者宜减少外出或外出时戴口罩。

2. 生活指导　对病人食用后曾发生过敏的食物如鸡蛋、牛奶、鱼、虾、蟹及其他海产品等应绝对禁忌,过敏体质者应避免食用。指导病人参加体育锻炼,增强体质,避免上呼吸道感染。

3. 病情监测指导　教会病人加强出血情况、伴随症状或体征的自我监测。发现新的出血病灶、明显腹痛、便血、关节疼痛、血尿等,多提示病情复发或加重,应及时就诊。

三、血　友　病

血友病(hemophilia)是一组因遗传性凝血活酶生成障碍引起的出血性疾病,包括 2

种类型。①血友病 A，又称 F Ⅷ缺乏症，是临床上最常见的遗传性出血性疾病。②血友病 B，又称遗传性 F Ⅸ缺乏症。血友病以阳性家族史、幼年发病、自发或轻度外伤后出血不止、血肿形成及关节出血为特征。血友病 A 和 B 均为典型的性染色体（X 染色体）连锁隐性遗传性疾病。

【护理评估】

（一）健康史

评估病人起病年龄、是否有性染色体连锁隐性遗传性疾病家族史；对有家族史的病人，评估是否做过婚前或产前检查。

（二）身体状况

血友病的主要表现为出血和局部血肿形成所致的压迫症状与体征，其严重程度取决于血友病的类型及相关凝血因子缺乏的程度。

1. 出血　是本病最主要的表现，血友病 A 较血友病 B 出血严重。多为自发性出血或轻微外伤、小手术（如拔牙）后出血不止，且具备以下特征：①与生俱来，伴随终身。②常表现为软组织或深部肌肉内血肿。③负重关节如膝、踝关节等反复出血甚为突出，最终可导致关节肿胀、僵硬、畸形，可伴骨质疏松、关节骨化及肌肉萎缩。

2. 血肿压迫症状及体征　血肿压迫周围神经可致局部疼痛、麻木；口腔底部、咽后壁、喉及颈部出血可致呼吸困难甚至窒息。

（三）心理 - 社会状况

负重关节反复出血，影响学习、活动，病人易产生烦躁、易怒等心理反应。本病尚无法根治，且替代治疗的费用高，给病人及家属带来沉重的精神和经济负担。

（四）辅助检查

1. 筛选试验　出血时间、凝血酶原时间和血小板计数正常。活化部分凝血活酶时间（APTT）延长。

2. 确诊试验　F Ⅷ活性测定辅以 F Ⅷ：Ag 测定和 F Ⅸ活性测定辅以 F Ⅸ：Ag 测定可分别确诊血友病 A 和血友病 B。

（五）治疗要点

治疗原则是以替代治疗为主的综合治疗：①加强自我保护，预防损伤出血极为重要。②尽早有效地处理出血，避免并发症的发生和发展。③禁用非甾体抗炎药及其他可能干扰血小板集聚的药物。④家庭治疗及综合性血友病诊治中心的定期随访。⑤出血严重病人提倡预防治疗。其中，补充缺失的凝血因子的替代疗法是防治血友病出血最重要的措施。

【常见护理诊断 / 问题】

1. 有受伤的危险：出血　与缺乏凝血因子有关。

2. 有废用综合征的危险　与反复多次关节腔出血有关。

3. 恐惧　与害怕出血不止、危及生命有关。

4. 潜在并发症：颅内出血。

【护理措施】

（一）一般护理

1. 休息与活动　平日可适量活动，行走、慢跑时间不可过长，避免关节过度负重或进行剧烈的接触性运动（如踢足球、打篮球、穿硬底鞋或赤脚走路）。

2. 饮食护理　不食带骨、刺及油炸食物，避免刺伤消化道黏膜。

（二）病情观察

定期监测生命体征，观察肌肉、关节出血的严重情况。及时发现内脏出血尤其是颅内出血的征象，如有无呕血、咯血、头痛、呕吐、瞳孔不对称，甚至昏迷等，一旦发现，及时通知医生并协助处理。

（三）出血护理

预防出血，避免外伤。尽量避免肌内注射、静脉注射及深部组织穿刺，必须穿刺时，须选小针头，拔针后延长按压时间（不少于 5 分钟），直至出血停止；禁止使用静脉留置套管针，以免针刺点出血。尽量避免手术，必须手术时，应根据手术大小调节补充凝血因子的用量。早期关节出血者宜卧床休息，并用弹力绷带加压包扎，局部冷敷，抬高患肢、制动并保持其处于功能位，出血停止后可采用运动疗法以防关节畸形。

（四）用药护理

出血较重的病人遵医嘱尽快输注凝血因子，凝血因子取回后立即输注；输注冷冻血浆或冷沉淀物时，应在 37℃温水中解冻、融化，并尽快输入。输注过程中密切观察有无输血反应。禁忌使用阿司匹林、双嘧达莫等抑制血小板聚集或使血小板减少的药物，以免加重出血。

（五）健康指导

1. 疾病预防指导　重视遗传咨询、婚前检查和产前诊断，是减少血友病发病率的重要措施。注意口腔卫生，防龋齿，防止因拔牙而引起出血。

2. 生活指导　指导病人日常、适度的运动是有益的，如游泳、散步、骑自行车等，但应避免剧烈的接触性运动。

3. 病情监测指导　指导并教会病人及家属出血的急救处理方法，一旦发生出血，常规处理效果不好或出血严重者，应及时就医。

四、弥散性血管内凝血

弥散性血管内凝血（disseminated intravascular coagulation，DIC）是由多种致病因素损伤微血管体系，激活机体的凝血及纤溶系统，导致全身微血管血栓形成，凝血因子大量消耗并继发纤溶亢进，引起全身出血及微循环衰竭的临床综合征。本病起病急、进展快、死亡率高，是临床急重症之一。

许多疾病可导致弥散性血管内凝血的发生。其中严重感染最多见，包括革兰氏阴性菌、革兰氏阳性菌、病毒、立克次体等感染。恶性肿瘤诱发的弥散性血管内凝血近年来有上升趋势，病理产科、手术及创伤、输血反应、移植排斥也可导致弥散性血管内凝血。

【护理评估】

（一）健康史

评估病人及家属起病前有无脑膜炎球菌、大肠埃希菌、金黄色葡萄球菌等严重细菌感染；有无流行性出血热、重症肝炎、斑疹伤寒、脑型疟疾、钩端螺旋体病等病史；有无恶性肿瘤，如急性白血病、淋巴瘤、肝癌等；有无羊水栓塞、感染性流产、死胎滞留、重度妊娠高血压综合征等；有无手术及创伤；有无毒蛇咬伤、输血反应、移植排斥等病史；有无恶性高血压、急性胰腺炎、糖尿病酮症酸中毒、系统性红斑狼疮等病史。

（二）身体状况

除原发病的症状、体征外，弥散性血管内凝血常见的临床表现有出血、休克、栓塞与溶血，具体表现因原发病、弥散性血管内凝血类型和分期不同而有较大差异。

1. 出血倾向　特点为自发性、多发性出血，可遍及全身，多见于皮肤、黏膜、伤口及注射部位；其次为某些内脏出血表现，如呕血、便血、咯血、阴道出血及血尿，严重者可发生颅内出血。

2. 低血压、休克或微循环障碍　轻症多表现为一过性或持续性血压下降，重症则出现休克或微循环障碍，早期即出现肾、肺、大脑等器官功能不全，表现为四肢皮肤湿冷、发绀、少尿或无尿、呼吸困难及神志改变等。休克程度与出血量不成比例。顽固性休克是弥散性血管内凝血病情严重、预后不良的征兆。

3. 微血管栓塞　与全身微血管血栓形成有关。浅层的皮肤、消化道黏膜栓塞可使浅表组织缺血，但较少出现局部坏死和溃疡；内脏栓塞常见于肾、肺、脑等，可引起肾衰竭、呼吸衰竭、颅内高压等。

4. 微血管病性溶血　溶血一般较轻，早期不易察觉，可表现为进行性贫血，贫血程度与出血量不成比例，偶见皮肤、巩膜黄染。

（三）心理-社会状况

突然发生的多发性出血，病人易出现焦虑、恐惧等心理反应；病人出现休克、肾衰竭、呼吸衰竭、颅内高压等表现预示病情严重而复杂，病人易产生悲观、绝望等心理状态。

（四）辅助检查

1. 消耗性凝血障碍方面的检测　血小板计数减少；血浆纤维蛋白原含量下降；凝血酶原时间（PT）延长；活化部分凝血活酶时间（APTT）延长。

2. 继发性纤溶亢进方面的检测　血浆鱼精蛋白副凝试验（3P 试验）阳性；纤维蛋白（原）降解产物（FDP）明显增多；D-二聚体水平升高或定性阳性。

（五）治疗要点

弥散性血管内凝血治疗原则是序贯性、及时性、个体性及动态性。主要治疗措施是：

1. 治疗基础疾病及消除诱因　是终止弥散性血管内凝血病理过程的最为关键和根本的治疗措施。如控制感染,治疗肿瘤,治疗羊水栓塞、感染性流产等病理产科及外伤;纠正缺氧、缺血及酸中毒等。

2. 抗凝治疗　是终止弥散性血管内凝血病理过程,减轻器官损伤,重建凝血-抗凝平衡的重要措施。临床常用的抗凝药物为肝素,主要包括普通肝素和低分子量肝素。

3. 替代治疗　包括新鲜冷冻血浆等血液制品、血小板悬液、纤维蛋白原等。

4. 其他　如使用纤溶抑制药物、溶栓疗法、使用糖皮质激素等。

【常见护理诊断/问题】

1. 有受伤的危险:出血　与凝血因子被消耗、继发性纤溶亢进、应用肝素等有关。

2. 潜在并发症:休克、多发性微血管栓塞、呼吸衰竭、急性肾损伤。

【护理措施】

（一）一般护理

1. 休息与活动　卧床休息,根据病情选择合适的体位,如休克病人取仰卧中凹位,呼吸困难者取坐位或半坐卧位;加强皮肤护理,预防压疮;协助排便,必要时留置导尿。

2. 饮食护理　遵医嘱进食流质或半流质,必要时禁食。遵医嘱吸氧。

（二）病情观察

严密观察病情变化,监测生命体征、神志和尿量的变化,记录24小时出入液量;观察皮肤的颜色、温度与湿度,及时发现休克或重要器官功能衰竭。注意出血部位、范围及出血量的观察,持续、多部位的出血或渗血(尤其是伤口、穿刺点和注射部位)是弥散性血管内凝血的特征。正确采集、及时送检各类标本,监测各项实验室指标,及时报告医生。

（三）抢救配合与护理

迅速建立两条静脉通道,维持静脉通路的通畅,及时补充液体。熟悉常用药物的名称、给药方法、主要不良反应及其预防和处理,遵医嘱正确配制和应用有关药物,如肝素。普通肝素的主要不良反应是出血。在治疗过程中注意观察病人的出血状况;监测与凝血功能有关的实验室指标,其中活化部分凝血活酶时间(APTT)为肝素应用最常见的临床监测指标,普通肝素治疗时,使其较正常参考值延长1.5~2.0倍为合适剂量,若过量而致出血,可用鱼精蛋白中和。

（四）心理护理

加强与病人及家属的沟通,及时了解病人的心理状态。建议家属多关心、鼓励、支持病人,以缓解病人焦虑、悲观等负性情绪,使病人提高战胜疾病的信心,并能主动配合治疗。

（五）健康指导

1. 疾病知识指导　向病人尤其是家属介绍本病的病因、主要表现、诊断及治疗情况、预后等,解释反复进行实验室检查的重要性和必要性,特殊治疗的目的、意义和不良反应。

2. 康复指导　告知病人要保证充足的休息与睡眠,加强营养,循序渐进地增加运动,促进身体的康复。

（董燕斐）

第四节　白血病病人的护理

学习目标

1. 具有高度的责任感、沉着冷静的心理素质和严谨细致的工作态度,珍视生命,尊重和关爱病人。
2. 掌握白血病病人的身心状况和主要护理措施。
3. 熟悉白血病的治疗要点和病人的常见护理诊断/问题。
4. 了解白血病的病因、发病机制、分型及病人的护理目标和护理评价。
5. 学会运用护理程序,发现并解决白血病病人的常见护理问题,并能进行安全给药、监护和健康指导。

工作情景与任务

导入情景:

李先生,35岁。感冒后发热、咳嗽、全身酸痛2周,自服抗生素治疗无效。昨日自觉上述症状加重,伴有牙龈出血,皮肤散在出血点,家人陪同来医院就诊。T 39.6℃,查血常规及骨髓象,入院初步诊断为急性早幼粒细胞白血病。医嘱:予以维甲酸加三氧化二砷治疗。

工作任务:

1. 对李先生进行护理评估,列出主要的护理诊断。
2. 遵医嘱应用维甲酸和三氧化二砷,观察药物疗效及不良反应。
3. 对病人进行健康指导。

白血病(leukemia)是一类造血干细胞的恶性克隆性疾病,其克隆中的白血病细胞增殖失控、分化障碍及凋亡受阻,而停滞在细胞发育的不同阶段。在骨髓和其他造血组织中,白血病细胞大量增生累积,并浸润其他器官和组织,而正常造血受抑制。临床主要表现为进行性贫血、持续发热或反复感染、出血和组织器官浸润等,外周血中出现幼稚细胞为其特征。在我国白血病的发病率为(3~4)/10万,以急性白血病多见,男性发病率略高于女性,各年龄组均可发病。在恶性肿瘤所致的死亡率中,白血病居第六位(男性)和第七位(女性),但在儿童及35岁以下成人中则居第一位。

根据白血病细胞的分化成熟程度和自然病程,白血病分为急性白血病和慢性白血病两大类。根据主要受累的细胞系列,急性白血病分为急性淋巴细胞白血病和急性髓系白血病;慢性白血病分为慢性髓系白血病(简称慢粒)、慢性淋巴细胞白血病及少见类型的白血病。

白血病的病因尚不完全清楚,目前认为与生物因素(主要包括病毒感染和自身免疫功能障碍)、电离辐射(如 X 射线、γ 射线)、化学因素(如苯及其衍生物、细胞毒性药物等)、遗传因素及其他血液病等有关。白血病的发病机制目前认为是以上因素促发遗传基因的突变,形成白血病细胞株;联合人体免疫功能缺陷,使已经形成的肿瘤细胞不断增殖,最终导致白血病的发生。

【护理评估】

(一)健康史

评估病人有无反复的病毒感染史;是否接触过放射性物质或化学毒物,如苯、油漆、橡胶、染料或亚硝胺类物质;是否用过易诱发本病的药物,如氯霉素、保泰松、乙双吗啉及抗肿瘤药物等;了解病人的职业、工作环境及家族史,是否患有其他血液系统疾病。

(二)身体状况

1. 急性白血病　起病急缓不一。急性者可以表现为持续高热或严重出血;缓慢起病者多表现为面色苍白、疲乏或轻度出血。部分病人因月经过多或拔牙后出血不止就医时被发现。

(1)贫血:常为首发症状,呈进行性加重。半数病人就诊时已有重度贫血,部分病人因病程短,可无贫血。贫血主要原因是骨髓中白血病细胞极度增生与干扰,造成正常红细胞生成减少。

(2)发热:持续发热是急性白血病最常见的症状和就诊的主要原因之一。半数病人以发热为早期表现,伴有畏寒、出汗等。虽然白血病本身可以引起肿瘤性发热,但高热往往提示有继发感染。感染可以发生在机体的任何部位,以口腔炎、牙龈炎及咽峡炎最常见,肺部感染及肛周皮肤感染亦常见,严重时可导致败血症。最常见的致病菌为革兰氏阴性杆菌,近年来革兰氏阳性杆菌的发病率有所上升,随着长期化疗、激素和广谱抗生素的应用也可出现真菌感染。

(3)出血:以出血为早期表现者近 40%。出血可发生于全身任何部位,以皮肤瘀点和瘀斑、鼻出血、牙龈出血及女性病人月经过多较常见。眼底出血可致视力障碍,严重者发生颅内出血而致死亡。出血主要原因有血小板减少、凝血异常、白血病细胞浸润等。

(4)器官和组织浸润的表现:①肝、脾和淋巴结:急性白血病有轻中度肝、脾大,淋巴结肿大多见于急性淋巴细胞白血病。②骨骼和关节:常有胸骨下段局部压痛,可出现骨骼和关节疼痛,尤以儿童多见。③眼部:急性粒细胞白血病病人由于骨膜受累,可在眼眶等部位形成绿色瘤。④口腔和皮肤:可有牙龈增生、肿胀;皮肤可出现蓝灰色斑丘疹,局部皮肤隆起、变硬,呈蓝紫色结节。⑤中枢神经系统白血病(CNSL):多数化疗药物难以通过血脑屏障,隐藏在中枢神经系统的白血病细胞不能被有效杀灭,从而引起中枢神经系统白血病,是白血病髓外复发的主要根源。可发生在疾病的各个时期,多见于缓解期,以急性淋巴细胞白血病最常见,儿童尤甚。轻者表现为头痛及头晕,重者可有呕吐、颈项强直、抽搐及昏迷等。⑥睾丸:出现无痛性肿大,多为一侧性,是仅次于中枢神经系统白血病的髓外复发的根源。

2. 慢性白血病

(1)慢性髓系白血病(简称慢粒):①慢性期:起病缓慢,早期常无自觉症状,随病情发展可出现乏力、低热、多汗或盗汗及体重减轻等代谢亢进的表现。部分病人可有胸骨中下段压痛。巨脾为最突出的体征,可达脐平面,半数病人肝脏中度大,浅表淋巴结多无肿大。此期可持续 1～4 年。②加速期:出现原因不明的高热、虚弱、体重下降、骨骼疼痛,逐渐出现贫血及出血;脾持续或进行性肿大;原来治疗有效的药物无效,此期维持数月至数年。③急变期:表现与急性白血病类似,多数为急粒变。急性变预后极差,病人往往在几个月内死亡。

(2)慢性淋巴细胞白血病:多见于 50 岁以上病人,起病缓慢,多无自觉症状,淋巴结肿大常为就诊的首发表现,半数以上病人有肝、脾轻至中度大。晚期免疫功能减退,易发生出血、贫血、感染,尤其是呼吸道感染。

(三)心理－社会状况

病人在明确诊断后会感到恐惧,难以接受;治疗效果不佳时出现悲观、绝望;病房限制探视,使病人常感孤独;化疗药物不良反应引起的身体极度不适常使病人拒绝或惧怕治疗;沉重的精神和经济负担,对病人及家属均可造成严重的影响。

(四)辅助检查

1. 血象　多数急性白血病病人白细胞计数增多。白细胞超过 $10 \times 10^9/L$ 者,称为白细胞增多性白血病;少数白细胞计数正常或减少,低者可 $<1.0 \times 10^9/L$,称为白细胞不增多性白血病。血涂片分类检查可见数量不等的原始和 / 或幼稚细胞(白细胞不增多型除外);病人有不同程度的贫血,血小板减少。慢性白血病白细胞数显著增加,常超过 $20 \times 10^9/L$,可高达 $100 \times 10^9/L$,可见各阶段的幼稚细胞,以接近成熟的白细胞为主,原始细胞不超过10%。晚期红细胞和血小板减少。

2. 骨髓象　是诊断急性白血病的必查项目和主要依据,对临床分型、指导治疗和疗效判断、预后估计等有重要意义。急性白血病骨髓增生极度或明显活跃,细胞分类以原始细胞为主;慢性白血病骨髓增生明显活跃,细胞分类与血象相似,成熟程度较血象幼稚。

3. 其他　细胞化学染色、免疫学检查、染色体和分子生物学检查等,有助于确定白血病的类型;95% 以上的慢性髓系白血病细胞中出现 Ph 染色体。中枢神经系统白血病时,脑脊液检查可发现大量白血病细胞。

(五)治疗要点

白血病的治疗目的是控制病情达到完全缓解,预防出血及感染以降低死亡率,延长病人无病生存期。主要措施为综合化疗、支持对症治疗、造血干细胞移植、细胞因子治疗、放射治疗及中西医治疗等。其中化疗是目前治疗白血病最主要的方法,造血干细胞移植是最有效的方法。

1. 急性白血病

(1)对症支持治疗:包括紧急处理高白细胞血症、防治感染、改善贫血、防治出血和高尿酸血症肾病、维持营养等。

(2)抗白血病治疗:抗白血病治疗可分为两个阶段,第一阶段是诱导缓解治疗,主要方法是联合化疗,使病人迅速获得完全缓解,即病人的症状和体征消失,血象和骨髓象基本恢复正常,无髓外白血病;目前长春新碱(VCR)和泼尼松(P)组成的VP方案是急性淋巴细胞白血病的基础用药。急性髓系白血病最常用的是去甲氧柔红霉素(IDA)、阿糖胞苷(A)组成的IA方案和柔红霉素(DNR)、阿糖胞苷(A)组成的DA方案。第二阶段是缓解后治疗,主要方法为化疗和造血干细胞移植(详见本章第五节"二、造血干细胞移植的护理")。白血病病情复杂,应依据病人具体情况制订化疗方案。

2. 慢性白血病 慢粒明确诊断首选伊马替尼治疗;异基因造血干细胞移植是唯一可治愈慢粒的方法。氟达拉滨和苯丁酸氮芥是慢性淋巴细胞白血病常用的化疗药物。

【护理诊断/问题】

1. 有受伤的危险:出血 与血小板减少和白血病细胞浸润等有关。

2. 有感染的危险 与正常粒细胞减少及化疗有关。

3. 活动无耐力 与贫血、发热及化疗有关。

4. 预感性悲哀 与急性白血病治疗效果差、死亡率高有关。

5. 潜在并发症:化疗药物不良反应。

【护理目标】

病人能采取有效的措施,减少或避免出血;未发生感染或感染得到有效控制;日常活动耐力逐渐恢复;能正确对待疾病,悲观情绪减轻或消除;化疗药物不良反应得到有效防治。

【护理措施】

(一)一般护理

1. 休息与活动 病情轻或缓解期病人可适当休息;化疗及病情较重者,应绝对卧床休息;对实施保护性隔离的病人,加强生活照顾。

2. 饮食护理 给予高热量、高蛋白质、富含维生素、适量纤维素、清淡及易消化饮食,以半流质为主,少量多餐。尽可能满足病人的饮食习惯或对食物的要求,以增加食欲。避免进食高糖、高脂、产气过多和辛辣的食物;避免化疗前后2小时内进食;避免饭后立即平卧。

3. 生活护理 ①口腔护理:主要由化疗药物(甲氨蝶呤)引起,嘱病人不食用对口腔黏膜有刺激或创伤的食物,如辛辣带刺的食物。发生口腔溃疡者应加强口腔护理,每天2次。②脱发的护理:脱发是化疗药物的常见不良反应,指导病人使用假发或戴帽子,以降低病人因形象改变而产生的心理困扰。

（二）病情观察

密切观察病人的生命体征,有无口腔、咽喉、肺部感染和贫血加重及颅内出血征象。观察慢粒病人有无脾栓塞或脾破裂征象。监测白细胞计数及分类、尿量、血尿酸及骨髓象等变化,发现异常,及时报告医生并协助处理。

（三）对症护理

白血病病人易发生感染。当粒细胞绝对值≤0.5×10⁹/L时,实行保护性隔离,置病人于单人病房或无菌层流室,谢绝亲友探视。严格执行消毒隔离制度和无菌技术操作。一旦有感染,采集血液、尿液、粪便或伤口分泌物等标本做培养及药物敏感试验,遵医嘱应用有效抗生素。其他护理措施及出血和贫血的护理,详见本章第一节"血液系统疾病病人常见症状、体征的护理"。

（四）用药护理

1. 常用化疗药物及主要不良反应 见表6-3。

表6-3 白血病常用化疗药物及主要不良反应

药名	缩写	不良反应
甲氨蝶呤	MTX	口腔及胃肠黏膜溃疡、肝损害、骨髓抑制
巯嘌呤	6-MP	骨髓抑制、胃肠反应、肝损害
氟达拉滨	FLU	神经毒性、骨髓抑制、自身免疫现象
阿糖胞苷	Ara-C	消化道反应、肝损害、骨髓抑制
环磷酰胺	CTX	骨髓抑制、脱发、出血性膀胱炎、恶心呕吐
苯丁酸氮芥	CLB	骨髓抑制、胃肠反应
长春新碱	VCR	末梢神经炎、脱发、腹痛、便秘
柔红霉素	DNR	骨髓抑制、胃肠反应、心脏损害
门冬酰胺酶	LASP	过敏反应、高尿酸血症、出血、高血糖、氮质血症、肝损害
泼尼松	P类	Cushing综合征、高血压、糖尿病
羟基脲	HU	胃肠反应、骨髓抑制
维A酸	ATRA	皮肤黏膜干燥和脱屑、口角破裂、胃肠反应、头晕、关节痛、肝损害

2. 静脉炎及组织坏死的预防与护理 多数化疗药物对组织刺激大,多次注射会引起静脉炎及周围组织炎症,表现为局部血管出现条索状红斑,触之温度较高、有硬结或压痛,严重者可致局部血管闭塞。若注射时药液渗漏,还会引起局部组织坏死。因此,化疗时应注意:①选择有弹性且粗直的静脉,首选中心静脉置管(如外周穿刺中心静脉导管、植入式静脉输液港)。②输注化疗药物前先用生理盐水冲管,确定输液顺利无渗漏后,再给予化疗药物,联合化疗时,先输注对血管刺激性小的药物;输注化疗药过程中,推注速度要慢,边推边抽回血,确保针头在血管内;输注完毕再用生理盐水冲洗后拔针,按压数分钟。

③一旦药物外渗,立即停止输注,边回抽边退针;局部用生理盐水加地塞米松皮下注射或遵医嘱给予利多卡因局部封闭,也可冷敷。④发生静脉炎的局部血管禁止静脉注射,患处勿受压,尽量避免患侧卧位;可用多磺酸黏多糖乳膏等药物外敷,鼓励病人多做肢体运动,以促进血液循环。

知识窗

化疗药物分类

根据化疗药物外渗对皮下组织损伤的程度,将化疗药物可分为三类。①发疱性化疗药物:一旦渗到血管外,短时间内可发生红、肿、热、痛,甚至皮肤及组织坏死,也可导致永久性溃烂,如阿霉素、表柔比星、柔红霉素、放线菌素D、丝裂霉素、氮芥、长春新碱等。②刺激性化疗药物:可引起轻度组织炎症和疼痛,一般不会导致皮下及组织坏死,如环磷酰胺、氟尿嘧啶、博来霉素、替尼泊苷注射液、依托泊苷、卡铂等。③非刺激性化疗药物:对皮肤及组织无明显的刺激,如阿糖胞苷、左旋门冬酰胺酶、甲氨蝶呤等。

---

3. 骨髓抑制的预防与护理　骨髓抑制是多种化疗药物共有的不良反应,主要表现为全血细胞减少。定期检查血象,每次疗程结束后要复查骨髓象,了解化疗效果和骨髓抑制程度。出现骨髓抑制,需加强贫血、感染和出血的预防、观察和护理,协助医生正确用药。

4. 消化道反应的预防与护理　减慢化疗药物输液速度;为病人提供良好的进餐环境,避免不良刺激;饮食宜清淡可口,少量多餐。当出现恶心及呕吐时,应暂缓或停止进食,及时清除呕吐物,保持口腔清洁;必要时,遵医嘱给予止吐药物;若症状严重,无法正常进食,遵医嘱静脉补充高营养物质。

5. 心脏毒性的护理　柔红霉素、阿霉素和高三尖杉酯碱类药物可引起心肌及心脏传导损害,用药前后监测病人心率、心律及血压,必要时做心电图检查;输液速度要缓慢,≤40滴/min。出现毒性反应,应立即报告医生并协助处理。

6. 高尿酸血症肾病的护理　化疗期间多饮水,每天饮水量3 000ml以上,以利于尿酸和化疗药物降解产物的稀释和排泄。遵医嘱口服别嘌醇,抑制尿酸形成;口服碳酸氢钠,碱化尿液。

7. 鞘内注射化疗药物的护理　协助病人采取头低抱膝侧卧位,协助医生做好穿刺点的定位和局部消毒与麻醉;推注药物速度宜慢;拔针后局部给予消毒纱布覆盖、固定,嘱病人去枕平卧4～6小时,注意观察有无头痛、呕吐、发热等化学性脑膜炎及其他神经系统损害的症状。

（五）心理护理

护士应耐心倾听病人的诉说,鼓励病人表达内心的悲伤情感,给予同情、理解和安慰;向病人说明长期情绪低落、焦虑及抑郁等可致内环境失调,引起食欲减退、失眠及免疫功能下降使病情加重,帮助病人进行自我心理调节,如采用娱乐疗法、放松疗法及转移注意力等,使病人保持积极稳定的情绪状态。

📖 边学边练

实践 13　白血病病人的护理

（六）健康指导

1. 疾病知识指导　指导病人避免接触对造血系统有损害的理化因素,如电离辐射、染发剂、油漆、氯霉素等;向病人和家属介绍有关白血病的基本知识,特别是目前有效的治疗方法,争取早期达到完全缓解;嘱病人定期复查血象和骨髓象,密切观察病情变化。向病人说明遵医嘱用药和坚持治疗的重要性,以延长疾病的缓解期和病人的生存期,说明药物的不良反应,指导病人减轻恶心、呕吐的方法。

2. 生活指导　保证充足的休息和睡眠,适当锻炼身体,以提高机体的抵抗力;加强营养,多饮水,多食蔬菜和水果,以保持排便通畅;剪短指甲,避免因搔抓而损伤皮肤;沐浴时水温以 37~40℃为宜,防水温过高引起血管扩张,加重皮下出血;向病人介绍预防感染和出血的措施,如注意保暖,避免受凉,尽量少去公共场所,学会自测体温;空气干燥时用薄荷油滴鼻腔;勿用牙签剔牙、勿用手挖鼻孔、避免创伤等。

3. 心理指导　向病人及家属说明白血病的最新进展,帮病人树立信心,指导家属给予病人心理支持,创造愉悦宽松的环境,使病人保持良好的情绪。

【护理评价】

病人能否采取有效措施,减少或避免出血;有无发生感染,或感染是否得到有效控制;日常活动耐力是否逐渐恢复;能否正确对待疾病,悲观情绪是否减轻或消除;能否有效预防化疗药物的不良反应。

（徐元智）

第五节　血液系统常用诊疗技术及护理

学习目标

1. 具有团结协作、认真负责的工作态度和护理安全的职业意识,尊重和关爱病人。
2. 掌握骨髓穿刺术和造血干细胞移植的术前准备、术中配合与术后护理。
3. 熟悉骨髓穿刺术和造血干细胞移植的操作过程。
4. 了解骨髓穿刺术和造血干细胞移植的适应证和禁忌证。
5. 学会与病人和家属进行有效沟通,正确解释操作目的和注意事项。

一、骨髓穿刺术

骨髓穿刺术（bone marrow puncture）是一种采集骨髓液常用的诊疗技术，检查内容包括细胞学、原虫和细菌学等方面，以协助诊断血液病、传染病和某些寄生虫病；可以了解骨髓造血情况，作为化疗和应用免疫抑制剂的参考；骨髓移植时采集骨髓液。

【适应证】

协助诊断各种贫血、造血系统肿瘤、血小板减少性紫癜、粒细胞减少症、疟疾或黑热病等。

【禁忌证】

血友病等出血性疾病。

【术前准备】

1. 病人准备　①向病人解释穿刺目的、意义、操作过程及注意事项，消除病人的顾虑和恐惧，以取得病人的配合。②术前遵医嘱做血小板计数、出凝血时间测定。③病人签署知情同意书。④术前清洁穿刺部位皮肤。

2. 环境准备　清洁、安静、温度适宜。

3. 用物准备　无菌骨髓穿刺包、无菌手套、治疗盘、2%利多卡因、棉签、玻片、培养基、酒精灯、火柴、胶布等。

【操作过程与护理配合】

1. 操作过程

（1）选择穿刺部位：①髂前上棘穿刺点：位于髂前上棘后 1～2cm，最为常用。②髂后上棘穿刺点：位于骶椎两侧，臀部上方突出的部位。③胸骨穿刺点：位于胸骨柄、胸骨体相当于第 1～2 肋间隙的位置。④腰椎棘突穿刺点：位于腰椎棘突突出处。

（2）安置体位：采用髂前上棘和胸骨穿刺时，病人取仰卧位；采用髂后上棘穿刺时，病人取侧卧位；取腰椎棘突穿刺时，病人取坐位或侧卧位。

（3）消毒麻醉：常规消毒穿刺部位皮肤，戴无菌手套，铺无菌孔巾。用 2% 利多卡因行局部皮肤、皮下及骨膜麻醉。

（4）穿刺抽液：术者将骨髓穿刺针固定器固定在一定长度，右手持针向骨面垂直刺入，当针尖接触骨质后将穿刺针左右旋转，缓缓钻刺骨质，穿刺针进入骨髓腔后，拔出针芯，接上干燥的注射器（10ml或20ml），抽吸骨髓液0.1～0.2ml滴于玻片上，制成均匀薄片，迅速送检做有核细胞计数、形态学及细胞化学染色检查。如需做骨髓液细菌检查，可再抽取 1～2ml。

（5）拔针：抽吸完毕重新插入针芯，用无菌纱布置于针孔处，拔出穿刺针，按压 1～2 分钟，用胶布固定纱布。

2. 护理配合　协助病人采取骨髓穿刺的正确体位，穿刺过程中，护士嘱病人保持固定姿势勿翻动,并注意观察病人术中的生命体征和反应。根据需要配合医生做好相关操作。

【术后护理】

1. 解释　向病人解释术后穿刺部位疼痛是暂时现象,不会对身体有不良影响。

2. 观察　注意观察穿刺部位有无出血,如有渗血,立即更换无菌纱布,压迫伤口直至无渗血为止。

3. 保护穿刺处　指导病人48~72小时内保持穿刺处皮肤干燥,避免淋浴或盆浴,预防伤口感染。避免剧烈活动,防止再出血。

二、造血干细胞移植的护理

造血干细胞移植(hemopoietic stem cell transplantation,HSCT)是指对病人进行全身照射、化疗和免疫抑制预处理后,将正常供体或自体的造血细胞输注给病人,使之重建正常的造血和免疫功能。按造血细胞的来源可分为异体造血干细胞移植(异基因移植和同基因移植)和自体造血干细胞移植。按造血干细胞采集部位的不同,又分为骨髓移植、外周血干细胞移植和脐血移植,其中外周血干细胞移植为目前临床上最常用的方法之一,逐步取代了骨髓移植。

【适应证】

1. 恶性疾病　造血系统恶性疾病,如急性白血病、慢性白血病、恶性淋巴瘤、多发性骨髓瘤、骨髓异常增生综合征等。其他对放、化疗敏感的实体肿瘤,如乳腺癌、卵巢癌、睾丸癌等。

2. 非恶性疾病　如重型再生障碍性贫血、阵发性睡眠性血红蛋白尿症、重型联合免疫缺陷病、Fanconi贫血、重型地中海贫血及镰形细胞贫血等。

【移植前准备】

1. 供体准备　异体造血干细胞移植应选择供体,首选人白细胞抗原(HLA)相合同胞,次选HLA相合无血缘供体。采集骨髓造血干细胞者,一般在抽髓日前14天预先保存供者自身血,在手术中回输;采集外周血造血干细胞者,采集前需用粒细胞集落刺激因子(G-CSF)动员,皮下注射4天,第5天开始用血细胞分离机采集。

2. 无菌层流室的准备　病人入室前4天,用甲醛40ml/m^3、高锰酸钾30g/m^{3}熏蒸,封闭2日后通风排气1~2日,再用1%氯己定或0.5%过氧乙酸擦洗全室。在病人入室前,应开窗净化30~60分钟,室内一切物品均须严格消毒、灭菌处理。室内不同空间采样,行空气细菌学监测,合格后方允许病人进入。

3. 病人准备

(1)心理准备:向病人解释造血干细胞移植的有关知识、无菌层流室的基本环境及规章制度,以消除病人疑虑、恐惧感,使其处于接受治疗的最佳生理、心理状态。

（2）身体准备：①移植前应对病人进行全面身体检查。②入室前 3 天开始服用肠道不吸收的抗生素，进食消毒饮食。③入室前 1 天，剪指（趾）甲、剃毛发（头发、腋毛、阴毛）、洁脐；入室当天清洁灌肠，沐浴后用 0.05% 氯己定药浴 30～40 分钟，再行眼、外耳道、口腔和脐部清洁，换无菌衣裤后进入层流室，同时对病人皮肤进行多个部位，尤其是皱褶处的细菌培养，作为移植前对照。④移植前 1 天行颈外静脉或锁骨下静脉置管术备用。

（3）病人预处理：目的是最大限度清除基础疾病；抑制受体免疫功能以免排斥移植物。预处理主要采用全身照射、细胞毒性药物和免疫抑制剂。

【操作过程与护理配合】

1. 造血细胞的采集

（1）骨髓采集：在无菌条件下，给供体行硬膜外麻醉，自其髂前、髂后上棘等 1 个或多个部位抽取骨髓。采集量以受者（病人）的体重为依据，单个核细胞数为（2～4）×10^8/kg。采集的骨髓经无菌不锈钢网过滤，以清除内含的血凝块，装入血袋。自体骨髓液在病人预处理前采集，采集后加入保护液放于 4℃冰箱内保存。

（2）外周血造血干细胞采集：用血细胞分离机多次采集，采集量为病人体重单个核细胞数达 5×10^8/kg。采集过程要注意低血压、枸橼酸盐反应、低钙综合征等并发症的预防、观察与处理。自体移植者，采集的外周血造血干细胞需低温（−196℃液氮罐）或冷冻（−80℃冰箱中）保存。

2. 造血干细胞输注　在无菌层流室进行。

（1）骨髓输注

1）异体骨髓输注：输注前遵医嘱应用抗过敏药物，如异丙嗪、地塞米松，应用呋塞米，以利尿、预防肺水肿。输注时，用无滤网的输液器由中心静脉导管输入，速度要慢，观察 15～20 分钟，无反应，再调整滴速，约 100 滴/min，一般要求在 30 分钟内将 300ml 骨髓输完，但需余少量（约 5ml）骨髓弃去，以防脂肪栓塞。同时经另一静脉通道同步输入适量鱼精蛋白，以中和骨髓液内的肝素，但输注速度不宜过快。输注过程中，密切观察有无肺水肿、溶血现象及栓塞等，并协助医生做好相应救治工作。

2）自体骨髓回输：一般于 72 小时内，待预处理结束后，提前取出自体骨髓液于室温下放置 0.5～1 小时，复温后再回输，方法同异体骨髓输注。

（2）外周血造血干细胞输注

1）自体外周血造血干细胞回输：回输前 15～20 分钟遵医嘱应用抗过敏药。冷冻保存的造血干细胞用 38.5～40℃的温水复温解冻，输注时，用无滤网的输液器由中心静脉导管输入，同时另一路静脉同步输入等量鱼精蛋白以中和肝素，同时静脉滴注 5% 碳酸氢钠溶液和生理盐水、呋塞米和甘露醇，维持足够的尿量，直至血红蛋白尿消失。

2）异体外周血造血干细胞输注：输注前将造血干细胞 50～100ml 加生理盐水稀释到 200ml。其余同自体外周血造血干细胞回输。

【移植后护理】

1. 饮食护理　提供无菌饮食,维持水、电解质平衡,保证热量和各种营养素的供给。

2. 感染的预防和护理　感染是最常见的并发症之一,也是移植成败的关键。

(1) 无菌环境的保持:①控制入室人员,医护人员入室前应淋浴,穿无菌衣裤,戴帽子、口罩,用快速皮肤消毒剂消毒双手,穿无菌袜套、换无菌拖鞋、穿无菌隔离衣、戴无菌手套后才可入风淋室,经风淋 3 分钟后进入层流室。②病室内桌面、墙壁、所用物品表面及地面每天用消毒液擦拭 2 次。③定期进行细菌监测。

(2) 无菌护理:①每天用 0.05% 氯己定全身擦浴 1 次,女性病人每天冲洗会阴 1 次;便后、睡前用 1% 氯己定液坐浴;女性病人月经期间增加外阴冲洗次数。②庆大霉素或卡那霉素、0.1% 利福平、阿昔洛韦眼药水交替滴眼,每天 2～3 次。③用 0.05% 氯己定或 0.05% 碘伏擦拭鼻前庭和外耳道。④每天口腔护理 3～4 次,进食前后用 0.05% 氯己定、3% 碳酸氢钠交替漱口。⑤各种食物需经微波炉消毒后食用;水果需用 0.5% 氯己定浸泡 15 分钟后削皮方可进食。

3. 病情观察　①观察有无移植后并发症,如感染、肝静脉闭塞病、间质性肺炎、移植物抗宿主病。②观察血象和骨髓象,移植后每天或隔日做血常规检查,通常第 2 周开始血象上升,第 4～6 周血象迅速恢复,骨髓象转为正常。

4. 中心静脉导管的护理　大静脉插管是保证治疗和维持正常营养的有效途径。应每天局部消毒换药,严格执行无菌操作,防止导管滑脱和阻塞,嘱病人勿用手触摸伤口表面,防止感染和空气栓塞。输液接头每周更换 1～2 次,导管一般在迁出层流室前 3～5 日拔出。

5. 用药护理　遵医嘱使用环孢素和甲氨蝶呤,以预防急性移植物抗宿主病,如有异常及时报告医生。

6. 心理护理　移植后病人心理压力和精神负担均较重,常有恐惧。应鼓励、安慰和体贴病人,向其讲解造血干细胞移植的先进性和可靠性,介绍成功病例,使病人坚定信心,尽可能减轻病人的痛苦,使病人增强安全感和舒适感,帮助病人渡过移植关。

本章小结

　　本章学习重点是血液系统常见疾病病人的身心状况;常见护理诊断/问题;一般护理;病情观察;对症护理;化疗用药护理及健康指导。学习难点为各类贫血、出血性疾病及白血病的发病机制,血液病常用药物的护理,白血病病人联合化疗的静脉护理。在学习过程中注意比较各类贫血、出血性疾病和急慢性白血病的区别,注重联系各类血细胞的生理功能,理解不同贫血、白血病病人的身心状况、饮食护理、用药护理和健康指导,提高运用知识解决问题的能力。

(徐元智)

? 思考与练习

1. 血液病病人突发颅内出血,如何进行抢救配合?
2. 缺铁性贫血病人口服铁剂的护理要点有哪些?
3. 重型再生障碍性贫血的护理评估要点有哪些?
4. 急性白血病有哪些临床特点?
5. 白血病病人化疗时,如何对化疗的静脉实施护理?

第七章 | 内分泌与代谢性疾病病人的护理

07章 数字资源

第一节 内分泌与代谢性疾病病人常见症状、体征的护理

学习目标

1. 具有良好的综合素质和科学严谨的工作态度,尊重病人,善于沟通,主动为病人缓解不适。
2. 掌握内分泌与代谢性疾病病人常见症状、体征的护理评估要点和主要护理措施。
3. 熟悉内分泌与代谢性疾病病人常见症状、体征的主要护理诊断 / 问题。
4. 了解内分泌与代谢性疾病病人常见症状、体征的护理目标和护理评价。
5. 学会内分泌与代谢性疾病病人常见症状、体征的评估方法,能正确实施护理措施。

工作情景与任务

导入情景:

李女士,28 岁。婚后 5 年一直未怀孕,2 年前开始出现畏寒怕冷,头发和眉毛脱落,逐渐稀疏,月经量少,不规律。近 1 个月来因自觉形象不佳,不愿意上班,且整天郁郁寡欢,失眠严重,在丈夫劝说和陪同下来院就诊。

工作任务:

1. 指导李女士恰当修饰,改善自身形象。
2. 对李女士进行心理护理。

内分泌系统由内分泌腺(包括垂体、甲状腺、甲状旁腺、肾上腺、性腺等)和分布在心血管、胃肠、肾、脂肪组织、脑(尤其下丘脑)的内分泌组织与细胞组成,与神经系统和免疫系统相互配合和调控,共同完成机体的代谢、生长、发育、生殖和衰老等生命活动。内分泌系统疾病是因为自身免疫、肿瘤、出血、感染、放射损伤、手术切除、药物等原因引起的内分泌系统病理或生理改变,出现功能亢进、功能减退或功能异常。根据病变发生部位,可分为原发性内分泌系统疾病(发生在周围靶腺)和继发性内分泌系统疾病(发生在下丘脑或垂体)。代谢性疾病是指机体新陈代谢过程中某一环节障碍引起的相关疾病,如糖尿病和痛风。根据发病机制可分为遗传性代谢性疾病和获得性代谢性疾病两大类。随着人们生活方式和生活水平的改变,某些代谢性疾病也成为严重威胁人类健康的世界性公共卫生问题。

内分泌与代谢性疾病常见症状、体征有身体外形的改变、生殖发育及性功能异常等。

一、身体外形的改变

身体外形的改变多与内分泌疾病和代谢性疾病有关,包括身高、体型、毛发、面容及皮肤黏膜改变等,是一组影响病人生理和心理状态的临床征象。

【护理评估】

(一)健康史

评估病人以下内容:①内分泌疾病和代谢性疾病病史,如侏儒症、呆小症、肢端肥大症、巨人症、库欣综合征、甲状腺功能减退症、甲状腺功能亢进症、肾上腺皮质功能减退症、内分泌腺的恶性肿瘤、糖尿病等病史。②服用激素类药物治疗史。③不良生活方式和饮食习惯。④女性病人月经史与生育史。⑤家族遗传史。

(二)身体状况

1. 身体外形改变的特点

(1)身材过高与矮小:身材过高见于巨人症、肢端肥大症病人;身材矮小见于侏儒症、呆小症病人。

(2)肥胖与消瘦:①肥胖:指体重指数(body mass index,BMI)≥28kg/m²,分为单纯性肥胖和继发性肥胖。前者与遗传、环境、不良生活方式、脂肪代谢有关;后者多见于下丘脑疾病、库欣综合征、2型糖尿病、甲状腺功能减退症等。②消瘦:指体重指数<18.5kg/m²,常见于1型与2型糖尿病、甲状腺功能亢进症、肾上腺皮质功能减退症、内分泌腺恶性肿瘤等。

(3)毛发改变:皮质醇增多时由于雄性激素分泌增多,病人躯体和面部毛发增多;甲状腺功能减退时,病人可出现头发干燥、稀疏、脆弱,睫毛和眉毛脱落(尤以眉梢为甚),男性胡须生长缓慢。

(4)面容变化:甲状腺功能亢进症病人可表现为"甲亢面容",如面容惊愕、眼裂增宽、眼球凸出等;甲状腺功能减退症病人可表现为"黏液性水肿面容",如面色苍白或蜡黄、颜面水肿、目光呆滞、反应迟钝及头发稀疏等;库欣综合征病人可表现为"满月面容",如面圆如满月、皮肤发红,痤疮等。

（5）皮肤变化:①皮肤、黏膜色素沉着:是由于表皮基底层的黑色素增多以致皮肤色泽加深,多见于肾上腺皮质疾病病人,尤以摩擦处、掌纹、乳晕及瘢痕处明显。②皮肤紫纹和痤疮:紫纹是库欣综合征的特征之一,病理性痤疮可见于库欣综合征、先天性肾上腺皮质增生症等。

2. 伴随症状　消瘦伴食欲增加、尿量增多、血糖升高等多见于糖尿病;"甲亢面容"伴消瘦、突眼、易怒、多食易饥多见于甲状腺功能亢进症;面部水肿伴表情呆滞、毛发稀疏、畏寒、便秘、性欲减退等多见于甲状腺功能减退症;皮肤紫纹伴痤疮、向心性肥胖、血糖升高、高血压、骨痛等多见于库欣综合征。

（三）心理－社会状况

身体外形改变影响人际交往和社交活动,病人容易产生紧张、焦虑、自卑、抑郁等心理反应。

（四）辅助检查

1. 激素测定　通过激素测定判断垂体、甲状腺、甲状旁腺和肾上腺皮质功能有无异常,胰岛素水平是否有变化。

2. 影像学检查　超声、X线、CT和MRI等检查对某些内分泌疾病有定位诊断价值。

【常见护理诊断/问题】

体像紊乱　与疾病引起身体外形改变等因素有关。

【护理目标】

病人能逐渐适应身体外形的改变;身体外形改变逐渐减轻或恢复至正常。

【护理措施】

1. 提供心理支持　多与病人交谈,耐心倾听病人的诉说,建立信任的护患关系;鼓励病人表达对身体外形改变的感受,关注病人自卑、焦虑及抑郁等问题;向病人提供有关疾病的相关知识和患有相同疾病并已治疗成功的病例,说明只要积极配合检查治疗,可以得到部分改变或恢复正常,从而消除病人的紧张情绪,使病人树立自信心。如甲状腺肿大的病人通过药物或手术治疗后颈部增粗的情况可好转;肥胖病人通过饮食调整、生活方式改善、运动等方法可减轻体重,身体外形得到改善。

2. 修饰指导　教会病人适当地自我修饰,以增加病人心理的舒适度和美感。如甲状腺功能亢进症突眼的病人外出可戴深色眼镜;肥胖、侏儒症和巨人症病人应选择合体的衣着等;毛发稀疏的病人外出可戴假发、帽子等。

3. 鼓励社会交往　鼓励家属主动与病人沟通,互相表达内心感受,参与对病人的护理,建立亲密关系。鼓励病人加入社区中的支持团体,增强社交技巧,改善社交状况。

【护理评价】

病人是否逐渐适应身体外形的改变；身体外形改变是否得到改善。

二、生殖发育及性功能异常

生殖发育及性功能异常包括生殖器官发育迟缓或过早，性欲亢进、减退或丧失。女性月经紊乱、溢乳、闭经或不孕，男性勃起功能障碍或乳房发育。

【护理评估】

（一）健康史

评估病人有无下丘脑和腺垂体疾病、甲状腺功能亢进症、甲状腺功能减退症、库欣综合征等病史；女性病人的月经史、生育史是否正常。

（二）身体状况

1. 生殖发育及性功能异常的特点　下丘脑综合征病人可出现性欲减退或亢进，女性月经失调，男性阳痿不育；儿童期起病的腺垂体生长激素缺乏或性激素分泌不足可导致病人青春期性器官仍不发育，第二性征缺如；青春期前开始的性激素或促性腺激素分泌过早、过多则为性早熟。

2. 伴随症状　青春期性器官不发育伴身体矮小、智力发育迟缓多见于呆小症；女性月经失调，男性阳痿伴突眼、易怒、多食易饥多见于甲状腺功能亢进症；性欲减退伴面部非凹陷性水肿、表情呆滞、毛发稀疏、畏寒、便秘等多见于甲状腺功能减退症。

（三）心理-社会状况

性功能异常影响性生活与生育，导致病人自尊心受伤、夫妻不和等，且疾病需要长期治疗，病人易产生焦虑、自卑、抑郁、悲观等心理反应。

（四）辅助检查

测定性激素水平有无异常。

【常见护理诊断/问题】

1. 有生长比例失调的危险　与内分泌功能紊乱有关。

2. 性功能障碍　与内分泌功能紊乱有关。

【护理目标】

病人对生殖发育及性问题有正确认识；生殖发育及性功能逐渐恢复。

【护理措施】

1. 在隐蔽舒适的环境和恰当的时间，询问病人有关生殖发育及性功能方面的问题。接受病人讨论生殖发育及性功能方面问题时所呈现的焦虑，对病人表示尊重、理解和支持。

2. 给病人讲解所患疾病及用药对性功能的影响，使病人积极配合治疗；为病人提供信息咨询服务，如专业医生、心理咨询师、性咨询门诊等。

病人对生殖发育及性问题是否有正确的认识;生殖发育及性功能是否逐渐恢复正常。

(曹小川)

第二节 甲状腺疾病病人的护理

1. 具有良好的职业素质和认真负责的工作态度,理解、尊重和关爱病人。
2. 掌握甲状腺疾病病人的身心状况和主要护理措施。
3. 熟悉甲状腺疾病的辅助检查、治疗要点及病人的常见护理诊断/问题。
4. 了解甲状腺疾病的病因及病人的护理目标、护理评价。
5. 学会指导病人切实执行保护眼睛的措施,能正确进行甲状腺疾病病人的健康指导。

工作情景与任务

导入情景:

陈女士,29岁。近3个月来常因小事发脾气,怕热,食量增加,却常觉得饿,体重由55kg降到52kg,且发现颈部变粗。到医院就诊,发现甲状腺肿大,双手有细震颤,抽血查血清甲状腺激素,入院初步诊断为甲状腺功能亢进症。医嘱:低碘饮食,甲巯咪唑、普萘洛尔口服。

工作任务:

1. 指导陈女士遵医嘱正确用药,观察药物的疗效及不良反应。
2. 指导陈女士合理饮食。

一、单纯性甲状腺肿

单纯性甲状腺肿(simple goiter)也称弥漫性非毒性甲状腺肿(diffuse nontoxic goiter),是指甲状腺弥漫性肿大,不伴结节及甲状腺功能异常。女性发病率是男性的3~5倍。本病可呈地方性分布,也可呈散发性分布。如果一个地区儿童中单纯性甲状腺肿的患病率超过5%时,称为地方性甲状腺肿。碘缺乏是地方性甲状腺肿最常见的原因,多见于山区和远离海洋的地区。部分轻度缺碘地区的人群在机体碘需要量增加的情况下可出现甲状腺肿,如妊娠期、哺乳期、青春期等。散发性甲状腺肿原因复杂,可由遗传缺陷或基因突变、食物中的碘化物、致甲状腺肿物质和药物等原因引起甲状腺激素合成障碍,导致甲状腺肿发生。

【护理评估】

（一）健康史

评估病人是否来自缺碘的地区；是否为青春期、妊娠期及哺乳期女性；是否经常摄入含致甲状腺肿物质的食物，如卷心菜、花生、菠菜、萝卜等；是否服用抑制甲状腺激素合成的药物，如硫氰酸盐、保泰松、碳酸锂等。

（二）身体状况

临床上一般无明显症状。甲状腺常呈轻中度肿大，表面平滑，质地较软，无压痛。重度肿大的甲状腺可出现压迫症状，如压迫气管可引起咳嗽、呼吸困难；压迫食管可引起吞咽困难；压迫喉返神经可引起声音嘶哑。胸骨后甲状腺肿可引起上腔静脉回流受阻，出现面部肿胀、颈胸部浅静脉扩张等。

（三）心理－社会状况

明显肿大的甲状腺导致颈部外形改变，病人易产生自卑、焦虑、恐惧等情绪反应。在流行地区，可能因患病人数多，人们习以为常，不愿配合治疗。

（四）辅助检查

1. 甲状腺功能检查　血清促甲状腺激素（TSH）、总甲状腺素（TT_4）、总三碘甲状腺原氨酸（TT_3）正常，TT_4/TT_3的比值常增高。

2. 血清甲状腺球蛋白（Tg）水平测定　Tg水平正常或增高，增高的程度与甲状腺肿的体积呈正相关。

3. 甲状腺摄^{131}I率及T_3抑制试验　摄^{131}I率增高但无高峰前移，可被T_3所抑制。

4. 影像学检查　超声检查是确定甲状腺肿的首选检查方法，可显示甲状腺的大小、形态、内部结构及血流状况。核素扫描可评估甲状腺和甲状腺结节的形态和功能。

（五）治疗要点

单纯性甲状腺肿病人，一般不需要治疗。碘缺乏所致者，应补充碘剂，食盐加碘是目前国际上公认的预防碘缺乏病的有效措施；有压迫症状者可考虑手术治疗。

【常见护理诊断/问题】

1. 体像紊乱　与甲状腺肿大致颈部增粗有关。

2. 知识缺乏：缺乏药物及饮食等方面的知识。

3. 潜在并发症：呼吸困难、声音嘶哑、吞咽困难。

【护理措施】

（一）一般护理

劳逸结合，适当休息。多食海带、紫菜等海产品及含碘丰富的食物，避免过多食用卷心菜、木薯、萝卜、菠菜及花生等抑制甲状腺激素合成的食物。

（二）病情观察

观察病人甲状腺肿大的程度、质地以及进展情况，有无结节、压痛及压迫症状。

（三）用药护理

碘剂补充应适量，注意观察甲状腺素药物治疗的效果和不良反应。观察补充碘剂、甲状腺激素后，病人甲状腺肿是否缩小，甲状腺内是否出现结节；是否出现心悸、怕热多汗、食欲亢进、手震颤等甲状腺功能亢进症表现，一旦出现上述症状，应及时报告医生并给予相应处理。

（四）心理护理

向病人及家属解释病情，让他们充分了解疾病的起因和治疗方法；对病人进行形象指导，强调有效治疗后甲状腺肿大会缩小，减轻病人的焦虑情绪。

（五）健康指导

1. 疾病预防指导　食盐加碘应当根据地区的自然碘环境有区别地推行，并要定期监测居民的尿碘水平。碘充足或碘过量地区应食用无碘食盐，具有甲状腺疾病遗传背景或潜在甲状腺疾病的个体不宜食用加碘盐。青春期、妊娠期、哺乳期人群，应适当增加碘的摄入量。

2. 疾病知识指导　指导病人多食含碘丰富的食物，如海带、紫菜等海产品，食用碘盐，以预防缺碘所致的地方性甲状腺肿；避免摄入大量阻碍甲状腺激素合成的食物和含钙、氟丰富的水。

3. 用药指导与病情监测　指导病人遵医嘱用药。教会病人观察药物疗效及不良反应，如出现心悸、手震颤、怕热多汗等甲状腺功能亢进症表现，应及时就诊。避免服用阻碍甲状腺激素合成的药物，如硫氰酸盐、保泰松、碳酸锂等。

二、甲状腺功能亢进症

甲状腺毒症（thyrotoxicosis）是指血液循环中甲状腺激素（TH）过多，引起以神经、循环、消化等系统兴奋性增高和代谢亢进为主要表现的一组临床综合征。甲状腺功能亢进症（hyperthyroidism）简称甲亢，是指甲状腺腺体本身产生甲状腺激素过多而引起的甲状腺毒症。其病因包括弥漫性毒性甲状腺肿（Graves 病）、结节性毒性甲状腺肿和甲状腺自主高功能腺瘤等。根据甲亢程度，可以分为临床甲亢和亚临床甲亢，我国临床甲亢 80%以上是 Graves 病引起，本节主要讨论 Graves 病。

Graves 病是一种伴甲状腺激素分泌增多的器官特异性自身免疫病。临床主要表现为甲状腺毒症、弥漫性甲状腺肿和眼征。本病多见女性，男女比例为 1∶（4～6），20～50 岁高发。病人血清中存在针对甲状腺细胞促甲状腺激素（TSH）受体的特异性自身抗体，即 TSH 受体抗体（TRAb）。TRAb 包括 TSH 受体刺激性抗体（TSAb）和 TSH 受体刺激阻断性抗体（TSBAb）。TSAb 是 Graves 病的致病性抗体，可与 TSH 受体结合，产生 TSH 的生物学效应，即甲状腺细胞增生、甲状腺激素合成及分泌增加。Graves 病尚有显著的遗传倾向，目前发现它与组织相容性复合体基因相关。此外，精神刺激、感染、应激等环境因素可能都对本病有重要促发作用。

【护理评估】

（一）健康史

评估病人发病前有无感染、口服过量甲状腺激素制剂、严重精神创伤等诱因；有无家族发病史；育龄妇女应评估月经、生育情况有无异常。

（二）身体状况

多数病人起病缓慢，少数病人在精神创伤或感染等应激后急性起病。老年人和儿童表现多不典型。

1. 甲状腺毒症表现

（1）高代谢综合征：甲状腺激素分泌增多导致交感神经兴奋性增高和新陈代谢加速，病人常有疲乏无力、怕热多汗、皮肤潮湿、多食善饥、消瘦等。

（2）精神神经系统：中枢神经兴奋性增高。多言好动、紧张焦虑、焦躁易怒、失眠不安、记忆力减退及注意力不集中、腱反射亢进等，伸舌或双手向前平举时有细微震颤。

（3）心血管系统：心悸气短、持续性心动过速、第一心音亢进，心动过速在休息和睡眠时有所降低但仍高于正常。收缩压增高，舒张压降低，脉压增大，可出现周围血管征。合并甲状腺毒症性心脏病（亦称为甲亢性心脏病）时，出现心律失常、心脏增大，心力衰竭、心绞痛和心肌梗死等。心律失常以心房颤动等房性心律失常多见。

（4）消化系统：食欲亢进，稀便，排便次数增加。重者可有肝大及肝功能异常，偶有黄疸。

（5）肌肉与骨骼系统：表现为周期性瘫痪，多见于青年男性，剧烈运动、高糖饮食、饱餐、注射胰岛素等可诱发，病变主要累及下肢，常伴有低钾血症。少数病人发生甲亢性肌病，表现为近端肌肉进行性无力、萎缩，以肩胛带肌群和骨盆带肌群受累为主。甲亢可使骨骼脱钙而发生骨质疏松。

（6）生殖系统：女性常有月经减少或闭经，男性有阳痿、乳房发育。

（7）造血系统：周围血白细胞计数偏低、淋巴细胞比例增加、单核细胞增多等。

2. 甲状腺肿　大多数病人有不同程度的甲状腺肿大，多呈弥漫性、对称性肿大，质地中等、无压痛，随吞咽上下移动。肿大程度与病情轻重无明显关系。甲状腺上下极可触及震颤，闻及血管杂音，为本病重要的体征。

3. 眼征　可分为单纯性突眼和浸润性突眼两类。

（1）单纯性突眼：与甲状腺毒症所致的交感神经兴奋增高有关，表现为：①轻度突眼（突眼度不超过18mm）。②瞬目减少，眼神炯炯发亮。③上睑挛缩，睑裂增宽。④双眼向下看时，上眼睑不能随眼球下落，露出白色巩膜。⑤向上看时，前额皮肤不能皱起。⑥两眼看近物时，眼球辐辏不良。

（2）浸润性突眼（Graves眼病）：与眶后组织的自身免疫炎症反应有关。眼球突出明显，超过眼球突度参考值上限3mm（中国人群突眼度女性为16mm，男性为18.6mm）。病人自诉眼内异物感、畏光、流泪、复视、斜视及视力减退；眼睑肿胀，结膜充血水肿，视野缩小，严重者眼球固定，角膜外露可形成溃疡或全眼炎，其至失明。

4. 甲状腺危象　又称甲亢危象，发生原因可能与短时间内大量甲状腺激素释放入血有关。①主要诱因：应激状态（感染、手术、放射性碘治疗、严重精神创伤、过度劳累等）、服用过量甲状腺激素制剂、严重躯体疾病及甲状腺手术准备不充分或术中过度挤压甲状腺等。②临床表现：原有甲亢症状加重、高热、大汗、心动过速（140 次 /min 以上）、恶心呕吐、腹痛腹泻、烦躁不安、谵妄，严重者可有心力衰竭、休克及昏迷等。

（三）心理－社会状况

甲亢病人由于神经过敏、急躁易怒，易与家人或同事发生争执，导致人际关系紧张，或在与其他人的交往中出现社交障碍。对他人言行和周围事物敏感多疑，其至有幻觉、狂躁等精神异常现象。由于情绪不稳定，病人在检查、治疗及护理等活动中出现不配合的行为。

（四）辅助检查

1. 血清甲状腺激素测定　血清游离甲状腺素（FT_4）与游离三碘甲状腺原氨酸（FT_3）增高，FT_4、FT_3 是实现激素生物效应的主要部分，不受甲状腺激素结合球蛋白影响，直接反映甲状腺功能状态，是临床诊断甲亢的首选指标。TT_4 是甲状腺功能的基本筛选指标，但受甲状腺激素结合球蛋白量和结合力变化的影响。TT_3 为早期 Graves 病、治疗中疗效观察及停药后复发的敏感指标，也是诊断 T_3 型甲亢的特异性指标。

2. TSH 测定　是反映甲状腺功能的最敏感指标，甲亢时 TSH 因受抑制而减少。

3. 自身抗体测定　85% ~ 100% 新诊断的 Graves 病病人 TSAb 阳性。

4. 甲状腺 ^{131}I 摄取率测定　甲亢时总摄取量增加，摄取高峰前移，目前已被激素测定技术所替代。

5. 影像学检查　超声、CT、MRI、放射性核素扫描等有助于甲状腺、异位甲状腺肿和球后病变性质的诊断。

（五）治疗要点

目前尚不能对 Graves 病进行病因治疗。主要治疗方法包括抗甲状腺药物治疗、^{131}I 治疗及手术治疗三种。

1. 抗甲状腺药物治疗　是甲亢的基础治疗，其作用是抑制甲状腺激素的合成，常用药物分为硫脲类和咪唑类两类。硫脲类有甲硫氧嘧啶（MTU）及丙硫氧嘧啶（PTU）等；咪唑类有甲巯咪唑（MMI）和卡比马唑（CMZ）等。目前常用丙硫氧嘧啶（PTU）和甲巯咪唑（MMI），倾向优先选择甲巯咪唑；但严重病例、甲亢危象、妊娠伴发甲亢或哺乳时，丙硫氧嘧啶是首选。

2. ^{131}I 治疗　^{131}I 被甲状腺摄取后可释放出 β 射线，破坏甲状腺滤泡上皮而减少甲状腺激素的产生。^{131}I 治疗甲亢安全简便，费用低廉，治疗有效率达 95%，临床治愈率达 85% 以上，复发率小于 1%，但可能会引起甲状腺功能减退、放射性甲状腺炎，个别病人可诱发甲状腺危象，有时加重浸润性突眼。

3. 手术治疗　适用于甲状腺显著肿大有压迫症状者、怀疑恶变者等。

4. 其他治疗　包括复方碘口服溶液,仅用于术前准备和甲状腺危象;β 受体阻滞剂,主要在抗甲状腺药物治疗初期使用,可较快控制甲亢的临床症状。

边学边练

实践14　甲状腺功能亢进症病人的护理

【常见护理诊断／问题】

1. 营养失调:低于机体需要量　与代谢率增高导致代谢需求大于摄入有关。

2. 活动无耐力　与蛋白分解增加、甲亢性心脏病、肌无力等有关。

3. 应对无效　与性格及情绪改变有关。

4. 有组织完整性受损的危险　与浸润性突眼有关。

5. 潜在并发症:甲状腺危象。

【护理目标】

病人能恢复并保持正常体重;能逐步增加活动量,活动时无明显不适;情绪稳定,能保持足够的应对能力;能正确保护眼睛;未发生甲状腺危象,或甲状腺危象能得到及时有效的救治。

护理学而思

张女士,36 岁。1 年前感觉疲乏无力、易饥多食、焦躁易怒。近半年出现夜间失眠、眼球突出,经医院门诊多项检查,诊断为甲状腺功能亢进症,予以硫脲类药物治疗,症状渐好转。3 天前因琐事和他人争吵后自觉症状加重,昨天出现恶心呕吐、烦躁不安、心慌、发热、大汗,遂来医院就诊。T 39.2℃,R 26 次／min,P 144 次／min,BP 155/95mmHg。意识清楚,甲亢面容。颈软,甲状腺Ⅱ度肿大,眼球突出。

请思考:

1. 张女士目前发生了什么征象? 护士应如何配合医生救治?

2. 应如何对张女士进行用药护理和健康指导?

【护理措施】

（一）一般护理

1. 休息与活动　将病人安置在安静、通风的环境中,避免嘈杂,室温维持 20℃左右。轻症病人可照常工作和学习,以不感疲劳为度;病情重、合并心力衰竭或严重感染者应严格卧床休息。

2. 饮食护理　给予高热量、高蛋白、高维生素、矿物质丰富及低纤维素饮食,多摄取新鲜蔬菜和水果。避免摄入刺激性食物及饮料,如酒精、浓茶、咖啡等,以免引起病人兴奋,加重症状。避免食用含碘丰富的食物,如海带、紫菜等,食用无碘盐,以免甲状腺激素合成增加。慎食卷心菜、甘蓝等易致甲状腺肿的食物。每天饮水 2 000 ~ 3 000ml 以补充出汗、腹泻、呼吸加快等所丢失的水分,突眼严重或并发心脏病者避免大量饮水。

(二)病情观察

观察病人心率、脉压和基础代谢率的变化,以判断甲亢的严重程度。观察病人体重、情绪及症状的发展变化,了解治疗效果,脉搏减慢、体重增加是治疗有效的标志。注意各种激素的监测结果。观察有无甲状腺危象的表现,若有异常应立即报告医生并协助处理。

(三)眼部护理

眼部护理应注意:①睡眠或休息时抬高头部,以减轻眼球后水肿。②限制钠盐摄入,遵医嘱使用利尿剂,以减轻眼部水肿。③外出可戴有色眼镜或眼罩,以减少强光、灰尘等刺激。④白天用抗生素眼药水,睡前涂眼药膏,眼睑不能闭合者用无菌纱布覆盖。⑤当眼睛有异物感、刺痛或流泪时,勿用手直接揉眼睛。

(四)治疗配合

1. 用药护理

(1)抗甲状腺药物:抗甲状腺药物治疗分为治疗期及维持期,其中维持时间为 12 ~ 18 个月。密切观察抗甲状腺药物的不良反应,主要有 2 种。①粒细胞减少:多发生在用药后 2 ~ 3 个月内,严重者可致粒细胞缺乏症,因此必须指导病人定期检查血常规。如病人出现发热、咽痛等感染症状,白细胞低于 3×10^9/L 或中性粒细胞低于 1.5×10^9/L 时应当停药,并遵医嘱给予促进白细胞生成药物。②药疹:较常见,可给予抗组胺药控制,不必停药。如出现皮肤瘙痒、团块状严重皮疹等需立即停药,以免发生剥脱性皮炎。

(2)β受体阻滞剂:常用普萘洛尔,可改善病人的心悸、震颤等症状,用药过程中需注意观察心率,以防心动过缓。有哮喘病史的病人禁用。

2. 甲状腺危象的抢救配合

(1)避免诱因:指导病人自我心理调适,避免感染、精神刺激、创伤等诱因。

(2)病情监测:观察生命体征、意识变化,尤其要密切监测体温和心率变化情况,注意有无心力衰竭、心律失常、休克等严重并发症。

(3)紧急处理配合:①立即吸氧,绝对卧床休息,呼吸困难时取半坐卧位。②及时准确给药:迅速建立静脉通道,遵医嘱给药,首选丙硫氧嘧啶、复方碘溶液、普萘洛尔等。准备好抢救药品,如镇静药、血管活性药、强心药等。③密切观察病情:定时测生命体征,记录 24 小时出入量,观察意识变化。

(4)对症处理:高热者进行冰敷或酒精擦浴降温,必要时药物降温(异丙嗪 + 哌替啶)。禁用阿司匹林,因为该药可与甲状腺结合球蛋白结合而释放游离甲状腺激素,加重病情。躁动不安者使用床挡加以保护。昏迷者加强皮肤、口腔护理,定时翻身,预防压疮、肺炎的发生。

3. ^{131}I 治疗的护理 ①治疗前和治疗后 1 个月内避免服用含碘的药物和食物。②空腹服 ^{131}I,服药后 2 小时内不吃固体食物,服药后 24 小时内避免咳嗽、咳痰,以减少 ^{131}I 的丢失。③服药后的 2～3 天,每天饮水 2 000～3 000ml,以增加排尿。④服药后第 1 周避免用手按压甲状腺。⑤服药后病人的排泄物、衣服、被褥及用具等需单独存放,待放射作用消失后再做清洁处理,以免污染环境。在处理病人的物品及排泄物时戴手套,以免造成自身伤害。

(五)心理护理

鼓励病人表达内心感受,尊重和同情病人,建立互信关系,指导和帮助病人正确处理生活中的突发事件,避免情绪波动。向病人家属及朋友耐心细致地解释病情,提高他们对疾病的认知水平,给予病人更多的理解、关心和支持。针对病人情绪改变,关心体贴病人,与病人交流时态度和蔼,避免刺激性语言,控制各种可能对病人造成不良刺激的信息,帮助病人建立舒畅愉快的生活氛围,使其积极配合治疗。

(六)健康指导

1. 疾病知识指导 指导病人合理安排工作与休息,避免劳累。建立良好的人际关系,避免精神刺激。加强营养,合理饮食,避免进食含碘丰富的食物及饮用浓茶、咖啡等兴奋性饮料。注意眼睛的保护。上衣领宜宽松,避免压迫甲状腺,严禁用手挤压甲状腺,以免甲状腺激素分泌过多加重病情。妊娠可加重甲亢,宜治愈后再妊娠。

2. 用药指导 告知病人遵医嘱按剂量、按疗程服药,不可随意减量和停药,服用抗甲状腺药物的开始 3 个月,每周查血常规 1 次,每隔 1～2 个月做甲状腺功能测定。对妊娠期甲亢病人,应指导其积极避免对孕妇及胎儿造成影响的因素,选择抗甲状腺药物控制甲亢,禁用 ^{131}I 治疗,慎用普萘洛尔。产后如需继续服药者,则不宜哺乳。

3. 病情监测指导 指导病人每天清晨起床前自测脉搏,定期测量体重,脉搏减慢、体重增加是治疗有效的标志。告知病人甲状腺危象的诱因和临床表现,如出现高热、恶心、呕吐、不明原因腹泻、突眼加重等,应警惕甲状腺危象的可能,应及时就诊。

【护理评价】

病人体重是否恢复正常;活动耐力是否增加;能否保持正常的人际交往,进行自我心理调节;能否保护好眼睛;是否发生甲状腺危象,或甲状腺危象是否得到及时有效的救治。

三、甲状腺功能减退症

甲状腺功能减退症(hypothyroidism)简称甲减,是由各种原因导致的低甲状腺激素血症或甲状腺激素抵抗而引起的全身性低代谢综合征,其病理特征是黏多糖在组织和皮肤堆积,表现为黏液性水肿。根据病变发生的部位,甲减分为原发性甲减、中枢性甲减和甲状腺激素抵抗综合征三类。原发性甲减由甲状腺腺体本身病变引起,如自身免疫、甲状腺手术、甲亢 ^{131}I 治疗，占甲减的 99% 以上；中枢性甲减由下丘脑或垂体病变引起，如肿瘤、手术、放疗、产后大出血垂体坏死等；甲状腺激素抵抗综合征为常染色体显性或隐性遗传病，可表现为甲减或甲亢。起病于胎儿或新生儿的甲减称为呆小病，又称克汀病，常伴有智力障碍和发育迟缓。起病于成人者称成年型甲减。本节主要介绍成年型甲减。

【护理评估】

（一）健康史

评估病人有无桥本甲状腺炎等自身免疫性甲状腺炎病史；有无甲状腺手术、^{131}I 治疗等病史；是否服用锂盐、硫脲类、咪唑类等抗甲状腺药物；有无服用胺碘酮等药物史；有无垂体、下丘脑病变。

（二）身体状况

多见于中年女性，本病发病隐匿，病程较长，不少病人缺乏特异性症状和体征。主要表现以代谢率降低和交感神经兴奋性下降为主。

1. 症状　典型表现为畏寒、乏力、少汗、手足肿胀感、嗜睡、记忆力减退、关节疼痛、体重增加、便秘、性欲减退，女性病人常有月经过多或闭经，男性病人可出现勃起功能障碍。

2. 体征　典型者可出现黏液性水肿面容：表情淡漠，面色苍白，皮肤干燥发凉、粗糙脱屑，颜面和眼睑及手部皮肤水肿，毛发稀疏、眉毛外 1/3 脱落等。踝部呈非凹陷性水肿，手足掌皮肤可呈姜黄色。心肌黏液性水肿导致心肌收缩力减弱、心动过缓、心排血量下降，甚至导致心脏增大，称为甲减性心脏病。

3. 黏液性水肿昏迷　冬季易发，老人多见，死亡率高。可因为寒冷、感染、手术、严重躯体疾病、中断甲状腺激素替代治疗和使用麻醉、镇静剂等诱发。临床表现为嗜睡、低体温（体温 <35℃）、呼吸缓慢、心动过缓、血压下降、四肢肌肉松弛、反射减弱或消失，严重者昏迷、休克而危及生命。

（三）心理－社会状况

病人由于乏力、反应迟钝、记忆力减退等疾病的影响，社交能力降低，易产生孤独心理；出现黏液性水肿面容时常有自卑、抑郁心理。

（四）辅助检查

1. 甲状腺功能检查　原发性甲减血清 TSH 增高，TT_4、FT_4 均降低；血清 TT_3、FT_3 早期正常，晚期降低。

2. 血常规及生化检查　多为轻中度贫血，血清胆固醇、甘油三酯、低密度脂蛋白常增高，高密度脂蛋白降低。

3. 促甲状腺激素释放激素（TRH）兴奋试验　用于原发性甲减与中枢性甲减的鉴别。静脉注射 TRH 后，血清 TSH 不增高提示垂体病变，延迟增高为下丘脑病变，TSH 在增高的基值上进一步增高，提示原发性甲减。

4. 影像学检查　超声、CT、MRI 等检查有助于异位甲状腺、下丘脑－垂体病变的确定。

（五）治疗要点

主要是甲状腺激素替代治疗和对症治疗。各种类型的甲减病人均需用甲状腺激素替代治疗，永久性甲减者需终身服药。替代治疗首选左甲状腺素口服，治疗目标是用最小剂量纠正甲减而不产生明显的不良反应，将血清 TSH 和甲状腺激素水平恒定在正常范围内。有贫血者补充铁剂、维生素 B_{12}、叶酸等。

【护理诊断及合作性问题】

1. 便秘　与代谢率降低及体力活动减少引起的肠蠕动减慢有关。

2. 体温过低　与机体基础代谢率降低有关。

3. 潜在并发症：黏液性水肿昏迷。

【护理措施】

（一）一般护理

1. 休息与环境　保持环境安静、舒适，调节室温在 22～23℃，注意病人保暖，及时添加衣物。

2. 饮食护理　给予高蛋白、高维生素、低钠、低脂肪饮食。嘱病人多进食粗纤维素食物，促进胃肠蠕动。桥本甲状腺炎所致甲减，应避免摄取含碘食物和药物，以免诱发严重黏液性水肿。

3. 排便护理　指导病人每天定时排便，养成规律排便的习惯；鼓励病人每天进行适度的运动；教会病人促进排便的技巧，如适当按摩腹部；必要时根据医嘱给予缓泻剂。

（二）病情观察

观察意识、生命体征的变化及全身黏液性水肿情况，每天记录病人体重。如出现嗜睡、低体温、呼吸缓慢、心动过缓、血压降低等黏液性水肿昏迷表现，立即通知医生并配合抢救处理。

（三）治疗配合

1. 用药护理　应遵医嘱准确给药，观察药物疗效及不良反应，如出现多食消瘦、心动过速、发热、大汗、情绪激动等情况，应及时报告医生并协助处理。对于有心脏病、高血压的病人，尤其应注意给药剂量，防止诱发和加重心脏病。

2. 黏液性水肿昏迷的抢救配合　立即建立静脉通道，遵医嘱补充甲状腺激素；保持呼吸道通畅，吸氧，必要时配合医生行气管切开、机械通气；严密监测生命体征、记录 24 小时出入液量；遵医嘱控制感染，注意保暖，配合昏迷的抢救。

（四）心理护理

多与病人交流，关心、体贴病人，消除其孤独、抑郁心理。介绍疾病相关知识，提高病人及家属对疾病的认知程度，解释黏液性水肿面容的原因，使病人消除自卑心理，积极配合治疗。

（五）健康指导

1. 疾病知识指导　告知病人发病原因及注意事项，指导病人合理饮食，注意个人卫生。冬季注意保暖，减少出入公共场所，避免感染。

2. 用药指导　对需终身激素替代治疗者,耐心向病人讲解坚持激素替代治疗的必要性,不可擅自停药或随意变更剂量。指导病人定期监测血清 TSH 水平,长期替代治疗者宜每 6～12 个月检测 1 次,监测有无甲状腺激素服用过量的症状。慎用镇静催眠药、止痛药、麻醉药等。

3. 病情监测指导　向病人及家属讲解黏液性水肿昏迷的诱因及表现,若出现体温过低、心动过缓、低血压、意识障碍等,应及时就医。

(曹小川)

第三节　库欣综合征病人的护理

工作情景与任务

导入情景:

张女士,25 岁。近两年面部出现痤疮,肤色变黑,面圆,体重增加。半年前头部出现胀痛,血压升高,双下肢水肿。曾按“痤疮”“高血压”治疗,均效果不佳。血浆皮质醇增高,MRI 检查提示“垂体微腺瘤”,初步诊断为库欣综合征。

工作任务:

1. 对张女士进行护理评估,列出主要护理问题。
2. 对张女士进行心理护理和健康指导。

库欣综合征(Cushing syndrome),是由各种病因造成肾上腺皮质分泌过量糖皮质激素(主要是皮质醇)所致病症的总称,其中以垂体促肾上腺皮质激素(ACTH)分泌亢进所引起者最为常见,称为库欣病(Cushing disease),又称 Cushing 病。主要临床表现为向心性肥胖、满月脸、多血质外貌、皮肤紫纹、痤疮、糖尿病倾向、高血压和骨质疏松等。本病好发于 20～45 岁,女性多见。库欣综合征按病因可分为依赖 ACTH 的库欣综合征和不依赖ACTH 的库欣综合征。前者包括库欣病和异位 ACTH 综合征,后者包括肾上腺皮质腺瘤、肾上腺皮质癌、不依赖 ACTH 的双侧肾上腺小结节性增生或大结节性增生。另外,超大量或者长期使用 ACTH 以及糖皮质激素引起者称为医源性库欣综合征。

【护理评估】

（一）健康史

评估病人有无垂体瘤;有无垂体以外的肿瘤,如肾上腺皮质腺瘤、肾上腺皮质癌、肺癌、胸腺癌、胰腺癌、甲状腺髓样癌等;评估病人有无激素类药物服用史。

（二）身体状况

库欣综合征有多种临床表现形式,典型的临床表现如下:

1. 向心性肥胖、满月脸、多血质外貌　病人面圆而呈暗红色,呈满月脸、水牛背、悬垂腹,四肢相对瘦小。多血质外貌与皮肤菲薄、微血管易透见及血红蛋白增多有关。

2. 皮肤表现　皮肤薄,微血管脆性增加,轻微损伤可引起瘀斑。病人下腹两侧、大腿外侧等处可出现紫红色条纹。手、脚、指(趾)、肛周常出现真菌感染。异位 ACTH 综合征和较重的库欣病病人皮肤色素明显加深。

3. 代谢障碍　大量皮质醇促进肝糖原异生,减少外周组织对葡萄糖的利用,拮抗胰岛素降血糖作用,使血糖升高,葡萄糖耐量降低,20% 的病人出现类固醇性糖尿病。大量皮质醇有潴钠、排钾作用,出现水肿和低血钾。病程较久者出现骨质疏松,甚至骨折。儿童生长发育受到抑制。

4. 心血管表现　高血压多见。长期高血压可并发左心室肥大、心力衰竭和脑血管意外。病人易发生动静脉血栓,使心血管并发症的发生率增加。

5. 感染　长期皮质醇分泌增多使免疫功能减弱,病人容易发生各种感染,其中以肺部感染多见。因皮质醇增多使发热等机体防御反应被抑制,病人感染后炎症反应往往不显著,发热不明显,易漏诊。

6. 性功能障碍　女性病人大多出现月经减少、不规则或停经(多伴不孕)、痤疮等。男性病人可出现性欲减退、阴茎缩小、睾丸变软等。

7. 全身肌肉及神经系统　常表现为肌无力,下蹲后起立困难。病人常有情绪不稳、烦躁及失眠等不同程度的精神、情绪变化,严重者可有精神失常。

（三）心理－社会状况

病人因身体外形和身体功能的改变,导致自我形象紊乱,家庭和社会生活受影响,不敢面对社会,对生活失去信心,出现焦虑、自卑、抑郁等情绪。

（四）辅助检查

1. 皮质醇测定　血浆皮质醇水平增高且昼夜节律消失。24 小时尿 17- 羟皮质类固醇、尿游离皮质醇升高。

2. 地塞米松抑制试验　①小剂量地塞米松抑制试验:各型库欣综合征均不能被小剂量地塞米松抑制。②大剂量地塞米松抑制试验:尿 17- 羟皮质类固醇或尿游离皮质醇降至对照值的 50% 以下,表示被抑制,考虑为垂体性库欣病;不能被抑制者,可能为原发性肾上腺皮质肿瘤或异位 ACTH 综合征。

3. ACTH 兴奋试验　垂体性库欣病和异位 ACTH 综合征者常有反应,原发性肾上腺皮质肿瘤者多数无反应。

4. 影像学检查　肾上腺超声检查、垂体蝶鞍区 CT、MRI 检查等可明确病变部位。

（五）治疗要点

应根据不同病因进行相应治疗。①库欣病有手术治疗、放疗、药物治疗 3 种治疗方法,其中经蝶窦切除垂体微腺瘤为治疗本病的首选方法。②肾上腺皮质腺瘤手术切除可获根治,肾上腺皮质癌应尽可能早期手术治疗。③不依赖 ACTH 的小结节性或大结节性双侧肾上腺增生行双侧肾上腺切除术,术后进行激素替代治疗。④异位 ACTH 综合征,应治疗原发性恶性肿瘤,视具体病情做手术、放疗和化疗。如不能根治,则需用肾上腺皮质激素合成阻滞药,如米托坦(双氯苯二氯乙烷)、美替拉酮、氨鲁米特、酮康唑等。

【常见护理诊断/问题】

1. 体像紊乱　与库欣综合征引起身体外观改变有关。

2. 体液过多　与皮质醇增多引起水钠潴留有关。

3. 有感染的危险　与皮质醇增多导致机体免疫力下降有关。

4. 潜在并发症:骨折。

【护理措施】

（一）一般护理

1. 休息与体位　宜取平卧位,抬高双下肢,以利于静脉回流,避免水肿加重。

2. 饮食护理　宜进食低钠、高钾、高蛋白、低碳水化合物、低热量的食物,避免刺激性食物。鼓励病人食用柑橘类水果、枇杷、香蕉及南瓜等含钾高的食物,预防和控制水肿、低钾血症和高血糖。适当摄取富含钙及维生素 D 的食物,如牛奶、紫菜、虾皮和坚果等,以预防骨质疏松。出现糖尿病症状时,严格执行糖尿病饮食。

3. 清洁护理　协助病人做好个人卫生,避免皮肤擦伤和感染,长期卧床者应定期翻身,预防压疮发生。病情较重者做好口腔护理。

（二）病情观察

观察血压、心律、心率的变化,监测有无左心衰竭的表现;观察有无恶心、呕吐、腹胀、乏力及心律失常等低钾血症的表现,监测血钾和描记心电图;每天测量体重变化,记录 24 小时出入液量,监测病人水肿情况;观察病人有无进食增多和糖尿病表现,必要时做糖耐量试验或测空腹血糖;观察体温变化,定期检查血常规,注意有无感染征象;观察有无关节痛或腰背痛,注意有无骨折发生等情况。

（三）对症护理

1. 预防感染　①保持环境卫生清洁,室内温度、湿度适宜。②严格执行无菌操作技术,尽量减少侵入性治疗措施。③向病人及家属介绍预防感染的知识,减少感染机会。一旦发生感染应遵医嘱及早治疗。

2. 防止受伤 ①对有广泛骨质疏松和骨痛的病人,应注意休息,避免过度劳累。②移去环境中不必要的家具或摆设,浴室应铺上防滑脚垫。③避免剧烈运动,变换体位时动作宜轻柔,严防摔伤和骨折。④护理操作时,动作应轻稳,避免碰击或擦伤病人皮肤,引起广泛性皮下出血。

(四)用药护理

水肿严重时,遵医嘱给予利尿剂,观察水肿消退情况及药物不良反应。遵医嘱应用肾上腺皮质激素合成阻滞药,注意观察疗效和不良反应。此类药物的主要不良反应是食欲减退、恶心、呕吐、嗜睡及乏力等。部分药物对肝损害较大,应定期做肝功能检查。

(五)心理护理

关注病人的情绪变化,及时与病人沟通,给予安慰与心理疏导,解释病情,消除病人的顾虑。鼓励病人家属为其提供有效的心理和情感支持。鼓励病人参加力所能及的社会活动,增强病人的自尊感和自信心。

(六)健康指导

1. 疾病知识指导 告知病人疾病的基本知识及注意事项,指导病人做好皮肤、外阴、衣着及用具的清洁卫生,尽量减少或避免到公共场所,以预防感染;合理饮食,避免水、电解质紊乱;注意自我防护,防止外伤、骨折。定期门诊复查。

2. 用药指导与病情监测 指导病人遵医嘱用药,学会观察药物疗效和不良反应。对于手术后应用皮质激素替代治疗者,应告知药物过量及不足的症状和体征,并告诫病人随意停用激素会引起致命的肾上腺危象。如发生虚弱、发热、头晕、恶心、呕吐等应立即就诊。

(曹小川)

第四节　糖尿病病人的护理

学习目标

1. 具有良好的职业素质和认真负责的工作态度,理解、尊重和关爱病人。
2. 掌握糖尿病的诊断标准和病人的身心状况、主要护理措施。
3. 熟悉糖尿病的辅助检查、治疗要点和病人的常见护理诊断/问题。
4. 了解糖尿病的分型及病人的护理目标、护理评价。
5. 学会运用护理程序,发现并解决糖尿病病人的常见护理问题,并能进行安全给药、监护和抢救配合。

导入情景：

王女士，60 岁。有糖尿病病史 5 年，一直口服降糖药物，血糖控制不佳，遂入院治疗。经饮食控制、胰岛素治疗后，血糖稳定，准备出院。医嘱：糖尿病饮食，胰岛素治疗。

工作任务：

1. 对王女士进行糖尿病饮食指导。

2. 教会王女士及家属监测血糖的方法。

3. 教会王女士及家属掌握正确的胰岛素注射方法，观察药物疗效和不良反应。

糖尿病（diabetes mellitus，DM）是一组由多病因引起的以慢性高血糖为特征的代谢性疾病。由于胰岛素分泌和／或作用缺陷导致长期碳水化合物及脂肪、蛋白质代谢紊乱，可引起多系统损害，导致眼、肾、神经、心脏及血管等组织器官慢性进行性病变、功能减退及衰竭。病情严重或应激时可发生急性严重代谢紊乱，如糖尿病酮症酸中毒、高渗高血糖综合征。

随着人们生活水平的提高、人口老龄化、生活方式的改变，糖尿病患病率在迅速增加，是严重威胁人类健康的世界性公共卫生问题。2015 年至 2017 年我国 18 岁及以上人群糖尿病患病率为 11.2%，糖尿病前期的比例更高。更为严重的是我国约有 60% 的糖尿病病人未被诊断，而已接受治疗者，糖尿病的控制情况也很不理想。

糖尿病分为四大类型，即 1 型糖尿病、2 型糖尿病、妊娠糖尿病和特殊类型的糖尿病。不同类型糖尿病的病因不同，即使同一类型的糖尿病病因也不尽相同。绝大多数 1 型糖尿病为自身免疫性疾病，遗传和环境因素共同参与发病过程。2 型糖尿病也是由遗传和环境因素共同作用而引起的一组异质性疾病，常见环境因素包括年龄增长、不良生活方式、体力活动不足等。不同病因引起胰岛 β 细胞分泌缺陷和／或外周组织胰岛素利用不足，而引起糖、脂肪及蛋白质等物质代谢紊乱，最终导致糖尿病。

【护理评估】

（一）健康史

评估病人有无糖尿病家族史；是否有营养过剩、体力活动不足及不良生活方式；有无病毒感染；女性病人注意评估妊娠次数及新生儿出生体重等。

（二）身体状况

1. 代谢紊乱症状群

（1）多尿、多饮、多食和体重减轻：血糖升高后因渗透性利尿引起多尿，继而口渴多饮。因外周组织对葡萄糖利用障碍，脂肪、蛋白质的分解代谢增加，体重逐渐减轻，出现乏力、消瘦，儿童生长发育受阻。因葡萄糖的利用减少及丢失过多，病人常易饥、多食，使病人出现典型"三多一少"症状,即多尿、多饮、多食和体重减轻。

（2）皮肤瘙痒：由于高血糖及末梢神经病变导致皮肤干燥和感觉异常,病人可有皮肤瘙痒。女病人因尿糖刺激局部皮肤,可出现外阴瘙痒。

（3）其他症状：四肢酸痛、麻木、腰痛、性欲减退、阳痿不育、月经失调、便秘、视力模糊等。

2. 并发症

（1）急性严重代谢紊乱

1）糖尿病酮症酸中毒（diabetic ketoacidosis,DKA）：为最常见的糖尿病急症,以高血糖、酮症和代谢性酸中毒为主要表现。糖尿病代谢紊乱加重时,脂肪动员、分解加速,脂肪代谢的中间产物酮体（乙酰乙酸、β-羟丁酸和丙酮）超过肝外的代谢能力而在血中大量积聚,血清酮体升高出现酮血症和酮尿,临床上统称为酮症。若代谢紊乱进一步加剧,超过机体的处理能力时即发生代谢性酸中毒,即糖尿病酮症酸中毒。病情进一步发展,出现意识障碍时则称为糖尿病酮症酸中毒昏迷。①诱因：常见的诱因包括急性感染、胰岛素不适当减量或治疗中断、饮食不当、各种应激（如脑卒中、心肌梗死、手术、创伤、分娩等）以及精神因素等。②临床表现：早期出现乏力、"三多一少"症状加重。随后出现食欲减退、恶心与呕吐,常伴头痛、嗜睡、烦躁、呼吸深快有烂苹果味（丙酮味）。病情进一步发展出现严重失水、尿量减少、皮肤弹性差、眼球下陷、脉搏细速及血压下降。晚期各种反射迟钝甚至消失,出现昏迷。也有少数病人表现为腹痛等急腹症的表现,易误诊。血糖、血酮体明显升高,尿糖、尿酮体呈强阳性。血糖多为 16.7～33.3mmol/L。

2）高渗高血糖综合征（hyperosmolar hyperglycemic syndrome,HHS）：临床以严重高血糖、高血浆渗透压、脱水为特点,无明显酮症酸中毒,常有不同程度的意识障碍或昏迷,多见于老年 2 型糖尿病病人。①诱因：包括急性感染、外伤、手术、脑血管意外等应激状态,使用糖皮质激素、利尿剂、甘露醇等药物,水摄入不足或失水等。少数病人因病程早期未确诊糖尿病而输入大量葡萄糖液或饮用大量含糖饮料等诱发。②临床表现：起病时先有多尿、多饮,但多食不明显,甚至食欲减退,逐渐出现严重脱水和神经精神症状,病人反应迟钝、烦躁或淡漠、嗜睡、定向力障碍,最后陷入昏迷。晚期尿少甚至尿闭。血糖多为 33.3～66.6mmol/L。

（2）感染：糖尿病病人代谢紊乱,机体各种防御功能缺陷；同时,血糖过高有利于致病菌的繁殖,易发生各种感染。感染部位以呼吸道、泌尿道、皮肤和女性病人外阴部多见。糖尿病并发的感染常导致难以控制的高血糖,而高血糖进一步加重感染,形成一个恶性循环。

（3）慢性并发症

1）动脉粥样硬化性心血管疾病：是糖尿病最严重而突出的慢性并发症,是糖尿病病人死亡的主要原因。

2）微血管病变：是糖尿病的特异性并发症。病变主要表现在视网膜、肾、神经及心肌组织,其中以糖尿病肾病和视网膜病变尤为重要,最终可导致尿毒症和失明。

3）神经病变：以周围神经病变最常见,可表现为对称性肢端感觉异常（分布如袜子和手套状)、痛觉过敏等。自主神经病变可引起尿潴留、胃肠功能失调和直立性低血压等。

4)糖尿病足:指与下肢远端神经异常和不同程度周围血管病变相关的足部溃疡、感染和/或深层组织破坏,是糖尿病非外伤性截肢的最主要原因。轻者表现为足部畸形、皮肤干燥和发凉、酸麻、疼痛等,重者可出现足部溃疡、坏疽。

（三）心理-社会状况

糖尿病为终身性疾病,病程漫长,严格的饮食控制,多器官、多组织结构功能障碍易使病人产生焦虑、恐惧和抑郁等心理反应,病人对治疗缺乏信心,不能有效地应对,治疗的依从性较差。

（四）辅助检查

1. 尿糖测定　尿糖阳性是诊断糖尿病的重要线索,但尿糖阴性不能排除糖尿病的可能。

2. 血糖测定　是诊断糖尿病的主要依据,也是监测病情变化和治疗效果的主要指标。空腹血糖(FPG)正常值为 $3.9 \sim <6.1$ mol/L, $6.1 \sim <7.0$ mmol/L 为空腹血糖受损(IFG)。

3. 口服葡萄糖耐量试验(OGTT)　适用于血糖高于正常范围而未达到诊断标准者。OGTT 2h 血糖正常 <7.8mmol/L,7.8mmol/≤OGTT 2h 血糖 <11.1mmol/L 为糖耐量减退(IGT)。

4. 糖化血红蛋白 A_1($GHbA_1$)和糖化血浆白蛋白测定　$GHbA_1$ 测定可反映取血前 $8 \sim 12$ 周血糖的平均水平,为糖尿病诊断及控制情况的监测指标之一。$GHbA_1$ 有 a、b、c 三种,以 $GHbA_1c$ 最为主要,$GHbA_1c$ 的正常范围为 $4\% \sim 6\%$。血浆蛋白(主要为白蛋白)同样可与葡萄糖发生糖化反应形成果糖胺(FA),果糖胺测定可反映糖尿病病人近 $2 \sim 3$ 周内平均血糖水平,为糖尿病病人近期病情监测的指标。

目前我国采用的是 WHO(1999)提出的糖尿病诊断标准(表7-1),2011 年 WHO 推荐 $GHbA_1 \geq 6.5\%$ 作为糖尿病的诊断标准之一,中国 2 型糖尿病防治指南(2020 版)推荐在采用标准化检测方法且有严格质量控制的医疗机构中,可以将 $HbA_1c \geq 6.5\%$ 作为糖尿病的补充诊断标准。

表7-1　糖尿病诊断标准(WHO,1999)

诊断标准	静脉血浆葡萄糖水平
典型糖尿病症状加上随机血糖	≥11.1mmol/L
或加上空腹血糖	≥7.0mmol/L
或加上 OGTT 2h 血糖	≥11.1mmol/L
无糖尿病典型症状者,需改日复查确认	

注:典型糖尿病症状包括烦渴多饮、多尿、多食、不明原因体重下降;空腹指至少 8h 内没有热量的摄入;随机血糖指不考虑上次用餐时间,一天中任意时间的血糖,不能用于诊断空腹血糖受损或糖耐量减退。

5. 胰岛 β 细胞功能检查　包括胰岛素释放试验和 C－肽释放试验,可评价胰岛素的储备功能和释放功能。

6. 其他　血气分析、血脂检查、血酮体检查、肾功能检查、肌电图、眼底检查等,以了解糖尿病并发症的发生和发展。

（五）治疗要点

糖尿病治疗强调早期、长期、全面达标及治疗方法个体化的原则。综合治疗包括糖尿病健康教育、医学营养治疗、运动治疗、药物治疗、病情监测等方面,以及降血糖、降血压、调血脂和改变不良生活习惯等措施。近期治疗目标是通过控制高血糖和相关代谢紊乱,以消除糖尿病症状和防止急性严重代谢紊乱;远期治疗目标是通过预防和／或延缓糖尿病慢性并发症的发生和发展,提高病人的生活质量,降低病死率和延长寿命。

1. 健康教育　是重要的基础管理措施,包括病人及其家属和民众的卫生保健教育,糖尿病防治专业人员的培训,医务人员的继续医学教育等。

2. 医学营养治疗　是所有糖尿病治疗的基础,对医学营养治疗的依从性是决定病人能否达到理想代谢控制的关键影响因素。

3. 运动治疗　合理运动可恢复体重,增加胰岛素敏感性,改善血糖和脂代谢紊乱,放松紧张情绪等。

4. 药物治疗　糖尿病的药物治疗包括口服降糖药物和注射制剂。口服降糖药物主要有促胰岛素分泌剂(磺脲类和格列奈类)、双胍类、噻唑烷二酮类和 α－葡萄糖苷酶抑制剂等;注射制剂有胰岛素及胰岛素类似物等。

5. 病情监测　包括血糖监测、其他脑血管疾病危险因素和并发症的监测等。

6. 并发症的治疗　①糖尿病酮症酸中毒:立即大量补液纠正脱水,是首要的关键措施;小剂量短效胰岛素加入生理盐水中持续静脉滴注,当血糖降到 13.9mmol/L 时,输入 5% 葡萄糖液加入短效胰岛素静脉滴注;纠正电解质及酸碱平衡失调;消除诱因和防治并发症。②高渗高血糖综合征:治疗原则同 DKA,当血糖降到 16.7mmol/L 时,输入 5% 葡萄糖液加入短效胰岛素静脉滴注。③糖尿病足:严格控制血糖、血压、血脂,改善全身营养状况和纠正水肿,进行彻底清创,选择有效抗生素治疗。

7. 其他　如代谢手术治疗、妊娠合并高血糖状态的管理及围手术期管理等。

边学边练

实践 15　糖尿病病人的护理

【常见护理诊断／问题】

1. 营养失调:低于或高于机体需要量　与糖尿病病人胰岛素分泌和／或作用缺陷有关。

2. 有感染的危险　与高血糖、脂代谢紊乱、营养不良、微循环障碍等有关。

3. 潜在并发症：糖尿病酮症酸中毒、高渗高血糖综合征、糖尿病足等。

【护理目标】

病人体重恢复正常并保持稳定，血糖、血脂正常或维持理想水平；感染未发生，或感染能被及时发现并得到正确处理；并发症未出现，或并发症得到及时、有效治疗。

【护理措施】

（一）一般护理

1. 饮食护理　控制总热量，定时、定量进餐，合理加餐，严格限制各种甜食，避免饮酒。糖尿病肾病者，给予优质低蛋白饮食。

（1）计算总热量：根据病人性别、年龄和身高查表或用简易公式计算出理想体重[理想体重（kg）= 身高（cm）–105]，根据病人理想体重、工作性质、生活习惯等，计算每天所需总热量。成年人休息状态下每天每公斤理想体重给予热量 25～30kcal，轻体力劳动为 30～35kcal，中度体力劳动为 35～40kcal，重体力劳动为 40kcal 以上。儿童、孕妇、乳母、营养不良或消瘦、伴有消耗性疾病者应酌情增加，肥胖者酌情减少。

（2）食物组成：总的原则是高碳水化合物、低脂肪、适量蛋白质和高纤维素的膳食。其中碳水化合物占 50%～60%，提倡用粗制米、面和一定量杂粮；脂肪占 25%～30%；蛋白质占 15%～20%。提倡低血糖指数食物，增加膳食纤维的摄入。

（3）主食分配：可按每天三餐分配为 1/5、2/5、2/5 或 1/3、1/3、1/3。

（4）注意事项：①按时进食，对于使用降糖药物的病人尤应注意。②严格限制各种甜食。体重过重者，忌吃油炸、油煎食物。③宜用植物油，忌食动物油。少食动物内脏等含胆固醇高的食物。④戒烟限酒，食盐 <6g/d。

知识窗

血糖指数

血糖指数（GI）用于比较不同碳水化合物对人体餐后血糖的影响。GI=（含有 50g 碳水化合物某食物的 2 小时血糖应答 /50g 葡萄糖的 2 小时血糖应答）× 100%。GI 低于 55% 为低 GI 食物，55%～70% 为中 GI 食物，GI 高于 70% 为高 GI 食物。低 GI 食物包括燕麦、大麦、大豆、小扁豆、裸麦面包、苹果、柑橘、牛奶、酸奶等。低 GI 饮食可降低糖尿病病人血糖，使 2 型糖尿病发病风险降低。

2. 运动锻炼　应根据病人的年龄、性别、体力、病情、有无并发症以及既往运动情况等，安排有规律的合适运动，循序渐进并长期坚持。①运动锻炼的方法以有氧运动为主，如散步、慢跑、骑自行车、打太极拳等。最佳运动时间是餐后 1 小时（以进食开始计时）。②合适运动强度的简易计算方法为：心率 =170– 年龄。活动时间为每周至少 150 分钟，每次 30~40 分钟。③运动时应随身携带糖果等,当出现低血糖症状时及时食用并暂停运动。④有糖尿病急性并发症、明显低血糖症和严重心肾等慢性并发症者暂不适宜运动。

（二）病情观察

监控血糖、血脂、血压、眼底及体重等,将相关指标控制在理想范围内。必要时进行动态血糖监测,以正确判断病情。注意观察有无酮症酸中毒、高渗高血糖综合征、低血糖、糖尿病足及视物模糊等情况发生。

（三）治疗配合

1. 用药护理

（1）口服降糖药物

1）促胰岛素分泌剂:刺激胰岛 β 细胞分泌胰岛素。①磺脲类:适用于新诊断的 2 型糖尿病及通过饮食和运动控制血糖不理想的 2 型糖尿病。②格列奈类:为非磺脲类促胰岛素分泌剂,适用于 2 型糖尿病早期餐后高血糖阶段或餐后高血糖为主的老年人。③二肽基肽酶 -4 抑制剂（DPP-4 抑制剂）:适用于 2 型糖尿病病人。

2）增加胰岛素敏感性药物:①双胍类:通过抑制肝葡萄糖输出和改善外周胰岛素抵抗而降低血糖,是 2 型糖尿病病人控制血糖的一线药物和药物联合中的基本用药,并可能有助于延缓或改善糖尿病心血管并发症,单独使用时不导致低血糖。②噻唑烷二酮类:增强靶组织对胰岛素的敏感性,减轻胰岛素抵抗,适用于肥胖和胰岛素抵抗明显的 2 型糖尿病病人。

3）α- 葡萄糖苷酶抑制剂:可抑制小肠黏膜刷状缘的 α- 葡萄糖苷酶活性,从而延缓葡萄糖、果糖的吸收,降低餐后高血糖,适用于空腹血糖正常而餐后血糖明显升高者。

常用口服降糖药的不良反应及用药注意事项见表 7-2。

表 7-2　常用口服降糖药物的不良反应及用药注意事项

药物种类		常用药物	不良反应	注意事项
促胰岛素分泌剂	磺脲类	格列本脲、格列吡嗪、格列齐特、格列喹酮、格列美脲	以低血糖反应为主,可有体重增加、胃肠道反应、皮肤瘙痒等	早餐前半小时服用;1 型糖尿病、有严重并发症或晚期 2 型糖尿病、孕妇及哺乳期妇女不宜选择
	格列奈类	瑞格列奈、那格列奈	低血糖和体重增加	餐前 0~15min 或进餐时服用,禁忌证同磺脲类
	DPP-4 抑制剂	西格列汀、沙格列汀、维格列汀	头痛、肝酶升高、上呼吸道感染	禁用于 1 型糖尿病和 DKA 病人,慎用于孕妇和儿童。肾功能不全的病人注意按说明书减量

药物种类		常用药物	不良反应	注意事项
增加胰岛素敏感性药物	双胍类	二甲双胍	腹部不适、口中金属味、畏食、腹泻	餐中或餐后服药、从小剂量开始可减轻胃肠道不良反应。肝肾功能不全、严重感染、缺氧、接受大手术的病人禁用
	噻唑烷二酮类	罗格列酮、吡格列酮	体重增加、水肿	心力衰竭、肝病严重、骨质疏松者禁用。1型糖尿病、孕妇和儿童慎用
α-葡萄糖苷酶抑制剂		阿卡波糖、伏格列波糖	腹胀、排气增多或腹泻	进食第一口淀粉类食物同时嚼服。从小剂量开始,逐渐加量。胃肠功能紊乱者、孕妇和儿童不宜使用

（2）胰岛素

1）适应证:①1型糖尿病。②各种严重的糖尿病伴急、慢性并发症或处于应激状态,如急性感染、创伤、手术前后、妊娠和分娩。③2型糖尿病病人经饮食、运动、口服降糖药物治疗,血糖控制不满意者;β细胞功能明显减退者;初诊伴有明显高血糖者;无明显诱因体重明显下降者。④新发病且与1型糖尿病鉴别困难的消瘦糖尿病病人。

2）制剂类型:根据来源不同可分为动物胰岛素、人胰岛素和胰岛素类似物3种。根据作用快慢和维持时间长短又分为超短效（速效）、常规（短效）、中效、长效、预混胰岛素5类。胰岛素一般为皮下或静脉注射,注射工具有胰岛素笔、注射器、胰岛素泵3种。常用胰岛素及其作用时间（皮下注射）见表7-3。

表7-3 常用胰岛素及作用时间（皮下注射）

作用类型	制剂类型	作用时间			注射时间与进餐关系
		起效	高峰	持续	
速效	门冬胰岛素	10~15min	1~2h	4~6h	三餐前注射,注射后立即进餐
	赖脯胰岛素	10~15min	1~1.5h	4~5h	
短效	普通胰岛素（RI）	15~60min	2~4h	5~8h	三餐前注射,注射后15~30min进餐
中效	低精蛋白锌胰岛素（NPH）	2.5~3h	5~7h	13~16h	睡前22:00~23:00注射,可不进餐

| 作用类型 | 制剂类型 | 作用时间 | | | 注射时间与进餐关系 |
		起效	高峰	持续	
长效	精蛋白锌胰岛素（PZI）	3~4h	8~10h	20h	每天固定时间注射,可不进餐
	甘精胰岛素	2~3h	无峰	30h	
	地特胰岛素	3~4h	3~14h	24h	
预混	预混胰岛素30R	0.5h	2~12h	14~24h	早、晚餐前各注射一次,注射后15~30min进餐,预混胰岛素类似物注射后立即进餐;中餐进食时间相对固定
	预混胰岛素50R	0.5h	2~3h	10~24h	
	预混赖脯胰岛素25、50	15min	0.5~1.5h	16~24h	
	预混门冬胰岛素30	10~20min	1~4h	14~24h	

注:因受胰岛素剂量、吸收、降解等多种因素影响,且个体差异大,作用时间仅供参考。

3)用药注意事项:①胰岛素保存:未开封的胰岛素放于冰箱2~8℃冷藏保存,正在使用的胰岛素在常温下(不超过25~30℃)可使用28~30天,无须放入冰箱,避免过冷、过热。抽吸时避免剧烈晃动。如超过有效期或药液出现颗粒时不能使用。②准确用药:遵医嘱使用胰岛素,做到剂型、剂量准确,按时注射。③吸药顺序:长、短效胰岛素混合使用时,应先抽吸短效胰岛素,再抽吸长效胰岛素,然后混匀,切不可逆行操作,以免影响疗效。④注射部位的选择与更换:皮下注射胰岛素,宜选择皮肤疏松部位,如上臂三角肌、臀大肌、大腿外侧、腹部等,注射部位应经常轮换以免形成局部硬结和脂肪萎缩,影响药物吸收及疗效;同一部位注射,必须与上一次注射部位相距1cm以上。⑤使用胰岛素泵时应定期更换导管和注射部位,以避免感染及针头堵塞。使用胰岛素笔时要注意笔与笔芯相互匹配,每次注射前确认笔内是否有足够剂量,药液是否变质。每次使用前均应更换针头,注射后将针头丢弃。

4)胰岛素不良反应的观察及处理:①低血糖反应:是最主要的不良反应,与剂量过大和/或饮食失调有关。表现为心悸、焦虑、出汗、饥饿感、软弱无力、手抖、面色苍白、神志改变、视物不清、认知障碍、抽搐和昏迷。老年病人发生低血糖时由于自主神经功能紊乱而掩盖交感神经兴奋表现,症状常不明显,应特别注意夜间低血糖症状的发生。有些病人屡发低血糖后,可表现为无先兆症状的低血糖昏迷。一旦出现上述症状,应及时检测血糖,根据病情进食糖果、含糖饮料或静脉注射50%葡萄糖。②过敏反应:表现为注射部位瘙痒、荨麻疹样皮疹。自人胰岛素在临床广泛应用后,过敏反应发生减少。③注射部位皮下脂肪萎缩或增生:采用多点、多部位皮下注射和及时更换针头可预防其发生。若发生则停止该部位注射后可缓慢自然恢复。

2. 并发症的护理

（1）糖尿病酮症酸中毒与高渗高血糖综合征的抢救配合：①安置病人于重症监护病房，绝对卧床休息，注意保暖，吸氧。②迅速建立两条静脉通道，准确执行医嘱，确保液体和胰岛素的输入，密切观察疗效和不良反应。③严密观察和记录病人神志、生命体征、呼吸气味、皮肤弹性及 24 小时出入液量等变化。监测并记录血糖、尿糖、血酮体、尿酮体水平以及动脉血气分析和电解质变化，注意有无水、电解质及酸碱平衡紊乱。

（2）感染的预防和护理：指导病人注意个人卫生，保持全身和局部清洁，尤其是口腔、皮肤和会阴部的清洁。注射胰岛素时皮肤应严格消毒，以防感染，若发现感染征象，及时协助医生处理。

（3）足部护理：①每天检查双足 1 次，观察有无水疱、皮肤破损等。②每天洗脚，水温 37～40℃；洗后用柔软的浅色干毛巾擦干，尤其是足趾间；修剪趾甲应选在洗脚后，趾甲修剪与脚趾平齐，并挫圆边缘尖锐部分。③不宜用热水袋、电热器等物品直接进行足部保暖；避免赤脚行走、赤脚穿凉鞋和拖鞋。④穿鞋前，检查鞋内有无异物或异常；不穿过紧或有毛边的袜子或鞋。⑤指导病人采用多种方法促进肢体血液循环，如步行和腿部运动等；指导病人正确处理小伤口，若有伤口或局部皮肤淤血、红肿、发热时，应尽早就医。

（四）心理护理

加强护患沟通，向病人和家属讲解糖尿病的相关知识，与病人及家属共同商讨制订饮食、运动计划，增强病人对治疗的信心，以消除病人的悲观心理，提高病人对治疗的依从性；鼓励家属和朋友多给予病人亲情和温暖，使其获得感情上的支持；解除病人的焦虑、紧张心理。

（五）健康指导

1. 疾病知识指导　通过多种方法宣传糖尿病防治知识，让病人和家属了解糖尿病的病因、表现、诊断要点与治疗方法，提高病人对治疗的依从性。教导病人外出时随身携带识别卡，以便发生紧急情况时及时处理。注意个人卫生，养成良好的卫生习惯。告知病人及家属糖尿病酮症酸中毒及高渗高血糖综合征等并发症的诱因，熟悉上述并发症的主要表现及应急处理措施。指导病人掌握糖尿病足的预防和护理知识。

2. 生活指导　指导病人规律生活，戒烟、酒，掌握并自觉执行饮食治疗的具体要求和措施。为病人准备一份常用食物营养素含量和替换表，使病人学会自我调节饮食。让病人了解体育锻炼在治疗中的意义，掌握体育锻炼的具体方法及注意事项。运动时随身携带甜食以备急需，运动中如感到头晕、无力及心悸等应立即停止运动。

3. 用药指导　指导病人掌握口服降糖药的应用方法和不良反应的观察；掌握胰岛素的注射方法、不良反应的观察和低血糖反应的处理。

4. 疾病监测指导　指导病人掌握监测血糖、血压、体重指数的方法，了解自己糖尿病的控制目标。按需要定期监测血糖；3～6 个月复检 HbA_1c；血脂异常者每 1～2 个月监测

1次;体重1～3个月监测1次;每年全面体检1～2次,以尽早防治慢性并发症。

【护理评价】

病人体重是否恢复正常并保持稳定,血糖、血脂是否正常或维持理想水平;感染是否发生,或感染是否能被及时发现并得到正确处理;并发症是否出现,或并发症是否得到及时、有效治疗。

（曹小川）

第五节　痛风病人的护理

学习目标

1. 具有良好的职业素质和认真负责的工作态度,理解、尊重和关爱病人。
2. 掌握痛风病人的身心状况和主要护理措施。
3. 熟悉痛风的辅助检查和病人的常见护理诊断/问题。
4. 了解痛风的病因、发病机制和治疗要点。
5. 学会与痛风病人及家属进行有效沟通,发现并解决常见护理问题,及时准确地开展健康指导。

工作情景与任务

导入情景:

夏先生,55岁,经商,平日应酬较多。5年前出现手指、足趾关节肿痛。每于饮酒或劳累、受寒之后,疼痛加剧,右手指关节及左足拇指内侧肿痛尤甚,以夜间痛为剧,即去医院就诊。查血尿酸,入院初步诊断为痛风。

工作任务:

1. 对夏先生进行护理评估和实施护理。
2. 对夏先生进行正确的健康指导。

痛风(gout)是嘌呤代谢紊乱和/或尿酸排泄障碍所致的一组异质性疾病,其临床特征为血尿酸升高、反复发作性急性关节炎、痛风石及关节畸形、尿酸性肾结石以及肾小球、肾小管、肾间质和血管性肾脏病变等。本病多见于40岁以上男性,女性多在更年期后发病,近年发病有年轻化趋势。痛风分原发性、继发性和特发性3类,原发性痛风占绝大多数。病因和发病机制尚不十分清楚。原发性痛风是先天性的,由遗传因素和环境因素共同致病;继发性痛风主要由肾脏疾病、药物、肿瘤化疗和放疗等所致。特发性痛风是原因未知的痛风。

【护理评估】

（一）健康史

评估病人有无家族遗传史；是否有肾脏疾病、服用抑制尿酸排泄的药物、肿瘤化疗和放疗等病史；是否伴有肥胖、高脂血症、高血压、冠心病及糖尿病等危险因素；评估病人是否有不良的饮食习惯；发病前有无摄入大量高嘌呤食物、饮酒、劳累、手术、感染等诱因。

（二）身体状况

1. 无症状期　仅有波动性或持续性高尿酸血症。从血尿酸增高至症状出现，时间可长达数年，有些病人可终身不出现症状。

2. 急性关节炎期及间歇期　为痛风的首发症状，其特点如下：①常在午夜或清晨突然发病，关节剧痛，数小时内受累关节出现红、肿、热、痛和功能障碍。②单侧第1跖趾关节最常见。③发作呈自限性，多于2周内自行缓解。④可伴高尿酸血症，但部分急性发作时血尿酸水平正常。⑤关节液或痛风石中发现尿酸盐结晶。⑥秋水仙碱可迅速缓解症状。⑦可伴有发热等。间歇期是指两次痛风发作之间的无症状期。

3. 痛风石及慢性关节炎期　痛风石是痛风的特征性临床表现。典型部位在耳郭，也常见于关节周围以及鹰嘴、跟腱、髌骨滑囊等处，呈黄白色大小不一的隆起，表面菲薄，破溃后排出白色粉状或糊状物。受累关节非对称性不规则肿胀、疼痛，关节内大量沉积的痛风石可造成关节骨质破坏。

4. 肾病变期　主要表现为：①痛风性肾病，早期出现夜尿增多、低比重尿，晚期可发生高血压、水肿、氮质血症等肾功能不全表现。②尿酸性肾石病，可从无明显症状至肾绞痛、血尿、排尿困难、肾积水、肾盂肾炎或肾周围炎等表现。③急性肾损伤，大量尿酸盐结晶堵塞肾小管、肾盂甚至输尿管，病人突然出现少尿甚至无尿，可发展为急性肾衰竭。

（三）心理－社会状况

病人因疼痛影响进食和睡眠，使生活质量下降。疾病反复发作导致关节畸形和功能障碍，可加重病人的心理负担，出现恐惧、悲观、抑郁等心理。

（四）辅助检查

1. 血尿酸测定　血尿酸浓度 >420μmol/L（7 mg/dl）定义为高尿酸血症。

2. 尿酸测定　限制嘌呤饮食5天后，每天尿酸排出量 >3.57mmol（600mg），提示尿酸生成增多。

3. 关节液或痛风石内容物检查　偏振光显微镜下可见双折光的针形尿酸盐结晶。

4. 其他检查　X线、CT、MRI、关节镜检查可发现骨、关节的相关病变或尿酸性尿路结石影。

（五）治疗要点

痛风防治目的：控制高尿酸血症，预防尿酸盐沉积；迅速控制急性关节炎发作；防止尿酸结石形成和肾功能损害。①非药物治疗：适当调整生活方式和饮食习惯是痛风长期治疗的基础，限酒，减少高嘌呤食物摄入，防止剧烈运动或突然受凉，减少富含果糖饮料摄入,大量饮水(每天 2 000ml 以上)控制体重,增加新鲜蔬菜摄入,规律饮食和作息,规律运动,禁烟。②药物治疗:急性痛风关节炎应尽早使用小剂量秋水仙碱、非甾体抗炎药,必要时使用糖皮质激素治疗。发作间歇期和慢性期,应用抑制尿酸生成药和促进尿酸排泄药,如别嘌醇、苯溴马隆等,以维持血尿酸在正常水平。③手术治疗:较大痛风石或经皮破溃者可手术剔除。

【常见护理诊断 / 问题】

1. 疼痛:关节痛　与尿酸盐结晶沉积在关节引起炎症反应有关。

2. 躯体活动障碍　与关节受累、关节畸形有关。

3. 知识缺乏:缺乏与高尿酸血症和痛风有关的饮食知识。

【护理措施】

(一)一般护理

1. 休息与活动　急性关节炎期应卧床休息,抬高患肢,避免受累关节负重。关节肿痛缓解 72 小时后方可下床活动。

2. 饮食护理　每天进食总热量控制在 1 200 ~ 1 500kcal。蛋白质控制在 1g/(kg·d)。限制高嘌呤食物,如动物内脏、鱼虾类、蛤蟹、肉类、菠菜、蘑菇、黄豆、扁豆、豌豆、浓茶等。饮食宜清淡、易消化,忌辛辣及刺激性食物。严禁饮酒。可指导病人进食碱性食物,如牛奶、鸡蛋、马铃薯、各类蔬菜、柑橘类水果等,减少尿酸结晶的沉积。鼓励病人多饮水,每天液体摄入量大于 2 000ml,以增加尿酸排泄。

3. 皮肤护理　保护痛风石局部皮肤,保持患部清洁,避免发生感染。

(二)病情观察

观察关节疼痛的部位、性质及发作时间;受累关节有无红、肿、热和功能障碍;观察有无痛风石的相应症状;监测尿酸的变化。

(三)对症护理

可在病床上安放支架,支托盖被,避免患部受压;手、腕或肘关节受累时用夹板固定,遵医嘱给予冰敷或 25% 硫酸镁湿敷,消除关节肿胀和疼痛。

(四)用药护理

遵医嘱正确用药,观察疗效及不良反应。①秋水仙碱一般口服,但常有胃肠道反应,若病人一开始口服即出现恶心、呕吐、水样腹泻等严重胃肠道反应,应立即停药。②应用非甾体抗炎药时,注意观察有无活动性消化性溃疡或消化道出血的发生。③使用糖皮质激素时,应观察其疗效,密切注意有无症状的"反跳"现象。④使用别嘌醇者除有皮疹、发热、胃肠道反应外,还有肝损害、骨髓抑制等不良反应;肾功能不全者,宜减半量应用。⑤使用苯溴马隆者,可有皮疹、发热及胃肠道反应等不良反应,用药期间嘱病人多饮水,口服碳酸氢钠等碱性药物。

(五)心理护理

向病人讲解痛风的有关防治知识,给予病人精神安慰及心理疏导。帮助病人勇敢面对生活,增强治疗信心。指导病人在家属的参与和帮助下,从事力所能及的活动或工作,消除悲观、抑郁心理。

(六)健康指导

1. 疾病知识指导　给病人和家属讲解痛风是终身疾病,但通过积极治疗可正常工作、生活。告知病人本病的诱因和治疗方法,嘱病人保持心情愉快,避免情绪紧张;适当运动,防止肥胖;严格控制饮食,忌饮酒,避免进食高蛋白和高嘌呤食物,每天饮水至少2 000ml,应用排尿酸药时更应多饮水;避免劳累、受凉、感染、外伤等;积极控制痛风相关危险因素,如高脂血症、高血压、高血糖、肥胖和吸烟等。

2. 康复指导　指导病人日常生活中尽量使用大肌群,如能用肩部负重者不用手提,能用手臂者不用手指;避免长时间持续从事重体力劳动,要经常改变姿势,避免关节受压;如关节局部发热和肿胀,尽可能避免活动;运动后疼痛超过 1～2 小时,应暂停此项运动。

3. 病情监测指导　指导病人学会观察病情,平时用手触摸耳郭及手足关节处,检查是否有痛风石。观察有无夜尿增多、水肿等肾脏损害。定期复查血尿酸,门诊随访。

(徐元智)

第六节　骨质疏松症病人的护理

学习目标

1. 具有良好的职业素质和认真负责的工作态度,理解、尊重和关爱病人。
2. 掌握骨质疏松症病人的身心状况和主要护理措施。
3. 熟悉骨质疏松症的治疗要点和病人的常见护理诊断／问题。
4. 了解骨质疏松症的病因和发病机制。
5. 学会与骨质疏松症病人及家属进行有效沟通,发现并解决常见护理问题,及时准确地开展健康指导。

📖 工作情景与任务

导入情景:

孙女士,62 岁,因腰背痛 3 年,加重 2 个月入院。喜素食,户外活动较少。3 年前开始出现腰背疼痛,久坐、久站时疼痛加剧。半年前因摔倒引起右尺骨骨折。测量骨密度,行 X 线检查,入院初步诊断为骨质疏松症。

工作任务:

1. 对孙女士进行评估,列出主要护理诊断。
2. 对孙女士进行健康指导。

骨质疏松症（osteoporosis，OP）是一种以骨量降低和骨组织微结构破坏为特征，导致骨骼脆性增加和易于骨折的代谢性骨病。临床特点为骨痛和肌无力、骨折。其发病率居所有代谢性骨病的首位。骨质疏松症按病因可分为原发性和继发性两类。继发性骨质疏松症常由内分泌代谢疾病或全身性疾病引起。原发性骨质疏松症又分为两种亚型，即Ⅰ型（绝经后骨质疏松症）和Ⅱ型（老年性骨质疏松症）。本节主要介绍原发性骨质疏松症。

原发性骨质疏松症与遗传因素和性激素缺乏等因素有关。雌激素缺乏使破骨细胞功能增强，骨丢失加速，是绝经后骨质疏松症的主要病因。雄激素缺乏在老年性骨质疏松症的发病中起了重要作用。此外，不良的生活方式和生活环境，如吸烟、酗酒、体力活动过少、光照减少、钙和维生素D摄入不足、长期大剂量应用糖皮质激素等均为骨质疏松症的危险因素。

【护理评估】

（一）健康史

评估病人有无家族史；是否高龄；有无甲亢、糖尿病、库欣综合征、尿毒症、血液病、胃肠道疾病等病史；有无吸烟、长期卧床、光照减少、蛋白质摄入不足、营养不良、长期应用糖皮质激素等危险因素；女性病人应评估月经史和生育史。

（二）身体状况

1. 骨痛和肌无力　轻者无症状，仅在X线摄片或骨密度测量时发现。较重者常诉腰背疼痛、乏力或全身骨痛。骨痛常为弥漫性，无固定部位，检查不能发现压痛点（区）。仰卧或坐位时疼痛减轻，直立后伸或久立、久坐时疼痛加剧；日间疼痛轻，夜间和清晨醒来时加重；乏力常于劳累或活动后加重，负重能力下降或不能负重。

2. 骨折　常因轻微活动、创伤、弯腰、负重、挤压或跌倒后发生骨折。多发生于脊柱、髋部和前臂，脊柱压缩性骨折多见于绝经后骨质疏松症，可引起驼背和身高变矮。髋部骨折多发生在股骨颈，以老年性骨质疏松症多见。

3. 并发症　椎体骨折可引起驼背和胸廓畸形，出现胸闷、气短、呼吸困难，甚至发绀等表现；严重者还可引起肺活量、心排血量下降，极易并发上呼吸道感染和肺部感染。髋部骨折病人常因感染、心血管病或慢性衰竭而死亡。

（三）心理－社会状况

由于疼痛影响日常生活及害怕骨折，病人可产生紧张、焦虑、恐惧等情绪。病情严重者因反复骨折，长期卧床，自理能力下降，出现愤怒、悲观、抑郁等心理。

（四）辅助检查

1. 骨量的测定　骨矿含量和骨矿密度测量是判断低骨量、确定骨质疏松的重要手段，是评价骨丢失率和疗效的重要客观指标。

2. 骨转换的生化测定　分为骨吸收指标和骨形成指标两类。

3. X线检查　是一种简单而较易普及的检查骨质疏松症的方法。

（五）治疗要点

强调综合治疗、早期治疗和个体化治疗；治疗方案和疗程应根据疗效、费用和不良反应等因素确定。合适的治疗可减轻症状，改善预后，降低骨折发生率。

1. 一般治疗　①改善营养状况，补充足够的蛋白质，伴有肾衰竭者要选用优质蛋白质饮食，并适量限制优质蛋白质的摄入量。②补充钙剂和维生素D。③加强运动。④纠正不良生活习惯和行为偏差。⑤避免使用致骨质疏松症的药物。

2. 对症治疗　疼痛者可给予非甾体类镇痛药；发生骨折或顽固性疼痛时，可用降钙素制剂；有骨畸形者应局部固定或采用其他矫形措施；有骨折时给予牵引、固定、复位或手术等相应处理。

3. 特殊治疗　①性激素补充治疗：雌激素是女性绝经后骨质疏松症的首选药物，雄激素可用于男性骨质疏松症病人。②选择性雌激素受体调节剂和选择性雄激素受体调节剂。③二膦酸盐：二膦酸盐抑制破骨细胞生成和骨吸收，常用药物有依替膦酸二钠、帕米膦酸钠、阿仑膦酸钠等。④降钙素：为骨吸收的抑制剂。⑤介入治疗。

【常见护理诊断/问题】

1. 有受伤的危险　与骨质疏松导致骨骼脆性增加有关。

2. 疼痛：骨痛　与骨质疏松有关。

3. 躯体活动障碍　与骨骼变化引起活动范围受限有关。

【护理措施】

（一）一般护理

1. 休息与活动　骨痛时应卧硬板床休息数天至1周，疼痛缓解后可恢复活动。适当运动可增加和保持骨量，增强身体的协调性和应变能力，预防跌倒和减少骨折的发生。鼓励病人多从事户外活动，适当进行负重锻炼。

2. 饮食护理　给予低钠、高钾、高钙、高蛋白质和高维生素食物。多进食富含异黄酮的食物，如大豆等对保存骨量有一定的作用。适当增加乳制品、海产品等含钙丰富的食物。摄入富含维生素D、维生素A及维生素C的食物，以利于钙的吸收。戒烟忌酒，少盐少糖，少饮浓茶和咖啡。

（二）病情观察

观察疼痛的部位、性质及持续时间；了解疾病对病人日常生活的影响程度；观察有无胸闷、气短、呼吸困难等症状；观察体温变化，注意有无感染征象。

（三）对症护理

疼痛时可采用物理疗法，如局部湿热敷、超短波治疗、微波治疗、电疗、磁疗等减轻疼痛；使用骨科辅助物如背架、紧身衣等，以限制脊柱的活动，减轻疼痛；必要时遵医嘱应用止痛剂，如阿司匹林或吲哚美辛，顽固性疼痛可应用降钙素。有骨畸形者应用局部固定或矫形措施。发生骨折时给予牵引、固定、复位或手术治疗，辅以物理疗法和康复疗法，尽早恢复运动功能。

（四）用药护理

遵医嘱正确用药，观察疗效及不良反应。①钙剂：空腹服用效果最好，同时服用维生素D，避免与绿叶蔬菜一起服用，以免形成钙螯合物而减少钙的吸收。嘱病人多饮水，以增加尿量，防止泌尿系统结石的形成。②性激素：必须在医生指导下使用，剂量要准确，并要与钙剂、维生素D同时使用。服用雌激素应定期进行妇科检查和乳腺检查，阴道出血应减量或停药；使用雄激素应定期监测肝功能。③二膦酸盐类药物：应晨起空腹服用，同时饮清水200～300ml，服药后至少半小时内不能进食或喝饮料，也不能平卧，以减轻对食管的刺激；嘱病人不要咀嚼或吮吸药片，以免发生口腔溃疡。如发生吞咽困难、胸骨后疼痛等食管损伤症状，应立即停药。④降钙素：应观察有无食欲减退、恶心、颜面潮红等不良反应。

（五）心理护理

关注病人情绪变化，及时给予病人安慰及心理疏导；做好病人家属工作，鼓励其多陪伴病人，体谅病人的痛苦；协助病人适应角色变化，为病人创造安全、舒适的生活环境；鼓励病人做力所能及的事情，消除悲观、抑郁情绪。

（六）健康指导

1. 疾病知识指导　指导病人建立良好的生活方式和饮食习惯，多进行户外活动，如步行、游泳、骑自行车等，避免剧烈、危险的运动，运动要循序渐进、持之以恒。摄入充足的含钙食物，保证蛋白质、维生素的摄入，动物蛋白不宜过多。戒饮酒，避免咖啡因的摄入，少饮含碳酸的饮料，少吃食盐及糖。

2. 生活指导　指导病人改变体位时动作应缓慢，必要时可使用手杖或助行器，以增加活动时的稳定性。医院、家庭、公共场所要做好防滑、防绊、防碰撞措施，如室内光线充足，地面整洁干爽，无障碍物，浴室及厕所安装扶手及防滑垫。衣服和鞋子大小适中，以利于活动。

3. 用药指导　嘱病人遵医嘱应用各种药物，学会观察疗效及不良反应。应用激素治疗的病人应定期检查。

本章小结　本章学习重点是内分泌与代谢性疾病病人的身心状况、一般护理、病情观察、用药护理；内分泌与代谢性疾病急性并发症的救治及健康指导。学习难点为内分泌与代谢性疾病的发病机制、常用药物的护理、甲状腺危象及糖尿病酮症酸中毒等急重症的表现及护理。在学习过程中注重联系甲状腺素、胰岛素、糖皮质激素等不同激素的生理功能，分析由激素紊乱引起的机体病变，以及对应的诊治和护理要点，理解甲状腺功能亢进症、糖尿病病人的身体状况、饮食护理、用药护理和健康指导，提高运用知识解决问题的能力。

（徐元智）

1. 甲状腺功能亢进病人突眼的护理要点有哪些?

2. 甲状腺危象有哪些临床特点? 一旦发生,如何进行抢救配合?

3. 库欣综合征病人典型的临床表现有哪些?

4. 糖尿病病人的饮食护理要点有哪些? 病人使用胰岛素治疗的注意事项有哪些?

5. 糖尿病酮症酸中毒的临床表现和抢救配合要点有哪些?

第八章 │ 风湿性疾病病人的护理

08 章 数字资源

第一节 风湿性疾病病人常见症状、体征的护理

学习目标

1. 具有良好的综合素质和科学严谨的工作态度,尊重病人,善于沟通,主动为病人缓解不适。
2. 掌握风湿性疾病病人常见症状、体征的护理评估要点和主要护理措施。
3. 熟悉风湿性疾病病人常见症状、体征的主要护理诊断/问题。
4. 了解风湿性疾病病人常见症状、体征的护理目标和护理评价。
5. 学会风湿性疾病病人常见症状、体征的评估方法,能正确实施护理措施。

工作情景与任务

导入情景:

杨女士,23 岁。近 2 周经常出现低热,体温一般在 37.5℃左右,伴全身乏力、双手关节轻微疼痛。3 天前面部出现红斑,晒太阳后明显加重。病人很担忧,遂来医院就诊。

工作任务:

1. 对杨女士进行护理评估,列出最主要的护理诊断。
2. 对杨女士实施皮肤护理。

风湿性疾病(rheumatic diseases)简称风湿病,是一组累及骨与关节及其周围软组织(如肌肉、肌腱、滑膜、滑囊、韧带和软骨等)以及其他相关组织和器官的慢性疾病。根据发病机制、病理及临床特点,将风湿病分为十大类。其中弥漫性结缔组织病是风湿病的重要组成部分,属于非器官特异性自身免疫病,特点是以血管和结缔组织的慢性炎症为病理基础,可引起多器官、多系统损害。风湿病的临床特点:①呈发作与缓解相交替的慢性病程。②异质性:指同一疾病,在不同病人的临床表现,抗风湿药物应用耐受量及其疗效和不良反应,预后等方面差别很大。③常有免疫学异常或生化检查改变。

风湿病病人常见的症状、体征包括关节损害和皮肤损害。

一、关节损害

风湿病的关节损害是指关节疼痛、肿胀、僵硬及活动受限等。

【护理评估】

(一)健康史

评估病人有无下列病史:①类风湿关节炎、系统性红斑狼疮、风湿热、痛风等病史。②寒冷、环境潮湿、感染、药物、食物及外伤等诱因。③过敏史和家族史。

(二)身体状况

1. 关节损害的特点

(1)关节疼痛和肿胀:关节疼痛是关节受累最常见的首发症状,也是风湿病病人就诊的主要原因。疼痛的关节均可有肿胀和压痛,多为关节腔积液或滑膜增生所致,是滑膜炎或周围组织炎的重要体征。不同风湿性疾病关节疼痛的部位和性质有所区别,如类风湿关节炎多累及近端指间、掌指、腕等小关节,持续性疼痛,休息后加重;系统性红斑狼疮多累及指、腕、膝等四肢关节,常呈对称性、多关节疼痛。

(2)关节僵硬与活动受限:关节僵硬常在晨起时表现最明显,故又称晨僵。晨僵是判断滑膜关节炎症活动性的指标之一,其持续时间与炎症的严重程度一致。轻度关节僵硬在活动后可减轻或消失,严重者需1小时至数小时才能缓解。临床上以晨僵持续出现1小时以上意义较大。早期关节活动受限主要由肿胀、疼痛引起,晚期则主要由关节骨质破坏、纤维骨质粘连和关节半脱位引起,此时关节活动严重障碍,最终导致功能丧失。

2. 伴随症状 系统性红斑狼疮病人可伴有长期低热、面部红斑、光过敏、蛋白尿或血尿。类风湿关节炎病人随病情进展,可出现不同程度的关节畸形、僵硬,伴低热、乏力等全身症状。风湿性关节炎病人可出现关节的红、肿、热、痛,但无关节破坏。

(三)心理-社会状况

由于关节损害病情反复、病程长,以及关节疼痛、僵硬和活动受限使病人生活、行动不便,严重者丧失劳动能力,病人易产生紧张、焦虑、恐惧、悲观等不良心理反应。

(四)辅助检查

自身抗体测定、关节腔滑液检查、关节影像学检查等有助于病因诊断和病变严重程度判断。

【常见护理诊断/问题】

1. 疼痛:关节疼痛　与局部炎性反应有关。

2. 躯体活动障碍　与关节疼痛、僵硬以及关节肌肉功能障碍有关。

3. 焦虑　与疼痛反复发作、病情迁延不愈有关。

【护理目标】

病人关节疼痛缓解或消失;躯体活动受限得到最大程度的改善;焦虑程度减轻,生理和心理上的舒适感有所增加。

【护理措施】

(一)疼痛:关节疼痛

1. 一般护理　根据病人的全身情况和受累关节的病变性质、部位及范围,选择不同的休息方式和体位。急性期关节肿胀伴发热、乏力等症状时,应卧床休息,减少活动;协助病人采取舒适的体位,尽可能保持关节处于功能位,必要时用石膏托、小夹板固定。休息时间过久易发生肌力减弱、关节挛缩、压疮、骨质疏松等,需根据病情调整休息的时间,必要时应用适当的运动治疗以预防上述并发症的发生。

2. 协助病人减轻疼痛　可采取以下措施减轻疼痛。①创造适宜的环境:避免环境嘈杂、吵闹或过于安静。②非药物止痛:如松弛术、皮肤刺激疗法(冷敷、热敷、震动、加压等),分散病人的注意力。根据病情使用蜡疗、水疗、磁疗、超短波疗法、红外线治疗等物理疗法缓解疼痛,也可按摩肌肉、活动关节,防治肌肉挛缩和关节活动障碍。③药物止痛:常用非甾体抗炎药如布洛芬、阿司匹林、吲哚美辛等,告知病人遵医嘱服药的重要性及药物的不良反应。

(二)躯体活动障碍

1. 一般护理　根据病人活动受限程度,协助病人洗漱、进食、如厕及整理个人卫生等。注意疏导、理解、支持和关心病人,鼓励病人从事自我照顾的活动,尽可能帮助病人恢复生活自理能力。

2. 病情观察　观察患病肢体情况,防止肌肉萎缩;长期卧床病人要注意观察有无发热、咳嗽、咳痰等,及时发现肺部感染;观察有无足下垂、压疮、便秘等;评估有无营养不良。

3. 功能训练　①向病人及家属介绍活动对恢复和维持关节功能的重要性,鼓励缓解期病人参与力所能及的活动,坚持每天定时进行被动和主动的全关节活动及功能锻炼,以逐步恢复受累关节功能,注意配合日常居家生活活动需要进行锻炼。②指导病人循序渐进、有针对性地进行功能锻炼,先使用适当方法减轻关节疼痛,逐渐增加关节活动度,然后做肌力训练,最后加强耐力训练。③活动量以病人能忍受为度,锻炼时间以不影响正常作息为宜,必要时给予帮助或提供适当的辅助工具,如拐杖、助行器、轮椅等,并给病人交代安全的注意事项。

(三)焦虑

鼓励病人说出自身的感受,疏导、理解、支持和关心病人,帮助病人接受活动受限的事实。教会病人及家属应用音乐疗法、香味疗法、放松训练、指导式想象、按摩等方法缓解病人的焦虑。

【护理评价】

病人关节肿痛是否减轻或消失;躯体活动受限是否得到最大程度的改善;焦虑是否减轻。

二、皮肤损害

风湿病常见的皮肤损害有皮疹、红斑、水肿、溃疡及皮下结节等,多由血管炎性反应引起。

【护理评估】

（一）健康史

评估病人有无下列病史:①系统性红斑狼疮、类风湿关节炎、风湿热等。②进食芹菜、无花果、烟熏食物、蘑菇等特殊食物。③服用普鲁卡因胺、异烟肼、氯丙嗪、甲基多巴等药物。④受凉、潮湿、感染、劳累、日光暴晒等诱因。⑤过敏史、月经史与生育史、家族史。

（二）身体状况

1. 皮肤损害的特点　系统性红斑狼疮病人的皮肤损害多种多样,最具特征性的皮肤损害是面部蝶形红斑。类风湿关节炎较特异的皮肤表现是类风湿结节,多位于肘部的鹰嘴下方等关节隆突部位。部分病人在寒冷或紧张刺激后,肢端细动脉痉挛,使手指（足趾）皮肤苍白,继而变紫、变红,伴有局部发冷、感觉异常和疼痛,称为雷诺现象。

2. 伴随症状　伴长期低热、脱发、光过敏、蛋白尿或血尿多见于系统性红斑狼疮,伴晨僵、关节肿胀、关节畸形多见于类风湿关节炎。

（三）心理 - 社会状况

因皮肤损害影响容貌,病人不愿与他人接触,出现敏感、多疑、抑郁、自卑和孤独等不良心理反应。

（四）辅助检查

免疫学检查、皮肤狼疮带试验、肌活检等有助于病因诊断。

【常见护理诊断 / 问题】

1. 皮肤完整性受损　与血管炎性反应及应用免疫抑制剂等因素有关。

2. 组织灌注无效:外周组织　与肢端血管痉挛、血管舒缩功能调节障碍有关。

【护理目标】

病人受损皮肤面积缩小或完全修复;外周血管灌注量得到改善,手指和足趾颜色正常。

【护理措施】

（一）皮肤完整性受损

1. 饮食护理　鼓励病人摄入足够的蛋白质、维生素和水分,避免进食刺激性食物,忌食芹菜、无花果、烟熏食物、蘑菇等。

2. 皮肤护理　除常规皮肤护理、预防压疮外,需注意:①保持皮肤清洁干燥,每天用温水冲洗或擦洗,忌用碱性肥皂。②有皮疹、红斑或光敏感者,外出采取遮阳措施,避免阳光直射裸露皮肤,忌日光浴。③皮疹或红斑部位避免涂用各种化妆品和护肤品,可遵医嘱局部涂抹药物性软膏;局部溃疡合并感染者,遵医嘱用抗生素治疗,局部清创换药处理。④皮肤避免接触刺激性物品,如各种染发或烫发剂、定型发胶、农药等。⑤避免服用容易诱发皮肤损害的药物,如普鲁卡因胺、异烟肼和氯丙嗪等。

3. 用药护理

(1)非甾体抗炎药:包括布洛芬、萘普生、阿司匹林等。本类药物具有抗炎、解热、镇痛作用,最主要的不良反应是胃肠道反应,表现为消化不良、上腹痛、恶心、呕吐等,严重者可致糜烂出血性胃炎。应指导病人在饭后服用或同时服用胃黏膜保护剂、抑酸药或抗酸药等,以减轻损害。长期用药可引起神经系统不良反应、肝肾毒性、抗凝作用及皮疹等,故用药期间需要监测肝肾功能、凝血功能。

(2)糖皮质激素:包括泼尼松、甲泼尼龙等,有较强的抗炎、抗过敏和免疫抑制作用,能迅速缓解症状。长期服用可引起医源性库欣综合征,加重或引起消化性溃疡、骨质疏松等,可诱发精神失常。服药期间应定期监测血压、血糖、尿糖变化。强调按医嘱服药的必要性,不能自行停药或减量过快,以免引起"反跳"现象。

(3)改善病情的抗风湿药:包括环磷酰胺、甲氨蝶呤、雷公藤多苷等。应用环磷酰胺要注意有无胃肠道反应、脱发、骨髓抑制、感染、肝损害、性腺抑制及出血性膀胱炎等;应用甲氨蝶呤要注意有无胃肠道反应、口腔黏膜溃疡、肝损害及骨髓抑制等;应用雷公藤多苷要注意有无生殖系统异常、胃肠道反应、骨髓抑制及肝损害等。

(4)生物制剂:包括利妥昔单抗、贝利木单抗等,主要不良反应是感染、过敏反应,部分药物可能增高肿瘤发病风险。应注意筛查感染,尤其是乙肝和结核,以免出现严重不良反应。

(二)组织灌注无效:外周组织

1. 避免诱因　①寒冷天气注意保暖,尽量减少户外活动或工作,避免皮肤在寒冷空气中暴露时间过长;外出时需穿保暖衣服,注意保持肢体末梢的温度,指导病人戴帽子、口罩、手套和穿保暖袜子等。②需要洗涤时宜用温水,勿用冷水洗手、洗脚。③避免吸烟、饮咖啡,以免引起交感神经兴奋和病变小血管痉挛,加重组织缺血、缺氧。④保持良好的心态,避免情绪激动和劳累而诱发血管痉挛。

2. 用药护理　针对微循环异常,可遵医嘱给予血管扩张药和抑制血小板聚集的药物,如地巴唑、山莨菪碱或低分子右旋糖酐等。肢端血管痉挛引起皮肤苍白、疼痛时,可局部涂硝酸甘油膏,以扩张局部的血管,改善血液循环,缓解症状。

【护理评价】

病人受损皮肤面积是否缩小或完全修复;外周血管灌注量是否得到改善,手指和足趾颜色是否正常。

第二节　系统性红斑狼疮病人的护理

学习目标
1. 具有良好的综合素质和认真负责的工作态度,理解、尊重和关爱病人。
2. 掌握系统性红斑狼疮病人的身心状况和主要护理措施。
3. 熟悉系统性红斑狼疮的病因和病人的常见护理诊断/问题。
4. 了解系统性红斑狼疮的辅助检查、治疗要点和病人的护理目标、护理评价。
5. 学会运用护理程序对系统性红斑狼疮病人实施整体护理,为病人及家属提供健康指导、心理和社会支持。

工作情景与任务

导入情景:

李女士,21 岁。1 个月来经常出现低热、乏力、双手关节疼痛。4 天前吃了很多芹菜和蘑菇,2 天前乏力明显,关节疼痛加重,来医院就诊。T 38℃,面部红斑,双手指关节肿胀。查血清抗核抗体和抗双链 DNA 抗体,均为阳性。入院初步诊断为系统性红斑狼疮。医嘱:甲泼尼龙静脉注射。

工作任务:
1. 遵医嘱执行甲泼尼龙静脉注射,观察药物疗效及不良反应。
2. 对李女士进行饮食指导。

系统性红斑狼疮(systemic lupus erythematosus,SLE)是一种以致病性自身抗体和免疫复合物形成并介导器官、组织损伤的自身免疫病。临床上常存在多系统受累表现,血清中存在以抗核抗体为代表的多种自身抗体。本病以女性多见,尤其是 20～40 岁的育龄女性。

病因未明,可能与遗传、雌激素、环境等有关。例如日光中的紫外线使皮肤上皮细胞出现凋亡,新抗原暴露而成为自身抗原;某些含补骨脂素的食物(如芹菜、无花果等)可增强 SLE 病人对紫外线的敏感性;含联胺基团的食物(如烟熏食物、蘑菇等)可诱发 SLE 发病。SLE 的发病机制非常复杂,目前认为主要是外来抗原(如病原体、药物等)引起人体 B 细胞活化,产生大量不同类型的自身抗体,造成器官、组织损伤。

【护理评估】

（一）健康史

评估病人有无下列因素：①家族史。②环境因素：日光过敏；进食芹菜、无花果、烟熏食物、蘑菇等；使用普鲁卡因胺、异烟肼、氯丙嗪、甲基多巴等药物；是否接触某些化学制剂、微生物病原体等。③月经史与生育史：有无月经紊乱，是否妊娠，有无流产史及胎儿发育异常等。

（二）身体状况

本病临床症状多样，早期症状往往不典型。

1. 全身症状　大多数病人在疾病活动期出现各种热型的发热，尤以低中度热为常见。可有疲倦、乏力、食欲减退、体重下降等。

2. 皮肤与黏膜　80% 的病人出现皮疹，多见于日晒部位，包括颊部呈蝶形分布的红斑、盘状红斑、指掌部和甲周红斑、指端缺血、面部及躯干皮疹，其中以鼻梁和双颧颊部呈蝶形分布的红斑最具特征性。SLE 皮疹多无明显瘙痒。口腔和鼻黏膜无痛性溃疡和脱发较常见，常提示疾病活动。部分病人有光过敏、雷诺现象。

3. 肌肉关节　关节疼痛是常见的症状之一，出现在指、腕、膝关节，伴红肿者少见。常出现对称性多关节疼痛、肿胀。10% 的病人因关节周围肌腱受损而出现可恢复性的非侵蚀性关节半脱位，可维持正常关节功能，关节 X 线检查多无关节骨破坏。可出现肌痛和肌无力，5%～10% 病人出现肌炎。

4. 脏器损害

（1）肾脏：狼疮性肾炎是 SLE 的肾脏损害，27.9%～70% 的 SLE 病人在病程中会出现临床肾脏受累，肾活检显示肾脏受累几乎为 100%。肾脏受累主要表现为蛋白尿、血尿、管型尿、水肿、高血压，甚至肾衰竭。肾衰竭是 SLE 病人死亡的常见原因。

（2）心血管：病人常出现心包炎，可为纤维蛋白性心包炎或渗出性心包炎。约 10% 病人有心肌损害，可有气促、心前区不适及心律失常等表现，严重者可发生心力衰竭导致死亡。部分病人可有冠状动脉受累，表现为心绞痛和心电图 ST-T 改变，甚至出现急性心肌梗死。

（3）肺与胸膜：约 35% 病人有胸腔积液。SLE 所引起的肺间质病变主要表现为活动后气促、干咳、低氧血症，肺功能检查常显示弥漫功能下降等。约 2% 的病人合并弥漫性肺泡出血，病情凶险，病死率高达 50% 以上。

（4）消化系统：可表现为食欲减退、腹痛、呕吐、腹泻等，其中部分病人以上述症状为首发。早期出现肝损害者，预后不良。少数病人可并发急腹症，如胰腺炎、肠坏死和肠梗阻等。

（5）神经系统：神经精神狼疮（又称狼疮脑病）提示疾病处于活动期，病情严重且预后不良。中枢神经系统受累可表现为癫痫、狼疮性头痛、脑血管病变、无菌性脑膜炎、脱髓鞘综合征、运动障碍、脊髓病、急性意识错乱、焦虑状态、认知功能减退、情绪障碍及精神病等。外周神经系统受累可表现为吉兰-巴雷综合征、自主神经病、单神经病、重症肌无力、脑神经病变、神经丛病及多发性神经病等。

（6）血液系统：病人活动期常有血红蛋白下降、白细胞和/或血小板减少。部分病人可有无痛性轻度或中度淋巴结肿大。少数病人有脾大。

（7）眼：约15%病人有眼底病变，如视网膜出血、视网膜渗出、视神经乳头水肿等，与视网膜血管炎有关。若累及视神经，重者可在数日内致盲。早期治疗，多数可逆转。

（三）心理-社会状况

因病程长、反复发作，疾病带来的皮肤损害及系统器官损害，严重影响日常生活和工作，病人可出现郁闷、焦虑、悲观等心理反应。

（四）辅助检查

1. 一般检查　可表现为全血细胞减少、单纯性白细胞减少或血小板减少；尿蛋白、血尿及各种管型尿；血沉在活动期常增快；肝、肾功能异常等。

2. 免疫学检查　病人血清中可以检测到多种自身抗体。①抗核抗体（ANA）：见于几乎所有SLE病人，是SLE首选的筛查项目，但特异性低。②抗双链DNA（dsDNA）抗体：是诊断SLE的标记性抗体之一，多出现在SLE的活动期。抗体的含量与疾病活动性密切相关，也与疾病的预后相关。③抗可提取核抗原（ENA）抗体谱：如抗Sm抗体，是诊断SLE标记性抗体之一，特异性为99%，但敏感性仅为25%，而且与病情活动性无关，主要用于早期与不典型病人的诊断或回顾性诊断。补体如总补体（CH50）、C3、C4的检测，补体低下，尤其是C3降低提示SLE活动。

3. 肾活检病理　对狼疮性肾炎的诊断、治疗和预后估计均有价值，尤其对指导狼疮性肾炎的治疗有重要意义。

（五）治疗要点

SLE目前尚不能根治，治疗要个体化，但经合理治疗后可以达到长期缓解。糖皮质激素加免疫抑制剂依然是主要的治疗方案。治疗原则是急性期积极用药物诱导缓解，尽快控制病情；病情缓解后调整用药，并给予维持性缓解治疗。对病人及家属的教育甚为重要。

主要治疗措施有3项。①一般治疗：心理治疗；及早发现和治疗感染；避免使用可能诱发狼疮的药物；避免强阳光暴晒和紫外线照射；缓解期才可做防疫注射，但尽可能不用活疫苗。②对症治疗：对于发热、关节痛、高血压、糖尿病、骨质疏松等可给予相应的治疗。③药物治疗：糖皮质激素是目前治疗SLE的首选药物，可显著抑制炎症反应，抑制抗原抗体反应。严重的神经精神狼疮（狼疮脑病），可采用大剂量激素冲击治疗。加用免疫抑制剂有利于更好地控制SLE活动，可选用环磷酰胺、吗替麦考酚酯、羟氯喹等。病情危重者可静脉注射大剂量免疫球蛋白。近年来，生物制剂也逐渐应用于SLE的治疗。

【常见护理诊断/问题】

1. 皮肤完整性受损　与疾病所致的血管炎性反应等有关。
2. 疼痛：慢性关节疼痛　与自身免疫反应有关。

3. 口腔黏膜受损　与自身免疫反应、长期使用激素等有关。

4. 焦虑　与病情反复发作、迁延不愈、面容毁损及多脏器功能损害有关。

5. 潜在并发症:慢性肾衰竭。

【护理目标】

病人皮肤受损减轻或修复;关节疼痛缓解或消失;口腔黏膜溃疡逐步愈合;焦虑减轻,情绪稳定;并发症得到有效防治。

【护理措施】

（一）一般护理

1. 休息与活动　保持病室环境安静、整洁,温度适宜。病床应安排在无阳光直射的地方。处于急性活动期病人要卧床休息,病情稳定的慢性病人可适当活动,但应避免过度劳累。

2. 饮食护理　给予高热量、高蛋白和高维生素饮食,少食多餐,宜给予软食,忌食芹菜、无花果、蘑菇、烟熏食物及辛辣等刺激性食物,以免诱发或加重病情。

3. 口腔护理　保持口腔清洁。有口腔黏膜破损者,每天晨起、睡前、进餐前后用漱口液漱口;口腔溃疡者,在漱口后可用中药冰硼散或锡类散涂敷溃疡部位,以促进愈合;有口腔感染者,遵医嘱局部使用抗生素。

（二）病情观察

观察病人有无发热、疲倦、乏力等;有无皮肤与黏膜受损和关节疼痛、肿胀;有无血尿、水肿、高血压、气促、干咳、心前区疼痛、心律失常、头痛、性格改变、意识障碍、贫血、视力下降等;监测血肌酐、血尿素氮的改变等。

（三）对症护理

有关节疼痛者,护理措施详见本章第一节"一、关节损害"。有皮肤黏膜损害者,护理措施详见本章第一节"二、皮肤损害"。

（四）用药护理

非甾体抗炎药、糖皮质激素、免疫抑制剂、生物制剂的用药护理,详见本章第一节"二、皮肤损害"。羟氯喹是治疗盘状红斑狼疮的主要药物,长期应用可引起视网膜退行性变和心肌损害,应定期检查眼底、监测心功能。

（五）心理护理

鼓励病人说出自身感受,分析原因并评估其焦虑程度。向病人介绍本病的有关知识,说明良好心态对缓解疾病和改善预后的重要性,强调出现焦虑时应采取积极的应对措施。指导病人家属多给予病人关心、理解及心理支持。介绍成功病例及治疗进展,鼓励病人树立战胜疾病的信心。

（六）健康指导

1. 疾病预防指导　指导病人避免一切可能诱发或加重病情的因素,如日晒、妊娠、分娩、口服避孕药及进食芹菜、无花果、烟熏食物、蘑菇等。外出可戴宽边帽子,穿长袖衣服及长裤,避免日晒。皮损部位忌滥用外用药或化妆品,切忌挤压、搔抓皮疹或皮损部位。

2. 疾病知识指导　向病人及家属解释本病若能及时正确治疗,病情可以长期缓解,可正常生活。嘱家属给予病人以精神支持和生活照顾,以维持其良好的心理状态。在疾病缓解期,病人可逐步增加活动,参加社会活动和日常工作,但应注意劳逸结合,避免过度劳累。

3. 用药指导　嘱病人严格遵医嘱用药,不可擅自改变药物剂量或突然停药。向病人详细介绍所用药物的名称、剂量、给药时间和方法等,并教会其观察药物疗效和不良反应。

4. 生育指导　病情处于缓解期达半年以上,无中枢神经系统、肾脏或其他脏器严重损害,口服泼尼松剂量低于 15mg/d 的 SLE 病人,一般能安全妊娠,并能分娩出正常胎儿。非缓解期的 SLE 病人容易出现流产、早产和死胎,发生率约为 30%,故应避孕。产后避免哺乳。妊娠可诱发 SLE 活动,多数药物对胎儿发育有影响,因此在备孕阶段及妊娠期,应及时就医,遵医嘱调整用药或停药。

【护理评价】

病人皮肤受损是否减轻或修复;关节疼痛是否缓解或消失;口腔黏膜溃疡是否逐步愈合;焦虑是否减轻,情绪是否稳定;并发症是否得到有效防治。

第三节　类风湿关节炎病人的护理

学习目标

1. 具有良好的职业素质和认真负责的工作态度,理解、尊重和关爱病人。
2. 掌握类风湿关节炎病人的身心状况和主要护理措施。
3. 熟悉类风湿关节炎的辅助检查、治疗要点和病人的常见护理诊断／问题。
4. 了解类风湿关节炎的病因和病人的护理目标、护理评价。
5. 学会与类风湿关节炎病人及家属进行有效沟通,发现并解决常见护理问题,及时准确地开展健康指导。

工作情景与任务

导入情景:

陈女士,35 岁。3 年前开始出现手指关节肿痛,尤以晨起明显,活动后可缓解。近 1 周来关节疼痛加重,来院就诊。医生发现陈女士双手关节明显肿胀。查血沉和类风湿因子。入院初步诊断为类风湿关节炎。

工作任务:

1. 指导陈女士正确护理受损的关节。

2. 对陈女士进行健康指导。

类风湿关节炎(rheumatoid arthritis,RA)是一种以侵袭性、对称性多关节炎为主要临床表现的慢性、全身性自身免疫性疾病。临床主要表现为受累关节疼痛、肿胀以及功能下降,晚期出现软骨和骨破坏,最终可能导致关节畸形和功能障碍。本病可发生于任何年龄,80%发病于35~50岁,女性发病率是男性的2~3倍。本病病因和发病机制复杂,在遗传、感染、环境等多因素共同作用下,自身免疫反应导致的免疫损伤和修复是RA发生和发展的基础。基本病理改变为滑膜炎和血管炎,滑膜炎是关节表现的基础,血管炎是关节外表现的基础。

【护理评估】

(一)健康史

评估病人有无下列病史:①家族遗传史。②环境因素,如某些细菌、支原体、病毒感染及吸烟等。③有无寒冷、潮湿、过劳等诱因。

(二)身体状况

本病多为慢性起病,在明显关节症状出现前多有数周的低热、乏力、全身不适、食欲减退等症状。少数病人急性起病,数日内出现多个关节症状。

1. 关节表现

(1)晨僵:95%以上的RA病人可出现晨僵,是指关节部位的僵硬和胶着感。受累关节因炎症所致的充血水肿和渗液,使关节肿胀、僵硬、疼痛、不能握紧拳头或持重物,活动后可减轻。晨僵是RA突出的临床表现,持续时间超过1小时则意义较大,常作为观察本病活动的重要指标。

(2)关节痛与压痛:关节痛往往是最早的症状,最常出现的部位为腕、掌指、近端指间关节,其次是足趾、膝、踝、肘、肩等关节,多呈对称性、持续性,时轻时重,疼痛的关节往往伴有压痛。受累关节的皮肤可出现褐色色素沉着。

(3)关节肿胀:多因关节腔积液、滑膜增生和软组织水肿所致。凡受累的关节均可肿胀,多呈对称性。近端指间关节呈梭形肿胀是RA的特征。

(4)关节畸形:见于较晚期病人,因滑膜炎导致软骨和软骨下骨质结构破坏,造成关节纤维性或骨性强直,关节周围肌肉的萎缩、痉挛则使畸形更为严重。最为常见的关节畸形是掌指关节的半脱位,手指向尺侧偏斜和呈"天鹅颈"样畸形(图8-1)及"纽扣花"样畸形(图8-2)表现,腕和肘关节强直。

(5)功能障碍:关节肿痛、结构破坏和畸形都会引起关节的功能障碍。

2. 关节外表现

(1)皮肤类风湿结节:可见于30%~40%的病人,常提示病情处于活动期,是本病特

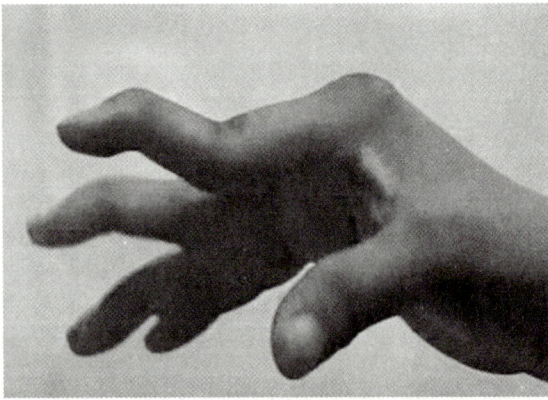

图 8-1 "天鹅颈"样畸形

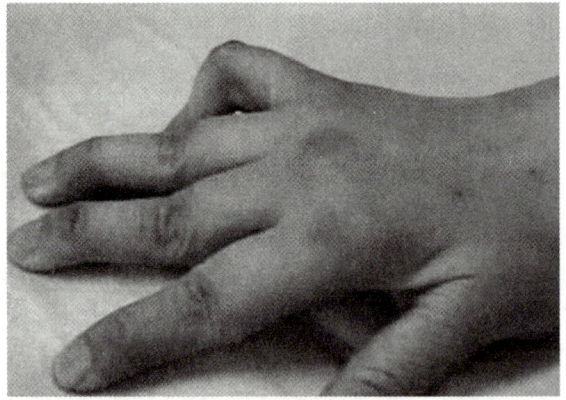

图 8-2 "纽扣花"样畸形

异的皮肤表现。结节多位于关节隆突部位及受压部位的皮下,如前臂伸面、肘鹰嘴附近、枕后粗隆、跟腱等处的皮下,直径由数毫米至数厘米不等,质硬、无压痛,对称性分布。

（2）类风湿血管炎:通常见于长病程、血清类风湿因子（RF）阳性且病情活动的类风湿关节炎病人。皮肤表现各异,包括瘀点、紫癜、指（趾）坏疽、梗死、网状青斑,病情严重者可出现下肢深大溃疡。

（3）器官系统受累:①呼吸系统:肺受累常见,有时可为首发症状,可出现肺间质性病变、胸膜炎及结节样改变等。②循环系统:心包炎最常见。③神经系统:表现为周围神经病变,常见原因为周围神经受压。④血液系统:表现为正细胞正色素性贫血,贫血程度与病情活动度相关。⑤肾脏很少受累。

（三）心理－社会状况

慢性疾病反复发作,顽固性关节疼痛,活动功能受限,生活自理能力下降,严重影响工作和生活,无特效治疗药物,病人易产生焦虑、抑郁或悲观等不良心理反应,对生活失去信心。

（四）辅助检查

1. 血液检查　轻中度贫血,白细胞及分类多正常。活动期血小板可增高、血沉常增快、C 反应蛋白常增高。

2. 免疫学检查　①类风湿因子（RF）:是一种自身抗体,约 70% 的病人血清 IgM 型 RF 阳性,其滴度与本病的活动性和严重性成正比。但 RF 检查不是该病特异性诊断指标。②抗瓜氨酸化蛋白抗体:是一类针对含有瓜氨酸化表位自身抗原的抗体统称,其中抗环瓜氨酸肽（CCP）抗体有更高的敏感性和特异性,有助于疾病早期诊断,尤其是 RF 阴性及表现不典型者。

3. 关节滑液检查　关节有炎症时,滑液量增多,滑液中的白细胞明显增多,以中性粒细胞为主。

4. 关节 X 线检查　双手、腕关节以及其他受累关节的 X 线片对本病的诊断、关节病变的分期、监测病情演变均很重要。早期可见关节周围软组织肿胀、关节附近骨质疏松

（Ⅰ期）；进而关节间隙变窄（Ⅱ期）；关节面出现虫蚀样改变（Ⅲ期）；晚期可见关节半脱位和关节破坏后的纤维性和骨性强直（Ⅳ期）。CT可以显示在X线片上尚看不出的骨破坏。

（五）治疗要点

目前RA不能根治，最佳的治疗方案需要临床医生与病人协商制订，应按照早期、达标、个体化方案治疗原则，密切监测病情，减少致残。治疗的主要目标是达到临床缓解或降低疾病活动度，临床缓解的定义是没有明显的炎症活动症状和体征。治疗措施有一般治疗、药物治疗、外科手术治疗，其中药物治疗最重要。常用药物有非甾体抗炎药，改善病情的抗风湿药、糖皮质激素、用于靶向治疗的生物制剂和植物药制剂（如雷公藤多苷），其中甲氨蝶呤是RA治疗的首选药物。

【常见护理诊断／问题】

1. 有废用综合征的危险　与关节疼痛、畸形引起的功能障碍有关。

2. 悲伤　与疾病久治不愈、可能致残、影响生活质量有关。

3. 疼痛：慢性关节疼痛　与关节炎症反应有关。

4. 自理缺陷　与关节功能障碍、疼痛、疲乏有关。

【护理目标】

病人关节功能得到保护和改善；摆脱悲伤，重建生活信心；关节疼痛减轻或消失；生活能够自理或部分自理。

【护理措施】

（一）一般护理

急性活动期应卧床休息，保护关节功能，但不宜绝对卧床；限制受累关节活动，保持关节处于功能位。缓解期指导病人及早下床活动，鼓励病人坚持每天定时进行被动和主动全关节活动和功能锻炼，加强日常生活训练，防止关节僵硬和肌肉萎缩。

（二）病情观察

观察关节疼痛、肿胀和活动受限的变化以及晨僵、关节畸形的进展情况。观察关节外症状，如有无胸闷、心前区疼痛、头痛、发热、咳嗽及呼吸困难等，一旦出现，提示病情严重，应及时报告医生并协助处理。

（三）对症护理

1. 保持关节处于功能位　如肩两侧可顶枕头等物品，防止肩关节外旋；体侧与肘间放置枕头等以维持肩关节外展位；双手可握小卷轴，维持指关节伸展；髋关节两侧放置靠垫，预防髋关节外旋；平卧者膝下放一平枕，使膝关节保持伸直；足下放置足板，定时给予按摩和被动运动，防止足下垂。

2. 晨僵护理　夜间睡眠时注意对病变关节保暖，戴弹力手套，预防晨僵。鼓励病人晨起后行温水浴，或热水浸泡僵硬的关节，而后活动关节。其他护理措施参见本章第一节"一、关节损害"。

（四）用药护理

常用药物有非甾体抗炎药、改善病情的抗风湿药、糖皮质激素、用于靶向治疗的生物制剂和植物药制剂,其用药护理详见本章第一节"二、皮肤损害"。

（五）心理护理

关心和支持病人,采取心理疏导、解释、安慰及鼓励等方法做好病人的心理护理。对已经发生关节功能残障的病人,鼓励其发挥健康肢体的作用,尽量做到生活自理,参加力所能及的工作。

（六）健康指导

1. 疾病知识指导　帮助病人及家属了解疾病的性质和治疗方案。避免感染、寒冷、潮湿、过劳等诱因,注意保暖。强调休息和治疗性锻炼的重要性。疾病缓解期坚持有计划地锻炼,增强机体免疫力,保护关节功能,延缓关节功能损害的进展。

2. 用药指导和病情监测　指导病人遵医嘱服药,切勿自行停药、换药、增减药量,坚持规律治疗,减少病情复发。严密观察药物疗效和不良反应,定期检测血常规、尿常规及肝功能和肾功能等,一旦发现严重的不良反应,应立即停药并及时处理。病情复发时应及早就医,以免重要脏器受损。

边学边练

实践16　系统性红斑狼疮和类风湿关节炎病人的护理

【护理评价】

病人的关节功能是否得到保护和改善;病人是否摆脱悲伤,重建生活信心等;关节疼痛是否减轻或消失;生活能否自理或部分自理。

本章小结

　　本章学习重点是风湿性疾病病人的皮肤护理和用药护理;类风湿关节炎和系统性红斑狼疮病人的身体状况、常见护理诊断/问题、一般护理、病情观察、用药护理和健康指导。学习难点为类风湿关节炎的关节护理措施,系统性红斑狼疮病人的身体状况及免疫学检查。在学习过程中注意比较各种风湿性疾病关节炎的区别,理解类风湿关节炎和系统性红斑狼疮病人的身心表现、饮食护理、用药护理和健康指导,提高运用知识解决问题的能力。

（孙振龙）

? 思考与练习

1. 风湿性疾病的临床特点有哪些?

2. 风湿性疾病的皮肤损害有哪些特点? 如何进行护理?

3. 系统性红斑狼疮的免疫学检查有哪些? 各有什么临床意义?

4. 类风湿关节炎主要的关节表现有哪些? 如何进行关节护理?

第九章 │ 神经系统疾病病人的护理

09章 数字资源

第一节 神经系统疾病病人常见症状、体征的护理

学习目标

1. 具有良好的综合素质和科学严谨的工作态度,尊重病人,善于沟通,主动为病人缓解不适。
2. 掌握神经系统疾病病人常见症状、体征的护理评估要点和主要护理措施。
3. 熟悉神经系统疾病病人常见症状、体征的主要护理诊断 / 问题。
4. 了解神经系统疾病病人常见症状、体征的护理目标和护理评价。
5. 学会神经系统疾病病人常见症状、体征的评估方法,能正确实施护理措施。

📋 工作情景与任务

导入情景:

李先生,61 岁。有高血压病史 20 年,今天晨起后突然跌倒,自觉头痛,言语含糊,右侧上肢不能活动,随之意识不清。入院急诊查头颅 CT,初步诊断为脑血栓形成,原发性高血压。

工作任务:

1. 对李先生进行护理评估,列出主要护理诊断。
2. 监测李先生的病情变化,观察生命体征、瞳孔与意识状态。
3. 对李先生实施意识障碍和运动障碍的护理。

神经系统按解剖结构分为中枢神经系统和周围神经系统,前者包括脑和脊髓,后者包括脑神经和脊神经,两者相互配合,完成机体的统一协调活动。神经系统疾病是指神经系统和骨骼肌由于血管病变、感染、肿瘤、外伤、中毒、免疫障碍、遗传因素、先天发育异常、营养缺陷和代谢障碍等所致的疾病。神经系统疾病具有起病急、病情重、症状复杂的特点,是导致人类死亡和残疾的主要原因之一。积极挽救病人生命、早期康复干预、减轻伤残、预防并发症、提高病人生活质量,是神经系统疾病病人护理的主要目标。

神经系统疾病的常见症状、体征有头痛、意识障碍、言语障碍、感觉障碍和运动障碍等。

一、头 痛

头痛(headache)是指外眦、外耳道与枕外隆突连线以上部位的疼痛。颅内的血管、神经和脑膜,以及颅外的骨膜、血管、头皮、颈肌及韧带等疼痛敏感结构,受到挤压、牵拉、移位、炎症、血管扩张或痉挛及肌肉紧张性收缩等,均可引起头痛。

【护理评估】

（一）健康史

评估病人有无下列病史:

(1) 颅脑病变:感染、血管病变、占位性病变、颅脑外伤等。

(2) 头颅邻近器官或组织疾病:颅骨、五官、颈椎、颈肌病变等。

(3) 全身性疾病:发热性疾病、高血压、缺氧、中毒及尿毒症等。

(4) 其他:神经症及癔症。

(5) 评估病人的服药史、头部外伤史、中毒史及家族史等。

(6) 评估病人有无用力、低头、咳嗽、打喷嚏、饥饿、睡眠不足、强声刺激、强光刺激、气候变化、女性经前期或经期情绪紧张等诱因。

（二）身体状况

1. 头痛的特点

(1) 头痛部位、性质与程度:颅外因素所致的头痛,如眼源性、鼻源性及耳源性头痛,多位于病灶附近,较为表浅和局限;颅内肿瘤所致头痛多为全头部的胀痛,阵发性加剧;偏头痛多为一侧、发作性、搏动性剧痛;三叉神经痛常呈阵发性电击样短促的剧痛,沿三叉神经分布区放射;高血压引起的头痛多在额部或全头部,呈搏动性。

(2) 头痛规律:如头痛起病的急缓,持续性还是发作性,起病时间,发作频率,激发、加重或缓解的因素。新近发生的与以往不同的头痛,很可能是疾病严重的信号,如突发的剧烈头痛,见于蛛网膜下腔出血、脑出血、脑炎或高血压脑病等;亚急性头痛可能为颅内占位性病变、良性颅内压升高;慢性头痛多为偏头痛、紧张性头痛、鼻窦炎等;周期性反复发作的头痛,应注意与季节、气候、饮食、睡眠的关系,女性病人可能与月经周期有关。

2. 伴随症状 剧烈头痛伴喷射状呕吐,常见于颅内压增高;伴高热,常见于颅内感染;伴眩晕见于小脑肿瘤、椎－基底动脉供血不足;伴脑膜刺激征,见于脑膜炎与蛛网膜下腔出血;伴癫痫发作,见于脑寄生虫囊肿及脑肿瘤等。

（三）心理－社会状况

头痛对病人生活与工作造成影响,慢性头痛的病人可出现焦虑、恐惧或抑郁等心理。

（四）辅助检查

脑脊液检查、头部CT或MRI检查、脑血管造影(DSA)等,有助于病因诊断。

【常见护理诊断／问题】

疼痛:头痛　与颅内外血管舒缩功能障碍或脑部器质性病变等有关。

【护理目标】

病人头痛发作的次数减少或程度减轻。

【护理措施】

1. 一般护理　保持环境安静、舒适、光线柔和。非器质性头痛病人增加休息和睡眠时间;器质性头痛病人应绝对卧床休息,减少头部活动;颅内高压病人床头可抬高15°～30°,呕吐时头偏向一侧,以防误吸引起窒息。

2. 病情观察　观察头痛的部位、性质、持续时间、频率、程度及伴随症状,注意病人的意识、瞳孔、脉搏及血压等变化,发现异常立即报告医生并协助处理。

3. 缓解和解除疼痛

（1）用药护理:告知病人药物的作用与不良反应,大量应用镇痛药可致依赖或成瘾,指导病人遵医嘱正确用药。

（2）心理护理:理解病人的痛苦,耐心解释,解除病人的思想顾虑,缓解病人的焦虑和紧张情绪,保持身心放松;鼓励病人树立信心,积极配合治疗。

（3）指导病人减轻疼痛的方法:避免诱发或加重头痛的诱因,指导病人做缓慢深呼吸,听轻音乐,练气功,进行引导式想象,采用冷、热敷,以及理疗、按摩、指压止痛等方法缓解头痛。

【护理评价】

病人头痛是否减轻或缓解。

二、意 识 障 碍

意识是指个体对周围环境及自身状态的感知能力。意识障碍(disturbance of consciousness)是指人对外界环境刺激缺乏反应的一种精神状态。各种感染、中毒和机械压迫等因素,引起脑干上行网状激活系统或双侧大脑皮质损害,均可导致意识障碍。意识障碍可有觉醒度下降和意识内容变化,前者表现为嗜睡、昏睡和昏迷;后者表现为意识模糊和谵妄等。

【护理评估】

（一）健康史

评估病人有无下列疾病病史：①颅内疾病，如中枢神经系统炎症、脑血管疾病及颅内占位性病变。②全身感染性疾病，如败血症和中毒性肺炎等。③心血管疾病，如高血压脑病、阿-斯综合征及心源性休克等。④代谢性疾病，如糖尿病酮症酸中毒、肝性脑病、尿毒症等。⑤中毒性疾病，如一氧化碳中毒、有机磷杀虫药和巴比妥类药物中毒等。

（二）身体状况

1. 意识障碍的特点

（1）以觉醒度改变为主的意识障碍

1）嗜睡：是最轻的意识障碍。病人陷入持续的睡眠状态（病理性倦睡），可被唤醒，能正确回答问题和做出各种反应，当刺激去除后又继续入睡。

2）昏睡：是接近于人事不省的意识状态。病人处于熟睡状态，不易唤醒，在强烈刺激下（如压迫眶上神经、摇动身体等）可被唤醒，醒时答话含糊或答非所问，停止刺激后很快入睡。

3）昏迷：是最严重的意识障碍，表现为意识持续中断或完全丧失，按严重程度可分为三级。①浅昏迷：意识完全丧失，无自主运动，对声、光刺激无反应，对疼痛刺激可出现痛苦表情或肢体退缩等防御反应。角膜反射、瞳孔对光反射、眼球运动、吞咽反射等可存在，生命体征无明显变化。②中昏迷：对外界正常刺激均无反应，对强烈刺激可出现防御反射。角膜反射减弱，瞳孔对光反射迟钝，眼球无转动，生命体征发生改变。③深昏迷：意识完全丧失，全身肌肉松弛，对各种刺激全无反应，瞳孔散大，眼球固定，各种反射均消失，生命体征明显异常。

（2）以意识内容改变为主的意识障碍

1）意识模糊：表现为注意力减退，情感反应淡漠，定向力障碍，活动减少，语言缺乏连贯性，对外界刺激可有反应，但低于正常水平。

2）谵妄：是一种急性的脑高级功能障碍，病人对周围环境的认识及反应能力均有下降，表现为认知、注意力、定向、记忆功能受损，思维推理迟钝，语言功能障碍，有错觉、幻觉，睡眠觉醒周期紊乱等。可出现紧张、恐惧和兴奋不安，甚至可有冲动和攻击行为。

（3）特殊类型的意识障碍：去皮质综合征、去大脑强直、无动性缄默症（睁眼昏迷）、植物状态等，各有其特殊表现。

2. 伴随症状　伴发热，见于脑出血、蛛网膜下腔出血及重症感染性疾病等；伴双侧瞳孔散大和对光反射消失，提示中脑受损、脑缺氧或阿托品类药物中毒；双侧瞳孔针尖样缩小，见于脑桥出血、有机磷农药中毒和吗啡类药物中毒等；伴高血压，见于高血压脑病、脑血管意外和尿毒症等；伴瘫痪，见于脑出血、脑梗死和颅内占位性病变等。

（三）心理-社会状况

病人出现急性意识障碍常给家属带来不安及恐惧，慢性意识障碍病人的行为和意识紊乱给家庭增添负担,家属可能产生厌烦心态。

(四) 辅助检查

脑电图(EEG)检查可明确脑功能状况,血常规,血糖、血脂、电解质检测,头颅 CT 和 MRI 检查可明确病因。

【常见护理诊断 / 问题】

意识障碍　与脑组织受损、功能障碍有关。

【护理目标】

病人意识障碍无加重、意识障碍程度减轻或意识清楚,未发生与意识障碍、长期卧床有关的并发症。

【护理措施】

1. 一般护理　提供安静舒适、光线柔和的环境。给予高热量和富含丰富维生素的饮食,补充足够的水分,遵医嘱给予鼻饲流质,保证足够的营养供给。注意口腔卫生,不能进食者每天给予口腔护理 2～3 次,防止口腔感染。保持床单位整洁、干燥,减少对皮肤的机械刺激;保持肢体处于功能位,每 2～3 小时为病人翻身 1 次,动作轻柔,防止压疮发生。做好排泄护理,保持外阴部皮肤清洁,预防尿路感染。确保病人安全,谵妄躁动者加床挡,必要时用约束带适当约束,防止病人坠床、自伤及伤人。

2. 病情观察　密切观察并记录生命体征、瞳孔大小和对光反射情况,准确判断病人的意识障碍程度;观察有无恶心、呕吐以及呕吐物的性状和量,及时发现消化道出血和脑疝先兆,并做好抢救配合;观察有无呼吸道及泌尿系统感染表现。

3. 保持呼吸道通畅　病人取平卧位头偏向一侧或侧卧位,取下活动义齿,清除口鼻分泌物,防止舌根后坠、误吸与窒息。痰液较多者及时吸痰,有窒息危险或病情严重者,做好气管切开及使用呼吸机的准备。

【护理评价】

病人意识障碍程度是否减轻,有无与意识障碍、长期卧床有关的并发症发生。

三、言 语 障 碍

言语障碍(language disorders)的种类繁多,主要有失语症和构音障碍。失语症是指病人在意识清楚,发音和构音器官没有障碍的情况下,大脑皮质语言功能区受损导致的语言交流功能障碍,表现为自发谈话、听理解、复述、命名、阅读和书写等能力的残缺或丧失。构音障碍是指与发音有关的神经或肌肉发生器质性病变,引起发音器官的肌肉无力、肌张力异常以及运动不协调等,产生发音、共鸣、韵律等言语运动控制障碍。

【护理评估】

(一) 健康史

评估病人有无导致大脑皮质语言功能区受损的疾病,如脑卒中、颅脑损伤、脑肿瘤和颅内感染等。有无与发音有关的神经或肌肉受损的疾病,如脑卒中、帕金森病、重症肌无力、吉兰－巴雷综合征、多发性硬化、肌营养不良、锥体外系疾病及小脑病变等。

（二）身体状况

1. 言语障碍的特点

（1）失语症的特点

1）Broca 失语:又称表达性失语或运动性失语,口语表达障碍最突出。病人不能说话或只能讲一两个字,对别人的语言能理解,对书写的词语、句子也能理解,但读出来有困难。

2）Wernicke 失语:又称听觉性失语或感觉性失语。病人听觉正常,但不能听懂别人和自己讲话。口语表达流利,发音和语调正常,但言语混乱割裂,难以理解,答非所问。

3）完全性失语:又称混合性失语,是最严重的一种失语类型,以所有语言功能均严重障碍或几乎完全丧失为特点。

4）命名性失语:又称遗忘性失语,主要特点为命名不能,表现为仅能描述物品的性质和用途,说不出物品的名称。

5）失写症:无手部肌肉瘫痪,但不能以书写形式表达思想,原有的书写功能受损或丧失。

6）失读症:不认识和不理解字词、符号、字母或色彩。

（2）构音障碍的特点:病人听理解正常,能正确选择词汇以及按语法排列词句。由于损伤部位不同,可表现为发声困难、发音不清,或声音、音调及语速异常,严重者不能发音。

2. 伴随症状　不同类型的失语症可伴有轻偏瘫、视野缺损、书写障碍、偏瘫与偏身感觉障碍等,对大脑皮质语言功能区受损具有定位意义。构音障碍伴面瘫、吞咽困难、饮水呛咳常见于上运动神经元损害;伴舌肌萎缩和舌肌震颤见于舌下神经病变。

（三）心理－社会状况

由于病人与医护人员、家人等的沟通受到影响,可能会出现烦躁情绪,或者产生孤独感、自卑感,甚至有抑郁症状出现。

（四）辅助检查

头部 CT 或 MRI、肌电图检查（EMG）及新斯的明试验等有助于明确病因。

【常见护理诊断／问题】

语言沟通障碍　与大脑皮质语言功能区或发音器官的神经肌肉受损有关。

【护理目标】

病人能进行有效沟通,能表达自己的需求。

【护理措施】

1. 心理护理　耐心解释出现言语障碍的原因,尊重、理解病人,保护病人的自尊心。引导、鼓励病人以各种方式主动参与交流,对病人的微小进步给予表扬,提高和保持病人对训练的兴趣,帮助病人建立康复的信心。

2. 有效沟通　与病人沟通时要有耐心,语速要慢,给予病人足够的反应时间。对运动性失语病人可让其用简单的"是"或"不"来回答问题,或点头、摇头示意。借助打手势、实物图片、画图、文字书写、交流板、电脑及仪器辅助等与病人进行交流。

3. 言语功能康复训练　依据病人言语障碍的性质、程度,制订个体化的康复计划,由少到多、由易到难、由简单到复杂,循序渐进地进行训练。

(1)肌群运动训练:通过缩唇、叩齿、伸舌、卷舌、鼓腮、吹气、咳嗽等动作进行。

(2)发音训练:先练习发元音(如 a、u),然后练习发辅音;由发双唇音(如 b、p、m)到反复发单音节(如:pa、da、ka),然后练习多音节发音,再过渡到单词和句子的训练。

(3)复述训练:复述单词和词汇,病人每次复述 3～5 遍,反复训练,巩固效果。

(4)命名训练:让病人指出常用物品名称及说出家人的姓名。

(5)刺激训练法:用病人熟悉的、有意义的内容进行刺激,刺激后应诱导而不是强迫病人应答,且不宜过早纠正错误,多次反复给予刺激;也可用听词指图、指物和指字刺激法。

【护理评价】

病人是否能进行有效沟通来表达自己的需求。

四、感 觉 障 碍

感觉障碍(sense disorders)是指机体对各种形式的刺激(如痛、温度、触、压、位置、振动等)无感知、感知减退或异常的一组综合征,常见于脑实质及脑脊髓膜的急慢性感染、脑血管疾病、脑或脊髓外伤及肿瘤,以及周围神经或自主神经病变等。

【护理评估】

（一）健康史

评估病人有无神经系统的感染、血管病变;有无药物及毒物中毒、脑肿瘤、脑外伤,以及全身代谢障碍性疾病等病史;有无情绪激动、睡眠不足、过度疲劳、意识不清等诱因。

（二）身体状况

1. 感觉障碍的特点

(1)感觉障碍的分类:感觉障碍分为抑制性症状和刺激性症状两大类。

1)抑制性症状:感觉传导通路被破坏或功能受抑制而出现的感觉减退或感觉缺失,分为完全性感觉缺失(同一部位各种感觉均缺失)和分离性感觉障碍(同一部位某种感觉障碍而其他感觉保存)。

2)刺激性症状:感觉传导通路受刺激或兴奋性增高时出现的症状,主要包括 5 种。①感觉过敏:轻微刺激引起强烈感觉。②感觉倒错:非疼痛性刺激引发疼痛,热觉刺激引起冷觉感等。③感觉过度:感觉刺激阈增高,达到阈值时,经过一段时间可产生一种定位不明确的、强烈的不适感,持续一段时间才消失。④感觉异常:无外界刺激情况下出现异常自发性感觉,如麻木感、沉重感、痒感、蚁走感、针刺感及电击感等。⑤疼痛:包括局部性疼痛、放射性疼痛、扩散性疼痛、烧灼性神经痛及牵涉性疼痛。

（2）感觉障碍的定位:病变部位不同,感觉障碍的表现各异。①神经干型:受损害的某一神经干分布区内各种感觉减退或消失。②末梢型:四肢对称性的末端各种感觉障碍,呈手套－袜套样分布。③后根型:感觉障碍范围与神经根的分布一致,常伴有剧烈的放射性疼痛,如腰椎间盘突出症。④髓内型:包括分离性、脊髓半离断型和横贯性脊髓损害。⑤脑干型:为交叉性感觉障碍,同侧面部和对侧肢体感觉减退或缺失。⑥内囊型:为偏身型感觉障碍,即对侧偏身感觉减退或缺失,常伴有偏瘫及偏盲。⑦皮质型:病灶对侧的复合感觉(精细感觉)障碍。

2. 伴随症状　脊髓损伤平面以下所有感觉(温、痛、触、深)减退或缺失,伴截瘫或四肢瘫、排便功能障碍,常见于脊髓颈胸段损伤;对侧面部及半身各种感觉障碍,伴有同侧脑神经麻痹,常见于脑桥上部和中脑病变;伴患侧肢体的自发性疼痛,见于丘脑病变;偏身感觉障碍伴偏瘫及偏盲,见于内囊病变。

（三）心理－社会状况

病人常因感觉异常而烦闷、忧虑或失眠,易产生焦虑、恐惧情绪。由于感觉障碍病人受损伤的危险性增加,加重了病人及家属的心理负担。

（四）辅助检查

脑脊液检查、诱发电位(EP)、头颅 CT 或 MRI 等检查有助于病因诊断。

【常见护理诊断／问题】

感知觉紊乱　与脑、脊髓病变及周围神经受损有关。

【护理目标】

病人能适应感觉障碍的状态,感觉障碍减轻或消除,无损伤发生。

【护理措施】

1. 一般护理　保持床单整洁、干燥,防止有感觉障碍的身体部位受压或受到机械性刺激。对感觉障碍肢体注意保暖防冻、防烫、防搔抓、防碰撞和防重压。慎用热水袋或冰袋。如肢体保暖需用热水袋时,水温不宜超过 50℃,外包毛巾,每 30 分钟查看并更换部位,防止烫伤。对下肢有深感觉障碍的病人,避免夜间独自行走,以防跌伤。

2. 感觉训练　建立感觉－运动训练一体化的概念,将感觉训练包括在运动训练中。指导病人或家属每天进行训练。如用砂纸、棉絮丝等刺激触觉;用温水擦洗感觉障碍的部位,刺激感觉恢复和促进血液循环;用针尖刺激恢复痛觉等。解释各种刺激的感觉体验,指导病人用视觉弥补感觉的不足;同时进行肢体的按摩、拍打、理疗、针灸及被动运动。

3. 心理护理　加强与病人沟通,耐心听取病人对感觉异常的叙述,并进行必要的解释,消除病人焦虑及烦躁的情绪,使病人积极配合治疗与护理。指导家属关心、陪伴病人,保护病人的自尊,避免不良刺激。

【护理评价】

病人的感觉障碍是否减轻或消失,是否有损伤发生。

五、运 动 障 碍

运动障碍(movement disorders)是指运动系统任何部分功能受损而引起的骨骼肌活动异常,可分为瘫痪、不自主运动及共济失调等。

【护理评估】

(一)健康史

评估病人有无脑实质及脑脊髓膜的急慢性感染、脑外伤、脑血管病变、脑肿瘤、脑先天畸形或神经脱髓鞘等病史;有无药物或毒物中毒史。

(二)身体状况

1. 运动障碍的特点

(1)瘫痪:是肢体因肌力下降或丧失而导致的运动障碍。

1)瘫痪的性质:按病变部位分为上运动神经元瘫痪和下运动神经元瘫痪(表9-1)。

表9-1 上、下运动神经元瘫痪的比较

体征	上运动神经元瘫痪	下运动神经元瘫痪
瘫痪分布	整个肢体为主	肌群为主
肌张力	增高,呈痉挛性瘫痪	降低,呈弛缓性瘫痪
浅反射	消失	消失
腱反射	增强	减弱或消失
病理反射	阳性	阴性
肌萎缩	无或轻度失用性萎缩	明显
皮肤营养障碍	多数无障碍	常有
肌束颤动或肌纤维颤动	无	可有
肌电图	神经传导速度正常,无失神经电位	神经传导速度异常,有失神经电位

2)瘫痪的类型:常表现为以下5种形式(图9-1)。①单瘫:单个肢体运动不能或运动无力。②截瘫:即双下肢瘫痪,见于脊髓胸腰段的横贯性损害。③交叉性瘫痪:病变侧脑神经麻痹和对侧肢体瘫痪,见于一侧脑干病变。④偏瘫:一侧面部和肢体瘫痪,见于内囊出血、脑梗死等。⑤四肢瘫痪:四肢不能运动或肌力减退,见于高颈段脊髓病变、周围神经病变等。

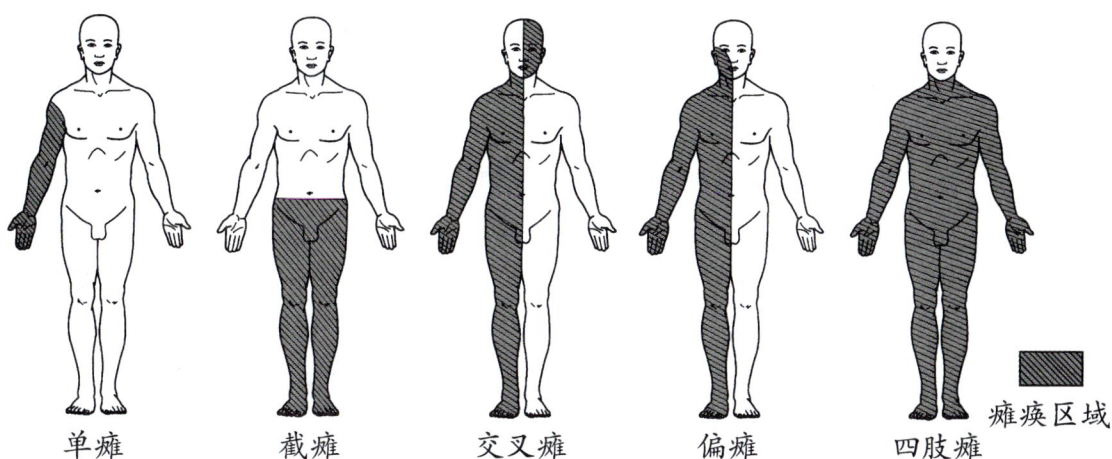

| 单瘫 | 截瘫 | 交叉瘫 | 偏瘫 | 四肢瘫 | 瘫痪区域 |

图 9-1 瘫痪的几种常见形式

3）瘫痪的程度：常用肌力测定判断瘫痪的程度，肌力可分为 6 级（表 9-2）。

表 9-2 肌力的分级

分级	临床表现
0 级	肌肉无收缩，完全瘫痪
1 级	肌肉可轻微收缩，但不能产生动作
2 级	肢体能在床面移动，但不能抵抗自身重力，即无力抬起
3 级	肢体能抵抗重力离开床面，但不能抵抗阻力
4 级	肢体能做抗阻力动作，但未达到正常
5 级	正常肌力

（2）不自主运动：病人在意识清楚的情况下，出现无目的、不受主观控制的异常运动。表现为震颤、舞蹈样运动、手足徐动症、扭转痉挛、偏身投掷动作及抽动症等。

（3）共济失调：由于小脑、本体感觉及前庭功能障碍导致的运动笨拙和不协调，引起机体平衡、姿势和步态异常。

2. 伴随症状　瘫痪伴肌张力增高、腱反射增强、浅反射消失、病理反射阳性，见于上运动神经元病变；伴肌张力减低或消失、腱反射减弱或消失、浅反射消失、肌萎缩明显，见于下运动神经元病变；共济失调伴肌张力减低、眼球运动障碍及言语障碍，见于小脑病变；伴明显眩晕、恶心、呕吐、眼球震颤，多见于内耳疾病、脑血管病、脑炎及多发性硬化等引起的前庭损害。

（三）心理－社会状况

病人因瘫痪、不自主运动及共济失调导致生活不能自理，易产生急躁、焦虑、抑郁、烦恼、自卑及悲观等心理。

（四）辅助检查

头颅 CT 或 MRI、肌电图（EMG）、血液生化检查及神经肌肉活检等有助于病因诊断。

【常见护理诊断 / 问题】

1. 躯体活动障碍　与脑、脊髓及神经肌肉受损，肢体瘫痪或协调能力异常有关。

2. 有废用 / 误用综合征的危险　与肢体瘫痪、僵硬、长期卧床或体位不当、异常运动模式有关。

【护理目标】

病人适应运动障碍的状态，活动能力逐步增强；无废用 / 误用综合征发生。

【护理措施】

（一）躯体活动障碍

1. 一般护理

（1）休息与活动：帮助卧床病人采取合理卧位，在保证病人生命体征稳定前提下，每 2～3 小时协助翻身一次；瘫痪病人卧气垫床或按摩床，对骶尾部、足跟等部位予以减压保护；保持床单整洁、干燥，减少对皮肤的机械性刺激。

（2）生活护理：鼓励病人合理饮食，摄取充足水分和均衡营养。做好口腔护理，预防肺部及泌尿系统感染等并发症。指导病人及家属学会使用便器，便盆置入与取出动作轻柔，以免损伤皮肤。协助病人完成进食、清洁、排泄、穿脱衣服等日常生活活动。

（3）安全护理：防止病人坠床或跌倒，病床高度适中，有保护性床挡；呼叫器及经常使用的物品置于病人伸手可及处；走廊、厕所装有扶手，地面平整干燥、防湿、防滑；病人活动时穿防滑鞋，衣着应宽松；行走不稳者可选用三角杖等合适的辅助工具，并有人陪伴，防止受伤。

2. 运动训练　根据病人病情、瘫痪程度选择合适的运动方式与运动强度，从助力活动开始，鼓励主动活动。观察病人情况，注意保护或辅助。

3. 心理护理　加强与病人沟通交流，关心、体贴和尊重病人，主动协助病人的日常生活活动，取得病人的信任。指导病人克服焦躁、悲观情绪，使之适应角色转变，正确面对，积极配合治疗及功能训练。

（二）有废用 / 误用综合征的危险

1. 保持瘫痪肢体处于功能位　正确卧位姿势可以减轻患肢痉挛、水肿，增加舒适感。患侧肩前屈、伸肘、伸腕、伸指，下肢垫枕，稍屈髋、屈膝，足背屈 90°；健侧肢体自然放置。患手应张开，手中不应放任何物品；不在足部放置坚硬的物体，避免足跖屈畸形；准备不同大小和形状的软枕以支持肢体；避免被褥过重或太紧。患侧卧位是最重要的体位，仰卧位为过渡性体位，应尽可能少用。

2. 重视患侧刺激　加强患侧刺激可对抗病人的感觉丧失。床头柜、电视机置于患侧；家属与病人交谈坐在其患侧；治疗与护理工作都在患侧进行，引导病人将头转向患侧，避免其忽略患侧身体和空间。

3. 床上运动训练 一般脑卒中病人病情稳定48小时后开始进行康复训练,康复训练开展得越早,功能恢复的可能性就越大。可进行上肢上举运动、翻身训练、桥式运动等。

4. 恢复期运动训练 主要包括转移动作训练、坐位训练、站立训练、步行训练、平衡共济训练、日常生活活动训练等。运动训练应在康复师指导下由易到难、循序渐进、持之以恒。

5. 综合康复 根据病情合理选用针灸、理疗、按摩等辅助治疗,做好相应的护理,以促进运动功能的恢复。

【护理评价】

病人是否适应运动障碍的状态,活动能力逐步增强;有无废用/误用综合征发生。

(高 丽)

第二节 三叉神经痛病人的护理

学习目标

1. 具有良好的职业素质和认真负责的工作态度,理解、尊重和关爱病人。
2. 掌握三叉神经痛病人的身心状况和主要护理措施。
3. 熟悉三叉神经痛的辅助检查和病人的常见护理诊断/问题。
4. 了解三叉神经痛的病因和治疗要点。
5. 学会与三叉神经痛病人进行有效沟通,指导病人避免发作的诱因和缓解疼痛的方法。

工作情景与任务

导入情景:

李女士,40岁。下颌部发作性电击样痛两个月,洗脸、刷牙时疼痛剧烈,痛时如电击样,持续十秒左右,自行缓解,入院初步诊断为三叉神经痛。现病人不敢洗漱,烦躁、焦虑。

工作任务:

1. 对李女士进行护理评估,列出主要护理诊断。
2. 对李女士进行心理护理和健康指导。

三叉神经痛(trigeminal neuralgia)是三叉神经分布区内反复发作的短暂性剧烈疼痛,又称原发性三叉神经痛。本病多见于40岁以上人群,女性多于男性。病因与发病机制不明,周围学说认为是多种原因压迫所致,中枢学说认为是一种感觉性癫痫样发作。

【护理评估】

（一）健康史

评估病人有无颅内占位、炎症、血管病变的病史及病人既往健康状况。

（二）身体状况

疼痛为本病最突出的表现，具有以下特点。①疼痛部位：常局限于面部三叉神经分布区，以面颊、上下颌及舌部明显。鼻翼、口角、颊部或舌部为敏感区，洗脸、刷牙、进食可诱发，称为"触发点"或"扳机点"。②疼痛性质：如电击、针刺、刀割或撕裂样疼痛。③发作时间：持续数秒或1~2分钟，常突发突止，间歇期完全正常。初起时发作次数少，间歇期长，以后发作逐渐频繁，间歇期缩短，甚至持续发作。④体征：神经系统检查一般无阳性体征。

（三）心理－社会状况

由于疼痛剧烈，发作频繁，病人往往不敢说话、漱口和进食，可表现为焦虑、情绪低落、抑郁。

（四）辅助检查

通过神经电生理检查、头颅MRI检查，排除其他疾病引起的继发性三叉神经痛。

（五）治疗要点

三叉神经痛治疗的关键是迅速有效止痛。①药物治疗：首选药物为卡马西平，其次可选用苯妥英钠、氯硝西泮、加巴喷丁等，轻者可服用解热镇痛药物。②封闭治疗：药物治疗无效者可用无水乙醇或甘油封闭三叉神经分支或半月神经节。③经皮半月神经节射频电凝疗法：疗效达90%以上。④手术治疗：以上治疗无效者手术治疗。

【常见护理诊断/问题】

1. 疼痛：面颊、上下颌及舌疼痛　与三叉神经受损（发作性放电）有关。

2. 焦虑　与疼痛反复发作有关。

【护理措施】

（一）一般护理

1. 休息与活动　保持病室安静、光线柔和，维持正常休息和睡眠，避免因周围环境刺激产生焦虑情绪，诱发或加重疼痛。注意头面部保暖，避免局部受凉。

2. 饮食护理　给予高热量、清淡、易消化软食，少量多餐，严重者可进流质或半流质食物，忌生硬、油炸、辛辣食物。

（二）病情观察

观察疼痛部位、痛点、敏感区、性质、程度、持续时间、发作频率与间隔期、伴随症状等。

（三）对症护理

避免发作诱因，维持情绪稳定；吃饭、漱口、说话、刷牙、洗脸等动作轻柔；指导病人分散注意力等以缓解疼痛，详见本章第一节"一、头痛"。

（四）用药护理

指导病人遵医嘱正确用药,不要自行停药或更换药物。卡马西平的主要不良反应有头晕、嗜睡、口干、恶心、消化不良等,多于数天后消失;严重者可出现皮疹、共济失调、再生障碍性贫血、昏迷、肝功能损害、心绞痛、精神症状,应遵医嘱停药;孕妇忌用。苯妥英钠过量可出现头晕、步态不稳、眼球震颤等中毒症状,应立即报告医生,按医嘱减量。使用氯硝西泮的病人可出现嗜睡、步态不稳;加巴喷丁的不良反应主要有嗜睡、眩晕、步态不稳,孕妇忌用。

（五）心理护理

指导病人正确对待疾病,保持良好的心态,心情愉快,配合治疗与护理。

（六）健康指导

1. 疾病知识指导　帮助病人及家属掌握本病的发病特点与诱因,指导病人生活规律,充分休息,保持良好的心态,培养多种爱好,分散注意力;饮食清淡,营养丰富。

2. 用药指导　教会病人及家属遵医嘱合理用药,注意观察药物作用和不良反应。服用卡马西平的病人不能独自外出,不能开车或高空作业;每1～2个月检查一次肝功能和血常规,出现皮疹、白细胞减少、共济失调时及时就医。

（高　丽）

第三节　急性炎症性脱髓鞘性多发性神经病病人的护理

> **学习目标**
>
> 1. 具有高度的责任感、沉着冷静的心理素质和严谨细致的工作态度,珍视生命,尊重和关爱病人。
> 2. 掌握急性炎症性脱髓鞘性多发性神经病病人的身心状况和主要护理措施。
> 3. 熟悉急性炎症性脱髓鞘性多发性神经病的治疗要点和病人的常见护理诊断/问题。
> 4. 了解急性炎症性脱髓鞘性多发性神经病的病因和辅助检查。
> 5. 学会对病人进行健康指导,协助医生做好呼吸肌麻痹病人的抢救配合。

工作情景与任务

导入情景：

白先生,35岁。2周前腹泻后出现双下肢对称性无力,5天前出现面部麻痹、口齿不清。脑脊液检查示"蛋白－细胞分离",入院初步诊断为急性炎症性脱髓鞘性多发性神经病。

工作任务：

1. 监测白先生的病情变化，注意观察呼吸、吞咽等情况。
2. 对白先生及其家属进行健康指导。

急性炎症性脱髓鞘性多发性神经病（acute inflammatory demyelinating polyradiculoneuropathies，AIDP），又称吉兰－巴雷综合征（Guillain-Barre syndrome，GBS），是一种自身免疫介导的周围神经病，主要损害多数脊神经根和周围神经，也常累及脑神经。临床特点为急性起病，2周左右达高峰，表现为多发神经根及周围神经损害，常有脑脊液蛋白－细胞分离现象。可发生于各年龄组，四季均可发病。

本病病因及发病机制不明，可能与空肠弯曲菌感染有关，以腹泻为前驱症状的病人，空肠弯曲菌感染率高达85%，常在腹泻停止后发病。此外，还可能与巨细胞病毒、EB病毒、水痘－带状疱疹病毒、乙型肝炎病毒、肺炎支原体及HIV感染有关。

【护理评估】

（一）健康史

评估病人发病前有无呼吸道、消化道感染病史；有无疫苗接种史；有无白血病、淋巴瘤、器官移植后使用免疫抑制剂或患有系统性红斑狼疮、桥本甲状腺炎等自身免疫病病史。

（二）身体状况

1. 运动障碍　急性起病，病情多在数日至2周达高峰。首发症状多为四肢对称性弛缓性瘫痪，可自远端向近端发展或自近端向远端加重，常由双下肢开始逐渐累及躯干肌、脑神经。病情危重者可累及肋间肌及膈肌，导致呼吸肌麻痹，急性呼吸衰竭是本病死亡的主要原因。腱反射减弱或消失，少数病人腱反射正常或活跃。

2. 感觉障碍　肢体感觉异常，如烧灼感、麻木感、刺痛感和不适感等，感觉缺失呈手套、袜子形状分布。

3. 脑神经损害　成人以双侧周围性面瘫为主，儿童以延髓麻痹常见，部分病人以脑神经损害为首发症状就诊。

4. 自主神经损害　多汗、皮肤潮红、手足肿胀及营养障碍，严重者可致心律失常及直立性低血压等。

（三）心理－社会状况

因病情凶险、突发且进展迅速，肢体运动障碍，皮肤感觉异常，病人情绪紧张、焦虑不安；当病情加重，出现呼吸困难、吞咽障碍时，病人可出现恐惧、悲观等心理。

（四）辅助检查

1. 脑脊液检查　典型脑脊液改变为蛋白增高而细胞数正常，称蛋白－细胞分离现象，为本病特征性表现。

2. 其他检查　神经电生理检查可提示周围神经存在脱髓性病变；部分病人粪便中可

分离和培养出空肠弯曲菌。

（五）治疗要点

治疗原则是抑制免疫反应,消除致病因子对神经的损害,促进神经再生,预防并发症。

1. 一般治疗　①抗感染:可用大环内酯类抗生素治疗。②呼吸道管理。③营养支持。④对症治疗,防治并发症。

2. 免疫治疗　①血浆置换,可迅速降低血浆中抗体和其他炎症因子,有条件者尽早应用。②免疫球蛋白静脉注射。③糖皮质激素,一般使用甲泼尼龙或地塞米松。

3. 神经营养　应用 B 族维生素,包括维生素 B_1、维生素 B_6、维生素 B_{12} 等。

4. 康复治疗　病情稳定后早期进行正规的神经功能康复。

【常见护理诊断 / 问题】

1. 低效性呼吸型态　与周围神经损伤、呼吸肌麻痹有关。

2. 躯体活动障碍　与四肢肌肉进行性瘫痪有关。

3. 恐惧　与呼吸困难、濒死感或害怕气管切开等有关。

4. 吞咽障碍　与脑神经受损致延髓麻痹、咀嚼肌无力及气管切开等有关。

5. 清理呼吸道无效　与呼吸肌麻痹、咳嗽无力及肺部感染所致分泌物增多等有关。

6. 潜在并发症:深静脉血栓形成、营养失调。

【护理措施】

（一）一般护理

病室安静、舒适,协助病人采取舒适卧位,保证良好睡眠与休息。给予高热量、高蛋白、丰富维生素及易消化饮食。吞咽困难病人喂食速度要慢,温度适宜,不可催促病人下咽以免呛咳;严重者及早插管鼻饲,做好口腔护理。进食时及进食后 30 分钟内宜抬高床头,防止窒息。

（二）病情观察

监测生命体征,观察吞咽情况、运动障碍、感觉障碍的程度和分布。给予心电监护,动态观察血压、脉搏、呼吸、动脉血氧饱和度。观察病人有无胸闷、气短、呼吸费力等情况,注意呼吸困难程度及血气分析变化。

（三）治疗配合

1. 用药护理　免疫球蛋白使用时可导致发热、面红,减慢输液速度可减轻。糖皮质激素可能导致应激性溃疡等表现,应观察有无胃部疼痛不适和黑便;留置鼻胃管的病人应定时回抽胃液,注意胃液的颜色、性质。不能轻易使用有呼吸抑制作用的镇静催眠药,以免掩盖或加重病情。

2. 呼吸肌麻痹病人的抢救配合　呼吸肌麻痹是病人面临的主要危险,要做好抢救配合:①严密观察病人呼吸状态,注意保持呼吸道通畅。鼓励病人深呼吸,指导有效咳嗽,及时清除口鼻、呼吸道分泌物,必要时吸痰。②持续低流量给氧,保持输氧管道通畅。③床头备好吸引器、气管切开包及机械通气设备。当病人出现呼吸费力、烦躁、出汗、口唇发绀等缺氧症状,或血氧饱和度降低,动脉血氧分压低于 70mmHg 时,应立即报告医生,协助进行气管插管或气管切开,使用呼吸机辅助呼吸。

（四）心理护理

应及时了解病人的心理状况,主动关心病人,耐心倾听病人的感受,解释病情;告知病人本病经过积极治疗和康复锻炼,大多预后良好,使病人增强信心,配合治疗。

（五）健康指导

1. 疾病知识指导　指导病人及家属掌握本病病因、进展表现、常见并发症及预后;加强营养,增强体质和机体抵抗力,避免淋雨、受凉、疲劳和创伤,防止复发。

2. 康复指导　病人恢复过程长,应指导家属理解和关心病人,帮助其保持健康心态。家属要督促病人加强功能训练,促进康复。病人在锻炼过程中应有家人陪同,防止跌倒、受伤。

3. 病情监测指导　教会病人和家属监测病情,注意观察生命体征、吞咽、运动及感觉的变化。告知病人和家属,当病人出现咳嗽、咳痰、发热、呼吸困难、胃部不适、腹痛、柏油样便、肢体肿胀疼痛等情况时应立即就诊。

（高　丽）

第四节　脑血管疾病病人的护理

学习目标

1. 具有高度的责任感、沉着冷静的心理素质和严谨细致的工作态度,珍视生命,尊重和关爱病人。
2. 掌握脑血管疾病病人的身心状况和主要护理措施。
3. 熟悉脑血管疾病的危险因素、影像学检查特点、治疗要点及病人的常见护理诊断／问题。
4. 了解常见脑血管疾病的病因、发病机制和病人的护理目标、护理评价。
5. 学会运用护理程序对病人实施整体护理,为病人及家属提供健康指导、心理和社会支持。

工作情景与任务

导入情景:

王先生,67 岁。有高血压病史 10 余年,3 小时前与朋友下棋时因激动突然出现剧烈头痛、呕吐,继而昏倒,急诊入院。P 56 次 /min,R 16 次 /min,BP 205/110mmHg,浅昏迷。急查头颅 CT,入院初步诊断为脑出血,原发性高血压。医嘱:20% 甘露醇快速静脉滴注。

工作任务:

1. 安置王先生于合适体位,保持呼吸道通畅。
2. 监测王先生的生命体征,严密观察意识状态、瞳孔等变化。
3. 遵医嘱执行 20% 甘露醇静脉滴注,观察药物疗效及不良反应。

脑血管疾病(cerebrovascular disease,CVD)是指脑血管病变导致脑功能障碍的一类疾病的总称。依据神经功能缺失持续时间,将不足 24 小时者称为短暂性脑缺血发作,超过 24 小时者称为脑卒中。脑卒中(stroke)是脑血管疾病的主要临床类型,以突然发病、迅速出现局限性或弥漫性脑功能缺损为临床特征。脑卒中可分为缺血性卒中和出血性卒中,前者又称为脑梗死,包括脑血栓形成和脑栓塞;后者包括脑出血和蛛网膜下腔出血。2008 年卫生部公布的全国死因调查,脑卒中已成为第一致死原因,脑血管疾病是危害中老年人身体健康和生命的主要疾病。

引起脑血管疾病的病因较多,有血管壁病变(以高血压性动脉硬化和动脉粥样硬化所致血管损害最常见)、心脏病和血流动力学改变(如血压的急骤波动、心瓣膜病、心房颤动)、血液成分及血液流变学异常(包括各种原因所致的血液凝固性增高、出血倾向)、其他(各种栓子进入颅内,脑血管受压、外伤、痉挛)等。脑血管疾病的危险因素分为两类:一类是无法干预的因素,如年龄、性别、种族和遗传因素等;另一类是可干预的因素,如高血压、高血脂、心脏病、糖尿病、高同型半胱氨酸血症、吸烟、酗酒、体力活动减少、高盐饮食、超重、感染等,其中高血压是最重要的独立危险因素。

一、短暂性脑缺血发作

短暂性脑缺血发作(transient ischemic attack,TIA)是由于局部脑组织或视网膜缺血引起的短暂性神经功能缺损,临床症状一般不超过 1 小时,最长不超过 24 小时,且无责任病灶的证据。TIA 好发于中老年人,男性多于女性,是缺血性脑卒中最重要的危险因素。

短暂性脑缺血发作的发病与动脉粥样硬化、动脉狭窄、心脏病、血液成分改变及血流动力学变化等多种因素有关,其发病机制主要有两种。①血流动力学改变:各种原因(如动脉硬化和动脉炎等)所致颈内动脉系统或椎 – 基底动脉系统动脉严重狭窄的基础上,血压急剧波动和下降导致相应脑区发生一过性缺血。②微栓塞:微小栓子阻塞小动脉导致供血区域脑组织缺血,当栓子破碎移向远端或自发溶解时,血流恢复,症状缓解。

【护理评估】

(一)健康史

评估病人有无动脉粥样硬化、高血压、心脏病、糖尿病、高脂血症、颈椎病及严重贫血等病史;发病前有无血压急剧波动、急性血压过低、急剧的头部转动和颈部伸屈、严重失水等血流动力学改变情况。

（二）身体状况

多突然起病，迅速出现局灶性脑或视网膜功能障碍，历时短暂，可反复发作，每次发作症状相似，不留后遗症。

1. 颈内动脉系统短暂性脑缺血发作　常见症状为病变对侧发作性单瘫、轻偏瘫，对侧面部轻瘫，可伴有对侧偏身感觉障碍和对侧同向性偏盲。病变侧单眼一过性黑蒙或失明，对侧偏瘫及感觉障碍，优势半球受累可有失语，为特征性症状。

2. 椎－基底动脉系统短暂性脑缺血发作　常见症状有眩晕及平衡障碍，眼球运动异常和复视。特征性症状为跌倒发作(病人转头或仰头时下肢突然失去张力而跌倒，无意识丧失，可很快自行站起)、短暂性全面性遗忘（发作性短时间记忆丧失，持续数分钟或数小时)和双眼视力障碍发作。还可出现吞咽困难、构音障碍、共济失调、交叉性瘫痪等。

（三）心理－社会状况

因突然发病或反复发作，常使病人产生紧张、焦虑和恐惧；部分病人因缺乏相关知识而麻痹大意。

（四）辅助检查

头颅 MRI 检查可见颅内动脉狭窄，数字减影血管造影(DSA)可明确颅内动脉狭窄的程度，血常规及凝血功能、血脂、血糖和同型半胱氨酸检查有助于发现病因。

（五）治疗要点

短暂性脑缺血发作是脑卒中的高危因素，需积极治疗。治疗目的是消除病因，减少及预防复发，保护脑功能。药物治疗多采用：①抗血小板治疗，如使用阿司匹林、氯吡格雷和双嘧达莫。②抗凝治疗，如使用普通肝素、低分子肝素、华法林及新型口服抗凝药（如达比加群、利伐沙班）等。③根据病人病情选用扩容、溶栓、降纤酶治疗或应用活血化瘀的中药制剂。必要时行颈动脉内膜切除术(CEA)、颈动脉血管成形和支架植入术(CAS)。

【常见护理诊断／问题】

1. 有跌倒的危险　与突发眩晕、平衡失调及一过性失明等有关。

2. 潜在并发症：脑卒中。

3. 知识缺乏：缺乏疾病的防治知识。

【护理措施】

（一）一般护理

发作时卧床休息，枕头不宜太高（以 15°～20° 为宜），以免影响头部的血液供应；头部转动时应缓慢且幅度不要太大；频繁发作的病人应避免重体力劳动，沐浴及外出活动时应有家人陪伴，以免发生跌倒和外伤。

（二）病情观察

频繁发作的病人，应观察和记录每次发作持续时间、间隔时间和伴随症状，警惕缺血性脑卒中的发生。

（三）用药护理

应用抗血小板聚集药如阿司匹林或氯吡格雷,主要不良反应有恶心、腹痛、腹泻和皮疹,偶可出现可逆性粒细胞减少,应定期监测血常规与凝血功能。抗凝药首选肝素,用药过程中应观察有无出血倾向,有消化性溃疡和严重高血压者禁用。

（四）心理护理

安慰病人,向病人解释病情,使其了解本病治疗与预后的关系,消除病人紧张和恐惧心理;强调本病的危害性,帮助病人建立良好的生活习惯,使病人积极配合治疗与护理。

（五）健康指导

1. 疾病预防指导　向病人及家属说明积极治疗病因,避免危险因素的重要性;介绍吸烟、酗酒、肥胖及饮食因素与脑血管病的关系;指导病人选择低盐(每天不超过 6g)、低糖、低脂、丰富维生素及少刺激性食物,忌食辛辣、油炸食物,戒烟限酒。告知病人心理因素与疾病的关系,指导病人注意保持心态平衡、情绪稳定、劳逸结合,多参与有益身心的社交活动。

2. 疾病知识指导　帮助病人及家属掌握本病的基本病因、主要危险因素、自我护理的方法。告知病人遵医嘱用药、定期复查,如出现肢体麻木、无力、眩晕、复视等症状及时就医。

二、脑　梗　死

脑梗死(cerebral infarction,CI)是指各种脑血管病变引起脑部血液供应障碍,导致局限性脑组织缺血、缺氧性坏死,而迅速出现相应神经功能缺损的一类临床综合征,又称缺血性脑卒中。临床常见的类型是脑血栓形成(cerebral thrombosis,CT)和脑栓塞(cerebral embolism)。

脑血栓形成是脑血管疾病中最常见的一种,是在脑动脉粥样硬化的基础上,脑动脉主干或分支管腔狭窄、闭塞,形成血栓,造成局部脑组织血流中断,发生脑组织缺血、缺氧性坏死,出现相应的神经系统症状和体征。脑血栓可形成于颈内动脉和椎-基底动脉系统的任何部位,以动脉分叉处多见。最常见、最基本的病因是脑动脉粥样硬化,常伴高血压,两者互为因果。糖尿病和高脂血症可加速动脉粥样硬化的进程。在睡眠、失水、心力衰竭、心律失常等情况下,心排血量减少、血压下降、血流缓慢及血液黏稠度增加,易致血栓形成。

脑栓塞是指血液中的各种栓子随血流进入脑动脉,使血管急性闭塞或严重狭窄,导致局部脑组织缺血、缺氧性坏死,而迅速出现相应神经功能缺损的一类临床综合征。脑栓塞栓子来源可分为心源性(非瓣膜性心房颤动是最常见的病因)、非心源性和来源不明性栓子三大类,最常见的是心源性栓子。

【护理评估】

（一）健康史

评估病人有无动脉粥样硬化、高血压、高脂血症、糖尿病及短暂性脑缺血发作病史；有无风湿性心脏瓣膜病、感染性心内膜炎及心肌梗死等病史；有无心脏手术、长骨骨折、血管内介入治疗等病史；发病前有无失水、大出血、心力衰竭及心律失常等诱因；是否长期摄入高钠、高脂饮食，有无烟酒嗜好；有无脑卒中家族史。

（二）身体状况

1. 脑血栓形成

（1）好发于中老年人，发病前可有头昏、头痛、肢体麻木、无力等前驱症状，部分病人有短暂性脑缺血发作病史。

（2）常在安静状态下或睡眠中发病，次日早晨醒来时可发现一侧肢体瘫痪、失语、偏身感觉障碍；多数病人意识清楚，少数病人可有不同程度的意识障碍；起病缓慢，病情多在10余小时或1～2天内发展达到高峰；病情轻者经治疗在短期内缓解，重者病情进展快，可出现昏迷、颅内压增高等并发症，甚至死亡。

（3）神经系统表现：视病变部位和病变范围而定，以偏瘫、失语、偏身感觉障碍和共济失调等局灶定位症状为主。

2. 脑栓塞　可发生于任何年龄，风湿性心脏病引起的以青年女性为多，非瓣膜性心房颤动、急性心肌梗死引起的以中老年为多。典型脑栓塞多在活动中急骤发病，无前驱症状，为脑血管病中起病最快的一种。意识障碍常较轻且很快恢复，神经系统局灶表现与脑血栓形成相似，严重者可突然昏迷、全身抽搐，可因脑水肿或颅内压增高，继发脑疝而死亡。部分病人可伴有肾、脾、肠、肢体及视网膜等血管栓塞的表现。

（三）心理－社会状况

发病后病人由于瘫痪、生活自理缺陷影响工作及生活；家庭、社会支持不足，影响病人的心理状态，常出现自卑、消极或急躁心理。

（四）辅助检查

1. 实验室检查　血常规、血糖、血脂及血液流变学检查有助于明确病因。

2. 脑脊液检查　脑脊液检查正常。

3. 影像学检查　头颅 CT 是最常用的检查，多数于发病 24 小时后逐渐显示低密度梗死灶，但发病后尽快进行 CT 检查，有助于鉴别脑梗死与脑出血。头颅 MRI 可显示早期（发病 2 小时内）的小梗死灶；数字减影血管造影（DSA）及经颅多普勒（TCD）可见动脉狭窄、闭塞，其中数字减影血管造影是脑血管病变检查的"金标准"。

（五）治疗要点

1. 脑血栓形成　急性期治疗原则为超早期、个体化及整体化治疗。①早期溶栓：是目前恢复血流的最主要措施，重组组织型纤溶酶原激活剂（rt-PA）和尿激酶（UK）是目前我国使用的主要溶栓药物，重组组织型纤溶酶原激活剂在发病后 3 小时内或 3～4.5 小时，按适应证和禁忌证严格筛选病人,尽快给予静脉溶栓治疗;尿激酶治疗发病 6 小时内的病人相对安全、有效。②抗血小板聚集治疗:未行溶栓治疗的病人应在发病后 48 小时内服用阿司匹林或氯吡格雷。③抗凝治疗:常用药物包括肝素、低分子肝素和华法林。④酌情调整血压:急性期病人血压应维持于较平时稍高水平,以保证脑部灌注,病后 24～48 小时血压过高(收缩压 >200mmHg、舒张压 >110mmHg)时,可选用拉贝洛尔、尼卡地平等药物。避免使用引起血压急剧下降和不易调控血压的药物。⑤防治脑水肿,降低颅内压:常用 20% 甘露醇快速静脉滴注,心、肾功能不全者可改用呋塞米静脉注射。⑥脑保护治疗:可选用自由基清除剂、阿片受体阻滞剂、钙通道阻滞药等。⑦必要时进行外科或介入治疗。恢复期治疗原则为促进神经功能恢复。

2. 脑栓塞　原则上与脑血栓形成相同。积极治疗原发病,消除栓子来源,防止复发,是防治脑栓塞的重要环节。感染性栓塞应用抗生素,禁用溶栓抗凝治疗;脂肪栓塞采用肝素、5% 碳酸氢钠及脂溶剂;心律失常者予以纠正;空气栓塞者指导病人头低左侧卧位,进行高压氧舱治疗。

【常见护理诊断 / 问题】

1. 躯体活动障碍　与运动中枢损害致肢体瘫痪有关。
2. 语言沟通障碍　与语言中枢损害有关。
3. 吞咽障碍　与意识不清或延髓麻痹有关。
4. 有废用综合征的危险　与意识障碍、偏瘫所致长期卧床有关。
5. 焦虑 / 抑郁　与瘫痪、失语、社会支持差及担心疾病预后有关。
6. 知识缺乏:缺乏疾病治疗、护理、康复和预防复发的相关知识。

【护理目标】

躯体活动能力逐渐增强;语言、沟通能力逐渐改善;能安全进食,保证营养成分的摄入;无废用综合征发生;情绪稳定,能积极配合治疗和护理;能了解疾病治疗、护理、康复和预防复发的相关知识。

知识窗

卒中单元

卒中单元(stroke unit,SU)是专为卒中病人提供药物治疗、肢体康复、语言训练、心理康复和健康康复的组织系统,是提高卒中病人疗效的医疗管理模式。卒中单元将卒中的急救、治疗、护理及康复有机地融为一体,工作人员包括临床医生、专业护士、物理治疗师、职业治疗师、语言训练师和社会工作者。通过卒中单元使病人得到及时、规范的诊断、治疗及护理,能有效降低病死率和致残率,提高生活质量,缩短住院时间和减少花费,也有利于出院后的管理和社区治疗。

【护理措施】

（一）一般护理

急性期病人卧床休息，取平卧位，保持肢体良好位置，抑制患肢痉挛。遵医嘱给予氧气吸入。头部禁用冷敷，以免脑血管收缩导致血流缓慢，使脑血流量减少。为病人提供低盐、低糖、低脂、丰富维生素及足量纤维素的无刺激性饮食，防止误吸发生。保持排便通畅。病情稳定后指导并协助病人用健肢穿脱衣服、洗漱、进食及排便等生活自理活动。

（二）病情观察

定时监测病人生命体征、意识状态及瞳孔变化，注意是否出现血压过高或过低的情况；观察病人神经系统表现，及时发现有无脑缺血加重及颅内压增高的征象；观察有无栓子脱落所致其他部位栓塞的表现，如肠系膜上动脉栓塞引起的腹痛，下肢静脉栓塞所致皮肤肿胀、发红及肢体疼痛和功能障碍，发现异常及时报告医生并协助处理。

（三）对症护理

1. 瘫痪与感觉障碍　注意保持瘫痪肢体功能位，防止关节变形，及早开始肢体功能锻炼，避免损伤，详见本章第一节"四、感觉障碍"和"五、运动障碍"。

2. 吞咽障碍　①观察病人能否自口腔进食，饮水有无呛咳，了解病人进食不同稠度食物的吞咽情况，进食量及速度。②鼓励能吞咽的病人自行进食，选择营养丰富、易消化的食物；将食物调成糊状使其易于形成食团便于吞咽；避免粗糙、干硬及辛辣的刺激性食物，少量多餐。③进餐环境安静、舒适，病人进餐时不要讲话；选择既安全又有利于进食的体位，能坐起的病人取坐位进食，头略前屈；不能坐起的病人，取仰卧位将床头摇起30°，头下垫枕使头部前屈；将食物送至口腔健侧的舌根部，以利于吞咽；吞咽困难病人避免使用吸水管；进食后应保持坐位30~60分钟。④床旁备齐吸引装置，一旦发生误吸应立即清除口鼻分泌物和呕吐物，保持呼吸道通畅。⑤不能进食的病人，遵医嘱鼻饲，告知病人或家属鼻饲饮食的原则、方法及注意事项。

（四）用药护理

1. 溶栓抗凝药物　严格掌握用药剂量，用药前后监测出凝血时间、凝血酶原时间；密切观察病人意识、血压变化，有无牙龈出血、黑便等出血征象。如病人原有症状加重，或出现严重头痛、恶心、呕吐、血压增高、脉搏减慢等应考虑继发颅内出血。应立即报告医生，遵医嘱停用溶栓和抗凝药物，积极协助进行头颅 CT 检查。

2. 甘露醇　选择较粗大的静脉给药，保证药物快速静脉滴注（在 15~30 分钟内滴完）。观察用药后病人的尿量和尿液颜色，准确记录 24 小时出入量。定期复查尿常规、肾功能及血生化，观察有无药物结晶阻塞肾小管，导致少尿、血尿、蛋白尿及尿素氮升高等急性肾损害的表现，了解有无水电解质紊乱。观察有无脱水速度过快所致头痛、呕吐、意识障碍等低颅压综合征的表现，并注意与高颅压鉴别。

3. 钙通道阻滞药　可有头部胀痛、颜面部发红、血压下降等不良反应，应调整输液速度，监测血压变化。

（五）心理护理

向病人解释病情,帮助病人正视现实,说明积极配合治疗和护理有助于病情恢复和改善预后;鼓励病人主动获取维持健康的知识,积极参与生活自理;充分利用家庭和社会的力量关心病人,消除病人思想顾虑,树立战胜疾病的信心。

（六）健康指导

1. 疾病预防指导　帮助病人和家属掌握疾病的基本病因和主要危险因素,说明积极治疗原发病、去除诱因是防止脑梗死的重要环节。

2. 疾病知识指导　指导病人选择低盐、低脂、低热量、高蛋白质和丰富维生素清淡饮食,多食新鲜蔬菜、水果、豆类及鱼类,忌辛辣油炸食品,戒烟限酒。指导病人要控制血压、血糖、血脂和抗血小板聚集。生活起居要有规律,平时保持适量体力活动。告知病人改变体位时动作要缓慢,转头不宜过猛,洗澡时间不要过长、水温不要过高,以防发生直立性低血压。

3. 康复指导　教会病人康复训练的基本方法,通过感觉、运动及言语功能等训练,促进神经功能恢复,重视心理康复,逐步达到职业康复和社会康复。

4. 病情监测指导　教会病人及家属遵医嘱正确服用降压、降糖和降血脂药物,指导病人定期复查,出现头晕、肢体麻木等脑血栓前驱症状或短暂性脑缺血发作表现,及时就诊。

【护理评价】

病人躯体活动能力是否逐渐增强;语言、沟通能力是否改善;能否安全进食,营养状况是否得到改善;有无废用综合征发生;情绪是否稳定,是否能积极配合治疗和护理;是否了解疾病治疗、护理、康复和预防复发的相关知识。

三、脑　出　血

脑出血(intracerebral hemorrhage,ICH)指非外伤性脑实质内出血,多在活动状态下突然发病,发病前多无先兆。脑出血占全部脑卒中的 20%~30%,急性期病死率为 30%~40%。好发于 50 岁以上的人群,男性多于女性。

脑出血最常见的病因是高血压合并细小动脉硬化,其他还可见于动-静脉血管畸形、脑淀粉样血管病变、血液病、抗凝或溶栓治疗,常因用力活动、情绪激动等诱发。高血压性脑出血好发部位为基底核的壳核及内囊区,此处豆纹动脉自大脑中动脉近端呈直角分出,受高压血流冲击最大,最易破裂出血,故又称出血动脉。脑出血后形成的血肿和血肿周围脑组织水肿,引起颅内压升高,脑组织受压移位,可形成脑疝。脑疝是脑出血病人最常见的直接死因。

【护理评估】

（一）健康史

评估病人既往有无高血压、动脉粥样硬化、先天性动脉瘤、颅内血管畸形及血液病等病史；有无家族史；是否进行降压、抗凝等治疗，目前用药情况及治疗效果；发病前有无情绪激动、精神紧张、酗酒、用力活动及排便等诱因；了解病人的性格特点、生活习惯和饮食结构等。

（二）身体状况

脑出血多在情绪激动和体力活动时突然起病，于数分钟至数小时内病情发展至高峰，前驱症状一般不明显，少数也可在安静状态下发病。临床表现轻重取决于出血量和出血部位，出血量小者，可表现为单纯某一症状，无全脑症状或全脑症状较轻；出血量大者发病后立即昏迷，全脑症状明显，出现脑水肿或脑疝。发生在脑干的出血即使出血量不大病情也较凶险。

1. 壳核出血　是最常见的脑出血。因病变累及内囊，病人出现典型"三偏综合征"，即病灶对侧偏瘫、偏身感觉减退和双眼对侧同向偏盲。如果出血累及优势半球常伴失语；累及下丘脑可伴持续高热、消化道出血等。出血量较大时，可引起脑疝，甚至死亡。

2. 脑干出血　绝大多数为脑桥出血，偶见中脑出血，延髓出血罕见。脑桥小量出血多无意识障碍，表现为交叉性瘫痪，头和双眼转向非出血侧，呈"凝视瘫肢"状。大量出血迅速波及两侧脑桥后，病人立即昏迷，出现双侧面部和肢体瘫痪，两侧瞳孔缩小呈"针尖样"，出现中枢性高热、呼吸衰竭，病人多数在 48 小时内死亡。

3. 小脑出血　小量出血常表现为一侧后枕部头痛、眩晕及呕吐，病侧肢体共济失调等，无肢体瘫痪。出血量较多者发病后 12～24 小时内出现昏迷、双侧瞳孔缩小如针尖样、呼吸不规则等脑干受压征象，形成枕骨大孔疝而死亡。

（三）心理－社会状况

病人面对运动障碍、感觉障碍及言语障碍等残酷现实，又不能表达自己的情感，常会出现情绪沮丧、悲观失望心理；若家庭环境及经济状况欠佳，家属对病人的关心、支持程度差，病人会产生苦闷、急躁心理，对自己的生活能力和生存价值丧失信心。

（四）辅助检查

1. 头颅 CT　发病后即刻出现边界清晰的高密度影像，是确诊脑出血的首选检查方法。

2. 头颅 MRI　对发现结构异常、明确脑出血病因很有帮助。对检出脑干、小脑的出血灶和监测出血演进过程优于 CT，对急性脑出血诊断不如 CT。

3. 脑脊液检查　脑出血病人无须进行此检查，以免诱发脑疝形成，如需排除颅内感染和蛛网膜下腔出血，可谨慎选择。

4. 数字减影血管造影（DSA）　脑出血病人疑有血管畸形，又需外科手术或血管介入治疗时才考虑进行，此检查可显示异常脑血管的位置。

（五）治疗要点

脑出血急性期的治疗原则为脱水降颅压、调整血压、防治继续出血、防治并发症,促进神经功能恢复。①一般治疗:卧床休息、吸氧、观察病情、积极控制感染、维持水电解质平衡及其他对症治疗。②降低颅内压:常选用20%甘露醇快速静脉滴注或呋塞米静脉注射。③调整血压:当收缩压>200mmHg或平均动脉压>150mmHg时,要用持续静脉降压药物积极降低血压。降血压速度不宜过快,加强监测,防止因血压下降过快引起脑低灌注。脑出血恢复期应尽量将血压控制在正常范围。④止血治疗:根据具体病情选用,如并发消化道出血可用奥美拉唑;伴凝血障碍者可用6-氨基己酸;应用肝素并发的脑出血可选用鱼精蛋白;华法林治疗并发的脑出血可用维生素K_1拮抗。⑤外科治疗:必要时采用去骨瓣减压术、小骨窗开颅血肿清除术、钻孔血肿抽吸术及脑室穿刺引流术等。⑥康复治疗:只要病人生命体征平稳、病情不再进展,宜尽早进行康复治疗。

【常见护理诊断/问题】

1. 意识障碍　与脑出血、脑水肿有关。

2. 自理缺陷　与脑出血所致偏瘫、共济失调或医源性限制(长期卧床)有关。

3. 有废用综合征的危险　与脑出血致意识障碍、运动障碍或长期卧床有关。

4. 潜在并发症:脑疝、消化道出血。

【护理目标】

病人不因意识障碍而发生误吸、窒息、感染和压疮;能积极进行日常生活能力的训练,自理能力增加;无肢体废用性萎缩和关节挛缩畸形等发生;能有效预防并发症,发生并发症时能及时发现与救治。

【护理措施】

（一）一般护理

1. 休息与活动　卧床休息2~4周,避免情绪激动和血压升高。取平卧位头偏向一侧或侧卧位,若病人有面瘫,可取面瘫侧朝上的侧卧位,有利于口腔分泌物的引流。瘫痪肢体置于功能位,每2~3小时协助病人变换体位,尽量减小头部摆动幅度,以免加重出血。病室保持安静,严格限制探视,各项护理操作应集中进行,动作轻柔。对谵妄躁动病人加保护性床挡,由专人陪护,给予约束,必要时遵医嘱应用镇静剂,但禁用吗啡与哌替啶,以免抑制呼吸或降低血压。

2. 饮食护理　急性脑出血病人发病24小时内暂禁食,生命体征平稳、无颅内压增高症状及严重消化道出血时,可进食高蛋白质、丰富维生素、低盐、低脂及富含纤维素的半流质食物,有进食障碍者鼻饲流质饮食,保证进食安全;有消化道出血不能鼻饲者改为静脉营养。

3. 排便护理　为病人提供安全而隐蔽的排便环境,避免用力排便,便秘时可进行腹部按摩,遵医嘱应用导泻药物,但禁止灌肠。

（二）病情观察

密切观察病人的血压升高程度,呼吸节律、频率、深度等生命体征变化;注意意识状态、瞳孔大小及对光反射情况,有无吞咽困难、饮水呛咳。

（三）治疗配合

1. 用药护理　遵医嘱用药,观察药物疗效和不良反应。降颅压应用甘露醇的护理详见本节"脑梗死"相应内容。并发消化道出血应用奥美拉唑时,可致转氨酶升高,注意监测肝功能变化。

2. 脑疝的护理

（1）诱因预防:避免打喷嚏、屏气、剧烈咳嗽、用力排便、烦躁、激动、大量快速输液、脱水剂滴注速度过慢等诱因。

（2）病情观察:密切观察瞳孔、意识、体温、脉搏、呼吸、血压等,如病人出现剧烈头痛、喷射性呕吐、烦躁不安、血压升高、脉搏减慢、意识障碍进行性加重、双侧瞳孔不等大、呼吸不规则等脑疝先兆表现,应立即报告医生。

（3）配合抢救:保持呼吸道通畅,防止舌根后坠和窒息,及时清除呕吐物、口鼻分泌物,迅速给予高流量吸氧。迅速建立静脉通道,遵医嘱快速给予脱水、降颅压药物,常用20% 甘露醇 125～250ml 快速静脉滴注,或呋塞米 20～40mg 静脉注射。备好气管切开包、脑室穿刺引流包、监护仪、呼吸机和抢救药物。

📖 **边学边练**

实践 17　脑梗死和脑出血病人的护理

（四）心理护理

随时向病人通报疾病好转的消息,请康复效果理想的病人介绍康复成功经验;鼓励病人做力所能及的事情,减少依赖性;指导家属充分理解病人,给予各方面支持,纠正病人的心理障碍,使病人树立战胜疾病的信心。

（五）健康指导

1. 疾病预防指导　使病人和家属明确积极治疗原发病对防止再次发病的重要性;指导高血压病人正确服用降压药物,保持情绪稳定,保证睡眠充足,适当运动,避免过度劳累和突然用力等引起血压骤然升高的因素;教会病人建立健康的生活方式,低盐、低脂、高蛋白、高维生素饮食,戒烟酒,保持排便通畅。

2. 康复指导　告知病人和家属,康复训练越早疗效越好,明确坚持康复训练的意义。教会病人和家属康复训练的具体方法与技巧,使病人尽可能恢复生活自理能力。

3. 病情监测指导　指导病人注意监测病情变化,教会病人及家属测量血压,每天定时测血压,定期随诊。发现血压异常波动,或有头痛、头晕、肢体麻木、乏力或语言障碍等症状及时就诊。

【护理评价】

病人意识障碍程度是否减轻,有无误吸、窒息、感染和压疮发生;能否积极进行日常生活能力的训练,自理能力是否增强;有无肢体失用性萎缩和关节挛缩畸形等发生;是否能有效预防并发症发生,发生并发症时是否能及时发现与救治。

四、蛛网膜下腔出血

蛛网膜下腔出血(subarachnoid hemorrhage,SAH)是颅内血管破裂,血液直接流入蛛网膜下腔所致。蛛网膜下腔出血分为外伤性和自发性,自发性又分为原发性和继发性两种类型。原发性蛛网膜下腔出血通常为脑底或脑表面血管破裂,血液流入蛛网膜下腔,最常见病因是颅内动脉瘤,其次是脑血管畸形;继发性蛛网膜下腔出血为脑内血肿穿破脑组织,血液流入蛛网膜下腔。各年龄组均可发病,以中青年多见。

护理学而思

张先生,20岁。2小时前踢球时突然剧烈头痛伴呕吐,急诊入院。T 36.4℃,BP 140/80mmHg,意识清楚,颈强直,凯尔尼格征阳性。急查头颅CT,入院初步诊断为蛛网膜下腔出血。

请思考:

1. 本病的常见病因与诱因有哪些?

2. 如何安排张先生的休息与体位?

3. 在护理过程中应注意观察哪些病情变化?

【护理评估】

(一)健康史

评估病人有无先天性动脉瘤、颅内血管畸形、高血压及动脉粥样硬化等病史;有无血液病、糖尿病、颅内肿瘤及抗凝治疗史;发病前有无突然用力、情绪激动、用力排便及酗酒等诱因;有无类似发作及诊治情况。

(二)身体状况

起病急骤,多有剧烈运动、情绪激动、用力排便等诱因。典型表现是突发异常剧烈的全头痛,呈进行性加重,多伴有恶心、呕吐、一过性的意识障碍。常于发病后数小时出现脑膜刺激征,表现为颈项强直、凯尔尼格征及布鲁津斯基征阳性,是蛛网膜下腔出血最具有特征性的体征。病人可有短暂性或持久定位性神经体征,如痫性发作、偏瘫、偏盲或失语等。常见并发症为再出血、脑血管痉挛及脑积水。动脉瘤性蛛网膜下腔出血头痛可持续数日不变,2 周后缓慢减轻,如头痛再次加重常提示再次出血。

(三) 心理 - 社会状况

因剧烈头痛、呕吐可使病人焦虑、紧张,甚至恐惧。病人可因担心肢体瘫痪、失语等给家人和社会带来负担而出现自卑心理。

(四) 辅助检查

1. 头颅 CT 是确诊蛛网膜下腔出血的首选检查,表现为蛛网膜下腔高密度影像。

2. 数字减影血管造影(DSA) 是确诊蛛网膜下腔出血病因的最有价值的检查,宜在出血 3 天内或 3 周后进行,以避开脑血管痉挛和再出血的高峰期。

3. 脑脊液检查 脑脊液压力增高,肉眼呈均匀一致血性脑脊液。

(五) 治疗要点

治疗目的是防治再出血,降低颅内压,防治血管痉挛,减少并发症,治疗原发病和预防复发,必要时手术治疗。绝对卧床休息、调控血压。使用抗纤溶药物预防再出血,常用 6-氨基己酸、氨甲苯酸等。解除脑血管痉挛,可选用钙通道阻滞药尼莫地平。防治脑积水可用甘露醇、呋塞米,无效者行脑脊液引流术。

【常见护理诊断/问题】

1. 疼痛:头痛 与脑水肿、颅内压增高、血液刺激脑膜或继发性脑动脉痉挛有关。

2. 自理缺陷 与医源性限制(长期卧床)有关。

3. 恐惧 与突然发病及损伤性检查、治疗有关。

4. 潜在并发症:再出血。

【护理措施】

(一) 一般护理

保持病室安静、舒适,避免声、光刺激,严格限制探视。绝对卧床休息 4～6 周,抬高床头 15°～20°,避免搬动和过早下床活动。告知病人和家属绝对卧床休息的重要性,避免精神紧张、情绪激动、剧烈咳嗽、屏气、用力排便等导致血压和颅内压增高的因素,预防再出血。

(二) 病情观察

密切观察病情变化,注意病人意识、瞳孔、生命体征、头痛及肢体活动情况,24 小时心电监护。若病人病情稳定后,突然出现剧烈头痛、恶心、呕吐、意识障碍加重,或原有局灶性神经系统表现重新出现,应考虑有再出血可能,需及时报告医生,协助处理。

(三) 治疗配合

应用抗纤溶药物 6- 氨基己酸预防再出血需持续给药,保持有效血药浓度,观察病人有无消化道反应、直立性低血压等。合并脑疝的护理等详见本节"脑梗死""脑出血"相关内容。

(四) 心理护理

告知病人和家属蛛网膜下腔出血的过程与预后,解释头痛发生的原因及可能持续的时间。告知病人脑血管造影、脑脊液检查的目的、意义,消除病人的紧张、恐惧和焦虑心理。

(五)健康指导

1. **疾病预防指导** 指导病人维持情绪稳定、心态平衡,保持排便通畅,避免用力排便等使血压骤然升高的各种因素。指导病人了解遵医嘱卧床并积极配合治疗与护理的重要意义。告知病人再出血的表现,发现再出血征象及时就诊。女性病人在1~2年内应避孕。

2. **疾病知识指导** 帮助病人和家属掌握蛛网膜下腔出血的病因、诱因、临床表现、病程与预后、防治原则和自我护理的方法。告知病人脑血管造影的相关知识,指导病人积极配合检查。

(高 丽)

第五节 帕金森病病人的护理

学习目标

1. 具有良好的职业素质和认真负责的工作态度,理解、尊重和关爱病人。
2. 掌握帕金森病病人的身体状况和主要护理措施。
3. 熟悉帕金森病病人的常见护理诊断/问题。
4. 了解帕金森病的病因和治疗要点。
5. 学会与帕金森病病人及家属进行有效沟通,发现并解决护理问题,及时准确地开展健康指导。

工作情景与任务

导入情景:

黄先生,67岁。6年前出现左侧手脚抖动、活动不便,静止不动时严重,活动时缓解,但不影响生活,现症状加重入院就诊。病人表情呆滞,慌张步态,四肢呈"齿轮样"肌张力增高。头颅MRI无异常,入院初步诊断为帕金森病。

工作任务:

1. 监测黄先生的病情变化,观察应用抗帕金森病药物的反应。
2. 对黄先生及其家属进行健康指导。

帕金森病(Parkinson disease,PD)又称震颤麻痹,是中老年人常见的神经系统变性疾病,以静止性震颤、运动迟缓、肌强直和姿势平衡障碍为临床特征。本病多发生在60岁以后,男性略多于女性。主要病理改变是黑质多巴胺(DA)能神经元变性和路易小体形成。病因与发病机制尚未完全明了,目前认为可能与年龄老化、环境因素(长期接触杀虫剂、除草剂或与 1- 甲基 -4- 苯基 -1,2,3,6- 四氢吡啶分子结构相似的工业化学品等）和遗传因素等有关。

【护理评估】

（一）健康史

评估病人年龄、职业、生活与工作环境，有无杀虫剂、除草剂等化学物质接触史，评估病人既往健康状况，家族中有无相同疾病病史。

（二）身体状况

1. **静止性震颤** 常为首发症状，震颤多自一侧上肢远端（手指）开始，典型表现是手指呈节律性"搓丸样"动作。随病情的进展逐渐波及四肢、下颌、口唇、面部。震颤大多数在静止状态时出现，随意运动时减轻，情绪紧张时加剧，入睡后则消失。

2. **肌强直（肌张力增高）** 全身肌肉紧张度均增高。四肢伸、屈肌张力增高，被动运动关节时，始终保持阻力增高，呈均匀一致的阻抗，类似弯曲软铅管的感觉，称为"铅管样强直"；伴有静止性震颤时，其均匀阻抗中有断续的停顿感，如同转动齿轮，称"齿轮样强直"；颈部、躯干、四肢肌强直可使病人出现特殊的屈曲体姿，表现为头部前倾，躯干俯屈，肘关节屈曲，前臂内收，腕关节伸直，髋及膝关节略微弯曲。

3. **运动迟缓** 随意动作减少、动作缓慢。早期手指精细动作如系裤带、鞋带等缓慢，晚期起床、翻身均困难；双眼凝视和瞬目动作减少，笑容出现和消失减慢，面部表情呆板，形成"面具脸"；书写时字越写越小，称为"小字征"。

4. **姿势步态障碍** 早期走路时患侧上肢摆臂幅度减少或消失，下肢拖曳；随病情进展步伐逐渐变小、变慢，起步、转弯时步态异常尤为明显；有时迈步后以碎步越走越快，不能及时停步，称为"前冲步态"或"慌张步态"；有时行走中全身僵住，不能动弹，称为"冻结现象"。

5. **非运动症状** ①感觉障碍：早期可出现嗅觉减退或睡眠障碍，中晚期常伴有肢体麻木、疼痛，有些病人可伴有不安腿综合征。②自主神经功能障碍：临床较常见，表现为便秘、多汗、流涎及皮脂分泌过多，后期可出现性功能减退、排尿障碍或直立性低血压。③精神和认知障碍：以抑郁多见，常伴有焦虑，部分病人有智力缺陷甚至痴呆，以及幻觉。

（三）心理 - 社会状况

肢体震颤、动作笨拙、面具脸及说话含混不清、流口水等，使病人常有自卑感，病人不愿参加社会活动，可产生焦虑、失落、抑郁和恐惧等心理。

（四）辅助检查

脑脊液和唾液检查 α- 突触核蛋白有改变；颅脑 CT、MRI 无特征性改变。

（五）治疗要点

帕金森病采取综合治疗，包括药物治疗、手术治疗、运动疗法治疗、心理疏导等，其中药物治疗是首选治疗方法。常用药物有抗胆碱药（如苯海索），主要适用于震颤明显且年轻病人，其他药物有金刚烷胺、复方左旋多巴（如多巴丝肼、卡左双多巴控释片）、多巴胺受体（DR）激动剂（如普拉克索）、儿茶酚－氧位－甲基转移酶（COMT）抑制剂（如托卡朋）、单胺氧化酶 B（MAO-B）抑制剂（如司来吉兰）等。

【常见护理诊断/问题】

1. 躯体活动障碍　与黑质病变、锥体外系功能障碍所致震颤、肌强直、体位不稳、随意运动异常有关。

2. 自尊低下　与震颤、流涎、面肌强直等形象改变和言语障碍、生活依赖他人有关。

3. 知识缺乏：缺乏本病相关知识与药物应用知识。

4. 营养失调：低于机体需要量　与吞咽困难、饮食减少和肌强直、震颤所致机体消耗量增加有关。

5. 语言沟通障碍　与咽喉部、面部肌肉强直，运动减少有关。

6. 潜在并发症：外伤、压疮、感染。

【护理措施】

（一）一般护理

1. 休息与活动　注意居室的温湿度，根据季节、气候、天气等及时增减衣服，预防感冒；室内光线要充足，地面平坦，床的高度合适，方便病人上下，各种生活用品和呼叫器置于病人伸手可及之处；卫生间要有扶手，以防跌倒；病床加用防护栏，以防坠床；病人如厕下蹲及起立困难时，置高凳坐位排便；起床或躺下时应手扶床沿，动作缓慢，避免直立性低血压的发生；病人衣裤合身，尽可能选用按扣、拉链，便于穿脱；告知病人应进行肢体功能锻炼，如散步、打太极拳等，四肢各关节做最大范围的屈伸、旋转等活动，以预防肢体挛缩、关节僵直的发生。晚期做被动肢体活动和肌肉、关节的按摩，以促进肢体的血液循环。

2. 饮食护理　①原则上以高热量、高维生素、高纤维素、低脂、低盐、适量优质蛋白、易消化饮食为宜，戒烟酒。②因蛋白质可降低多巴胺的治疗效果，服用多巴胺治疗者应限制蛋白质摄入量；槟榔为拟胆碱能食物，可降低抗胆碱药的疗效，也应避免食用。③病人进食时宜取坐位或半坐卧位，头稍向前倾，对于卧床病人，进食时应抬高床头；食物应细软，最好为便于咀嚼和吞咽的半流质或软食，少量多餐。④当病人发生呛咳时应暂停进食，待呼吸完全平稳再喂食物，必要时予以鼻饲，或遵医嘱给予静脉补充营养。

（二）病情观察

观察病人震颤、肌强直和其他运动功能、语言功能改善程度；观察病人起坐速度、步行姿态、讲话音调与流利程度，写字、梳头、扣纽扣、系鞋带以及进食动作等，及时发现病情变化。

（三）用药护理

遵医嘱长期用药或终身用药，注意观察疗效及不良反应（表 9-3）。服药期间避免使用维生素 B_6、利血平、氯丙嗪、氯氮䓬、奋乃静等药物，以免降低药效或导致直立性低血压。长期服药过程中病人可能会突然某些症状加重或疗效减退，应向病人做好解释工作，指导病人遵医嘱适当调整服药次数、每次服药剂量，或更改剂型，预防或减缓下述情况发生：

①"开-关"现象,指症状在突然缓解(开期,常伴异动症)与加重(关期)两种状态之间波动。②疗效减退,又称剂末恶化,指每次服药后药物作用时间逐渐缩短,表现为症状随血药浓度发生规律性波动。③异动症,表现为舞蹈症或手足徐动样不自主运动、肌强直或肌阵挛,可累及头面部、四肢和躯干,有时表现为单调刻板的不自主动作或肌张力障碍。

表9-3 帕金森病常用药物的不良反应和注意事项

常用药物	不良反应	注意事项
苯海索	口干、视物模糊、便秘、排尿困难,严重者有幻觉、妄想	老年病人慎用,闭角型青光眼及前列腺肥大病人禁用;不可立即停药,需缓慢减量
金刚烷胺	下肢网状青斑、踝部水肿、不宁、意识模糊	肾功能不全、癫痫、严重胃溃疡、肝病病人慎用,哺乳期妇女禁用
复方左旋多巴	恶心、呕吐、低血压、心律失常(偶见)、症状波动、异动症、精神症状	最佳服药时间为饭前1h或饭后1.5h,避免与高蛋白食物同服;避免突然停药;活动性消化道溃疡病人慎用,闭角型青光眼、精神病病人禁用
普拉克索	与复方左旋多巴相似,症状波动和异动症发生率低,直立性低血压和精神症状发生率高	服药后卧床休息,监测血压;避免驾驶车辆或操作机器;有轻度兴奋作用,尽量在上午服用
托卡朋	腹泻、头痛、多汗、口干、转氨酶升高、腹痛、尿色变黄	严密监测肝功能,尤其在用药后的前3个月
司来吉兰	恶心、呕吐、眩晕、疲倦、不自主动作	有轻度兴奋作用,尽量上午服用;或与维生素E合用

(四)心理护理

多与病人交流,建立良好的护患关系,耐心倾听病人的诉求;尊重病人,鼓励病人积极参与各种娱乐活动,树立战胜疾病的信心,提高生活质量。

(五)健康指导

1. 疾病知识指导 向病人和家属解释帕金森病相关知识,使家属明确本病为无法根治的疾病,病程可长达数十年。指导家属应关心体贴病人,给予病人更好的家庭支持,督促病人遵医嘱正确服药。

2. 生活指导 指导病人建立健康的生活方式,戒烟酒,保持排便通畅。指导病人避免登高和操作高速运转的机器,不能单独使用煤气、热水器等,防止受伤。病人外出时应有专人陪护,防烫伤、烧伤、自伤、走失、伤人等意外。精神、智力障碍者要佩戴写有病人姓名、家庭住址、联系电话的"安全卡片"或"识别牌",以防走失。

3. 康复指导　鼓励病人培养兴趣爱好,坚持适当的运动和锻炼,如散步、打太极拳等,延缓身体功能障碍的发展;教会病人加强日常生活活动训练,争取做力所能及的家务,尽量生活自理。指导卧床病人要坚持被动活动关节、按摩肢体,预防关节僵硬和肢体挛缩。

4. 病情监测指导　告知病人及家属定期门诊复查,了解血压变化和肝肾功能、血常规等指标,发现病情变化及时就诊。

（高　丽）

第六节　癫痫病人的护理

学习目标

1. 具有良好的职业素质和认真负责的工作态度,理解、尊重和关爱病人。
2. 掌握癫痫病人的身心状况和主要护理措施。
3. 熟悉癫痫的治疗要点和病人的常见护理诊断/问题。
4. 了解癫痫的分型、病因、辅助检查和病人的护理目标、护理评价。
5. 学会与癫痫病人及家属进行有效沟通,正确指导病人发作时紧急护理的方法,对病人及家属进行健康指导。

工作情景与任务

导入情景:

路先生,23岁。自5岁起有癫痫发作,持续服药治疗。昨晚病人饮酒后突然意识丧失、口吐白沫、肢体抽搐、大小便失禁,家人拨打"120"急诊入院。

工作任务:

1. 对路先生进行护理评估,列出主要护理诊断。
2. 对路先生进行心理护理和健康指导。

癫痫(epilepsy)是由多种原因导致的脑部神经元高度同步异常放电所致的临床综合征,临床表现具有发作性、短暂性、重复性和刻板性的特点。因异常放电神经元的位置不同及异常放电波及的范围差异,导致病人的发作形式不一。临床上每次发作或每种发作的过程称为痫性发作。可见于各年龄组,青少年和老年是发病的两个高峰阶段。

癫痫按照病因分为症状性癫痫、特发性癫痫和隐源性癫痫三大类,临床上以症状性癫痫常见。特发性癫痫与遗传因素关系密切,症状性癫痫是各种明确的中枢神经系统结构性损伤或功能异常,隐源性癫痫病因不明。癫痫的发病机制错综复杂,至今尚未完全阐明,但不论是何种原因引起的癫痫,其电生理改变是一致的,即发作时大脑神经元出现异常的、高频度的同步性放电。

【护理评估】

（一）健康史

评估病人有无脑部先天性疾病、颅脑外伤、颅内感染、脑血管病及脑缺氧等病史;有无儿童期的高热惊厥、中毒(如一氧化碳、药物、食物及金属中毒)及营养代谢障碍性疾病;是否存在睡眠不足、饥饿、过饱、疲劳、饮酒、便秘、精神刺激、强烈的声光刺激及一过性代谢紊乱等诱因;首次癫痫发作的时间、诱因及表现,发作频度、诊治经过及用药情况等;有无癫痫发作的家族史;女病人应询问其癫痫发作与月经有无关系。

（二）身体状况

癫痫的临床表现极多,癫痫发作常分为部分性发作、全面性发作和不能分类的癫痫发作三大类。

1. 部分性发作

(1) 单纯部分性发作:持续时间较短,一般不超过 1 分钟,起始与结束均较突然,无意识障碍,可分为四型。

1) 部分运动性发作:表现为身体某一局部发生不自主抽动,多见于一侧眼睑、口角、手或足趾,也可波及一侧面部或肢体,常见以下几种发作形式。①Jackson 发作:发作时异常运动从局部开始,沿大脑皮质运动区移动,抽搐发作时自手指—腕部—前臂—肘—肩—口角,逐渐发展,严重者发作后可留下短暂性(半小时至 36 小时内消除)肢体瘫痪,称为 Todd 麻痹。②旋转性发作:双眼突然向一侧偏斜,继之头部不自主同向转动,伴有身体的扭转,但很少超过 180°。部分病人过度旋转可引起跌倒,出现继发性全面性发作。③姿势性发作:发作性一侧上肢外展、肘部屈曲、头向同侧扭转、眼睛注视同侧。④发音性发作:表现为不自主重复发作前的单音或单词,偶有言语抑制。

2) 部分感觉性发作:表现为一侧口角、手指、足趾的麻木感、针刺感,也可出现视觉性、听觉性、嗅觉性和味觉性发作以及眩晕性发作。

3) 自主神经性发作:表现为全身及面部潮红或苍白、多汗、立毛、瞳孔散大、呕吐、腹痛肠鸣、烦渴和欲排尿感等。

4) 精神性发作:可表现为记忆障碍、情感障碍、错觉及复杂幻觉等。

(2) 复杂部分性发作:又称精神运动性发作,主要特征是意识障碍。可仅表现为意识障碍,也可表现为意识障碍伴自动症,或意识障碍伴强直、阵挛、特殊姿势(如击剑样动作)等运动症状。此型病灶多在颞叶,又称颞叶癫痫。

(3) 部分性发作继发全面性发作:单纯部分性发作可发展为复杂部分性发作,单纯或复杂部分性发作可发展为全面性强直阵挛发作。

自动症

自动症是指在癫痫发作过程中或发作后意识模糊状态下出现的具有一定协调性和适应性的无意识活动,伴有遗忘。自动症可表现为反复咂嘴、嚼嘴、咀嚼、舔舌或牙、吞咽(口、消化道自动症);或反复搓手、拂面,不断地穿衣、脱衣、解衣扣、摸索衣服(手足自动症);也可表现为游走,奔跑,无目的地开门、关门、乘车、上船;还可出现自言自语、叫喊唱歌(语言自动症)或机械重复原来的动作。临床上以复杂部分性发作自动症最常见。

2. 全面性发作　发作伴有意识障碍或以意识障碍为首发症状。

(1) 全面强直-阵挛发作(GTCS):是常见的发作类型,主要特征为全身肌肉强直和阵挛、意识丧失。部分病人发作前一瞬间可有疲乏、麻木、恐惧或无意识动作等先兆表现,突然意识丧失、跌倒。全面强直-阵挛发作可分为三期。①强直期:全身骨骼肌强直性收缩。眼球上翻或凝视;口先强张后突闭,可咬破舌尖;喉肌和呼吸肌强直性收缩致病人尖叫一声,呼吸停止;颈部和躯干先屈曲后转为反张;上肢上举后旋转为内收前旋,下肢自屈曲转为伸直,持续 10~20 秒后进入阵挛期。②阵挛期:全身肌肉一张一弛交替抽动,阵挛频率逐渐变慢,松弛期逐渐延长,本期持续 30~60 秒或更长。在一次剧烈阵挛后,发作停止,进入发作后期。以上两期可发生舌咬伤,并伴呼吸停止、血压升高、心率加快、瞳孔散大、光反射消失、唾液和其他分泌物增多,巴宾斯基征可呈阳性。③发作后期:此期可出现短暂的痉挛,以面部和咬肌为主,导致牙关紧闭,可发生舌咬伤。本期全身肌肉松弛,括约肌松弛可出现尿失禁。呼吸首先恢复,心率、血压和瞳孔也随之恢复正常,意识逐渐苏醒。发作开始至意识恢复历时 5~15 分钟,清醒后常感头昏、头痛、全身酸痛和疲乏无力,对发作过程不能回忆。部分病人有意识模糊,此时强行约束可发生自伤或伤人。

(2) 强直性发作:多见于弥漫性脑损害儿童,常在睡眠中发作,表现为全身骨骼肌强直性收缩,常伴自主神经症状,如发作时处于站立位可突然跌倒。发作可持续数秒至数十秒。

(3) 阵挛性发作:几乎都发生于婴幼儿,特征是重复阵挛性抽动伴意识丧失,无强直期,持续 1 至数分钟。

(4) 肌阵挛发作:表现为全身或面部、某一肢体及个别肌群突发快速、短暂、触电样肌肉收缩,声、光等刺激可诱发。

(5) 失神发作:儿童期发病,青春期停止发作。特征性表现是突发短暂的(5~10 秒)意识丧失和正在进行的动作中断,双眼茫然瞪视,呼之不应,状如"愣神",一般不会跌倒,事后立即清醒,继续原先活动,对发作无记忆,每天可发作数次至数百次。

(6) 失张力发作:表现为部分或全身肌肉的张力突然降低,导致垂颈、张口、肢体下垂和跌倒等,持续数秒至 1 分钟,时间短者意识障碍不明显,时间长者可有短暂意识丧失,发作后立即清醒并站起。

3. 癫痫持续状态　又称癫痫状态,指癫痫连续发作之间意识或神经功能未恢复正常,或癫痫发作持续 30 分钟以上。目前认为,如果病人全面强直-阵挛发作持续 5 分钟以上即考虑是癫痫持续状态。常见原因为抗癫痫药物治疗不规范(如自行停用抗癫痫药),或因脑卒中、外伤、感染、肿瘤、药物中毒、精神紧张、过度疲劳、孕产和饮酒等诱发,个别原因不明。

(三) 心理-社会状况

癫痫反复发作影响生活与工作,使病人产生紧张、焦虑、抑郁心理。因癫痫发作时出现抽搐、跌伤、尿失禁等有碍病人自身形象的表现,常使病人自尊心受挫而产生自卑感。

(四) 辅助检查

1. 脑电图检查(EEG)　脑电图是癫痫病人最重要、最有价值的检查方法。

2. 影像学检查　CT 和 MRI 可确定有无脑结构异常或病变,有助于继发性癫痫的病因诊断。

(五) 治疗要点

1. 治疗目的　癫痫治疗以药物治疗为主,达到三个目的:控制发作或最大限度地减少发作次数,长期治疗无明显不良反应,使病人保持或恢复其原有的生理、心理和社会功能状态。

2. 用药原则　①确定是否用药:一般说来,半年内发作 2 次以上者,一经明确诊断就应用药。②正确选择用药:根据发作类型选择药物。③尽可能单药治疗:单药治疗应从小剂量开始,缓慢增量至最低有效剂量。④合理联合用药:两种单药治疗后仍不能控制发作的病人需要考虑合理联合用药。⑤增减药物及停药原则:增药可适当快,减药一定要慢,必须逐一增减;停药遵循缓慢和逐渐减量的原则,全面强直-阵挛发作、强直性发作、阵挛性发作完全控制 4~5 年后,失神发作停止半年后可考虑停药,且停药前应有缓慢减量的过程,一般 1~1.5 年以上无发作者方可停药。有自动症者可能需要长期服药。

3. 常用抗癫痫药物

(1) 传统抗癫痫药物:苯妥英钠对全面强直-阵挛发作和部分性发作有效;卡马西平是部分性发作的首选药;丙戊酸钠是全面性发作,尤其是全面强直-阵挛发作合并典型失神发作的首选药,也可用于部分性发作;苯巴比妥常作为小儿癫痫的首选药;扑痫酮的适应证是全面强直-阵挛发作,以及单纯和复杂性部分发作;乙琥胺仅用于单纯失神发作;氯硝西泮起效快,作为辅助用药,小剂量常可取得良好疗效。

(2) 新型抗癫痫药物:如托吡酯、非尔氨酯、拉莫三嗪、奥卡西平、加巴喷丁等。

【常见护理诊断/问题】

1. 有窒息的危险　与癫痫发作时意识障碍、喉痉挛及气道分泌物增多有关。

2. 有受伤的危险　与癫痫发作时肌肉抽搐和意识障碍有关。

3. 知识缺乏：缺乏长期、正确服药的知识及疾病相关知识。

【护理目标】

病人呼吸道通畅,未发生窒息;受伤的危险性减小或不受伤;能获得有关抗癫痫药物的知识,按医嘱正确用药。

【护理措施】

（一）一般护理

给病人创造安全、安静的休养环境,光线柔和,无刺激。保证充足睡眠,避免过度劳累,保持心情愉悦。注意饮食清淡、少量多餐、戒烟酒,保持排便通畅。

（二）病情观察

严密观察生命体征、意识及瞳孔变化,注意病人发作过程中有无心率加快、血压升高、呼吸减慢或暂停、瞳孔散大、牙关紧闭及大小便失禁等;观察并记录发作持续时间、频率和发作类型;观察病人意识恢复的时间,有无头痛、疲乏及行为异常。

（三）发作时的护理

1. 保持呼吸道通畅　发作时应立即安置病人头低侧卧位或平卧位头偏向一侧,松开衣领、衣扣和腰带,取下活动义齿,及时清除口鼻腔分泌物;放置压舌板,必要时用舌钳将舌拖出,防止舌后坠阻塞呼吸道;及时吸氧,床边备好吸引器、气管切开包等。

2. 避免受伤　有发作先兆时,立即安置病人平卧,或发作时陪伴者迅速将病人抱住缓慢就地平放;将手边的柔软物垫在病人头下,移去病人身边的危险物品;将牙垫或厚纱布垫在上下磨牙间,以防咬伤舌、口唇及颊部,但不可强行塞入;抽搐发作时,适度扶住病人的手脚,以防自伤及碰伤,切不可用力按压肢体,以免造成骨折、肌肉撕裂及关节脱位;躁动的病人,应由专人守护,放置保护性床挡,必要时使用约束带。

（四）治疗配合

1. 用药护理　应用抗癫痫药物需注意观察药物不良反应（表9-4）,服用前应做血、尿常规检查和肝肾功能检查,服药期间每月监测血、尿常规,每季度检查肝肾功能,必要时做血药浓度的测定;药物应分次餐后服用,以减轻胃肠道不良反应;葡萄糖溶液能使苯妥英钠发生沉淀,苯妥英钠静脉注射时应溶于生理盐水中。

表9-4　常用抗癫痫药物的不良反应

药物	剂量相关的不良反应	长期治疗的不良反应
卡马西平	头晕、恶心、视物模糊、困倦、中性粒细胞减少、低钠血症	低钠血症
苯妥英钠	眼球震颤、共济失调、厌食、恶心、呕吐、攻击行为、巨幼红细胞性贫血	痤疮、齿龈增生、面部粗糙、多毛、骨质疏松、小脑及脑干萎缩（长期大量使用）、性欲缺乏、维生素K和叶酸缺乏

药物	剂量相关的不良反应	长期治疗的不良反应
苯巴比妥	疲劳、嗜睡、抑郁、注意力涣散、多动、易激惹(见于儿童)、攻击行为、记忆力下降	少见皮肤粗糙、性欲下降,突然停药可出现戒断症状、焦虑、失眠等
丙戊酸钠	震颤、厌食、恶心、呕吐、困倦	体重增加、脱发、月经失调或闭经、多囊卵巢综合征
加巴喷丁	嗜睡、头晕、疲劳、复视、感觉异常、健忘	较少
拉莫三嗪	复视、头晕、头痛、恶心、呕吐、困倦、共济失调、嗜睡	攻击行为、易激惹
托吡酯	厌食,注意力、记忆力及语言障碍,感觉异常,无汗	肾结石、体重下降

2. 癫痫持续状态的护理

（1）安全护理:保持呼吸道通畅,吸氧,必要时行气管插管或气管切开;保持病室安静,避免刺激,避免病人受伤。

（2）控制发作:迅速建立静脉通道,首选地西泮 $10\sim20mg$ 缓慢静脉注射,速度不超过 $2mg/min$,如有效,再将 $60\sim100mg$ 地西泮溶于 5% 葡萄糖生理盐水中,于 12 小时内缓慢静脉滴注;地西泮偶尔会抑制呼吸,需立即停止注射,必要时遵医嘱应用呼吸兴奋剂。

（3）病情监测:严密观察生命体征、意识状态及瞳孔等变化,做好病人呼吸、血压、心电、脑电的监测;观察抽搐发作持续的时间与频率;定时进行动脉血气分析及血液生化检查,及时发现病情变化,配合医生做好相应处理。

边学边练

实践 18　癫痫病人的护理

（五）心理护理

帮助病人正确对待自己的疾病,同情和理解病人,鼓励病人说出自己的内心感受,维持良好的心理状态;鼓励病人积极参与各种社交活动,承担力所能及的社会工作。鼓励家属要关爱、理解和帮助病人,给予病人全身心的支持。

（六）健康指导

1. 疾病知识指导　向病人及其家属介绍有关本病的基本知识及发作时家庭紧急护理方法。指导病人保持良好的饮食习惯,告知病人避免过度疲劳、睡眠不足、饥饿、情绪激动、饮酒、便秘、妊娠与分娩、强烈的声光刺激、长时间看电视、洗浴等诱因。鼓励病人积极参与有益的社交活动,保持良好的心理状态。

2. 生活指导　告知病人禁止从事攀高、游泳、驾驶及带电作业等危及自己或他人生命的工作或活动;嘱病人外出时随身携带病情诊疗卡,注明姓名、地址、病史及联系电话等,以备癫痫发作时得到及时救治;男女双方均有癫痫,或一方有癫痫,另一方有家族史者不宜结婚;特发性癫痫的女性病人如有家族史,不宜生育。

3. 用药与病情监测指导　指导病人和家属遵守用药原则,不可随意增减药物剂量,切忌突然停药或自行换药,注意观察药物不良反应,定期复查血、尿常规和肝肾功能。告知病人及家属,当症状控制不理想,病情反复、发作频繁或出现发热、皮疹时应及时就诊。

【护理评价】

病人是否发生窒息;是否受伤;是否获得有关抗癫痫药物的知识,是否按医嘱正确用药。

(张　丹　高　丽)

第七节　神经系统常用诊疗技术及护理

学习目标

1. 具有团结协作、认真负责的工作态度和护理安全的职业意识,尊重和关爱病人。
2. 掌握腰椎穿刺术和高压氧舱治疗的术前准备、术中护理配合及术后护理。
3. 熟悉腰椎穿刺术和高压氧舱治疗的操作过程。
4. 了解腰椎穿刺术和高压氧舱治疗的适应证和禁忌证。
5. 学会与病人和家属进行有效沟通,正确解释操作目的和注意事项。

一、腰椎穿刺术

腰椎穿刺术(lumbar puncture)是通过穿刺第3~4腰椎或第4~5腰椎间隙进入蛛网膜下腔,获取脑脊液协助中枢神经系统疾病的诊断和鉴别诊断,或注射药物、行内外引流术等治疗性穿刺为目的的技术。

【适应证】

1. 留取脑脊液做各种检查以辅助中枢神经系统疾病(如感染性疾病、蛛网膜下腔出血、免疫炎性疾病和脱髓鞘疾病、脑膜癌等)的诊断。

2. 怀疑颅内压异常。

3. 动态观察脑脊液变化以协助判断病情、预后及指导治疗。

4. 注入放射性核素行脑、脊髓扫描。

5. 注入液体或放出脑脊液以维持、调整颅内压平衡，或注入药物治疗相应疾病。

【禁忌证】

1. 颅内压明显升高或已有脑疝先兆，特别是怀疑有后颅窝占位性病变者。

2. 穿刺部位有局灶性感染、开放性损伤或有脊柱结核者。

3. 有明显出血倾向或病情危重不宜搬动者。

4. 脊髓压迫症的脊髓功能处于即将丧失的临界状态。

【操作前准备】

1. 病人准备　①评估：评估病人病情、文化水平、合作程度及对检查的知晓程度等。②解释：向病人及家属解释穿刺目的、特殊体位、操作过程及术中注意事项，以消除病人的紧张情绪，取得病人的合作。③征得病人和家属的同意并签字确认。④病人指导：嘱病人术前排空大小便，在床上静卧 15～30 分钟。

2. 环境准备　安静、整洁，温度及湿度适宜，无对流风。

3. 用物准备　穿刺包、压力表包、无菌手套、氧气、2% 利多卡因、急救药品和器械。

【操作过程与护理配合】

1. 操作过程

（1）安置体位：指导病人去枕侧卧，背齐床沿，屈颈抱膝，使脊柱尽量前屈，以增加椎间隙宽度便于穿刺（图 9-2）。

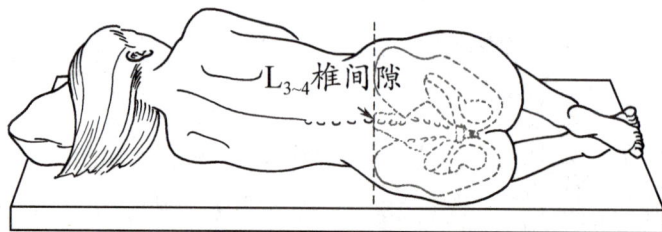

图 9-2　腰椎穿刺体位

（2）确定穿刺点：成人一般选择第 3～4 腰椎棘突间隙或第 4～5 腰椎棘突间隙。

（3）消毒、铺孔巾、局部麻醉：常规消毒穿刺部位皮肤后，术者戴无菌手套、铺孔巾。用 2% 利多卡因自皮肤至椎间韧带行逐层局部麻醉。

（4）穿刺进针：检查穿刺针、测压管、注射器是否通畅，衔接是否紧密；术者持带有针芯的穿刺针沿腰椎间隙垂直进针，推进 4～6cm（儿童为 2～3cm）深度，感到阻力突然降低时，提示针尖已进入蛛网膜下腔。

（5）测压、收集标本：穿刺成功后，拔出针芯，脑脊液自动滴出，接上测压管先行测压。若脑脊液压力明显增高，则一般不放脑脊液，防止发生脑疝。若需了解椎管有无阻塞，可协助术者做动力试验（压颈试验）。移去测压器，收集脑脊液 2～5ml 于无菌试管中送检，若需做细菌培养，试管口及棉塞应用酒精灯火焰灭菌。

（6）拔针：术毕拔出穿刺针，针孔覆盖无菌纱布，稍加压后用胶布固定。

2. 护理配合

（1）指导和协助病人保持腰椎穿刺的正确体位。

（2）穿刺过程中应密切观察病人意识、瞳孔、呼吸、脉搏、血压及面色变化，询问有无不适感。如有异常立即报告医生并协助处理。

（3）协助病人摆放术中测压体位，并协助医生测压。当接紧测压管后，将病人双下肢慢慢伸直，嘱病人全身放松，伸直头自然侧卧。

（4）协助医生留取所需的脑脊液标本，并将标本送检。

【操作后护理】

1. 一般护理　指导病人去枕平卧4～6小时，24小时内勿下床活动，告知病人卧床期间不可抬高头部，但可适当转动身体。保持穿刺部位的纱布干燥，观察有无渗液、渗血，24小时内不宜淋浴。

2. 术后监测　观察病人有无头痛、腰背痛、脑疝及感染等穿刺后并发症。穿刺后头痛最常见，多发生在穿刺后1～7天，可能为脑脊液放出较多或持续脑脊液外漏导致颅内压降低。嘱病人多饮水或遵医嘱静脉滴注葡萄糖注射液或生理盐水等，延长卧床休息时间至24小时。颅内压高者不宜多饮水，严格卧床，密切观察意识、瞳孔及生命体征变化。

二、高压氧舱治疗

高压氧舱治疗（hyperbaric oxygen therapy）是让病人在密闭的加压装置中吸入高压力（2～3个大气压）、高浓度的氧，使氧大量溶解于血液和组织，从而提高血氧张力、增加血氧含量、收缩血管和加速侧支循环形成，以降低颅内压，减轻脑水肿，改善脑缺氧，促进觉醒反应和神经功能的恢复。

【适应证】

1. 各种急、慢性缺氧性疾病，如一氧化碳中毒、缺血性脑血管病。

2. 脑炎、中毒性脑病。

3. 神经性耳聋。

4. 多发性硬化、脊髓及周围神经损伤、老年期痴呆。

【禁忌证】

1. 恶性肿瘤，尤其是肿瘤已发生转移的病人。

2. 出血性疾病，如颅内血肿、椎管或其他部位有活动性出血可能者。

3. 颅内病变诊断不明者。

4. 严重高血压（>160/95mmHg）、心功能不全。

5. 原因不明的高热、急性上呼吸道感染、急慢性鼻窦炎、中耳炎或咽鼓管通气不良。

6. 肺部感染、肺气肿、活动性肺结核。

7. 妇女月经期或妊娠期。

8. 有氧中毒或不能耐受高压氧者。

【操作前准备】

1. 病人准备 ①评估：评估病人的文化程度、心理状态及对高压氧舱治疗的了解程度；评估病人的病情，及时发现有无入舱治疗的禁忌证等。②解释：向病人及家属解释高压氧舱治疗的目的、过程及治疗环境，以及治疗过程中的正常反应，以消除病人的紧张情绪。③病人或家属签署知情同意书。④病人指导：指导病人掌握调节中耳气压的具体方法，如捏鼻鼓气法、咀嚼法、吞咽法等；向病人介绍舱内通信系统的使用方法，教会病人正确使用吸氧面罩；指导病人遵守氧舱医疗安全规则，严禁携带易燃易爆物品（如火柴、打火机、酒精、油脂、万花油、清凉油、汽油、爆竹、电动玩具、发火玩具等）进入舱内；指导病人入舱前更换纯棉衣物，洗净油脂类化妆品；手表、钢笔、保温杯等物品也不宜带入；勿饱食、饥饿、酗酒，不宜进食产气的食物和饮碳酸饮料，排空大小便，餐后 1～2 小时进舱；指导病人严禁扭动舱内仪表、阀门等设备。⑤术前用药：首次进舱治疗的病人及陪伴人员进舱前用 1% 麻黄碱滴鼻。

2. 用物准备 ①备齐各种检查、医疗、护理所需的器具和药品，舱内常备药品应定期检查、更换，防止过期失效。②检查有关阀门、仪表以及通信、照明、供气、供氧、通风等系统运转是否正常。③严格执行舱内消毒隔离制度，及时清洁、消毒舱体，防止空气污染和交叉感染。④调好舱内温度，冬天为 18～22℃，夏天为 24～28℃，相对湿度不超过 75%。

【操作过程与护理配合】

1. 操作过程

（1）加压过程：①准备完备，关闭舱门，通知舱内人员做好相应准备。控制加压速度，开始加压时速度要慢。边加压边询问病人有无耳痛或不适，如耳痛明显应减慢加压速度或暂停加压，向鼻内滴 1% 麻黄碱，疼痛消除后可继续加压，若无效，应减压出舱。②加压时关闭各种引流管，观察、调整密封式水封瓶，防止液体倒流入体腔。

（2）稳压过程：①加压达预定治疗压力并保持不变，称为稳压。在此期间应使舱内舱压波动范围不应超过 0.005MPa。②空气加压舱供氧压力一般为稳压压力 +0.4MPa，供氧量一般为 10～15L/min，注意通风换气，使舱内氧浓度控制在 25% 以下，二氧化碳浓度低于 1.5%。

（3）减压过程：①通知舱内人员"开始减压"，起始速度宜慢，边减压边通风，防止舱内起雾。②减压过程中严格执行减压方案，不得随意缩短减压时间。③输液应采用开放式，因为减压时莫菲滴管内的气体发生膨胀，导致瓶内压力升高，气体有进入静脉造成气体栓塞的危险。④各种引流管都要开放。气管插管的气囊在减压前应打开。⑤减压时气体膨胀吸热，舱内温度急剧下降，应注意保暖。如达到雾点时，舱内会出现雾气，这是正常物理现象，应适当通风，控制减压速度，可减少或避免这种现象发生。

2. 护理配合

（1）加压过程：①密切观察血压、脉搏、呼吸变化。如出现血压升高、心率和呼吸减慢系正常加压反应，不必做特殊处理。②如发现病人烦躁不安、颜面或口周肌肉抽搐、出冷汗或突然干咳气急，或四肢麻木、头晕、眼花、恶心、无力等，可能为氧中毒，应立即报告医生并摘除面罩，停止吸氧，改吸舱内空气，必要时终止治疗减压出舱。

（2）稳压过程：①指导病人戴好面罩吸氧，并观察病人佩戴面罩及吸氧的方法是否正确，指导病人在安静和休息状态下吸氧，吸氧时不做深呼吸。②随时观察病人有无氧中毒症状，及时做好处理。

（3）减压过程：①指导病人自主呼吸，绝对不能屏气，否则会导致肺组织撕裂，造成严重的肺气压伤。②减压过程中由于中耳鼓室及鼻旁窦腔中的气体膨胀，病人可能出现耳部胀感；胃肠道气体膨胀、胃肠蠕动加快，部分病人出现便意、腹胀等现象，均不需特殊处理。

【操作后护理】

1. 记录　记录治疗时间以及病人在治疗中的状态。

2. 安置病人　送病人回病房，嘱其注意休息。危重、昏迷病人出舱后通知主管医生接管。

3. 术后观察　询问病人有无皮肤瘙痒、关节疼痛等不适。观察病人有无肺气压伤、氧中毒、减压病等并发症。昏迷病人有无脑水肿加重、肺水肿，以及伤口渗血、出血等，发现异常及时报告医生并协助处理。

> **本章小结**
>
> 　　本章学习重点是神经系统常见疾病病人的身体状况、常见护理诊断／问题、一般护理、病情观察、用药护理及急重症病人的抢救配合与健康指导。学习难点为脑血管疾病、帕金森病、癫痫等病人的身体状况评估，急性炎症性脱髓鞘性多发性神经病、脑血管病病人发生呼吸困难、吞咽障碍、脑疝时的抢救配合。在学习过程中注意分析三叉神经痛病人的表现特点，理解对病人的护理与健康指导；从急性炎症性脱髓鞘性多发性神经病的病因与机制出发，理解病人的心理状况、病情观察与护理；比较各类脑血管病的区别，完成脑血管疾病并发脑疝的病情观察、治疗配合与用药护理；分析帕金森病、癫痫病人的发病特点与表现，理解对病人的生活护理、安全护理、用药护理与健康指导，提高运用知识解决问题的能力。

（张　丹）

1. 急性炎症性脱髓鞘性多发性神经病病人的身体状况有何表现？如何做好对症护理？

2. 脑血管病的危险因素有哪些？比较各类脑血管疾病病人的身体状况有何区别？

3. 脑出血病人发生脑疝的诱因有哪些？发生脑疝先兆时的表现如何？

4. 简述帕金森病病人的主要表现。如何对帕金森病病人做好健康指导？

5. 癫痫常见的病因及诱因有哪些？癫痫发作时如何保持呼吸道通畅？如何预防病人受伤？

第十章 | 传染病病人的护理

10章 数字资源

第一节 概 论

学习目标

1. 具有高度的责任感、科学的工作态度和良好的团队合作意识,自觉遵守传染病相关的医疗护理服务规程。
2. 掌握传染病的基本特征、流行过程和传染病预防方法。
3. 熟悉传染病的感染与免疫、标准预防和隔离、消毒。
4. 了解传染病的临床特点、影响流行过程的因素。
5. 学会传染病的综合预防措施,做好职业防护。

工作情景与任务

导入情景:

张同学,男,16岁。近期曾进食生腌的海产品,最近几天出现发热,疲乏无力,不想吃油腻食物,上课时经常无精打采,家长带其来医院就诊。经检查,甲肝抗体 IgM(+)。入院诊断为急性甲型病毒性肝炎。

工作任务:

1. 对张同学及其家属宣讲甲型肝炎的流行过程。
2. 指导张同学及其家属预防甲型肝炎传播的方法。

传染病(communicable diseases)是由病原微生物和寄生虫感染人体后产生的有传染性、在一定条件下可造成流行的疾病。病原微生物包括朊粒、病毒、衣原体、立克次体、支原体、细菌、真菌、螺旋体。寄生虫包括原虫、蠕虫、医学昆虫。感染性疾病是指病原体感染所致的疾病,包括传染病和非传染性感染性疾病。

历史上传染病曾对人类造成很大的灾难。中华人民共和国成立后,在以"预防为主、防治结合"的卫生方针指引下,许多传染病被消灭或得到控制,传染病已不再是引起死亡的主要原因。但有些传染病,如病毒性肝炎、艾滋病、结核病和感染性腹泻等仍然广泛存在,对人民健康危害很大。而且新发传染病包括变异病原体感染多次出现流行,如新型冠状病毒感染、严重急性呼吸综合征(曾称传染性非典型肺炎)、甲型 H1N1 流感等。因此,传染病的防治研究仍需加强。传染病病人的护理是传染病防治工作中的重要组成部分,它不仅关系到传染病病人的早日康复,对控制和终止传染病在人群中的流行也十分重要。

一、感染与免疫

(一)感染的概念及感染过程的表现

感染是病原体与人体之间相互作用、相互斗争的过程,病原体感染人体后的表现主要与病原体的致病力和人体的免疫功能有关,因而产生了感染过程的不同表现。

1. 清除病原体　病原体进入人体后,人体通过非特异性免疫或特异性免疫将病原体消灭或排出体外,人体不产生病理变化,也不引起任何临床症状。

2. 隐性感染　又称亚临床感染,是指病原体进入人体后,仅诱导机体产生特异性免疫应答,不引起或只引起轻微的组织损伤,在临床上无任何症状、体征甚至生化改变,只有通过免疫学检查才能发现。隐性感染后可获得对该病的特异性免疫力,病原体被清除。少数转变为病原携带状态,成为病原携带者和重要的传染源。

3. 显性感染　又称临床感染,是指病原体侵入人体后,不但诱导机体产生免疫应答,而且通过病原体本身的作用或机体的变态反应,导致组织损伤,引起病理改变和临床表现。显性感染后有些感染者病原体可被清除,机体可获得较为稳固的免疫力,不易再受感染。也有部分感染者由于免疫力不牢固,可再次感染。少数感染者成为慢性病原携带者。

4. 病原携带状态　是指病原体侵入人体后,在人体内生长繁殖并不断排出体外,而人体不出现任何疾病状态,成为传染病流行的重要传染源。按携带的病原体不同可分为带病毒者、带菌者与带虫者。按发生的时期不同可分为潜伏期携带者和恢复期携带者或慢性携带者。若携带病原体持续时间短于 3 个月,称为急性携带者;若携带病原体持续时间长于 3 个月,则称为慢性携带者。所有病原携带者都有一个共同特点,即无明显临床表现而携带病原体。

5. 潜伏性感染　又称潜在性感染,是指病原体感染人体后,寄生于某些部位,机体免疫功能使病原体局限而不引起发病,但又不能将病原体清除时,病原体潜伏在机体内。待机体免疫功能下降时,则可引起发病。潜伏性感染期间,病原体一般不排出体外,故此时的感染者不会成为传染源,这是与病原携带状态的不同之处。

上述 5 种感染的表现形式可在一定条件下相互转化。隐性感染最常见,病原携带状态次之,显性感染比例最小。

（二）感染过程中病原体的致病作用

1. 侵袭力　是指病原体侵入机体并在机体内生长、繁殖的能力。有些病原体可直接侵入人体或借其分泌的酶类破坏机体组织,有些细菌的表面成分可抑制机体的吞噬作用而促使病原体扩散。

2. 毒力　包括内毒素、外毒素和毒力因子(如穿透能力、溶组织能力等)。

3. 数量　就同一种病原体而言,侵入的数量通常与致病能力成正比。

4. 变异性　病原体可因环境、药物或遗传等诸多因素而发生变异。病原体的抗原变异可逃逸机体的特异性免疫作用而继续引起疾病或使疾病慢性化,如流行性感冒病毒、丙型肝炎病毒和人免疫缺陷病毒等。

（三）感染过程中机体的免疫应答作用

1. 非特异性免疫　是机体对进入人体内异物的一种清除机制,通过遗传获得,无抗原特异性,包括天然屏障、吞噬作用和体液因子等。

2. 特异性免疫　是通过对抗原识别而产生的针对该抗原的特异性免疫应答,是后天获得的一种主动免疫,包括由 B 淋巴细胞介导的体液免疫和由 T 淋巴细胞介导的细胞免疫。

二、传染病的基本特征及临床特点

（一）基本特征

传染病与其他疾病的主要区别在于其具有下列基本特征:

1. 有病原体　每种传染病都由特异性病原体引起。临床上特定病原体的检出对明确诊断有重要意义。

2. 有传染性　指病原体由宿主体内排出,经一定途径传染给另一个宿主的特性,是传染病与其他感染性疾病最重要的区别。任何传染病都具有一定的传染性,但强弱不等,同一疾病的不同病期,其传染性也不同。传染病病人具有传染性的时期称为传染期,传染期的长短是确定病人隔离期限的重要依据。

3. 有流行病学特征

（1）流行性:在一定条件下,传染病能在人群中广泛传播蔓延的特性称为流行性。传染病按流行性强度可分为 4 种。①散发:是指某传染病在某地区的常年发病情况处于常年一般发病率水平,可能由于人群对某病的免疫水平较高,或某病的隐性感染率较高,或某病不易传播。②流行:指某传染病在某地区的发病率显著高于该病常年发病率水平或为散发发病率的数倍。③大流行:指某传染病在一定时间内迅速传播,波及范围广泛,超出国界或洲界。④暴发:指某一局部地区或集体单位中,短期内突然出现许多同一疾病病人,大多是同一传染源或同一传播途径。

(2) 季节性:某些传染病在每年一定季节出现发病率升高的现象称为季节性。如冬春季节呼吸道传染病发病率高;夏秋季节消化道传染病发病率高;虫媒传染病则与媒介节肢动物活跃季节相一致。

(3) 地方性:某些传染病由于受地理、气候等自然因素或人们生活习惯等社会因素的影响,仅局限在一定地区内发生,称为地方性传染病。其中以野生动物为主要传染源的疾病称为自然疫源性传染病,如鼠疫。存在这种疾病的地区称为自然疫源地,人进入这个地区就有受感染的可能。

(4) 外来性:在国内或地区内原来不存在,而从国外或外地通过外来人口或物品传入的传染病,如霍乱。

4. 感染后免疫 免疫功能正常的人体经显性或隐性感染某种病原体后,都能产生针对该病原体及其产物的特异性免疫。感染后免疫属于主动免疫。不同病原体感染后免疫持续时间长短和强弱不同。一般而言,病毒性传染病感染后免疫时间最长,甚至可保持终身,但也有例外(如流行性感冒)。细菌、螺旋体、原虫性传染病感染后免疫时间短,仅为数月至数年,但也有例外(如伤寒)。在临床上,感染后免疫如果持续时间较短,可出现下列现象:

(1) 再感染:指同一传染病在痊愈后,经过长短不等间隙再度感染。

(2) 重复感染:指疾病尚在进行过程中,同一种病原体再度侵袭而又感染。蠕虫病较常见,感染后一般不产生保护性免疫。

(二)临床特点

1. 病程发展的阶段性 急性传染病从发生、发展到转归,通常分为 4 期。

(1) 潜伏期:指从病原体侵入人体到出现临床症状为止的一段时期。各种传染病的潜伏期长短不一,同一种传染病的潜伏期可有一个相对不变的限定时间。了解潜伏期有助于传染病的诊断、确定检疫期限和协助流行病学调查。

(2) 前驱期:指从起病至出现明显症状为止的一段时期。病人多表现为头痛、发热、乏力、肌肉酸痛、食欲减退等,无特异性,为许多传染病所共有,持续 1~3 天。起病急骤者可无此期。多数传染病在此期已有较强传染性。

(3) 症状明显期:指前驱期后,病情逐渐加重达到高峰,出现某种传染病特有症状、体征的时期。本期传染性较强且易产生并发症。

(4) 恢复期:指机体免疫力增加到一定程度,体内病理生理过程基本终止,病人症状、体征逐渐消失的时期。此期病人食欲和体力逐渐恢复,血清中抗体效价逐渐上升到最高水平,但体内病原体还未完全清除,传染性还可持续一段时间。恢复期结束后,机体功能长期仍未能恢复正常者称为后遗症,多见于中枢神经系统传染病,如流行性乙型脑炎等。

有些传染病病人在病程中可出现再燃或复发。再燃是指传染病病人的临床症状和体征逐渐减轻,但体温尚未完全恢复正常的缓解阶段,由于潜伏于血液或组织中的病原体再度繁殖,使体温再次升高,初发病的症状与体征再度出现的情形。复发是指病人进入恢复期后,已稳定退热一段时间,由于体内残留的病原体再度繁殖而使临床表现再度出现的情形。

2. 临床类型　传染病根据临床过程的长短,可分为急性、亚急性和慢性;根据病情轻重,可分为轻型、中型、重型和暴发型;根据临床特征可分为典型和非典型等。

3. 常见症状与体征

(1)发热:感染性发热是传染病最常见、最突出的症状,在急性传染病中有特别重要的临床意义。

(2)发疹:许多传染病在发热的同时伴有发疹,称为发疹性传染病。发疹时出现皮疹可分为外疹和内疹(黏膜疹)两大类。出疹时间、部位和先后次序对诊断和鉴别诊断有重要参考价值。如水痘、风疹多于病程的第1天出疹,猩红热多于第2天出疹,麻疹多于第3天出疹,斑疹伤寒多于第5天出疹,伤寒多于第6天出疹。

(3)毒血症:病原体的代谢产物,包括细菌毒素在内,可引起除发热以外的多种症状,如疲乏、全身不适、厌食、头痛、肌肉关节和骨骼疼痛等。严重者可有意识障碍、谵妄、脑膜刺激征、中毒性脑病、呼吸衰竭和休克等表现。有时病原体的代谢产物还可引起肝、肾损害,表现为肝、肾功能的改变。

(4)单核－吞噬细胞系统反应:在病原体及其代谢产物的作用下,单核－吞噬细胞系统可出现充血、增生等反应,临床上表现为肝、脾和淋巴结肿大。

三、传染病的流行过程及影响因素

传染病的流行过程是传染病在人群中发生、发展和转归的过程。构成流行过程的三个基本条件是传染源、传播途径和易感人群,这三个环节必须同时存在,若切断任何一个环节,流行即告终止。

(一)流行过程的基本条件

1. 传染源　是指体内有病原体生存、繁殖并能将病原体排出体外的人或动物。

(1)病人:是大多数传染病重要的传染源。不同临床类型或病期不同的病人流行病学意义不同。轻型病人数量多、症状不典型而不易被识别,慢性病人可长期排出病原体,成为长期的传染源。

(2)隐性感染者:由于无任何症状和体征而不易被发现,因此某些传染病病原体清除前,隐性感染者是重要的传染源。

(3)病原携带者:慢性病原携带者无明显临床症状而长期排出病原体,在某些传染病中有重要的流行病学意义。

（4）受感染动物：动物源性传染病可由动物体内排出病原体，导致人类发病，如鼠疫、狂犬病等。

2. 传播途径　指病原体离开传染源后，到达另一个易感者所经过的途径。同一种传染病可以有多种传播途径。

（1）水平传播

1）呼吸道传播：病原体存在于空气中的飞沫或气溶胶中，易感者吸入时获得感染，如麻疹、结核病、禽流感和严重急性呼吸综合征等。

2）消化道传播：病原体污染食物、水源或食具，易感者进食时获得感染，如细菌性痢疾、伤寒等。

3）接触传播：易感者通过日常生活的密切接触获得感染，如流行性感冒、麻疹等；易感者与被病原体污染的水或土壤接触时获得感染，如钩端螺旋体病、血吸虫病和钩虫病等；伤口被污染，有可能患破伤风；不洁性接触可传播艾滋病、梅毒、淋病等。

4）虫媒传播：被病原体感染的吸血节肢动物如按蚊、人虱、鼠蚤、白蛉、恙螨和硬蜱等，在叮咬时把病原体传给易感者，可分别引起疟疾、流行性斑疹伤寒、地方性斑疹伤寒、黑热病、恙虫病和莱姆病等。根据节肢动物的不同生活习性，此类传染病往往有严格的季节性，个别病例还与感染者的职业和地区相关。

5）血液、体液传播：病原体存在于病原携带者或病人的血液、体液中，通过应用血制品、分娩或性交等传播，如乙型肝炎、丙型肝炎、艾滋病和疟疾等。

6）医源性感染：指在医疗工作中人为造成的某些传染病的传播。一类是易感者在接受治疗、预防、检验措施时，由于所用器械受医护人员或其他工作人员的手污染而引起的传播，如乙型肝炎、丙型肝炎、艾滋病等。另一类是药品或生物制品受污染而引起的传播，如输注凝血因子Ⅷ引起的艾滋病。

（2）垂直传播：又称母婴传播。婴儿出生前已从母亲或父亲处获得的感染称为先天性感染，如艾滋病、梅毒、弓形虫病等。

3. 人群易感性　是指某一特定人群中对某种传染病的易感程度。对某一传染病缺乏特异性免疫力的人称为易感者。易感者在某一特定人群中的比例决定该人群的易感性。人群对某种传染病易感性的高低影响该传染病的发生和传播。在普遍推行人工自动免疫的情况下，可把某种传染病的易感者水平始终保持得很低，从而阻止其流行。

（二）影响流行过程的因素

1. 自然因素　主要包括地理因素、气候因素和生态环境因素等，通过作用于流行过程的三个环节对传染病的发生、发展起重要作用。

2. 社会因素　包括社会制度、经济和生活条件、文化水平、风俗习惯、信仰等，对传染病的流行过程有重要的影响，其中社会制度起主导作用。

四、传染病的预防

传染病的预防工作主要针对传染病流行过程的三个基本环节，采取综合性预防措施。

（一）管理传染源

1. 对病人的管理 应尽量做到早发现、早诊断、早报告、早隔离、早治疗。建立健全的医疗卫生防疫机构，开展传染病卫生宣传教育，提高人群对传染病的识别能力，对早期发现、早期诊断传染病有重要意义。

传染病的报告制度是早期发现、控制传染病的重要措施。根据《中华人民共和国传染病防治法》以及《突发公共卫生事件与传染病疫情监测信息报告管理办法》，将法定传染病分为甲、乙、丙三类（表 10-1）。

表 10-1　我国法定传染病的分类

分类	种类	疾病名称
甲类	2 种	鼠疫、霍乱
乙类	27 种	新型冠状病毒感染、传染性非典型肺炎、艾滋病、病毒性肝炎、脊髓灰质炎、人感染高致病性禽流感、麻疹、流行性出血热、狂犬病、流行性乙型脑炎、登革热、炭疽、细菌性和阿米巴性痢疾、肺结核、伤寒和副伤寒、流行性脑脊髓膜炎、百日咳、白喉、新生儿破伤风、猩红热、布鲁氏菌病、淋病、梅毒、钩端螺旋体病、血吸虫病、疟疾、人感染 H7N9 禽流感
丙类	11 种	流行性感冒（含甲型 H1N1 流感）、流行性腮腺炎、风疹、急性出血性结膜炎、麻风病、流行性和地方性斑疹伤寒、黑热病、包虫病、丝虫病，除霍乱、细菌性和阿米巴性痢疾、伤寒和副伤寒以外的感染性腹泻病、手足口病

甲类传染病为强制管理的烈性传染病，发现后 2 小时内通过传染病疫情监测信息系统上报。乙类传染病为严格管理的传染病，要求诊断后 24 小时内通过传染病疫情监测信息系统上报。丙类传染病为监测管理传染病，采取乙类传染病的报告、控制措施。值得注意的是在乙类传染病中传染性非典型肺炎、炭疽中的肺炭疽、脊髓灰质炎，必须采取甲类传染病的报告、控制措施。

一旦确诊或疑似传染病病人应立即隔离治疗，隔离期限由传染病的传染期而定。

2. 对接触者的管理 接触者是指曾经和传染源发生过接触的人，可能受到感染而处于疾病的潜伏期，有可能是传染源。对接触者应根据具体情况采取留验、医学观察、隔离和必要的卫生处理等检疫措施，或根据具体情况进行紧急免疫接种或药物预防。检疫期限由最后接触之日算起，至该病最长潜伏期。

（1）留验：又称隔离观察，是对接触者的日常活动加以限制，并在指定场所进行观察，确诊后立即隔离治疗,适用于甲类传染病接触者。对集体单位的留验又称集体检疫。

(2)医学观察:是对接触者的日常活动不加限制,但每天进行必要的诊察,以了解有无早期发病的征象,适用于乙类传染病的接触者。

3. 对病原携带者的管理　应做到早期发现。凡是传染病的接触者,有传染病病史者,流行地区居民和某些职业人员(如服务性行业、托幼机构、饮食和供水行业的工作人员)均应定期普查。对病原携带者需做好登记,加强管理,指导督促其养成良好的卫生、生活习惯,并定期随访观察,必要时应调换工作、隔离治疗。

4. 对动物传染源的管理　应根据动物的病种和经济价值,予以隔离、治疗或杀灭。有经济价值且非烈性传染病的动物,应分群放牧或分开饲养,并予以治疗。无经济价值或危害性大的动物应予捕杀、焚毁。对家禽、家畜进行预防接种,可降低发病率。

(二)切断传播途径

根据传染病不同传播途径采取相应措施。对于消化道传染病,应着重加强饮食卫生、个人卫生及粪便管理,保护水源,消灭苍蝇、蟑螂、老鼠等。对于呼吸道传染病,应着重进行空气消毒,提倡外出时戴口罩,流行期间少到公共场所,教育群众不随地吐痰,咳嗽和打喷嚏时要用纸巾捂住口鼻。对于虫媒传染病,应采用药物等进行防虫、驱虫、杀虫。对于血源性传染病要加强血液和血制品的管理,防止医源性传播。

消毒是切断传播途径的重要措施,具体方法参见本节“标准预防和传染病的隔离消毒”。

(三)保护易感人群

保护易感人群可以提高人体对传染病的抵抗力和免疫力,从而降低传染病的发病率。

1. 增强非特异性免疫力　包括加强体育锻炼、生活有规律、调节饮食、养成良好的卫生习惯、改善居住条件、营造良好的人际关系、保持愉快的心情等。

2. 增强特异性免疫力　预防接种是提高人群特异性免疫力的关键,特别是儿童计划免疫接种对传染病预防起着非常重要的作用。

(1)人工主动免疫:将减毒或灭活的病原体、纯化的抗原和类毒素制成菌(疫)苗接种到人体内,使人体在接种后1~4周内产生抗体,称为人工主动免疫。免疫力可保持数月至数年。用细菌制成的免疫制剂称为菌苗,用病毒制成的免疫制剂称为疫苗。

(2)人工被动免疫:将制备好的含抗体的血清或抗毒素注入易感者体内,使机体迅速获得免疫力的方法,称为人工被动免疫。免疫持续时间仅为2~3周。常用于治疗或对接触者的紧急预防。常用制剂有抗毒血清、人血丙种球蛋白、胎盘球蛋白和特异性高价免疫球蛋白等。

五、标准预防和传染病的隔离、消毒

（一）标准预防

标准预防是指基于病人的血液、体液、分泌物（不包括汗液）、非完整皮肤和黏膜均可能含有感染性因子的原则，针对医院所有病人和医护人员采取的一组预防感染措施。

1. 标准预防的核心内容

（1）所有的病人均被视为具有潜在感染性的病人，即认为病人的血液、体液、分泌物、排泄物均具有传染性。在接触上述物质时，无论自身黏膜与皮肤是否完整，都必须采用相应的防护措施，包括手卫生。即必须根据预期可能的暴露选用手套、隔离衣、口罩、护目镜或防护面罩，安全注射，穿戴合适的防护用品处理病人环境中污染的物品和医疗器械。

（2）既要防止经血传播性疾病的传播，也要防止非经血传播性疾病的传播。

（3）采取双向防护，既要预防疾病从病人传染给医务人员，也要预防疾病从医务人员传染至病人。

2. 具体措施

（1）洗手：是预防感染传播最经济、最有效的措施。医疗护理活动前后，应按照正确的方法洗净双手。

（2）手套：接触血液、体液、分泌物、排泄物或皮肤黏膜破损时时应戴手套。戴手套不能代替洗手。

（3）面罩、护目镜、口罩：可减少病人的体液、血液、分泌物等液体的传染性物质飞溅到医护人员的眼睛、口腔和鼻腔黏膜。

（4）隔离衣：用于防止被传染性的血液、分泌物、渗出物等污染。

（5）隔离室：将可能污染环境的病人安置在专用病房，有助于进行环境控制。负压隔离室能够最大限度地控制污染范围，尤其适用于严重的呼吸道传染病。空气在排出室外或流向其他地域之前，应经高效过滤处理，病人在房内时房门应保持关闭。

（6）其他预防措施：可重复使用设备的清洁消毒；医院日常设施、环境的清洁标准和卫生处理程序的落实；医护人员的职业健康安全措施，如处理所有的锐器时应当特别注意，防止被刺伤，用后的针头和尖锐物品应弃于锐器盒内。

（二）传染病的隔离、消毒

1. 隔离（isolation） 指采用各种方法、技术，防止病原体从病人或携带者传播给他人的措施。

（1）隔离的原则

1）在标准预防的基础上，根据疾病的传播途径（接触传播、空气传播、消化道传播等），制订相应的隔离与预防措施。

2）一种疾病可能有多种传播途径时，应在标准预防的基础上，采取相应传播途径的隔离与预防，将多种防护措施结合使用。

3）隔离病室应有隔离标志，并限制人员的出入。空气传播的隔离标志为黄色，飞沫传播的隔离标志为粉色，接触传播的隔离标志为蓝色。

4）传染病病人或可疑传染病病人应安置在单人隔离房间。受条件限制的医院，同种病原体感染者可安置于一室。隔离的传染病病人或疑似传染病人产生的医疗废物，应严格执行《医疗废物管理条例》，防止病原体扩散和传播。

5）建筑布局符合隔离要求，高危险区的科室（感染疾病科）宜相对独立，宜与普通病区和生活区分开。服务流程确保洁、污分开，防止因人员流程、物品流程交叉导致污染。通风系统应区域化，防止区域间空气交叉污染。配备合适的手卫生设施。

6）解除隔离原则：已满隔离期、连续多次病原检测呈阴性者，确定其不再排出病原体，方可解除隔离。

（2）隔离的种类与方法：传统的传染病隔离国内多采用以类目为特征的隔离系统，即严密隔离、接触隔离、呼吸道隔离、抗酸杆菌隔离、肠道隔离、引流物 - 分泌物隔离和血液 - 体液隔离7种类型。2009年卫生部发布的《医院隔离技术规范》规定了不同传播途径疾病的隔离和预防，在标准预防的基础上将疾病分类隔离系统改为3种类型，即接触隔离、飞沫隔离、空气隔离。

1）接触隔离：适用于经接触传播（病原体通过手、媒介物直接或间接接触导致的传播）的疾病，如肠道感染、多重耐药菌感染、皮肤感染等，在标准预防的基础上还应采用接触传播的隔离与预防。

病人的隔离措施：①限制活动范围；②减少转运，如确需转运时，应采取有效措施，减少对其他病人、医务人员和环境表面的污染。

医务人员的防护措施：①接触隔离病人的血液、体液、分泌物、排泄物等物质时，应戴手套；离开隔离病室前和接触污染物品后，应摘除手套、洗手和／或进行手消毒。手上有伤口时应戴双层手套。②进入隔离病室，从事可能污染工作服的操作时，应穿隔离衣；离开隔离病室前，脱下隔离衣，按要求悬挂，每天更换、清洗与消毒隔离衣；若使用一次性隔离衣，用后按医疗废物管理要求进行处置。接触甲类传染病病人应按要求穿脱防护服，离开隔离病室前，脱去防护服，防护服按医疗废物管理要求进行处置。

2）飞沫隔离：用于经飞沫传播 [带有病原微生物（>5μm）的飞沫核，在空气中1m内短距离移动到易感人群的口、鼻黏膜或眼结膜等导致的传播] 的疾病，如百日咳、白喉、流行性感冒、病毒性腮腺炎、流行性脑脊髓膜炎等，在标准预防的基础上，还应采用飞沫传播的隔离预防。

病人的隔离措施：①在遵循隔离原则的基础上，应限制病人的活动范围，减少转运。当必须转运时，医务人员应注意加强防护。②病情允许时，应戴外科口罩，并定期更换。③病人之间、病人与探视者之间相隔距离应在1m以上，探视者应戴外科口罩。④病房加强通风或进行空气消毒。

医务人员的防护措施：①应严格按照区域流程，在不同的区域穿戴不同的防护用品，离开时按要求摘脱相应物品，并正确处理使用后的物品。医务人员防护用品的穿脱须按正确程序。②与病人近距离（1m 以内）接触，应戴帽子、医用防护口罩；进行可能产生喷溅的诊疗操作时，应戴护目镜或防护面罩，穿防护服。当接触病人及其血液、体液、分泌物、排泄物等物质时应戴手套。

3）空气隔离：适用于经空气传播 [带有病原微生物（≤5μm）的微粒子，通过空气流动导致的疾病传播] 的疾病，如肺结核、水痘等，在标准预防的基础上，还应采用空气传播的隔离与预防。

病人的隔离措施：①无条件收治时，应尽快将病人转送至有条件收治呼吸道传染病的医疗机构，并注意转运过程中医务人员的防护；②当病情允许时，应戴外科口罩，并定期更换，限制病人的活动范围；③应严格进行空气消毒。

医务人员的防护措施：①应严格按照区域流程，在不同的区域穿戴不同的防护用品，离开时按要求摘脱相应物品，并正确处理使用后的物品。②进入确诊或可疑传染病病房时，应戴帽子、医用防护口罩；进行可能产生喷溅的诊疗操作时，应戴防护目镜或防护面罩，穿防护服，当接触病人及其血液、体液、分泌物、排泄物等物质时应戴手套。

其他传播途径疾病的隔离与预防，应根据疾病的特性，采取相应的隔离与防护措施。

2. 消毒（disinfection）　通过物理、化学或生物学方法消除或杀灭环境中病原体，以切断传播途径，阻止病原体传播，控制传染病的发生和蔓延。

（1）消毒的种类

1）预防性消毒：对可能受到病原体污染的物品、场所和人体所进行的消毒，如餐具消毒、病室的日常卫生处理等。

2）疫源地消毒：对有传染源存在或曾有过传染源的地区所进行的消毒，可分为两类。①随时消毒：随时对传染源的排泄物、分泌物和其污染的物品进行消毒，及时杀灭从传染源排出的病原体，以防疾病传播。②终末消毒：对传染源已离开疫源地所进行的最后一次彻底的消毒，杀灭残留在疫源地内各种物品上的病原体，如病人出院、转科或死亡后，对其所住病室、所用物品和排泄物所进行的消毒。

（2）消毒方法

1）物理消毒法：是指利用物理因素作用于病原体，将其清除或杀灭的方法。常见的物理消毒法有 3 种。①热消毒：可杀灭各种病原体，如高压蒸汽灭菌、煮沸、焚烧等。②机械消毒：只能清除或减少细菌，如通风、清扫、洗刷等。③辐射消毒：有广谱杀菌作用，如日晒及使用紫外线、红外线、微波、γ 射线等。

2）化学消毒法：是指应用化学消毒药物使病原体蛋白质变性而致其死亡的方法。根据消毒效能可将其分为三类：①高效消毒剂。②中效消毒剂。③低效消毒剂。常用化学消毒剂有以下几类：①含氯消毒剂。②氧化消毒剂。③醛类消毒剂。④杂环类气体消毒剂。

⑤碘类消毒剂。⑥醇类消毒剂。⑦其他消毒剂,如酚类消毒剂、季铵盐类消毒剂等。

(李 萍)

第二节 流行性感冒病人的护理

学习目标

1. 具有高度的责任感、科学的工作态度和良好的安全防护意识,尊重和关爱病人,善于沟通。
2. 掌握流行性感冒的流行病学资料和病人的身心状况、主要护理措施。
3. 熟悉流行性感冒病人的常见护理诊断/问题。
4. 了解流行性感冒的辅助检查和治疗要点。
5. 学会对流行性感冒病人进行对症护理和健康指导,正确实施综合预防措施。

工作情景与任务

导入情景:

王先生,26岁。寒战、高热2天,自觉全身乏力、肌肉酸痛,有流感病人接触史,前往医院就诊。T 39.5℃,经血常规检查,门诊初步诊断为流行性感冒。

工作任务:

1. 指导王先生及其家属实施呼吸道隔离。
2. 对王先生及其家属进行疾病预防指导。

流行性感冒(influenza)简称流感,是由流感病毒引起的急性呼吸道传染病。其潜伏期短、传染性强、传播速度快。临床主要表现为高热、全身肌肉酸痛、乏力、头痛等中毒症状,而呼吸道症状相对较轻。

流感病毒属正黏液病毒科,是一种RNA病毒,由包膜和核壳体组成。人类流感病毒根据其含核蛋白的抗原性不同分为甲、乙、丙3型,各型之间无交叉免疫。流感病毒最大特点是极易发生变异,尤以甲型流感病毒最易发生,常引起大流行。流感病毒不耐热、酸和乙醚,对甲醛、乙醇、紫外线等均较敏感,100℃ 1分钟或56℃ 30分钟即可将其灭活,但对干燥和低温有相当强的耐受力,能在真空干燥下或 −20℃以下长期存活。

本病的发病机制是病毒通过感染呼吸道内各类细胞,并在细胞内复制导致细胞损伤和死亡而致病。

【护理评估】

（一）流行病学资料

1. 传染源　病人和隐性感染者是本病的主要传染源。从潜伏期末到发病后5天内均可有病毒从鼻涕、唾液、痰液等分泌物排出。传染期约1周，以病初2~3天传染性最强。

2. 传播途径　主要通过飞沫经呼吸道传播，也可通过接触被污染的手、日常用具等间接传播。传播速度和广度与人口密度有关。

3. 人群易感性　人群普遍易感。感染后对同一抗原类型可获得不同程度的免疫力，同型免疫力通常不超过1年，不同亚型间无交叉免疫性。病毒变异后，人群重新易感，故可反复发病。

4. 流行特征　常表现为突然发生、迅速蔓延、发病率高和流行过程短的特征，以冬、春季多见。大流行主要由甲型流感病毒引起；乙型流感多呈局部流行或散发，亦可大流行；丙型流感一般只引起散发。

评估时应重点评估周围环境中是否有流感流行、是否接触过流感病人、是否接种过流感疫苗等。

（二）身体状况

本病潜伏期通常为1~3天，最短为数小时，最长可达4天。

1. 单纯型　最常见。起病急，主要表现为高热、寒战、头痛、乏力、食欲减退、全身肌肉酸痛等全身中毒症状，呼吸道卡他症状相对较轻或不明显，少数病人可有咳嗽、鼻塞、流涕、咽痛、声嘶等上呼吸道症状。体温1~2天达高峰，3~4天后逐渐下降，热退后全身症状好转，乏力可持续1~2周，上呼吸道症状持续数日后消失，预后良好。

2. 胃肠型　儿童多见，以呕吐、腹泻、腹痛、食欲下降为主要症状。

3. 肺炎型　此型少见。主要发生于婴幼儿、老年人、孕妇、慢性心肺疾病病人和免疫力低下者。病初类似单纯型流感，1~2天后病情迅速加重，出现高热不退、呼吸急促、发绀、咯血、极度疲乏等症状。体检双肺呼吸音低，布满湿啰音，但无肺实变体征。痰液中可分离到流感病毒，抗菌药物治疗无效。本型病死率高，最后多因呼吸和循环衰竭于5~10天内死亡。

4. 中毒型　有全身毒血症表现，可有高热或明显的神经系统和心血管系统受损表现，晚期亦可出现中毒型心肌损害，严重者可出现休克、弥散性血管内凝血、循环衰竭等，病死率较高，预后不良，极少见。

此外，在流感流行时，有相当数量的轻型病人，症状与普通感冒极为相似，常难于区别。

5. 并发症　可并发细菌性上呼吸道感染、气管炎或支气管炎、细菌性肺炎、中毒性休克、中毒性心肌炎或瑞氏综合征（脑病合并肝脂肪变性综合征，英文为Reye syndrome，系感染甲型和乙型流感病毒的病人肝脏、神经系统所发生的并发症，机制不清，目前认为可能与服用阿司匹林有关）等。

（三）心理-社会状况

病人常因发热、全身酸痛而产生焦虑、情绪低落等不良心理反应。

（四）辅助检查

1. 血常规检查　白细胞总数减少，以中性粒细胞减少为主，淋巴细胞相对增多，继发细菌感染时可有白细胞显著增多。

2. 病原学检查　①鼻黏膜印片检测抗原：可快速诊断，有助于早期诊断。②病毒分离：是确定诊断的重要依据。③核酸检测：该方法快速、敏感，特异性较高。

3. 血清学检查　应用血凝抑制试验或补体结合试验等测定急性期和恢复期血清中的抗体，其中急性期血清标本应在发病 7 天内留取，恢复期血清标本可在发病后 2～4 周或更长时间留取。血清中的抗体如有 4 倍以上升高或单次检测抗体滴度 >1∶80，则有诊断意义。

（五）治疗要点

目前无特异性治疗方法。应早期使用抗病毒药物，常用的抗病毒药物有奥司他韦和金银花、连翘、黄芪等中草药。金刚烷胺和金刚乙胺有抑制甲型流感病毒作用，但由于甲型流感病毒对上述药物易产生耐药性，临床已很少使用。同时强调卧床休息、支持和对症治疗，继发细菌感染时可应用抗生素。

【常见护理诊断/问题】

1. 体温过高　与病毒感染有关。

2. 气体交换受损　与病毒性肺炎或合并细菌性肺炎有关。

3. 疼痛：头痛　与病毒感染导致的毒血症、发热等有关。

【护理措施】

（一）一般护理

1. 隔离　按呼吸道隔离要求，隔离病人 1 周或至主要症状消失。隔离期避免外出，如外出需戴口罩。

2. 休息与活动　急性期应卧床休息。

3. 饮食护理　鼓励病人多饮水，给予易消化、营养丰富、富含维生素的流质或半流质饮食，协助病人做好生活护理。伴呕吐或腹泻严重者，应适当增加静脉营养的供给。

（二）病情观察

观察病人的生命体征，有无高热不退、呼吸急促、发绀、血氧饱和度下降；观察有无咳嗽以及咳嗽的性质、时间、诱因、节律、音色；观察有无咳痰以及痰液的性状、量等。通过以上观察内容尽早明确诊断和发现并发症。

（三）对症护理

高热时，可用冰袋冷敷、温水或酒精擦浴等物理方法降温；病人有肺炎症状时应协助其取半坐卧位，予以吸氧，必要时吸痰，并通知医生及时处理。严重时予以机械通气辅助呼吸。

（四）用药护理

遵医嘱正确用药,注意观察药物疗效和不良反应。避免使用阿司匹林,以免诱发严重的瑞氏综合征。金刚烷胺有一定的中枢神经系统不良反应,如头晕、嗜睡、失眠和共济失调等,老年和有血管硬化者慎用,孕妇和有癫痫史者禁用。

（五）健康指导

1. 疾病预防指导　注意锻炼身体,增强机体的抵抗力。根据天气变化及时增减衣服。流感流行时应尽可能减少公众集会和集体娱乐活动,暂不探亲访友,出门戴口罩,防止疫情扩散。房间和公共场所要经常通风换气,保持清洁。接种疫苗是预防流感的基本措施,接种应在每年流感流行前的秋季进行,使用与现行流行株一致的灭活流感疫苗。其中老人、儿童、免疫抑制的病人和易出现并发症者是最合适的接种对象。

2. 疾病知识指导　指导病人减少病毒传播的方法,病人使用过的食具、用具应煮沸,衣服、手帕等可用含氯消毒液消毒或日光暴晒2小时。

（李　萍）

第三节　病毒性肝炎病人的护理

学习目标

1. 具有高度的责任感、科学的工作态度和良好的安全防护意识,尊重和关爱病人,善于沟通。
2. 掌握病毒性肝炎的流行病学资料和病人的身心状况、主要护理措施。
3. 熟悉病毒性肝炎的辅助检查、治疗要点和病人的常见护理诊断/问题。
4. 了解病毒性肝炎病人的护理目标和护理评价。
5. 学会对病毒性肝炎病人进行病情监测、心理护理和健康指导,正确实施综合预防措施。

工作情景与任务

导入情景:

吴先生,45岁。1周前感觉食欲极差、厌油腻食物、乏力、精神萎靡,肝区不适,尿黄,来医院就诊,经询问得知吴先生妻子有乙肝病史。经乙肝病毒标志物检查,门诊初步诊断为乙型病毒性肝炎。

工作任务:

1. 指导吴先生及家属实施血液－体液隔离。
2. 对吴先生及家属进行疾病预防指导。

病毒性肝炎（viral hepatitis）简称肝炎，是由多种肝炎病毒引起的，以肝脏损害为主的一组全身性传染病。临床主要表现为疲乏、食欲减退、厌油、肝功能异常等，部分病例出现黄疸。目前确定的肝炎病毒有甲型、乙型、丙型、丁型和戊型。

甲型肝炎病毒（HAV）：RNA 病毒。对外界抵抗力较强，耐酸碱，60℃ 30 分钟，80℃ 5 分钟或 100℃ 1 分钟才能使 HAV 灭活。对紫外线照射、氯、甲醛等敏感。

乙型肝炎病毒（HBV）：DNA 病毒。抵抗力很强，对热、低温、干燥、紫外线和一般浓度的化学消毒剂均能耐受。100℃ 10 分钟、65℃ 10 小时或高压蒸汽消毒可使之灭活，对 0.2% 苯扎溴铵和 0.5% 过氧乙酸敏感。

丙型肝炎病毒（HCV）：RNA 病毒。HCV 是 5 种肝炎病毒中最易发生变异的一种，对有机溶剂敏感，10% 氯仿可杀灭 HCV。煮沸、紫外线亦可使 HCV 灭活，经 60℃ 10 小时或 1/1 000 甲醛溶液 37℃ 6 小时可使 HCV 传染性丧失，血制品中的 HCV 可用干热 80℃ 72 小时或加变性剂使之灭活。

丁型肝炎病毒（HDV）：缺损 RNA 病毒。在血液中有 HBsAg 包被，其复制、表达抗原和引起肝损害需有 HBV 或其他嗜肝 DNA 病毒辅助，但细胞核内的 HDV RNA 不需 HBV 辅助就能自行复制。

戊型肝炎病毒（HEV）：RNA 病毒。HEV 在碱性环境下较稳定，对高热、氯仿和氯化铯敏感。

【护理评估】

（一）流行病学资料

1. 传染源　①甲型和戊型肝炎：主要为急性期病人和隐性感染者。其中隐性感染者数量多、不易识别，是重要的传染源，在发病前 2 周至起病后 1 周传染性最强。甲型肝炎无病毒携带状态。②乙型、丙型和丁型肝炎：为急、慢性病人，隐性感染者和病毒携带者，其中慢性病人和病毒携带者是重要的传染源。

2. 传播途径

（1）甲型和戊型肝炎：经粪 - 口传播是主要传播途径，病毒通过粪便污染水、食物和周围环境而进行传播，其中水和食物被污染后可引起流行。

（2）乙型、丙型和丁型肝炎：①血液、体液传播：是主要传播途径，可以通过输注含病毒的血液和血制品、不洁注射、针刺、共用剃刀和牙刷等方式传播。生活密切接触也可以造成传播。②性传播。③母婴传播：是乙型肝炎的一种重要传播途径。

3. 人群易感性　各型肝炎之间无交叉免疫力。①甲型肝炎：在我国，大多在幼儿、儿童、青少年时期获得感染，以隐性感染为主，成人抗 -HAV IgG 检出率达 80%，感染后可产生持久免疫。②乙型肝炎：HBV 感染最危险的时期是婴幼儿期。HBsAg 阳性母亲的新生儿、反复输血或血制品者、同住者中有 HBsAg 阳性者、血液透析病人、多个性伴侣者、职业献血者、静脉药瘾者和接触血液的工作人员都是感染 HBV 的高危人群。感染或接种疫苗后产生抗 -HBs 者具有免疫力。③丙型肝炎：人群普遍易感，抗 -HCV 并非保护性抗体。

④丁型肝炎:人群普遍易感,抗 –HDV 不是保护性抗体。⑤戊型肝炎:隐性感染多见,显性感染多发生于成年。感染后免疫力不持久。

4. 流行特征　甲型、戊型肝炎以散发发病为主,乙型肝炎具有家庭聚集现象。甲型肝炎的流行与居住条件、卫生习惯和教育程度有密切关系,农村高于城市。戊型肝炎多发生于春冬季,其他型肝炎无明显的季节性。

评估时重点评估家人有无感染肝炎;是否与肝炎病人密切接触;当地有无肝炎流行;近期有无进食过污染的水和食物(如水生贝类);近期有无血液和血制品应用史、血液透析、有创性检查治疗等,有无静脉药物依赖、意外针刺伤、不安全性接触等;是否接种过肝炎疫苗。

(二)身体状况

不同类型肝炎潜伏期不同,甲型肝炎为 2~6 周,平均为 4 周;乙型肝炎为 1~6 个月,平均为 3 个月;丙型肝炎为 2 周~6 个月,平均为 40 天;丁型肝炎为 4~20 周;戊型肝炎为 2~9 周,平均为 6 周。甲型和戊型肝炎主要表现为急性肝炎。乙型、丙型和丁型肝炎除表现为急性肝炎外,慢性肝炎更常见。5 种肝炎病毒之间可出现重叠感染或混合感染,导致病情加重。

1. 急性肝炎　包括急性黄疸性肝炎和急性无黄疸性肝炎。

(1)急性黄疸性肝炎:典型表现分为 3 期,总病程为 2~4 个月。①黄疸前期:平均为 5~7 天,甲、戊型肝炎起病较急,乙、丙、丁型肝炎起病相对缓慢。表现为畏寒、发热、疲乏、全身不适等毒血症和食欲减退、厌油、恶心、呕吐、腹胀、腹痛、腹泻等消化系统症状。本期末出现尿黄。②黄疸期:可持续 2~6 周,黄疸前期的症状逐渐好转,但尿色加深如浓茶样,巩膜和皮肤黄染,1~3 周达到高峰。部分病人伴有粪便颜色变浅、皮肤瘙痒、心动过缓等肝内阻塞性黄疸的表现。③恢复期:平均持续 4 周,症状逐渐消失,黄疸逐渐减退,肝脾回缩,肝功能逐渐恢复正常。

(2)急性无黄疸性肝炎:较黄疸性肝炎多见,症状也较轻,主要表现为消化道症状,常不易被发现而成为重要的传染源。

2. 慢性肝炎　急性肝炎病程超过 6 个月,或原有乙、丙、丁型肝炎急性发作再次出现肝炎症状、体征和肝功能异常者;发病时间不确定或虽无肝炎病史,经肝组织病理学检查或根据症状、体征和辅助检查综合分析符合慢性肝炎表现者,应考虑慢性肝炎。根据 HBeAg 是否阳性可分为 HBeAg 阳性或阴性慢性乙型肝炎,分型有助于判断预后和指导抗病毒治疗。

(1)轻度:病情较轻,可反复出现乏力、头晕、消化道症状、厌油、尿黄、肝区不适、肝大伴轻压痛,可有轻度脾大。部分病人无症状、体征。肝功能检查仅 1~2 项异常。

(2)中度:症状、体征和实验室检查介于轻度和重度之间。

(3)重度:有明显或持续的肝炎症状,如乏力、食欲缺乏、腹胀、便溏等,体征更为明显,表现为面色晦暗、蜘蛛痣、肝掌或肝脾大。肝功能持续异常。

3. 重型肝炎(肝衰竭)　病因和诱因复杂,包括重叠感染、机体免疫状况差、妊娠、HBV前C区突变、过度疲劳、精神刺激、饮酒、服用致肝损害的药物、合并细菌感染、有其他并发症(甲亢、糖尿病)等。

(1)急性重型肝炎:又称急性肝衰竭。起病急,发病2周内出现以Ⅱ度以上肝性脑病为特征的肝衰竭综合征,病死率高,病程不超过3周。

(2)亚急性重型肝炎:又称亚急性肝衰竭。起病较急,发病15天～26周内出现肝衰竭综合征。首先出现Ⅱ度以上肝性脑病者,称脑病型;首先出现腹腔积液及相关症候(包括胸腔积液)者,称为腹水型。晚期可有难治性并发症,如脑水肿、消化道大出血、严重感染、电解质紊乱和酸碱平衡失调。一旦出现肝肾综合征,预后极差。病程较长,常超过3周至数月。容易转化为慢性肝炎或肝硬化。

(3)慢加急性(亚急性)重型肝炎:又称慢加急性(亚急性)肝衰竭,是在慢性肝病基础上出现的急性或亚急性肝功能失代偿。

(4)慢性重型肝炎:又称慢性肝衰竭,是在肝硬化基础上,肝功能进行性减退导致的以腹腔积液或门静脉高压、凝血功能障碍和肝性脑病等为主要表现的慢性肝功能失代偿。

4. 淤胆型肝炎　是以肝内胆汁淤积为主要表现的一种特殊临床类型,又称为毛细胆管型肝炎。起病和临床表现类似急性黄疸性肝炎,大多数病人可恢复,如发生在慢性肝炎或肝硬化基础上,为慢性淤胆型肝炎。黄疸具有以下特点:

(1)"三分离"特征:黄疸深,但消化道症状轻,谷丙转氨酶增高不明显,凝血酶原活动度(PTA)下降不明显。

(2)"梗阻性"特征:在黄疸加深的同时,伴全身皮肤瘙痒,大便颜色变浅或呈灰白色。血清碱性磷酸酶(ALP)、γ-谷氨酰转肽酶(γ-GT)和胆固醇(CHO)显著升高。尿胆红素增加,尿胆原明显减少或消失。

5. 肝炎肝硬化　在肝炎基础上发展为肝硬化,表现为肝功能异常和门静脉高压。

(三)心理－社会状况

病人因住院治疗担心影响工作和学业而出现紧张、焦虑情绪,疾病反复和久治不愈使病人易产生悲观、消极、怨恨、愤怒情绪。部分病人因隔离治疗和疾病的传染性限制了社交而情绪低落。病情严重者因疾病进展、癌变、面临死亡而出现恐惧和绝望心理。

(四)辅助检查

1. 肝功能检查

(1)血清酶检测:谷丙转氨酶(GPT)最为常用,是判定肝细胞损害的重要标志,急性黄疸型肝炎GPT常明显升高,慢性肝炎GPT可持续或反复升高,重型肝炎时因大量肝细胞坏死,GPT随黄疸加深反而迅速下降,称为胆－酶分离。此外,部分病人谷草转氨酶(GOT)、碱性磷酸酶(ALP)、γ-谷氨酰转肽酶(γ-GT)也升高。

(2)血清蛋白检测:慢性肝病可出现白蛋白(A)下降,球蛋白(G)升高和A/G比值下降。

（3）血清和尿胆红素检测：黄疸型肝炎时，血清直接和间接胆红素均升高，尿胆原和胆红素明显增加；淤胆型肝炎时，血清直接胆红素升高，尿胆红素增加，尿胆原减少或呈阴性。

（4）凝血酶原活动度（PTA）检查：PTA 与肝损害程度成反比，可用于肝衰竭临床诊断和预后判断。肝衰竭 PTA 常 <40%，PTA 愈低，预后愈差。

（5）血氨浓度检测：并发肝性脑病时可有血氨升高。

2. 肝炎病毒病原学（标志物）检测

（1）甲型肝炎：血清抗 –HAV IgM 阳性提示近期有 HAV 感染，是确诊甲型肝炎最主要的标志物；血清抗 –HAV IgG 是保护性抗体，见于甲型肝炎疫苗接种后或既往感染 HAV 的病人。

（2）乙型肝炎

1）血清病毒标志物的临床意义见表 10-2。

表 10-2　血清病毒标志物的临床意义

血清病毒标志物	临床意义
乙型肝炎表面抗原（HBsAg）	阳性提示为 HBV 感染者，人体感染 HBV 后 3 周血中首先出现 HBsAg
乙型肝炎表面抗体（抗 –HBs）	为保护性抗体，主要见于预防接种乙型肝炎疫苗后或过去感染 HBV 并产生免疫力的恢复者
乙型肝炎 e 抗原（HBeAg）	阳性提示 HBV 复制活跃，传染性较强，一般只出现在 HBsAg 阳性的血清中
乙型肝炎 e 抗体（抗 –HBe）	在 HBeAg 消失后出现，阳性并不代表 HBV 复制停止或无传染性
乙型肝炎核心抗原（HBcAg）	主要存在于受感染的肝细胞核内，一般方法不易检出，阳性表示病毒呈复制状态，有传染性
乙型肝炎核心抗体（抗 –HBc）	当 HBsAg 已消失，抗 –HBs 尚未出现，只检出抗 –HBc，此阶段称为"窗口期"。抗 –HBc IgM 阳性提示急性乙型肝炎或慢性乙型肝炎急性发作期。抗 –HBc IgG 阳性是过去感染的标志，可保持多年

2）乙型肝炎病毒脱氧核糖核酸（HBV DNA）和 DNA 聚合酶（DNAP）检测：HBV DNA 和 DNAP 均位于 HBV 的核心部分，是反映 HBV 感染最直接、最特异和最灵敏的指标。检测结果阳性提示 HBV 的存在、复制，传染性强。HBV–DNA 定量检测有助于抗病毒治疗病例选择和疗效判断。

（3）丙型肝炎：①丙型肝炎病毒核糖核酸（HCV RNA）在病程早期即可出现，是病毒感染和复制的直接标志,定量检测有助于了解病毒复制程度、抗病毒治疗病例选择和疗效判断。②丙型肝炎病毒抗体(抗 -HCV)为非保护性抗体,其阳性是 HCV 感染的标志。抗 -HCV IgM 阳性提示丙型肝炎急性期,病愈后可消失。高效价的抗 -HCV IgG 常提示 HCV 的现症感染,而低效价的抗 -HCV IgG 提示丙型肝炎恢复期,甚至治愈仍可持续存在。

(4)丁型肝炎:血清或肝组织中的丁型肝炎抗原(HDVAg)和 / 或丁型肝炎病毒核糖核酸(HDV RNA)阳性有确诊意义,高滴度抗 -HDV IgG 提示感染的持续存在,低滴度抗 -HDV IgG 提示感染静止或终止。

(5)戊型肝炎:抗 -HEV IgM 和抗 -HEV IgG 阳性均可作为近期 HEV 感染的标志。

(五)治疗要点

目前仍无特效治疗。治疗原则为综合性治疗,以休息、加强营养为主,辅以适当的药物治疗,避免使用对肝脏有损害的药物。

1. 急性肝炎　以支持、对症治疗为主,强调早期卧床休息,辅以适当的护肝药物,除急性丙型肝炎应早期使用干扰素(疗程 3～6 个月)外,一般不需抗病毒治疗。

2. 慢性肝炎　除了适当休息和营养外,还需要护肝、抗病毒和对症治疗等。

(1)一般保肝药物和支持疗法:①维生素类,如复合维生素;②促进解毒功能的药物,如还原型谷胱甘肽、葡糖醛酸内酯等;③促进能量代谢的药物,如肌苷等;④改善微循环的药物,如低分子右旋糖酐、山莨菪碱等;⑤退黄药物,如丹参、茵栀黄等;⑥输注白蛋白或血浆。

(2)降转氨酶药物:具有非特异性的降转氨酶作用,可选用五味子类药物如联苯双酯,以及垂盆草冲剂。

(3)免疫调控药物:如胸腺肽、转移因子、特异性免疫核糖核酸、猪苓多糖等。

(4)抗病毒药物:如干扰素(疗程 6～12 个月)、核苷(酸)类似物(如拉米夫定、阿德福韦酯、替比夫定、恩替卡韦等)。

3. 重型肝炎　根据病情发展的不同时期以支持治疗、对症治疗、抗病毒治疗为基础,早期以免疫控制为主,中后期以预防并发症和免疫调节为主,辅以人工肝支持系统疗法,争取适当时期进行肝移植治疗。

【常见护理诊断 / 问题】

1. 活动无耐力　与肝功能受损、能量代谢障碍有关。
2. 营养失调:低于机体需要量　与食欲下降、呕吐、腹泻、消化和吸收功能障碍有关。
3. 体温过高　与病毒感染、继发感染、重型肝炎大量肝细胞坏死有关。
4. 焦虑　与病情反复、担心疾病预后有关。
5. 潜在并发症:出血、肝性脑病、肝肾综合征。

【护理目标】

病人活动耐力增强;食欲增加,营养状态改善;体温恢复到正常范围;能正确认识疾病,主动有效地控制焦虑情绪;并发症得到有效防治。

【护理措施】

（一）一般护理

1. 隔离　肝炎病人和病毒携带者是本病重要的传染源。急性病人应隔离治疗至病毒消失。

2. 休息与活动　急性肝炎、慢性肝炎活动期、重型肝炎病人均应卧床休息,以降低机体代谢率,增加肝脏的血流量,有利于肝细胞修复。待症状好转、黄疸减轻、肝功能改善后,逐渐增加活动量,以不感到疲劳为度。肝功能正常1~3个月后可恢复日常生活和工作,但仍应避免过度劳累和重体力活动。

3. 饮食护理　①急性期病人宜进食清淡、易消化、富含维生素的流质饮食。如进食太少,可遵医嘱静脉补充葡萄糖溶液、脂肪乳和维生素,满足生理需求。黄疸消退期病人食欲好转后,逐渐增加饮食,应少食多餐,避免暴饮暴食,调节食物色、香、味,保证营养摄入。原则是卧床或休息者能量摄入以84~105 kJ/(kg·d)为宜,恢复期以126~147kJ/(kg·d)为宜。碳水化合物为300~400g/d,保证足够热量;蛋白质为1.5~2.0g/(kg·d),以优质蛋白质为主,如牛奶、瘦肉、鱼等;脂肪为50~60g/d,多选用植物油;多食蔬菜、水果等维生素丰富的食物。②避免长期摄入高糖、高热量饮食,尤其有糖尿病倾向者和肥胖者,以防诱发糖尿病和脂肪肝。腹胀时应减少牛奶、豆制品等产气食物的摄入。③重型肝炎病人有肝性脑病倾向者应限制或禁止蛋白质摄入。④各型肝炎病人均应禁酒。

（二）病情观察

观察病人消化道症状,与饮食的关系,及时对饮食进行调整。观察有无黄疸、腹腔积液以及变化的程度;观察病人的生命体征和神志变化,有无并发症的早期表现和危险因素,发现异常变化立即通知医生并配合处理。

（三）用药护理

遵医嘱正确用药,注意观察药物疗效和不良反应。使用干扰素前应向病人及家属解释使用干扰素治疗的目的和不良反应,嘱病人按医嘱用药,不可自行停药或加量。常见的不良反应有:

(1) 发热反应:一般在最初3~5次注射时发生,以第1次注射后的2~3小时最明显,可伴有头痛、肌肉、骨骼酸痛、疲倦无力等,反应随治疗次数增加而不断减轻。发热时应嘱病人多饮水,卧床休息,必要时对症处理。

(2) 脱发:1/3~1/2病人在疗程中后期出现脱发,停药后可恢复。

(3) 骨髓抑制:出现白细胞计数减少,若白细胞>$3×10^9$/L应坚持治疗,可遵医嘱给予升白细胞药物;若白细胞<$3×10^9$/L或中性粒细胞≤$0.75×10^9$/L,或血小板≤$50×10^9$/L可减少干扰素的剂量甚至停药。

此外,部分病人会出现胃肠道症状、肝功能损害和神经精神症状,一般对症处理,严重者应停药。

（四）心理护理

向病人及家属解释疾病的特点、隔离的意义和预后,鼓励病人多与医务人员、家属、病友等交谈,说出自己心中的感受,给予病人精神上的安慰和支持,对病人所关心的问题耐心解答;使家属消除对肝炎病人和肝炎传染性的恐惧,安排探视时间,给病人家庭的温暖和支持,同时积极协助病人取得社会支持。

（五）健康指导

1. 疾病预防指导　①甲型和戊型肝炎应预防消化道传播,重点加强粪便管理,保护水源,严格饮用水的消毒,加强食品卫生和食具消毒。②乙型、丙型和丁型肝炎重点防止血液和体液传播,对供血者进行严格筛查,做好血源监测。应用一次性注射用具,重复使用的医疗器械要严格消毒灭菌。强调安全注射,并严格遵循医院感染管理中的标准预防原则。服务行业所用的器具也应严格消毒。个人生活用具应专用。③甲型肝炎流行期间,易感者可接种甲型肝炎减毒活疫苗,对接触者可接种人血清免疫球蛋白以防发病。④新生儿、医务人员、保育员以及与HBsAg阳性密切接触者,应接种乙型肝炎疫苗,母亲HBsAg阳性的新生儿还应在出生后立即注射高效价抗-HBV IgG（HBIG）。⑤我国"重组戊型肝炎疫苗"已经成为世界上第一个用于预防戊型肝炎的疫苗,该疫苗采用0、1、6接种方案。⑥目前对丙、丁型肝炎缺乏特异性免疫预防措施。

🖐️ 知识窗

意外暴露后乙型肝炎预防

意外接触HBV感染者的血液和体液后,应立即检测HBV DNA、HBsAg、抗-HBs、HBeAg、抗-HBc、谷丙转氨酶和谷草转氨酶,并在3个月和6个月后复查。如已接种过乙型肝炎疫苗,且已知抗-HBs≥10mIU/ml者,可不进行特殊处理。如未接种过乙型肝炎疫苗,或虽接种过乙型肝炎疫苗,但抗HBs<10mIU/ml或抗-HBs水平不详,应立即注射HBIG 200～400IU,并同时在不同部位接种一针乙型肝炎疫苗（20μg）,1个月和6个月后分别接种第2针和第3针乙型肝炎疫苗（各20μg）。

---

2. 疾病知识指导　应向病人及家属宣传病毒性肝炎的家庭护理和自我保健知识。慢性病人和无症状携带者应做到:①正确对待疾病,保持乐观情绪。②恢复期应生活规律,劳逸结合。③加强营养,适当增加蛋白质摄入,但要避免长期高热量、高脂肪饮食,戒烟酒。④不滥用药物,如吗啡、苯巴比妥、磺胺类药物和氯丙嗪等,以免加重肝损害。⑤病人的食具、用具、洗漱用品应专用,家中密切接触者应进行预防接种。

3. 用药指导　指导病人遵医嘱进行抗病毒治疗,明确用药剂量、使用方法、漏用药物或自行停药可能导致的风险。

4. 病情监测指导　急性肝炎病人出院后第1个月复查1次,以后每1～2个月复查1

次,半年后每 3 个月复查 1 次,定期复查 1~2 年。慢性肝炎病人定期复查肝功能、病毒的血清学指标、肝脏 B 超和与肝纤维化有关的指标,以指导或调整治疗方案。

【护理评价】

病人活动耐力是否恢复正常;食欲是否增加,营养状态是否得到改善;体温是否降至正常;焦虑情绪是否缓解或消失;并发症是否得到有效防治。

(李　萍)

第四节　流行性乙型脑炎病人的护理

学习目标

1. 具有高度的责任感、科学的工作态度和良好的安全防护意识,尊重和关爱病人,善于沟通。
2. 掌握流行性乙型脑炎的流行病学资料和病人的身心状况、主要护理措施。
3. 熟悉流行性乙型脑炎的辅助检查、治疗要点和病人的常见护理诊断/问题。
4. 了解流行性乙型脑炎病人的护理目标和护理评价。
5. 学会对流行性乙型脑炎病人进行对症护理、心理护理和健康指导,正确实施综合预防措施。

工作情景与任务

导入情景:

李女士的女儿,3 岁。1 周前和家人去秋游,最近 2 天出现发热、头痛、精神萎靡,今天出现抽搐。李女士很着急,抱着女儿来医院就诊。T 40℃,R 30 次/min。急查血常规和脑脊液,入院初步诊断为流行性乙型脑炎。

工作任务:

1. 对李女士的女儿实施高热护理。
2. 对李女士进行心理疏导和健康指导。

流行性乙型脑炎(epidemic encephalitis B)简称乙脑,国际上又称日本脑炎,是由乙型脑炎病毒引起的以脑实质炎症为主要病变的中枢神经系统急性传染病。临床特征为高热、意识障碍、抽搐、病理反射及脑膜刺激征,严重者可有呼吸衰竭。本病病死率高,重症病人可留有后遗症。

乙型脑炎病毒(简称乙脑病毒)属虫媒病毒乙组的黄病毒科,为嗜神经病毒,感染后可产生补体结合抗体、中和抗体及血凝抑制抗体,这些特异性抗体的检测有助于临床诊断和流行病学调查。乙脑病毒在外界抵抗力不强，不耐热，对乙醚、酸等均很敏感，但耐低温和干燥。

本病发病机制与病毒对神经组织的直接侵袭及诱发免疫性损伤有关。

【护理评估】

（一）流行病学资料

1. 传染源　乙脑是人畜共患的自然疫源性疾病，人与动物（如猪、牛、羊、鸡、鸭、鹅等）都可以是本病的传染源。其中猪是最主要的传染源和中间宿主。人被乙脑病毒感染后，出现短暂的毒血症，病毒数量少，故人不是本病的主要传染源。

2. 传播途径　主要通过蚊虫叮咬而传播，三带喙库蚊为主要传播媒介。蚊感染后可携带病毒越冬或经卵传代，成为乙脑病毒的长期贮存宿主。病毒通常在蚊—猪—蚊等动物间循环。

3. 人群易感性　人群普遍易感，以隐性感染最为常见，感染后可获得持久免疫力。

4. 流行特征　我国的河南、江西和云南为高流行区，呈高度散发。本病具有严格的季节性，主要集中于 7、8、9 三个月，与气温、雨量和蚊虫孳生有关。多为 10 岁以下（尤其是 2～6 岁）儿童发病。本病呈散发性，家庭成员中罕见同时发病者。

评估时应询问是否接触过病畜、病禽或类似病人，有无被蚊虫叮咬，有无到过疫区，是否接种过疫苗，发病是否在夏秋季等。

（二）身体状况

潜伏期为 4～21 天，一般为 10～14 天。典型临床经过分为 4 期。

1. 初期　持续 1～3 天。起病急，体温在 1～2 天内升至 39～40℃，伴头痛、恶心、呕吐和嗜睡，部分病人可有颈项强直和抽搐。

2. 极期　病程为 4～10 天，主要表现为脑实质受损的症状。

（1）高热：体温高达 40℃以上，可持续 7～10 天。体温越高，持续时间越长，病情越重。

（2）意识障碍：可有嗜睡、谵妄、昏迷、定向力障碍等不同程度的意识障碍。常持续 1 周，重者可长达 4 周。

（3）惊厥或抽搐：是乙脑病情严重的表现，主要是由高热、脑实质炎症和脑水肿引起。可出现口唇、眼肌、面部局部小抽搐，随后肢体阵挛性抽搐、全身抽搐或强直性阵挛，持续数分钟至数十分钟，伴有意识障碍。频繁抽搐可导致脑缺氧和脑实质损伤加重，引起呼吸衰竭。

（4）呼吸衰竭：多见于重型病人。表现为呼吸节律不规则及幅度不均、双吸气、叹息样呼吸、潮式呼吸、呼吸停止等中枢性呼吸衰竭的症状，最后呼吸停止。呼吸衰竭主要由脑实质炎症、脑水肿、脑疝、颅内高压和低血钠脑病所致。此外，还可因并发肺炎或脊髓受侵犯导致呼吸肌瘫痪而出现周围性呼吸衰竭，其特点为呼吸先快后慢、呼吸表浅，但呼吸节律规则。

高热、惊厥和呼吸衰竭是乙脑极期的严重症状，三者相互影响，其中，呼吸衰竭是致死的常见原因。

（5）颅内高压：表现为剧烈头痛、喷射性呕吐、血压升高和脉搏变慢。婴幼儿常见前囟隆起，严重者可发展为脑疝，常见小脑幕切迹疝和枕骨大孔疝。

（6）其他神经系统表现：多在病程10天内出现，主要有：①浅反射减弱或消失，深反射先亢进后消失。②肢体强直性瘫痪，肌张力增强，巴宾斯基征阳性等。③不同程度的脑膜刺激征。④颞叶受损可有失语、听觉障碍，自主神经受累可有大小便失禁或尿潴留等。

3. 恢复期　体温逐渐下降，精神神经症状逐渐好转，一般于2周左右可完全恢复。

4. 后遗症期　重症病人若半年后尚未恢复，仍有精神神经症状称为后遗症，主要表现为意识障碍、痴呆、失语、肢体瘫痪、癫痫等。经积极治疗可有不同程度的恢复。

5. 并发症　以支气管肺炎最多见，其次为肺不张、败血症、尿路感染、压疮等。

（三）心理 - 社会状况

病人因起病突然、症状明显、担心病情恶化而出现紧张、焦虑不安、急躁等不良情绪，疾病后期可因出现功能障碍或有后遗症而产生抑郁、消极、悲观情绪。

（四）辅助检查

1. 血常规检查　白细胞计数增高，一般为$(10\sim20)\times10^9$/L，中性粒细胞占80%以上，有别于大多数病毒感染。

2. 脑脊液检查　压力增高，外观无色透明或微浊，白细胞计数轻度增加，一般为$(50\sim500)\times10^6$/L，早期中性粒细胞稍多，蛋白轻度增高，糖正常或偏高，氯化物正常。

3. 血清学检查　病后3~4天血清中可出现特异性IgM抗体，2周时达高峰，可用作早期诊断。

4. 病原学检查　①病毒分离：从病程的第一周内死亡者的脑组织中可分离出乙脑病毒。脑脊液和血中不易分离到病毒。②病毒核酸检测：用于研究工作。

（五）治疗要点

目前无特效抗病毒药，可试用利巴韦林、干扰素。治疗措施主要为对症措施，处理好高热、惊厥和呼吸衰竭等是乙脑病人抢救成功的关键。

1. 对症治疗

（1）高热：采用物理降温和药物降温，必要时或高热伴抽搐者采用亚冬眠疗法。

（2）惊厥或抽搐：及时去除病因和镇静止痉。①高热所致者，以降温为主。②脑水肿所致者，应加强脱水治疗。③脑实质病变所致者，可使用镇静剂，常用的镇静剂有地西泮，还可用水合氯醛鼻饲或灌肠。

（3）呼吸衰竭：①保持呼吸道通畅。②吸氧。③中枢性呼吸衰竭可用呼吸兴奋剂。④选用血管扩张药以改善脑内微循环、解痉以及兴奋呼吸中枢。

2. 恢复期和后遗症期处理　针灸、理疗、按摩、高压氧治疗及康复训练。

【常见护理诊断／问题】

1. 体温过高　与毒血症及脑部炎症有关。

2. 意识障碍　与中枢神经系统损害、脑实质损害、抽搐、惊厥有关。

3. 有受伤的危险　与惊厥、抽搐发作有关。

4. 有皮肤完整性受损的危险　与昏迷、长期卧床有关。

5. 知识缺乏:缺乏乙脑的防治知识。

【护理目标】

病人体温降至正常;意识逐渐恢复;无外伤发生;皮肤保持完整,无压疮发生;掌握乙脑的防治知识。

【护理措施】

（一）一般护理

1. 隔离　将病人隔离于有防蚊设备和灭蚊措施的病房,隔离至体温正常。

2. 休息与活动　卧床休息,环境安静,光线柔和,室温控制在30℃以下,避免声音和强光刺激。意识障碍者需专人看护,有计划地集中安排各种检查、治疗和护理操作,减少对病人的刺激,以免诱发惊厥或抽搐。

3. 饮食护理　早期鼓励病人多进食清淡、易消化的流质饮食,有吞咽困难或昏迷不能进食者给予鼻饲或按医嘱静脉补充营养和水分;恢复期病人应逐步增加高营养、高热量的饮食。

4. 清洁护理　保持口腔清洁、湿润,使病人舒适,预防口腔感染;加强皮肤的护理,防止压疮形成。

（二）病情观察

严密监测生命体征,尤其是呼吸的变化;观察有无意识障碍及其他精神神经症状和体征;观察有无惊厥发作先兆[如烦躁不安、口角抽动、指(趾)抽动、两眼凝视、肌张力增高等],以及发作次数、发作持续时间、抽搐部位和方式;有无颅内高压和脑疝的先兆;记录出入液量。一旦发现病情变化,立即通知医生,积极配合处理。

（三）对症护理

1. 高热　体温39℃以上者以物理降温为主,可采用戴冰帽、冰袋冷敷、温水或酒精擦浴、冷盐水灌肠等措施,如效果不佳可遵医嘱采用药物降温或亚冬眠疗法。高热伴四肢厥冷者提示有周围循环不良,禁用冷敷和酒精擦浴。

2. 惊厥或抽搐　将病人置于仰卧位,头偏向一侧,松解衣服和领口,保持呼吸道通畅。取下义齿,将缠有纱布的压舌板或开口器置于病人上下臼齿之间,以防舌咬伤,必要时用舌钳将舌拉出。如有痰液阻塞,及时吸痰。注意病人安全,防止坠床等意外发生,常规使用床挡,必要时使用约束带。

3. 呼吸衰竭　保持呼吸道通畅,鼓励并协助病人翻身、拍背;痰液黏稠者给予超声雾化吸入,必要时吸痰;吸氧,氧流量为4~5L/min,以改善脑缺氧。如经以上处理无效,需进行气管插管、气管切开或应用人工呼吸器,应向家属说明治疗目的及步骤,以减轻家属的焦虑或恐惧。

（四）用药护理

遵医嘱使用镇静止痉药、呼吸兴奋剂、脱水剂等药物，注意观察药物疗效和不良反应。使用镇静止痉药物时，严格掌握药物剂量和用药间隔时间，注意观察病人的呼吸和意识状态；大剂量呼吸兴奋剂可诱发惊厥，应遵医嘱严格掌握药物剂量；20% 甘露醇应在 30 分钟内滴入，监测病人的心功能状况。

（五）心理护理

向病人和家属解释疾病相关知识，尽量避免各种不良刺激，对有功能障碍或后遗症者，帮助病人适应环境，给予病人关心和照顾，鼓励病人积极配合治疗，同时引导病人亲友给予病人心理支持和帮助，积极协助病人取得社会支持。

（六）健康指导

1. 疾病预防指导　加强家禽、家畜的管理，搞好饲养场所的环境卫生，流行季节前对家畜、家禽进行疫苗接种，流行季节做好防蚊、灭蚊工作，房间内应有防蚊设备和灭蚊措施，对 10 岁以下儿童和初次进入流行区的人员进行疫苗接种。

2. 疾病知识指导　向病人及家属讲解疾病的相关知识，阐明积极防治后遗症的重要意义，恢复期鼓励病人坚持康复训练和治疗，定期复诊，教会家属切实可行的护理措施和康复疗法，如鼻饲、按摩、肢体功能锻炼及语言训练等，协助病人恢复健康。

【护理评价】

病人体温是否在正常范围内；意识是否清楚；外伤是否发生；皮肤是否保持完整，有无压疮发生；乙脑的防治知识是否掌握。

（邓现梅）

第五节　艾滋病病人的护理

学习目标

1. 具有高度的责任感、科学的工作态度和良好的安全防护意识，尊重和关爱病人，善于沟通。
2. 掌握艾滋病的流行病学资料和病人的身心状况、主要护理措施。
3. 熟悉艾滋病的辅助检查、治疗要点和病人的常见护理诊断/问题。
4. 了解艾滋病病人的护理目标和护理评价。
5. 学会对艾滋病病人进行用药护理、心理护理和健康指导，正确实施综合预防措施。

艾滋病是获得性免疫缺陷综合征（acquired immune deficiency syndrome，AIDS）的简称，系由人免疫缺陷病毒（HIV）引起的慢性传染病。HIV 主要侵犯、破坏 $CD4^+T$ 淋巴细胞，导致机体免疫细胞功能受损甚至缺陷，最终并发各种严重机会性感染和肿瘤。AIDS 具有传播速度快、发病缓慢、病死率高的特点。

HIV为单链RNA病毒,属于反转录病毒科,慢病毒属中的人类慢病毒组。目前已知HIV有HIV-1和HIV-2两型,全球流行的主要毒株是HIV-1。高度变异性是HIV的显著特征,有助于逃避宿主的免疫监视,同时也为HIV感染的预防、诊断和治疗设置了巨大的障碍。HIV对外界的抵抗力不强,对热较敏感,56℃30分钟能使HIV在体外对人的T淋巴细胞失去感染性,但不能完全灭活血清中的HIV;100℃20分钟、75%乙醇、0.2%次氯酸钠及漂白粉可将HIV灭活。但HIV对0.1%甲醛、紫外线和γ射线不敏感。HIV侵入人体可刺激机体产生抗体,但中和抗体很少,血清同时存在抗体和病毒时,仍有传染性。

【护理评估】

（一）流行病学资料

1. 传染源　HIV感染者和艾滋病病人是本病的传染源,无症状而血清HIV抗体阳性的HIV感染者是具有重要意义的传染源,血清病毒阳性而HIV抗体阴性的窗口期感染者也是重要的传染源,窗口期通常为2～6周。

病毒主要存在于血液、精液、阴道分泌物中,唾液、眼泪和乳汁等体液中也含HIV。

2. 传播途径　①性接触传播:是艾滋病的主要传播途径,占成人传播途径的3/4。②血液传播:药瘾者共用针头或注射器,输注含HIV的血液或成分血、血制品,介入性医疗操作等均可感染。③母婴传播:感染HIV的孕妇可通过胎盘、分娩过程及产后血性分泌物和哺乳传给婴儿。④其他:接受HIV感染的器官移植、人工授精或使用被污染的器械等,医务人员被HIV污染的针头刺伤或破损皮肤受污染也可感染。目前无证据表明可经食物、水、昆虫或生活接触传播。

3. 易感人群　人群普遍易感,在存活的HIV感染者中15～49岁人群占80%以上,15～24岁人群占感染者一半以上。高危人群为男性同性恋者、多个性伴侣者、静脉药瘾者和使用血制品者。

4. 流行特征　我国HIV流行态势因综合防治显示出感染率持续下降的趋势。传播途径以性接触传播为主,其次为注射吸毒。经性接触途径感染HIV人数明显增加,疫情正由高危人群向一般人群扩散。

评估时详细询问病人有无艾滋病病人接触史,尤其注意有无不安全性生活史;有无输血或血制品治疗史及静脉药瘾史等。

（二）身体状况

潜伏期平均为8～9年,可短至数月,长达15年。从初始感染到终末期,临床表现多种多样。根据我国有关艾滋病的诊疗标准和指南,将艾滋病分为急性期、无症状期、艾滋病期。

1. 急性期　通常发生在初次感染HIV后2～4周,部分感染者出现毒血症和免疫系统急性损伤所产生的临床症状,以发热最常见,可伴全身不适、头痛、盗汗、恶心、呕吐、腹泻、咽痛、肌痛、关节痛、皮疹、淋巴结肿大以及神经系统症状等。大多数病人临床症状轻微,持续 1～3 周后自行缓解,易被忽略。此期为血清学转换期(窗口期),可检出 HIV RNA 及 P24 抗原,但 HIV 抗体阴性。$CD4^+T$ 淋巴细胞计数一过性减少,同时 $CD4^+/CD8^+$ 比例倒置。

2. 无症状期 可从急性期进入此期,或无明显急性期症状而直接进入此期,一般持续 6～8 年。此期 HIV 在感染者体内不断复制,具有传染性。血清可检出 HIV RNA 和 HIV 抗体。因免疫系统受损,$CD4^+T$ 淋巴细胞计数逐渐下降。

3. 艾滋病期 是 HIV 感染的最终阶段。病人 $CD4^+T$ 淋巴细胞计数明显下降。此期主要临床表现为艾滋病相关症状和各种机会性感染及肿瘤。

(1)艾滋病相关症状:主要表现为持续 1 个月以上的发热、盗汗、腹泻;体重减轻 10% 以上。部分病人表现为神经精神症状,如记忆力减退、精神淡漠、性格改变、头痛、癫痫及痴呆等。还可出现持续性全身淋巴结肿大,特点是:①除腹股沟以外有两个或两个以上部位的淋巴结肿大;②淋巴结直径≥1cm,无压痛,无粘连;③持续时间为 3 个月以上。

(2)各种机会性感染及肿瘤

1)肺部:以肺孢子菌肺炎最为常见,且是本病因机会性感染死亡的主要原因,表现为间质性肺炎。念珠菌、疱疹和巨细胞病毒、结核分枝杆菌、卡波西肉瘤均可侵犯肺部。

2)消化系统:念珠菌、疱疹和巨细胞病毒引起口腔和食管炎症或溃疡最为常见,表现为吞咽疼痛和胸骨后烧灼感。胃肠黏膜常受到疱疹病毒、隐孢子虫、鸟分枝杆菌和卡波西肉瘤的侵犯,引起腹泻和体重减轻。鸟分枝杆菌、隐孢子虫、巨细胞病毒感染肝脏,可出现肝大及肝功能异常。

3)中枢神经系统:可发生新隐球菌脑膜炎、结核性脑膜炎、脑弓形虫病及巨细胞病毒脑炎等。

4)皮肤:带状疱疹、传染性软疣、尖锐湿疣、真菌性皮炎和甲癣等。

5)口腔:鹅口疮、舌毛状白斑、复发性口腔溃疡、牙龈炎等

6)眼部:巨细胞病毒、弓形虫引起视网膜炎和眼部卡波西肉瘤等。

7)肿瘤:恶性肿瘤、卡波西肉瘤等,卡波西肉瘤侵犯下肢皮肤和口腔黏膜可引起紫红色或深蓝色浸润或结节,融合成片,表面形成溃疡并向四周扩散。

(三)心理－社会状况

艾滋病晚期病人由于健康状况迅速恶化,且无特效治疗及预后不良,加之特殊的流行病学特征易遭受他人歧视而产生焦虑、恐惧、悲观等心理问题。

(四)辅助检查

1. 一般检查 血常规中血红细胞、白细胞、血小板可有不同程度减少。尿蛋白常呈阳性。

2. 免疫学检查 $CD4^+T$ 淋巴细胞进行性减少,$CD4^+/CD8^+$ 比例倒置。血液免疫球蛋白、β_2 微球蛋白可升高。

3. 病毒及特异性抗原和／或抗体检测

（1）病毒分离：可从血浆、单核细胞和脑脊液中分离出 HIV，但因操作复杂，主要用于科研。

（2）HIV 抗体检测：HIV-1/ HIV-2 抗体检测是 HIV 感染诊断的"金标准"。

（3）HIV 抗原检测：有助于抗体产生窗口期和新生儿早期感染的诊断。

（4）其他：包括病毒载量测定、耐药检测等。

（五）治疗要点

1. 抗反转录病毒治疗　是针对病原体的特异性治疗，目标是最大限度地抑制病毒复制，重建或维持免疫功能。降低病死率及 HIV 相关疾病的罹患率，提高生活质量；减少异常免疫激活所导致的病理损害；减少艾滋病的传播，预防母婴传播。

国内目前抗 HIV 的药物分为四大类。①核苷类反转录酶抑制剂：如齐多夫定、双脱氧肌苷、拉米夫定等。②非核苷类反转录酶抑制剂：如奈韦拉平、依非韦伦等。③蛋白酶抑制剂：如利托那韦、洛匹那韦等。④整合酶抑制剂：拉替拉韦。为防止 HIV 突变产生耐药性，目前主张联合用药，称高效抗反转录病毒治疗（HAART，俗称鸡尾酒疗法）。

2. 其他　抗机会性感染、肿瘤治疗、支持及对症治疗等。

【常见护理诊断／问题】

1. 有感染的危险　与免疫功能受损有关。

2. 营养失调：低于机体需要量　与食欲缺乏、慢性腹泻及艾滋病期并发机会性感染和肿瘤消耗有关。

3. 恐惧　与艾滋病预后不良、疾病折磨、担心受到歧视有关。

4. 活动无耐力　与 HIV 感染、并发各种机会性感染和肿瘤等有关。

5. 腹泻　与并发胃肠道机会性感染和肿瘤有关。

【护理目标】

病人无感染发生；食欲增加，营养状态改善；能正确认识疾病，无恐惧发生；活动耐力增强；排便次数和大便性状恢复正常。

【护理措施】

（一）一般护理

1. 隔离　对艾滋病病人应在标准预防的基础上，采取接触隔离。医务工作者接触病人时，应采取预防艾滋病病毒感染的防护措施，尤其要预防污染的针头及其他锐器刺破皮肤。如病人出现明显腹泻，接触病人有可能污染皮肤或工作服时应戴手套和穿隔离衣等。艾滋病期病人因免疫缺陷，应实施保护性隔离措施。

2. 休息与活动　急性感染期和艾滋病期病人应卧床休息，以减轻症状；无症状感染期病人可以正常工作，但应避免劳累。

3. 饮食护理　给予高热量、高蛋白、高维生素、易消化饮食，以保证营养供给，增强机体抵抗力。若有呕吐，在饭前 30 分钟给止吐药。若有腹泻，能进食者应给予少渣、少纤维素的流质或半流质饮食,鼓励病人多饮水或果汁、肉汁等,忌食生冷及刺激性食物。不能进食、吞咽困难者给予鼻饲,必要时遵医嘱静脉补充所需营养和水分。

4. 清洁护理　加强口腔护理和皮肤清洁,以防继发感染,减轻口腔、外阴真菌或病毒等感染引起的不适。长期腹泻者要注意肛周皮肤的护理,便后用温水清洗局部,再用吸水性好的软布或纸巾吸干,可涂抹润肤油保护皮肤。

（二）病情观察

密切观察有无肺部、胃肠道、中枢神经系统及皮肤黏膜等机会性感染和恶性肿瘤的发生,以便及早发现,及时配合治疗。

（三）对症护理

针对病人出现的各种症状,如发热、咳嗽、呼吸困难、呕吐、腹泻等进行对症护理。长期卧床者应定时翻身,防止压疮发生。

知识窗

医务人员发生艾滋病病毒职业暴露后紧急局部处理

医务人员发生艾滋病病毒职业暴露后,可采取以下紧急局部处理措施:①如皮肤黏膜无破损,用肥皂液(或抗菌洗手液)和流动水清洗污染的皮肤,用生理盐水反复冲洗黏膜。②如有伤口,应当在伤口近心端向远心端方向轻轻挤压,尽可能挤出损伤处的血液,再用肥皂液(或抗菌洗手液)和流动水冲洗伤口。局部伤口冲洗后,应当用 75% 乙醇或 0.5% 碘伏进行消毒并包扎伤口。

（四）用药护理

对使用抗病毒治疗的病人,应进行用药依从性的教育,抗病毒治疗需终生服药,并应按时、足量、按医嘱服用,否则会降低疗效及产生耐药性。抗病毒药物可出现以下不良反应,应注意观察:①恶心、呕吐、食欲减退、腹痛等胃肠道症状。②中毒性肝炎、骨髓抑制、急性胰腺炎等中毒反应。③躯干和颜面部出现斑丘疹,可伴有瘙痒。④四肢麻木、疼痛、头痛、多梦等中枢神经系统症状。在抗病毒治疗过程中,要定期进行临床评估和实验室监测,以评价疗效,及时发现药物的不良反应及病毒是否产生耐药性。

（五）心理护理

多与病人进行有效沟通,了解并分析病人的心理特点,针对心理问题进行疏导,满足病人的合理需求,真正关心体谅病人,并注意保护病人隐私。与病人家属、亲友等进行沟通,告知他们不歧视病人,尊重病人人格,给病人提供生活上和精神上的帮助,帮助病人获得更多的家庭及社会支持资源,使病人正视现实,建立自尊和自信,解除孤独、恐惧感,积极融入社会。

（六）健康指导

1. **疾病预防指导**　①加强艾滋病防治知识宣传教育，通过传媒、社区教育等多种途径使群众了解艾滋病的病因和感染途径。②加强有关性知识、性行为的健康教育。高危人群用避孕套。③保障安全的血液供应，提倡无偿献血，禁止商业性采血，严格血液及血制品的管理，严格检测献血者、精液及组织器官供者的 HIV 抗体。④注射、手术、拔牙等应严格无菌操作，使用一次性注射用品，不共用针头、注射器。加强静脉药瘾者注射用具的管理。对医疗器械如胃镜、肠镜、血液透析器械应严格消毒，防止医源性感染。⑤加强对高危人群的艾滋病疫情监测。⑥加强国境检疫。

2. **疾病知识指导**　教育病人，使病人了解本病的基本知识、传播方式、预防措施，以及保护他人和自我健康监控的方法。对 HIV 感染者实施管理，包括：①定期或不定期的访视及医学观察。②病人的血液、排泄物和分泌物应用 0.2% 的次氯酸钠或漂白粉等进行消毒。③严禁献血，捐献器官、精液；性生活应使用避孕套。④出现症状、并发感染或恶性肿瘤者，应住院治疗。⑤已感染 HIV 的育龄妇女，应避免妊娠、生育。HIV 感染的哺乳期妇女应人工喂养婴儿，如果坚持要母乳喂养，则整个哺乳期都应继续抗病毒治疗。⑥实施适当的家庭隔离，病人的日常生活用品应单独使用和定期消毒。⑦宣传与艾滋病病人进行一般的社交活动如握手、共同进餐、共用办公用品、共用浴室（游泳池）以及空气、水、食物、昆虫叮咬等不会传播本病。⑧指导病人加强营养，积极配合治疗。

边学边练

实践 19　病毒性肝炎和艾滋病病人的护理

【护理评价】

病人感染是否发生；食欲是否增加，营养状态是否改善；恐惧是否发生；活动耐力是否增强；排便次数和大便性状是否恢复正常。

（邓现梅）

第六节　细菌性痢疾病人的护理

学习目标

1. 具有高度的责任感、科学的工作态度和良好的安全防护意识，尊重和关爱病人，善于沟通。
2. 掌握细菌性痢疾的流行病学资料和病人的身心状况、主要护理措施。
3. 熟悉细菌性痢疾的辅助检查、治疗要点和病人的常见护理诊断／问题。

4. 了解细菌性痢疾病人的护理目标和护理评价。

5. 学会对细菌性痢疾病人进行对症护理、用药护理和健康指导，正确实施综合预防措施。

工作情景与任务

导入情景：

张先生,38 岁。野外聚餐后出现高热、腹痛、腹泻、黏液脓血便、里急后重,张先生紧急来医院就诊。T 39.5℃,粪便镜检可见大量白细胞,入院初步诊断为细菌性痢疾。

工作任务：

1. 对张先生实施对症护理和用药护理。

2. 对张先生进行健康指导。

细菌性痢疾(bacillary dysentery)简称菌痢,是由志贺菌(也称痢疾杆菌)引起的肠道传染病。主要表现为腹痛、腹泻、黏液脓血便和里急后重等,可伴有发热和全身毒血症,严重者可出现感染性休克和/或中毒性脑病。

志贺菌属于肠杆菌科志贺菌属,目前分为 4 个血清群(A 群痢疾志贺菌、B 群福氏志贺菌、C 群鲍氏志贺菌、D 群宋内志贺菌)共 47 个血清型,我国以福氏志贺菌和宋内志贺菌占优势。痢疾志贺菌的毒力最强,可引起严重症状。痢疾杆菌在体外生存力较强,温度越低存活时间越长,如在潮湿土壤中能生存 34 天,在瓜果、蔬菜及污染物上可生存 10～20 天。但对理化因素的抵抗力较低,日光直接照射 30 分钟死亡,60℃ 10 分钟死亡,煮沸 2 分钟即被杀死,对各种化学消毒剂均敏感。

本病发病机制为痢疾杆菌进入消化道后,大部分被胃酸杀死,少量未被杀死的细菌黏附并侵入乙状结肠与直肠黏膜上皮细胞和固有层中繁殖,引起肠黏膜的炎症反应和固有层小血管循环障碍,引起上皮细胞变性、坏死,坏死的上皮细胞脱落形成浅表溃疡,分泌黏液和脓性分泌物。痢疾杆菌可释放内、外毒素。内毒素可引起发热和毒血症,并可通过释放各种血管活性物质,引起急性周围循环障碍;内毒素损伤血管壁导致血栓形成和 DIC 发生,使重要脏器功能衰竭。外毒素可导致肠黏膜细胞坏死、水样腹泻及神经系统症状。

【护理评估】

（一）流行病学资料

1. 传染源　主要是急、慢性病人及带菌者。急性菌痢病人早期排菌量大、传染性强;而慢性菌痢病人及带菌者容易被忽略,流行病学意义更大。

2. 传播途径　经消化道和接触传播。病原菌污染食物、水、生活用品或手,经口传播;亦可通过苍蝇污染食物而传播。

3. 人群易感性　人群普遍易感,以学龄前儿童和青壮年多见。病后可获得一定的免疫力,但免疫力短暂而不稳定,且不同群、型之间无交叉免疫,故易复发和重复感染。

4. 流行特征　菌痢主要集中在温带和亚热带地区,多见于卫生条件差的地区,在我国终年散发,以夏秋季多见。

评估时询问病人的饮食情况和个人卫生习惯,尤其是发病前有无不洁饮食史或与菌痢病人接触史,以及居住地或旅居处的卫生状况。

(二)身体状况

潜伏期为1~4天。潜伏期长短和临床症状的轻重主要取决于病人的年龄、抵抗力、感染细菌的数量、菌群毒力的不同。根据病程长短和临床表现分为急性和慢性两型。

1. 急性菌痢　根据毒血症及肠道症状轻重分为4型。

(1)普通型(典型):起病急,高热伴畏寒、寒战,体温可高达39℃,伴头痛、乏力、食欲减退等全身不适;肠道症状表现为早期恶心、呕吐,继而出现阵发性腹痛、腹泻和里急后重。排便次数增多,每天十几次至数十次,量少,开始为稀便,1~2天后转变为黏液脓血便,常持续1~2周缓解或自愈。少数转为慢性。

(2)轻型(非典型):一般无全身毒血症,不发热或低热。肠道症状较轻,排便次数较少,每天3~5次,粪便呈糊状或为稀便。病程短,3~7天可痊愈,也可转为慢性。

(3)重型:多见于老年、体弱、营养不良病人,急起发热,腹泻每天30次以上,为稀水脓血便,偶尔排出片状假膜,甚至大小便失禁,腹痛、里急后重明显。后期可出现严重腹胀及中毒性肠麻痹,常伴呕吐,严重失水可引起周围循环衰竭。以中毒性休克为突出表现者则体温不升,常有酸中毒和水、电解质平衡失调,少数病人可出现心、肾功能不全。

(4)中毒型:多见于2~7岁体质较好的儿童。起病急骤,突然高热,病势凶险,有严重的全身毒血症,精神萎靡,频发惊厥,迅速发生循环和/或呼吸衰竭。肠道症状较轻,可无腹泻和脓血便。根据病人主要临床表现,可分为3型。

1)休克型(周围循环衰竭型):较多见,以感染性休克为主要表现。病人面色苍白、四肢厥冷、皮肤花斑明显、发绀、心率增快、脉搏细速,血压逐渐下降甚至测不出,伴不同程度的意识障碍,可出现心、肾功能不全等症状。

2)脑型(呼吸衰竭型):最为严重。表现为脑膜炎,颅内压增高,甚至脑疝,并出现中枢性呼吸衰竭。

3)混合型:预后最为凶险,病死率很高(90%以上)。常先出现惊厥,未能及时抢救则迅速发展为呼吸衰竭和循环衰竭。

2. 慢性菌痢　病程反复发作或迁延不愈达2个月以上称慢性菌痢,多与急性期治疗不及时或不彻底、或正规治疗但菌株产生耐药、机体抵抗力低下、患慢性胃肠道疾病或感染的菌型为福氏菌等有关。

（1）慢性迁延型：最为多见。急性菌痢发作后，病情迁延不愈，长期有腹痛、腹泻或腹泻与便秘交替、稀黏液便或脓血便的表现。常有左下腹压痛，可扪及增粗的乙状结肠。长期腹泻可导致营养不良、贫血、乏力等。

（2）急性发作型：有菌痢病史，常因进食生冷食物或受凉、过度劳累等因素诱发，出现腹痛、腹泻及脓血便，发热常不明显。

（3）慢性隐匿型：较少见。1年内有痢疾史而无临床症状。粪便培养可检出志贺菌。

（三）心理-社会状况

病人因发热、头痛、全身毒血症及腹痛、腹泻和里急后重等症状，或担心疾病迁延不愈转为慢性等，常出现心情烦躁、焦虑等不良情绪。

（四）辅助检查

1. 血常规检查　急性期白细胞总数增高，多在（10~20）×10^9/L，以中性粒细胞增高为主。慢性菌痢可有轻度贫血。

2. 粪便常规　外观多为黏液脓血便，常无粪质，量少。镜检可见白细胞（≥15个/高倍视野）、脓细胞和少量红细胞，如发现巨噬细胞更有助于诊断。

3. 细菌培养　粪便培养出痢疾杆菌有助于菌痢的确诊及抗菌药物的选用。采集粪便培养标本宜在抗生素治疗前，早期、多次、连续采集新鲜粪便中脓血、黏液部分，可提高阳性检出率。

4. 免疫学检查　与细菌培养比较具有早期快速诊断的优点。

（五）治疗要点

1. 急性菌痢　治疗措施包括一般治疗、抗菌治疗和对症治疗。轻型菌痢患者可不用抗菌药物，严重病例则需应用抗生素。根据当地流行菌株药敏试验或粪便培养的结果进行选择。喹诺酮类药物可作为首选药物，如环丙沙星，孕妇、儿童及哺乳期妇女慎用；WHO推荐的二线用药如匹美西林、头孢曲松、阿奇霉素等可用于任何年龄组，同时对多重耐药菌株有效。

2. 中毒性菌痢　应采取综合抢救措施，力争早期治疗。主要措施包括降温止惊、迅速纠正休克及防治脑水肿等对症治疗和抗菌治疗。

3. 慢性菌痢　可采取全身和局部治疗相结合的原则，采取一般治疗、病原治疗和对症治疗措施。病原治疗应根据病原菌药敏结果，通常联合应用2种不同类型的抗菌药物，疗程需适当延长，必要时可给予多个疗程药物治疗，也可应用药物保留灌肠疗法，灌肠液内加用小量糖皮质激素，以增加药物的渗透作用而提高疗效。

【常见护理诊断/问题】

1. 体温过高　与痢疾杆菌内毒素激活细胞释放内源性致热原，作用于体温调节中枢导致体温升高有关。

2. 腹泻　与肠道炎症、广泛浅表性溃疡形成导致肠蠕动增强、肠痉挛有关。

3. 组织灌注无效　与中毒性菌痢导致微循环障碍有关。

4. 疼痛:腹痛　与细胞毒素作用于肠壁自主神经,导致肠痉挛有关。

5. 潜在并发症:惊厥、脑疝、中枢性呼吸衰竭。

【护理目标】

病人体温降至正常;排便次数和大便性状恢复正常;组织器官灌注良好,无休克发生;疼痛减轻或消失;并发症得到有效防治。

【护理措施】

(一)一般护理

1. 隔离　严格执行接触隔离措施,对粪便、呕吐物及污染物进行严格消毒,防止经消化道和生活接触途径传播,隔离至急性期症状消失、粪便培养连续 2 次阴性。

2. 休息与活动　急性期腹泻频繁、全身症状明显者应卧床休息;慢性期以休养为主;中毒性菌痢病人应绝对卧床休息,专人监护,安置病人于平卧位或休克体位,小儿去枕平卧,头偏向一侧。注意保暖。

3. 饮食护理　严重腹泻伴呕吐时暂禁食,遵医嘱静脉补充营养。能进食后,给予高热量、高蛋白、高维生素、少渣、少纤维素、易消化、清淡流质或半流质饮食,避免生冷、多渣、油腻或刺激性食物。少量多餐,可饮糖盐水,病情好转后可由流质或半流质饮食逐步过渡到正常饮食。

(二)病情观察

密切观察腹泻情况,如排便次数、量、颜色、性状及伴随症状,注意有无脱水征象,记录24 小时出入液量;监测病人生命体征、神志、尿量、瞳孔反射等;观察病人有无休克征象、脑水肿及脑疝表现,一旦出现,应立即通知医生并配合抢救。

(三)对症护理

1. 腹痛剧烈者可用热水袋热敷以缓解肠痉挛,或遵医嘱使用阿托品或颠茄制剂。每次排便后清洗肛周皮肤,并涂润滑剂以减少对肛周皮肤的刺激。每天用温水或 1:5 000高锰酸钾溶液坐浴,防止感染。

2. 伴明显里急后重者,嘱病人排便时不要过度用力,以免脱肛。发生脱肛时,可戴橡胶手套助其回纳。

3. 发热时除采取常规降温措施外,可用 2% 冷(温)盐水低压力灌肠,以达到降温和清除肠内积存物的目的。

4. 惊厥者应注意安全,防止跌伤或舌咬伤,并保持病室安静,避免声、光刺激。

5. 腹泻者根据血液生化检查结果补充水及电解质,避免发生脱水及电解质紊乱,轻者可口服补液盐溶液,严重者及时建立静脉通道迅速静脉补液。

(四)用药护理

遵医嘱给予有效抗菌药物,观察疗效及不良反应。应用喹诺酮类药物时观察有无头痛、胃肠道反应、肾毒性、过敏反应及粒细胞减少等不良反应。使用阿托品类药物时观察有无口干、心动过速、尿潴留及视物模糊等。早期禁用止泻药,便于毒素排出。

（五）心理护理

向病人解释腹痛、腹泻、里急后重等发生的原因，介绍主要治疗措施及效果，以消除病人的焦虑心理。

（六）健康指导

1. 疾病预防指导　向病人、家属及社区群众宣讲急性菌痢的致病因素和预防措施，做好饮水、食品、粪便的卫生管理及防蝇灭蝇工作，改善环境卫生条件。养成良好的个人卫生习惯，餐前便后洗手，不饮生水，禁食不洁食物。凡从事食品加工或生产及饮食服务的人员在工作时必须勤洗手。从事服务性行业（尤其饮食业）者定期进行健康检查，发现慢性带菌者应暂时调换工种，彻底治疗。流行期间可口服多价痢疾减毒活菌苗进行预防。

2. 疾病知识指导　菌痢病人应及时隔离、治疗，向病人及家属说明粪便消毒对于传染源的控制极为重要。指导病人遵医嘱按时、按量、按疗程服药，争取急性期彻底治愈，避免转为慢性菌痢。慢性菌痢病人可因进食生冷食物、暴饮暴食、过度紧张和劳累、受凉、情绪波动等诱发急性发作，应注意避免诱发因素。嘱病人加强锻炼，保持生活规律，病情复发时及时治疗。

【护理评价】

病人体温是否降至正常；排便次数和大便性状是否恢复正常；组织器官灌注是否良好，有无休克发生；疼痛是否减轻或消失；并发症是否得到有效防治。

> **本章小结**　本章学习重点是流行性感冒、病毒性肝炎、流行性乙型脑炎、艾滋病、细菌性痢疾病人的身体状况、常见护理诊断／问题、一般护理、病情观察、用药护理及健康指导。学习难点为传染病的隔离消毒、病毒性肝炎的辅助检查及病人的饮食护理、流行性乙型脑炎病人的对症护理、艾滋病病人的用药护理、急性菌痢的分型。在学习过程中注意比较各型病毒性肝炎的区别，识别流行性乙型脑炎的严重症状，掌握艾滋病不同时期病人的身体状况，区别细菌性痢疾的分型，重视上述传染病病人的饮食护理、对症护理、用药护理和健康指导，提高运用知识解决问题的能力。

（邓现梅）

❓ 思考与练习

1. 如何对流行性感冒病人进行健康指导？

2. 急性黄疸型肝炎病人的典型表现有哪些？病毒性肝炎病人的饮食护理措施和疾病知识指导的内容有哪些？

3. 流行性乙型脑炎极期的主要表现有哪些？病人的对症护理措施有哪些？
4. 如何对艾滋病病人进行健康指导？
5. 细菌性痢疾病人的对症护理措施有哪些？如何对病人进行健康指导？

附　录

实　践　指　导

实践指导说明

根据中等职业学校护理专业教学标准要求,中等职业学校护理专业内科护理教学内容包括理论教学和实践教学两部分。为了保证课程任务和课程目标的达成,实现培养"技能型卫生专业人才"的培养目标,本教材增加了实践指导,附在书末,以引导和规范实践教学。

实践指导共 19 个实践单元,每个实践单元按照实践目的、实践准备、实践学时、实践方法与结果 4 个方面编写。

1. 实践目的　指本次实践课学生学习的目标。

2. 实践准备　包括环境准备、病人准备、病例准备、护生准备和物品准备等。

(1) 环境准备:临床见习前,教师应与医院相关负责人联系,落实见习病房。校内实践课前,做到环境整齐、清洁、安静。

(2) 病人(或病例)准备:临床见习前,教师应到相关病房,阅读病例,选定见习病人(或病例)若干;案例分析课,教师应准备好标准案例发放给学生预习;情境教学和角色扮演时,应培训好模拟病人。

(3) 护生准备:落实学生分组,实践课课前,学生应做好课前预习,并穿好护士服,戴好帽子和口罩,备好记录本和笔等。

(4) 物品准备:包括实践课需要的各种相关物品的准备。若有多媒体演示,教师在课前应备好演示资料及演示设备。

由于环境准备、病人准备、护生准备和物品准备每次实践课的要求基本一致,为了避免重复,只在本编写说明中予以解释,在每个具体实践项目中,只列出病例资料。

3. 实践学时　实践指导原则上以 2 学时为 1 个实践单元。

4. 实践方法与实践结果

(1) 实践方法:主要包括临床见习、多媒体演示、病例分析、情境教学、角色扮演等。教师可根据实践教学内容及实践条件进行选择。

1) 临床见习:①由带教教师讲解实践目的、实践内容、实践方法及实践要求,学生分组阅读选定病人的住院病历,在带教教师的指导下,对病人进行护理评估。②学生分组讨论,对收集的病人资料进行分析和整理,提出常用护理诊断/问题,制订切实可行的护理计划。③各小组推荐代表,汇报本小组的讨论意见,教师点拨和总结。④课后每位学生对采集的评估资料进行分析整理,按要求制订护理计划或健康指导计划等,整理成文交任课教师批阅。

2）多媒体演示：①使用多媒体教学，课前教师应向学生讲明目的要求，提出思考问题，指导学生做好课前预习。②课中教师应结合多媒体演示内容，指导学生观看的重点及需要注意的问题，解决学生在理论课教学中的困惑或难点内容，避免把多媒体教学课变成只是学生单方面观看演示资料的教学模式。③观看结束后，可组织学生进行小组讨论，并及时反馈和总结。

3）案例分析：①课前可将学生分成若干小组，教师将准备好的病例资料分发给学生，做好课前预习。②课中教师引导学生分组讨论病例，收集病人资料，根据情境中提出的问题进行分析、整理，得出结论，各组派代表汇报讨论结果，教师给出参考答案。③采用情境教学或角色扮演等方式展示学生的学习成果和知识的运用能力。④课堂交流、讨论，教师总结和反馈。

由于临床见习、多媒体演示和案例分析三种方法的组织过程基本一致，为避免重复，只在此说明，在每个具体实践项目中，不再列出。此外，不同的实践内容，实践的方法和过程不同，教师可视具体情况进行选择。

（2）实践结果：实践结果评价应体现评价主体的多元化，评价过程的多元化，评价方式的多元化。评价内容不仅关注学生对知识的理解和技能的掌握，更要关注运用知识解决护理问题的能力和水平，重视科学严谨、认真负责等职业素质的形成，以及医疗安全、护患交流、人文关怀、团队合作等的职业意识与观念的树立。不同的实践内容，评价的方法可视具体情况选择。

以上实践指导仅供参考。实践教学的内容、范畴很广，教学的方式方法也很多，本实践指导只是从某一个知识点、某一种方式及方法进行了说明，旨在对实践教学起到指导和引领作用，各学校可根据本地本校的实际情况及实践条件进行选择和调整，积极创造条件，保证课程任务的完成和课程目标的达成。

（林梅英）

实践 1　支气管哮喘病人的护理

【实践目的】

1. 具有高度的责任感、良好的人文素养和团队合作的职业意识，尊重病人，善于沟通，全心全意为服务对象减轻痛苦。

2. 学会支气管哮喘病人的护理评估方法，能初步运用护理程序，进行观察评估，发现主要的护理问题，制订切实可行的护理计划，实施护理措施并进行护理评价。

3. 学会与病人及家属进行有效沟通，能进行医护团队内的专业交流。

【实践准备】

实践准备包括环境准备、病人准备、病例准备、护生准备和物品准备等，详见"实践指导说明"。

【实践学时】

2 学时。

【实践方法与结果】

（一）实践方法

1. 病例展示

情景一

刘女士，25 岁。既往有"支气管哮喘"病史 5 年，每年于春季好发。2 天前受凉后出现咽痛、咳嗽、咳少量白色黏痰伴憋喘,在家应用"沙丁胺醇气雾剂"治疗,病情无明显好转,遂来院就诊。护理体检:T 37℃,P 104次/min,R 28次/min,BP 130/80mmHg。神志清晰,表情紧张,口唇轻度发绀,呼吸急促。双肺满布哮鸣音,呼气延长。心界不大,心率104次/min,律齐,各瓣膜听诊区未闻及杂音。腹部无压痛,肝脾无肿大。下肢无水肿,未见杵状指。血常规:白细胞 $7.6×10^9$/L,中性粒细胞 75%,淋巴细胞 12%,嗜酸性粒细胞 10%,血红蛋白 135g/L,血小板 $234×10^9$/L。入院初步诊断:支气管哮喘。

请讨论:

(1)该病人首优的护理诊断/问题是什么?应采取哪些护理措施?

(2)若病情进一步加重,会出现哪些并发症?

情景二

入院后刘女士经支气管扩张药等治疗,病情无好转。病人呈端坐呼吸,大汗淋漓,呼吸急促,讲话不连贯、嗜睡。家属十分紧张,频繁向护士、医生询问病情。护理体检:R 35次/min,P 130次/min,口唇、甲床明显发绀。双肺呼吸音低,未闻及哮鸣音,双肺底闻及少量湿啰音。临床诊断:重症哮喘。

请讨论:

(1)如何对病人实施氧疗护理?为什么?

(2)该病人病情监测的主要内容是什么?

情景三

经控制感染,进行积极有效的护理,应用糖皮质激素、支气管扩张药等,病人的哮喘持续发作得到控制,呼吸困难缓解,发绀、咳嗽减轻,痰液能够顺利排出,拟近日出院。

请讨论:

(1)为预防哮喘反复发作,出院前护士应如何进行有针对性的健康指导?

(2)护士如何指导病人正确掌握支气管舒张气雾剂的使用?

2. 学生分组讨论　围绕案例中提出的问题开展讨论,分析整理,得出结论。

(二)实践结果

1. 每组学生派代表汇报小组讨论结果,结果检测采用学生自评、小组互评及教师点评相结合的方法。

2. 评价内容包括学生对知识的理解和技能的掌握,解决问题的能力,认真负责的学习态度及医疗安全、沟通交流、人文关怀、团队合作等职业意识与观念。

3. 每小组完成一份支气管哮喘病人护理的实践报告。

(江　乙)

实践 2　肺炎和肺结核病人的护理

【实践目的】

1. 具有高度的责任感、良好的人文素养和团队合作的职业意识,尊重病人,善于沟通,全心全意为服务对象减轻痛苦。

2. 学会肺炎和肺结核病人的护理评估方法,能初步运用护理程序,进行观察评估,发现主要的护理问题,制订切实可行的护理计划,实施护理措施并进行护理评价。

3. 学会与病人及家属进行有效沟通,能进行医护团队内的专业交流。

实践准备包括环境准备、病人准备、病例准备、护生准备和物品准备等,详见"实践指导说明"。

【实践学时】

2学时。

【实践方法与结果】

(一)实践方法

1. 病例展示

病例资料一:

情景一

赵先生,39岁。畏寒、发热3天入院。3天前淋雨后病人自觉全身不适,继而出现畏寒、发热,体温39.8℃,伴头痛,右上胸部刺痛,深呼吸及咳嗽时加重。曾到附近诊所诊治,症状未见好转。昨日胸痛加剧,并有咳嗽,咳少量铁锈色痰伴气促,遂来医院就诊。护理体检:T 40.5℃,P 110次/min,R 30次/min,BP 120/80mmHg。意识清楚,急性病容,面颊绯红,口角有疱疹。右上肺触觉语颤增强,叩诊呈浊音,听诊可闻及支气管呼吸音和少量湿啰音。心率110次/min,律齐,未闻及杂音。腹软,无压痛,双下肢无水肿。X线胸片显示:右上肺野有大片致密阴影。血常规:白细胞计数 18.0×10^9/L,中性粒细胞92%,伴核左移。临床初步诊断为肺炎球菌性肺炎。

请讨论:

(1)该病人主要的护理诊断/问题是什么?

(2)针对病人的高热,护士应采取哪些护理措施?

(3)目前病情观察的主要内容是什么?

情景二

入院当天傍晚护士在巡视病房时,发现病人呼吸急促、意识模糊、烦躁不安。护理体检:T 37.2℃,P 125次/min,R 32次/min,BP 80/60mmHg。肢端皮肤苍白、湿冷。

请讨论:

(1)病人的病情发生了什么变化?

(2)护士应如何配合医生进行抢救?

情景三

入院第10天,经积极控制感染、抗休克、对症支持等治疗,病人体温降至正常,胸痛、呼吸困难缓解,仍有轻微咳嗽,咳少量白痰。医嘱予以出院口服药物治疗。

请讨论:

(1)护士应如何对病人进行疾病预防指导?

(2)如何指导病人出院后正确用药?

病例资料二:

情景一

吴女士,26岁。因"低热伴咳嗽1个月余,咯血2天"入院。1个月前病人无明显诱因出现低热,下午明显,伴乏力,偶有夜间盗汗,食欲减退,咳嗽,咳少量白色黏痰。在村诊所按"感冒"治疗,效果不佳。2天前出现咯血,色鲜红,量约50ml,遂急来医院就诊。病人既往健康,无结核病病史,无支气管、肺疾病病史,有肺结核病人接触史。护理体检:T 37.8℃,P 92次/min,R 20次/min,BP

110/70mmHg。左锁骨上下闻及少许湿啰音。心脏及腹部未见异常。胸片显示：左上肺有斑片状阴影，内可见小空洞形成。PPD 试验呈强阳性。入院初步诊断为肺结核。

请讨论：

（1）病人目前存在的主要的护理诊断／问题有哪些？

（2）目前病情观察的主要内容是什么？

（3）对该病人应采取哪些护理措施，以防止结核菌的传播？

情景二

病人入院后，遵医嘱给予抗结核化学药物、止血药物等治疗，咳嗽略减轻，仍有咯血。入院次日，病人出现剧烈咳嗽、咯血，咯血量达 400ml。病人表情紧张、烦躁不安、气促、面色苍白、大汗。

请讨论：

（1）病人发生了什么情况？

（2）护士如何配合医生进行现场抢救？

情景三

经过近 1 个月的治疗，病人咳嗽、咯血消失，情绪饱满，食欲改善，体重较入院时增加，拟出院。

请讨论：

（1）护士应如何对病人进行疾病预防指导？

（2）护士应如何指导病人出院后的药物治疗和病情监测？

2. 学生分组讨论　围绕案例中提出的问题开展讨论，分析整理，得出结论。

（二）实践结果

1. 每组学生派代表汇报小组讨论结果，结果检测采用学生自评、小组互评及教师点评相结合的方法。

2. 评价内容包括学生对知识的理解和技能的掌握，解决问题的能力，认真负责的学习态度及医疗安全、沟通能力、人文关怀、团队合作等职业意识与观念。

3. 每小组完成一份肺炎和肺结核病人护理的实践报告。

（李　丽）

实践 3　呼吸衰竭病人的护理

【实践目的】

1. 具有高度的责任感、良好的人文素养和团队合作的职业意识，尊重病人，善于沟通，全心全意为服务对象减轻痛苦。

2. 学会呼吸衰竭病人的护理评估方法，能初步运用护理程序，进行观察评估，发现主要的护理问题，制订切实可行的护理计划，实施护理措施并进行护理评价。

3. 学会与病人及家属进行有效沟通，能进行医护团队内的专业交流。

【实践准备】

实践准备包括环境准备、病人准备、病例准备、护生准备和物品准备等，详见"实践指导说明"。

【实践学时】

2 学时。

【实践方法与结果】

（一）实践方法

1. 病例展示

情景一

叶先生,67 岁。以"咳嗽、咳痰 15 年,呼吸困难 3 年,再发加重 10 天"入院。病人 15 年前开始反复咳嗽、咳痰,冬季明显,感冒后加重,口服抗生素后症状缓解。3 年前开始出现呼吸困难,并逐渐加重,活动后明显,曾于当地医院进行抗感染平喘治疗,症状有所缓解出院。10 天前着凉后自觉上述症状再次加重,病人发热、咳嗽、咳脓性痰,夜间有憋醒,坐起后症状减轻,不能平卧。既往史:平素身体健康状况一般,否认高血压、糖尿病、冠心病等。护理体检:T 37.7℃,P 110 次 /min,R 26 次 /min,BP 135/80mmHg。意识清楚,慢性病容,表情疲惫,口唇发绀,桶状胸,语颤减弱,叩诊呈过清音,双肺呼吸音粗,可闻及干、湿啰音,心律齐,腹软,无明显压痛,肝胆肋下未触及,双下肢无水肿。血气分析:pH 7.34,$PaCO_2$ 75.7mmHg,PaO_2 44.8mmHg,SaO_2 71%。心脏彩超提示肺动脉高压,左房增大,三尖瓣反流。

请讨论:

（1）根据血气分析结果判断病人属于哪种类型的呼吸衰竭?

（2）该病人目前首优的护理诊断 / 问题是什么? 相关护理措施有哪些?

情景二

入院后遵医嘱给予低流量吸氧,心电血氧监护,多索茶碱解痉平喘,乙酰半胱氨酸溶液雾化吸入,低分子肝素皮下注射,硝酸甘油扩张冠状动脉等治疗,病人于夜间 19:00 出现嗜睡,血氧饱和度为78%,心率为 127 次 /min,呼吸为 30 次 /min,遵医嘱给药,给予无创呼吸机治疗。

请讨论:

（1）病人病情发生了什么变化? 导致病情变化的原因是什么?

（2）护士应如何配合医生进行抢救?

情景三

经过抢救及一段时间的治疗与护理,病人佩戴无创呼吸机血氧饱和度在 95%,神志清楚,病情已较入院前明显好转,逐步脱机改成文丘里面罩吸氧。护理体检:T 36.8℃,P 80 次 /min,R 22 次 /min,BP 110/80mmHg。一般状态尚可,神志清楚。住院 59 天后拟出院回家继续治疗。

请讨论:

（1）如何给予病人出院后的健康指导?

（2）如何指导病人和家属出院后的用药及病情监测?

2. 学生分组讨论　围绕案例中提出的问题开展讨论,分析整理,得出结论。

（二）实践结果

1. 每组学生派代表汇报小组讨论结果,结果检测采用学生自评、小组互评及教师点评相结合的方法。

2. 评价内容包括学生对知识的理解和技能的掌握,解决问题的能力,认真负责的学习态度及医疗安全、沟通能力、人文关怀、团队合作等职业意识与观念。

3. 每小组完成一份呼吸衰竭病人护理的实践报告。

（王洪波）

实践 4　心力衰竭和心律失常病人的护理

【实践目的】

1. 具有高度的责任感、良好的人文素养和团队合作的职业意识，尊重病人，善于沟通，全心全意为服务对象减轻痛苦。

2. 学会心力衰竭和心律失常病人的护理评估方法，能初步运用护理程序，进行观察评估，发现主要的护理问题，制订切实可行的护理计划，实施护理措施并进行护理评价。

3. 学会与病人及家属进行有效沟通，能进行医护团队内的专业交流。

【实践准备】

实践准备包括环境准备、病人准备、病例准备、护生准备和物品准备等，详见"实践指导说明"。

【实践学时】

2 学时。

【实践方法与结果】

（一）实践方法

1. 病例展示

情景一

任女士，35 岁。因劳累后心悸、气短 7 年，咳嗽、痰中带血 1 个月，下肢水肿 4 天入院。7 年前病人每于劳累或登楼时出现心悸、气短，休息后减轻，当时未加注意。近 3 年，轻微体力活动即感心悸、气短，休息后不能很快缓解，经常咳嗽，咳白色泡沫样痰，夜间喜睡高枕，曾到当地医院检查，诊断为"风湿性心脏病，二尖瓣狭窄"。1 个月前过度劳累、受凉后，出现咽痛，咳嗽、痰中带血，心悸，气短，不能平卧，在当地卫生所治疗，应用"止咳药""青霉素"及"地高辛"等药物，症状未见好转。近 4 天上述症状加重，并出现下肢水肿，遂急诊入院。询问病史，病人 20 岁时曾患"风湿热"。护理体检：T 37.5℃，P 90 次 /min，R 30 次 /min，BP 110/75mmHg。两颊暗红，口唇发绀，咽部充血，颈静脉怒张，双肺底闻及少量湿啰音。心率 110 次 /min，心音强弱不等，心律绝对不齐，心尖部闻及舒张期隆隆样杂音和收缩期吹风样杂音。肝右肋缘下 4cm，质韧，表面光滑。双下肢轻度凹陷性水肿。X 线检查：左心房、左心室扩大，可见肺淤血征。心电图检查：心房颤动。临床诊断为风湿性心脏病，二尖瓣狭窄伴关闭不全，心房颤动，慢性心力衰竭（心功能Ⅳ级），上呼吸道感染。

请讨论：

（1）病人本次发作的主要诱发因素是什么？

（2）心房颤动的心电图特点有哪些？

（3）病人目前有哪些主要的护理诊断 / 问题？

（4）该病人心功能分级的依据是什么？ 如何根据心功能分级安排病人的休息与活动？

情景二

病人入院后积极控制感染，同时给予利尿剂、血管紧张素转化酶抑制剂、洋地黄药物治疗，心悸、气促及水肿等症状明显减轻。一日护士在巡视病房时，病人主诉出现恶心、呕吐、头痛、头晕等症状，并描述感觉医院的白墙好像变成了黄色。急做心电图，显示室性期前收缩二联律。

请讨论:

(1)该病人发生了什么情况?如何配合医生进行处理?

(2)室性期前收缩二联律的心电图特点有哪些?

(3)为防止类似情况再次发生,应如何指导病人进行自我用药监测?

情景三

病人经过2周的住院治疗和护理,病情已明显好转,心悸、气促、水肿症状已消失。护理体检:T 36.5℃,P 80次/min,R 18次/min,BP 110/75mmHg。双肺底未闻及干、湿啰音,心率 100次/min,心音强弱不等,心律绝对不齐,心尖部闻及舒张期隆隆样杂音和收缩期吹风样杂音,肝右肋缘下未触及。病人拟第二天出院。

请讨论:

(1)出院前如何对病人进行饮食指导?

(2)如何指导病人出院后正确用药和自我监测病情?

(3)出院后病人应注意哪些问题?如何避免病情加重?

2. 学生分组讨论　围绕案例中提出的问题开展讨论,分析整理,得出结论。

(二)实践结果

1. 每组学生派代表汇报小组讨论结果,结果检测采用学生自评、小组互评及教师点评相结合的方法。

2. 评价内容包括学生对知识的理解和技能的掌握,解决问题的能力,认真负责的学习态度及医疗安全、沟通能力、人文关怀、团队合作等职业意识与观念。

3. 每小组完成一份心力衰竭和心律失常病人护理的实践报告。

(解文霞)

实践5　原发性高血压病人的护理

【实践目的】

1. 具有高度的责任感、良好的人文素养和团队合作的职业意识,尊重病人,善于沟通,全心全意为服务对象减轻痛苦。

2. 学会原发性高血压病人的护理评估方法,能初步运用护理程序,进行观察评估,发现主要的护理问题,制订切实可行的护理计划,实施护理措施并进行护理评价。

3. 学会与病人及家属进行有效沟通,能进行医护团队内的专业交流。

【实践准备】

实践准备包括环境准备、病人准备、病例准备、护生准备和物品准备等,详见"实践指导说明"。

【实践学时】

2学时。

【实践方法与结果】

(一)实践方法

1. 病例展示

情景一

潘先生,50岁。因头痛、头晕5年加重2天入院。5年前因"头痛、头晕及耳鸣"就医,发现"高血压"

后一直服用"硝苯地平、卡托普利"治疗,但经常忘记服药,疲劳时常伴头痛、耳鸣和胸闷等不适。近日因工作繁忙,精神紧张,烟酒过量,每天吸烟 20 余支,饮酒 300～500ml,睡眠不足。昨晚情绪激动时突感剧烈头痛,有烦躁、眩晕、恶心、呕吐、胸闷、气急及视力模糊,紧急入院。护理体检:T 36.2℃,P 110 次/min,R 30 次/min,BP 180/130mmHg,身高 176cm,体重 90kg。神志清楚,颈软。双肺呼吸音正常。心尖搏动位于左侧第 6 肋间锁骨中线外 1cm,律齐,主动脉瓣区第二心音亢进,可闻及收缩期杂音。腹软,双下肢无水肿。神经系统检查无异常。临床初步诊断为原发性高血压,高血压急症。

请讨论:

(1)该病人目前主要的护理诊断/问题有哪些?

(2)如何配合医生对该病人进行抢救?

情景二

经过医护人员的治疗和护理,病人病情已基本稳定,降压药由静脉滴注改为口服。

请讨论:

(1)某日病人口服降压药后立即下床去洗手间,突然感到头晕,病人可能发生了什么情况? 应如何处理?

(2)今日病人因做超声心动图等检查未归,中午的降压药不能按时服用,下午病人检查结束回到病房,主动要求补服降压药,护士应如何处理?

情景三

病人血压已基本稳定,医生通知其明日出院,但病人担心病情复发,主动提出再多住几日,以加强治疗效果。

请讨论:

(1)针对病人目前的心理状态,如何对病人进行心理护理?

(2)按照高血压病人心血管危险分层标准,该病人属于何种危险程度?

(3)护士应对该病人进行哪些健康指导?

2. 学生分组讨论 围绕案例中提出的问题开展讨论,分析整理,得出结论。

(二)实践结果

1. 每组学生派代表汇报小组讨论结果,结果检测采用学生自评、小组互评及教师点评相结合的方法。

2. 评价内容包括学生对知识的理解和技能的掌握,解决问题的能力,认真负责的学习态度及医疗安全、沟通能力、人文关怀、团队合作等职业意识与观念。

3. 每小组完成一份原发性高血压病人护理的实践报告。

(解文霞)

实践 6 冠状动脉粥样硬化性心脏病病人的护理

【实践目的】

1. 具有高度的责任感、良好的人文素养和团队合作的职业意识,尊重病人,善于沟通,全心全意为服务对象减轻痛苦。

2. 学会冠状动脉粥样硬化性心脏病病人的护理评估方法,能初步运用护理程序,进行观察评估,发现主要的护理问题,制订切实可行的护理计划,实施护理措施并进行护理评价。

3. 学会与病人及家属进行有效沟通,能进行医护团队内的专业交流。

【实践准备】

实践准备包括环境准备、病人准备、病例准备、护生准备和物品准备等,详见"实践指导说明"。

【实践学时】

2学时。

【实践方法与结果】

(一)实践方法

1. 病例展示

情景一

郭先生,51岁。因阵发性胸闷3年、持续性胸痛2小时急诊入院。病人于3年前活动时出现胸闷,每次发作时间为2~3分钟,休息或含服"硝酸异山梨酯"后能缓解,故未给予足够重视。今晨准备上班时突然出现心前区剧烈疼痛,向左肩及后背放射,伴大汗及恶心、呕吐,有濒死感,自行服用"硝酸异山梨酯、速效救心丸"后疼痛不缓解,家人拨打"120"急诊入院。心电图示:Ⅱ、Ⅲ、aVF导联ST段弓背向上抬高。急诊以冠状动脉粥样硬化性心脏病,急性下壁心肌梗死收住入冠心病监护室。病人有高血压病史7年,收缩压最高为175mmHg,不规律服用降压药,血压控制在140/100mmHg。有吸烟史20年,约20支/d。其父有高血压。护理体检:T 36.4℃,P 102次/min,R 25次/min,BP 110/70mmHg。医嘱予以吸氧、心电监护、吗啡静脉注射、尿激酶静脉滴注。

请讨论:

(1)病人目前首优的护理诊断/问题是什么?

(2)该病人目前病情监测的重点是什么?

(3)如何做好溶栓治疗的配合与护理?

情景二

病人入院后第5天,自觉胸痛症状缓解,偶有胸闷不适。护理体检:T 36.3℃,P 90次/min,R 20次/min,BP 125/80mmHg,动脉血氧饱和度(SaO_2)100%。双肺呼吸音清,叩诊心界不大,律齐,心音低钝,各瓣膜听诊区无病理性杂音。病人转入普通病房。责任护士鼓励病人在床边活动,但病人及家属有些担心,且对此次发病入院感到不安,反复询问医护人员。

请讨论:

(1)如何指导病人正确进行床边活动?

(2)针对目前病人与家属的心理状况,如何进行心理护理?

情景三

病人入院后3周,经过一系列治疗与护理,自述无胸痛、胸闷等症状,排便、排尿正常。护理体检:T 36℃,P 88次/min,R 18次/min,BP 120/78mmHg,律齐,双下肢无水肿。复查心电图示:Ⅱ、Ⅲ、aVF导联ST段回到基线水平,T波倒置。血脂检查:高密度脂蛋白胆固醇(HDL-C)降低,低密度脂蛋白胆固醇(LDL-C)增高。医嘱予以出院。出院带药阿司匹林、美托洛尔、硝酸异山梨酯、辛伐他汀、卡托普利。

请讨论:

(1)如何指导病人出院后正确用药?

（2）如何指导病人做好全面综合的二级预防？

2. 学生分组讨论　围绕案例中提出的问题开展讨论,分析整理,得出结论。

（二）实践结果

1. 每组学生派代表汇报小组讨论结果,结果检测采用学生自评、小组互评及教师点评相结合的方法。

2. 评价内容包括学生对知识的理解和技能的掌握,解决问题的能力,认真负责的学习态度及医疗安全、沟通交流、人文关怀、团队合作等职业意识与观念。

3. 每小组完成一份冠心病病人护理的实践报告。

（林梅英）

实践 7　消化性溃疡病人的护理

【实践目的】

1. 具有高度的责任感、良好的人文素养和团队合作的职业意识,尊重病人,善于沟通,全心全意为服务对象减轻痛苦。

2. 学会消化性溃疡病人的护理评估方法,能初步运用护理程序,进行观察评估,发现主要的护理问题,制订切实可行的护理计划,实施护理措施并进行护理评价。

3. 学会与病人及家属进行有效沟通,能进行医护团队内的专业交流。

【实践准备】

实践准备包括环境准备、病人准备、护生准备、病例准备等,详见"实践指导说明"。

【实践学时】

2 学时。

【实践方法与结果】

（一）实践方法

1. 病例展示

情景一

杨先生,45 岁。因反复发作上腹部胀痛 3 年,加重 3 天伴呕血、黑便 6 小时入院。3 年前病人无明显原因间断出现上腹部胀痛,多在进食后 1 小时发生,伴反酸、嗳气、食欲减退,曾就诊于外院门诊,初步诊断为"消化性溃疡",给予"奥美拉唑"后症状可缓解。以后每于气候变化、饮食不当、劳累时有类似发作,自行服用"奥美拉唑"可缓解。3 天前饮酒后(约半斤白酒)出现腹痛,并逐渐加重,伴反酸、嗳气,自服上述药物未能缓解。6 小时前呕血 4 次,呈暗红色,总量约 1 000ml,排黑便 2 次,约 500g,自觉头晕、心慌,遂急诊入院。护理体检:T 36.8℃,P 128 次 /min,R 26 次 /min,BP 80/50mmHg。病人表情紧张,面色及口唇苍白,皮肤湿冷,双肺呼吸音清,腹平软,上腹正中有压痛,无反跳痛及肌紧张,肠鸣音 11 次 /min,双下肢无水肿。临床初步诊断为消化性溃疡合并上消化道出血。

请讨论:

（1）病人目前病情监测的重点是什么？

（2）病人目前主要的护理诊断 / 问题有哪些？

（3）护士应配合医生采取哪些抢救措施？

情景二

病人入院后经抑制胃酸分泌、止血、补液等治疗，上腹部胀痛、反酸、嗳气及头晕等症状明显减轻。护理体检：T 37℃，P 88次/min，R 18次/min，BP 110/75mmHg，上腹部轻度压痛，肠鸣音4次/min。病人对此次发病入院感到不安，担心有再次出血的危险，且听说胃溃疡易癌变，很害怕，反复询问医护人员。

请讨论：

（1）常用的抑制胃酸分泌的药物有哪些？各有哪些不良反应？用药中应注意什么？

（2）如何判断病人出血是否停止？

（3）针对病人目前的情况，护士应如何对病人进行心理护理？

情景三

病人入院后第12天，自述无腹痛、反酸、嗳气等症状，食欲好，精神状态好，排便、排尿正常。复查粪便潜血试验，结果为阴性。护理体检：T 36.0℃，P 84次/min，R 18次/min，BP 120/80mmHg，腹平软，无压痛及反跳痛。病人病情稳定，出院继续口服药物治疗。

请讨论：

（1）如何指导病人学会病情监测，预防消化性溃疡的复发？

（2）如何指导病人出院后继续正确用药？

（3）护士在评估时得知病人生活不规律，经常饮酒，如何指导病人养成良好的饮食、生活习惯？

2. 学生分组讨论　围绕案例中提出的问题开展讨论，分析整理，得出结论。

（二）实践结果

1. 每组学生派代表汇报小组讨论结果，结果检测采用学生自评、小组互评及教师点评相结合的方法。

2. 评价内容包括学生对知识的理解和技能的掌握，解决问题的能力，认真负责的学习态度及人文关怀、团队合作等职业意识与观念。

3. 每小组完成一份消化性溃疡病人护理的实践报告。

（高秀霞）

实践8　肝硬化病人的护理

【实践目的】

1. 具有高度的责任感、良好的人文素养和团队合作的职业意识，尊重病人，善于沟通，全心全意为服务对象减轻痛苦。

2. 学会肝硬化病人的护理评估方法，能初步运用护理程序，进行观察评估，发现主要的护理问题，制订切实可行的护理计划，实施护理措施并进行护理评价。

3. 学会与病人及家属进行有效沟通，能进行医护团队内的专业交流。

【实践准备】

实践准备包括环境准备、病人准备、护生准备、病例准备等，详见"实践指导说明"。

【实践学时】

2学时。

【实践方法与结果】

（一）实践方法

1. 病例展示

情景一

宋先生,51 岁。因"腹胀、乏力及食欲下降 1 年,加重 1 个月"入院。1 年前病人无明显诱因出现腹胀、乏力、食欲下降、恶心、厌油腻等,腹胀以饭后为著。1 个月前上述症状逐渐加重,遂来院就诊,门诊以"肝硬化、腹腔积液"收入院。既往有乙型肝炎病史 10 余年。病人不抽烟,逢年过节时偶尔饮酒。护理体检:T 36.7℃,P 82次/min,R 20次/min,BP 100/60mmHg。一般状态较差,面色灰暗,巩膜黄染,前胸可见多个蜘蛛痣。颈软,无颈静脉怒张,心肺无异常。腹部明显膨隆,肝未触及,脾肋下 4.5cm,质韧,无压痛,移动性浊音阳性。双下肢无水肿。血常规检查:红细胞 $3.0×10^{12}/L$,白细胞 $3.5×10^9/L$,血小板 $90×10^9/L$。肝功能检查:丙氨酸氨基转移酶 342U/L,白蛋白 20g/L,血清总胆红素 284mmol /L,HBsAg 阳性。腹部超声提示:脾大,腹腔积液。入院初步诊断为肝硬化失代偿期。

请讨论:

（1）该病人发生肝硬化的主要原因是什么?

（2）病人目前主要的护理诊断/问题是什么?

（3）针对病人的腹腔积液,护士应采取哪些护理措施?

情景二

入院后遵医嘱给予支持、保肝、利尿等治疗,病人乏力、恶心等症状有所改善,但仍有明显腹胀。今日查房时,护士发现病人嗜睡,回答问题时病人讲话含糊不清,经询问家属得知,病人自入院后一直失眠,每晚睡前均自行服用 2 片"地西泮"才能入睡。

请讨论:

（1）病人病情发生了什么变化? 导致病情变化的诱因是什么?

（2）此时护士应如何对病人及家属进行疾病知识指导?

情景三

经过治疗与护理,病人病情明显好转,自述腹胀、乏力减轻,食欲也明显增加。护理体检:T 36.8℃,P 80次/min,R 18次/min,BP 110/80mmHg。一般状态尚可,神志清楚,巩膜黄染减轻,腹部略隆起,肝未触及,脾肋下 3cm,移动性浊音阴性,双下肢无水肿,复查肝功能有所好转。住院 15 天后病人拟出院回家继续治疗。

请讨论:

（1）为预防病情反复发作,出院前护士应指导病人避免哪些诱因?

（2）如何指导病人和家属出院后的用药及病情监测?

2. 学生分组讨论　围绕案例中提出的问题开展讨论,分析整理,得出结论。

（二）实践结果

1. 每组学生派代表汇报小组讨论结果,结果检测采用学生自评、小组互评及教师点评相结合的方法。

2. 评价内容包括学生对知识的理解和技能的掌握,解决问题的能力,认真负责的学习态度及医疗安全、沟通能力、人文关怀、团队合作等职业意识与观念。

3. 每小组完成一份肝硬化病人护理的实践报告。

（杨晓芳）

实践 9　急性胰腺炎病人的护理

【实践目的】

1. 具有高度的责任感、良好的人文素养和团队合作的职业意识,尊重病人,善于沟通,全心全意为服务对象减轻痛苦。

2. 学会急性胰腺炎病人的护理评估方法,能初步运用护理程序,进行观察评估,发现主要的护理问题,制订切实可行的护理计划,实施护理措施并进行护理评价。

3. 学会与病人及家属进行有效沟通,能进行医护团队内的专业交流。

【实践准备】

实践准备包括环境准备、病人准备、护生准备、病例准备等,详见"实践指导说明"。

【实践学时】

2 学时。

【实践方法与结果】

(一) 实践方法

1. 病例展示

情景一

赵先生,46 岁。因"上腹部疼痛伴恶心、呕吐 4 小时"急诊入院。病人在 4 小时前进食油腻食物后出现上腹部剧烈疼痛,呈持续性疼痛、阵发性加重,向腰背部放射,伴恶心、呕吐,呕吐物为胃内容物,呈黄绿色,呕吐后无舒适感。病人既往有"胆囊炎、胆石症"病史 3 年。护理体检:T 38.1℃,P 112次/min,R 23 次/min,BP 130/82mmHg。神志清楚,屈膝卧位。皮肤、巩膜未见黄染及出血点,心肺无异常,中上腹压痛,无反跳痛,移动性浊音阴性,肠鸣音减弱。血常规:白细胞 12.9×10^9/L,中性粒细胞 82%。血清淀粉酶 1 207 U/L,腹部超声提示胰腺轻度增大。入院初步诊断为急性胰腺炎。

请讨论:

(1) 病人目前主要的护理诊断/问题是什么?

(2) 作为一名护士,如何对病人实施疼痛的护理?

(3) 病人目前监测的重点是什么?

情景二

入院后遵医嘱给予禁食、胃肠减压、镇痛、静脉补液、预防和抗感染等治疗,3 天后病人恶心、呕吐症状消失,腹痛也明显缓解。病人及家属询问是否可以进食?

请讨论:

(1) 护士应如何对病人进行饮食指导?

(2) 在护理过程中应注意观察病人哪些病情变化?

情景三

经过 7 天的治疗与护理,病人病情已明显好转,自述无恶心、呕吐、腹痛。护理体检:T 36.5℃,P 80次/min,R 20次/min,BP 120/80mmHg。血常规:白细胞 9×10^9/L,中性粒细胞 60%。血淀粉酶 107 U/L。拟出院。

请讨论：

如何对病人进行出院后的健康指导？

2. 学生分组讨论　围绕案例中提出的问题开展讨论,分析整理,得出结论。

（二）实践结果

1. 每组学生派代表汇报小组讨论结果,结果检测采用学生自评、小组互评及教师点评相结合的方法。

2. 评价内容包括学生对知识的理解和技能的掌握,解决问题的能力,认真负责的学习态度及人文关怀、团队合作等职业意识与观念。

3. 每小组完成一份急性胰腺炎病人护理的实践报告。

（杨晓芳）

实践 10　尿路感染病人的护理

【实践目的】

1. 具有高度的责任感、良好的人文素养和团队合作的职业意识,尊重病人,善于沟通,全心全意为服务对象减轻痛苦。

2. 学会尿路感染病人的护理评估方法,能初步运用护理程序,进行观察评估,发现主要的护理问题,制订切实可行的护理计划,实施护理措施并进行护理评价。

3. 学会与病人及家属进行有效沟通,能进行医护团队内的专业交流。

【实践准备】

实践准备包括环境准备、病人准备、护生准备、病例准备和物品准备等,详见"实践指导说明"。

【实践学时】

2 学时。

【实践方法与结果】

（一）实践方法

1. 病例展示

情景一

李女士,28 岁,已婚。平时不喜欢喝水,因"尿频、尿急、尿痛伴发热 2 天"入院。护理体检:T 39.8℃,P 95 次 /min,R 28 次 /min,BP 120/70mmHg。面色潮红,咽部无充血,扁桃体无肿大。心肺无异常。腹部平坦,肝、脾肋下未触及,右肾区叩击痛阳性。血常规检查:白细胞计数 12×10^9/L,中性粒细胞 86%。尿常规检查:尿蛋白 −,白细胞 ++++,红细胞 8 个 /HP。初步诊断为急性肾盂肾炎。

请讨论：

（1）该病的主要感染途径和致病菌是什么？

（2）病人目前主要的护理诊断 / 问题是什么？

情景二

该病人入院后行泌尿系统超声检查,右输尿管上段见 3mm×3mm 的强回声,后方伴声影,右输尿管上段扩张,考虑为输尿管结石并积水。

请讨论：

（1）该病人发病的主要易感因素是什么？

（2）确诊急性肾盂肾炎还应做什么检查？

（3）如何指导病人留取尿标本？

情景三

入院后经抗生素治疗5天，病人尿频、尿急、尿痛消失，未再发热。护理体检：T 36.5℃，P 65次/min，R 15次/min，BP 120/70mmHg。心肺无异常，腹部平软，肝、脾肋下未触及，双肾区无叩击痛。血常规示白细胞计数 $5×10^9/L$，中性粒细胞60%；尿常规示尿蛋白阴性，白细胞2个/HP，红细胞3个/HP。病人认为尿路感染已经治愈，强烈要求出院。

请讨论：

（1）如何判断急性肾盂肾炎是否治愈？

（2）出院后病人应注意哪些问题以预防疾病的复发？

2. 学生分组讨论　围绕案例中提出的问题开展讨论，分析整理，得出结论。

（二）实践结果

1. 每组学生派代表汇报小组讨论结果，结果检测采用学生自评、小组互评及教师点评相结合的方法。

2. 评价内容包括学生对知识的理解和技能的掌握，解决问题的能力，认真负责的学习态度及医疗安全、沟通能力、人文关怀、团队合作等职业意识与观念。

3. 每小组完成一份尿路感染病人护理的实践报告。

（李士新）

实践11　慢性肾衰竭病人的护理

【实践目的】

1. 具有高度的责任感、良好的人文素养和团队合作的职业意识，尊重病人，善于沟通，全心全意为服务对象减轻痛苦。

2. 学会慢性肾衰竭病人的护理评估方法，能初步运用护理程序，进行观察评估，发现主要的护理问题，制订切实可行的护理计划，实施护理措施并进行护理评价。

3. 学会与病人及家属进行有效沟通，能进行医护团队内的专业交流。

【实践准备】

实践准备包括环境准备、病人准备、护生准备、病例准备和物品准备等，详见"实践指导说明"。

【实践学时】

2学时。

【实践方法与结果】

（一）实践方法

1. 病例展示

情景一

杨女士，46岁。6年前出现水肿，曾到医院检查，诊断为"慢性肾小球肾炎"，未系统治疗。近10

天出现乏力、头晕、食欲减退。病人及家属对所患疾病的有关知识了解较少。护理体检：T 36.8℃，P 80次/min，R 15次/min，BP 165/90mmHg。神志清楚，睑结膜苍白，双肺未闻及啰音，心脏听诊无杂音，双下肢轻度凹陷性水肿。血常规示血红蛋白 40g/L；尿常规示尿蛋白 ++，潜血 ++；血生化检查示血肌酐 1 265μmol/L，血钾 5.65mmol/L，血钙 1.76mmol/L。超声检查提示双肾缩小。临床诊断为慢性肾衰竭（CKD 5 期），慢性肾小球肾炎，肾性贫血，肾性高血压。

请讨论：

（1）该病人肾衰竭的病因是什么？

（2）该病人目前主要的护理诊断/问题是什么？

情景二

入院后经过补钙、利尿、降血压、输血等处理，病人乏力减轻，水肿消退。护理体检：T 36.8℃，P 72次/min，R 12次/min，BP 150/80mmHg。神志清楚，颜面无水肿，心肺无异常，肝、脾肋下未触及，双下肢无水肿。入院第 2 天，病人自行吃掉 2 个香蕉和 2 个橘子，下午病人突然出现烦躁、胸闷，心率 40次/min，血压 95/62mmHg。心电图示完全性房室传导阻滞。急查血钾升至 8.15mmol/L。

请讨论：

（1）该病人为什么出现高钾血症？如何指导病人的饮食？

（2）如何协助医生处理高钾血症？

情景三

入院第 3 天，医生和病人家属沟通后，行右颈内静脉置管，行血液透析治疗。入院第 7 天，医生为病人行左前臂动静脉内瘘术。护理体检：T 36.8℃，P 72次/min，R 16次/min，BP 140/80mmHg。神志清楚，颜面无水肿，心肺无异常，肝、脾肋下未触及，左前臂动静脉内瘘血管杂音响亮，双下肢无水肿。血常规示血红蛋白 70g/L；血生化检查示血肌酐 615μmol/L，血尿素氮 28.4mmol/L，血钾 5.15mmol/L，血钙 2.07mmol/L。病人准备出院。

请讨论：

（1）病人出院后如何监测病情变化？

（2）如何指导病人做好动静脉内瘘的护理？

2. 学生分组讨论　围绕案例中提出的问题开展讨论，分析整理，得出结论。

（二）实践结果

1. 每组学生派代表汇报小组讨论结果，结果检测采用学生自评、小组互评及教师点评相结合的方法。

2. 评价内容包括学生对知识的理解和技能的掌握，解决问题的能力，认真负责的学习态度及医疗安全、沟通能力、人文关怀、团队合作等职业意识与观念。

3. 每小组完成一份慢性肾衰竭病人护理的实践报告。

（李士新）

实践 12　贫血病人的护理

【实践目的】

1. 具有高度的责任感、良好的人文素养和团队合作的职业意识，尊重病人，善于沟通，全心全意为服务对象减轻痛苦。

2. 学会贫血病人的护理评估方法，能初步运用护理程序，进行观察评估，发现主要的护理问题，制订切实可行的护理计划，实施护理措施并进行护理评价。

3. 学会与病人及家属进行有效沟通，能进行医护团队内的专业交流。

【实践准备】

实践准备包括环境准备、病人准备、病例准备、护生准备和物品准备等，详见"实践指导说明"。

【实践学时】

2 学时。

【实践方法与结果】

（一）**实践方法**

1. 病例展示

情景一

陈女士，35 岁。因"头晕、乏力、面色苍白半年"就诊，在门诊行血常规检查，结果显示：红细胞 $3.0×10^{12}$/L，血红蛋白 80g/L，平均红细胞容积 78fl，平均红细胞血红蛋白浓度 28%，网织红细胞计数 1%，白细胞和血小板正常。门诊以"贫血原因待查"收住入院。

请讨论：

（1）如何根据病例中提供的资料判断该病人有无贫血？贫血的程度如何？

（2）如按红细胞形态学分类，该病人属于哪种类型的贫血？

情景二

入院后对病人进行护理评估。病人因"子宫肌瘤"月经量过多已 2 年。近半年以来开始出现头晕、乏力、食欲下降，面色渐见苍白，有几次险些晕倒，曾到附近诊所就诊，给予止血药物治疗，效果欠佳。起病以来无发热、牙龈出血或皮下出血等，无毒物、放射性物品服用或接触史。护理体检：T 36℃，P 108 次/min，R 24 次/min，BP 100/70mmHg。慢性病容，睑结膜苍白，皮肤干燥、无光泽。双肺无异常。心界不大，心率 108 次/min，律齐，心尖部可闻及 2/6 级收缩期吹风样杂音。腹平软，无压痛，肝、脾肋下未触及。双下肢无水肿。神经系统检查无异常。铁代谢生化检查：血清铁蛋白 10μg/L。临床诊断为缺铁性贫血。

请讨论：

（1）该病人发生缺铁性贫血的主要原因是什么？

（2）该病人目前首优的护理诊断/问题是什么？

（3）如何指导病人合理饮食？如果该病人口服铁剂治疗，护士应如何指导病人用药？

情景三

入院第 18 天，病人经支持、口服铁剂等治疗，自诉无头晕、乏力等不适。护理体检：T 36.2℃，P 98 次/min，R 20 次/min，BP 110/78mmHg。精神尚可，面色较入院时明显好转，睑结膜略有苍白，心率 98 次/min，律齐，心尖部可闻及 2/6 级收缩期吹风样杂音。复查血常规：网织红细胞计数 2%，血红蛋白 90g/L。病人要求出院继续治疗。

请讨论：

（1）为预防出院后贫血再次加重，护士应如何为病人进行有针对性的健康指导？

（2）病人出院时血红蛋白未恢复正常，护士如何指导病人学会病情监测？

2. 学生分组讨论　围绕案例中提出的问题开展讨论,分析整理,得出结论。

(二) 实践结果

1. 每组学生派代表汇报小组讨论结果,结果检测采用学生自评、小组互评及教师点评相结合的方法。

2. 评价内容包括学生对知识的理解和技能的掌握,解决问题的能力,认真负责的学习态度及医疗安全、沟通交流、人文关怀、团队合作等职业意识与观念。

3. 每小组完成一份贫血病人护理的实践报告。

(林梅英)

实践 13　急性白血病病人的护理

【实践目的】

1. 具有高度的责任感、良好的人文素养和团队合作的职业意识,尊重病人,善于沟通,全心全意为服务对象减轻痛苦。

2. 学会急性白血病病人的护理评估方法,能初步运用护理程序,进行观察评估,发现主要的护理问题,制订切实可行的护理计划,实施护理措施并进行护理评价。

3. 学会与病人及家属进行有效沟通,能进行医护团队内的专业交流。

【实践准备】

实践准备包括环境准备、病人准备、病例准备、护生准备和物品准备等,详见"实践指导说明"。

【实践学时】

2 学时。

【实践方法与结果】

(一) 实践方法

1. 病例展示

情景一

小沈,21 岁,近 1 个月以来无明显原因出现皮肤自发性紫癜,刷牙时牙龈出血,量不多。1 周前,出现右侧鼻孔出血,量约 40ml,局部压迫后止血。4 天前出现寒战、高热伴咽痛,于当地医院治疗无效入院。护理体检:T 39℃ ,P 108 次 /min,R 24 次 /min,BP 120/82mmHg。贫血貌,全身皮肤散在出血点,颈部及颌下可触及 1.0cm 大小淋巴结数枚,咽部充血,扁桃体 Ⅱ 度肿大,胸骨有压痛,肝肋下 2.0cm,脾肋下 2.0cm。血常规:红细胞 3.1×10^{12}/L,血红蛋白 80g/L,白细胞 46×10^9/L,血小板 40×10^9/L,血涂片中发现幼稚淋巴细胞。骨髓象:骨髓增生明显活跃,白血病性原始细胞及幼稚细胞显著增多,幼红细胞和巨核细胞减少。临床诊断为急性白血病。

请讨论:

(1) 根据病例中的资料,该病人最可能发生哪种类型的急性白血病?

(2) 该病人目前主要的护理诊断 / 问题有哪些? 对应的护理措施有哪些?

(3) 病人自患病后食欲差,一天只喝半碗粥,焦虑、情绪低落,常常独自哭泣,不愿与他人交流,每天仅睡 4～5 个小时。护士应从哪些方面对该病人进行心理护理?

情景二

病人入院后用 DVLP（柔红霉素 + 长春新碱 + 左旋门冬酰胺酶 + 泼尼松）方案进行诱导缓解治疗及支持、对症治疗。住院第 22 天，病人突然出现头痛、头晕、恶心、呕吐、视物模糊等症状，护理体检发现颈强直。

请讨论：

（1）该病人最可能发生了什么并发症？导致病人发生并发症的主要原因有哪些？

（2）治疗与护理中采取哪些措施可防止这些并发症的发生？

（3）此时护士应配合医生采取哪些措施？

情景三

经过 4 个多月的化疗，病人贫血、出血、感染症状消失。精神、食欲尚可，大小便正常。复查血常规：红细胞 $3.8 \times 10^{12}/L$，白细胞 $10 \times 10^9/L$，血小板 $100 \times 10^9/L$。骨髓象：白血病性原始细胞与幼稚细胞之和为 1%。护理体检：T 36.2℃，P 86 次 /min，R 18 次 /min，BP 120/78mmHg。全身皮肤未见出血点，浅表淋巴结无肿大，胸骨轻压痛，肝未触及，脾肋下 1.0cm。双肺呼吸音清，未闻及干、湿啰音。心率 86 次 /min，律齐，心脏各瓣膜听诊区未闻及杂音，双下肢无水肿。病人拟于近日出院，回家继续进行缓解后治疗。

请讨论：

（1）护士应如何指导病人出院后的缓解治疗及护理？

（2）如何指导病人学会病情监测？病人定期到门诊复查哪些项目？

（3）如何指导病人出院后预防感染和出血？

2. 学生分组讨论　围绕案例中提出的问题开展讨论，分析整理，得出结论。

（二）实践结果

1. 每组学生派代表汇报小组讨论结果，结果检测采用学生自评、小组互评及教师点评相结合的方法。

2. 评价内容包括学生对知识的理解和技能的掌握，解决问题的能力，认真负责的学习态度及医疗安全、沟通交流、人文关怀、团队合作等职业意识与观念。

3. 每小组完成一份急性白血病病人护理的实践报告。

（林梅英）

实践 14　甲状腺功能亢进症病人的护理

【实践目的】

1. 具有高度的责任感、良好的人文素养和团队合作的职业意识，尊重病人，善于沟通，全心全意为服务对象减轻痛苦。

2. 学会甲状腺功能亢进症病人的护理评估方法，能初步运用护理程序，进行观察评估，发现主要的护理问题，制订切实可行的护理计划，实施护理措施并进行护理评价。

3. 学会与病人及家属进行有效沟通，能进行医护团队内的专业交流。

【实践准备】

实践准备包括环境准备、病人准备、护生准备、病例准备等，详见"实践指导说明"。

【实践学时】

2 学时。

【实践方法与结果】

（一）实践方法

1. 病例展示

情景一

冯女士,27 岁。因乏力、心悸、怕热及食欲亢进 6 个月,加重 2 周入院。6 个月前病人无明显诱因出现乏力、心悸、怕热多汗及食欲增强,未引起重视。近 2 周家属发现病人双眼球突出且烦躁易怒,病人遂来院就诊。护理体检:T 37.4℃,P 120 次 /min,R 20 次 /min,BP 130/70mmHg。消瘦,皮肤湿润,浅表淋巴结无肿大,双眼球突出,眼睛闭合障碍,伸舌有细震颤,甲状腺Ⅱ度肿大,质软,无压痛,无结节,可闻及血管杂音。双肺无异常,心界不大,心率 120 次 /min,律齐,心尖部可闻及 2/6 级柔和收缩期杂音。腹软,无压痛,肝、脾肋下未触及,肠鸣音正常。双下肢无水肿,腱反射亢进,伸手有细震颤。辅助检查:血红蛋白 120g/L,白细胞 7.68×10^9/L,中性粒细胞 70%,淋巴细胞 30%,血清游离甲状腺素(FT_4)增高,血清游离三碘甲状腺原氨酸(FT_3)增高,血清促甲状腺激素(TSH)减低。临床诊断为甲状腺功能亢进症。

请讨论:

（1）目前病人有哪些主要的护理诊断 / 问题?

（2）病人如何进食才能改善营养状况?

（3）如何指导病人进行眼部护理?

情景二

病人入院第 3 天,因住院期间经济困难与家属发生争吵,出现高热、大汗、恶心、呕吐,极度烦躁,心率 150 次 /min。

请讨论:

（1）病人发生了什么情况? 如何配合医生进行抢救?

（2）如何指导和帮助病人正确处理生活中的突发事件? 为防止此类事情的发生,对病人家属应如何指导?

情景三

病人经过 4 周的药物治疗和护理,乏力、心悸、怕热等症状明显减轻,体重增加 1kg。护理体检:T 36.5℃,P 80 次 /min,R 18 次 /min,BP 110/70mmHg。双眼球突出,眼睛闭合障碍,甲状腺Ⅰ度肿大,质软,未闻及血管杂音。心率 80 次 /min,律齐,心尖部未闻及杂音。FT_4、FT_3 较前明显下降。病人拟第二天出院,带药回家继续治疗。

请讨论:

（1）如何指导病人出院后继续合理用药?

（2）如何指导病人合理休息与活动?

2. 学生分组讨论　围绕案例中提出的问题开展讨论,分析整理,得出结论。

（二）实践结果

1. 每组学生派代表汇报小组讨论结果,结果检测采用学生自评、小组互评及教师点评相结合的方法。

2. 评价内容包括学生对知识的理解和技能的掌握,解决问题的能力,认真负责的学习态度及医疗安全、沟通能力、人文关怀、团队合作等职业意识与观念。

3. 每小组完成一份甲状腺功能亢进症病人护理的实践报告。

(曹小川)

实践 15　糖尿病病人的护理

【实践目的】

1. 具有高度的责任感、良好的人文素养和团队合作的职业意识,尊重病人,善于沟通,全心全意为服务对象减轻痛苦。

2. 学会糖尿病病人的护理评估方法,能初步运用护理程序,进行观察评估,发现主要的护理问题,制订切实可行的护理计划,实施护理措施并进行护理评价。

3. 学会与病人及家属进行有效沟通,能进行医护团队内的专业交流。

【实践准备】

实践准备包括环境准备、病人准备、病例准备、护生准备和物品准备等,详见"实践指导说明"。

【实践学时】

2 学时。

【实践方法与结果】

(一)实践方法

1. 病例展示

情景一

小谢,18 岁。多饮、多尿、多食、消瘦 4 年,加重 3 天,伴恶心、呕吐、嗜睡 2 小时就诊。4 年前病人无明显诱因出现多饮、多尿、多食、消瘦,诊断为 1 型糖尿病,长期用"胰岛素"治疗。3 天前因外出未及时注射胰岛素,自感疲乏无力,口渴、多饮、多尿明显加重,并逐渐出现食欲减退、恶心及呕吐。2 小时前出现头昏、嗜睡,遂急诊入院。护理体检:T 37.8℃,P 108 次/min,R 26 次/min,BP 100/70mmHg。嗜睡,消瘦,呼吸深快,有烂苹果味。皮肤黏膜干燥,浅表淋巴结未触及,甲状腺无肿大。心肺未见异常。腹部平软,肝、脾肋下未触及,无肾区叩痛。双下肢无水肿。辅助检查:尿糖(+++),尿酮体(+++),血糖 26.78mmol/L,血 pH 7.10。

请讨论:

(1) 病人发生了什么情况? 诱因是什么?

(2) 如何配合医生进行抢救?

情景二

病人经过积极输液和静脉滴注胰岛素治疗,血糖很快降到了 13.9mmol/L 以下,尿酮体消失。根据血糖调整胰岛素用量并改为皮下注射。

请讨论:

(1) 如何指导病人正确使用胰岛素?

(2) 病人如果血糖不能有效控制,易发生哪些并发症?

情景三

病人经过2周的住院治疗和护理,病情已明显好转,乏力、多饮、多食、多尿症状已消失。护理体检:T 36.5℃,P 74次/min,R 18次/min,BP 110/75mmHg。意识清楚,精神好。双肺底未闻及干、湿啰音,心率74次/min,心音有力,心律齐,心尖部未闻及杂音。辅助检查:血糖 5.9mmol/L,尿糖(-)。病人拟第二天出院。

请讨论:

(1)出院后该病人饮食要注意哪些方面?

(2)出院后病人进行体育锻炼应注意什么?病人该如何进行自我病情监测?

2. 学生分组讨论　围绕案例中提出的问题开展讨论,分析整理,得出结论。

(二)实践结果

1. 每组学生派代表汇报小组讨论结果,结果检测采用学生自评、小组互评及教师点评相结合的方法。

2. 评价内容包括学生对知识的理解和技能的掌握,解决问题的能力,认真负责的学习态度及医疗安全、沟通能力、人文关怀、团队合作等职业意识与观念。

3. 每小组完成一份糖尿病病人护理的实践报告。

(曹小川)

实践 16　系统性红斑狼疮和类风湿关节炎病人的护理

【实践目的】

1. 具有高度的责任感、良好的人文素养和团队合作的职业意识,尊重病人,善于沟通,全心全意为服务对象减轻痛苦。

2. 学会系统性红斑狼疮和类风湿关节炎病人的护理评估方法,能初步运用护理程序,进行观察评估,发现主要的护理问题,制订切实可行的护理计划,实施护理措施并进行护理评价。

3. 学会与病人及家属进行有效沟通,能进行医护团队内的专业交流。

【实践准备】

实践准备包括环境准备、病人准备、护生准备、病例准备等,详见"实践指导说明"。

【实践学时】

2学时。

【实践方法与结果】

(一)实践方法

1. 病例展示

病历资料一:

情景一

李女士,28岁。1个月前出现低热,面部红斑,伴膝关节轻微疼痛。5天前因太阳暴晒,面部红斑加重,来院就诊。病人担心容貌改变不能治愈,忧心忡忡。护理体检:T 38.0℃,P 102次/min,R 20次/min,BP 150/90mmHg;面部蝶形红斑,颜面水肿;双膝关节轻度红肿,压痛,无畸形。实验室检查:血常规正常,血沉71mm/h,尿蛋白++,抗核抗体阳性,抗Sm抗体阳性。临床诊断为系统性红斑狼疮。

请讨论：

（1）本病常见的诱因有哪些？

（2）该病人目前有哪些主要的护理诊断／问题？

情景二

该病人经口服泼尼松治疗2周后，无发热，面部红斑有所减轻，体重增加，面部发胖。病人自行决定停药。

请讨论：

（1）病人突然停药的做法是否正确？护士应指导病人如何停药？

（2）病人长期服用泼尼松，可能产生哪些不良反应？

情景三

该病人经过3周的综合治疗，面部红斑有所减轻，关节疼痛缓解。病人能接受患病的事实，生理和心理上的舒适感有所增加。病人病情稳定，拟出院。

请讨论：

（1）如何指导病人进行皮肤护理？

（2）如何指导病人的饮食？

病历资料二：

情景一

王女士，53岁。3年前反复出现双腕、双手关节肿胀，屈伸不利，以晨起明显，每次持续约1小时，活动后可缓解，未予诊治。1周前受凉感冒后上述表现加重，来院就诊。护理体检：T 36.4℃，P 75次／min，R 15次／min，BP 125/85mmHg，双手近端指间关节梭形肿胀，活动受限；肘关节鹰嘴突附近触及花生米大小结节，质地坚硬，无压痛。实验室检查：血沉63mm/h，类风湿因子阳性。关节X线检查：双手周围软组织肿胀，指关节、腕关节间隙变窄。初步诊断：类风湿关节炎。

请讨论：

（1）该病人目前主要护理诊断／问题是什么？

（2）该病人应采取哪些措施来缓解晨僵？

情景二

该病人经布洛芬和甲氨蝶呤治疗2周，关节僵硬减轻，病情缓解。

请讨论：

（1）病情缓解期间，如何指导病人进行功能锻炼？

（2）治疗过程中，病情观察要点有哪些？

情景三

该病人经治疗后，关节疼痛缓解，关节功能基本恢复，生活基本能够自理。病人病情稳定，即将出院。

请讨论：

（1）护士应提醒病人避免哪些诱因？

（2）如何指导病人出院后保持自理能力？

2. 学生分组讨论　围绕案例中提出的问题开展讨论，分析整理，得出结论。

（二）实践结果

1. 每组学生派代表汇报小组讨论结果,结果检测采用学生自评、小组互评及教师点评相结合的方法。

2. 评价内容包括学生对知识的理解和技能的掌握,解决问题的能力,认真负责的学习态度及医疗安全、沟通能力、人文关怀、团队合作等职业意识与观念。

3. 每小组完成一份系统性红斑狼疮和类风湿关节炎病人护理的实践报告。

（孙振龙）

实践 17 脑梗死和脑出血病人的护理

【实践目的】

1. 具有高度的责任感、良好的人文素养和团队合作的职业意识,尊重病人,善于沟通,全心全意为服务对象减轻痛苦。

2. 学会脑梗死和脑出血病人的护理评估方法,能初步运用护理程序,进行观察评估,发现主要的护理问题,制订切实可行的护理计划,实施护理措施并进行护理评价。

3. 学会与病人及家属进行有效沟通,能进行医护团队内的专业交流。

【实践准备】

实践准备包括环境准备、病人准备、护生准备、病例准备或物品准备等,详见"实践指导说明"。

【实践学时】

2 学时。

【实践方法与结果】

（一）实践方法

1. 病例展示

病例资料一:

情景一

王女士,63 岁。因"肢体麻木无力、跌倒 9 小时"入院。病人夜间感觉左侧上、下肢麻木,但可自行去厕所,回卧室时因左下肢无力而跌倒来院就诊。既往有糖尿病病史十余年,未规律用药;无明确高血压、糖尿病家族史,配偶及子女体健,无吸烟饮酒嗜好。护理体检:T 36.4℃,P 90 次/min,R 24 次/min,BP 160/95mmHg;意识清楚,双瞳孔等大、等圆,对光反射存在;伸舌不偏,颈无抵抗,左侧肢体触觉、痛觉减退,左侧上、下肢肌力 3 级,角膜反射、咽反射存在,左侧巴宾斯基征阳性。头颅 CT 未见异常。入院初步诊断为脑血栓形成。

请讨论:

(1) 病人发病的基本病因及相关因素有哪些? 一般在何种情况下发病?

(2) 护士如何正确安置病人体位?

情景二

入院后给予王女士氯吡格雷口服抗血小板聚集,以及保护脑细胞及对症支持治疗,第二天护士在巡视病房时,家属述病人有饮水呛咳,但意识清楚,无头痛、头晕等症状。

请讨论：

（1）针对病人目前发生的饮水呛咳护士应如何护理？

（2）病人在用药过程中如何护理？

情景三

病人经过 1 周的住院治疗和护理,病情已平稳,目前存在语言不利,左侧肢体麻木,走路步态不稳。查体见左侧上、下肢肌力 4 级。病人拟第二天出院。

请讨论：

（1）出院前护士应让病人了解哪些疾病知识？

（2）病人出院后在生活方面应注意哪些问题？

病例资料二：

情景一

李先生,65 岁。因"右侧肢体活动无力、意识不清 2 小时"入院。病人于 2 小时前与朋友聚餐时突然头晕、右侧肢体活动无力,随之意识不清,急诊 CT 示"左基底节区高密度影",门诊以脑出血收入院。病人既往有高血压病史 20 年,未规律用药。病人父亲死于脑出血。病人平时性格较急躁、易怒;有烟酒嗜好 40 余年,病前每天吸烟二十余支,每天饮白酒半斤余。护理体检:T 36.8℃,P 66 次 /min,R 18 次 /min,BP 170/100mmHg;意识模糊,双瞳孔等大、等圆,对光反射迟钝;右侧鼻唇沟变浅,右侧上、下肢肌力 2 级,肌张力增高,角膜反射、咽反射存在,右侧巴宾斯基征阳性。入院初步诊断为脑出血。

请讨论：

（1）根据所给病例资料,列出病人目前存在的主要护理诊断 / 问题。

（2）护士在护理过程中应注意观察病人哪些情况？

情景二

病人入院第 2 天,护士在巡视病房时,发现病人出现喷射性呕吐,护理体检:R 14 次 /min,P 50 次 /min,BP 180/110mmHg,浅昏迷,一侧瞳孔扩大。

请讨论：

（1）病人病情最有可能发生了什么变化？ 哪些因素可以诱发？

（2）护士此时应如何配合医生进行处理？

情景三

根据病人病情,护士执行医嘱,给予病人 20% 甘露醇 250ml 快速静脉滴注等处理后,病人呕吐停止,意识渐清晰。第 3 天时,护理体检:R 18 次 /min,P 63 次 /min,BP 160/100mmHg,意识清楚,双侧瞳孔等大、等圆。1 周后病人病情平稳准备出院。

请讨论：

（1）应用甘露醇的过程中有哪些注意事项？

（2）在病人出院前应做哪些健康指导？

2. 学生分组讨论 围绕案例中提出的问题开展讨论,分析整理,得出结论。

（二）实践结果

1. 每组学生派代表汇报小组讨论结果,结果检测采用学生自评、小组互评及教师点评相结合的方法。

2. 评价内容包括学生对知识的理解和技能的掌握,解决问题的能力,认真负责的学习态度及医疗安全、沟通能力、人文关怀、团队合作等职业意识与观念。

3. 每小组完成一份脑梗死和脑出血病人护理的实践报告。

（高　丽）

实践 18　癫痫病人的护理

【实践目的】

1. 具有高度的责任感、良好的人文素养和团队合作的职业意识,尊重病人,善于沟通,全心全意为服务对象减轻痛苦。

2. 学会癫痫病人的护理评估方法,能初步运用护理程序,进行观察评估,发现主要的护理问题,制订切实可行的护理计划,实施护理措施并进行护理评价。

3. 学会与病人及家属进行有效沟通,能进行医护团队内的专业交流。

【实践准备】

实践准备包括环境准备、病人准备、护生准备、病例准备或物品准备等,详见"实践指导说明"。

【实践学时】

2 学时。

【实践方法与结果】

（一）实践方法

1. 病例展示

情景一

吴先生,26 岁。某日中午下班过马路时突然跌倒在地,被行人发现呼叫"120"急救。医护人员到达时见病人已被移至路边,平卧地上,意识清楚,问其之前的发病情况,病人全然不知。据目睹者叙述:此人突然尖叫一声,随即跌倒在地,呼吸停止,头向后仰,不停地抽动,口吐血沫。入院后护理体检:T 36℃,P 78 次 /min,R 20 次 /min,BP 100/80mmHg。意识清楚,颅后皮下血肿,尿失禁,舌咬伤,四肢无外伤,无运动障碍,心肺未见异常,神经系统检查无阳性体征。既往有癫痫病史 2 年。脑电图检查见棘波,头颅 CT 未见异常。入院初步诊断为癫痫大发作。

请讨论:

（1）如果你在病人发作现场,应如何处理?

（2）列出病人在发病时的主要护理诊断 / 问题。

情景二

病人在住院治疗过程中癫痫再次发作,而且连续发作之间意识或神经功能未恢复正常,发作持续30 分钟以上。

请讨论:

（1）病人病情最有可能发生了什么变化? 哪些因素可以诱发?

（2）护士此时应如何配合医生进行处理?

情景三

病人经过 1 周的常规住院治疗和护理,病情已明显好转,拟出院。病人及家属对正确用药认识不足,害怕疾病再发,同时担心疾病会影响以后结婚生育。

请讨论：

（1）出院前如何指导病人正确用药？

（2）对该病人的健康指导包括哪些内容？

2. 学生分组讨论　围绕案例中提出的问题开展讨论，分析整理，得出结论。

（二）实践结果

1. 每组学生派代表汇报小组讨论结果，结果检测采用学生自评、小组互评及教师点评相结合的方法。

2. 评价内容包括学生对知识的理解和技能的掌握，解决问题的能力，认真负责的学习态度及医疗安全、沟通能力、人文关怀、团队合作等职业意识与观念。

3. 每小组完成一份癫痫病人护理的实践报告。

（高　丽）

实践 19　病毒性肝炎和艾滋病病人的护理

【实践目的】

1. 具有高度的责任感、良好的人文素养和团队合作的职业意识，尊重病人，善于沟通，全心全意为服务对象减轻痛苦。

2. 学会病毒性肝炎和艾滋病病人的护理评估方法，能初步运用护理程序，进行观察评估，发现主要的护理问题，制订切实可行的护理计划，实施护理措施并进行护理评价。

3. 学会与病人及家属进行有效沟通，能进行医护团队内的专业交流。

【实践准备】

实践准备包括环境准备、病人准备、护生准备、病例准备或物品准备等，详见"实践指导说明"。

【实践学时】

2 学时。

【实践方法与结果】

（一）实践方法

1. 病例展示

病例资料一：

情景一

小马，男，22 岁。发热、食欲减退、恶心、呕吐 5 天，尿黄 1 天入院。病人 2 周前曾有野外就餐史，5 天前出现发热、头痛、恶心、呕吐、食欲减退、右上腹胀痛，1 天前自觉尿黄。护理体检：神志清楚，巩膜明显黄染，肝肋下 3cm，质软，有压痛。实验室检查：谷丙转氨酶 453U/L，总胆红素 272μmol/L，抗 HAV-IgM（＋）。临床诊断：急性黄疸型甲型病毒性肝炎。

请讨论：

（1）该病人目前主要的护理诊断／问题是什么？

（2）指导病人如何休息更有利于其康复？

情景二

病人入院后由于担心预后不好，心情紧张、焦虑，经常上网搜索肝炎治疗相关信息，并建议医生广泛用药,以便加快痊愈。

请讨论:

(1)针对病人目前情况,护士应如何对病人进行心理护理?

(2)如何对病人进行用药指导?

情景三

病人入院4周后临床症状消失,食欲明显好转,肝脏回缩。实验室检查:谷丙转氨酶35U/L,总胆红素10.6μmol/L,抗 HAV-IgG(+)。拟出院。

请讨论:

(1)如何指导病人出院后合理饮食与休息?

(2)如何对病人进行疾病预防指导?

病例资料二:

情景一

齐先生,35岁。因"不规则发热、乏力、进行性消瘦5个月"入院。病人于5个月前无明显诱因出现不规则低热,伴乏力、全身不适和厌食,逐渐消瘦,未到医院检查,曾服中药治疗不见好转。5个月来体重下降约8kg。病人曾有静脉药瘾史2年。护理体检:左颈部和右腋窝各触及1个1.5cm×1.5cm大小淋巴结,活动,无压痛。实验室检查:血红蛋白121g/L,白细胞 $3.5×10^9$/L,淋巴细胞 $1.0×10^9$/L,$CD4^+/CD8^+$<1。血小板 $79×10^9$/L;血清抗 HIV(+)。临床诊断为艾滋病。

请讨论:

(1)该病人目前主要的护理诊断/问题是什么?

(2)针对该病人情况,请给予合理的饮食指导?

情景二

病人住院后自觉痊愈无望,常常表现出悲观情绪,今晨开始拒绝治疗。

请讨论:

(1)根据病人目前的情况,护士如何对病人进行心理护理?

(2)如何为病人提供良好的社会支持?

情景三

病人经系统治疗后病情好转可以离院,其家属经系统检查未发现感染艾滋病病毒,但病人极度担心疾病复发,同时害怕传染给家属,反复询问医护人员。

请讨论:

(1)艾滋病的传播途径有哪些?

(2)如何对病人及其家属进行健康指导?

2. 学生分组讨论　围绕案例中提出的问题开展讨论,分析整理,得出结论。

(二)实践结果

1. 每组学生派代表汇报小组讨论结果,结果检测采用学生自评、小组互评及教师点评相结合的方法。

2. 评价内容包括学生对知识的理解和技能的掌握,解决问题的能力,认真负责的学习态度及医疗安全、沟通能力、人文关怀、团队合作等职业意识与观念。

3. 每小组完成一份病毒性肝炎和艾滋病病人护理的实践报告。

(李　萍)

教学大纲（参考）

一、课程性质

内科护理是中等职业教育护理专业一门重要的专业核心课程。本课程以内科护士的主要工作任务为中心组织课程内容，主要涵盖了呼吸、循环、消化、泌尿、血液、内分泌与代谢性疾病、风湿性疾病等各系统常见病、多发病病人的护理以及神经系统疾病、传染病病人的护理。本课程的主要任务是坚持正确的政治方向和育人导向，以人的健康为中心，根据病人身心健康和社会家庭文化需求提供整体护理，以护理程序为临床思维和工作方法，为服务对象提供减轻痛苦、促进康复、预防疾病、增进健康的服务。本课程的先修课程包括医学基础课程、基础护理、健康评估等。同步和后续课程包括外科护理、妇科护理、儿科护理和急危重症护理等。

二、课程目标

通过本课程的学习，学生能够达到下列要求：

（一）职业素养目标

1. 具有良好的护理道德和"敬佑生命、救死扶伤、甘于奉献、大爱无疆"的职业精神；具备社会责任感和担当精神。

2. 具有良好的综合素养和人文修养，尊重病人，善于沟通，全心全意为护理对象的健康服务。

3. 具有护理人员必备的伦理观念，自觉尊重服务对象的人格，保护其隐私。

4. 具有良好的团队合作意识、科学严谨的工作作风及认真负责的职业态度。

5. 具有良好的法律意识和医疗安全意识，自觉遵守有关医疗卫生的法律法规，依法实施护理。

（二）专业知识和技能目标

1. 掌握内科常见病和多发病病人的护理评估和护理措施的主要内容。

2. 熟悉内科常见病和多发病病人的常见护理诊断／问题。

3. 了解内科常见病和多发病病人的护理目标和护理评价。

4. 熟练掌握内科常用护理技术，能进行内科常见病病人的专科护理操作。

5. 学会内科病人的评估方法，能初步运用护理工作程序，进行观察评估，发现和解决护理问题，评价护理结果；能应急处理和配合医生抢救内科急危重症病人。

6. 学会与病人及家属进行有效沟通，开展心理护理和健康教育；能进行医护团队内的专业交流。

三、教学时间安排

教学内容	学时		
	理论	实践	合计
一、绪论	2	0	2
二、呼吸系统疾病病人的护理	14	6	20
三、循环系统疾病病人的护理	16	6	22
四、消化系统疾病病人的护理	10	6	16
五、泌尿系统疾病病人的护理	8	4	12
六、血液系统疾病病人的护理	6	4	10

教学内容	学时		
	理论	实践	合计
七、内分泌与代谢性疾病病人的护理	6	4	10
八、风湿性疾病病人的护理	2	2	4
九、神经系统疾病病人的护理	10	4	14
十、传染病病人的护理	8	2	10
机动	2	4	6
合计	84	42	126

四、教学内容和要求

单元	教学内容	教学要求	教学活动参考	参考学时	
				理论	实践
一、绪论	（一）内科护理的性质和地位	了解	理论讲授		
	（二）内科护士的工作任务	掌握	案例教学		
	（三）内科护理的内容和范畴	熟悉	多媒体演示		
	（四）内科护理的学习目标、方法与要求	熟悉		2	
	（五）内科护士的素质要求	掌握			
二、呼吸系统疾病病人的护理	（一）呼吸系统疾病病人常见症状、体征的护理		理论讲授		
			案例教学		
	1. 咳嗽与咳痰	掌握	角色扮演		
	2. 肺源性呼吸困难	掌握	情境教学		
	3. 咯血	掌握	多媒体演示		
	4. 胸痛	掌握			
	（二）急性呼吸道感染病人的护理				
	1. 急性上呼吸道感染				
	（1）护理评估	掌握			
	（2）常见护理诊断/问题	熟悉		14	6
	（3）护理措施	掌握			
	2. 急性气管支气管炎				
	（1）护理评估	掌握			
	（2）常见护理诊断/问题	熟悉			
	（3）护理措施	掌握			
	（三）慢性支气管炎和慢性阻塞性肺疾病病人的护理				
	1. 慢性支气管炎				

单元	教学内容	教学要求	教学活动参考	参考学时	
				理论	实践
	（1）护理评估	掌握			
	（2）常见护理诊断／问题	熟悉			
	（3）护理目标	了解			
	（4）护理措施	掌握			
	（5）护理评价	了解			
	2. 慢性阻塞性肺疾病				
	（1）护理评估	掌握			
	（2）常见护理诊断／问题	熟悉			
	（3）护理目标	了解			
	（4）护理措施	掌握			
	（5）护理评价	了解			
	（四）支气管哮喘病人的护理				
	1. 护理评估	掌握			
	2. 常见护理诊断／问题	熟悉			
	3. 护理目标	了解			
	4. 护理措施	掌握			
	5. 护理评价	了解			
	（五）支气管扩张症病人的护理				
	1. 护理评估	掌握			
	2. 常见护理诊断／问题	熟悉			
	3. 护理措施	掌握			
	（六）肺炎病人的护理				
	1. 护理评估	掌握			
	2. 常见护理诊断／问题	熟悉			
	3. 护理目标	了解			
	4. 护理措施	掌握			
	5. 护理评价	了解			
	（七）肺结核病人的护理				
	1. 护理评估	掌握			
	2. 常见护理诊断／问题	熟悉			
	3. 护理目标	了解			
	4. 护理措施	掌握			
	5. 护理评价	了解			

单元	教学内容	教学要求	教学活动参考	参考学时 理论	参考学时 实践
	（八）慢性肺源性心脏病病人的护理				
	1. 护理评估	掌握			
	2. 常见护理诊断／问题	熟悉			
	3. 护理目标	了解			
	4. 护理措施	掌握			
	5. 护理评价	了解			
	（九）呼吸衰竭和急性呼吸窘迫综合征病人的护理				
	1. 呼吸衰竭				
	（1）护理评估	掌握			
	（2）常见护理诊断／问题	熟悉			
	（3）护理目标	了解			
	（4）护理措施	掌握			
	（5）护理评价	了解			
	2. 急性呼吸窘迫综合征				
	（1）护理评估	掌握			
	（2）常见护理诊断／问题	熟悉			
	（3）护理措施	掌握			
	（十）呼吸系统常用诊疗技术及护理				
	1. 纤维支气管镜检查术	掌握			
	2. 胸腔穿刺术	掌握			
	实践1 支气管哮喘病人的护理	熟练掌握	临床见习 案例分析 技能实践 多媒体演示		
	实践2 肺炎和肺结核病人的护理	熟练掌握			
	实践3 呼吸衰竭病人的护理	熟练掌握			
三、循环系统疾病病人的护理	（一）循环系统疾病病人常见症状、体征的护理		理论讲授 案例教学 角色扮演 情境教学 多媒体演示	16	6
	1. 心源性呼吸困难	掌握			
	2. 心源性水肿	掌握			
	3. 心悸	掌握			
	4. 心前区疼痛	掌握			
	5. 心源性晕厥	掌握			
	（二）心力衰竭病人的护理				
	1. 慢性心力衰竭				

单元	教学内容	教学要求	教学活动参考	参考学时	
				理论	实践
	（1）护理评估	掌握			
	（2）常见护理诊断／问题	熟悉			
	（3）护理目标	了解			
	（4）护理措施	掌握			
	（5）护理评价	了解			
	2. 急性心力衰竭				
	（1）护理评估	掌握			
	（2）常见护理诊断／问题	熟悉			
	（3）护理措施	掌握			
	（三）心律失常病人的护理				
	1. 护理评估	掌握			
	2. 常见护理诊断／问题	熟悉			
	3. 护理目标	了解			
	4. 护理措施	掌握			
	5. 护理评价	了解			
	（四）心脏瓣膜病病人的护理				
	1. 护理评估	掌握			
	2. 常见护理诊断／问题	熟悉			
	3. 护理措施	掌握			
	（五）原发性高血压病人的护理				
	1. 护理评估	掌握			
	2. 常见护理诊断／问题	熟悉			
	3. 护理目标	了解			
	4. 护理措施	掌握			
	5. 护理评价	了解			
	（六）冠状动脉粥样硬化性心脏病病人的护理				
	1. 心绞痛				
	（1）护理评估	掌握			
	（2）常见护理诊断／问题	熟悉			
	（3）护理目标	了解			
	（4）护理措施	掌握			
	（5）护理评价	了解			

单元	教学内容	教学要求	教学活动参考	参考学时	
				理论	实践
	2. 心肌梗死				
	（1）护理评估	掌握			
	（2）常见护理诊断/问题	熟悉			
	（3）护理目标	了解			
	（4）护理措施	掌握			
	（5）护理评价	了解			
	（七）感染性心内膜炎病人的护理				
	1. 护理评估	掌握			
	2. 常见护理诊断/问题	熟悉			
	3. 护理措施	掌握			
	（八）心肌疾病病人的护理				
	1. 护理评估	掌握			
	2. 常见护理诊断/问题	熟悉			
	3. 护理措施	掌握			
	（九）心包疾病病人的护理				
	1. 护理评估	掌握			
	2. 常见护理诊断/问题	熟悉			
	3. 护理措施	掌握			
	（十）循环系统常用诊疗技术及护理				
	1. 心导管检查术	掌握			
	2. 冠状动脉造影术	掌握			
	3. 经皮冠状动脉介入治疗	掌握			
	实践4　心力衰竭和心律失常病人的护理	熟练掌握	临床见习案例分析技能实践多媒体演示		
	实践5　原发性高血压病人的护理	熟练掌握			
	实践6　冠状动脉粥样硬化性心脏病病人的护理	熟练掌握			
四、消化系统疾病病人的护理	（一）消化系统疾病病人常见症状、体征的护理		理论讲授案例教学角色扮演情境教学多媒体演示	10	6
	1. 恶心与呕吐	掌握			
	2. 腹痛	掌握			
	3. 腹泻与便秘	掌握			
	4. 黄疸	掌握			

单元	教学内容	教学要求	教学活动参考	参考学时	
				理论	实践
	（二）胃炎病人的护理				
	1. 急性胃炎				
	（1）护理评估	掌握			
	（2）常见护理诊断/问题	熟悉			
	（3）护理措施	掌握			
	2. 慢性胃炎				
	（1）护理评估	掌握			
	（2）常见护理诊断/问题	熟悉			
	（3）护理措施	掌握			
	（三）消化性溃疡病人的护理				
	1. 护理评估	掌握			
	2. 常见护理诊断/问题	熟悉			
	3. 护理目标	了解			
	4. 护理措施	掌握			
	5. 护理评价	了解			
	（四）溃疡性结肠炎病人的护理				
	1. 护理评估	掌握			
	2. 常见护理诊断/问题	熟悉			
	3. 护理措施	掌握			
	（五）肝硬化病人的护理				
	1. 护理评估	掌握			
	2. 常见护理诊断/问题	熟悉			
	3. 护理目标	了解			
	4. 护理措施	掌握			
	5. 护理评价	了解			
	（六）肝性脑病病人的护理				
	1. 护理评估	掌握			
	2. 常见护理诊断/问题	熟悉			
	3. 护理目标	了解			
	4. 护理措施	掌握			
	5. 护理评价	了解			
	（七）急性胰腺炎病人的护理				
	1. 护理评估	掌握			
	2. 常见护理诊断/问题	熟悉			

单元	教学内容	教学要求	教学活动参考	参考学时	
				理论	实践
	3. 护理措施	掌握			
	（八）上消化道出血病人的护理				
	1. 护理评估	掌握			
	2. 常见护理诊断／问题	熟悉			
	3. 护理目标	了解			
	4. 护理措施	掌握			
	5. 护理评价	了解			
	（九）消化系统常用诊疗技术及护理				
	1. 腹腔穿刺术	掌握			
	2. 胃镜检查术	掌握			
	3. 结肠镜检查术	掌握			
	实践 7　消化性溃疡病人的护理	熟练掌握	临床见习		
	实践 8　肝硬化病人的护理	熟练掌握	案例分析		
	实践 9　急性胰腺炎病人的护理	熟练掌握	技能实践		
			多媒体演示		
五、泌尿系统疾病病人的护理	（一）泌尿系统疾病病人常见症状、体征的护理		理论讲授		
	1. 肾源性水肿	掌握	案例教学		
	2. 肾性高血压	掌握	角色扮演		
	3. 尿异常	掌握	情境教学		
	4. 尿路刺激征	掌握	多媒体演示		
	（二）慢性肾小球肾炎病人的护理				
	1. 护理评估	掌握			
	2. 常见护理诊断／问题	熟悉			
	3. 护理目标	了解			
	4. 护理措施	掌握		8	4
	5. 护理评价	了解			
	（三）肾病综合征病人的护理				
	1. 护理评估	掌握			
	2. 常见护理诊断／问题	熟悉			
	3. 护理目标	了解			
	4. 护理措施	掌握			
	5. 护理评价	了解			

单元	教学内容	教学要求	教学活动参考	参考学时 理论	参考学时 实践
	（四）尿路感染病人的护理				
	1. 护理评估	掌握			
	2. 常见护理诊断／问题	熟悉			
	3. 护理目标	了解			
	4. 护理措施	掌握			
	5. 护理评价	了解			
	（五）急性肾损伤病人的护理				
	1. 护理评估	掌握			
	2. 常见护理诊断／问题	熟悉			
	3. 护理目标	了解			
	4. 护理措施	掌握			
	5. 护理评价	了解			
	（六）慢性肾衰竭病人的护理				
	1. 护理评估	掌握			
	2. 常见护理诊断／问题	熟悉			
	3. 护理目标	了解			
	4. 护理措施	掌握			
	5. 护理评价	了解			
	（七）泌尿系统常用诊疗技术及护理				
	1. 血液透析	掌握			
	2. 腹膜透析	掌握			
	实践10 尿路感染病人的护理 实践11 慢性肾衰竭病人的护理	熟练掌握 熟练掌握	临床见习 案例分析 技能实践 多媒体演示		
六、血液系统疾病病人的护理	（一）血液系统疾病病人常见症状、体征的护理		理论讲授 案例教学 角色扮演 情境教学 教学录像	6	4
	1. 贫血	掌握			
	2. 出血或出血倾向	掌握			
	3. 发热	掌握			
	（二）贫血病人的护理				
	1. 缺铁性贫血				
	（1）护理评估	掌握			

单元	教学内容	教学要求	教学活动参考	参考学时	
				理论	实践
	(2) 常见护理诊断 / 问题	熟悉			
	(3) 护理目标	了解			
	(4) 护理措施	掌握			
	(5) 护理评价	了解			
	2. 再生障碍性贫血				
	(1) 护理评估	掌握			
	(2) 常见护理诊断 / 问题	熟悉			
	(3) 护理目标	了解			
	(4) 护理措施	掌握			
	(5) 护理评价	了解			
	(三) 出血性疾病病人的护理				
	1. 特发性血小板减少性紫癜				
	(1) 护理评估	掌握			
	(2) 常见护理诊断 / 问题	熟悉			
	(3) 护理措施	掌握			
	2. 过敏性紫癜				
	(1) 护理评估	掌握			
	(2) 常见护理诊断 / 问题	熟悉			
	(3) 护理措施	掌握			
	3. 血友病				
	(1) 护理评估	掌握			
	(2) 常见护理诊断 / 问题	熟悉			
	(3) 护理措施	掌握			
	4. 弥散性血管内凝血				
	(1) 护理评估	掌握			
	(2) 常见护理诊断 / 问题	熟悉			
	(3) 护理措施	掌握			
	(四) 白血病病人的护理				
	(1) 护理评估	掌握			
	(2) 常见护理诊断 / 问题	熟悉			
	(3) 护理目标	了解			
	(4) 护理措施	掌握			
	(5) 护理评价	了解			

单元	教学内容	教学要求	教学活动参考	参考学时	
				理论	实践
	（五）血液系统常用诊疗技术及护理 1. 骨髓穿刺术 2. 造血干细胞移植的护理	 掌握 掌握			
	实践12 贫血病人的护理 实践13 急性白血病病人的护理	熟练掌握 熟练掌握	临床见习 案例分析 技能实践 多媒体演示		
七、内分泌与代谢性疾病病人的护理	（一）内分泌与代谢性疾病病人常见症状、体征的护理 1. 身体外形的改变 2. 生殖发育及性功能异常 （二）甲状腺疾病病人的护理 1. 单纯性甲状腺肿 （1）护理评估 （2）常见护理诊断／问题 （3）护理措施 2. 甲状腺功能亢进症 （1）护理评估 （2）常见护理诊断／问题 （3）护理目标 （4）护理措施 （5）护理评价 3. 甲状腺功能减退症 （1）护理评估 （2）常见护理诊断／问题 （3）护理措施 （三）库欣综合征病人的护理 1. 护理评估 2. 常见护理诊断／问题 3. 护理措施 （四）糖尿病病人的护理 1. 护理评估 2. 常见护理诊断／问题 3. 护理目标	 掌握 掌握 掌握 熟悉 掌握 掌握 熟悉 了解 掌握 了解 掌握 熟悉 掌握 掌握 熟悉 掌握 掌握 熟悉 了解	理论讲授 案例教学 角色扮演 情境教学 多媒体演示	6	4

单元	教学内容	教学要求	教学活动参考	参考学时	
				理论	实践
	4. 护理措施	掌握			
	5. 护理评价	了解			
	（五）痛风病人的护理				
	1. 护理评估	掌握			
	2. 常见护理诊断／问题	熟悉			
	3. 护理措施	掌握			
	（六）骨质疏松症病人的护理				
	1. 护理评估	掌握			
	2. 常见护理诊断／问题	熟悉			
	3. 护理措施	掌握			
	实践14 甲状腺功能亢进症病人的护理	熟练掌握	临床见习 案例分析 技能实践 多媒体演示		
	实践15 糖尿病病人的护理	熟练掌握			
八、风湿性疾病病人的护理	（一）风湿性疾病病人常见症状、体征的护理				
	1. 关节损害	掌握			
	2. 皮肤损害	掌握			
	（二）系统性红斑狼疮病人的护理		理论讲授 案例教学 角色扮演 情境教学 多媒体演示	2	2
	1. 护理评估	掌握			
	2. 常见护理诊断／问题	熟悉			
	3. 护理目标	了解			
	4. 护理措施	掌握			
	5. 护理评价	了解			
	（三）类风湿关节炎病人的护理				
	1. 护理评估	掌握			
	2. 常见护理诊断／问题	熟悉			
	3. 护理目标	了解			
	4. 护理措施	掌握			
	5. 护理评价	了解			
	实践16 系统性红斑狼疮和类风湿关节炎病人的护理	熟练掌握	临床见习 案例分析 技能实践 多媒体演示		

单元	教学内容	教学要求	教学活动参考	参考学时	
				理论	实践
九、神经系统疾病病人的护理	（一）神经系统疾病病人常见症状、体征的护理		理论讲授 案例教学 角色扮演 情境教学 多媒体演示		
	1. 头痛	掌握			
	2. 意识障碍	掌握			
	3. 言语障碍	掌握			
	4. 感觉障碍	掌握			
	5. 运动障碍	掌握			
	（二）三叉神经痛病人的护理				
	1. 护理评估	掌握			
	2. 常见护理诊断／问题	熟悉			
	3. 护理措施	掌握			
	（三）急性炎症性脱髓鞘性多发性神经病病人的护理				
	1. 护理评估	掌握			
	2. 常见护理诊断／问题	熟悉			
	3. 护理措施	掌握			
	（四）脑血管疾病病人的护理				
	1. 短暂性脑缺血发作			10	4
	（1）护理评估	掌握			
	（2）常见护理诊断／问题	熟悉			
	（3）护理措施	掌握			
	2. 脑梗死				
	（1）护理评估	掌握			
	（2）常见护理诊断／问题	熟悉			
	（3）护理目标	了解			
	（4）护理措施	掌握			
	（5）护理评价	了解			
	3. 脑出血				
	（1）护理评估	掌握			
	（2）常见护理诊断／问题	熟悉			
	（3）护理目标	了解			
	（4）护理措施	掌握			
	（5）护理评价	了解			
	4. 蛛网膜下腔出血				
	（1）护理评估	掌握			

单元	教学内容	教学要求	教学活动参考	参考学时 理论	参考学时 实践
	（2）常见护理诊断／问题	熟悉			
	（3）护理措施	掌握			
	（五）帕金森病病人的护理				
	1. 护理评估	掌握			
	2. 常见护理诊断／问题	熟悉			
	3. 护理措施	掌握			
	（六）癫痫病人的护理				
	1. 护理评估	掌握			
	2. 常见护理诊断／问题	熟悉			
	3. 护理目标	了解			
	4. 护理措施	掌握			
	5. 护理评价	了解			
	（七）神经系统常用诊疗技术及护理				
	1. 腰椎穿刺术	掌握			
	2. 高压氧舱治疗	掌握			
	实践 17　脑梗死和脑出血病人的护理 实践 18　癫痫病人的护理	熟练掌握 熟练掌握	临床见习 案例分析 技能实践 多媒体演示		
十、传染病病人的护理	（一）概论		理论讲授 案例教学 角色扮演 情境教学 多媒体演示	8	2
	1. 感染与免疫	了解			
	2. 传染病的基本特征及临床特点	掌握			
	3. 传染病的流行过程及影响因素	掌握			
	4. 传染病的预防	掌握			
	5. 标准预防和传染病的隔离、消毒	了解			
	（二）流行性感冒病人的护理				
	1. 护理评估	掌握			
	2. 常见护理诊断／问题	熟悉			
	3. 护理措施	掌握			
	（三）病毒性肝炎病人的护理				
	1. 护理评估	掌握			
	2. 常见护理诊断／问题	熟悉			
	3. 护理目标	了解			
	4. 护理措施	掌握			

单元	教学内容	教学要求	教学活动参考	参考学时	
				理论	实践
	5. 护理评价	了解			
	（四）流行性乙型脑炎病人的护理				
	1. 护理评估	掌握			
	2. 常见护理诊断／问题	熟悉			
	3. 护理目标	了解			
	4. 护理措施	掌握			
	5. 护理评价	了解			
	（五）艾滋病病人的护理				
	1. 护理评估	掌握			
	2. 常见护理诊断／问题	熟悉			
	3. 护理目标	了解			
	4. 护理措施	掌握			
	5. 护理评价	了解			
	（六）细菌性痢疾病人的护理				
	1. 护理评估	掌握			
	2. 常见护理诊断／问题	熟悉			
	3. 护理目标	了解			
	4. 护理措施	掌握			
	5. 护理评价	了解			
	实践 19　病毒性肝炎和艾滋病病人的护理	熟练掌握	临床见习 案例分析 技能实践 多媒体演示		
机动			理论讲授 临床见习 案例分析 技能实践	2	4

五、说明

（一）教学安排

本教学大纲主要供中等卫生职业教育护理专业教学使用，第3、4学期开设，总学时为126学时，其中理论教学84学时，实践教学42学时。学分为7学分。

（二）教学要求

1. 本课程以素质为导向，突出育人为本和价值导向，树立知识传授、能力培养和价值导向相统一的课程理念,培养学生投身护理事业的自信心,增强学生服务人民健康事业的使命感和责任感。

2. 本课程对理论部分教学要求分为掌握、熟悉、了解 3 个层次。掌握:指对基本知识、基本理论有较深刻的认识,并能综合、灵活地运用所学的知识解决实际问题。熟悉:指能够领会概念、原理的基本含义,解释护理现象。了解:指对基本知识、基本理论能有一定的认识,能够记忆所学的知识要点。

3. 本课程重点突出以岗位胜任力为导向的教学理念,在实践技能方面分为熟练掌握和学会 2 个层次。熟练掌握:指能独立、正确地按照护理程序解决内科病人的护理问题,规范、熟练地完成内科常用护理技术操作。学会:指在教师的指导下能初步按照护理程序要求实施整体护理,进行内科常用护理技术操作。

(三) 教学建议

1. 在教学过程中要树立课程思政理念,坚持教书与育人高度融合,知识传授和价值引领高度融合,注重加强医德医风教育,在培养精湛护理技能的同时,教育引导学生始终把人民群众生命安全和身体健康放在首位,尊重病人,珍爱生命,具有强烈的进取心,不断求取知识,丰富和完善自己。

2. 在教学过程中要充分体现"岗课赛证融通"的理念,坚持类型特点的准确定位,依据内科护理岗位的工作任务和职业能力要求,强化理论实践一体化,突出"做中学、做中教"的职业教育特色,根据培养目标、教学内容和学生的学习特点以及护士执业资格考试要求,提倡项目教学、案例教学、任务教学、角色扮演、情境教学等方法,利用校内外实训基地,将学生的自主学习、合作学习和教师引导教学等教学组织形式有机结合。

3. 教学过程中,可通过测验、观察记录、技能考核和理论考试等多种形式对学生的职业素养、专业知识和技能进行综合考评。应体现评价主体的多元化,评价过程的多元化,评价方式的多元化。评价内容不仅关注学生对知识的理解和技能的掌握,更要关注运用知识解决护理问题的能力和水平,重视规范操作、认真负责等职业素质的形成,以及医疗安全、护患交流、人文关怀、团队合作等的职业意识与观念的树立。

参 考 文 献

[1] 林梅英,朱启华. 内科护理学 [M]. 3 版. 北京:人民卫生出版社,2015.

[2] 葛均波,徐永健. 内科学 [M]. 9 版. 北京:人民卫生出版社,2018.

[3] 尤黎明,吴瑛. 内科护理学 [M]. 6 版. 北京:人民卫生出版社,2017.

[4] 万学红,卢雪峰. 诊断学 [M]. 9 版. 北京:人民卫生出版社,2018.

[5] 孙玉梅,张立力. 健康评估 [M]. 4 版. 北京:人民卫生出版社,2018.

[6] 贾建平,陈生弟. 神经病学 [M]. 8 版. 北京:人民卫生出版社,2018.

[7] 李兰娟,任红. 传染病学 [M]. 9 版. 北京:人民卫生出版社,2018.

[8] 李小寒,尚少梅. 基础护理学 [M]. 6 版. 北京:人民卫生出版社,2017.

[9] 周芸. 临床营养学 [M]. 4 版. 北京:人民卫生出版社,2017.

[10] 冯丽华,史铁英. 内科护理学 [M]. 4 版. 北京:人民卫生出版社,2018.

[11] 李秀芹,李全恩. 内科护理 [M]. 北京:人民卫生出版社,2018.

[12] 黄晓琳,燕铁斌. 康复医学 [M]. 6 版. 北京:人民卫生出版社,2018.

52检